Dominic Johnson, Simone Schlindwein, Bianca Schmolze
Tatort Kongo – Prozess in Deutschland

Dominic Johnson, Simone Schlindwein,
Bianca Schmolze

Tatort Kongo – Prozess in Deutschland

Die Verbrechen der ruandischen Miliz FDLR und der Versuch einer juristischen Aufarbeitung

Ch. Links Verlag, Berlin

Gefördert aus Mitteln des Kirchlichen Entwicklungsdienstes durch
Brot für die Welt – Evangelischer Entwicklungsdienst

Die Deutsche Nationalbibliothek verzeichnet diese Publikation
in der Deutschen Nationalbibliografie; detaillierte bibliografische
Daten sind im Internet über www.dnb.de abrufbar.

1. Auflage, Juni 2016

Schönhauser Allee 36, 10435 Berlin, Tel.: (030) 44 02 32-0
www.christoph-links-verlag.de; mail@christoph-links-verlag.de
Einbandgestaltung: Ch. Links Verlag unter Verwendung dreier Fotos;
Vorderseite oben: Aufnahme aus dem Gerichtssaal am Oberlandesgericht in Stuttgart,
wo der Prozess gegen Ignace Murwanashyaka und Straton Musoni stattfand,
4. Mai 2011 (picture-alliance/dpa); unten: FDLR-Kämpfer, aufgenommen in Kivuye,
Masisi (DR Kongo), 12. Oktober 2012 (Simone Schlindwein); Rückseite: FDLR-Kämpfer
in Kisheshe, Masisi (DR Kongo), 15. Oktober 2012 (Simone Schlindwein)
Karten: Yannick Tylle und Michael Wegener
Grafik: Peter Palm, Berlin
Lektorat: Cornelia Wilß, passage Buch + Kultur
Satz: typegerecht, Berlin
Druck und Bindung: Hubert & Co., Göttingen

ISBN 978-3-86153-871-4

Inhalt

Teil 2: Ruanda und die Ursprünge der FDLR

Teil 3: Die Gedankenwelt der FDLR und des Hutu-Exils

Teil 5: Die juristische Aufarbeitung

Anhang

Vorwort

Mutmaßliche Kriegsverbrecher außerhalb ihrer Heimat und weitab von den Tatorten vor Gericht zu stellen, ist immer ein waghalsiges Unterfangen. Im Falle der beiden Ruander Ignace Murwanashyaka und Straton Musoni, denen zwischen 2011 und 2015 in Deutschland der Prozess gemacht wurde, stießen gleich auf mehreren Ebenen Welten aufeinander: die durchreglementierte deutsche Strafjustiz und das unübersichtliche Chaos in den Wäldern der Demokratischen Republik Kongo; das brutale Wirken eines ruandischen bewaffneten Kampfverbandes in einem Kriegsgebiet und der hehre Anspruch des deutschen Völkerstrafrechts; aber auch die tiefe Deutschland-Verbundenheit der Tätermiliz FDLR und die Fremdheit ihrer afrikanischen Tatorte.

So hat der Stuttgarter Kriegsverbrecherprozess gegen die beiden höchsten politischen Anführer der FDLR (Demokratische Kräfte zur Befreiung Ruandas) in mehrfacher Hinsicht Geschichte geschrieben: Justizgeschichte, weil er als erster Gerichtsprozess in Deutschland das relativ neue Völkerstrafgesetzbuch (VStGB) einem ersten Praxistest unterzogen hat; kongolesische und ruandische Geschichte, weil er zur Aufklärung einiger der grausamsten Verbrechen der vergangenen Jahre im Dauerkriegsgebiet des Ostkongo beigetragen hat; und schließlich deutsche Zeitgeschichte, weil er deutlich macht, wie eng trotz aller geografischen Distanz und trotz aller Verständigungsschwellen die Verbindungen zwischen Deutschland und dem Afrika der Großen Seen auch in der Gegenwart noch sind.

Als am 17. November 2009 Murwanashyaka und Musoni in Baden-Württemberg verhaftet wurden, war es der breiteren deutschen Öffentlichkeit ein Rätsel, worum genau es gehen könnte. Als am 4. Mai 2011 vor dem Oberlandesgericht Stuttgart der Prozess gegen die beiden begann, waren nur einige internationale Recherchen veröffentlicht worden, die ein Schlaglicht auf die Zusammenhänge warfen. Als am 28. September 2015 endlich das Urteil fiel, war wenig hängen geblieben außer der Vermutung, irgendwie sei das alles sehr kompliziert.

Dieses Buch ist entstanden aus dem Anspruch, die Gesamtzusammenhänge über den Prozess, die Angeklagten und die FDLR darzustellen und die Komplexitäten damit verständlich zu machen. Dem dreiköpfigen Autorenteam ist das

Thema in unterschiedlicher Weise seit vielen Jahren vertraut. Dominic Johnson, Afrikaredakteur der *tageszeitung* (*taz*) in Berlin, befasst sich seit Jahrzehnten mit den politischen Umwälzungen im Afrika der Großen Seen, vom ruandischen Völkermord 1994 bis zu den Kongokriegen und ihren Folgen. Die Reorganisation von Ruandas Völkermordtätern in der FDLR ist dabei seit langem ein Thema. Simone Schlindwein, Reporterin im Afrika der Großen Seen mit Sitz in Uganda, stieß 2009 mit ihren Recherchen zur zentralen Rolle der FDLR-Führer in Deutschland bei der Steuerung der Miliz im Kongo nicht nur zur *taz*, sondern auch in ein hochbrisantes politisches Wespennest. In diesem stocherte bereits Bianca Schmolze, die seit 2008 im Rahmen der Menschenrechtskampagne »Gerechtigkeit heilt« der Medizinischen Flüchtlingshilfe (MFH) Bochum nach Wegen suchte, Opfern der aus Deutschland heraus geführten FDLR auch in Deutschland Gerechtigkeit zu verschaffen.

Als der Prozess in Stuttgart begann, baute sich eine Zusammenarbeit auf. Die *taz* richtete eine ständige Prozessbeobachtung ein und gewann dafür in Kooperation mit der MFH Bianca Schmolze, die dafür regelmäßig der Verhandlung beiwohnte. Simone Schlindwein unternahm zahlreiche Reisen und Recherchen zur FDLR vor Ort, besuchte sowohl die aktiven Kämpfer im Kongo als auch die demobilisierten Kämpfer in Ruanda. Dominic Johnson organisierte die Prozessberichterstattung und recherchierte historische, politische und juristische Hintergründe.

Ziel dieses Buches ist es, das Wirken der FDLR zu beleuchten und ihr Verhältnis zu Deutschland zu hinterfragen. Es geht nicht nur um eine juristische Dimension und die mögliche strafrechtliche Verantwortung einzelner FDLR-Führer vor deutschen Gerichten, sondern auch um eine politische Dimension und die historische Verantwortung Deutschlands. Dass sich die ruandische Hutu-Miliz in Deutschland »zu Hause« fühlte, war nicht nur Zufall, sondern hing mit historisch gewachsenen Beziehungen zusammen: Ruanda als deutsche Kolonie, später die enge Verbundenheit zwischen der Bundesrepublik Deutschland und der unabhängigen Republik Ruanda. Dass die völkermörderische Ideologie, die dem Selbstverständnis der FDLR zugrunde liegt, überhaupt in der Region Wurzel schlagen konnte, hat viel mit dem kolonialen Blick auf Ruanda und dessen politischen Folgen zu tun: die Wahrnehmung, Ruanda bestehe aus Hutu und Tutsi als unterschiedlichen »Rassen«; die Behauptung, Tutsi seien höherwertige Einwanderer und Hutu minderwertige Einheimische; und die Schlussfolgerung, Freiheit für Ruanda bedeute eine Emanzipation der Hutu und eine Vertreibung der Tutsi.

So nähert sich dieses Buch dem FDLR-Phänomen auf mehreren Ebenen.
Teil 1 beschreibt zunächst die FDLR als Akteur: die deutschen Karrieren der beiden Angeklagten; das Auftreten, die Struktur und das Innenleben der Miliz im Kongo; ihre intime Beziehung zu Deutschland. Teil 2 erzählt den historischen Hintergrund, ohne den das Selbstverständnis der FDLR nicht zu verstehen ist: Hutu und Tutsi, die ruandische »Revolution« von 1959, ihre Fortsetzung im Völkermord von

1994, die Flucht der Täter nach Zaire, Ruandas Jagd auf sie 1996 und ihre Reorganisation in der Demokratischen Republik Kongo, die 2000 in der Gründung der FDLR mündete. Teil 3 erläutert vor diesem Hintergrund die Ideologie und das Gedankengut der FDLR, vor allem ihre tiefe Religiosität und das politische Weltbild der ruandischen Hutu-Diaspora, in dem sich die FDLR bewegt. Teil 4 beschreibt die Blütezeit der FDLR im Kongo bis zum kongolesisch-ruandischen Krieg gegen sie im Jahr 2009 – das Jahr, in das auch die in Stuttgart vor Gericht verhandelten Kriegsverbrechen fallen – einschließlich der jahrelangen, meist vergeblichen juristischen und politischen Schritte gegen sie bis zur Verhaftung ihrer Führer. Teil 5 verfolgt den Gerichtsprozess in Stuttgart sowie die Entwicklung vor Ort im Zeitraum 2011 bis 2015, der einen Niedergang der FDLR gesehen hat, aber kein Ende der Gewalt. Darüber hinaus werden die juristischen Fragen dargelegt, die zumeist auch mit der Urteilsverkündung nicht abschließend beantwortet sind.

Mit diesen Darstellungen und Analysen liegt erstmalig eine gründliche komplexe Aufarbeitung der FDLR vor. Die Detailgenauigkeit und Mehrschichtigkeit sind notwendig, um das Rätsel namens FDLR zu dechiffrieren. Es geht nicht um eine wild gewordene Miliz, die im fernen Afrika wahllos Verbrechen begeht, sondern um eine straff geführte politisch-militärische Organisation, die klare Strategien verfolgt, eingebettet in die regionale Konfliktdynamik und in die ruandische Geschichte.

Die FDLR sieht sich in der Kontinuität des in ihren Augen einzig legitimen Staatswesens in Ruanda, nämlich der Hutu-dominierten Republik von 1959 bis 1994. Im Exil, in das sie sich durch die Rückkehr der Tutsi an die Macht in Ruanda getrieben sieht, hat sie eine Regierung, eine Armee, Staatsbürger, Gesetze und Auslandsvertretungen und ist hierarchisch durchorganisiert. Ihr langfristiges Ziel ist die Rückkehr dieses Staatswesens in seine Heimat Ruanda und dafür wirbt die FDLR mit religiösen Motiven, die ihrerseits in Ruandas Geschichte verankert sind. Um ihr Ziel zu erreichen, wünscht sie sich militärische Unterstützung vom Kongo und politische Unterstützung von der internationalen Gemeinschaft. Sie weigert sich, eine Demobilisierung zu akzeptieren, die im Kongo zu ihrem Verschwinden und in Ruanda zu ihrer Unterwerfung unter die bestehende Ordnung führen würde. Sie sieht sich vielmehr als Schutzmacht und staatliche Vertretung der im Kongo lebenden ruandischen Hutu-Flüchtlinge und lehnt sowohl deren Rückkehr nach Ruanda als auch deren Übergabe an kongolesische oder internationale Stellen ab. Umgekehrt sieht sie die kongolesische Zivilbevölkerung in ihren Einflussgebieten als legitimes militärisches Ziel in Zeiten, wo sie meint, sich verteidigen zu müssen.

Dieses komplett geschlossene Weltbild, das keinerlei Selbstkritik oder Schuldeingeständnis zulässt, präsentierte die FDLR auch vor Gericht in Stuttgart – in den Statements der Angeklagten, in der verlesenen Telekommunikation ihrer Anführer und Militärs, in manchen Zeugenaussagen ihrer demobilisierten Kämpfer. Der Prozess gegen die FDLR-Führung in Deutschland hat es ermöglicht, in einzigartiger Weise nachzuvollziehen, wie dieses politisch-militärische Denken funktioniert, wie es auch nach innen gepflegt wird und wie eng die aktuelle militärische Strategie der FDLR mit ihrer historisch-ideologischen Verwurzelung zusammenhängt.

Der Prozess gegen Murwanashyaka und Musoni in Stuttgart ging mit Schuldsprüchen und Urteilen zu Ende. Damit war er nach seinen eigenen Maßstäben erfolgreich. Nicht zufrieden dürfte allerdings mit dem Ergebnis sein, wer das Völkerstrafrecht nicht nur als formaljuristisches Mittel zur Normierung neuer Straftatbestände begreift, sondern auch als politisches Instrument, um Straflosigkeit zu überwinden und Gerechtigkeit für Überlebende schwerster Menschheitsverbrechen zu schaffen. In diesen Bereichen hat das Experiment namens »FDLR-Prozess« der deutschen Justiz ihre Grenzen aufgezeigt. Sollte es in Deutschland zu weiteren Völkerstrafprozessen kommen, würden diese von einer offenen Aufarbeitung des FDLR-Verfahrens profitieren, und zwar nicht nur im Sinne einer juristischen Revision.

Die politische Herausforderung ist diese: Wenn es möglich ist, eine Organisation wie die FDLR im Kongo jahrelang aus Deutschland heraus zu führen, muss es auch möglich sein, sich aus Deutschland heraus effektiv und mit zivilen Mitteln für ihre Opfer und für die Bevölkerungen des Afrika der Großen Seen insgesamt einzusetzen. Übertragen ließe sich das auf jede Konfliktsituation, bei der die deutsche Justiz nach universeller Rechtsprechung Akteure anklagen könnte. In diesem besonderen Fall der FDLR ist festzuhalten, dass vielen Ruandern und vielen Kongolesen unermessliches Leid zugefügt worden ist – als Folge von Denkmustern und Verbrechen, deren Spur unter anderem auch nach Deutschland führt. Sie alle haben einen Anspruch darauf, in Deutschland wahrgenommen zu werden und deutsche Solidarität beim Aufbau einer anderen, besseren Zukunft zu erfahren. Es gibt viele verschiedene Möglichkeiten dazu. Der FDLR-Prozess in Deutschland war ein Versuch und er eröffnet den Weg – im Sinne von Aufklärung, Aufarbeitung, Verständigung und Konfliktlösung sowie der Weiterentwicklung – zu universeller Rechtsprechung. Dieses Buch ist – hoffentlich – ein erster Schritt auf diesem Weg.

Wer im Ostkongo vor 2009 als Ausländer das kongolesische Territorium der FDLR betreten wollte, musste den Präsidenten in Deutschland um Erlaubnis bitten. Dafür suchte man im Internet nach »FDLR« und stieß auf die offizielle Website *www.fdlr.org*. Am unteren Ende der Startseite standen die Handynummer und zwei E-Mail-Adressen von Ignace Murwanashyaka. Ohne die Zustimmung des Präsidenten wurde man im Kongo an der Straßensperre zum FDLR-Gebiet nicht durchgelassen, wurden Fragen von Journalisten und Journalistinnen nicht beantwortet. Nachdem im Jahr 2009 die Webseite abgeschaltet und der Präsident verhaftet wurde, ging auch das nicht mehr. Es blieb lediglich der Telefonkontakt.

Simone Schlindwein, die häufig ausgedehnte Reportage-Reisen im Osten der Demokratischen Republik Kongo unternimmt, erzählte im Jahr 2012 FDLR-Sprecher Laforge Fils Bazeye vom geplanten Buch und bat um konstruktive Mitarbeit. Die politische und militärische Führung beriet und willigte in eine Reihe von Treffen ein, allerdings nicht mit dem Oberkommandierenden General Mudacumura, der sich auf Weihnachts- und Neujahrsgrüße auf Deutsch beschränkte. So kam es zu mehreren Begegnungen mit der FDLR in ihrem Hoheitsgebiet – Gelegenheiten, die FDLR aus erster Hand anzuhören und auch eine Reihe schriftlicher Materialien zu erhalten. Im Laufe der Jahre 2009 bis 2015 hat Simone Schlindwein außerdem bei der UN-Mission in Goma sowie bei zahlreichen Besuchen im Demobilisierungslager Mutobo in Ruanda rund 50 demobilisierte FDLR-Kämpfer interviewt, sich Erinnerungen erzählen und Fotos zeigen lassen. Außerdem interviewte sie ruandische und kongolesische Protagonisten des Krieges gegen die FDLR, besuchte die gegen die FDLR kämpfenden Milizen und ging auch in Deutschland auf Suche nach den Spuren der FDLR-Führer.

Bianca Schmolze verbrachte zwischen 2011 und 2015 mehrere Hundert Tage im Gerichtssaal Nummer sechs des Oberlandesgerichtes Stuttgart und verfolgte den Prozess gegen Murwanashyaka und Musoni live. Ihre Mitschriften der Gerichtsverhandlung enthalten den Wortlaut der vor Gericht getätigten Zeugenaussagen und verlesenen Anträge, Beschlüsse, Einlassungen, Schriftstücke, Asservate und Tausende der überwachten »Telekommunikationsereignisse« wie Telefonate, E-Mails und Textnachrichten. Darüber hinaus hielt sie Kontakt zu interessierten Menschenrechtsorganisationen, Prozessbeobachterinnen und – soweit möglich – den Verfahrensbeteiligten, um deren jeweilige Einschätzung des Prozessgeschehens und der Folgen fortlaufend in Erfahrung zu bringen, und nutzte ihre eigenen Kenntnisse, um das Verfahren und seinen Verlauf aus der Menschenrechtsperspektive zu analysieren.

Dominic Johnson durchforstete seine in 25 Jahren Beschäftigung mit dem Afrika der Großen Seen gesammelten Archive nach der FDLR, ihren Vorgängern, Vorläufern und Verbündeten und förderte dabei viele Originaldokumente und öffentlich unbekannte Materialien zutage. Seine auf zahlreichen Reisen gewonnenen Erkenntnisse über die Konfliktdynamik in der Region haben geholfen, mit diesen sowie den vor Gericht präsentierten, bisher weitgehend unbekannten Materialien und Aussagen der Akteure die Geschichte der FDLR und ihres Krieges im Detail zu rekonstruieren. Für die fernere Vorgeschichte der FDLR, die zugleich eine Ideologiegeschichte Ruandas ist, suchte er über die allgemein bekannten Veröffentlichungen hinaus bevorzugt zeitgenössische Quellen aus Ruanda selbst. Er hat auch immer wieder den Prozess in Stuttgart besucht, ebenso die Schlussphasen des zeitgleich laufenden FDLR-Prozesses in Düsseldorf und des Ruanda-Völkermordprozesses in Frankfurt.

Die überwiegende Mehrheit der Informationen und Aussagen über die FDLR in diesem Buch beruhen auf Aussagen von FDLR-Mitgliedern oder der Organisation als Ganzes – vor Gericht, in vor Gericht verwendeter Kommunikation, gegenüber den Autoren oder in zeitgenössischen Schriftstücken und Äußerungen. Die Ideologiegeschichte Ruandas greift ebenfalls soweit möglich auf Aussagen und Stellungnahmen der ruandischen Akteure zurück, die ansonsten in der historischen Forschung über Ruanda wenig Berücksichtigung finden. Ebenso wenig gehen die existierenden Buchveröffentlichungen über Ruandas Völkermord bisher auf die Prozesse und Urteile des UN-Ruanda-Völkermord-Tribunals ICTR ein, dessen Arbeit erst 2015 zu Ende ging – daraus können beispielsweise Erkenntnisse über die Rolle späterer FDLR-Akteure 1994 gewonnen werden.

Zitate aus dem Gericht in Stuttgart – oder in Düsseldorf oder Frankfurt – beruhen sämtlich auf unseren Mitschriften der Prozessbeobachtung in öffentlicher Verhandlung und sind nach bestem Wissen und Gewissen wortgetreu, einschließlich möglicher sprachlicher Fehler des ruandischen Dolmetschers. Genannt werden dabei immer die laufende Nummer des Verhandlungstages und das Datum. Die Namen zitierter Zeugen werden zu deren Schutz nicht genannt, mit Ausnahme des ersten FDLR-Militärchefs Paul Rwarakabije, der als Person des öffentlichen Lebens in Ruanda zur FDLR-Geschichte aussagte, sowie der internationalen Zeugen, die dafür ihr Einverständnis gaben.

Zitate aus Interviews oder schriftlichen Materialien und Dokumenten werden als solche kenntlich gemacht, ebenso Quellen möglicherweise umstrittener oder ansonsten unbekannter Informationen. Soweit nicht anders vermerkt, befinden sich schriftliche Dokumente sämtlich im Archiv der Autoren. Auch alle deutschen Übersetzungen der zumeist französischen und englischen Originale der zitierten Dokumente stammen von den Autoren. Wo es eine Originalquelle im Internet gibt, wird diese genannt. Alle Internetquellen wurden zum Stichtag 14. März 2016 letztmalig abgerufen und geprüft. UN-Berichte und –Beschlüsse sowie ICTR-Urteile sind zwar im Internet abrufbar, aber nicht per URL, sondern ausschließlich über Suchfunktion auf den entsprechenden Webseiten; daher werden für sie keine einzelnen Internet-Links ausgewiesen.

Über manche verwendeten Terminologien gibt es unterschiedliche Ansichten. So verwenden wir die Begriffe »sexuelle Gewalt« und »Verbrechen gegen die Menschlichkeit«, obwohl vielerorts inzwischen die sprachlich präziseren Begriffe »sexualisierte Gewalt« und »Verbrechen gegen die Menschheit« präferiert werden. Wir orientieren uns dabei an den Formulierungen der entsprechenden deutschen Gesetze. Manche Menschenrechtsgruppen ziehen auch den Begriff »Überlebende« dem von uns weiter verwendeten Begriff »Opfer« vor. Auch hier bleiben wir beim juristisch üblichen Sprachgebrauch.

Bei der Wiedergabe der im Afrika der Großen Seen gebräuchlichen Identitätszuschreibungen orientieren wir uns an der Verständlichkeit. Die verbreiteten Präfixe mu- für Singular und ba- für Plural verwenden wir nicht – statt Muhutu für einen Hutu und Bahutu für mehrere schreiben wir durchgängig »Hutu«, obwohl das strenggenommen ein Adjektiv ist, ebenso bei »Tutsi« und anderen Gruppenbezeichnungen. Die Ausnahme bildet die kongolesische Volksgruppe der Bahunde, bei der auf Deutsch das Weglassen des Präfixes zu Missverständnissen führt.

Die Verwaltungseinheiten der ostkongolesischen Provinzen Nord- und Süd-Kivu werden wie folgt wiedergegeben: Die jeweils sechs und acht *territoires,* in die die beiden Provinzen unterteilt sind, nennen wir Distrikte; die nächstkleinere Verwaltungseinheit *groupement* nennen wir Kreis, die *commune* ist eine Gemeinde.

Dieses Buch hätte nicht entstehen können ohne all die Menschen, die unsere Arbeit mit ihren Kenntnissen und Kontakten unterstützten und zum Teil ihre Informationen und Recherchen mit uns teilten. Genannt seien die internationalen ExpertInnen und UN-MitarbeiterInnen Susanne Brezina, Thomas Brillisauer, Matthew Brubacher, Raymond Debelle, Bruno Donat, Claudio Gramizzi, Tony Greig, Gregory Gromo Alex, Harald Hinkel, Stefan Jorek, Martin Kobler, Philip Lancaster, Bernd Leber, Dinesh Mahtani, Claus Molitor, Rakiya Omaar, Marie Plamadiala, Hans Romkema, Aloys Tegera, Pascal Turlan, Adriaan Verheul, Mass Walimba. Ein besonderer Dank gebührt Gregory Gromo Alex, dem verstorbenen Leiter des UN-Demobilisierungsprogramms DDRRR in Goma, der uns kurz vor seinem Tod exklusiv Teile seiner unvollendeten Memoiren zukommen ließ.

Offizielle in Ruanda halfen, formlos Zugang zum Demobilisierungslager Mutobo und seinen Bewohnern zu gewähren, in erster Linie Jean Sayinzoga, Vorsitzender der ruandischen Demobilisierungskommission; Paul Rwarakabije, der ehemalige FDLR-Militärchef; und Mutobos Lagerleiter Frank Musenera sowie sein Vize Jean-Marie Turabumukiza. Zahlreiche demobilisierte FDLR-Kämpfer sprachen in Mutobo und außerhalb aufrecht und offen über sich und ihre Organisation und schenkten uns ihr Vertrauen. Die Völkermord-Ermittler-Einheit der ruandischen Staatsanwaltschaft und der langjährige Generalstaatsanwalt Martin Ngoga gaben Aufschluss über Ruandas Jagd nach Völkermordtätern in der FDLR und in Deutschland. Gespräche mit vielen Ruandern in Ruanda und Deutschland haben zusätzliche Einblicke ermöglicht.

Zahlreiche Menschen im Kongo halfen, die schwierigen Reisen ins FDLR-Gebiet durchzuführen, in erster Linie der Journalist Chrispin Mvano, dessen Sprach- und Ortskenntnisse und lokale Kontakte unverzichtbar waren, und Patrick, der seinen Geländewagen zielsicher durch Matsch und Frontlinien steuerte. Viele andere Kongolesen trugen zum Verständnis der FDLR im kongolesischen Alltag bei und gaben Auskunft über einzelne Ereignisse. Aktuelle und ehemalige Vertreter der FDLR selbst, die auf Nachfrage Auskünfte jenseits der eigenen Person erteilten, waren Laforge Fils Bazeye und Félicien Kanyamibwa.

Wir bedanken uns bei allen Prozessbeteiligten in Stuttgart, die den Prozess zu einem besonderen Ereignis werden ließen und die im Rahmen ihrer Möglichkeiten immer wieder bereit waren, geduldig ihre Sicht der Dinge zu erklären und uns zu helfen, unsere juristische Unkenntnis zu überwinden. Besonderer Dank gebührt dem Vorsitzenden Richter Jürgen Hettich, der nach Prozessende bereitwillig schriftliche Fragen beantwortete, und den Pressesprechern des Gerichts, Mathias Merz und Stefan Schüler, die nie den Überblick verloren. In Stuttgart leisteten die anderen Prozessbeobachterinnen Lea Boos, Stephanie Dufner und Tina Jongkind zuweilen wertvolle Mithilfe. In Düsseldorf beobachtete die Journalistin Annette Hauschild den FDLR-Unterstützerprozess, in Frankfurt/Main der Journalist Andreas Kraft den Ruanda-Völkermordprozess.

Wir bedanken uns bei unseren Arbeitgebern *tageszeitung* und MFH, die die extrem zeitaufwendige Prozessbeobachtung und Bucharbeit duldeten und ermöglichten. Das Pole Institute im Kongo, dessen FDLR-Seminare in Goma wegweisend für die lokale Diskussion gewesen sind, kofinanzierte die Prozessbeobachtung. Brot für die Welt hat das Erscheinen dieses Buches finanziell gefördert.

Unsere Lektorin Cornelia Wilß, die das Projekt von Beginn an begleitete, und Verlagslektor Patrick Oelze sorgten mit Beharrlichkeit und Sorgfalt dafür, dass drei unterschiedliche Ansätze und Arbeitsweisen tatsächlich zu einem Buchmanuskript zusammenfinden konnten. Yannick Tylle und Michael Wegener erstellten die Karten.

Nicht zuletzt gebührt ein ganz besonderer Dank und besondere Anerkennung unserem jeweiligen privaten Umfeld, dessen Geduld im Laufe dieser schier unendlichen Arbeit immer wieder auf harte Proben gestellt wurde – aber ohne dessen Verständnis und Unterstützung sie auch nie zu einem Abschluss gefunden hätte.

Dominic Johnson, Simone Schlindwein, Bianca Schmolze
Berlin/Kampala/Bochum, März 2016

Teil 1

Die FDLR zwischen Kongo und Deutschland

Kapitel 1
Ein historischer Prozess

Die 98 Publikumsplätze im Saal Nummer sechs des Oberlandesgerichtes (OLG) Stuttgart sind fast voll besetzt. Auf den dunkelgrün bezogenen Klappstuhlreihen tummeln sich Juristen und Menschenrechtsexperten, langjährige Prozessbeobachter, persönliche Freunde der Angeklagten, vorne eine Reihe Journalisten, manche mit Kameras. Es beginnt der 320. Tag des Prozesses gegen Ignace Murwanashyaka und Straton Musoni, die beiden in Deutschland lebenden politischen Führer der im Kongo für zahlreiche Verbrechen verantwortlichen ruandischen Hutu-Miliz FDLR (Demokratische Kräfte zur Befreiung Ruandas). Seit fast sechs Jahren sitzen die beiden in Untersuchungshaft, seit über vier Jahren stehen sie wegen der Verbrechen, die die FDLR im Kongo begangen haben soll, vor dem für Staatsschutzsachen zuständigen 5. Strafsenat des OLG Stuttgart. Es ist, wie der Vorsitzende Richter Jürgen Hettich später an diesem Tag sagen wird, der längste Prozess in der Stuttgarter Justizgeschichte.

Erwartungsvolles Raunen geht durch den Saal; es ist eine beinahe feierliche Atmosphäre, fast kommt so etwas wie Abschiedsstimmung auf. Dieser 320. Verhandlungstag am 28. September 2015 ist zugleich der letzte. Nach über vier Jahren soll endlich das Urteil fallen in dem ersten unter internationalen Völkerstrafrechtsstandards geführten Kriegsverbrecherprozess in Deutschland.

Wie immer wird Straton Musoni als Erster in den Verhandlungssaal geführt. Der ehemalige Erste Vizepräsident der FDLR lächelt entspannt, er ruft »Guten Morgen!« ins Publikum und blickt, bevor er sich setzt, interessiert in das Publikumsgedrängel, von dem er nur durch einen Justizpolizeibeamten getrennt sitzt. Nach ihm kommt Ignace Murwanashyaka, wie Musoni in Handschellen. Kleiner und drahtiger als sein Stellvertreter, weiter hinten platziert und daher praktisch unbemerkt auf die Anklagebank geführt, würdigt der nach wie vor amtierende FDLR-Präsident das Geschehen um ihn herum keines Blickes. Er wirkt absolut konzentriert. Vor den beiden Angeklagten sitzen ihre jeweiligen Verteidiger, vier insgesamt. Drei Staatsanwälte der Generalbundesanwaltschaft sitzen in roten Roben auf der anderen Seite des Saals.

Drei Minuten nach dem veranschlagten Verhandlungsbeginn erscheinen unversehens die Richter, wie immer lautlos mit wehenden schwarzen Roben aus einer unsichtbaren Tür, als träten sie auf eine Theaterbühne, und gehen auf ihrem Podium zu ihren Richterstühlen hinter ihrem langen Tisch, an der weißen Rückwand das stilisierte Baden-Württemberger Landeswappen mit den drei Löwen. Das Getuschel im Saal verstummt, alle stehen auf. »Bitte nehmen Sie Platz«, sagt der Vorsitzende Richter Hettich zum 320. Mal, flankiert von je zwei Kollegen rechts und links neben ihm. Ein paar Sekunden lang darf der TV-Kameramann seine Bilder machen. Dann komplimentiert Richter Hettich ihn höflich hinaus, bittet das Publikum, sich erneut zu erheben, und sagt: »Im Namen des Volkes.«

Es folgt das Urteil. »Der Angeklagte Dr. Ignace Murwanashyaka wird wegen Rädelsführerschaft einer terroristischen Vereinigung in Tateinheit mit Beihilfe zu vier Kriegsverbrechen zu 13 Jahren Haft verurteilt. Der Angeklagte Straton Musoni wird wegen Rädelsführerschaft einer terroristischen Vereinigung zu acht Jahren Haft verurteilt. Die Angeklagten tragen die Kosten des Verfahrens. Der Haftbefehl gegen Dr. Murwanashyaka wird aufrechterhalten. Der Haftbefehl gegen Herrn Musoni wird aufgehoben.«[1]

Noch fast fünf Stunden wird es an diesem Tag dauern, bis die volle mündliche Urteilsbegründung verlesen ist. Aber schon nach einer Minute ist klargeworden: Dieses Verfahren hat einen unerwarteten Verlauf genommen.

Wie anders war es noch am 4. Mai 2011 gewesen, als dieser Prozess am gleichen Ort begann. Die Sitzreihen im Publikumsbereich waren genauso voll besetzt wie am 28. September 2015, die Erwartungshaltung war ebenso groß. Mucksmäuschenstill wurde es damals im Saal, als Oberstaatsanwalt Christian Ritscher am Nachmittag bei der Verlesung der Anklage das Schicksal der anonymisierten kongolesischen Zeugin Z6 schilderte. Sie wurde, las der oberste Ankläger mit schneller, scharfer Stimme vor, in ihrer Hütte mit dem Bajonett in den Oberschenkel gestochen und dann vergewaltigt, während ihr gefesselter Mann zusehen musste. Die 13-jährige Tochter wurde von fünf FDLR-Kämpfern hintereinander sexuell missbraucht. Dann verschleppten die ruandischen Hutu-Milizionäre die kongolesische Familie in den Urwald. Zeugin Z6 wurde in einem FDLR-Militärlager als »Sexsklavin« eines Kommandeurs gehalten und jeden Tag vergewaltigt. Nach sieben Monaten konnte sie fliehen. Ihr Mann und ihre Tochter sind verschollen. Das alles geschah, so die Anklage, im Jahr 2008.[2]

Das war kein Einzelfall, sondern einer von vielen, einer unvorstellbarer als der andere. Ritscher nannte Tatorte: Butolongi. Kibua. Kiboko. Kibua. Manje. Mianga. Luofu. Remeka. Ciriba. Busurungi. Lauter unbekannte kleine Dörfer im Osten der Demokratischen Republik Kongo, deren Bewohner laut Anklage dem Terror der FDLR in den Jahren 2008 und 2009 zum Opfer fielen. Damals habe die unter

1 Urteilsverkündung, Prozesstag 320, OLG Stuttgart 28.9.2015
2 Dies und weitere Zitate und Angaben: Anklageverlesung, Prozesstag 1, OLG Stuttgart 4.5.2011

militärischen Druck der kongolesischen und ruandischen Armee geratene Miliz »planmäßig humanitäre Katastrophen« geschürt, um »die Gefügigkeit der Bevölkerung zu erzwingen«, so die Anklage.

214 Tote. 15 Vergewaltigungen. 5 Versklavungen. 67 Fälle von Freiheitsberaubung. Kurz geschildert wurden die Schicksale der kongolesischen Opferzeugen, zum Schutz ihrer Identität mit Nummern von 1 bis 10 versehen, um den »planmäßigen Einsatz sexueller Gewalt als Mittel der Kriegsführung« zu beweisen. »Nach ein- bis zweitägigem Marsch übten die sechs FDLR-Milizionäre nacheinander gewaltsam Geschlechtsverkehr mit der Zeugin Z8 aus«, berichtete Ritscher. Über eine Gruppe entführter Frauen heißt es, sie wurden »mehrere Monate lang als Sexsklavinnen gefangen gehalten und täglich gegen ihren Willen zum Geschlechtsverkehr gezwungen. Gewöhnlich standen jeweils sieben Kämpfer, manche mit Waffen, um die jeweilige Frau herum und vergewaltigten sie einer nach dem anderen. Nach etwa drei Monaten verstarben zwei Frauen an den Verletzungen und Unterleibsblutungen.«

Im Stakkato verlas der Oberstaatsanwalt die einzelnen Tatvorwürfe. Zum Beispiel Kibua: »Während eines Angriffes der FARDC[3] und der ruandischen Armee am 27. Januar 2009 töteten FDLR-Kämpfer mindestens acht der entführten Personen. Darunter befanden sich eine schwangere Frau, der der Bauch aufgeschlitzt wurde, und ein zehnjähriges Mädchen, das den Tod fand, als es von einem FDLR-Milizionär brutal gegen eine Mauer geschlagen wurde.«

Am 15. Februar 2009, so die Anklage, umzingelten FDLR-Kämpfer die Zeugin Z5 und weitere auf einem Kartoffelfeld. Vier Kämpfer warfen die Frau zu Boden und vergewaltigen sie. Anschließend stach ihr ein Kämpfer mit einem Messer in den Oberschenkel. Nachdem die Angreifer die Zeugin Z5 an einen Baum gebunden hatten, stach ihr ein Kämpfer mit einer Machete in den Rücken. Sieben andere schlugen ihre schwangere Nachbarin mit Stöcken. »Anschließend übten die sieben Kämpfer jeweils nacheinander mit der Nachbarin gegen deren Willen den Geschlechtsverkehr derart brutal und gewaltsam aus, dass diese noch am Tatort auf Grund der ihr so zugefügten Unterleibsverletzungen verblutete.«

Die verschiedenen Angriffe, das geht aus der Anklage hervor, ereigneten sich alle in den frühen Morgenstunden, als die Zivilbevölkerung schlief. Der Ortsvorsteher des Ortes Mianga wurde am Ostersonntag 2009 in seinem Haus mit einer Machete geköpft. Am 8. Mai wurden 131 Häuser im Dorf Butolonga niedergebrannt, am 10. Mai mindestens 700 Häuser in der Ortschaft Busurungi zerstört und zahlreiche Zivilisten dort getötet. »FDLR-Kämpfer feuerten in der Dunkelheit wahllos auf Häuser und Menschen, ohne zwischen FARDC-Soldaten und der Zivilbevölkerung zu unterscheiden«, so der Ankläger. »Sie erschossen, erstachen, erschlugen oder zerhackten mindestens 96 Zivilisten.«

3 Regierungsarmee der Demokratischen Republik Kongo

Das Massaker von Busurungi war das schlimmste einzelne der FDLR zugeschriebene Verbrechen, das in Stuttgart vorgetragen wurde. »Aus dem Haus der Zeugin Z1 und des Zeugen Z2«, so die Anklage, »entwendeten zwei FDLR-Rebellen Geld und Kleidung. Einer der beiden schlug der Zeugin Z1 anschließend in Tötungsabsicht mit einer Machete gegen den Kopf. Da der Hieb nicht richtig traf, überlebte die Zeugin und trug eine Schnittwunde davon. Darüber hinaus wurden Dorfbewohner gezielt verstümmelt. So wurde während des Angriffes einer Frau ein Arm abgehackt, einer anderen ein Teil einer Brust abgetrennt. Nach dem Angriff erstatteten der Kommandeur der FDLR-Miliz in der Demokratischen Republik Kongo, Generalmajor Sylvestre Mudacumura, und ein weiterer Milizenführer der FDLR dem Angeschuldigten Dr. Murwanashyaka über die Geschehnisse Bericht. Dieser leitete die Nachricht umgehend an den Angeschuldigten Musoni weiter. Die Angeschuldigten stritten trotz ihrer Kenntnis von dem Massaker in einer abgestimmten offiziellen Pressemitteilung für die FDLR ab, dass ihre Miliz in Busurungi Gräueltaten begangen hatte.«

Am Ende verlas Staatsanwalt Ritscher die Anklagepunkte: Verbrechen gegen die Menschlichkeit in 26 Fällen, Kriegsverbrechen in 39 Fällen; außerdem beim Angeklagten Murwanashyaka »Rädelsführerschaft« in einer ausländischen terroristischen Vereinigung, bei Musoni »Mitgliedschaft«.

Musoni, in hellbraunem Jackett und Krawatte, wirkte bei dieser Verlesung steif und nervös, er blickte nach unten, auf seine Hände im Schoß. Murwanashyaka hingegen saß ruhig da und hörte aufmerksam zu. Gekonnt ließ er die Perlen seines Rosenkranzes durch die Finger gleiten. Ruander, die später Fotos von ihm im Gerichtssaal an diesem ersten Verhandlungstag sahen, waren geschockt: Genauso, mit fliederfarbenem Hemd und Rosenkranz mit Kreuz um den Hals, traten während des Völkermordes an den Tutsi in Ruanda 1994 die an den Massakern an bis zu einer Million Menschen beteiligten katholischen Priester auf.

An diesem 4. Mai 2011 war der Horror, der erst Ruanda und später die Demokratische Republik Kongo ergriff, plötzlich ganz nahe. Parallel zur Prozesseröffnung in Stuttgart lief damals bereits seit vier Monaten vor dem Oberlandesgericht Frankfurt/Main ein Prozess wegen Völkermordes gegen einen früheren ruandischen Bürgermeister, der an den Massakern an Tutsi 1994 beteiligt gewesen war. Mit dem folgenden Prozess gegen die FDLR-Miliz, so schien es, mache sich die deutsche Justiz ernsthaft an die Aufarbeitung des Schreckens im Afrika der Großen Seen – von den organisierten Massakern an den Tutsi in Ruanda 1994 bis zu den Gräueltaten der Nachfolgearmee der ruandischen Völkermordtäter im Kongo 15 Jahre später.

Das Medieninteresse in Stuttgart war gewaltig. Jeder wollte diese geheimnisumwitterten Milizenführer aus dem fernen Afrika sehen, von denen die meisten vorher noch nie gehört hatten. Es hagelte Blitzlichtgewitter um die beiden Ruander, die stumm dasaßen, Musoni eher geniert, Murwanashyaka eher stolz, aber beide so gar nicht furchteinflößend, wie man sich Warlords vorstellt. Jeder verfügbare Prozessbeteiligte war sofort von Mikrophonen umgeben, es gab mehr Journalisten als freie Plätze. Die Anwälte der Angeklagten verteilten Flugblätter, als befänden sie sich auf einer Demonstration, und erklärten das komplette Geschehen für menschenrechts- und verfassungswidrig. Angereiste Interessierte vom Internationalen Strafgerichtshof (ICC) und vom in Stuttgart basierten Afrika-Kommando der US-Streitkräfte ließen sich draußen auf dem Flur die Anklage und das deutsche Recht erklären. Ein Hauch von Weltgeschichte wehte durch den verschachtelten grauen Betonklotz in der Olgastraße im Stuttgarter Justizviertel.

Am Tag des Urteils, vier Jahre, vier Monate, drei Wochen und drei Tage später, ist von dieser Aufbruchsstimmung nur wenig übrig. Dieser Prozess hat tatsächlich Geschichte geschrieben. Aber nicht die, die vorgesehen war.

Kapitel 2
Ignace Murwanashyaka: Führer mit Asyl in Deutschland

Jeder FDLR-Kindersoldat im Kongo weiß von ihm. »Ignace« nennen sie ihren »großen Führer in Deutschland«.[4] In Textnachrichten sprechen FDLR-Kommandeure ihn mit »Seine Exzellenz« an.[5] Manche nennen ihn »den Doktor«.[6] Junge FDLR-Kämpfer sagen über ihn: »als Kind muss man den Vater respektieren«.[7] »Er lebt in einer großen Villa und fährt Mercedes«, erläutert ein ehemaliger Major seine Vorstellungen vom Leben des Führers im fernen Europa.[8] Hochrangige FDLR-Funktionäre sehen in ihm den großen Staatsmann: »Er hat uns bei seinem Besuch im Dschungel erklärt, er habe Kontakte in die höchsten Kreise der Politik.«[9] Sie alle loben und preisen ihren Präsidenten als Führer, der sich so für ihre Belange einsetzt. Nur privat ließen sich Mitglieder der obersten Führung manchmal herablassend über ihren Chef in Deutschland aus: Sie nannten ihn den »kleinen Weißen«, berichtet ein ehemaliger hochrangiger Kommandeur vor Gericht in Stuttgart und kritisiert: »Man sollte ihn ›Exzellenz Dr. Ignace Murwanashyaka‹ nennen.« Dann zitiert er weitere Sprüche über die Politiker in Deutschland, die angeblich im Hauptquartier gedroschen werden: »Sie sind in Europa und haben keine Ahnung, wie wir hier leben«, oder: »Sie essen gut beschmierte Brote mit Mayonnaise.«[10]

Von einer Villa mit Mercedes vor dem Garagentor ist die kleine Erdgeschosswohnung in der Bahnhofstraße 32 in Mannheim, in der der FDLR-Präsident bis zu seiner Verhaftung 2009 lebte, weit entfernt. »MURWANASHYAKA« stand in schwarzen Druckbuchstaben auf dem Klingelschild des Mehrfamilienhauses. Hinter einer verwaschenen grauen Fassade hatte der FDLR-Präsident seine Kommandozentrale eingerichtet: vier Satellitentelefone, Handy, Festnetztelefon,

4 Interview mit FDLR-Kindersoldaten, Goma März 2011
5 SMS von FDLR-Bravo an Murwanashyaka, 17.4.2009, Prozesstag 285, OLG Stuttgart 25.2.2015
6 Zeugenaussage, Prozesstag 66, OLG Stuttgart 19.3.2012
7 Zeugenaussage, Prozesstag 36, OLG Stuttgart 7.11.2011
8 Interview, Kigali März 2009
9 Interview, Mutobo März 2011
10 Zeugenaussage, Prozesstag 168, OLG Stuttgart 17.7.2013

Internetanschluss und Computer. Regelmäßig trafen sich die in Europa lebenden FDLR-Politiker in seinem Wohnzimmer. Ob die FDLR im Dschungel zum Angriff oder zum Rückzug bläst, ob sie Verhandlungen eingeht oder lieber Krieg führt – um diese Grundsatzentscheidungen ging es in Mannheim.

Die Mannheimer Nachbarn kannten »Ignace«, dessen langen ruandischen Nachnamen sie nicht auszusprechen vermochten, als etwas unnahbaren, zutiefst gläubigen Katholiken, der fast täglich abends zur Kirche kam und seinen Rosenkranz betete. Mit seinem Sohn radelte er zum Kindergarten, sonntags schob er alte Menschen im Rollstuhl zum Gottesdienst. Murwanashyaka wird als Eigenbrötler geschildert, aber auch als christlicher und hilfsbereiter Flüchtling, der perfekt Deutsch spricht und seinen deutschen Doktortitel zur Schau trägt. Ein in Belgien lebender Ruander erinnert sich an sein letztes Treffen mit ihm: Er habe in seiner eigenen Welt gelebt und sehr viel gebetet – morgens, mittags und abends.[11]

Studium und Asyl in Deutschland

Ignace Murwanashyaka wurde am 14. Mai 1963 in der Gemeinde Mugusa im Süden Ruandas bei Butare geboren. Er ging auf eine katholische Schule des Missionsordens der Weißen Väter, die im Ruanda der Kolonialzeit den Katholizismus eingeführt hatten. Ein deutscher Ordensbruder, der ihn in der ersten Grundschulklasse unterrichtete, soll ihm den christlichen Namen »Ignace« gegeben haben. Davor kannte man ihn nach seinem ruandischen Kindheitsnamen »Kasulu«.[12]

Der ruandische Name »Murwanashyaka« bedeutet etwa »einer, der sich für seine Gemeinschaft einsetzt« und wurde in Ruanda auch als Bezeichnung für Aktivisten der Einheitsparteien benutzt, die das Land nach der Unabhängigkeit 1962 regierten. Nach der Oberschule war Ignace Murwanashyaka von 1983 bis 1986 in Mugusa als Lehrer tätig. Schon damals engagierte er sich politisch, schreibt er später in seinem Asylantrag: Er war zuständig für politische Propaganda und Animation für die Gemeinde. Von 1987 bis 1989 studierte er in Kinshasa, der Hauptstadt des damaligen Zaire (heute Demokratische Republik Kongo), dem Nachbarland Ruandas.[13] In jenen Jahren gab es an den zairischen Unis ständig Proteste gegen Diktator Mobutu Sese Seko, woraufhin die Uni geschlossen wurde. Murwanashyaka bewarb sich auf das deutsche Stipendienprogramm der Rheinland-Pfalz-Ruanda-Partnerschaft. Erfolgreich.

Als der 26-jährige Ruander Ende 1989 mit einer befristeten Aufenthaltserlaubnis zu Studienzwecken in Bonn ankam, war gerade in Berlin die Mauer gefallen.

11 Zeugenaussage, Prozesstag 31, OLG Stuttgart 12.10.2011
12 Zeugenaussage, Prozesstag 31, OLG Stuttgart 12.10.2011
13 Diese und folgende biografische Angaben nach: Verlesung von Asylantrag und anderen Dokumenten, Prozesstag 94, OLG Stuttgart 1.8.2012

Er besuchte Deutsch-Sprachkurse und schrieb sich am Studienkolleg in Bonn für Volkswirtschaftslehre ein. Nach zehn Semestern schloss er am 31. Juli 1995 sein Diplom mit der Durchschnittsnote von 2,9 ab, befriedigend. Anschließend promovierte er in Köln. »Untersuchungen über die Geldnachfrage in Südafrika« lautete der Titel seiner Promotionsarbeit, die im Jahr 2001 mit rund 200 Seiten erschien. Als die Arbeit publiziert wurde, war Murwanashyaka bereits Führungsmitglied der FDLR.

Finanziert wurde Murwanashyakas Studium am Rhein über das rheinland-pfälzische Partnerschafts-Stipendium sowie die Katholische Hochschulgemeinde Bonn. Treffpunkt der ruandischen Hutu-Diaspora war damals die französische katholische Kirchengemeinde in Bonn, die bis heute von einem Ruander geleitet wird und wo Murwanashyaka zeitweise einen Pfadfinderverein führte. Während seiner Promotion engagierte sich der fromme Katholik bei den Kölner Franziskanern. Die Kölnische Franziskanerprovinz (KFP) erwirkte für den Studenten aus Ruanda eine Ausnahme bezüglich des Erwerbsverbotes. Laut Schreiben an die Ausländerbehörde in Bonn 1995 sei Murwanashyaka »der richtige Mann für die Projektbetreuung und Evaluation wegen seiner Kenntnisse zu Afrika«.[14] So erhielt der Stipendiat eine Arbeitserlaubnis, und von da an verdiente er 1880 DM monatlich.

Ein Kind hatte Ignace Murwanashyaka da bereits, ein weiteres kam später dazu; außerdem kümmerte er sich nach seinen eigenen Angaben im Asylverfahren als Vormund um einen Neffen, dessen Mutter in den Lagern im Ostkongo ermordet worden sei und sich seit 1997 in Deutschland aufhalte. Verheiratet war er nicht, trotz seines konservativ-katholischen Glaubens. Die ruandische Botschaft habe die Ausstellung seiner fehlenden Geburtsurkunde verweigert, die er zu einer Eheschließung in Deutschland vorlegen müsse, hatte er dazu in seinem Asylantrag erklärt.

Nach seiner Promotion 2001 lebte Murwanashyaka in Mannheim, zuerst in der Schwetzingerstadt in der Galileistraße, später im Bahnhofsviertel. Verhaftet wurde er am 17. November 2009 in einer kleinen Einzimmerwohnung in Karlsruhe, nicht weit von der Bundesanwaltschaft entfernt. Da war er gerade zu Besuch bei seinem Sohn, der dort studierte.

Der Doktor in Wirtschaftswissenschaften ist nach Abschluss seiner Promotion und Anerkennung seines Asylantrags keiner weiteren beruflichen Tätigkeit nachgegangen. Er lebte asketisch von Arbeitslosengeld II und widmete seine ganze Zeit und Energie dem Gebet und der FDLR.

Sein politisches Engagement gründet Murwanashyaka wie die meisten Hutu-Exilaktivisten aus Ruanda in seiner Ablehnung der Regierung Ruandas. Die heute regierende Ruandische Patriotische Front (RPF) unter Präsident Paul Kagame war

14 Schreiben KFP an Ausländerbehörde Bonn, 15.4.1995, verlesen am Prozesstag 94, OLG Stuttgart 1.8.2012

ursprünglich eine Guerillabewegung, gegründet von nach Uganda vertriebenen ruandischen Tutsi. Sie führte ab 1990 in Ruanda Krieg gegen die damalige Hutu-Regierung. Um diesen Krieg zu gewinnen, griffen die Hutu-Machthaber schließlich zum äußersten Mittel: die Ausrottung so vieler Tutsi wie möglich – ein Völkermord, der zwischen April und Juli 1994 rund eine Million Tote forderte. Als die RPF in Ruanda dennoch die Macht ergriff, floh die bisherige Hutu-Staatsmacht nach Zaire – unter ihnen auch die Armeegeneräle und Offiziere, die den Genozid geplant und befohlen hatten, sowie über eine Million Hutu-Zivilisten. Sie fürchteten die blutige Rache der Tutsi[15].

Damals sei auch seine Familie nach Zaire geflohen und seine Eltern seien in den Lagern ums Leben gekommen, erklärte Murwanashyaka in Deutschland den Behörden in seinem Asylantrag. Einer Menschenrechtsaktivistin erzählte er später: »Anfangs war ich nicht politisch interessiert, ich war nicht aktiv, das änderte sich erst 1994, als Familienangehörige im Süden von Ruanda von der RPF ermordet wurden [...] 1996 ist mein Vater auf der Flucht getötet worden, er war kein Kämpfer, er liebte eine Tutsi-Frau, sie wurde während des Völkermords beschützt, sie überlebte dank uns, diese Notsituation von uns wurde von der internationalen Gemeinschaft nicht beachtet.«[16]

Tatsächlich war Murwanashyaka schon vorher politisch aktiv. Studenten, die in den 1980er Jahren mit Stipendium aus Ruanda nach Deutschland durften, wurden damals von der Hutu-Regierung ausgewählt und galten als besonders regimetreu. Sie gründeten Vereinigungen, und nach dem RPF-Sieg in Ruanda demonstrierten sie in Deutschland gegen das »Tutsi-Regime« und die »blutrünstige Diktatur«. An ihrer Spitze stand Ignace Murwanashyaka.

Im April 1994 schon, während des Völkermordes, gründete Murwanashyaka den Partnerschaftsverein Akagera-Rhein e. V. mit, benannt nach dem ruandischen Fluss Akagera. Er wurde Vereinsleiter auf Bundes-, später auf Regionalebene. Im Juli 1994 gründete er einen weiteren Verein und wurde Vorsitzender des Forums für Frieden und Demokratie in Ruanda e. V. 1995 schließlich engagierte sich Murwanashyaka in der politischen Partei RDR (Sammlung für Demokratie und Rückkehr nach Ruanda), die in Zaires ruandischen Flüchtlingslagern als politischer Arm der geflohenen Hutu-Armee entstanden war; 1998 wurde er Präsident der RDR-Deutschlandsektion. 1996 war er in der Initiative Frieden für Ruanda aktiv, 1998 gründete er die Organisation SOS Ruanda mit. Er reiste auch in den Kongo. Ende 1994 oder Anfang 1995 habe Murwanashyaka ruandische Hutu-Flüchtlingslager im Osten Zaires besucht und Kleidung mitgebracht, berichtet ein ehemaliger Bekannter vor Gericht in Stuttgart.[17]

15 Vgl. Kapitel 2.4 und 2.5

16 Gesprächsnotizen von Human Rights Watch, Mannheim 10.8.2009, verlesen am Prozesstag 110, OLG Stuttgart 5.11.2012

17 Zeugenaussage, Prozesstag 31, OLG Stuttgart 12.10.2011

Drei Monate vor der offiziellen Gründung der FDLR durch ruandische Hutu-Militärs im Kongo beantragte Murwanashyaka im Februar 2000 in Deutschland Asyl. Bereits im März, rekordverdächtig schnell, wurde dem Antrag stattgegeben, im April erhielt er eine unbefristete Aufenthaltserlaubnis und einen deutschen Reisepass. Sein Asylantrag, in perfektem Deutsch formuliert, liefert einen erhellenden Einblick in das Weltbild des Hutu-Politikers. In seiner Sicht hatte der Völkermord an über einer Million Tutsi in Ruanda 1994 schlichtweg nicht stattgefunden, im Gegenteil: Murwanashyaka spricht vom »Tutsi-Völkermord an Hutu« und behauptet, auch er müsse fürchten, bei einer Rückkehr nach Ruanda »ermordet oder inhaftiert« zu werden, weil er dem Volk der Hutu angehöre und seit 1994 Verbrechen der jetzigen Militärdiktatur in der Öffentlichkeit zu Gehör bringe. Er befürchte Attentate gegen ihn in Deutschland. Verwandte von Murwanashyaka seien hingerichtet worden, ruandische Mordkommandos würden in Deutschland als Asylsuchende auftauchen. Als »Gründer einer gut funktionierenden und starken Opposition zur Militärdiktatur«, die sich für eine »pluralistische Demokratie und die strenge Beachtung der Grundrechte in Ruanda« einsetze, sei er gefährdet[18].

Mit seinem nagelneuen deutschen Reisepass reiste Murwanashyaka umgehend in den Kongo. Dort erhielt er eine militärische Ausbildung und gründete am 1. Mai 2000 die FDLR mit. Die FDLR entstand damals als politische Bewegung der im Kongokrieg mitkämpfenden ruandischen Hutu-Soldaten, die sich in den Folgejahren entlang der Grenze zu ihrer alten Heimat Ruanda für einen Rückeroberungsfeldzug aufstellten. Seit dem 12. September 2001 ist Murwanashyaka ihr »Präsident« in Deutschland. Das Amt, das laut FDLR-Regelwerken auch den Oberbefehl über die Streitkräfte der Organisation bedeutet, bekleidet er trotz Inhaftierung und Verurteilung vor Gericht bis heute.

Möchtegern-Staatschef in Mannheim

Es war kein Zufall, dass die FDLR-Führung in Deutschland lebt, weit weg vom Kriegsgebiet. Gerade weil Murwanashyaka bereits in einem sicheren Hafen weilte, wurde er bei der FDLR-Gründungsversammlung im Mai 2000 zum außenpolitischen Vertreter und ein gutes Jahr später schließlich zum Präsidenten ernannt.[19] Die ruandischen Hutu-Generäle im Kongo, allesamt selbst am Völkermord beteiligt, brauchten dringend international vorzeigbare Repräsentanten. Ein deutsch sprechender, eloquenter und weltgewandter Wirtschaftswissenschaftler mit Doktortitel kam da gerade recht, zumal Murwanashyaka sich bereits als Chef der Deutschland-Sektion der RDR als guter und verlässlicher Organisator bewährt

18 Asylantrag, verlesen am Prozesstag 94, OLG Stuttgart 1.8.2012
19 Vgl. Kapitel 2.6, S. 162 ff.

hatte. Mit Murwanashyaka an der Spitze bekam die FDLR eine internationale Stimme, um beim Kampf um die Deutungshoheit der Geschichte und Gegenwart Ruandas mit der Regierung Kagame mitzuhalten und dafür zu sorgen, dass die Weltgemeinschaft die FDLR als die rechtmäßigen, »demokratischen« Vertreter des ruandischen Volkes akzeptieren würde.

Für diese Propaganda wurde das Internet zum zentralen Medium. Die Webseite *www.fdlr.org* wurde am 31. Mai 2000 um 15:52 Uhr von Ignace Murwanashyaka, dem frisch gekürten FDLR-Kommissar für auswärtige Angelegenheiten, beim saarländischen Webprovider OVH registriert. Als »Registrant Name« trug Murwanashyaka seinen eigenen Namen ein, als »Registrant Organisation« die FDLR.[20] Diese Website war in Kinyarwanda, Französisch, Englisch und Deutsch aufrufbar und hatte laut Murwanashyaka zuletzt rund 500 Besucher täglich.[21]

Sein Amt als Präsident nahm Murwanashyaka sehr ernst. Er verfasste unzählige Erklärungen und Aufrufe, hielt ständigen Kontakt zu den FDLR-Kommandanten im Kongo. Zu Ostern, Weihnachten, Neujahr und allen anderen erdenklichen katholischen und historischen ruandischen Feiertagen schickte er bedeutungsschwangere Botschaften, die den Kämpfern Mut machen sollten. »Wir werden Ruanda bald befreien«, predigte er in diesen Nachrichten stets.[22]

Er sah sich als Staatsoberhaupt. »Sehr geehrter Herr Bundespräsident,« schrieb Murwanashyaka im April 2008 in einem »Offenen Brief« an Horst Köhler anlässlich des bevorstehenden Staatsbesuches von Ruandas Präsident Kagame in Berlin, sozusagen von Präsident zu Präsident: »Auch wenn die Souveränität der deutschen Behörden zu respektieren ist: die Demokratischen Kräfte zur Befreiung Ruandas (FDLR) sind bestürzt und entsetzt über die offizielle Einladung dieses blutrünstigen ruandischen Präsidenten zu einem Staatsbesuch vom 22. bis zum 25. April 2008 in der Bundesrepublik Deutschland.«[23]

In Deutschland mag es wie Vereinsmeierei gewirkt haben, was Murwanashyaka da in seinem Mannheimer Wohnzimmer betrieb. Doch bei Reisen in den kongolesischen Dschungel zwischen 2004 und 2006 wurde »der Führer« von seinen Truppen wie ein Staatsmann empfangen, mit Paraden, »so gut man einen Präsidenten im Dschungel eben empfangen kann«, erinnerte sich später Murwanashyakas Leibwächter.[24]

Die FDLR-Miliz hatte im Verlauf der Jahre in den ostkongolesischen Kivu-Provinzen ein gewaltiges Territorium eingenommen, das in seiner Blütezeit von 2004 bis 2009 flächenmäßig größer war als ihre Heimat Ruanda. Auf diesem Gebiet errichtete sie einen Exilstaat. Sie erhob Steuern von der kongolesischen

20 Registrar-Eintragung der Website www.fdlr.org
21 Telefonat Murwanashyaka und Musoni, 26.3.2009, Prozesstag 20, OLG Stuttgart 1.8.2011
22 Zeugenaussage, Prozesstag 36, OLG Stuttgart 7.11.2011
23 Brief von Ignace Murwanashyaka an Bundespräsident Horst Köhler, 21.4.2008
24 Interview, Ruhengeri Oktober 2009

Bevölkerung, händigte dafür sogar Quittungen mit FDLR-Stempel aus. Vizepräsident Musoni hatte die Stempel in Deutschland fälschungssicher fertigen lassen, erklärte er später vor Gericht.[25] Lastwagenfahrern, die Waren transportierten, knöpfte die FDLR Wegzoll ab; Reisende mussten Transitgebühren zahlen; Nichtregierungsorganisationen mussten die FDLR-Führung um Erlaubnis bitten, um in ihrem Hoheitsgebiet Lebensmittel verteilen oder Kinder impfen zu dürfen. Die lokalen kongolesischen Autoritäten – Ortsvorsteher, Verwalter, traditionelle Führer, Polizisten – alle mussten die FDLR als Ordnungsmacht akzeptieren. Und wo FDLR-Kämpfer Kontrolle ausübten, ließen sich auch deren ruandische Familien nieder, die in den Ostkongo geflüchtet oder dort geboren waren. Die ruandischen Hutu-Flüchtlinge im Kongo waren die »Bürger« der FDLR und Murwanashyaka der »Präsident«.

Als Präsident einer Exilregierung verhandelte er 2005 in Rom mit Vertretern der Vereinten Nationen sowie der kongolesischen Regierung, gab in Kinshasa Pressekonferenzen in feinem Anzug und Krawatte. Dabei versprach er eine freiwillige Entwaffnung seiner Kämpfer und deren Rückkehr nach Ruanda. Doch er stellte Ruanda politische Bedingungen und verlangte vom Kongo Geld. Wenige Wochen später stapfte er in Gummistiefeln und Regenjacke durch den Dschungel, einen Koffer im Gepäck. Er hatte über 250 000 US-Dollar mitgebracht, um seine Kämpfer zu bezahlen, erinnert sich einer seiner Begleiter.[26] Als Feldherr habe Murwanashyaka auf seinem monatelangen Marsch durch den Ostkongo jedem Bataillon einen Besuch abgestattet und den Kommandanten Bündel mit Dollarscheinen überreicht. Dass der »oberste Führer« aus Deutschland mit so viel Geld anreiste, habe die Krieger von seinem politischen Einfluss überzeugt.

Katz-und-Maus-Spiel mit der deutschen Justiz

Doch in Deutschland kriselte es für den ruandischen Milizenchef. Die FDLR setzte die Ankündigung Murwanashyakas, die Waffen niederzulegen, nicht um. Daraufhin verhängte der UN-Sicherheitsrat gegen ihn kurz vor Weihnachten 2005 Sanktionen.[27] In Anhang I der entsprechenden EU-Verordnung stand alsbald mitten in einer Auflistung berüchtigter Warlords »Murwanashyaka, Ignace«. Aufenthaltsort: Bundesrepublik Deutschland.[28]

Ab jetzt war Deutschland in der Pflicht, gegen den FDLR-Präsidenten in Mannheim vorzugehen. Es galten Finanzsanktionen und auch ein Reiseverbot;

25 Einlassung Straton Musoni, Prozesstag 175, OLG Stuttgart, 9.9.2013
26 Interview, Ruhengeri Oktober 2009
27 UN-Sicherheitsrat, Presseerklärung SC/8590, 19.12.2005. www.un.org/press/en/2005/sc8590.doc.htm
28 EU-Ratsverordnung 1183/2005, 18.7.2005, Amtsblatt der Europäischen Union 23.7.2005 eurlex.europa.eu/legal-content/DE/TXT/HTML/?uri=CELEX:32005R1183&from=DE

ausgenommen war nur die Einreise in das Land, dessen Staatsbürgerschaft die betroffene Person besitzt. Für Murwanashyaka war diese Klausel ein Schlupfloch: Weil er neben einem deutschen auch einen ugandischen Reisepass besaß, konnte er unbehelligt zwischen Deutschland und Uganda hin- und herreisen – niemand kontrollierte, ob er von Uganda aus zur Truppe in den Ostkongo weiterfuhr, was er damals gerade tat.

Ungeachtet dessen nahmen die Dinge im Fall Ignace Murwanashyaka in Deutschland ihren Lauf: Das Auswärtige Amt teilte dem Bundesamt für Migration und Flüchtlinge (BAMF) mit, der Ruander Murwanashyaka gelte als »Mitbegründer und Sprecher der FDLR«, deren Präsident er sei. Er halte sich oft im Ostkongo auf und berate sich dort mit den lokalen Kommandeuren. »Unabhängig von einer möglichen strafrechtlichen Verantwortung« Murwanashyakas könnten »die von der FDLR begangenen Verbrechen, die sich vor allem gegen die kongolesische Zivilbevölkerung richten«, nach Auffassung des Auswärtigen Amtes dem FDLR-Führer »jedenfalls politisch verantwortlich zugerechnet werden«.[29]

Im Februar 2006, während sich Murwanashyaka wieder einmal im Kongo befand, widerrief das BAMF seinen Asylstatus. Der Postbote, der diesen Bescheid zustellen sollte, klingelte mehrfach vergeblich an der Tür in der Galileistraße in Mannheim, um die Aberkennung gegen Unterschrift zu überreichen, wie vorgeschrieben. Murwanashyakas damalige Freundin erklärte, er wohne nicht mehr hier, er befinde sich seit Monaten im Kongo und sie wisse nicht, ob er je zurückkehren werde. Als die zweiwöchige Zustellungsfrist verstrich, ordnete das BAMF am 1. April 2006 eine öffentliche Zustellung an. Das wurde Murwanashyaka zum Verhängnis: Er landete sechs Tage später am Frankfurter Flughafen, wurde über ein Aufenthaltsvergehen informiert und präsentierte sich umgehend in Mannheim bei der Polizei. Die nahm ihn in Abschiebehaft.

Das versetzte die FDLR-Truppen im 6000 Kilometer entfernten Dschungel in Schockzustand. »Ignace Murwanashyaka in Deutschland hat uns immer Hoffnung gemacht«, erinnert sich ein früherer FDLR-Offizier.[30] Ruandas Regierung jubelte. Der Außenminister fuhr höchstpersönlich zur deutschen Botschaft in Kigali und überreichte seine Glückwünsche: Die Verhaftung des Führers der »kriminellsten bewaffneten Gruppe des Ostkongo [...] wird ohne Zweifel zu Frieden, Sicherheit und Stabilität in der Region der Großen Seen beitragen«, schrieb er. Ruanda wünsche die Auslieferung.[31]

Murwanashyakas deutscher Asylanwalt Steffen Gallas legte Widerspruch ein. Nach 19 Tagen wurde der FDLR-Präsident aus der Haft entlassen, unter Auflagen, und bekam eine vorübergehende »Duldung« während der Prüfung seines Asyl-

29 Dies und die folgende Schilderung: Bayerisches Verwaltungsgericht Ansbach, Urteil AN 9K 06 30646, 13.12.2006
30 Interview, Mutobo September 2009
31 Außenministerium Ruanda, Erklärung 0164/09.01/CAB/MIN/06, Kigali 8.4.2006

status. Im Dschungel feierte man den »großen Führer« wieder, erinnert sich ein ehemaliger Kommandeur an jenen Tag, als Murwanashyaka in Frankfurt aus der Abschiebehaft freikam: »Das zeigte uns, wie mächtig er ist.«[32]

Monate später gab ein Gericht in Ansbach in Bayern, wo das BAMF ansässig war, Murwanashyakas Widerspruch gegen die Aberkennung des Asyls recht: Die Zustellung der Widerrufsbelehrung sei nicht fristgerecht erfolgt. Damit sei der Asylstatus nicht rechtskräftig aufgehoben. Es sei zudem eine Verhaftung Murwanashyakas durch Ruandas Behörden zu fürchten, würde man ihn abschieben. In seiner Heimat könne ihm kein fairer Prozess garantiert werden.[33] Von mutmaßlichen Kriegsverbrechen der FDLR und einer möglichen Befehlsgewalt des in Deutschland ansässigen Präsidenten wollte die Richterin in Ansbach nichts wissen. Sie folgte der Darstellung des Klägers Murwanashyaka. Der beschrieb in seiner Klage den Krieg im Ostkongo als »kurzfristige Unruhen« und Verbrechen an Zivilisten als »Vorkommnisse«, die »lediglich vereinzelt und in einem kleinen Gebiet« auftreten. Die FDLR werde »aufgrund Verleumdung und Täuschung kriminalisiert« und es stelle sich die Frage, »ob die FDLR nicht lediglich Opfer ihrer Situation« sei. Die Richterin gab ihm recht: »Schwerwiegende Gründe für eine Verantwortlichkeit des Klägers bestehen jedenfalls nicht«, heißt es im Asylurteil.

Murwanashyaka war also wieder ein freier Mann und konnte seine Tätigkeiten als Rebellenchef in Deutschland fortsetzen. Dass dieses bayerische Urteil gar nicht rechtskräftig wurde, weil die deutschen Behörden in Berufung gingen, war für seine Anhänger bedeutungslos. Erst über drei Jahre später, am 11. Januar 2010, als Murwanashyaka bereits in Untersuchungshaft für den Prozess in Stuttgart saß, erklärte das Verwaltungsgericht Bayern den Asylwiderruf für Murwanashyaka doch noch für rechtens. Somit wurde ihm der Asylstatus erst dann rechtskräftig aberkannt, als er bereits als mutmaßlicher Kriegsverbrecher und Rädelsführer einer terroristischen Vereinigung im Hochsicherheitstrakt der Justizvollzugsanstalt Stuttgart-Stammheim saß.[34]

Denn während Murwanashyaka 2006 in Abschiebehaft gesessen hatte, hatte die Bundesanwaltschaft in Karlsruhe Ermittlungen gegen ihn unter dem Völkerstrafgesetzbuch (VStGB) wegen des Verdachts auf Beteiligung an Verbrechen gegen die Menschlichkeit im Kongo aufgenommen. Doch ernsthafte Ermittlungsarbeit scheint es damals nicht gegeben zu haben, und das Ermittlungsverfahren wurde Anfang 2007 wieder eingestellt, abgesehen von dem weiterlaufenden Pro-forma-

32 Interview, Mutobo September 2009
33 Dies und die folgenden Zitate: Bayerisches Verwaltungsgericht Ansbach, Urteil AN 9K 06 30646, 13.12.2006
34 Pressemitteilung Asylverfahren Murwanashyaka, Bayerischer Verwaltungsgerichtshof, Az 9 B 08.30223, 11.1.2010

Ermittlungsverfahren gegen die FDLR als mutmaßliche terroristische Vereinigung im Ausland.[35]

Murwanashyaka fühlte sich durch die Einstellung des deutschen Ermittlungsverfahrens ausdrücklich politisch bestätigt. »Welche Vorwürfe könnte man mir machen? Seit über einem Jahr ist das Verfahren eingestellt. Ich habe im Juli 2007 einen Brief gekriegt, wo das drinsteht«, sagte er im April 2008 im Interview.[36] Andrea Groß-Bölting, Verteidigerin des FDLR-Vizepräsidenten Straton Musoni in Stuttgart, sagte später vor Gericht, die Einstellungsverfügung habe dazu geführt, dass Murwanashyaka und Musoni davon überzeugt waren, »sich absolut legal und korrekt zu verhalten«.[37]

Mit dem Fall vertraute Beamte, die sich nicht namentlich zitieren lassen wollten, äußerten damals Unverständnis über den Umgang der deutschen Behörden mit dem Fall. »Man hat immer gesagt: Der hat doch Familie hier«, erklärte einer die Gründe, warum Murwanashyaka immer ungeschoren davonkam. Ein anderer meinte, die Anwesenheit des FDLR-Chefs in Deutschland sehe er persönlich »als großes Problem«, aber »ich werde belehrt, dass sich das aus deutscher Perspektive anders darstellt«. Und: »Er steht unter der Auflage, sich politisch nicht zu bestätigen. Da wäre mal eine Ordnungsstrafe fällig.«[38]

Anfang Mai 2006 war Murwanashyaka eine Verfügung der Stadt Mannheim ins Haus geflattert: Als eine Auflage, die ihm das Gericht zu seiner aufenthaltsrechtlichen Duldung auferlegte, galt ab sofort ein Verbot der politischen Betätigung.[39] Dies beinhaltete auch ein konkretes Verbot, Ämter bei der FDLR und ähnlichen Organisationen zu übernehmen. Bei Zuwiderhandlung drohe ihm ein Bußgeld von 1000 Euro, ansonsten eine Freiheitsstrafe von einem Jahr. Die Begründung: Die FDLR begehe Verbrechen und Menschenrechtsverletzungen, Murwanashyaka sei von den Vereinten Nationen wegen Verstoßes gegen das Völkerrecht gelistet. »Es steht außer Frage, dass die FDLR gegen die Würde des Menschen als Grundwert staatlicher Ordnung handelt«, so die deutschen Behörden. Am 27. April 2006, wenige Tage nach seiner Freilassung aus der Abschiebehaft, habe Murwanashyaka in den Medien geäußert, dass er keine Furcht vor Gerichten habe. »Dies schadet den außenpolitischen Interessen Deutschlands«. Daher diene die Verfügung der »Gefahrenabwehr« mit sofortigem Vollzug.[40]

Doch Murwanashyaka blieb als FDLR-Präsident im Amt. Er schrieb weiterhin in dieser Funktion Pressemitteilungen und Briefe, telefonierte regelmäßig mit seinen Kommandeuren im Kongo. Im Herbst 2008 sitzt der FDLR-Führer in einem

35 Angaben laut Antrag Verteidigung Musoni, Prozesstag 274, OLG Stuttgart, 12.1.2015
36 Johnson, Dominic: Der Fall Ignace M. In: tageszeitung, 23.4.2008
37 Antrag Verteidigung Musoni, Prozesstag 274, OLG Stuttgart, 12.1.2015
38 Johnson, Dominic: Der Fall Ignace M. In: tageszeitung, 23.4.2008
39 Duldung 26.4.2006 und 12.5.2009, verlesen am Prozesstag 94, OLG Stuttgart 1.8.2012, vgl. Stellungnahme des Innenministeriums Baden-Württemberg, Drucksache 14/5462, 19.11.2009, S. 8
40 Verfügung der Stadt Mannheim vom 2.5.2006, verlesen am Prozesstag 94, OLG Stuttgart 1.8.2012

Mannheimer Café. Journalisten des *MDR-TV*-Magazins FAKT fragen ihn nach seiner Rolle in der FDLR. Da lacht der Rebellenchef in die Kamera und sagt: »Die FDLR ist eine Organisation, die straff organisiert ist – vom Präsidenten bis zu den unteren Ebenen. Ich bin der Präsident dieser Organisation. Ich weiß ganz genau, was geschieht.«[41]

Zum ersten Mal rechtskräftig verurteilt wurde Murwanashyaka erst am 3. März 2009, vom Amtsgericht Mannheim: Er hatte Presseerklärungen über seine private E-Mail-Adresse verschickt und bekam vier Monate Haft auf Bewährung. Seit April 2009 galt zusätzlich ein Kommunikationsmittelverbot.[42] Spätestens ab diesem Moment durfte er weder E-Mail noch Telefon für politische Zwecke nutzen – eine Auflage, gegen die er nachweislich verstieß. Am 18. Juni folgte daher ein weiteres Urteil des Landgerichts Mannheim: Sechs Monate Haft auf Bewährung. »Sie haben Stillschweigen zu bewahren«, donnerte der Richter. »Wenn es Ihnen hier nicht passt, gehen Sie in ein anderes Land.«[43] Er ging nicht. Wenige Monate später kam Murwanashyaka in Haft. Diesmal endgültig.

41 MDR Fakt: Gesuchter kongolesischer Milizchef in Deutschland, 3.11.2008. www.mdr.de/fakt/artikel36008.html

42 Stellungnahme des Innenministeriums Baden-Württemberg, Drucksache 14/5462, 19.11.2009, S. 6

43 Ruandischer Rebellenführer zu Bewährungsstrafe verurteilt. In: Rheinpfalz, 4.3.2009. www.suedstern-landau.de/rebellenchef_ruanda.pdf

Kapitel 3
Straton Musoni: Der nette Nachbar

Exil in schwäbischer Idylle

Ein hölzerner Gartenzaun, gepflegter Rasen, Blumenkranz an der Haustür – das kleine schmucklose Einfamilienhaus in der Friedrich-Silcher-Straße im beschaulichen baden-württembergischen Neuffen ist ein gemütliches Eigenheim in einer Tempo-30-Zone. »MUSONI« steht auf dem Briefkasten neben dem hölzernen Gartentor in großen Lettern.

Neuffen ist eine dieser schwäbischen Gemeinden, wo man das Auto in der Hofeinfahrt nicht abschließt, wo samstags pflichtgetreu der Rasen gemäht und akkurat das Unkraut zwischen den Pflastersteinen auf dem Gehsteig entfernt wird, wo sich die Alteingesessenen am Stammtisch in der »Traube« treffen. Hier kennt jeder jeden – auch den Afrikaner aus der Friedrich-Silcher-Straße. Hat sich niemand in Neuffen jemals gewundert, was die Fotos vom Kuchenverkauf beim Kinder-Fußball-Turnier im Sommer 2008 auf der Webseite *www.fdlr.info* zu suchen hatten, die auf Musonis Name und Adresse in Neuffen registriert war? Der Kuchenerlös gehe an »bedürftige Kinder in Ruanda«, hieß es auf der Internetseite. Auf den Fotos nascht auch einer von Straton Musonis Söhnen Schokokuchen. Die FDLR war im Kongo damals berüchtigt für den Einsatz von Kindersoldaten. Seine beiden Jungen waren zum Zeitpunkt seiner Verurteilung 15 und 17 Jahre alt.

Als der FDLR-Vizepräsident hinter Gittern saß, mochten es viele Gemeindemitglieder nicht so recht fassen: »Er hat eine sehr nette Familie und eine sehr nette Frau, deshalb wollte ich das nie glauben«, sagte die Geschäftsführerin des Trägervereins Freies Kinderhaus in Nürtingen, Julia Rieger, später der *Stuttgarter Zeitung*. Auch Musonis Buben besuchten regelmäßig das Kinderhaus. »Er wirkte wie ein Geschäftsmann, integriert, so wie man es sich wünscht, er spricht hervorragend Deutsch.«[44]

Musoni war in seiner Nachbarschaft in Neuffen als Tüftler und Bastler gefragt. Vor Gericht erzählt er von seinem Hobby, schon als Jugendlicher in Ruanda: »Alles was mit Uhren, Radios, Schallplatten, Getreidemühlen zu tun hatte, habe ich

44 Er wirkte wie ein Geschäftsmann. In: Stuttgarter Zeitung, 18.11.2009

repariert für Geld.«[45] Seinem Nachbarn in der Friedrich-Silcher-Straße reparierte er den Computer, gratis. Auch in der FDLR war Musoni stets gefragt, wenn es um Technik ging: Mit allen Fragen zu Solaranlagen, Autobatterien zum Aufladen der Mobiltelefone im Dschungel oder dem defekten Computermonitor des Oberkommandierenden – stets wurde Musoni in Neuffen telefonisch um Rat gebeten.

Was von Straton Musonis Lebenslauf bekannt ist, geht größtenteils auf seine eigenen Angaben vor Gericht in Stuttgart zurück. Anders als Murwanashyaka, der von sich nichts preisgab und am liebsten von sich in der dritten Person sprach, stellte Musoni seine Biografie der Öffentlichkeit vor. Eine Familientragödie in der Heimat, ein Student im Ausland, der seinen Angehörigen helfen wollte, eine danach fast zwangsläufige politische Karriere – so hörte sich das an. Der Name »Musoni« bedeutet »jemand, der verlegen ist« oder »jemand, der sich schämt«.

Straton Musoni wurde in Mugambazi geboren, nahe den Zinnminen von Rutongo nördlich der ruandischen Hauptstadt Kigali. Sein Großvater arbeitete einst in der belgisch geführten Zinnmine Mugambazi, sein Vater war katholischer Katechet und Lehrer in der örtlichen katholischen Schule. Sein offizielles Geburtsdatum ist der 6. April 1961, aber eigentlich, sagt er vor Gericht aus, sei dies ein falscher Eintrag. Richtig sei der 8. Oktober. Straton Musoni wollte ursprünglich Priester werden und absolvierte die »kleine Priesterschule«, wie er berichtet: »Ich habe die große Priesterschule dann nicht besucht, da ich die Berufung nicht verspürt habe, aber was ich dort gelernt habe, begleitet mein Leben bis heute.«

1983 machte Musoni in Ruanda Abitur, danach eine Ausbildung als Controller bei der Post in Kigali. Zwei Jahre arbeitete er als Postbeamter, bevor er am 6. September 1986 mit einem Stipendium der Carl-Duisberg-Gesellschaft zum Studium nach Deutschland kam. Es folgte ein Sprachkurs, ein Praktikum und schließlich an der Fachhochschule Konstanz ein Studium der Landespflege. Als Student verbrachte er die Zeit von September 1992 bis Februar 1993 wieder in Ruanda, zu Recherchen für seine Diplomarbeit zur Siedlungspolitik in Ruanda. Dort hatte er Kontakt zur deutschen Gesellschaft für Technische Zusammenarbeit (GTZ), die ihm eine Anstellung in Ruanda nach dem Studium in Aussicht stellte.

Damals herrschte in Ruanda bereits Krieg. Musoni zögerte. Schließlich buchte er einen Flug – doch dann erfolgte am 6. April 1994 das Attentat auf Ruandas Präsident Juvénal Habyarimana; unmittelbar danach begannen die organisierten Massaker an Tutsi. Musoni blieb in Deutschland. In jenen Tagen und Wochen lernte er Murwanashyaka kennen. Gemeinsam mit anderen ruandischen Hutu-Studenten in Deutschland gründeten sie den Partnerschaftsverein Akagera-Rhein e. V. Im Oktober 1994 flog er über Nairobi nach Goma, um seine Verwandten in den zairischen Flüchtlingslagern zu suchen. »Ich habe drei Geschwister gefunden«, berichtet er vor Gericht, in einem sehr emotionalen Moment, den

45 Dies und die folgenden Angaben: Letztes Wort Straton Musoni, Prozesstag 318, OLG Stuttgart 14.9.2015

er selbst fast nicht verkraftet. »Ich habe Menschen gesehen, von denen mir klar wurde, sie werden diese Zustände nicht überstehen. Darunter meine Angehörigen wie meine Schwester Dorothée. Sie starb einige Monate später. Mitbekommen habe ich es erst Jahre später. [...] Man ist betroffen, wenn man Menschen leiden sieht, aber noch mehr, wenn man merkt, man kann überhaupt nicht helfen.«[46] Deswegen habe er sich danach politisch engagiert. »Für mich ist das Engagement in einer Partei oder Organisation nicht mit Karriere, Geld verbunden, da habe ich keinen Ehrgeiz, sondern es geht um das Grundgefühl, helfen zu wollen.«[47]

Zurück in Deutschland, engagierte sich Musoni in der Deutschland-Sektion der in den Flüchtlingslagern entstandenen Partei Sammlung für Demokratie und Rückkehr nach Ruanda (RDR), ebenso wie Ignace Murwanashyaka. Musoni wurde RDR-Sprecher für Deutschland, er pflegte Kontakte in den Medien, unterzeichnete und verbreitete die deutschen Übersetzungen der RDR-Presseerklärungen und hielt Vorträge. Als die RDR 1995 in Rheinland-Pfalz einen Friedenspreis auf den 21. Kirchheimbolandener Friedenstagen erhielt, nahm Musoni ihn entgegen – die Urkunde liest er vor Gericht vor: »Der 21. Kirchheimbolandener Friedenstag hat auf der ideellen Ebene gemeinsam an die kirchliche Hilfsorganisation Brot für die Welt und die RDR auf der Ebene der konkreten Hilfsleistungen und dotiert mit DM 2500 an zwei modellhafte Friedensaufbauer hälftig gegeben.«[48] Als er ebenso wie Murwanashyaka politisches Asyl in Deutschland beantragte, argumentierte Musoni ähnlich wie sein späterer Chef: Die Tutsi-Rebellen der RPF hätten 1990 in Ruanda einen »blutigen Krieg« begonnen, »seither können ruandische Bürger nicht mehr in Ruhe leben«. RPF-Führer Paul Kagame habe den Völkermord ausgelöst, um »politische Gegner zu beseitigen«. Musoni habe bei der Massenflucht nach Zaire viele Angehörige verloren. Kagame und sein Militärgeheimdienst seien eine »Mordbande und eine Gefahr für jedwede Opposition, vor allem für Hutu«.[49]

2000 nahm Musoni als RDR-Funktionär zusammen mit Murwanashyaka an der Gründung der FDLR im Kongo teil und wurde ihr Europa-Vertreter. Zurück in Europa, versuchte er, Hilfsgüter in den Kongo zu schicken: »2001/2002 wollte ich vor Ort unterstützen. Ein Jahr sammelte ich in Belgien, Holland und Deutschland vor allem für Frauen und Kinder, da ich sah, wie die Flüchtlinge im Kongo lebten, sie lebten tatsächlich im Urwald, sie trugen fast nur Blätter, daher sammelte ich Kleidung, zwei Fahrräder, ein Auto, einige Computer für Studenten in Kinshasa und Lubumbashi«, berichtete er vor Gericht. Die Aktion scheiterte an Kongos Regierung: »Leider wurde der Container von hochrangigen Regierungsmitgliedern entwendet, daher bekamen die Flüchtlinge nichts.«[50]

46 Letztes Wort Straton Musoni, Prozesstag 318, OLG Stuttgart 14.9.2015
47 Einlassung Straton Musoni, Prozesstag 173, OLG Stuttgart 5.8.2013
48 Letztes Wort Straton Musoni, Prozesstag 318, OLG Stuttgart 14.9.2015
49 Asylantrag Musoni, verlesen am Prozesstag 83, OLG Stuttgart 25.6.2012
50 Aussage Straton Musoni, Prozesstag 173, OLG Stuttgart 5.8.2013

Am 1. Juni 2004 wurde Musoni offiziell Erster Vizepräsident der FDLR, ernannt von seinem Freund Murwanashyaka. Er kümmerte sich um finanzielle und technische Angelegenheiten. Allgemein war sein Name in der FDLR nicht geläufig. Die vor Gericht befragten ehemaligen FDLR-Kämpfer kannten ihn allesamt nicht, viele hatten nie von ihm gehört. Aber wenn der Militärchef Mudacumura mit seinem Computer, den Musoni ihm 2005 besorgt hatte, im Dschungel wieder einmal nicht klarkam, rief er Musoni an.

Die häufigen Telefongespräche wurden Musoni zum Verhängnis. Als das Bundeskriminalamt (BKA) 2006 die ersten Ermittlungen gegen die in Deutschland lebenden FDLR-Führer einleitete, gerieten auch Musoni und seine Ehefrau ins Visier, denn der Telefonanschluss war auf Brigitte Musoni gemeldet. Schon damals registrierten die Ermittler Anrufe von den Festnetzanschlüssen auf ein Satellitentelefon im Kongo, berichtet später ein BKA-Beamter vor Gericht.[51] Wie das BKA herausfand, gehörte die Satellitentelefonnummer FDLR-Militärchef Sylvestre Mudacumura, und im Jahr 2005 telefonierte Musoni mit ihm oder anderen Kommandeuren insgesamt über 20 Stunden. Musonis Verteidigung sagt dazu vor Gericht, es sei nicht erwiesen, dass tatsächlich Musoni diese Telefonate geführt habe.[52]

Rebellenführer im Stuttgarter Justizministerium

Wussten die Nachbarn in Neuffen von Musonis Rolle als Vize-Chef einer bewaffneten Rebellenarmee im Kongo? Neuffen liegt im Bundestagswahlkreis Nürtingen, der Wahlkreis der langjährigen Grünen-Abgeordneten Uschi Eid. Sie lebt unweit der Friedrich-Silcher-Straße. Eid ist eine altgediente Afrika-Politikerin; sie stand der Regierung Eritreas sehr nahe und auch der Regierung Kagame in Ruanda. Sie war von 1994 bis 1998 stellvertretende Vorsitzende des Bundestagsausschusses für wirtschaftliche Zusammenarbeit und Entwicklung, danach sieben Jahre lang bis 2005 in der rot-grünen Bundesregierung parlamentarische Staatssekretärin im gleichnamigen Bundesministerium (BMZ).

Häufig war Eid nach Ruanda gereist, über die FDLR wusste sie gut Bescheid. Im April 2009 monierte sie in einem Rundbrief der Grünen Baden-Württemberg, dass »zwei führende Mitglieder der FDLR (Demokratische Kräfte zur Befreiung Ruandas, eine Organisation, die 1994 für den Völkermord an den Tutsis verantwortlich war und seitdem im Ostkongo an Gräueltaten beteiligt ist) – Ignace Murwanashyaka und Straton Musoni – völlig unbehelligt in Baden-Württemberg leben und von hier aus die Tutsi- und Ruanda-feindlichen Aktivitäten der Hutu-Miliz im Osten der Republik Kongo steuern«.[53]

51 Prozesstag 83, OLG Stuttgart 25.6.2012
52 Ebd.
53 Südwest Grün, Rundbrief der baden-württembergischen Grünen im Bundestag, April 2009, S. 9

Zuvor hatte Eid im Bundestag eine Kleine Anfrage gestellt: »Welche politischen Betätigungen der FDLR (Demokratische Kräfte zur Befreiung Ruandas) in Deutschland, explizit ihres zweiten Vorsitzenden Straton Musoni (Neuffen), sind der Bundesregierung bekannt, und liegt gegen Straton Musoni ein politisches Betätigungsverbot vor?«, wollte sie wissen. Die Antwort des Parlamentarischen Staatssekretärs Peter Altmaier vom 13. März 2009: »Eine politische Betätigung der FDLR durch die Person des stellvertretenden Präsidenten Straton Musoni in Deutschland ist der Bundesregierung nicht bekannt. Gegen Straton Musoni wurde folglich bisher kein politisches Betätigungsverbot verhängt.«[54]

Musonis ruandischer Pass war 2004 abgelaufen; in Deutschland war er nur geduldet, zu Studienzwecken. Ruandas Botschaft verweigerte ihm einen neuen Pass. Eigentlich hätte er ausreisen müssen. Doch das Innenministerium Baden-Württemberg erklärte, eine Abschiebung sei nicht möglich. »Er ist mit einer Deutschen verheiratet und hat zwei deutsche Kinder.«[55] Das Innenministerium gab zu, im April 2006 vom Auswärtigen Amt darüber informiert worden zu sein, »dass Straton M. Vizepräsident der FDLR sein soll«.

Nur knapp ein Monat später wurde dem Landeskriminalamt eine Anzeige gegen Musoni wegen des Verdachts auf Geldwäsche vorgelegt. Doch die Ermittlungen wurden im November 2006 wieder eingestellt. Im Juni 2007 nahm die Staatsanwaltschaft Stuttgart erneut Ermittlungen wegen des Verdachts der Geldwäsche auf, stellte sie jedoch noch im selben Monat wieder ein – obwohl Musoni seit 29. März 2007 auf der Sanktionsliste der Vereinten Nationen stand.[56] Die entsprechende EU-Verordnung sei kein ausreichender Grund für eine Strafverfolgung, daher gebe es keine Ermittlungen, so die Begründung.[57]

Musoni ging sogar im Justizministerium in Stuttgart ein und aus, um die Computer zu warten. Von Anfang 2005 bis zum 14. Juli 2008 war der Erste Vizepräsident der FDLR im Justizministerium des Landes Baden-Württemberg als Mitarbeiter einer EDV-Firma tätig. Erst nach Medienberichten über die FDLR-Führer in Deutschland führte das Ministerium in Baden-Württemberg am 10. Juli 2008 erneut eine Zuverlässigkeitsprüfung durch – vier Tage später wurde ihm der Zugang zum Justizministerium verweigert.[58] Im Nachhinein musste der baden-württembergische Innenminister Heribert Rech zugeben: Es könne nicht mehr

54 Deutscher Bundestag, Drucksache 16/12356, 20.3.2009, S. 13. dipbt.bundestag.de/dip21/btd/16/123/1612356.pdf

55 Dies und das folgende Zitat: Stellungnahme des Innenministeriums Baden-Württemberg. In: Landtag Baden-Württemberg, Drucksache 14/5508, 30.11.2009, S. 6. www.landtag-bw.de/files/live/sites/LTBW/files/dokumente/WP14/Drucksachen/5000/14_5508_D.pdf

56 UN-Sicherheitsrat, Presseerklärung SC/8987, 29.3.2007. www.un.org/press/en/2007/sc8987.doc.htm

57 Stellungnahme des Justizministeriums Baden-Württemberg, 21.12.2009, verlesen am Prozesstag 94, OLG Stuttgart 1.8.2012

58 Dies und die folgenden Angaben und Zitate: Stellungnahme des Innenministeriums Baden-Württemberg

festgestellt werden, wie Musoni in den Jahren 2004 und 2007 durch zwei erste Zuverlässigkeitsprüfungen geschlüpft war. Denn: »Beim Polizeipräsidium Stuttgart liegen wegen Ablaufs der Aufbewahrungsfristen keine schriftlichen Unterlagen mehr vor.« Feststellbar bleibe lediglich, dass Musoni zum Zeitpunkt der Prüfung in der polizeilichen Falldatei wegen Geldwäsche gelistet war. »Eine Abfrage dieser Datei gehört allerdings nicht zum Prüfumfang einer Zuverlässigkeitsüberprüfung«, so der Innenminister.

Gegenüber einem ruandischen Freund prahlte Musoni einmal am Telefon, er habe vom Ministerium aus FDLR-Kommandeure im Kongo angerufen: »Ich bin ein richtiger Draufgänger, [...] als ich das gemacht habe, habe ich das Diensttelefon benutzt. Du weißt, es ist schwierig, Mobiltelefon zu benutzen und die Karte zu kaufen, dann habe ich gesagt ›Wofür habe ich das Diensttelefon?‹ [...] Ich habe damit zwei Stunden lang telefoniert, aber die Verbindung wurde immer wieder abgebrochen, ich habe über das teure Satellitentelefon angerufen [...] Keiner hat mir was gesagt, bis ich dort wegging und ich weiß, dass sie das nicht erfahren werden, weil ich weiß, wie die Rechnungen kamen, die Telefonnummern standen nicht darauf, du siehst, in einem Ministerium kommt eine Rechnung von 2000 Euro [lacht] und du alleine hast für 1000 Euro angerufen [lacht].«[59] Vor Gericht stritt Musoni das alles ab: »Ich gab an und wollte den aktiven Draufgänger spielen [...] Ich sagte es zwar, aber tat es nicht.«[60]

Erst am 22. Oktober 2009 wurde Musoni mit einem politischen Betätigungsverbot belegt. Das Landratsamt des Landkreises Esslingen, in dem Neuffen liegt, befand, Musoni habe sich nie von den Taten der FDLR distanziert. Er stehe auf der UN-Sanktionsliste und sei weiterhin gewillt, die FDLR zu vertreten. Sollte Musoni gegen das Betätigungsverbot verstoßen, sei dies mit einer Straftat gleichzusetzen und es gäbe eine Zwangsgeldandrohung.[61] Ein Widerspruch seines Anwalts wurde abgelehnt. »Bei Musoni besteht die Gefahr der politischen Aktivitäten gegen das öffentliche Interesse der Bundesrepublik«, heißt es zur Begründung.[62]

Zum ersten Mal hatten die deutschen Behörden den Fall Musoni ernst genommen: »Ausschlaggebend dafür war, dass Ignace M., nachdem er wegen Verstoßes gegen das gegen ihn verhängte politische Betätigungsverbot zu einer Freiheitsstrafe verurteilt wurde, nicht mehr öffentlichkeitswirksam agierte. Es war deshalb zu befürchten, dass nun sein Stellvertreter Straton M. politisch aktiv werde«, so das Stuttgarter Innenministerium.[63]

59 Telefonat Musoni mit ruandischem Gesprächspartner in Deutschland, 12.7.2009, Prozesstag 81, OLG Stuttgart 13.6.2012

60 Einlassung Musoni, Prozesstag 173, OLG Stuttgart 5.8.2013

61 Beschluss des Landratsamtes Esslingen, 22.10.2009, Prozesstag 6, OLG Stuttgart 25.5.2011

62 Schreiben des Regierungspräsidiums Stuttgart an Anwaltskanzlei Fritz, 25.6.2010, Prozesstag 24, OLG Stuttgart 12.9.2011

63 Stellungnahme des Justizministeriums Baden-Württemberg, 21.12.2009, verlesen am Prozesstag 94, OLG Stuttgart 1.8.2012

Gegen Murwanashyaka und Musoni hatte die Bundesanwaltschaft im November 2008 neue Ermittlungen aufgenommen. Brigitte Musoni verlangte die Scheidung. Musoni musste aus dem gemeinsamen Haus ausziehen, seine Duldung in Deutschland kam erneut auf dem Prüfstand. Ende September 2009 erhielt er ein Schreiben vom Landratsamt Esslingen mit der Nachricht, seine Abschiebung sei bis März 2010 ausgesetzt. Seine Duldung werde aber räumlich beschränkt auf Baden-Württemberg, »um ein Untertauchen zu verhindern«, und er dürfe keiner selbstständigen Beschäftigung mehr nachgehen.[64] Zuvor hatte er schon einen Bescheid erhalten, dass man ihm kein Arbeitslosengeld, Sozial- und Rentenversicherung gewähre, solange ihm die Führung einer terroristischen Organisation vorgeworfen werde, berichtete er verzweifelt.[65]

Am frühen Morgen des 17. November 2009 verhafteten Beamte des Bundeskriminalamtes gegen 6 Uhr den netten Ruander. Musoni wurde aus seiner kleinen Wohnung in Nürtingen, wo er seit der Trennung von seiner Frau lebte, in Handschellen abgeführt – zeitgleich mit Murwanashyaka in Karlsruhe. Die Gemeinde Neuffen schien zutiefst geschockt. Auch bei einem Ortsbesuch fünf Monate später wollte dort niemand über den Fall reden.

Vor Gericht schwieg Musoni lange. Es dauerte nach Prozesseröffnung zwei Jahre, bevor er begann, von der Anklagebank in Stuttgart aus, seine Geschichte zu erzählen. Am Ende wird er erklären: »Ich habe versucht, in meiner Zelle, 7,5 Quadratmeter groß beziehungsweise klein, mir Gedanken zu machen und mein Verhalten kritisch überprüft, um zu erkennen, wo ich mich verbrecherisch verhalten haben könnte. Ich habe nichts gefunden.«[66]

64 Schreiben des Landratsamtes Esslingen, 21.9.2009, Prozesstag 94, OLG Stuttgart 1.8.2012

65 Telefonat Musoni mit FDLR-Exekutivsekretär Callixte Mbarushimana, 20.8.2009, Prozesstag 96, OLG Stuttgart 10.8.2012

66 Letztes Wort Straton Musoni, Prozesstag 318, OLG Stuttgart 14.9.2015

Kapitel 4
Die Dschungelkrieger: Besuche bei der FDLR

Kalembe, August 2012: Kriegsdrohung beim Bier

Dichter Nebel hing zwischen den Hügeln. Tau glitzerte im Morgenlicht auf den Palmblättern. Aus der Kirche hallte der Gesang der Nonnen. So früh am Morgen wirkte die Kleinstadt Mweso hoch oben in den Bergen von Masisi im Ostkongo fast friedlich. Nur Abertausende Zelte eines Vertriebenenlagers, die sich an den Hügel klammerten, zeugten davon, dass auch in diesem Sommer 2012 jenseits von Mweso noch immer Krieg herrschte.

Auf den Hügeln krochen Soldaten aus ihren Biwaks. Das Militärcamp in Mweso war die letzte Bastion der kongolesischen Armee FARDC. Nur wenige Kilometer gen Norden begann das Territorium der FDLR. Dazwischen lümmelten Kämpfer einer kongolesischen Miliz, die zu jener Zeit eng mit der FDLR kollaborierte. »Ihr könnt jetzt kommen, unsere Soldaten wissen Bescheid«, gab FDLR-Sprecher Laforge Fils Bazeye telefonisch durch. Er hatte zum Interview geladen.[67]

In Schrittgeschwindigkeit holperte der Geländewagen über die zerfurchte Piste durch tiefe Pfützen. Wenige Kilometer jenseits von Mweso saßen rund ein Dutzend Männer erschöpft am Straßenrand unter einem Baum. Sie trugen Uniformen der kongolesischen Armee, schmutzig und zerlumpt. Einer zog an einem Joint. Marihuana wächst in dieser fruchtbaren Gegend in den Wäldern, damit machte die FDLR gutes Geld. Die größten Abnehmer: Die Soldaten der Armee und die zahlreichen Milizen, die ihre Dörfer im Dschungel bewachten.

Die zerlumpten Männer waren keine Regierungssoldaten, sondern gehörten einer lokalen Miliz an, in Kivu kollektiv »Mayi-Mayi« genannt. Sie grölten, streckten ihre Kalaschnikows in den Himmel. Leere Patronenhülsen lagen im Dreck. Tagelang hatten hier Kämpfe gewütet: Die Regierungsarmee hatte einen Geländegewinn versucht, vergeblich. »Ihr wollt zu unseren Freunden, die FDLR?«, fragten die Milizionäre und deuteten in Richtung Norden. Rund zehn Kilometer weiter schmiegte sich das Dorf Kalembe an einen Hügel. Hier begann das Territorium der FDLR.

67 Dieses Kapitel beruht auf Besuchen bei der FDLR in Nord-Kivu im August und Oktober 2012

Unterhalb der Lehmhütten rauschte der Mweso-Fluss, der sich weiter westlich mit dem Osso-Fluss vereint und über diesen Hunderte Kilometer weiter in den gewaltigen Kongo-Strom mündet. Entlang des Ufers reihten sich provisorische Behausungen aus Bambusstengeln und Bananenblättern. Bis vor rund zwei Monaten hatten hier vertriebene Kongolesen gehaust. Dann hatten sich die Regierungstruppen aus Kalembe nach Mweso zurückgezogen; die FDLR war vorgerückt; die kongolesische Zivilbevölkerung floh. Jetzt wirkten Vertriebenenlager und Dorf fast wie ausgestorben, nur einige ruandische Frauen der FDLR schleppten Feuerholz den Hügel empor.

Auf einer Anhöhe in der Dorfmitte standen hinter meterhohen weißen Sandsäcken einige große Zelte schräg im Wind, ein Stromgenerator knatterte. Die UN-Mission im Kongo (MONUSCO) hatte zu jenem Zeitpunkt in Kalembe eine kleine Basis. »Wir beobachten nur«, gestand die südafrikanische UN-Kommandantin und zeigte auf die Hügel ringsum. Dort waren Zelte zu sehen. Einst befanden sich dort Stellungen der Armee, jetzt war es ein Militärlager der FDLR. »Sie haben uns umzingelt«, sagte die Südafrikanerin. Es hatte den Anschein, als beobachteten nicht die Vereinten Nationen die FDLR, sondern umgekehrt. Es wirkte, als ob sich die 50 südafrikanischen UN-Blauhelme tatsächlich gruselten. Ein FDLR-Kommandeur sei jüngst vor der UN-Basis aufgetaucht, sturzbetrunken, erzählte die Kommandantin. Er habe gedroht, die Bevölkerung zu massakrieren, falls die Blauhelme aktiv würden.

An der Eingangspforte des UN-Lagers stand ein FDLR-Kämpfer in Gummistiefeln. Er gab sich als Begrüßungskommando zu erkennen und überreichte einen Zettel: »Herzlich willkommen«, stand darauf in sauberer Handschrift. Der Gesandte sollte den Weg ins lokale FDLR-Hauptquartier weisen: das Gemeindezentrum von Kalembe, am Fluss zwischen Kirche und Grundschule.

Dort saß FDLR-Sprecher Laforge mit drei FDLR-Kommandeuren mittleren Ranges in einem kahlen Raum auf Holzbänken und trank Bier aus großen Flaschen, obwohl es erst Mittagszeit war. Hinter ihm hing ein vergilbtes Jesus-Poster an der Wand. Rund um das Holzgebäude waren Kämpfer mit Kalaschnikow postiert. Der große Mann trug keine Uniform, sondern Zivil, ein Satellitentelefon am Hüftgürtel sowie ein Funkgerät. Der FDLR-Pressesprecher ist Zivilist, offiziell ist er »Kommissar für Information und Propaganda«, eine Art Minister. Laforges zerknittertes rosa Hemd steckte in einfachen schwarzen Anzughosen. Seine Lederschuhe waren glänzend poliert. Auf seiner Gürtelschnalle war ein Revolver eingraviert.

Laforge zelte rund drei Tage Fußmarsch von Kalembe entfernt gen Nordwesten, erzählte er. Dort habe die FDLR ihr provisorisches Hauptquartier aufgeschlagen und auch ihre Frauen und Kinder in Sicherheit gebracht, insgesamt mehrere Tausend Menschen. »Unsere Lage ist katastrophal«, klagte er.

Zu diesem Zeitpunkt, im August 2012, lief bereits seit über einem Jahr in Stuttgart der Prozess gegen die beiden FDLR-Führer Murwanashyaka und Musoni, angeklagt der Verbrechen der FDLR-Truppen im Kongo. Doch jetzt behauptete der FDLR-Sprecher, sie seien Opfer, nicht Täter. Laforge zeigte Fotos: Kleinkinder, deren Gliedmaßen mit Macheten abgetrennt waren. Frauen, deren Bauch aufgeschlitzt war. Aufgenommen worden seien diese Bilder im Juni 2012 in der Region Walikale. Seit Jahren hatte die FDLR in den dichten Wäldern hier ihre Hauptquartiere, Abertausende ihrer ruandischen Hutu-Flüchtlinge lebten mit ihnen. Aber jetzt waren lokale kongolesische Milizen gegen die fremden Besatzer auf dem Vormarsch. Sie spürten die Lager der ruandischen Hutu-Flüchtlinge in den Wäldern auf, um sich für Jahre des FDLR-Terrors zu rächen – vor allem an den Frauen und Kindern der FDLR-Kämpfer.[68]

Die kongolesischen Milizen hätten in den vergangenen Monaten »bis zu tausend unserer Angehörigen ermordet«, so Laforge. Er klang verzweifelt. »Wir flüchten permanent in verschiedene Richtungen, und immer wieder sind uns die Milizen auf den Fersen«, sagte er und steckte die Horrorfotos von verstümmelten Leichen wieder ein. Er fühlte sich an die Zeit von 1996 bis 1997 erinnert, als die ruandischen Hutu-Flüchtlinge im Kongo monatelang durch den Dschungel flohen, um nicht in die Hände der ruandischen Armee zu fallen.[69]

Die großen Primus-Bierflaschen waren leer. Laforge schlug einen Spaziergang durch Kalembe vor. Begleitet von seinen bewaffneten Leibwächtern, stapfte er in seinen polierten Lederschuhen durch die Pfützen. »Ich selbst habe das Leben im Busch nach 18 Jahren auch satt, aber ich kann ja unsere Flüchtlinge nicht einfach im Stich lassen«, sagte er und grüßte eine Gruppe Frauen und Kinder. Sie trugen schnellen Schrittes ihre Habseligkeiten in einem Bündel auf dem Kopf, selbst der kleinste Knirps stemmte noch einen Wasserkanister. Laforge sprach mit ihnen auf Kinyarwanda, auch sie waren Angehörige der FDLR. »Wir haben ihnen befohlen, weiter nach Norden zu flüchten«, erklärte der Sprecher. »Sie sind hier nicht mehr sicher.« Dann sinnierte er über ein mögliches Ende des bewaffneten Kampfs und eine Rückkehr in die Heimat: »Das wäre machbar, wenn sich die Diktatur in Ruanda politisch öffnet, freie Wahlen, Demokratie und eine politische Opposition zulassen würde«, sagte er. Und wenn nicht? »Dann müssen wir Kigali eben militärisch erobern.«

Kalembe, Oktober 2012: Gummistiefel und Flüchtlingselend

Knapp zwei Monate später glich Kalembe einem Geisterdorf. Die FDLR-Kämpfer waren verschwunden. Die bekifften kongolesischen Milizionäre hatten sich Kongos Armee angeschlossen, nur um sechs Wochen später wieder abzuhauen, mit frischen Waffen und neuen Uniformen. Sogar die UN-Blauhelme waren

68 Vgl Kapitel 5.2, S. 364 ff.
69 Vgl. Kapitel 2.5, S. 142 ff.

abgezogen. Nur die leeren Patronenhülsen im Sand hatten sich vermehrt. Wenige Kilometer vor Kalembe herrschte großes Chaos. Ein Armeelastwagen war im Schlamm steckengeblieben. Die Soldaten bekamen ihn nicht aus dem Matsch gehievt, der Kommandeur brüllte herum, er hatte es eilig: Der Lastwagen war voll mit Munition für die Truppen, die nördlich von Kalembe kämpften. Gegen wen? Der Kommandeur winkte ab: »Wir haben schon lange den Überblick verloren.«

Im Dorf Kashuga kurz vor Kalembe war Markttag. Männer karrten auf Holzrollern schwere Säcke heran: Maismehl, Bohnen, Maniokwurzeln. Frauen verkauften Tomaten und Zwiebeln. Von einem Lastwagen luden Händler Holzkohle ab. Dahinter ragte das Kanonenrohr eines UN-Panzerfahrzeugs hervor. Ein südafrikanischer Soldat in schusssicherer Weste seufzte: »Die Situation weiter nördlich ist verwirrend.« Ein Konvoi der Organisation Ärzte ohne Grenzen kam aus Kalembe angerollt. »Wir evakuieren, dort wird geschossen«, sagte eine weiße Ärztin. Wer schießt auf wen? Sie zuckte mit den Schultern.

»Weiter nördlich« saß die FDLR. Propagandaminister Laforge schickte per SMS von seinem Satellitentelefon Koordinaten für einen Treffpunkt, Dutzende Kilometer nördlich: im Dorf Kivuye. Es ging bergauf. Schlamm spritzte. Barfuß stapften Frauen und Kinder mit schweren Bündeln auf dem Kopf durch knöcheltiefen Matsch, Schweißperlen auf der Stirn. »Wir sind schon seit Tagen auf der Flucht«, klagten sie. Hinter der nächsten Wegbiegung lungerten drei junge Kämpfer mit Kalaschnikow: »Wir sind von der FDLR, wir beschützen unsere Flüchtlinge«, erklärten sie und zeigten nach oben. »Unser Chef wartet im Flüchtlingslager auf euch.«

Von den benachbarten Hügeln hallten Schüsse. Hoch oben reihten sich Zelte aus Bambus wie eine Perlenschnur an den Hang. Zerfledderte weiße Plastikplanen des Flüchtlingshilfswerks UNHCR dienten als Dächer. Vier Jahre lang war dies ein Lager für Kongolesen gewesen, die von der FDLR aus ihren Dörfern vertrieben worden waren. Jetzt waren sie weitergeflohen, die FDLR quartierte in die Vertriebenenhütten ihre eigenen Frauen und Kinder ein. Gegenüber Hilfswerken gaben sie sich als Kongolesen aus. Die meisten FDLR-Angehörigen haben kongolesische Ausweise.

FDLR-Sprecher Laforge Fils Bazeye hockte in dem großen Zelt der Lagerleitung. Diesmal trug er Jogginganzug und Gummistiefel, auf dem Kopf einen Safarihut gegen den Regen. Wieder trank er Bier aus großen Flaschen. Trotz der Maschinengewehrsalven in der Nähe machte er einen ruhigen Eindruck. »Da drüben kämpft eine lokale Hutu-Gruppe gegen die Armee«, erklärte er und lächelte: »Wer auch immer gewinnt, wird uns nicht angreifen.«

Laforge stellte Angelo Muhire vor, ebenfalls in Jogginganzug und Regenjacke. Das sei der Vorsitzende der ruandischen Hutu-Flüchtlinge im Kongo. Aus einer Plastiktüte zog Muhire Dokumente: handgeschriebene Berichte und Briefe an internationale Hilfswerke, mit Bitten um Hilfe für die ruandischen Hutu-Flüchtlinge. Laforge hatte die Briefe auf seinem kleinen Laptop abgetippt und per

Smartphone in die Welt geschickt. Vergeblich. Die Hilfsorganisationen hatten Bedenken, ruandische Flüchtlinge unter FDLR-Obhut zu versorgen. Das würde die Macht der Miliz nur verstärken. »Unsere Flüchtlinge sind seit über 15 Jahren auf der Flucht durch den Wald«, erklärte Muhire. Vor allem Kinder und schwangere Frauen seien ausgezehrt. Muhire zeigte eine Liste, die ihm ein FDLR-Krankenpfleger aufgesetzt hatte: infizierte Machetenwunden, Durchfall, Sehschwächen als Langzeitfolge von Vitaminmangel, stressbedingte Gastritis, Malaria. Auf einer zweiten Liste waren die benötigten Medikamente vermerkt. »Wenn wir nicht bald Hilfe bekommen, werden viele unserer Flüchtlinge sterben«, sagte er.

Wieder hallten Maschinengewehrsalven vom benachbarten Hügel, näher und länger. Muhire und Laforge diskutierten kurz auf Kinyarwanda. Dann beschlossen beide, den Rückzug anzutreten. Zum Abschied winkte Laforge, die Kämpfer salutierten. »Richten Sie Ignace im Gericht unsere Grüße aus! Wir sind ihm nach wie vor treu ergeben«, sagte Laforge und marschierte davon.

Nur wenige Hundert Meter weiter auf dem Rückweg blieb der Geländewagen im Schlamm stecken. Ein alter Mann kam angelaufen. Der Kongolese stellte sich als ehemaliger Chef des von der FDLR requirierten Vertriebenenlagers vor. »Diese Ruander benutzen uns als menschliche Schutzschilde«, klagte er, während er ächzend half, den Wagen aus dem Matsch zu schieben. Er überreichte verstohlen seine Handynummer. Wenige Tage später berichtete er am Telefon, die FDLR sei weitergezogen, und mit ihnen die Flüchtlinge. »Als sie gingen, haben sie uns noch Wasserkanister, Kochgeschirr und die letzten Lebensmittel geklaut«, flüsterte er. Im Hintergrund ertönten immer noch Gewehrsalven.

Kisheshe, Oktober 2012: Sturmgewehre auf dem Schulhof

»Guten Tag!«, sagte der FDLR-Kommandeur auf Deutsch und warf einen kurzen Blick auf seine Armbanduhr. »Oh, wir sind alle 15 Minuten zu früh – das nenne ich deutsche Pünktlichkeit«, fuhr er auf Französisch fort und lachte über das ganze Gesicht. Es war 10:15 Uhr an diesem Montagmorgen im Oktober 2012, als FDLR-Oberstleutnant Stany nach einem dreistündigen Marsch in dem kleinen Dorf Kisheshe im Ostkongo ankam. Im Schlepptau hatte er 36 schwer bewaffnete Leibwächter und Oberstleutnant Blaize, zuständig für die Beziehungen zur kongolesischen Bevölkerung. Stany, mit richtigem Namen Ezéchiel Gakwerere, war und ist stellvertretender Kommandeur der FDLR für ganz Nord-Kivu.

Als Stanys uniformierte Kolonne im Gleichschritt durch Kisheshe marschierte, guckten die Einwohner ängstlich, aber neugierig aus den Türen ihrer Lehmhütten. Ein alter knochiger Mann in einem schmutzigen T-Shirt und in Sandalen trat aus seinem Haus und empfing die Kommandeure auf dem Dorfplatz. Blaize grüßte ihn mit Handschlag, sie wechselten ein paar Worte. Dann trollte sich der Gemeindevorsitzende auf Befehl von Blaize davon.

Mit Kalaschnikows und Raketenwerfern bezogen die FDLR-Kämpfer Stellung und riegelten die Straßen ab. Rund um den staubigen Dorfplatz standen eine steinerne Kirche mit Holzdach, ein Gemeindehaus aus Lehm mit Strohdach sowie einige Holzbuden, in denen es Streichhölzer, Waschmittel, Seife und Primus-Bier zu kaufen gab. Daneben befand sich eine Grundschule mit drei Klassenzimmern aus schwarz lackierten Holzbrettern und Wellblechdach, in dem sich die Sonnenstrahlen spiegelten. Auf dem Schulhof zwischen Klassenzimmern und Kirche flatterte an einem Mast eine kongolesische Flagge, schmutzig und zerfranst, das Hellblau eher grau.

Die Schulglocke ertönte, Hunderte Kinder strömten in blau-weißen Uniformen auf den Hof. Neugierig näherten sie sich den bewaffneten Besatzern, einige tuschelten und kicherten. Stany gab einem seiner Leibwächter ein Handzeichen. Der Kämpfer, behangen mit Munitionsgurte über den Schultern, drehte sich zu den Kindern um und zielte mit seinem gewaltigen Maschinengewehr auf Kinder-Kopfhöhe über den Schulhof. Kreischend stoben die Schüler davon.

Der Dorfvorsteher mit den weißen Bartstoppeln kam zurück, in schnellen Schritten. Er brachte einen Schlüssel und schloss das Gemeindehaus auf: ein Warteraum mit Bänken und Tisch, daneben hinter einer verschlossenen Tür das winzige Büro des Alten. Mit einem geraunzten »Dankeschön« betraten Stany und Blaize das Gemeindezentrum und nahmen auf den Bänken Platz. An der Wand hing ein Poster für eine Kampagne gegen sexuelle Gewalt. »Lebt in Frieden im Kongo«, stand darunter. Blaize nickte dem Alten zu. Der kongolesische Dorfvorsteher bedankte sich flüsternd, dann verließ er rückwärtsgehend, respektvoll geduckt, das Haus. Hier hatte nicht er das Sagen, sondern der ruandische Oberstleutnant Stany.

Nachdem die FDLR nach langem Hin und Her das Einverständnis zu diesem Treffen erteilt hatte, hatte Oberstleutnant Stany per Textnachricht die Koordinaten des Treffpunkts mitgeteilt: Ein öffentlicher Ort sollte es sein, wo ihm kein Feind auflauern oder ihn bombardieren würde; ein Ort, der weit genug von seiner Stellung weg war, um diese nicht zu genau zu verraten, aber nah genug, um am selben Tag dorthin zurückzukehren. Zweimal schon hatte er den Termin verschoben »aus Sicherheitsgründen«, das dritte Mal aus »religiösen Pflichten«: Sonntags müsse man beten. Der letzte Terminvorschlag lautete: »Wir müssen uns am Montag sehen, sonst ist es zu spät. Ab Dienstag bin ich auf Militäroperation.«

Hinter dem Dorf Kisheshe beginnt der Virunga-Nationalpark, eine weitläufige menschenleere Savannenlandschaft zwischen gewaltigen aktiven Vulkanen. Nur zehn Kilometer vor Kisheshe lagerten Offiziere der kongolesischen Regierungsarmee FARDC im Ort Kibirizi beim Mittagessen unter einem Mangobaum; es gab Ziegengulasch und Kochbananen. »Zur FDLR? Dort geht's lang«, hatten sie erläutert und auf eine enge matschige Straße Richtung Kisheshe gezeigt.

Zu jenem Zeitpunkt lagerte Stanys 150 Mann starke Aufklärungs-Kommandoeinheit CRAP im Virunga-Nationalpark an der Flanke des Nyamulagira-Vulkans, hoch oben jenseits der Baumgrenze, erzählte er. Von dort oben konnte man bis nach Ruanda sehen, einen Tagesmarsch entfernt. Commando de Recherche et d'Action en Profondeur (CRAP) ist in der FDLR wie schon früher in Ruandas Hutu-Armee FAR die Bezeichnung für Späheinheiten, die hinter die feindlichen Linien in Feindesland entsandt werden. Sie bestehen aus gestählten jungen Kriegern, die sich wochenlang durchs Unterholz schleichen können, im Busch auf sich allein gestellt, ohne Versorgung oder Nachschub. Das Risiko, bei der verdeckten Operation sein Leben zu lassen, ist hoch. Stanys CRAP-Einheiten galten als die besten.

Der 1966 geborene Oberstleutnant Stany ist groß und kräftig. Er erschien mit Nickelbrille auf der Nase, Pistole am Hüftgürtel und die Füße in typischen Gummistiefeln – doch unter seinem Arm klemmte eine lederne Aktentasche, in seiner Brusttasche steckte ein edler Kugelschreiber, um Hals und Handgelenk hingen Rosenkränze aus grünen Perlen mit goldenem Kreuz. Er vermittelte eher den Eindruck eines Religionslehrers in Uniform.

Im Wartezimmer des Gemeindebüros in Kisheshe legte Stany die Aktentasche auf den Tisch und kramte einen ledergebundenen Terminkalender hervor. »2008« stand auf dem Einband. Er schlug den Kalender auf. In der Zeile für den 10-Uhr-Termin am 15. Oktober 2012 stand in sauberer Handschrift: »Interview mit deutscher Journalistin«. Darunter waren sorgsam einige Gesprächspunkte vermerkt.

Stany guckte von seinem Kalender auf und lächelte, freundlich und verschmitzt. »Guten Tag, Fräulein«, wiederholte er auf Deutsch. Diese Grußworte habe ihm der oberste FDLR-Militärchef Mudacumura auf den Weg gegeben, erklärte er: »Unsere Organisation hat eine innige Beziehung zur deutschen Sprache.« Mudacumura spreche passabel Deutsch, immerhin habe er in Deutschland seine Militärausbildung absolviert. »Und unser Präsident Ignace war in Deutschland ja sogar Professor.« Man fühle sich in der FDLR mit Deutschland tief verbunden, betonte er.[70] Dann hakte er den ersten Gesprächspunkt »Begrüßung« ab.

Seinen eigentlichen Namen Ezéchiel Gakwerere wollte Stany nicht verraten. Sein Deckname sei eine Sicherheitsmaßnahme, um sich selbst und seine Familie zu schützen, erklärte er. Er sei im Kongo schließlich »Flüchtling«. Den Namen Stany habe er sich als Kurzform von Stanislas gegeben, »denn ich bin ein guter Christ und bevorzuge die Namen aus der Bibel«.

Während der Oberstleutnant aus seinem Leben erzählte, nahm er immer wieder einen Schluck aus seiner Fanta. Alkohol trinke man als guter FDLR-Soldat nicht, erklärte er. Die Zeit des vierjährigen Bürgerkrieges in Ruanda 1990–94 und des Völkermordes 1994 hakte er in zwei Sätzen ab, sein sonst nur leichtes Stottern wurde stärker. »Als 1990 der Krieg mit der RPF begann, habe ich den Rang eines Leutnants bekleidet. Dann haben wir im Juli 1994 das Land verlassen und bis heute bin ich hier in der FDLR.« Mehr sagte er nicht[71]. Waren denn nicht

70 Vgl. Kapitel 1.6, S. 66 ff.
71 Zu Stanys Rolle im Völkermord vgl. Kapitel 2.4, S. 125 ff.

auch FDLR-Offiziere an den Massenmorden beteiligt? »Strategie der Kriegspropaganda«, nannte er diese Anschuldigung. »Ruanda verteufelt uns und nennt uns Völkermörder, Terroristen und Menschen ohne Moral. Wenn sie dich terrorisieren wollen, dann setzen sie dich auf eine Liste.«

Lieber sprach der FDLR-Oberstleutnant lang und breit über die guten alten Zeiten in der ruandischen Offiziersschule ESO, wo er auch Mudacumura zum ersten Mal 1987 traf, »als dieser gerade frisch aus Deutschland zurückgekommen war«. Dann sprang er in die Zeit des Flüchtlingselends in Zaire ab 1994. Er beschrieb, wie er und seine Familie im Flüchtlingslager im ostkongolesischen Bukavu und später im Camp Tingi Tingi im Wald gehaust hatten, so wie auch Mudacumura und FDLR-Sprecher Laforge. Ruandas RPF-Armee sei hinterhermarschiert, »um die Flüchtlinge zu ermorden«. Es sei eine Odyssee durch den Dschungel gefolgt, bis nach Brazzaville, 2000 Kilometer weiter westlich. »Von 180 000 Flüchtlingen, die in Tingi-Tingi waren, sind nur rund 10 000 in Brazzaville angekommen«, sagte er. »Wir mussten uns auf dem Weg bewaffnen, um unsere Familien zu verteidigen, denn wir wurden gejagt wie die Tiere.«[72]

Stany kämpfte unter Mudacumuras Kommando weiter im Kongo und war bei der offiziellen Gründungsversammlung der FDLR am 1. Mai 2000 im kongolesischen Lubumbashi dabei. Dort lernte er auch seinen späteren Präsidenten Ignace Murwanashyaka kennen. »Er ist als Präsident der FDLR auch der oberste Kommandant der FOCA, denn die Armee steht in der FDLR unter den Befehlen der Politik – das ist Demokratie, Fräulein!«, erklärte Stany.

Plötzlich wurden seine Leibwächter vor der Hütte nervös. Waffen wurden durchgeladen. Stany und Blaize sprangen auf und schauten aus der Tür. Ein Trupp kongolesischer Regierungssoldaten hatte die Hütte umzingelt und die FDLR-Leibwächter eingekreist. Beide Seiten zielten aufeinander, unschlüssig. Stany trat aus der Hütte und fragte in die Runde: »Nanu, was ist denn hier los?« Auch der große kräftige Stany trug eine Uniform der kongolesischen Armee, ebenso Oberstleutnant Blaize und seine Leibwächter. Einige der ruandischen Hutu-Kämpfer hatten sogar die hellblaue kongolesische Flagge an der Schulter angeheftet. Alle hatten also dieselben Uniformen an, ein heilloses Durcheinander.

Ein Hauptmann der kongolesischen Armee kam angelaufen, ein kleiner dürrer Kerl. Er salutierte vor Stany und schlug die Hacken zusammen: »Guten Tag, mein Oberst, Sie sind verhaftet«, sagte er. Stany fing an zu kichern und hob den Zeigefinger, ganz wie ein Lehrer, der einen unartigen Schüler abmahnt. »Ihr Kongolesen seid wirklich lustig«, antwortete er. »Nimm mal dein Funkgerät und frage bei deinem Vorgesetzten nach:« Der kongolesische Hauptmann guckte verdutzt und trat zurück, um via Funk seine Hierarchie anzurufen. Es knackte und rauschte im Äther. Wenige Minuten später kam er eilig wieder, sichtlich blamiert. »Entschul-

72 Vgl. Kapitel 2.5 S. 142ff.

digen Sie, mein Oberst, das war eine Verwirrung unsererseits. Sie können fortfahren«, sagte er, salutierte noch einmal, schlug die Hacken noch einmal zusammen, drehte sich um und zog mit seinen Männern ab.

Schulterzuckend sah ihm Stany nach. »Diese Soldaten haben das ganze Dorf erschreckt. Sie ist einfach nicht organisiert, diese Armee«, lästerte er. Als er wieder in der Hütte Platz nahm, fuhr er fort: »Sie sehen, unser Verhältnis heute ist nicht einfach zu beschreiben, ich würde mal sagen, es ist weder warm noch kalt, sondern irgendwo dazwischen. Unser Ziel ist es ja nicht, um den Kongo zu kämpfen, sondern unsere Flüchtlinge vor Kagames Regime zu schützen.«

Dann leerte er seine Fantadose in einem Zug und lächelte höflich. »Wissen Sie was?«, fragte er plötzlich: »Unsere Führer in Deutschland zu verhaften war ein Spielzug der internationalen Gemeinschaft und der Presse!« Er schimpfte und wurde laut. »Was hat Murwanashyaka denn praktisch getan in all den Jahren? Bis heute mangelt es an Beweisen für seine Schuld – aber er wird freikommen.« Er wiederholte: »Er wird freikommen!«

Während Stany sich für seinen Präsidenten ins Zeug legte, saß im 6000 Kilometer entfernten Gerichtssaal in Stuttgart Anneke van Woudenberg im Zeugenstand. Die erfahrene Kongo-Expertin der Menschenrechtsorganisation Human Rights Watch berichtete im Prozess gegen Murwanashyaka und Musoni detailliert über Drohbriefe an die Bevölkerung mit FDLR-Stempeln, systematische Vergewaltigungen, Terror.[73]

Für Stany im ostkongolesischen Busch, ähnlich wie einige Monate zuvor für seinen Sprecher Laforge, war die FDLR ein reines Opfer. »Die Medien und die internationale Gemeinschaft verteufeln uns, dabei sind wir Menschen und keine Tiere. Wir sind auch Ruander, wie alle anderen auch.« Dann hob der Oberstleutnant wieder oberlehrerhaft den Zeigefinger: »Aber unser Kampf hängt ja nicht an Ignace. Selbst wenn er nicht mehr agieren kann, gibt es unzählige, die den Kampf fortführen.« Nach 18 Jahren im kongolesischen Dschungel sei das Leben hart, gab er zu. Offiziere wie er würden alt: »Viele haben sich entschieden, dass sie doch lieber in ihrer Heimat sterben wollen.«

Er lächelte wieder sein schelmisches Lächeln, als ob er etwas im Schilde führe. Das Lächeln wurde immer breiter. Er suche nach »Sponsoren« für Angriffe auf Ruanda, sagte er schließlich. Munition sei knapp, aber man habe genügend Kampfkraft und junge Rekruten aus den eigenen Flüchtlingsreihen. Man werde bald »das Regime unter dem Despoten Kagame stürzen!« Die konfuse Lage im Ostkongo eröffne ein »Fenster der Möglichkeiten«. Das sei die Botschaft, die er der Welt überbringen wollte.

Stany guckte auf seine Armbanduhr, das Zeichen zum Aufbruch. Als er aus der Hütte trat und seine Leibwächter sich zum Abmarsch bereitmachten, kramte

73 Zeugenaussage Anneke van Woudenberg, Prozesstag 106, OLG Stuttgart 15.10.2012

er sein Smartphone aus der Hosentasche. »Wenn ich Internetempfang habe, lerne ich manchmal Deutsch«, sagte er und verabschiedete sich auf Deutsch: »Auf Wiedersehen, Fräulein.« Dann marschierte er mit seinen 36 Leibwächtern im Gleichschritt davon. Sechs Wochen später griffen Stanys CRAP-Einheiten in einem regelrechten Himmelfahrtskommando Ruanda an.

Gisenyi, November 2012: Der letzte Angriff

»Unser Kommandeur hat gesagt, wir werden Ruanda angreifen«, sagte der kleine ausgemergelte Mann. Er lag auf himmelblauen Bettlaken in einem Krankenhaus in der ruandischen Stadt Gisenyi. Sein Bein steckte bis zum Oberschenkel in einem Gips. Er blickte apathisch, als zwei Soldaten der ruandischen Armee RDF das Krankenzimmer betraten und ihn begrüßten. Sie fragten nach seinem Befinden. Der 38-jährige FDLR-Leutnant starrte schweigend ins Leere, minutenlang. »Hier ist er!«, präsentierten die beiden ruandischen Offiziere ihren Kriegsgefangenen wie eine Trophäe.[74]

Im Ostkongo herrschte zu diesem Zeitpunkt heftiger Krieg. Die von abtrünnigen kongolesischen Tutsi-Generälen geführte Rebellenbewegung M23 (Bewegung des 23. März) in Nord-Kivu hatte am 20. November 2012 die Provinzhauptstadt Goma erobert und Kongos Armee spektakulär in die Flucht geschlagen. Der UN-Sicherheitsrat beschuldigte Ruandas Regierung, die M23 zu unterstützen. Ruandas Präsident Paul Kagame war als Aggressor verschrien. Derweil schlichen Stanys FDLR-Kommandoeinheiten nördlich der Millionenstadt durch den Virunga-Nationalpark auf die ruandische Grenze zu. Am 26. November 2012, kurz vor Morgengrauen um 4:30 Uhr, griffen sie die Stellungen der ruandischen Armee in den Bergen an. Ein FDLR-Leutnant wurde von einer Kugel ins Schienbein getroffen und sank verletzt zu Boden. Seine Kameraden ließen ihn und zwei Tote liegen und rannten zurück in den Kongo.

So endete Stanys großes Vorhaben, Kagame zu stürzen, und der verletzte FDLR-Leutnant landete im Krankenhaus von Gisenyi. Die RDF-Offiziere wollten nun von ihm alles ganz genau wissen. »Welcher Kommandeur war das?«, fragte der RDF-Major. Der Leutnant antwortete: »Oberst Gakwerere aka Stany.« Sein Mund war trocken, seine Lippen aufgesprungen. »Wir wurden hineingeschickt, aber es gab keinen Rückzugsplan«, sagte er. Seine Unterlippe zitterte. Er erzählte, wie einer seiner Kameraden während der Einsatzbesprechung nach einer Rückzugsmöglichkeit gefragt hatte. »Er wurde sofort vor unseren Augen erschossen.«

Der FDLR-Leutnant bezeichnete den Angriff als »Selbstmordaktion«. Er hatte recht: Auf dem Rückweg aus Ruanda in den Kongo liefen die Hutu-Kämpfer in

74 Schilderung nach Besuch in Gisenyi, Ende November 2012

die Falle. Hinter der Grenze wartete eine M23-Kommandoeinheit auf sie. Es kam zu stundenlangen Gefechten. Stanys Operationsführer, Hauptmann Belmondo, wurde tödlich getroffen; die M23 machte jede Menge Gefangene.

Per SMS nach der gescheiterten Operation befragt, äußerte sich FDLR-Oberstleutnant Stany danach ausweichend. Die vom verletzten FDLR-Leutnant erzählten Details »entspringen dessen Phantasie«, behauptete er: »Ein Soldat solch niedrigen Ranges kann diese Einzelheiten nicht wissen.« Im ruandischen Militärkrankenhaus hatte der Verletzte erzählt, seine Einheit habe ihre Ausrüstung bei Kongos Armee gekauft: drei Maschinengewehre, Sturmgewehre für jeden Kämpfer sowie drei Raketenwerfer samt Raketen. Das habe CRAP-Major Ruhinda im kongolesischen Tongo über seine »persönlichen Kontakte« besorgt.

Am nächsten Tag meldete Ruandas Regierung einen zweiten Angriff. Dieses Mal überfiel die FDLR die Eingangsstation des ruandischen Teils des Virunga-Nationalparks in Kinigi oberhalb von Ruhengeri. Sie tötete nach offiziellen ruandischen Angaben einen Parkwächter und verletzte einen weiteren. Es folgten weitere Angriffe mit Toten und Verletzten. Die FDLR wollte den lukrativen Gorilla-Tourismus stören, eine wichtige Einnahmequelle des ruandischen Staates. Doch die Angriffe blieben wirkungslos.

Kapitel 5
Die FDLR-Struktur: Ein durchorganisierter Staat im Exil

Die Führungsorgane und ihre Bürger: Hierarchie und Ordnung

Von außen her sah es aus wie ein etwas verwaschenes, zerfleddertes Schulheft. Auf den karierten Innenseiten waren fein säuberlich die 74 Paragrafen der FDLR-Geschäftsordnung niedergeschrieben. Präsident Murwanashyaka hatte sie am 24. Mai 2005 bei einer Kongoreise im FDLR-Hauptquartier in Masisi mit seiner krakeligen Handschrift unterzeichnet, sie wurde im Januar 2006 von einem FDLR-Kongress ratifiziert. Die 74 Paragrafen des »Règlement d'Ordre Intérieur« entwerfen die Institutionen eines Staatsgebildes, das nach der Eroberung Ruandas in der Heimat errichtet werden soll. Die FDLR hat darin eine Exekutive, eine Legislative, ein Justizsystem, ein Wirtschafts- und Finanzsystem, eine Verwaltung, eine Armee. Ein ehemaliger stellvertretender FDLR-Rechtskommissar, der das mit formuliert hatte, erklärt vor Gericht: »Laut Statuten arbeiten die Organe der FDLR inner- und außerhalb des Landes. Bisher sind die Organe nur außerhalb des Landes. Sektor, Präfektur, Zelle, Kommunen waren administrative Instanzen in Ruanda; auch wenn dies in den Statuten steht, gibt es diese Struktur nicht, da die FDLR außerhalb des Landes ist.« Ihr Ziel ist »die Rückkehr nach Ruanda, in unser Land«.[75]

Wie keine andere Rebellengruppe im Kongo, aber typisch für Ruandas penible Staatsverwaltung, pflegte die FDLR ihre Bürokratie ins Feinste – sowohl in den Wäldern im Kongo als auch in Murwanashyakas kleiner Wohnung in Mannheim. Die Polizeibeamten, die während seiner Verhaftung die Wohnung durchsuchten, fanden unzählige abgeheftete Unterlagen. Selbst den Flugschein der UN-Maschine, die er 2005 von Bukavu nach Kinshasa genommen hatte, sowie die Quittung über einen Betrag von 81,80 Euro für die von ihm 2005 in Deutschland erstandenen Motorola-Funkgeräte hatte er noch aufgehoben.[76] Murwanashyaka speicherte sogar seine SMS-Nachrichten in Computerdateien – sie wurden wertvolle Beweismittel vor Gericht.

75 Zeugenaussage, Prozesstag 187, OLG Stuttgart 21.10.2013
76 Dokumente aus den Asservaten, verlesen am Prozesstag 96, OLG Stuttgart 1.8.2012

Die FDLR bezeichnet sich selbst als »politisch-militärische« Organisation.[77] Ihre Struktur ruht auf zwei Säulen: eine militärische und eine zivile. Die militärische Säule ist die Armee mit dem Namen: Forces Combattantes Abacunguzi (FOCA). An ihrer Spitze steht das Oberkommando mit seinem Generalstab. Die zivile Führung besteht aus einem Exekutivkomitee (CE), dem der Präsident, seine beiden Vertreter sowie der Exekutivsekretär und dessen Vertreter angehören. Dieses Organ hat in einem Kabinett zehn Kommissare wie Minister mit einzelnen Ressorts unter sich: für Finanzen, Juristisches und Soziales, Politik und Auswärtiges, Information und Propaganda, Verteidigung sowie für Gender-Angelegenheiten.

Das zentrale Entscheidungsorgan der FDLR ist das Direktorenkomitee (CD), ein 32-köpfiges Gremium, welches je zur Hälfte aus Vertretern des politischen sowie des militärischen Flügels besteht. Das Machtgleichgewicht zwischen Zivilisten und Militärs ist eine Grundkonstante der Organisation, die erklärt, warum weder der eine noch der andere Flügel unabhängig Entscheidungen treffen kann.

Aufgabe des Direktorenkomitees ist es, über die Grundlinien der FDLR-Strategie zu entscheiden: Krieg oder Frieden, Angriff oder Verteidigung, politische Isolation oder Kollaboration mit Partnern, Dialog oder nicht mit Regierungen oder Regionalorganisationen.

Nur selten konnte das CD komplett zusammentreten. Ansonsten entschieden de facto Murwanashyaka als Präsident gemeinsam mit den zwei Vizepräsidenten, dem Exekutivsekretär sowie dem Chef der Streitkräfte. Das Direktorenkomitee wählt laut Verfassung alle fünf Jahre die übergeordnete Führung, an deren Spitze der Präsident, seine beiden Stellvertreter sowie der Exekutivsekretär stehen. Sie vertreten die gesamte FDLR – also auch den bewaffneten Arm – nach außen. In einem Wahlgesetz aus dem Jahr 2005 ist der Ablauf des Wahlgangs festgelegt.

FDLR-Präsident Murwanashyaka konnte zu Wahlen und Versammlungen nicht immer in den Kongo reisen. So wurden Entscheidungen via E-Mail oder SMS kommuniziert oder am Telefon diskutiert. Es gab Debatten um das alltägliche Leben der FDLR sowie über die Umsetzung von Beschlüssen.[78]

Wie straff der FDLR-Staat innerhalb des Kongo durchorganisiert war, zeigte sich, als 2011 ein Buchhalter aus dem politischen Hauptquartier desertierte. Statt einer Waffe trug er schwere vollgeschriebene blaue Kladden mit sich. Sie enthielten seitenweise Tabellen mit Listen, von Hand mit Kugelschreiber und Lineal fein säuberlich angelegt: Einrichtungsgegenstände wie Tische, Stühle und Betten, Büromaterial wie Stifte, Hefte, Stempelkissen und Heftklammern, ein- und ausgehende Geldbeträge in US-Dollar – eine professionelle Buchhaltung. Der Buchhalter hatte alles katalogisiert, Empfänger mit Unterschrift gegenzeichnen

77 Selbstdarstellung der FDLR auf ihrer Website www.fdlr.org (bis 2009)
78 Zeugenaussage, Prozesstag 39, OLG Stuttgart 16.11.2011

lassen, Zinsen für entliehenes Bargeld eingetrieben, erzählte er.[79] Später wurde die Buchhaltung in Word- und Exceldateien abgelegt, die sich weltweit per E-Mail austauschen ließen. Ein anderer ehemaliger Verwalter erinnerte sich, wie er über Monate hinweg sämtliche Tabellen und Listen aus den Büchern in den Computer übertragen musste – auch die Listen der Kämpfer, die Seriennummern ihrer Waffen und die Anzahl der ausgehändigten Patronen.[80] Über jedes FDLR-Mitglied wurde akribisch Buch geführt.

Umucunguzi ist der FDLR-Begriff für ein Mitglied, übersetzt »Befreier« oder »Erlöser«. Dies ist laut Geschäftsordnung jeder, der die »Ideologie der FDLR verficht und für deren Ziele eintritt«.[81] Der Plural dieses Begriffs lautet *abacunguzi*. Damit sind alle FDLR-Mitglieder gemeint, Zivilisten wie Militärs. Daher auch das Akronym FOCA für die FDLR-Streitkräfte: »Forces Combattantes Abacunguzi« – »Streitkräfte der Befreier« oder auch »Kämpfende Erlöser«. Ein FDLR-Mitglied darf keiner anderen ruandischen Organisation angehören – er muss sich ausschließlich der FDLR widmen.[82] Zu den Eigenschaften eines *umucunguzi* zählen Liebe zum Vaterland, Loyalität, Solidarität und Einheitsgefühl, gegenseitiger Respekt sowie Toleranz, Verantwortungsgefühl, auch Verschwiegenheit.[83]

Die Aufnahme in die FDLR erfolgt auf Antrag. Am Ende ist ein Eid zu schwören: »Ich, (vollständiger Name), im Namen Gottes des Allmächtigen, schwöre, meine Pflichten gewissenhaft durchzuführen, sowie der FDLR in Übereinstimmung mit den Statuten und Regelwerken und den Interessen des ruandischen Volkes treu zu dienen.« In der Regel nahm Murwanashyaka in Deutschland als Präsident den FDLR-Anwärtern im kongolesischen Dschungel den Eid am Telefon ab.[84] Daraufhin erhielten sie einen offiziellen FDLR-Ausweis: Eine auf gelben festen Karton gedruckte ID-Karte, zum Schutz vor Nässe mit Tesafilm verklebt, darauf Mitgliedsnummer, Stempel und Unterschrift des zuständigen Sektor-Vorstehers, bei den Militärs die des Sektor-Kommandanten. Musoni erläuterte vor Gericht, wie er die Stempel mit Markierungen versah, um sie fälschungssicher zu gestalten.[85]

Jedes Mitglied hat das Recht auf einen Code-Namen.[86] Der Einstieg in die FDLR ist der Eintritt in ein neues Leben. Für keine andere Miliz der Region sind Decknamen so typisch. Sie drücken oft eine Haltung aus: Auf der FDLR-Offiziersliste steht ein »Archevêque« (Erzbischof), ein »Stalin« und ein »Mao«, auch ein »Romel«, benannt nach dem deutschen Afrika-Feldherrn Erwin Rommel aus

79 Interview, Goma Januar 2012
80 Interview, Mutobo Februar 2015
81 FDLR: Règlement d'Ordre Intérieur, § 9
82 Ebd.
83 Ebd., § 10
84 Ebd., § 18. Der Präsident selbst schwört gegenüber dem Vorsitzenden des Rates der Weisen.
85 Einlassung Straton Musoni, Prozesstag 175, OLG Stuttgart 9.9.2013
86 FDLR: Règlement d'Ordre Intérieur, § 13

Stuttgart. Manche Kommandeure ändern ihren Code-Namen immer wieder: »Omega« war einst als »Israel« bekannt, Oberst »Bora« nennt sich heute »Hamada«, Vizepräsident »Byiringiro« hieß einmal »Rumuli« oder auch »Gaston«. Die Verwendung von Kriegsnamen dient der gezielten Verwirrung des Gegners und macht eine juristische Identifizierung von Einzelpersonen schwierig.

Wie bei einem Geheimbund benutzte die FDLR Codewörter und Grußformeln, daran erkannten ihre Vertreter sich weltweit. Jede von Murwanashyakas Kurznachrichten endet mit den Buchstaben THT, der Abkürzung für *twese hamwe tuzatsinda* (übersetzt: Gemeinsam werden wir siegen), eine alte Parole der Völkermordmilizen in Ruanda. Ein Merkmal der Kommunikation innerhalb der FDLR sei »konspiratives, auf Geheimhalten ausgerichtetes Verhalten«, stellte das Stuttgarter Gericht fest.[87]

Abacunguzi sind sowohl die unter Waffen stehenden Kämpfer als auch alle ruandischen Hutu-Flüchtlinge, als deren Schutzmacht sich die FDLR versteht. Obwohl die Mitgliedschaft in der FDLR nicht automatisch ist, werden sämtliche ruandischen Flüchtlinge im Ostkongo als Mitglieder der FDLR betrachtet: jede Frau, jedes Kind eines Kämpfers. Um nach außen als Exilregierung auftreten zu können, braucht die FDLR nach innen Bürger, die ihr gehorchen und für die sie sich stellvertretend einsetzt.

Bis heute beansprucht daher die FDLR in ihren Presseerklärungen möglichst hohe Zahlen an ruandischen Hutu-Flüchtlingen im Kongo, zuletzt 245 000.[88] Das soll ihr politisches Gewicht unter Beweis stellen. Da die Vereinten Nationen, Kongos Regierung und internationale Beobachter allesamt von sehr viel weniger ruandischen Flüchtlingen im Kongo ausgehen, begann das UN-Flüchtlingshilfswerk UNHCR 2015, die Betroffenen biometrisch zu registrieren, um die Zahlendebatte aus der Welt zu schaffen.[89] Die FDLR lehnt diese Registrierung ab.

Die FDLR-Mitglieder sind nach ihrem Selbstverständnis Auserwählte: Teilnehmer eines utopischen Projekts. Die FDLR als Heilsbringer will die ruandischen Hutu aus der Misere heraus in eine glänzende Zukunft führen. Das erinnert an eine religiöse Sekte, aber auch an kommunistische Organisationsformen. Viele FDLR-Mitglieder stehen dem sozialistischen Gedankengut nahe, sind doch in ihrem Geschichtsbild die Hutu die von Tutsi-»Feudalherren« unterdrückte Mehrheit in Ruanda. Auf der Website der Kommunistischen Partei Ruandas, die der FDLR nahesteht, inszeniert sich die FDLR als Kampforganisation gegen ein Apartheidregime.[90] Murwanashyaka vergleicht sich in einem Telefongespräch einmal

87 Urteilsverkündung, Prozesstag 320, OLG Stuttgart 28.9.2015

88 Intended military attacks against FDLR, FDLR-Presseerklärung, 12.8.2014

89 DR Congo UNHCR Fact Sheet, 30.9.2014. http://reliefweb.int/report/democratic-republic-congo/dr-congo-unhcr-fact-sheet-30-september-2014

90 FDLR's Overview: Who are we? http://communistpartyofrwanda.tumblr.com/post/105190710213/fdlrs-overview-who-are-we

selbst mit Nelson Mandela.[91] Zu den offiziellen FDLR-Feiertagen zählt der Tag der Arbeit am 1. Mai.[92] Dies war auch der offizielle Gründungstag der FDLR im Jahr 2000.

Zur Verwaltung ihrer Bürger und Bürgerinnen übernahm die FDLR die historischen Verwaltungseinheiten Ruandas aus der Zeit vor dem Völkermord, die nach 1994 in den Flüchtlingslagern im Kongo weiterhin existiert hatten. Es gibt FDLR-Organe auf der Ebene der Zelle, des Sektors/Bezirks, der Kommune und der Präfektur. Jedes Organ muss der politischen Führung regelmäßig Bericht erstatten und Versammlungen organisieren. Es gibt jeweils einen Präsidenten, einen Vizepräsidenten, einen Schatzmeister, einen Sekretär sowie Berater. Dies gilt auch für die Komitees auf nationaler Ebene. Diese Verwaltungseinheiten hat die FDLR fast auf der ganzen Welt – es gibt acht »Regionale Widerstandskomitees« jeweils für Kanada, die USA, Skandinavien, Westeuropa, Osteuropa, Westafrika, Zentralafrika und Südliches Afrika inklusive Australien, mit jeweils eigenen Leitern, die als FDLR-Botschafter auftreten.

Für Ruanda, das Heimatland, wurde ein »Nationales Widerstandskomitee« gegründet, basiert im politischen Hauptquartier der FDLR im Ostkongo und geleitet vom Zweiten Vizepräsidenten. Es verwaltet die ruandischen Bürger des FDLR-Staates, also die ruandischen Hutu-Flüchtlinge, die ihrerseits in einem paramilitärischen »Zivilen Widerstand« (*résistance civile*) den Kämpfern beistehen können. In der Verwaltung gibt es viel zu tun: Schulen organisieren, Heiratsanträge bearbeiten, Finanzen in Ordnung halten, Pensionsansprüche verwalten, Urlaube der FDLR-Funktionäre genehmigen, Reisegenehmigungen ausstellen, Wahlen abhalten, Feiertage begehen.

Dass die FDLR das Leben ihrer Bürger bis ins Einzelne ordnet, zeigt sich an den Heiratsregeln. Ein desertierter FDLR-Kämpfer, der viele Jahre in der Verwaltung der Organisation Dienst geschoben hatte, erklärt: »Die Praxis der Verlobung funktioniert zunächst informell, in erster Linie gegenüber der Familie der Frau.«[93] Der Mann handelt mit dem Brautvater einen Brautpreis von umgerechnet 100 bis 200 Dollar aus. Später gibt es bei der Hochzeit eine Kuh. Dann muss das Paar einen offiziellen Heiratsantrag beim Zweiten Vizepräsidenten stellen, im Falle eines Soldaten beim Militärchef. Der desertierte Kämpfer konnte das Antragsformular auswendig aufschreiben, so oft hatte er damit zu tun gehabt:

»An Kommandeur ... S/c an Kommandeur ... Betreff: Hochzeitsantrag. Ich habe die Ehre, mich an Ihre hohe Autorität zu wenden, um die Zustimmung zur Heirat zu beantragen. In der Tat möchte ich die Ehe eingehen mit ... Sie finden im Anhang ein Dossier, welches folgende Inhalte enthält: Identifizierung (Mädchen,

91 Telefonat Murwanashyaka und Musoni, 3.4.2009, Prozesstag 21, OLG Stuttgart 3.8. 2011

92 FDLR-Protokollakte vom 21.5.2005 zur Rangfolge und den Feiertagen, Prozesstag 26, OLG Stuttgart 19.9.2011

93 Dies und die folgenden Angaben: Interview, Goma Januar 2012

Junge); Bestätigung des gegenseitigen Einvernehmens; Bestätigung der Eltern; Bestätigung für gutes Verhalten, Leben und Gewohnheiten«, es folgt eine Grußformel und dann die »Bestätigung des gegenseitigen Einverständnisses«: »Wir, ... und ..., erwählen ohne jedweden Druck die Option eines Heiratsvertrags und lebenslang gemeinsam zu leben«, schließlich die Erlaubnis: »Ich als Unterzeichner ... bestätige, dass Benannter ... qualifiziert ist durch Disziplin und unbescholtene gute soziale Charaktereigenschaften und gutes Verhalten, Leben und Gewohnheiten.«

Zusätzlich mussten die Verlobten Kopien ihrer FDLR-Mitgliedsausweise, Führungszeugnisse der für sie zuständigen Funktionäre, Heiratsgenehmigungen der Eltern sowie die Ergebnisse eines Aids-Tests einreichen. Die Hochzeit wurde nur gebilligt, wenn beide Ehepartner den gleichen HIV-Status vorweisen konnten, beide entweder negativ oder positiv. Wer ohne Genehmigung der Führung heiratete, kam vor das FDLR-interne Zivilgericht. Als Militär verlor man seinen Rang und wurde mit Stockschlägen bestraft.

Murwanashyaka beharrte auf diese Regeln noch im Oktober 2009, kurz vor seiner Festnahme: »Wer nicht die Richtlinien, die zum Thema Heiraten erlassen worden sind, befolgen will, dem muss mitgeteilt werden, dass er schlimme und ernsthafte Konsequenzen zu befürchten hat, wenn es so weit ist. Das heißt, die einzigen Ehen, die wir anerkennen werden bei unserer Ankunft in Ruanda, sind solche Ehen, die nach unserem Regelwerk geschlossen worden sind. Alle anderen werden ›wilde Ehen‹ sein. Solche Ehen werden als ungültig erklärt. Außerdem diejenigen, die in solch unordentlichen Umständen heiraten, viele von ihnen werden den Kampf nicht überstehen.«[94]

Die Hauptquartiere: Machtzentralen im Dschungel

Die FDLR richtete sich im Laufe der Jahre in den dichten Wäldern der Provinz Nord-Kivu zwei feste Hauptquartiere ein. In Kibua im Süden des Distrikts Masisi lag bis Januar 2009 das politische Büro unter Leitung des Zweiten Vizepräsidenten: Dort residierten die Kommissare, tagten die Kabinettsmitglieder, arbeiteten die Verwaltung und die Buchhaltung. Die Hütten der politischen Führer sowie deren Büros, geschützt von über 500 FDLR-Militärpolizisten, waren auf Hügeln am Ortseingang errichtet, von welchem aus man ins Tal blicken konnte.[95] Dort erstreckten sich drei große FDLR-Lager aus Lehmhütten, geradezu ein Dorf mit nach FDLR-Angaben bis zu 10 000 Einwohnern, die meisten ruandische Hutu-Flüchtlinge.

Im Zentrum von Kibua gab es einen Markt und eine Schule, in welcher FDLR-Lehrer die ruandischen Flüchtlingskinder auf Kisuaheli und Kinyarwanda un-

94 SMS Murwanashyaka an Byiringiro, 14.7.2009, Prozesstag 291, OLG Stuttgart 18.3.2015
95 Zeugenaussage, Prozesstag 67, OLG Stuttgart 21.3.2012

terrichteten. Ein Ex-FDLRler berichtet vor Gericht, der kongolesische Dorfchef habe den FDLR-Führern ein Grundstück zugewiesen, auf welchem sie ihre Schule errichten konnten.[96]

Der höchste im Kongo ansässige politische Führer der FDLR, jahrelang ihr Zweiter Vizepräsident und seit Murwanashyakas Verhaftung ihr Interimspräsident, nennt sich Victor Byiringiro und heißt gebürtig Gaston Iyamuremye. Er ist um einiges älter als Murwanashyaka oder Musoni: Er wurde 1948, also noch während der belgischen Herrschaft, in Mubuga in der Präfektur Ruhengeri in Nordruanda geboren. Er besuchte die ruandische Militärakademie; in seiner Laufbahn in Ruandas Armee FAR absolvierte er einen Kurs in Elektromechanik in Belgien und wurde dann in Ruanda Major eines Ingenieurbataillons, zuständig für Fahrzeuge, Funktechnik sowie andere Ausrüstungsinstrumente.

Noch heute, sagen Vertraute, hetzt der kleine hagere Mann mit knochigen Wangen die Berge hinauf wie ein junger Soldat. Der zutiefst gläubige Katholik fastet viel, betet mehrfach täglich, trägt stets einen Rosenkranz um den Hals und bei offiziellen Anlässen und Interviewterminen einen dunklen Anzug und Krawatte. Er unterlässt es niemals, einen offiziellen Empfang mit Beten und Bekreuzigen einzuleiten. Ex-FDLRler, die ihn gut kennen, bezeichnen ihn als brutalen Extremisten, der alles und jeden verteufle, der sich nicht an die streng asketische Lebensweise halte.

Rund sieben Stunden Fußmarsch vom politischen Hauptquartier in Kibua entfernt, auf dem Hügel Kalongi, lag bis Januar 2009 das FDLR-Militärhauptquartier. FDLR-Militärchef General Sylvestre Mudacumura richtete sich bereits 2003, nachdem er Kongos Regierungsarmee verlassen hatte und vor einer Demobilisierung geflohen war,[97] in Kalongi im dichten Urwald nahe der Distriktgrenze zwischen Masisi und Walikale ein. Dort besuchte ihn auch FDLR-Präsident Murwanashyaka. Der Präsident aus Deutschland übernachtete in Mudacumuras Hütte, abends saßen sie davor bis weit nach Mitternacht zusammen und tranken Whisky.

Der Hügel Kalongi war an der Flanke dicht bewaldet, optimal, um einen ausgefeilten Verteidigungsring zu errichten. Es wuchsen Kochbananen und Maniok, manche Kämpfer züchteten auch Ziegen, Hühner und Kaninchen. Das Hauptquartier lag oben auf dem Hügelkamm. Die Büros des Generalstabes lagen etwas versetzt auf dem nächsten Hügel rund zehn Minuten Fußmarsch entfernt, ebenso die Einsatzzentralen der Militärpolizei sowie des Schutzbataillons. Jeder Kommandeur hatte eine eigene Hütte mit Holzbett und Matratze. Fast 800 Kämpfer lebten bis 2009 in Kalongi. Drei Dieselgeneratoren sorgten für Strom; Solaranlagen waren gen Himmel gerichtet; über die Satellitentelefone und ein Vodacom-Modem lief die Internetverbindung zu Murwanashyaka in Deutschland.[98]

96 Zeugenaussage, Prozesstag 230, OLG Stuttgart 12.5.2014
97 Vgl. Kapitel 4.1, S. 215 ff.
98 Alle Angaben nach Zeugenaussagen, Luftaufnahmen und Schilderungen von Ex-FDLR-Kämpfern

Auf der höchsten Spitze des Hügels lag der zentrale »Konferenzsaal«. Hier traf sich das Oberkommando. Auch Murwanashyaka hielt hier bei seinen Besuchen 2005 und 2006 Ansprachen. Rechts und links des zentralen Versammlungsraums etwas unterhalb standen die katholische Kirche und die Pfingstkirche, rechts daneben das Büro des FOCA-Sekretariats mit Computer, Drucker und Scanner. Das stand gleich neben Mudacumuras Privathaus. Er schlief dort Tür an Tür mit dem Chef seiner Leibwächtereinheit.

Ein Offizier schildert im Interview den normalen Tagesablauf im Hauptquartier: In der Frühe um sieben Uhr versammelten sich alle Kommandeure und Kämpfer zum Morgenappell auf dem Paradeplatz vor dem großen Konferenzsaal. Militärchef Sylvestre Mudacumura begrüßte seine Untergebenen mit einem gebrüllten »Guten Morgen« auf Deutsch, es wurde gebetet, dann erhielt das Schutzbataillon seine Tagesbefehle. Anschließend gingen die Mitglieder der verschiedenen Büros des Generalstabs an die Arbeit. Von zwölf bis 14 Uhr war Mittagspause. In jedem Büro waren einige Kämpfer für die Zubereitung des Mittagessens zuständig; sie kochten auf Holzkohleöfen im Freien, meist gab es Bohnen und Kochbananen. Um 17 Uhr endete der Arbeitstag und »die Trinker unter den Kommandeuren begannen sich dem Alkohol zu widmen«, erzählt ein ehemaliger Verwaltungsmitarbeiter. Am Abend bestehe der General auf einer ordentlichen Mahlzeit, und zwar ausschließlich Fleisch, weswegen die Soldaten seiner Schutztruppe täglich Ziegen schlachten müssten, um sich keinen Ärger einzufangen.

Wenn sich die meisten um 21 Uhr abends in ihre Betten begaben, saß Mudacumura noch immer mit seinen Saufkumpanen vor seiner Hütte, meist bis nach Mitternacht, und trank Kanyanga-Schnaps, oft mehrere Flaschen. Auch Bier gab es. »In Kalongi gab es Leute, die gerne Alkohol tranken«, berichtete ein ehemaliger Generalstabsoffizier vor Gericht: »Mudacumura und sein Haus, dort hat man Bier verkauft, damit, wenn jemand ihn besucht, sie nicht weit gehen müssen.«[99]

Die FDLR-Armee FOCA und ihr verborgener Chef

Es gibt keinen Kriegsherren im Kongo, der sich so sehr im Verborgenen hält wie General Mudacumura. Der oberste Militärchef der FDLR gilt als einer der mächtigsten Rebellenchefs im Ostkongo, aber er hat nie ein Interview gegeben, nie Diplomaten getroffen. Ein ehemaliges Generalstabsmitglied berichtet den Stuttgarter Richtern, der oberste FDLR-Soldat habe Angst vor der Öffentlichkeit, vor allem vor Weißen: »Er akzeptiert nicht mal, dass man ein Foto von ihm macht.«[100]

Ende 2014 saß der MONUSCO-Planungsstab im UN-Hauptquartier in Goma zusammen, um Militäroperationen gegen die FDLR vorzubereiten. Die UN-Ge-

99 Zeugenaussage, Prozesstag 166, OLG Stuttgart 10.7.2013
100 Zeugenaussage, Prozesstag 203, OLG Stuttgart 15.1.2014

neräle wollten als Erstes Mudacumuras Stellung unter Beschuss nehmen und umzingeln. Ein Problem war nur, dass niemand wusste, wie der alte General aussieht. »Er könnte mitten in einem kongolesischen Dorf in ziviler Kleidung in einer Hütte sitzen, während wir einen Hügel bombardieren, wir würden ihn niemals finden«, gab ein Teilnehmer dieses Treffens zu.[101]

Auch die Ermittler des Internationalen Strafgerichtshofs (ICC) taten sich damit schwer, als sie im Jahr 2012 an seinem Haftbefehl arbeiteten. Das einzige bekannte Foto Mudacumuras ist das Passbild aus seinem ruandischen Armeeausweis der 1980er Jahre, welches in seiner Akte bei der Generalstaatsanwaltschaft in Kigali klebt. Darauf blickt der große kräftige Mann mit den buschigen Augenbrauen und dem dichten Haarschopf starr in die Kamera.

Er sei groß und stämmig mit einem gewaltigen Bierbauch, berichten fahnenflüchtige FDLR-Offiziere. Mudacumura gilt als schwerer Alkoholiker und leidet an Übergewicht, Bluthochdruck und Diabetes. Er komme kaum mehr einen Hügel hinauf, heißt es. Im Vollrausch sei er gern spätabends über die anderen hergezogen. Mudacumura schlief nachts meist nur wenige Stunden. »Wenn er getrunken hat, greift er mitunter schnell zu seiner Pistole; auch mich wollte er umbringen«, berichtet der ehemalige Verwalter. Die Allmacht des Militärchefs beruhte eher auf Furcht und Terror als auf Respekt.

Sein ehemaliger Schulfreund und Vorgänger als Oberkommandierender, der 2003 nach Ruanda desertierte Paul Rwarakabije, bezeichnet Mudacumura als »wenig sozialfähig«.[102] Rwarakabije hatte »Sylvestre«, wie er ihn bis heute nennt, auf der Sekundarschule in Gisenyi kennengelernt, im Nordwesten Ruandas direkt an der Grenze zum Kongo. Sylvestre Mudacumura ist in der Kommune Kibilira in der südlichen Region der Präfektur Gisenyi geboren, nicht weit von der zentralruandischen Stadt Gitarama. Für viele seiner Kameraden in der FOCA gilt er daher als einer aus dem »Süden«. Die Herkunft ist wichtig in der FDLR. Ihre radikalsten Führer stammen aus der Geburtsregion des ehemaligen Präsidenten Habyarimana oder der seiner Ehefrau im Norden Ruandas.

Mudacumura legte in den 1980er Jahren unter Präsident Habyarimana eine steile Armeekarriere hin. Er schloss die Militärakademie in Kigali, wo er auch seinen Schulfreund Rwarakabije wiedertraf, als Leutnant ab, wurde dann zur Weiterbildung in die Bundesrepublik Deutschland geschickt und konzentrierte sich in seiner Ausbildung auf Funk- und Übertragungstechnik, was seine spätere Versessenheit auf Computer, Modems und Satellitentelefone erklärt. Er wurde in Ruandas Präsidentengarde aufgenommen, war zeitweilen einer von Habyarimanas persönlichen Leibwächtern. Die Nähe zum verehrten früheren Präsidenten verlieh ihm später in der FDLR hohes Ansehen, machte ihn automatisch zum Anführer. »Er wollte immer arbeiten wie Habyarimana und ist jemand, der keine

101 Interview, Goma Januar 2015
102 Interview Paul Rwarakabije, Kigali September 2009

Änderungen will, die Sachen sollen wie früher sein zur Zeit von Habyarimana«, erklärt ein ehemaliger Oberstleutnant aus dem Generalstab vor Gericht.[103]

Insofern ist es nicht verwunderlich, wenn es zwischen dem asketischen und frommen Zweiten Vizepräsidenten Byiringiro und dem maßlosen, unberechenbaren Militärchef Mudacumura regelmäßig zu Auseinandersetzungen kommt und es für die beiden zwei getrennte Hauptquartiere gibt. Deserteure berichten, die beiden höchsten FDLR-Führer im Kongo würden seit Jahren jeglichen direkten Kontakt meiden. Sie trauten sich angeblich nicht über den Weg, hätten sogar das ein oder andere Mal gedroht, sich gegenseitig umzubringen. Es sei überhaupt nur ein einziges Mal vorgekommen, dass sie in derselben Stellung übernachtet hätten. Früher habe stets FDLR-Präsident Murwanashyaka zwischen den beiden Streithähnen vermittelt – das fehle seit 2009 und habe zur Schwächung der Organisation beigetragen.

Seit Militärchef Mudacumura alt und schwach wirkt, gilt Omega, der einflussreiche Kommandant des Nord-Kivu-Sektors und enge Vertraute Murwanashyakas, innerhalb der FDLR-Militärhierarchie als der aufstrebende starke Mann. Mit eigentlichem Namen Pacifique Ntawunguka ist Omega ein tiefgläubiger Katholik, der dem Vorbild eines idealen *umucunguzi* alle Ehre macht. Geboren 1964 in der Kommune Gaseke nahe der Stadt Ruhengeri in Nordruanda, kam er auf ein katholisches Internat, bevor er zur Armee ging und sich in Ägypten und Frankreich als Pilot für Ruandas junge Luftwaffe ausbilden ließ. Als er zurückkam, wurde er einer der ersten Hubschrauberpiloten der ruandischen Armee FAR. Im Einsatz an der Front gegen die RPF 1994 nahe der Grenze zu Uganda zog er sich eine Verletzung am Bein zu, die ihn bis heute beeinträchtigt.

Im Juli 1994 floh Omega mit seiner Frau nach Zaire. Damals als »Israel« bekannt, nahm er beim Wiedereinmarsch der ruandischen Hutu-Kämpfer in die Heimat Ruanda 1997 bis 1998 sogar sein Heimatdorf Gaseke wieder ein. Dort installierte er das Hauptquartier »Nazareth« seines Sektors, den er »Bethlehem« taufte[104]. Bis heute gilt Omega innerhalb der FDLR als derjenige, der den Krieg zurück nach Ruanda führen und letztlich Kigali einnehmen werde. Seine Einheiten gelten als Speerspitze der FOCA und als diejenigen mit der höchsten Disziplin. Er ist der direkte Vorgesetzte von Oberstleutnant Stany.

Die FOCA verfügt über ein straffes internes Regelwerk. Ein hochrangiger Kommandeur stellte es Murwanashyakas Verteidigung in Stuttgart zur Verfügung.[105] Es war – wie die FDLR-Geschäftsordnung – handschriftlich in einem Schulheft auf über 100 Seiten verfasst. Als Höchststrafe für FOCA-Angehörige

103 Zeugenaussage, Prozesstag 166, OLG Stuttgart, 10.7.2013
104 Vgl. Kapitel 2.6, S. 155
105 Prozesstag 202, OLG Stuttgart 13.1.2014

ist darin die Todesstrafe vorgesehen.[106] Vollstreckt durch Kopfschuss oder Enthauptung in Anwesenheit der Kameraden, darf sie laut Artikel 24 bei Verrat oder Übertritt zum Feind oder laut Artikel 25 bei Spionage für die Gegenseite verhängt werden. Penibel listen weitere Artikel andere Straftaten auf: Urkundenfälschung, Selbstverstümmelung, das Demoralisieren von Kameraden, Feigheit im Kampf, verweigerte Hilfeleistung gegenüber Kameraden oder Aufruf zur Meuterei, zum Streit oder zur Abspaltung. Abschnitt zwei verbietet ausdrücklich die Verletzung der Freiheitsrechte von Zivilisten und Kriegsgefangenen: das Verwenden von menschlichen Schutzschilden, das Rekrutieren von Kindersoldaten, das Misshandeln von Kriegsgefangenen.

Die FOCA verfügt über ein internes Militärgerichtssystem und auch über eine Militärpolizei, bis diese 2014 nach der Desertion ihrer Kommandanten abgeschafft wurde. Wer gegen die Disziplinarordnung verstieß, wurde von Militärpolizisten verhaftet und den Instanzen zugeführt. Die Militärpolizei beschützte auch das politische Hauptquartier und die zivilen Führer. Ein Zeuge aus dem Schutzbataillon berichtete in Stuttgart, seine Kompanie mit dem Namen »Mirador« sei zuständig gewesen für die Bewachung des Gefängnisses:[107] ein drei Meter tiefes Erdloch.[108]

Jedes FDLR-Mitglied, ob Zivilist oder Militär, war einer Zelle oder Einheit zugeordnet. Um diesen Sektor verlassen zu dürfen – und sei es nur zum Markt im nahegelegenen Dorf –, benötigte man einen Passierschein. Die FDLR-Militärpolizei kontrollierte an Straßensperren. Wurde ein Soldat in den Einsatz geschickt oder auf den Markt, mussten Frau und Kinder als Faustpfand zurückbleiben. Verschwand umgekehrt die Familie eines Soldaten und es wurden Gerüchte laut, dass sie nach Ruanda gegangen seien, wurde der Familienvater in der Regel mit Stockschlägen bestraft.[109] Auf den Versuch der Desertion und Verrat stand der »endgültige Ausschluss«,[110] in der Praxis die Todesstrafe.[111]

Artikel 38 des Regelwerks sagt: »Jeder Soldat genießt maximal sieben Tage Urlaub. Darunter wird auch die Reise gerechnet.« Wenn man an der Straßensperre nicht alle notwendigen Papiere dabeihatte, konnten die Militärpolizisten den Urlauber festzunehmen, »weil wenn du in Urlaub bist, hast du ein Dokument bekommen, das zeigt, dass du im Urlaub bist. Es gab verschiedene Arten von Ur-

106 Diese und die folgenden Angaben: FOCA-Statut, verlesen an Prozesstagen 257–258, OLG Stuttgart 6./8.10.2014

107 Zeugenaussage, Prozesstag 58, OLG Stuttgart, 8.2.2012

108 Zeugenaussage, Prozesstag 62, OLG Stuttgart 27.2.2012

109 Romkema, Hans: Opportunites and Constraints for the Disarmament & Repatriation of Foreign Armed Groups in der Democratic Republic of Congo, the Cases of FDLR, FNL and ADF/NALU, 2007, S. 40f. http://documents.worldbank.org/curated/en/2007/06/9512147/opportunities-constraints-disarmament-repatriation-foreign-armed-groups-democratic-republic-congo-case-fdlr-fnl-adfnalu

110 FOCA-Strafordnung, verlesen am Prozesstag 265, OLG Stuttgart 19.11.2014

111 Zeugenaussage, Prozesstag 63, OLG Stuttgart 29.2.2012

laub: ein bis sieben Tage, wenn etwas Außergewöhnliches passiert war; vier Tage für Geburt/Heirat/Tod, und einmal im Jahr Urlaub für 30 Tage.«[112]

Die FOCA zahlte sogar Renten. Ein ehemaliger FOCA-Verwalter berichtet vor Gericht: »Wenn man ein bestimmtes Alter erreicht hat [45 Jahre, wie später spezifiziert wurde], kann man pensioniert werden. Oberst Omega hat gesagt, dass viele seiner Soldaten dieses Alter schon erreicht haben. Wenn man sie pensioniert, hätte man weniger Personal. Deswegen hat man fünf Jahre dazugerechnet.«[113]

Das Oberkommando besteht aus General Mudacumura, seinem Stellvertreter sowie dem Generalstab, der sich wie in einer regulären Armee nach internationalem Standard aus mehreren Büros zusammensetzt: G1 für Personal, G2 für Aufklärung und Nachrichtenwesen, G3 für Militäroperationen, G4 für Logistik und G5 für die Beziehungen mit der Zivilbevölkerung. Diesem Oberkommando sind die Militäreinheiten unterstellt. Ein Schutzbataillon ist für die Sicherheit sämtlicher Hauptquartiere zuständig, auch für die persönliche Sicherheit der Kommandierenden, die auf Schritt und Tritt von Leibwächtern begleitet werden. Im Umfeld der Hauptquartiere bildet die Reservebrigade den erweiterten Sicherheitsring und bewacht ein großflächiges Gebiet, in welches niemand ungehindert Zutritt erlangen kann. Sie ist außerdem eine Reserveeinheit für Verletzte, Alte, invalide Soldaten oder auch psychisch Kranke. In Friedenszeiten ist die Reservebrigade vor allem damit beschäftigt, Nachschub und Verpflegung zu besorgen sowie Handel zu betreiben. Zu Kriegszeiten verstärkt sie die regulären Truppen.

Die eigentlichen Kampftruppen bestehen bis heute aus zwei großen Einheiten, jeweils für die beiden Provinzen Nord- und Süd-Kivu. Den »Operationssektor Nord-Kivu« (SONOKI) befehligen Brigadegeneral Omega und sein Stellvertreter Oberstleutnant Stany, der »Operationssektor Süd-Kivu« (SOSUKI) untersteht Oberst Hamada. Ursprünglich waren diese Sektoren ganze Divisionen, aufgeteilt in mehrere Brigaden.

Für die Ausbildung junger Rekruten ist eine eigene Einheit zuständig, welche sowohl die reguläre Militärschule (EM) für die Grundausbildung als auch die Fortbildungseinrichtung (ESM) sowie einst auch eine Führungsakademie (ESO) umfasste. Im Zuge der Armeereform 2012 wurde die ESO abgeschafft, seitdem bildet die FOCA keine Offiziere mehr aus. Aber dass sie überhaupt eine Militärausbildung genossen haben, unterscheidet die FDLR-Kämpfer schon äußerlich von vielen kongolesischen Milizionären und auch kongolesischen Soldaten, auch wenn sie dieselben kongolesischen Armeeuniformen tragen. Ihr aufrechter Gang, der Stechschritt und die geübte Haltung der Waffen – man sieht ihnen an, dass sie ein eisernes Training hinter sich haben.

112 Zeugenaussage, Prozesstag 132, OLG Stuttgart, 4.2.2013
113 Zeugenaussage, Prozesstag 219, OLG Stuttgart, 19.3.2014

Die Geschäfte der Generäle: FDLR GmbH

Als ein fahnenflüchtiger FDLR-Major im März 2010 mit Frau und Kind im Transitlager der MONUSCO in der Grenzstadt Bukavu in Süd-Kivu erschien und seine Waffe abgab, hatte er Gold in einem Plastiktütchen in der Hosentasche. »In meiner Einheit leben wir vom Goldhandel, dort im Wald wächst ja nichts, wir müssen alles von den Kongolesen einkaufen«, erklärte er:[114] Nahrungsmittel, aber auch Salz, Öl, Seife, Streichhölzer, Zahnbürste – alles müsse man in den Städten kaufen und in den Dschungel zu den FDLR-Stellungen schaffen. Gold diene dabei als Währung. Wenn man dem frisch geflüchteten FDLR-Offizier zuhörte, bekam man fast den Eindruck, er unterhalte ein Logistikunternehmen: Die Kongolesen, die in den Flüssen im Dschungel von Süd-Kivu Gold auswaschen, tranken gerne Bier. Im Wald gab es keins. Also kaufte der FDLR-Major, der mit seiner Einheit weite Strecken zu Fuß zurücklegte, in der Kleinstadt Mwenga Bier für stolze zwei US-Dollar pro Flasche, und seine Männer trugen die Kisten auf dem Kopf in die Wälder. Dort verkauften sie die Flasche zum Stückpreis von astronomischen fünf US-Dollar, so viel wie in einem Luxushotel in Kinshasa, an die kongolesischen Schürfer. Die bezahlten in Gold, denn US-Dollar hatten sie nicht.

Das Gold tauschten die FDLR-Einheiten wiederum im benachbarten Burundi ein, an Händler unter der Obhut des gefürchteten Generals Adolphe Nshimirimana. Burundis damaliger Geheimdienstchef war in der ganzen Region als oberster Patron des Gold-, Drogen- und Waffenhandels bekannt. »Adolphe« hatte im zweiten Kongokrieg als Stabschef der burundischen Hutu-Rebellen CNDD-FDD auf Seiten Kabilas gekämpft – Schulter an Schulter mit seinen ruandischen Hutu-Waffenbrüdern unter General Mudacumura. Der FDLR-Militärchef hat Teile seines Vermögens in Bujumbura angelegt, wo die einstigen Hutu-Rebellen seit 2005 an der Macht sind. Die FDLR kaufte bei Adolphe in Burundi Waffen und Munition. Er starb im August 2015 bei einem gezielten Raketenangriff in Bujumbura.

In Süd-Kivu handelt die FDLR mit Gold – in Nord-Kivu mit Holzkohle, ohne die kein Haushalt im Ostkongo kochen kann. Bis zu 30 Millionen US-Dollar, so die Schätzungen der Parkaufsicht des Virunga-Nationalparks, erwirtschaften die Hutu-Kämpfer damit pro Jahr.[115] Das ist lukrativer als der Mineralienhandel mit Tantal- und Zinnerzen, in den die FDLR früher auch tief verwickelt war, der aber seit einigen Jahren immer schärfer kontrolliert und reglementiert wird.

In Städte wie Goma gelangt Holzkohle auf den Schultern erschöpfter Trägerinnen, auf matschigen Pfaden. Im kleinen Ort Karenga an der Grenze des Virunga-Nationalparks werden die großen schweren Säcke auf Fahrräder oder hochbeladene Lastwagen aufgetürmt. Der Weg vom Berg Karenga nahe Tongo

114 Interview, Bukavu März 2010

115 Interview mit dem Direktor der Virunga-Parkverwaltung Emmanuel de Merode, Rumangabo Juli 2012

hinunter in die Millionenstadt Goma schlängelt sich durch dichtes Gebüsch und lichten Eukalyptuswald. Ein alter FARDC-Soldat in schmutziger Uniform verlangt 1000 Francs Wegzoll, umgerechnet rund ein Euro. Sämtliche Holzkohleladungen Richtung Goma werden hier »verzollt«. Neben dem alten Soldaten sitzt ein junger Mann in schwarzem Jogginganzug und Gummistiefeln. Der alte kongolesische Soldat salutiert und schlägt die Hacken zusammen, als er dem Jüngeren einen Geldschein überreicht. In der Hand hält der ein knackendes Funkgerät, in das er auf Kinyarwanda spricht. Er ist Offizier der FDLR – aus der Einheit des Vizekommandanten von Nord-Kivu, Oberstleutnant Stany.

Die FDLR umschreibt solche Geschäfte im Kongo mit der unübertrefflichen Wortschöpfung »unkonventionelle Logistik« (*logistique non-conventionelle*), kurz LNC. LNC wurde als Überlebensmethode erfunden, als die ruandischen Hutu-Kämpfer nach dem offiziellen Ende des Zweiten Kongokrieges 2002 keinen Sold von Kongos Regierung mehr erhielten und sich in den Kivu-Provinzen autonom sammelten.[116] Ein Exkämpfer aus der Reservebrigade erzählt: »Wir haben keine Unterstützung gekriegt. Damit wir selbst leben können, wurde LNC eingeführt. [...] Das Oberkommando hatte wenige Möglichkeiten. Sie suchten disziplinierte Leute aus, gaben ihnen Geld, die haben Sachen gekauft und in anderen Ort gebracht. Vom Gewinn daraus haben FDLR-Soldaten Medikamente gekauft und alle anderen Kleinigkeiten, die die Leute brauchen.«[117]

Überall waren Kämpfer eingeteilt, um für Nachschub und Geld zu sorgen, erklärt ein Exoffizier aus dem Logistik-Büro G4 des FDLR-Generalstabs im Interview.[118] Ein früherer Bataillonskommandeur gibt an: »Jedes Bataillon hat fünf Personen für Handel, jede Kompanie hat drei Personen und jeder Zug eine Person für Handel [...] Den meisten Handel hat die Reservebrigade betrieben.«[119] Die Kommandeure erteilten Handelsgenehmigungen an Soldaten und gaben ihnen Vorschüsse, aus denen sie Profit erwirtschaften sollten. Der ehemalige Reservebrigadist erklärt: »100 Euro mussten am Ende des Monats 20 Euro Gewinn bringen.«[120]

Ein anderer Exkämpfer der Reservebrigade berichtet Einzelheiten. »Ich habe Öl gekauft und an Dorfbewohner verkauft, auch Kleidung, Batterien für Radio; ich habe es bei der kongolesischen Bevölkerung gekauft und bei den Flüchtlingen verkauft.«[121] Ein weiterer Exkämpfer aus der Reservebrigade berichtet vom Markt bei den Goldminen von Kasugho: »Ich habe mehrere Kisten gekauft und suchte eine Person, die mir half zu tragen. Die Leute, die Gold graben, mögen alle Sachen: Radio, Nahrung, Kleidung. Sie kaufen alles. Ich ging dort eine Woche hin und verkaufte meine Sachen. Die Leute, die ich mitnahm, bekamen keine Gegen-

116 Vgl. Kapitel 4.2, S. 224 ff.
117 Zeugenaussage, Prozesstag 67, OLG Stuttgart 21.3.2012
118 Interview, Kigali März 2009
119 Zeugenaussage, Prozesstag 100, OLG Stuttgart 19.9.2012
120 Zeugenaussage, Prozesstag 67, OLG Stuttgart 21.3.2012
121 Zeugenaussage, Prozesstag 50, OLG Stuttgart 11.1.2012

leistung, aber zu essen. Sie mussten warten, bis ich alles verkaufte in Kasugho, und dann gab ich ihnen Geld.«[122] Das Gold verkaufte er, wie im Kongo üblich, in kleinsten Mengen: das Gegengewicht eines Streichholzes war ein Zehntelgramm, ein Gramm Gold brachte 40 US-Dollar.[123]

Die Einnahmen wurden im Büro G4 im militärischen FDLR-Hauptquartier abgeliefert. Das Oberkommando bekam sechs Prozent, der Rest wurde dem jeweiligen Bataillon gutgeschrieben, so ein ehemaliger hoher Offizier.[124] Ein Mitarbeiter der UN-Expertengruppe, die die Finanzierung der FDLR untersuchte, gibt die Verteilung mit 60 Prozent für das Bataillon, 20 Prozent für die Division und je zehn Prozent für den Generalstab und den politischen Flügel an.[125] Der Eingang der Beträge und Sachwerte wurde in eine der großen blauen Kladden eingetragen und dadurch wie auf ein Konto gutgeschrieben. »Wenn der Kommandeur der Division zum Beispiel 200 US-Dollar schickte, kannte das Sekretariat den Übertragungsbrief. Diesen Brief habe ich unter ›Nachrichten in‹ dokumentiert mit dem Datum, wann es beim Sekretariat war, die Person gab das Geld und den Brief an das FOCA-Kommando. Die Höhe und Verwendung des Geldes wusste ich nicht«, gibt der Verwalter an.[126]

Die FDLR fungierte also wie eine Art Bank und hantierte mit gigantischen Summen, erwirtschaftete daraus Zinsen. In einer SMS an Murwanashyaka erwähnt Mudacumura konkrete Beträge: »Zinsen LNC unsere 10000 zu Ihrer Verfügung? SEA[127] konnte uns nicht einmal 1000 US-Dollar geben von unseren 5000 US-Dollar, die ihm überwiesen wurden!«[128] Bei Bedarf waren eingezahlte Geldbeträge also auch wieder abrufbar, sogar verzinste Kredite gab es. Mit diesen Krediten investierten sie in Handel, Geschäfte, Transportunternehmen und gar Immobilien in der ganzen Region: von Burundi über Ruanda, Uganda bis in die Zentralafrikanische Republik und die Republik Kongo (Brazzaville).[129]

Im Jahr 2007 reiste FOCA-Vicechef Bigaruka nach Bukavu, um dort eine Ladung Reis zu verkaufen. Er beschwerte sich bei seinem Chef in Deutschland per Textnachricht über den schlechten Preis.[130] Das Geschäft kam zustande, aber der Käufer zahlte nicht pünktlich, geht aus dem weiteren Austausch hervor. Murwanashyaka kümmerte sich schließlich von Deutschland aus um die Rückzahlung der 10000 US-Dollar, die vertraglich zwischen der FDLR und dem Geschäftsmann in Bukavu vereinbart worden waren.[131]

122 Zeugenaussage, Prozesstag 163, OLG Stuttgart 1.7.2013
123 Zeugenaussage, Prozesstag 129, OLG Stuttgart 23.1.2013
124 Zeugenaussage, Prozesstag 99, OLG Stuttgart 17.9.2012
125 Zeugenaussage Claudio Gramizzi, Prozesstag 142, OLG Stuttgart 18.3.2014
126 Zeugenaussage, Prozesstag 216, OLG Stuttgart 10.3.2014
127 Abkürzung für den stellvertretenden Exekutivsekretär
128 SMS Mudacumura an Murwanashyaka, 8.9.2006, Prozesstag 275, OLG Stuttgart 14.1.2015
129 UN Group of Experts Report, S/2009/603, 23.11.2009, § 34
130 SMS Bigaruka an Murwanashyaka, 22.2.2007, Prozesstag 293, OLG Stuttgart 25.3.2015
131 SMS Murwanashyaka an Byiringiro, 23.5.2007, Prozesstag 286, OLG Stuttgart 2.3.2015

Nicht immer landeten die erwirtschafteten Dollar auch tatsächlich in der FDLR-Kasse im Büro G4. »Manche, die in die LNC geschickt werden, gehen weg und nehmen Ertrag mit«, beschwerte sich schon 2006 der Finanzkommissar gegenüber dem Präsidenten.[132] Zahlreiche Zeugen vor Gericht sprechen über Korruption in der FOCA, begangen vor allem durch hochrangige Führer wie Mudacumura. Für viele Offiziere, die ins Alter kommen, sind diese Gelder eine Lebensversicherung, mit welchen sie ihren Lebensabend fristen wollen, ihre Kinder im Ausland auf Universitäten schicken oder auch Immobilien im Ausland kaufen. Ein Kämpfer äußert den Verdacht, dass hohe Offiziere erst durch LNC viel Geld beiseiteschaffen und dann desertieren, ein Startkapital im Gepäck, mit dem sie sich in Ruanda Häuser bauen.[133]

Wenn LNC den Kommandeuren als Mittel diente, die Truppe zur eigenen Bereicherung arbeiten zu lassen, litt darunter das politische Ziel der FDLR, Ruanda zurückzuerobern. Das war ein ständiger Streitpunkt zwischen den Kommandeuren im Kongo und dem ganz und gar nicht auf Wohlstand versessenen Präsidenten in Deutschland. »Es soll gewisse Offiziere geben, die ihren Frauen jedes Jahr mehr als 3000 US-Dollar schicken, obwohl es *abacunguzi* gibt, darunter Offiziere, die Schwierigkeiten haben, Stiefel und Jogginganzüge zu bekommen«, ärgerte sich Murwanashyaka.[134] Bereits 2007 hatte er per SMS mit dem ebenfalls eher asketischen Byiringiro eine gründliche G4-Buchprüfung für die Zeit ab 2003 vereinbart.[135] Murwanashyaka hatte in seiner FDLR Korruptionsprobleme.

Die FDLR erhob auch Steuern, wie es sich für einen ordentlichen Staat gehört. Steuern zahlten Kongolesen auf Märkten für ihre Waren, aber auch die FDLR-Mitglieder, eine Art Umsatzsteuer: »Wenn zehn Ziegen auf dem Markt verkauft worden waren, musste pro Ziege ein US-Dollar Steuer gezahlt werden, für eine verkaufte Kuh fünf Dollar«, berichtet ein Exkämpfer der Aufklärungseinheit der Militärpolizei.[136] »Die FDLR-Soldaten sind nicht rein in die Märkte, um Steuern zu erheben; die Leute brachten die Steuern zu den FDLR-Positionen«, erzählt ein ehemaliger hoher Offizier.[137] Dabei arbeitete die FDLR nach eigenen Angaben mit der lokalen kongolesischen Verwaltung – so vorhanden – zusammen: »Mit den Dorfchefs wurde 50:50 geteilt.«[138] Wie ein Kämpfer zusammenfasst: »Das ist die Kultur im Kongo.«[139]

132 Bericht des Finanzkommissars an den Präsidenten über Versammlung am 3.2.2006, Asservatsverlesung, Prozesstag 290, OLG Stuttgart 16.3.2015
133 Zeugenaussage, Prozesstag 164, OLG Stuttgart 3.7.2013
134 SMS Murwanashyaka an Bigaruka, 19.1.2009, Prozesstag 289, OLG Stuttgart 11.3.2015
135 SMS Murwanashyaka an Byiringiro, 14.10.2008, Prozesstag 289, OLG Stuttgart 11.3.2015
136 Zeugenaussage, Prozesstag 58, OLG Stuttgart 8.2.2012
137 Zeugenaussage, Prozesstag 100, OLG Stuttgart 19.9.2012
138 Zeugenaussage, Prozesstag 217, OLG Stuttgart 12.3.2014
139 Zeugenaussage, Prozesstag 131, OLG Stuttgart 30.1.2013

Kapitel 6
Die FDLR und Deutschland: Das bewunderte Vorbild

»Guten Morgen«, sagt der alte Ruander auf Deutsch und lächelt stolz. Der ehemalige FDLR-Verwaltungsmitarbeiter sitzt im Demobilisierungslager Mutobo in Ruanda und versucht sich an die wenigen deutschen Worte zu erinnern, die er einmal gelernt hat.[140] FDLR-Militärchef Mudacumura habe fast täglich mit deutschen Begriffen und Befehlen um sich geschmissen, erzählt er: »Der General spricht gut Deutsch. Und wenn er mit Murwanashyaka am Telefon etwas Geheimes besprechen wollte, dann haben sie Deutsch gesprochen.«

Auf seinem Fotoapparat zeigt der alte Mann Bilder von seinem Besuch in Stuttgart, als er im Prozess gegen Murwanashyaka und Musoni als Zeuge aussagte. Insgesamt verbrachte er zwei Wochen in der baden-württembergischen Landeshauptstadt. Zwischen den Verhandlungstagen hatte er viel Zeit. Das belegen seine Fotos vom Eingangstor des Stuttgarter Zoos »Wilhelma«, vom Fernsehturm, von der Fußgängerzone in der Königstraße mit den vielen Geschäften, vom Schlossplatz, von der Baustelle des umstrittenen Tiefbahnhofs S21 – und von sich selbst: Da steht der alte Ruander in dicker Winterjacke vor der Konzernzentrale der Daimler AG in der Mercedesstraße in Untertürkheim und lacht in die Kamera. »Das war schon immer mein Traum, das Hauptquartier von Mercedes zu sehen«, sagt er schwärmerisch. Er habe jetzt seinen 20-jährigen Sohn dazu gedrängt, an der Universität von Kigali Deutsch zu lernen.

Die Leidenschaft der FDLR für Deutschland ist kein Zufall. Vielleicht ist dies der eigentliche Grund, warum es so wichtig ist, dass der Prozess gegen die FDLR-Führer in Deutschland stattfand und nicht vor dem Internationalen Strafgerichtshof im niederländischen Den Haag. Deutschland hat in Hinsicht auf die FDLR eine historische Verantwortung. Die engen Beziehungen vieler FDLR-Führer zu Deutschland gehen weiter zurück als Studienaufenthalte und Asylverfahren.

140 Dies und die folgenden Zitate: Interview, Mutobo Februar 2015

Deutschland und Ruanda: Eine lange Geschichte

Ende des 19. Jahrhunderts teilten Europas Großmächte, ausgehend von der Berliner Kongo-Konferenz 1884/85 Afrika unter sich auf: das Kongobecken für den belgischen König, das Gebiet östlich der Großen Seen für das Deutsche Reich und das britische Empire. Ruanda wurde Teil von Deutsch-Ostafrika, bevor es je ein Deutscher gesehen hatte. Erst am 15. November 1907 nahm der Entdeckungsreisende Richard Kandt im Königreich Ruanda sein Amt als Kaiserlicher Resident für den 23. Bezirk von Deutsch-Ostafrika in der von ihm selbst gegründeten Hauptstadt Kigali auf.[141] Wenige Jahre später war alles schon wieder vorbei: 1913, während seine Residentur noch immer nicht fertig gebaut war, ging Kandt in den Heimaturlaub, von dem er nie wieder zurückkehren sollte, weil der Erste Weltkrieg begann; und 1916 eroberte Belgien von Kongo aus Ruanda.

Als Kolonialmacht war Deutschland in Ruanda praktisch unsichtbar. Der Deutsche Reichstag beschloss am 19. März 1914, dass eine Besiedlung von Ruanda und Urundi (heute Burundi) durch Weiße ausgeschlossen bleiben sollte. Anfang 1913, dem letzten Jahr, aus dem vollständig Daten vorliegen, lebten in Ruanda 42 Deutsche, weniger als heute. Davon waren fünf Regierungsbeamte und zehn Soldaten. Deutsche Truppen halfen dem ruandischen König, Rebellen im Norden des eigenen Landes niederzuschlagen, und hielten sich ansonsten heraus.

Von der deutschen Zeit ist in Ruanda nur wenig geblieben: ein paar Worte wie *ishuli* (Schule) und *ibiro* (Büro) und die erste Bibelübersetzung ins Ruandische, die mit dem deutschen Titel »Katholische Schulbibel« das erste in Ruanda verbreitete gedruckte Buch war. Ruanda und Burundi kamen nach dem Ersten Weltkrieg unter belgische Herrschaft, von Belgisch-Kongo aus verwaltet, zunächst als Mandatsgebiete des Völkerbunds und später der Vereinten Nationen, bis zur Unabhängigkeit 1962. Danach wurde die Bundesrepublik Deutschland zu einem der wichtigsten Partner Ruandas in der Entwicklungszusammenarbeit.

Ruanda war ein Afrika ganz nach dem kleinkarierten Geschmack der alten Bundesrepublik Deutschland. Andere Länder in Afrika waren groß und unübersichtlich, Ruanda war klein und überschaubar. Andere Länder in Afrika waren chaotisch und wild, Ruanda war ordentlich und brav, katholisch und antikommunistisch. Die monatliche Gemeinschaftsarbeit samstags erinnerte an die schwäbische Kehrwoche.

Die engsten deutschen Kontakte zu Ruanda pflegten katholische konservative CDU-Kreise im Südwesten, in Baden-Württemberg und Rheinland-Pfalz. 1982 entstand die noch heute florierende Partnerschaft zwischen Ruanda und Rheinland-Pfalz, die auf Zusammenarbeit zwischen Gemeinden basiert – und anfangs auf enger Freundschaft zwischen zwei fest im Sattel sitzenden christdemokrati-

141 Vgl. Bindseil, Reinhard: Ruanda und Deutschland seit den Tagen Richard Kandts, Berlin 1988, S. 103–131

schen Regierungsparteien in Mainz und Kigali. Ruandas damalige Einheitspartei Revolutionäre Nationalbewegung für Entwicklung (MRND), der per Gesetz alle Ruander angehören mussten, war Mitglied der Christdemokratischen Internationale, Partner der deutschen Christlich Demokratischen Union (CDU) und ihrer Konrad-Adenauer-Stiftung. Auf ruandischen Landstraßen findet man bis heute deutsche Straßenschilder, ein Erbe der Partnerschaft.

»Für Ruander ist Rheinland-Pfalz bekannter als Deutschland«, erklärt der Erste FDLR-Vizepräsident Musoni vor Gericht in Stuttgart.[142] Über die Partnerschaft sowie weitere Programme kamen regimetreue Studenten wie eben Straton Musoni oder der spätere FDLR-Präsident Ignace Murwanashyaka in den 1980er Jahren nach Deutschland – und sie blieben, als Ruanda 1990 in den Bürgerkrieg schlitterte.

Baden-Württemberg probierte eine Zeitlang parallel dazu eine Burundi-Partnerschaft. Die schlief ein, aber es blieb eine Freundschaft des CDU-Landtagsabgeordneten Rudolf Decker aus Schwäbisch Hall mit dem 1993 abgewählten burundischen Militärherrscher Pierre Buyoya. Decker hatte 1979 mit einem SPD-Kollegen die Vereinigung zur Förderung der Völkerverständigung gegründet, ein deutscher Ableger des christlichen Diskussionszirkels »Prayer Breakfast« aus den USA, der Politiker aus aller Welt informell zusammenbringt. Auf Buyoyas Anregung vermittelte Decker nach Ausbruch des ruandischen Bürgerkrieges 1990 zwischen Ruandas damaligem Präsidenten Juvénal Habyarimana, seinem ugandischen Amtskollegen Yoweri Museveni und dem damaligen Tutsi-Guerillaführer und heutigen ruandischen Präsidenten Paul Kagame.

In seinen Memoiren schildert der 1934 geborene Decker, wie er mit Gebeten, Bibelzitaten und der Erinnerung an die »Verantwortung vor Gott und den Menschen« die Machthaber im Afrika der Großen Seen zusammenbrachte.[143] Es entwickelte sich auch eine persönliche Freundschaft zu Teilen der Habyarimana-Familie, über den langjährigen ruandischen Botschafter in Bonn, Juvénal Renzaho. Dieser kam mit Habyarimana beim Flugzeugabschuss über Kigali am Abend des 6. April 1994 ums Leben. Unmittelbar danach begann die Jagd auf die Tutsi in Ruanda.

Renzaho warnte seinen deutschen Freund Decker kurz vor Beginn der Massaker über die bevorstehende »schreckliche Diktatur«,[144] und auch deutsche Diplomaten in der Region hatten vorab von Vorbereitungen für Massaker Kenntnis. Sarah Brockmeier von der Organisation Genocide Alert schreibt: »Als deutsche Stellen in Ruanda während der frühen 1990er Jahre immer mehr Warnzeichen für einen massiven Gewaltausbruch wahrnahmen, wurden diese von wichtigen

142 Letztes Wort Straton Musoni, Prozesstag 318, OLG Stuttgart 14.9.2015

143 Vgl. Decker, Rudolf: Ruanda: Tod und Hoffnung im Land der Tausend Hügel, und: Im innersten Afrika: Hutu und Tutsi zwischen Vernichtung und Versöhnung, beide Neuhausen/Stuttgart 1998

144 Decker, Rudolf: Ruanda. Tod und Hoffnung im Land der Tausend Hügel, S. 170

Schaltstellen nicht an Bonn weitergegeben oder stießen dort auf keine Reaktion. Gleichzeitig erhöhte die Bundesregierung die Entwicklungshilfe für Ruanda. Nach Beginn des Völkermords und der Evakuierung der eigenen Staatsbürger lehnte Deutschland einen Beitrag zur Unterstützung der Vereinten Nationen ab, auch als diese explizit um deutsche Hilfe baten. Auch nach konkreten Anfragen des Landes Rheinland-Pfalz nahm Deutschland keine Flüchtlinge aus Ruanda auf.«[145]

Es gibt weitergehende Vorwürfe deutscher Komplizenschaft beim Völkermord. Nach Angaben des französischen Journalisten Christian Terras von der kirchenkritischen Zeitschrift *Golias* half die Konrad-Adenauer-Stiftung finanziell beim Aufbau des Hetzsenders *Radio-Télévision des Mille Collines* (RTLM). Maßgeblich bei der Herstellung dieses Kontakts sei der in Ruanda als Lehrer in einem Priesterseminar lebende deutsche Missionar Johan Pristil von den katholischen Weißen Vätern gewesen, der auch für Hutu-Extremistenzirkel Auszüge von Adolf Hitlers »Mein Kampf« ins Ruandische übersetzt habe.[146]

Als die Massaker eine Spur des Grauens hinterlassen hatten, schwiegen die meisten Deutschen, die Ruanda nahestanden, entsetzt. Bis heute macht es vielen zu schaffen, dass möglicherweise ihre eigenen Freunde plötzlich zu Mördern wurden. Manche leiden daran psychisch bis heute. Manche wollen es einfach nicht wahrhaben. Manche reagieren, indem sie die Ereignisse so lange umdeuten, bis jemand anders schuld ist. Die großen Unterschiede in der Bewertung des Völkermordes und der Entwicklung Ruandas, die in Deutschland anzutreffen sind und auch vor Gericht im Prozess gegen die FDLR-Führung eine Rolle spielten, haben viel mit diesen Schwierigkeiten der Vergangenheitsbewältigung zu tun.

Keinerlei persönliche Betroffenheit kann der Systematik unterstellt werden, mit der Deutschland während des Völkermordes Ruandern Zuflucht verweigerte. Im April, Mai und Juni 1994 beantragten 123 Bürger Ruandas in Deutschland Asyl. Zwei Anträge wurden anerkannt, zwei führten zu Duldungen, 71 waren bis Ende Juli abgelehnt.[147] In einem typischen Ablehnungsschreiben, wonach der Asylantrag eines 18-jährigen Tutsi aus Ruanda »offensichtlich unbegründet« sei, heißt es: »Der Antragsteller trug zur Begründung seines Asylantrages im Wesentlichen vor, er sei aus Ruanda geflohen, nachdem seine Eltern, Geschwister und weitere Hausbewohner im Rahmen des Bürgerkrieges erschossen worden seien. Er habe befürchtet, auch getötet zu werden. [...] Die Gründe [...] gehen über das Maß dessen nicht hinaus, was unter den in seiner Heimat bestehenden politischen, gesellschaftlichen und wirtschaftlichen Verhältnissen alle ruandischen Staatsan-

145 Brockmeier, Sarah: Deutschland und der Völkermord in Ruanda, Heinrich-Böll-Stiftung, Berlin 2014, S. 6. www.boell.de/de/2014/04/07/deutschland-und-der-voelkermord-ruanda

146 Aussage vor der parlamentarischen Untersuchungskommission Belgiens zu Ruandas Völkermord: Sénat de Belgique: Commission d'enquète parlementaire concernant les évènements au Rwanda, Audition de M. Christian Terras, 16.5.1997. www.francerwandagenocide.org/documents/SenatBelgiqueAudition16mai1997DesForgesTerras.pdf.

147 Angaben des UNHCR Bonn, 28.7.1994

gehörigen hinzunehmen haben, die dort in vergleichbarer Situation sind.«[148] Mit anderen Worten: Wenn alle Tutsi umgebracht werden sollen, kann ein einzelner Tutsi keine individuelle Verfolgung geltend machen. Der Kontrast dieses Amtszynismus zur Bereitwilligkeit, mit der später dem in Deutschland lebenden ruandischen Hutu-Exilpolitiker Ignace Murwanashyaka Asyl und sogar ein deutscher Reisepass gewährt wurde, ist frappierend.

Während des Völkermordes von 1994 wurden die Geschäfte der ruandischen Botschaft in Bonn von Jean-Bosco U. geführt, seit 1986 Botschaftsmitarbeiter und Onkel des späteren FDLR-Vizekommandanten für Nord-Kivu, Ezéchiel Gakwerere alias Stany, der damals in Ruandas Armee FAR diente und am Völkermord beteiligt war.[149] Außer U. arbeitete damals noch Christine Nkulikiyinka an der Botschaft, eine in Ludwigshafen ausgebildete ruandische Betriebswirtin. Sie blieb nach dem Machtwechsel in Ruanda im Staatsdienst und diente 2009 bis 2015 als Ruandas Botschafterin in Berlin. U. hingegen wurde im März 1995 entlassen. Er blieb in Deutschland und wurde 2001 deutscher Staatsbürger. 2012 wurde der Exdiplomat zusammen mit zwei anderen in Deutschland eingebürgerten Ruandern als mutmaßliche »Zelle« der FDLR verhaftet und Ende 2014 wurden alle drei vom OLG Düsseldorf wegen Unterstützung einer terroristischen Vereinigung verurteilt.[150]

Vor Gericht bezeichnete sich U. als »Großonkel« von Stany: »Seine Mutter ist wie die Schwester meiner Mutter, vom gleichen Clan.«[151] Als gut verdienender Verwandter habe er den Löwenanteil für das von der FDLR festgelegte Brautgeld bei Stanys Hochzeit gespendet.

»Guten Morgen, Abacunguzi!«: Gelernt von der Bundeswehr

Die deutsche Bundeswehr unterhielt seit 1978 enge Beziehungen zu Ruandas Armee FAR, die am Völkermord beteiligt war und aus der nach der Flucht in den Kongo die FDLR hervorging. Deutsche Militärberater schulten in der Militärkaserne Kanombe nahe dem Flughafen von Kigali die ruandischen Kameraden in Funk- und Ingenieurstechnik sowie Minenräumung. Viele hochrangige FDLR-Kommandeure machten in den 1980er Jahren dort den Führerschein – in einem deutschen Mercedes, instruiert von deutschen Offizieren. Im Gespräch darüber überlegt einer einen Moment, dann erinnert er sich an die Verkehrsregel »rechts vor links!« auf Deutsch und strahlt übers ganze Gesicht. Auch der höchstrangige

148 Bundesamt für die Anerkennung ausländischer Flüchtlinge, Bescheid C 1871154-265, Nürnberg 30.6.1994

149 Vgl. Kapitel 1.4, S. 47 ff., und 2.4, S. 125 ff.

150 Vgl. Kapitel 5.5, S. 428 ff.

151 Hauschild, Annette: Der Großonkel des Kommandeurs. In: tageszeitung, 23.12.2013. www.taz.de/2-4-Tag-FDLR-Unterstuetzerprozess/!5051943/

im Kongo lebende politische FDLR-Führer Victor Byiringiro habe das gelernt und könne es auf Deutsch aussprechen: »Wenn wir im Dschungel in Kongo marschiert sind und müde wurden, dann haben wir oft von der Zeit gesprochen, als wir Autos hatten und Lastwagen, um unsere Truppen zu verlegen.«[152]

Im Rahmen des Programms zur Militärischen Ausbildungshilfe (MAH) kamen in den 1980er Jahren Soldaten aus Ruanda an die Führungsakademie der Bundeswehr nach Hamburg. »MAH umfasst die Aus-, Fort- und Weiterbildung von Angehörigen ausländischer Streitkräfte aus Nicht-NATO Staaten an Ausbildungseinrichtungen und in Truppenteilen der Bundeswehr«, erklärte die Pressestelle der Bundeswehr auf Anfrage im Oktober 2009. »Das MAH unterstützt die Entwicklung demokratisch orientierter Streitkräfte in Staaten und Regionen, deren Stabilität im deutschen Interesse liegt; sie dient zudem der Festigung vertrauensvoller Beziehungen zu Kooperationspartnern. Durch MAH können mittel- bis langfristig positive Multiplikatoren in den unterstützten Staaten gewonnen werden, über die demokratische Wertvorstellungen Eingang in die Kultur der jeweiligen Streitkräfte finden können.«[153]

Einer dieser »positiven Multiplikatoren«, die in Hamburg geschult wurden, sitzt heute als verurteilter Völkermordtäter beim UN-Ruanda-Tribunal im tansanischen Arusha in Haft: Tharcisse Renzaho, als Präfekt von Kigali 1994 einer der Hauptorganisatoren der Massaker. Ein weiterer war der heutige FDLR-Militärchef Sylvestre Mudacumura, 1994 in Ruanda in der Präsidialgarde und dann an der Kriegsfront stationiert. Mudacumura und Renzaho führten nach 1998 im Kongo gemeinsam die versprengten FAR-Einheiten wieder zusammen, woraus dann die FDLR entstand.[154] Die Bundeswehr erinnert sich an ihre alten Schüler nicht gern. Erst nach vier Jahren vergeblicher Anfragen bestätigt ihr Pressesprecher: »Meine Nachforschungen haben ergeben, dass von Oktober 1985 bis Juni 1986 ein Hauptmann Silvester Mudacumura aus Ruanda den LGAI an der FüAkBw besucht hat.«[155]

Mudacumuras Offiziersausbildung an der Alster habe die FDLR stark geprägt, berichten ehemalige hochrangige FDLR-Offiziere heute. Darauf sei man immer stolz gewesen. Die Bundeswehr sei in ihren Augen ein Beispiel der modernen Militärführung. Wenn ehemalige FDLR-Offiziere von den deutschen Streitkräften sprechen, dann fällt ihnen nur selten der Begriff »Bundeswehr« ein. Viele sprechen von der »Wehrmacht«. Deutsche Militärgeschichte sei in der FOCA-Offiziersschule im kongolesischen Wald unterrichtet worden. Die Wehrmacht und der SS-Soldat würden als Vorbild für Disziplin genannt, Hitlers Russlandfeldzug

152 Interview, Mutobo Februar 2015
153 E-Mail der Bundeswehr-Pressestelle, 13.10.2009
154 Vgl. Kapitel 2.6, S. 156 ff.
155 E-Mail der Bundeswehr-Pressestelle, 24.10.2013. Die Abkürzungen bedeuten: »Lehrgang General-/Admirals-Stabsdienst International an der Führungsakademie der Bundeswehr«

als Vorbild eines erfolgreichen Angriffskrieges. Nicht selten fällt im Kontext der FDLR-Militäroperationen gegen Ruanda auch der Begriff »Blitzkrieg«. Hitler, Himmler oder Goebbels seien die »besten Militärstrategen in der Geschichte«.[156]

Der Vizekommandant der FOCA-Militärpolizei gab sich den Kriegsnamen »Romel« nach Generalfeldmarschall Erwin Rommel, der im Zweiten Weltkrieg den deutschen Afrikafeldzug angeführt hatte. Ausgerechnet Rommel: Unter Erwins Sohn Manfred Rommel als Stuttgarter Oberbürgermeister entstand der Neubau des Oberlandesgerichtes Stuttgart, in dem später der FDLR-Prozess stattfand. »Romel« trat dort als Zeuge auf.

Ordnung, Befehlsgehorsam, Sauberkeit, Pünktlichkeit – das alles bekommt ein FDLR-Rekrut schon von Beginn an eingetrichtert; ganz nach deutschem Vorbild. In Mudacumuras Dschungelarmee musste alles seine Ordnung haben, so wie im deutschen Heer auch. »Diesen Hang zur Bürokratie – das hat der General in Deutschland gelernt«, erinnert sich ein Vertrauter. Man kann fast sagen, Mudacumura hat die in Deutschland erlernte Militäradministration im kongolesischen Dschungel eingeführt.

Mudacumura, heißt es, brüllt morgens zum Morgenappell gern ein »Guten Morgen, Abacunguzi!« auf Deutsch in das Funkgerät. Fast jeder Soldat in der FDLR, der je ein Funkgerät besessen oder vor Mudacumura Spalier gestanden hat, kennt diese deutschen Grußworte. Der Bezug zu Deutschland und die legendäre Ausbildung in einer der führenden Militärschulen Europas verliehen dem Militärführer ungeheuren Respekt. Dass er mit dem FDLR-Präsident auf Deutsch am Telefon sprach oder auch die in der FDLR weithin bekannte Tatsache, dass Mudacumuras Frau und Kinder unter Murwanashyakas Obhut in Deutschland leben, machte die Bundesrepublik zu einer zweiten Heimat der FDLR. Aus Deutschland kamen die feierlichen Botschaften des Präsidenten zu Ostern, Weihnachten, Neujahr und Pfingsten. Aus Deutschland schickten Murwanashyaka und Musoni Satellitentelefone, Telefoneinheiten, Computer, Solaranlagen, Ladegeräte, Fotokameras und Ersatzbatterien.

Fast alle in der FDLR kennen auch den Namen der Bundeskanzlerin Angela Merkel von der »Partei der Demokratischen Christen«, wie sie die CDU nennen. Der fühle man sich verbunden. Vizepräsident Musoni sagt vor Gericht in Stuttgart, das Verhältnis zwischen dem politischen und dem militärischen Flügel der FDLR sei wie das zwischen CDU und CSU in Deutschland;[157] einer seiner Gesprächspartner am Telefon vergleicht die Jugendmiliz Interahamwe, Jugendorganisation der früheren ruandischen Regierungspartei MRND im Jahr 1994 und ein Haupttäter des Völkermordes, mit der deutschen CDU-Jugend – »am Anfang

156 Dies und die folgenden Zitate: Interview, Mutobo Februar 2015
157 Letztes Wort Straton Musoni, Prozesstag 318, OLG Stuttgart 14.9.2015

waren sie Jugend einer Partei, Jungwähler wie Junge Union«.[158] Als Merkel 2005 zur Kanzlerin gewählt wurde, hätten die FDLR-Krieger eine Parade auf dem Fußballplatz im Hauptquartier abgehalten und gefeiert.

Wie differenziert das Deutschland-Bild der FDLR ist, verdeutlicht eine Szene aus Goma. Ein FDLR-Oberstleutnant mit dem Kriegsnamen Dmitrie war im Februar 2011 gerade desertiert, ein UN-Hubschrauber hatte ihn im Dschungel abgeholt. Als er im UN-Transitlager in Goma seine Uniform ablegen musste, stieg er nicht in die Hosen und Hemden aus der UN-Altkleidersammlung. Aus seinem Beutel holte er ein Trikot der deutschen Nationalelf. Die anderen guckten neidisch. Dmitrie erklärte: An langen dunklen Abenden im Hauptquartier im kongolesischen Busch würden die Offiziere Radio hören, meist *BBC*, weil dort die Fußballergebnisse kommen. Bei den Spielen der Bundesliga horchen dann alle auf. Während er das erzählte, zog er seine Bayern-München-Schildmütze tief in die Stirn. Seine Leibwächter, die mit ihm desertiert waren, lachten: »Warum bist du denn Bayern-Fan, wenn unser Präsident doch in Stuttgart wohnt?«, fragten sie neckisch. In der FDLR sei man treuer VfB-Stuttgart-Fan, wenn man Murwanashyaka nahesteht – wenn nicht, dann feuere man Bayern München an. Nur bei Länderspielen ist man sich einig. Da betet man für die deutsche Nationalelf.[159]

Bis zuletzt halten die FDLR-Führer an ihrem Vorbild Deutschland fest. Als FDLR-Vizepräsident Musoni als Angeklagter im Stuttgarter Gerichtssaal seine letzten Worte vor dem Urteil spricht, sagt er: »Murwanashyaka und ich wurden in Deutschland ausgebildet, damit wir zu Hause helfen können. Nun stehen wir vor einem deutschen Gericht, weil wir versucht haben, genau das umzusetzen, was wir in Bezug auf Demokratie und Solidarität gelernt haben.«[160]

158 Telefonat Straton Musoni mit ruandischem Gesprächspartner in Deutschland, 10.6.2009, Prozesstag 72, OLG Stuttgart 23.4.2012
159 Interviews Dmitrie, Goma und Mutobo Februar und März 2011
160 Letztes Wort Straton Musoni, Prozesstag 318, OLG Stuttgart 14.9.2015

Teil 2

Ruanda und die Ursprünge der FDLR

Kapitel 1
Das Rassendenken von Hutu und Tutsi

Die europäische Rassenlehre kommt nach Ruanda

»Ruandas Geschichte ist dunkel und sagenhaft«, schreibt der erste Deutsche, der Ruanda je zu Gesicht bekam.[1] Graf von Götzen, Gouverneur der Kolonie Deutsch-Ostafrika, der seine neue Provinz 1894 erstmals bereist, begegnet seinen neuen Untertanen mit Respekt: Es gebe Berichte von Reisenden über Riesen und Zwerge, über Amazonenheere und feuerspeiende Berge, und es sei bemerkenswert, »gerade inmitten der von den Arabern bevorzugten Gebiete ein Land zu finden, dem es gelungen ist, sich ihrer Invasion vollkommen zu erwehren und sich den Ruf eines unnahbaren und gefahrenreichen Gebiets zu verschaffen. [...] Allgemein wurde es als ein mächtiges Reich mit hellfarbiger, tapferer Bevölkerung dargestellt.«[2] Dass man ihm nicht feindselig begegnete, wunderte den Grafen erst, aber dann schloss er: »War ein Land, wie Ruanda, einmal bestimmt, unter deutsche Herrschaft zu kommen, so konnten wir uns nur freuen in dem Gedanken, daß seine Bewohner gleich in den ersten Vertretern der weißen Rasse überlegene und dabei friedfertige Menschen kennen lernen würden.«[3]

Ohne jede Landeskenntnis beschreibt der deutsche Graf Ruandas Elite als eingewanderte, ehemals nomadische Herrscherschicht, zivilisatorisch höher stehend als die Bauernbevölkerung. Ruanda ist nicht nur deutsche Kolonie, bevor überhaupt ein Deutscher je dort war; die Deutschen analysieren bereits Struktur und Geschichte des Landes, ohne jemals da gewesen zu sein.

Die weißen Forscher, die ab Mitte des 19. Jahrhunderts im Osten Afrikas herumstolperten, trafen immer wieder auf mächtige und stolze Kriegerstaaten mit einer langen Geschichte. Dass afrikanische Königreiche einer von außen her gekommenen höheren Zivilisation angehören mussten, schien Europäern so evident, dass es keines weiteren Nachweises bedurfte – Afrika hatte aus damaliger

1 Von Götzen, G. A. Graf: Durch Afrika von Ost nach West: Resultate und Begebenheiten einer Reise von der Deutsch-ostafrikanischen Küste bis zur Kongomündung in den Jahren 1893/94, Berlin 1895, S. 187
2 Ebd., S. 146
3 Ebd., S. 155

europäischer Sicht keine eigene Geschichte und keine eigene Kultur. Als Erster im Afrika der Großen Seen führte das der britische Forscher John Speke aus, der Mitte des 19. Jahrhunderts auf der Suche nach den Nilquellen das heutige Uganda »entdeckte« und bis zum Tanganyika-See vordrang, den er für die Quelle des Nils hielt. »Wahuma« nennt Speke die Adligen dieser Region, zu denen er auch die ruandischen Tutsi zählt:[4] »Es scheint unmöglich zu glauben, nach der körperlichen Erscheinung der Wahuma zu urteilen, dass sie von irgendeiner anderen Rasse sein können als die Halb-Shem-Hamiten von Äthiopien«, so Speke.

Diese Region befinde sich, so Speke weiter, »in den Händen von Ausländern, die erobert und Besitz ergriffen haben und den ländlichen Eingeborenen die Kultivierung des Bodens überlassen, während jüngere Angehörige der usurpatorischen Clans Vieh hüten«. Äthiopien, seinerseits regiert von einer aus Asien eingedrungenen Herrscherschicht mit »als markantem Erkennungszeichen eine Nase mit Brücke«, habe große Teile seiner eigenen Bevölkerung in die Emigration getrieben.

Das alles hatte sich Speke nur ausgedacht, aber aus solchen Mutmaßungen entstand im Laufe der Jahrzehnte die koloniale Lehre, wonach die Könige von Ruanda und anderen afrikanischen Reichen dieser Region allesamt »Hamiten« seien – Nachfahren von Ham, einem der Söhne Noahs aus der Bibel, und damit Nachfahren einer Hochkultur. Wie der einflussreiche Rassentheoretiker Seligman schließlich in seinem Standardwerk über Afrikas Rassen ausführte: »Die Zivilisationen Afrikas sind die Zivilisationen der Hamiten, seine Geschichte ist die Überlieferung dieser Völker und ihrer Interaktion mit den beiden anderen afrikanischen Gruppen, den Negern und den Buschmännern. [...] Die einrückenden Hamiten waren pastorale ›Europäer‹, die Welle um Welle ankamen, besser bewaffnet und auch gedanklich beweglicher als die dunklen ländlichen Neger.«[5] Mal waren diese »Hamiten« eigentlich Semiten »jüdischen Typs«, wie eine deutsche Ordensschwester 1916 schrieb; mal waren sie »weiße Neger«, dann »Europäer mit schwarzer Haut«.[6]

1933 veröffentlichte der katholische Missionar Pagès von den Weißen Vätern das erste europäische Standardwerk über Ruanda, »Ein Hamitenreich im Zentrum Afrikas«. Gemäß dem Zeitgeist erläutert dieses Werk, auf dem alle Geschichtsbücher des unabhängigen Ruanda nach 1962 gründeten, dass die Tutsi aus dem »Land der Pharaonen« stammen.[7] Pagès geht davon aus, dass die Tutsi ihren Ursprung vergessen hätten; woher die Europäer ihn kennen, wird nicht erläutert.

4 Speke, John Hanning: Journal of the discovery of the source of the Nile, London 1863, S. 241 f.

5 Seligman, Charles: Races of Africa, Oxford 1930, S. 96

6 Vgl. Chrétien, Jean-Pierre /Kambanda, Marcel: Rwanda, racisme et génocide. L'idéologie hamitique, Paris 2013, S. 50–61

7 Pagès, Rév. Père: Au Ruanda sur les bords du Lac Kivu: Un royaume hamite au centre de l'Afrique, Bruxelles 1933, S. 66, 31.www.kaowarsom.be/fr/node/6298

In den europäischen Missionsstationen und Schulen Ruandas wurde den Ruandern diese Mischung aus Phantasie und Rassismus gelehrt und von diesen als höhere Wahrheit übernommen. »Die Bevölkerung Ruandas ist aus drei Rassen zusammengesetzt«, schrieb 1954 der erste europäisch ausgebildete ruandische Historiker Abbé Alexis Kagame und nannte »Abatwa«, »Abahutu« und »Abatutsi«. Die Twa, zu trennen in »Pygmäen« und »Töpfer«, seien durchschnittlich 1,59 Meter groß und eigentlich Jäger. Die Hutu, Teil der ethnischen Gruppe der Bantu, hätten eine durchschnittliche Größe von 1,67 Metern, seien Ackerbauern und Kleinviehzüchter und machten 90 Prozent der ruandischen Bevölkerung aus. Die Tutsi »gleichen den Abessiniern, den Galla, den Somalis und anderen Rassen der hamitischen Zivilisation«, sie kämen aus Nordostafrika, seien durchschnittlich 1,80 Meter groß und züchteten Großvieh.[8]

Kagames Rassenlehre war im Ruanda der 1950er Jahre und jahrzehntelang danach Allgemeingut, seine Bücher waren Standardwerke. Der katholische Priester aus einer Familie von Hofgelehrten des ruandischen Tutsi-Königshauses – nicht verwandt mit Ruandas heutigem Präsidenten Paul Kagame – war der erste Chefredakteur der ersten ruandischen Zeitung, des Kirchenblattes *Kinyamateka*. Sein belgischer Kollege Jacques-Jérôme Maquet, mit dem er in den 1950er Jahren zusammenarbeitete, verbreitete diese Rassenlehre in einem eigenen Buch »Die Prämisse der Ungleichheit«[9]; er sprach von Tutsi und Hutu als »Kasten«, die dazu führten, dass »jeder Tutsi auf jeden Hutu Druck ausüben« könne.

Die Lehre, Tutsi und Hutu seien unterschiedliche Rassen und daher sei Ruanda keine geeinte Nation, sondern ein Land mit mehreren unterschiedlichen Volksgruppen, war bis zum Völkermord in Ruanda 1994 die einzig gültige Weltsicht. Hutu machten demzufolge 85 Prozent der ruandischen Bevölkerung aus, Tutsi 14 Prozent, Twa 1 Prozent; zuletzt galten die Anteile Hutu 90 Prozent und Tutsi 9 Prozent. Die Webseite der ersten Regierungspartei Ruandas nach der Unabhängigkeit »Demokratische Republikanische Bewegung« (MDR) führt bis heute in ihren »Leitlinien der Geschichte Ruandas« aus: »Lange vor dem 15. Jahrhundert war Ruanda von den Batwa besiedelt – die indigene Bevölkerung der Pygmäen der Region. Als Jäger in den undurchdringlichen Wäldern lebten sie in Symbiose mit der Natur. Die Hutu, ursprünglich Bantu und traditionell Ackerbauern, stießen zu ihnen, als sie Land urbar machten. Das 15. bis 16. Jahrhundert sah die Ankunft der nilotischen Viehzüchter (Tutsi) Ruandas.«[10]

Vom »Fischer Weltalmanach« bis zu Peter Scholl-Latour gaben alle Welterklärer des deutschen Bildungsbürgertums diese Denkmuster wieder, und wer in

8 Kagame, Alexis: Les organisations socio-familiales de l'ancien Rwanda, Bruxelles 1954, S. 7–15, www.kaowarsom.be/fr/node/6403

9 Maquet, Jacques-Jérôme: Le système des relations sociales dans le Rwanda ancient, Tervuren 1954. Englische Übersetzung: The Premise of Inequality, Oxford 1961

10 Les grandes lignes de l'histoire du Rwanda: www.mdrwi.org/histoirerwa.html

Ruanda nachfragte, erhielt dafür Bestätigung. Der deutsche CDU-Politiker Rudolf Decker lässt sich vom ruandischen Präsidentenberater Juvénal Renzaho Anfang der 1990er Jahren die Ursprünge des Konflikts erklären: »Die Geschichte des Landes ist geprägt vom Konflikt zwischen dem Mehrheitsstamm der Hutu und der Minderheit der Tutsi. Das sind Niloten, die etwa zu Beginn des vorigen Jahrhunderts vom Unterlauf des Nils kommend in das heutige Ruanda und Burundi eingewandert sind. Bald haben die Eindringlinge die Hutu, ein Bantuvolk, unterjocht und dann versklavt. Als Ruanda 1962 in die Unabhängigkeit entlassen wurde, gelang es den Hutu in blutigen Auseinandersetzungen, die Macht an sich zu reißen.«[11] Als 1994 der Völkermord tobt, werden Hutu und Tutsi gemeinhin als »Stämme« bezeichnet und die Massaker zuweilen als »Stammesfehde« – ein quasi natürlicher Vorgang, der keiner weiteren Erklärung bedarf.

Rassistische Klischees, soziale Realitäten

Welche Bedeutung die Begriffe »Hutu« und »Tutsi« ursprünglich einmal gehabt haben könnten, ist heute nicht mehr objektiv festzustellen, so sehr sind die Begrifflichkeiten seit der Kolonialzeit ideologisch und politisch überlagert. Ihr Gebrauch dient immer dazu, ein Machtgefälle zu verdeutlichen, zwischen angeblich machtsüchtigen Tutsi und angeblich schutzbedürftigen Hutu. Der Historiker Alexis Kagame geht in seiner Abhandlung zunächst davon aus, dass Tutsi so etwas wie »Nehmer« bedeutet habe und Hutu so etwas wie »Geber«, was auf alte, feudale Patronage-Beziehungen zwischen Tutsi-Aristokraten und Hutu-Bauern verweise. Interessanterweise, aber in den späteren Hutu-Befreiungsideologien Ruandas in Vergessenheit geraten, schreiben die Kolonialhistoriker nicht nur den Tutsi einen außerafrikanischen Ursprung zu, sondern auch den Hutu. Die entstammten, wie alle Bantu, »aus Ozeanien« und hätten Afrika entweder über Madagaskar oder über Südwesteuropa erreicht, schreibt Kagame: »Die Ähnlichkeiten, die es zwischen Bantu und Australiern geben kann, müssen durch einen gemeinsamen Ursprung in Asien erklärt werden.«[12] Pagès fabuliert sogar über einen versunkenen Kontinent namens »Lemurien«, von dem aus die Hutu einst eingewandert sein könnten.[13]

Der Begriff »Bantu« ist, obwohl er als afrikanisches Wort gilt, kolonialen Ursprungs. Erfunden wurde er 1855 vom deutschen Bibliothekar der Kapkolonie im südafrikanischen Kapstadt, Wilhelm Bleek. Er grenzte damit die »normale« schwarze Bevölkerung am Kap von den als besonders primitiv angesehenen Busch-

11 Decker, Rudolf: Ruanda. Tod und Hoffnung im Land der Tausend Hügel, Neuhausen/Stuttgart 1998, S. 160

12 Kagame 1954, S. 14

13 Pagès 1933, S. 11

männern und Hottentotten in den Wüsten des südlichen Afrika ab. Bantu war danach lange Zeit ein abfällig genutzter Kolonialbegriff für schwarze Afrikaner. Als Oberbezeichnung für eine Sprachgruppe, die sich über den Großteil Afrikas erstreckt, ist er bis heute gebräuchlich. Aus Sprachgruppen auf Ethnien zu schließen und aus einer linguistischen Verbreitung auf den mutmaßlichen Ursprung der Sprechenden entbehrt allerdings genauso jeder wissenschaftlichen Grundlage wie die Hamiten-Theorie in Bezug auf die Tutsi. Dazu kommt: Alle Ruander sprechen eine gemeinsame Sprache Kinyarwanda, Teil der Bantu-Gruppe.

Jan Vansina, der sorgfältigste europäische Historiker des präkolonialen Ruanda, verortet die Ursprünge der beiden Begriffe im ruandischen Militär und am ruandischen Königshof: Tutsi seien im Militär Kämpfer und Jäger gewesen und am Hof Viehzüchter und Milchtrinker; Hutu im Militär Zuträger und Sammler und am Hof Lebensmittellieferanten und Bohnenesser.[14] Der Kulturhistoriker Jean-Luc Galabert, der die oralen und linguistischen Überlieferungen Ruandas am genauesten analysiert hat, weist darauf hin, dass in den Ritualtexten der ruandischen Monarchie die Begriffe »Hutu« und »Tutsi« nur ganz wenig und in Bezug auf Einzelpersonen Erwähnung finden – Hutu als ein Diener oder Sämann, der vor den König tritt; Tutsi als der Adelszustand, den ein neu gekrönter König hinter sich lässt.[15] Wesentlich ist, dass Hutu und Tutsi keine Kollektivbezeichnungen sind und auch historisch kein festes Machtgefälle untereinander ausdrücken.

Die Dichotomie zwischen Tutsi und Hutu ist historisch gesehen eine soziale Unterscheidung gewesen, die auf die Stellung vor Hof und schließlich in der breiteren Gesellschaft verweist, keine ethnische, die die biologische Identität einer Person kennzeichnet. Klassisch und auch in neueren Umfragen verwenden Ruander bei der Frage nach ihrer Identität innerhalb Ruandas ihre althergebrachten Clanbezeichnungen oder auch die regionale Herkunft, nicht den Begriff »Hutu« oder »Tutsi«.[16] In manchen Clans gibt es mehr Hutu, in manchen mehr Tutsi, aber beide kommen in allen vor und sogar oft innerhalb derselben Familie. Es gibt zwischen Hutu und Tutsi keine unterschiedlichen Gebräuche, Mythen, Herkunftsgeschichten oder Sprachdialekte.

Hutu und Tutsi stehen nicht für unterschiedliche Rassen, die in Ruanda zusammengekommen seien, sondern designieren Machtgefälle in einer sich ausdifferenzierenden Gesellschaft, die aus den Zentren der Macht – dem Königshof und seiner Armee – nach außen getragen werden. Ein geläufiges ruandisches Märchen nimmt diesen Prozess symbolisch in der Geschichte von den drei Söhnen Gottes auf. Gatwa, Gahutu und Gatutsi werden unterschiedlichen Prüfungen unterzogen.

14 Vgl. Vansina, Jan: Antedecents to Modern Rwanda. The Nyiginya Kingdom, Madison2004, S. 82 ff.

15 Vgl. Galabert, Jean-Luc: Les enfants d'Imana. Histoire sociale et culturelle du Rwanda ancien, Saint-Jean 2012, S. 212 ff.

16 Vgl. Ntaganda, Eugène: Le discours sur le peuplement au Rwanda à travers les perceptions de la population rwandaise. In: Cahiers du Centre de Gestion des Conflits No 5, Université Nationale du Rwanda, Butare 2002, S. 103–120

In einer Version davon bekommt jeder Sohn einen Krug Milch – Gatwa verschüttet die kostbare Gabe, Gahutu trinkt sie, nur Gatutsi bewahrt sie für den Vater auf und wird daraufhin zum Gebieter seiner Brüder erkoren.[17]

Solche Mythen gibt es auch in anderen Völkern der Region; nirgends außer in Ruanda und Burundi wird daraus ein Rassenunterschied abgeleitet. In der Zeit von 1962 bis 1994, als die Trennung zwischen Hutu und Tutsi in Ruanda Staatsideologie war, erfuhren viele Kinder ihre jeweilige Zugehörigkeit erst dadurch, dass sie in der Schule nach Hutu und Tutsi sortiert wurden. Im ruandischen Geschichtsunterricht bis 1994 wurde die Geschichte Ruandas als die einer Unterwerfung der Hutu durch einwandernde Tutsi dargestellt; bei den Hutu lag die Betonung auf ihrem jahrhundertelangen Leid, bei den Tutsi auf den Umstand, dass sie Fremde seien.[18] Vor dem Völkermord 1994 bezeichneten ruandische Zeitungen Hutu als »Mehrheitsvolk«, »Erschließer des Waldes«, »furchtlos« und »solidarisch«; Tutsi hingegen als »Minderheit«, »Volksfeind«, »Eindringling« und »Schlange« oder »Kakerlake«.[19] Ein Tutsi gehört in dieser Gedankenwelt automatisch zu einer zu bekämpfenden Elite, selbst wenn er im Elend lebt; ein Hutu verkörpert demnach automatisch die nach ihrem Recht dürstende Mehrheit, auch wenn er wohlhabend und mächtig ist.

Die Überzeugung, Hutu und Tutsi seien unterschiedliche Völker, machte den Völkermord in Ruanda erst denkbar. Wenn Macht biologisch definiert ist, kann die Entmachtung einer Elite nur biologisch gelingen, also durch ihre physische Vernichtung. Wenn die Tutsi nicht einfach eine Minderheit sind, sondern auch noch fremde Eroberer, die Hutu hingegen nicht einfach die Mehrheit, sondern das einzig wahre Staatsvolk, dann ist Demokratie in Ruanda gleichzusetzen mit Herrschaft der Hutu.

Die neuere historische Forschung hat nachgewiesen, dass auf dem Zwischenseenhochland Zentralafrikas Ackerbauern und Viehzüchter immer zusammenlebten und auch immer gemeinsam in Bewegung gewesen sind, um Wälder zu roden und neue Dörfer und Gehöfte zu gründen.[20] Das vorkoloniale Ruanda hatte keine festen Grenzen, sondern war ein expandierender Staat, dessen Institutionen zur Eingliederung neueroberter Bevölkerungen oder zur Erschließung jungfräulichen Landes dienten. Es amtierten unter dem als gottgleich angesehenen König drei Kategorien von Chiefs mit unterschiedlichen Aufgaben: einer zur Verwaltung

17 Galabert 2012, S. 206 ff.

18 Vgl. Mutabazi, Éric: En quoi l'enseignement del'histoire avant le génocide a-t-il contribué à la souffrance à l'école au Rwanda? Les Collectifs du Cirp, vol 2, S. 103–116, 2011. www.cirp.uqam.ca/documents%20pdf/collectifs/11_MutabaziE.pdf

19 Ntaganda 2002, S. 91

20 Zu den folgenden Angaben vgl.: Galabert, Jean-Luc: Les enfants d'Imana. Histoire sociale et culturelle du Rwanda ancien, Saint-Jean 2012; Chrétien, Jean-Pierre: L'Afrique des Grands Lacs. 2000 ans d'histoire, Paris 2000; Newbury, Catherine: The Cohesion of Oppression. Clientship and Ethnicity in Rwanda 1860–1960, New York 1988

der Armeen und der Menschen *(umutware b'ingabo/b'umuheto)*, einer zur Verwaltung des Weidelandes und des Viehs *(umutware b'imikenke/b'inka)* und einer zur Verwaltung des Ackerlandes *(umutware b'ubutaka)*. Der erste war ein Vertreter des Königshauses, der zweite hatte den Status Tutsi, der dritte den Status Hutu.

Im Laufe der Zeit entstanden verschiedene Klientelbeziehungen: *ubuhake* als Viehpatronage, bei der Hüter der Viehbestände des Patrons von diesem versorgt und geschützt werden; später *uburetwa*, wobei der Patron auch die Bestellung seines Landes von seinen Untergebenen bewältigen lässt, sowie *igikingi* (Plural: *ibikingi*), eine Gabe von Land durch den König an Chiefs, die von dort lebenden Bauern und Viehhirten Tribut fordern.

Die territoriale Ausdehnung Ruandas unter König Kigeri IV Rwabugiri, der Ruanda im letzten Viertel des 19. Jahrhunderts erstmals bis an seine heutigen Grenzen und auch darüber hinaus in den heutigen Kongo vergrößerte, ging mit der Ausbreitung und Verallgemeinerung von *ibikingi* als Enteignung von Land und *uburetwa* als Zwangsarbeit landlos gemachter Bevölkerungen für die neuen Herren einher. Damit wurden eroberte Bevölkerungen praktisch zu den Hutu der königlichen Tutsi, was zum ersten Mal eine soziale Kluft zwischen Gemeinschaften zog, die bis dahin wenig miteinander zu tun gehabt hatten. Die späteren Kolonialreformen verschärften dies noch. »Ab 1870 breitet sich die soziale Identifikation, die Tutsi-Viehhirten und Hutu-Bauern gegeneinanderstellt, in ganz Ruanda aus«, schreibt der ruandische Historiker Jean-Paul Kimonyo.[21]

Die Zeit Ende der 1880er und Anfang 1890er Jahre gehörte wegen einer Reihe ökologischer Katastrophen zu den schlimmsten in der ruandischen Geschichte – mit Hungersnöten, Epidemien und einer Rinderpest, die bis zu 90 Prozent der Herden dahinraffte.[22] Die herrschende Aristokratie reagierte, indem sie Zwangsarbeit verallgemeinerte und die Rinder der Bauern beschlagnahmte, um die eigenen Herden aufzufüllen. So entstand als konjunkturelles Krisenphänomen das Machtgefälle zwischen einer allmächtigen Aristokratie und einer ausgepressten Landbevölkerung, das die Deutschen als Erstes in Ruanda zu Gesicht bekamen.

Diese Situation extremer sozialer Spannung und Umwälzung entsprach überhaupt nicht der bisherigen Landesgeschichte, aber das wussten die ersten Weißen nicht, die in dieser Zeit dort auftauchten. Wie überall in Afrika hielten sie auch in Ruanda die zufällig vorgefundenen Zustände für einen primären Dauerzustand, ausgehend von der Vorstellung, dass Afrika ein Kontinent ohne Geschichte sei. Sie nutzten diesen vermeintlichen Dauerzustand als Rahmen ihrer Herrschaft und verfestigten ihn damit.

21 Kimonyo, Jean-Paul: Rwanda. Un génocide populaire, Paris 2008, S. 25

22 Vgl. Vansina 2004, S. 175 ff.

Kapitel 2
Von der Missionierung zur »Sozialen Revolution«

Die katholische Mission züchtet eine Tutsi-Elite

Ruanda ist ein sehr christliches Land. Kaum ein Land in Afrika ist so radikal von Missionaren umgekrempelt worden. Der außergewöhnliche Einfluss der katholischen Kirche prägte das Weltbild jener Hutu-Führer, die Ruanda schließlich 1962 in die Unabhängigkeit führten und deren politisches Erbe sowohl den Völkermord von 1994 ermöglichte als auch das Wirken der in der FDLR vereinten Hutu-Kämpfer im Exil bestimmt.

Während die evangelische Mission in Ruanda von Deutschen getragen wurde, lag die katholische Mission in den Händen der Weißen Väter, einer im französischen Algerien zur Missionierung Afrikas gegründeten katholischen Gemeinschaft. Sie entsandte in die deutsche Ruanda-Kolonie vor allem Personal aus dem damals zum Deutschen Reich gehörenden, aber frankophonen Elsass.[23]

Gründer der »Weißen Väter« war der französische Erzbischof von Algier, Charles Lavigerie. In seinem ersten Hirtenbrief aus Algerien am 5. Mai 1867 rief er dazu auf, die Zivilisation »noch über die Wüste hinaus bis zum Zentrum dieses immensen, noch immer von Barbarei bedeckten Kontinents zu tragen«.[24] 1868 gründete Lavigerie die »Missionsgesellschaft von Algier«, später bekannt als »Missionsgesellschaft von Afrika«, die zunächst Waisenkinder betreute; ihre Mitglieder wurden als »Weiße Väter« bekannt, weil sie das weiße Gewand der Araber trugen.

Lavigerie betrieb Lobbyarbeit beim Papst für die katholische Missionierung Afrikas. In einem »Geheim-Memorandum« von 1878 entwarf der Erzbischof das Ziel, »durch die Transformation der Afrikaner Äquatorialafrika zu zivilisieren«.[25] Dieses Gebiet, das von der Sahara-Wüste bis zum Sambesi-Fluss und vom Atlan-

23 Vgl. Gatwa, Tharcisse/Rutinduka, Laurent (Hg.): Histoire du christianisme au Rwanda des origines à nos jours, Yaoundé 2014

24 Lavigerie, Mgr Charles: Lettre pastorale du 5 mai 1867, zitiert in: Storme, R. P. Marcel: Rapports du Père Planque, de Mgr Lavigerie et de Mgr Comboni sur l'Association Internationale Africaine. Mémoires de la Classe des Sciences Morales et Politiques, (N.S.) ARSOM 1957, S. 16

25 Lavigerie, Mgr Charles: Mémoire secret sur l'Association Internationale Africaine de Bruxelles et l'Évangélisation de l'Afrique Équatoriale adressé à Son Éminence le Cardinal Préfet de la S.C. de la Propagande, Algier 2.1.1878, S.33, zitiert in: Storme, S. 114f.

tischen bis zum Indischen Ozean reiche, biete den Vorteil, dass seine rund hundert Millionen Einwohner »zweifellos Barbaren sind, aber neu und einfach, noch nicht vom Stolz des Irrtums fehlgeleitet und nicht von gelehrter Korruption irregeführt«.[26] Die zu entsendenden Missionare sollten »von uns ausgewählten Afrikanern [...] die Ausbildung geben, die ihnen erlauben wird, mit den für die Mission geringstmöglichen Kosten den größtmöglichen Einfluss unter ihren Landsleuten auszuüben«.[27] Nichts Größeres, schmeichelt er, könne es für einen Papst geben als diesen »Kreuzzug des Glaubens und der Menschlichkeit« mittels einer »Armee von Aposteln, die in den Tod marschieren, um das Leben, die Freiheit der armen Söhne Hams zu retten«[28] – die »Hamiten« also.

So beauftragte der Vatikan am 24. Februar 1878 Lavigeries Missionsgesellschaft mit der Errichtung zweier großer Zentralafrika-Missionen, eine am Tanganyika-See im heutigen Tansania und eine an den Victoria- und Albert-Seen im heutigen Uganda. Im Zuge dieser Arbeit wurden die Weißen Väter schließlich auch in Ruanda und Burundi aktiv. Schon bevor die ersten Europäer ruandischen Boden betraten, hatte die katholische Weltkirche also die Ziele definiert, die ihr Wirken später in Ruanda prägten: eine lokale Elite identifizieren und christianisieren, dadurch die »Hamiten« retten und die Sklaverei ausrotten. Dieser Rahmen enthält bereits alle Elemente des Weltbildes, das später die europäische Analyse der Hutu-Tutsi-Beziehungen prägte.

Lavigeries Bischofskollege Jean-Joseph Hirth, ein Elsässer mit Erfahrung in Uganda, wurde Apostolischer Vikar der Kirchenprovinz Nyanza-Süd, die Ruanda einschloss. Hirth brach 1899 nach Ruanda auf, wo er den deutschen Forschungsreisenden Richard Kandt traf und am 2. Februar 1900 den Königshof besuchte. Gleich nach dem Ende seiner Audienzen gründete er in der Nähe die erste katholische »Marienkirche«, aus der die Missionsstation Save in der Nähe des heutigen Butare entstand. Deren offizielles Gründungsdatum, der 8. Februar 1900, gilt als Geburtsdatum der katholischen Kirche in Ruanda. 1902 bis 1903 entstanden in Ruanda vier weitere Missionsstationen der Weißen Väter: Zaza, Nyundo, Rwaza und Mibirizi. 1906 folgte Kabgayi, die wichtigste, nahe der heutigen Stadt Gitarama; sie wurde der Bischofssitz.

Der Bau einer Missionsstation in Ruanda, in einem Land ohne städtische Tradition und ohne Straßen, glich der Errichtung einer Burg im mittelalterlichen Europa. Es wurde ein immenser logistischer Aufwand betrieben; Hunderte Einheimische mussten Zwangsarbeit leisten; und die Versorgung mit Lebensmitteln musste dauerhaft gesichert werden. Die Missionsburgen der Katholiken waren Festungen der Macht, mit denen weder der ruandische Königshof noch die deutsche Kolonialverwaltung mithalten konnten. Auch heute noch sind Ruandas ka-

26 Mémoire S. 21, zitiert in: Storme S. 103
27 Mémoire S. 34, zitiert in: Storme S. 117
28 Mémoire S. 54, zitiert in: Storme S. 137

tholische Kirchen imposante Bauwerke. Das ruandische Königshaus stand den Weißen Vätern distanziert gegenüber, nicht zuletzt weil es diese Missionare mit ihren weißen Gewändern und langen Bärten anfangs für Vorboten arabischer Sklavenhändler hielt, die Ruanda bis dahin erfolgreich abgewehrt hatte. Attraktiv waren die Missionsstationen in erster Linie für Ruander, die Schutz vor den Mächtigen suchten, also Hutu und verarmte Tutsi.

Die Aufnahme in die katholische Kirche war nicht einfach. Die »Weißen Väter« legten das Katechumenat, die Vorbereitungszeit zur Taufe, auf vier Jahre fest. »Die Neubekehrten mussten die Morgen- und Abendgebete auswendig können; Polygamie vermeiden; den Wunsch nach Ausübung der Zehn Gebote zeigen; Haschischrauchen vermeiden; kein Objekt eines Skandals sein«, fasst der ruandische Kirchenhistoriker Laurent Rutinduka die Vorgaben Hirths zusammen; Voraussetzungen für die Taufe seien, »die Fähigkeit und moralischen Garantien aufzuweisen, ein guter Christ zu sein; auf dem geistigen Pfad hartnäckig zu sein; zu den besten Beziehungen mit den lokalen Chefs in der Lage zu sein«.[29] Die ersten Taufen gab es am 11. April 1903: 22 Männer und vier Frauen.

Aus dem Katechismus entwickelte sich die Missionsschule, für die Hirth 1905 folgende Aufnahmekriterien aufstellte: »Neubekehrte im Alter zwischen 13 und 15, von christlichen Eltern geboren; offener, respektvoller, gutmütiger Charakter; fester Glauben; gute Gesundheit; überdurchschnittliche Intelligenz; Suaheli- und Rechtschreibkenntnisse.«[30] Das Katechumenat selbst bestand nicht nur im Erlernen des Christentums, sondern auch darin, sich von der ruandischen Kultur und Tradition zu entfernen. Das Erste Gebot (»Ich bin der Herr, dein Gott; du sollst keine anderen Götter haben neben mir«) wird im Katechismus, der auch nach Ruandas Unabhängigkeit weiter galt, so kommentiert: »Das erste Gebot verbietet uns, etwas anderes zu verehren als Gott; es verbietet uns, Wahrsager zu konsultieren, die Ahnen und die vergangenen religiösen Helden zu verehren; es verbietet uns, den Trauerritus und den Ritus des Endes der Trauer zu begehen, ebenso andere heidnische Bräuche.«[31]

Ruandas Aristokratie war skeptisch gegenüber diesen neuen Gläubigen mit ihren fremden Ideen und unverständlichen Unterrichtssprachen; ein wenig erinnert es daran, wie im heutigen Europa radikal-islamistische Koranschüler gesehen werden. Am Hof hießen die ersten katholischen Konvertiten *inyangarwanda*, die »Ruanda-Hasser«[32]. Erst nachdem die Missionsstationen sich als Basen bewährt hatten, um an Rebellen verlorene Landstriche zurückzuerobern, verbesserte sich

29 Rutinduka, Laurent: L'Église Catholique au Rwanda, in Gatwa/Rutinduka 2014, S. 29 f.

30 Zitiert in: Rutinduka 2014, S. 39

31 Gatekisimu, Kabgayi 1957, zitiert in: Rutayisire, Paul: Le remodelage de l'espace culturel rwandais par l'Église et la Colonisation, Cahiers du Centre de Gestion de Conflits No 2, Université Nationale du Rwanda, Butare 2001, S. 43

32 Carney, J. J.: Rwanda before the genocide. Catholic politics and ethnic discourse in the late colonial era, Oxford 2014, S. 27

die Beziehung. 1917 gewährte der ruandische König seinen Bürgern die Religionsfreiheit, womit auch die herrschende Schicht sich der neuen Religion öffnete. Dies geschah unmittelbar nachdem Truppen aus Belgisch-Kongo die Kolonialmacht Deutschland vertrieben hatten.

Das katholische Belgien als Treuhandmacht in Ruanda zeigte einen ganz anderen missionarischen Eifer als die Deutschen. Léon Classe, Ruandas erster im Land residierender Bischof ab 1922, handelte gemäß seiner Devise: »Wer die jungen Tutsi hat, wird ganz Ruanda haben.«[33] Die politische Macht wurde in den Händen von Tutsi konzentriert. 1926 wurde das traditionelle System von Chiefs mit unterschiedlichen, überlappenden Zuständigkeiten abgeschafft und durch das gängige koloniale Muster von territorialen Chiefs und Unterchiefs ersetzt, fast ausnahmslos Tutsi. Die traditionelle Zwangsarbeit *uburetwa*, die im alten System ein Landbesitzer von den Landnutzern verlangen konnte, wurde 1927 von zwei Tagen auf einen Tag pro Woche reduziert, dafür aber auf alle männlichen Erwachsenen ausgeweitet. So schmiedete die Kolonialmacht ein Zweiklassensystem von Tutsi-Führern und Hutu-Arbeitern.

Ab 1926 führte die belgische Verwaltung in Ruanda Personalausweise ein, die die »Rasse« des Trägers vermerkten – anzugeben war Tutsi, Hutu oder Twa. Die Zuweisung der »Rasse«, die mangels eines ruandischen Begriffs dafür mit dem ruandischen Wort für Tierart *ubwoko* übersetzt wurde, erfolgte nach Angaben der Chiefs, nach Vermessung physiognomischer Merkmale – zum Beispiel Körpergröße und Nasenlänge – und notfalls nach der sozioökonomischen Situation. Wer mehr als zehn Kühe hatte, konnte als Tutsi eingestuft werden, obwohl für diese später vielzitierte Praxis keine gesetzliche Regelung überliefert ist.

1928 wurde der Katholizismus Staatsreligion. 1929 erhielt die katholische Kirche das Bildungsmonopol. 1930 entstand in Astrida Ruandas erste Oberschule, die Gruppe Scolaire d'Astrida, aus der sich die Chiefs rekrutierten. Am 14. November 1931 wurde König Musinga, der sich zu Beginn seiner Regentschaft nicht besonders christlich gezeigt hatte, wegen »Widerstands gegen den Fortschritt« abgesetzt. Auf Betreiben von Bischof Classe bestieg sein Sohn den Thron unter dem Namen Mutara III Rudahigwa.

Mutara III erwies sich als enthusiastischer Katholik – er unterwarf sich einem zwölf Jahre währenden Katechumenat, ließ sich von seiner nichtchristlichen Ehefrau scheiden und wurde am 17. Oktober 1943 als erster ruandischer Monarch christlich getauft, auf die Vornamen Charles (wie Charles Lavigerie), Léon (wie Léon Classe) und Pierre (wie Pierre Ryckmans, der belgische Gouverneur von Ruanda-Urundi).[34] Am 27. Oktober 1946 weihte der König Ruanda auf einer pompösen Feier »Christus dem König«. Er deklamierte: »Herr Jesus, König aller

33 Classe, Léon: Hirtenbrief 1928, zitiert in: Perraudin, André: Un évêque au Rwanda. Saint-Maurice 2003, S. 193

34 Chrétien 2000, S. 239

Menschen und aller Nationen: Ich, Mutara Charles Léon Pierre, verneige mich vor Ihnen, ebenso vor Ihrer Mutter, der Jungfrau Maria, Königin der Erde und des Himmels. Ich erkenne an, dass Sie der souveräne Herr Ruandas sind, die Wurzel aller Macht. Herr Jesus, Sie haben unser Land geschaffen. Sie haben uns eine lange Linie von Königen geschenkt, um an Ihrer Stelle zu regieren, während wir Sie nicht kannten. Als der von Ihrem Schicksal bestimmte Zeitpunkt eintrat, haben Sie uns Ihre Apostel geschickt, Sie haben uns das Licht und das Leben geschenkt. Jetzt, wo wir Sie kennen, erkennen wir öffentlich an, dass Sie unser Herr und unser König sind. Herr, ich gebe Ihnen mein Land, meine Landsleute und meine Person.«[35]

Jetzt wurde jeder, der auf sich hielt, katholisch. 1922 hatten erst 5000 Ruander das Katechumenat absolviert; bis 1955 waren es 500 000. Die Konvertiten, die *abakristu*, hielten sich gegenüber den heidnischen *abapagani* für etwas Besseres, schreibt der ruandische Kirchenhistoriker Rutayisire. »Sie trafen sich untereinander, verkehrten miteinander und heirateten einander. Der neue Status der Konvertiten ging einher mit dem Tragen neuer symbolischer Zeichen (Rosenkränze, Medaillons, Kreuze, christliche Namen) und dem Bewusstsein, eine neue soziale Kategorie zu bilden.«[36] Und sie verinnerlichten, was sie aus den Büchern der Weißen über Hutu und Tutsi lernten.

Für die Masse der Bevölkerung war dies eine sehr harte Zeit. Im späteren politischen Diskurs Ruandas wurde die herrschende Elite als Tutsi identifiziert und die rechtlose Masse als Hutu. Dass die meisten Tutsi nie Teil einer Elite gewesen waren und dass nicht alle Hutu rechtlos gewesen waren, geriet in Vergessenheit. »Eine Fraktion von der Kolonialmacht verbundenen Tutsi begann, ihre Position zur rechtfertigen, indem sie in einer fiktiven Geschichte die Grundlagen ihrer Überlegenheit suchte«, schreibt der Historiker Rutembesa.[37] Spiegelbildlich diente dies später Hutu-Intellektuellen als Begründung, dass die »arroganten« Tutsi ausgelöscht gehörten.

Die katholische Mission züchtet eine Hutu-Gegenelite

In der geläufigen Geschichtsschreibung Ruandas wird die »Soziale Revolution« von 1959, die zur Gründung der Hutu-Republik Ruanda führte, meist nur kurz gestreift; zentral sind die Vorgänge, die zum Völkermord 1994 führten. Doch in Ruanda prägten die Ereignisse von 1959 das politische Bewusstsein aller Lager.

35 Acte de consecration du Rwanda au Christ-Roi par le Mwami Mutara III Rudahigwa, dokumentiert auf http://ubuntu.altervista.org/pastorale.php

36 Rutayisire 2001, S. 59

37 Rutembesa, Faustin: Ruptures socioculturelles et génocide au Rwanda, Cahiers du Centre de Gestion de Conflits No 2, Université Nationale du Rwanda, Butare 2001, S. 107

Nur die »Soziale Revolution« macht nachvollziehbar, warum sich über 30 Jahre später die Konflikte so zuspitzen konnten, dass daraus ein Völkermord wuchs. Sowohl die Völkermordtäter als auch später die FDLR ziehen aus 1959 ihre eigentliche Legitimation. Deswegen verdienen diese Ereignisse, obwohl sie über ein halbes Jahrhundert zurückliegen, eine genaue Schilderung.

Theoretisiert wurde der Übergang von der kolonialen Rassenlehre zur Vorhersage des Völkermordes zuerst von Weißen, in einer Serie anonymer Artikel, die 1956 unter dem Titel »Ein ruandischer Abbé spricht« in der im kongolesischen Bukavu verlegten Kolonialzeitung *La dépêche du Ruanda-Urundi* erschienen. Ein Beitrag war geradezu prophetisch:

»Ist der Hutu unglücklich? Ich antworte Ja, und ich habe ihn seit dreißig Jahren nie anders gekannt. Unglücklich, weil er nie sicher ist, sein Geld zu behalten; unglücklich, weil er nie sicher ist, am Abend sein Dach über dem Kopf noch zu besitzen; unglücklich, weil er nie sicher ist, die Ernte seiner Aussaat zu essen. Wer ist schuld? Die indirekte Verwaltung, also wir. [...] Wir befinden uns in der vollständigen Barbarei unter dem Schein der Zivilisation, mit Herren, die am Steuer ihrer schönen Luxuswagen ihre Hunnen-Mentalität spazieren fahren. Nur noch durch Armut, Terror und Unsicherheit kann der Hutu in passiver Gefolgschaft gehalten werden, alles sorgfältig von den einheimischen Herren aufrechterhalten unter dem Deckmantel der unantastbaren indirekten Herrschaft, die diese Mauer des Schweigens beständig erneuert. Und im Grunde ist das ein Glück, denn sollte der Hutu im ganzen Land zu sprechen beginnen, sollte er die Ketten des ihn erwürgenden Terrors brechen, wäre es das größte Unglück, das eintreten könnte; das Land würde eine unbeschreibliche Entfesselung von Leidenschaft erleben, wir wären hineingezogen in die bestialischste aller Revolten, die wie eine entfesselte Flut alles, Tutsi und Weiße, hinwegfegen und all unser zivilisatorisches Werk von fünfzig Jahren vernichten würde.«[38]

Zu diesem Zeitpunkt befand sich Ruanda längst in einer Reformdebatte. Nach dem Zweiten Weltkrieg hatte auf Seiten der belgischen Treuhandverwaltung und der katholischen Kirche eine neue Generation das Ruder übernommen. Die Zwangsarbeit *uburetwa* wurde 1949 formell abgeschafft; im Jahr 1954 auch das Klientelverhältnis *ubuhake*. Nun durften die »Klienten« zwei Drittel des von ihnen gehüteten Viehs behalten, als Besitzer. Eine entsprechende Landreform gab es hingegen nicht: im Gegenteil; das *ibikingi*-Weideland war nun de facto privatisiert, so dass letztlich Hutu-Rinder auf Tutsi-Land weideten – ein Konfliktfaktor. Ab 1954 stellte die belgische Treuhandverwaltung dem König einen »Obersten Rat« (CSP) zur Seite.

38 Un Abbé rwandais parle, La dépêche du Ruanda-Urundi, 24.8.1956, zitiert in: Perraudin 2003, S. 109–111

In dieser Zeit hatte Ruanda knapp über zwei Millionen Einwohner, davon 250 000 arme Tutsi, 10 000 reiche Tutsi und zwei Millionen arme Hutu.[39] Weniger als 10 000 Menschen lebten in Städten, also ohne Untertanen eines Chiefs zu sein. Politische Debatten waren beschränkt auf wenige Tausend Menschen: die Tutsi-»Astridier«, also die in Butare ausgebildeten angehenden politischen Verwalter, und die Hutu-»Seminaristen«, die heranwachsende Priestergeneration, zumeist aus dem Bischofssitz Kabgayi. Der Machtkampf zwischen diesen beiden führte in die »Soziale Revolution«, bei der die »Seminaristen« den Sieg davontrugen und das christliche Ruanda als Hutu-Republik neu gründeten.

Als Ausgangspunkt dieser Entwicklung gilt die Veröffentlichung der »Notiz zum sozialen Aspekt des einheimischen Rassenproblems in Ruanda« am 24. März 1957 – ein Dokument einer Gruppe von Hutu-Intellektuellen, allesamt Absolventen der katholischen Priesterseminare, das als »Hutu-Manifest« in die Geschichte eingegangen ist.[40] »Manche fragen sich, ob es sich um einen Sozialkonflikt oder um einen Rassenkonflikt handelt«, geht das Dokument dieses Thema direkt an. »In Wirklichkeit und im Denken der Leute ist es sowohl das eine als auch das andere. Man könnte es allerdings präzisieren: das Problem ist vor allem das Problem eines politischen Monopols, über das eine Rasse verfügt, die der Tutsi; ein politisches Monopol, das angesichts der Gesamtheit der gegenwärtigen Strukturen ein ökonomisches und soziales Monopol wird; ein politisches, ökonomisches und soziales Monopol, das angesichts der faktischen Selektion im Bildungswesen zu einem kulturellen Monopol wird, zur großen Verzweiflung der Hutu, die sich dazu verdammt sehen, auf ewig untergebene Zuarbeiter zu bleiben.«

Die Belgier teilten die dem Manifest zugrundeliegende Analyse. Der belgische Gouverneur von Ruanda-Urundi, Jean-Paul Harroy, erklärte: »Ich bin persönlich davon überzeugt, dass die in Frage stehende Unterscheidung nunmehr zwei soziale Gruppen betrifft, die sich weniger und weniger mit den beiden von der physischen Anthropologie anerkannten Rassen identifizieren.«[41] Als eine UN-Mission Ruanda im September und Oktober 1957 besuchte, empfingen demonstrierende Tutsi sie mit dem Ruf nach »Unabhängigkeit«, forderten also ein Ende der europäischen Herrschaft; Hutu-Aktivisten forderten hingegen »Entfeudalisierung«, also ein Ende der Tutsi-Herrschaft. Die UN-Mission kam zum Schluss, Belgien müsse »mit allen Mitteln die Emanzipation der Hutu beschleunigen«.[42] Dazu berief der Oberste Rat CSP 1958 eine Sonderkommission über das »soziale Tutsi-Hutu-Problem« ein. Zur Eröffnung wurde das Hutu-Manifest von 1957 verlesen und diskutiert. Einer der Unterzeichner, Vianney Bendantunguka, zog einen Vergleich

39 Angaben des Gouverneurs Jean-Paul Harroy von Ende 1958 nach Rutayisire, Paul: Église catholique dans la société rwandaise: un regard interrogateur!, Gatwa/Rutinduka 2014, S. 270

40 Alle Zitate aus Le Manifeste des Bahutu du 24 mars 1957: Note sur l'aspect social du problème racial indigène au Rwanda. www.mdrwi.org/manifeste.htm

41 Zitiert in: Perraudin 2003, S. 134

42 Zitiert in: ebd., S. 126

zwischen den in Ruanda nötigen Reformen und der Französischen Revolution von 1789 und verlangte eine »unblutige friedliche Revolution, um unserem Wohlstand eine blutige Revolution zu ersparen«.[43]

Eine Hutu-Erklärung in der Kommission erinnert an den alten Mythos von Gatutsi, Gahutu und Gatwa, die sich bei einer Lebensprüfung unterschiedlich verhalten hätten und deren Nachfahren ihr Los bis heute tragen, wobei Gatutsi als Gebieter der anderen gilt. Im christlichen Ruanda konnten die Gebrüder natürlich nicht mehr Söhne Gottes genannt werden wie früher; sie waren jetzt Söhne des »ersten Ruanders«, genannt Kanyarwanda. »Wir stammen alle von Kanyarwanda ab, wir haben Ruanda gemeinsam aufgebaut, wir sind Ruanda«, so die Erklärung.[44] »Nach welchem Recht unterdrückt uns Gatutsi, wo wir doch Brüder sind?« Aus der Rückführung der drei »Rassen« auf drei Einzelpersonen wird eine charakterliche Unterscheidung abgeleitet: »Es gibt den Gatutsi, der die Wahrheit ehrt, und den Gatutsi, der die Wahrheit verkennt [...] Seine Habsucht ist voller überspannter Böswilligkeit, seine Augen werden darüber starr, sein Magen unersättlich, sein Herz tierisch [...] Dies ist übrigens der Ursprung der gegenwärtigen Schwierigkeiten und all jener, die folgen werden.« Der aufgeklärte Hutu wird als besserer Mensch gesehen.

Der CSP lehnte die Empfehlungen der Sonderkommission, darunter die Einführung des allgemeinen Wahlrechts, ab und beschloss stattdessen die von den Hutu abgelehnte Streichung der Rassenzugehörigkeit aus den Personalausweisen. Damit war für die Hutu-Parteien der Punkt gekommen, die Massen zu mobilisieren, anstatt Appelle an den Königshof zu richten.

Vehikel dafür war die Hutu-Sozialbewegung (MSM), die am Priesterseminar Kabgayi im Juni 1956 entstanden war, mit dem Ziel der Veränderung »der traditionellen Bräuche und Institutionen in eine demokratische Richtung«.[45] Wichtigster »Animateur« der MSM war Grégoire Kayibanda, der spätere erste Präsident Ruandas nach der Unabhängigkeit. Er war ein enger Vertrauter des Schweizers André Perraudin, Bischof von Kabgayi. Sechs der neun Unterzeichner des »Hutu-Manifests« waren wie Kayibanda Absolventen von Kabgayi und kamen aus der Region um Gitarama im zentralen Ruanda; sie bildeten den Kern der Regierungselite Ruandas nach der Unabhängigkeit.

1924 in Tare bei Gitarama geboren, ging Kayibanda in Kabgayi zur Schule und wurde Seminarist in Nyakibanda. Er führte ab 1952 die ruandische Marienlegion, eine katholische Laienorganisation, und leitete ab 1955 die erste ruandischsprachige Zeitung *Kinyamateka*. Von der Kirche 1957 zu einem Praktikum nach Belgien geschickt, kam Kayibanda im November 1958 nach Ruanda zurück und war

43 Mot d'Introduction, Astrida 7.3.1958, Unterlagen des CSP
44 Ebd.
45 Rutayisire 2014, S. 275

daraufhin Präsident der MSM, der Marienlegion sowie der katholischen Bauernkooperative Trafipro (Travail, Fidelité, Progrès).[46]

Die katholische Kirche um Bischof Perraudin in Kabgayi schlug sich offen auf die Seite der Hutu-Sozialrevolutionäre. Dominique Nothomb, einer der führenden Weißen Väter in Ruanda, schrieb in einer »Notiz über das christliche Denken«, Ruanda habe ein »Rassenproblem« mit »erblichen, physiologischen und angeborenen Faktoren, zum Beispiel Größe, Kopfform, Blut«.[47] Der wichtigste Belgier unter den Weißen Vätern, Guy Mosmans, empfahl im September 1958 eine »Hutu-Republik«.[48]

Kayibandas »Soziale Revolution« bringt radikale Hutu an die Macht

Am 25. Juli 1959 starb Ruandas König plötzlich und unerwartet in einem Krankenhaus in Burundi. Auf seiner Beerdigung drei Tage später setzten die Tutsi-Adligen des Königshofs seinen 24-jährigen Halbbruder Jean-Baptiste Ndahindurwa als Nachfolger ein: König Kigeri V Ndahindurwa. Die Hutu-Wortführer erkannten den neuen König nicht an, und er bekam die Lage nie in den Griff. Alle politischen Kräfte organisierten sich jetzt als Parteien.

Die im August 1959 gegründete Ruandische Nationalunion (UNAR), von Tutsi geführt, trat für die Unabhängigkeit des Königreichs Ruanda ein. Ihr erster Parteitag im September stand unter dem Motto »Lang lebe Ruanda! Lang lebe der Mwami! Lang lebe die Unabhängigkeit! Nieder mit den Weißen, den Missionaren, den Spaltern des Volkes!« Die Hutu-Sozialbewegung MSM von Grégoire Kayibanda mauserte sich am 9. Oktober zur Partei der Hutu-Emanzipationsbewegung (Parmehutu) mit dem Ziel, »den Tutsi-Kolonialismus und das von den Tutsi eingerichtete Feudalregime zu beenden«. Rivale der Parmehutu, weniger einflussreich, aber nicht weniger radikal, war der nichtklerikale Verband zur sozialen Förderung der Masse (Aprosoma) von Joseph Gitera.

Auf einer Versammlung in Astrida (später Butare) verkündete Gitera die »Zehn Gebote für Hutu, die frei von der Tutsi-Knechtschaft sein wollen« – das ursprüngliche Vorbild für die berüchtigten »Zehn Hutu-Gebote« aus dem Jahr 1990, Manifest der Völkermordideologie.[49] Gitera erklärte den Hutu:

46 Biographische Angaben nach: Biographie du Président Kayibanda, www.mdrwi.org/rapports%20et%20doc/mdr/biographie%20kayibanda.htm

47 Zitiert in: Carney 2014, S. 93

48 Zitiert in: ebd., S. 94

49 Vgl. Kapitel 2.4, S. 114 f.

»1. Fortan vertraue niemandem, sondern verlasse dich nur auf Gott und auf dich selbst. Vertraue und verlasse dich niemals auf einen Tutsi.
2. Schwöre nie auf einen Tutsi-Namen, denn er ist zu hassen.
3. Treffe dich nie mit einem Tutsi, denn seine Natur ist die Täuschung.
4. Freunde dich nie mit ihm an: mit einem Tutsi leben ist wie sich einen Strick um den Hals legen.
5. Wenn du das Übel rächen würdest, das er dir angetan hat, würde kein Tutsi in Ruanda überleben. Rache zu üben ist nicht gut. Aber Schutz vor dem Feind oder Selbstverteidigung ist erlaubt.
6. Begehe nie Ehebruch mit Tutsi-Frauen oder -Mädchen. Es ist nicht verboten, sie zur Frau zu nehmen; das schlimmste ist, sie zu umarmen oder sich an sie zu kletten.
7. Lüge nie wie ein Tutsi. Sag immer die Wahrheit. Offenbare alle Tricks der Tutsi.
8. Stehle nicht wie ein Tutsi. Mach ihn arm, damit er stiehlt. Und wenn er das tut, soll er damit leben.
9. Es ist schrecklich, nach ihren Frauen oder Mädchen zu gelüsten. Sie sind nicht schöner als unsere, vielmehr haben sie viele Fehler.
10. Begehre nicht das Eigentum eines anderen wie der Tutsi; seine Habgier ist die Geißel, die uns ausgerottet hat. Die Überredungskunst und die Betrügerei des Tutsi, um jemanden zu übervorteilen, das ›geh weg, damit ich mich setzen kann‹, ist ein unaussprechliches Unglück. Mögen solche Angewohnheiten für immer aus Ruanda gebannt sein.«[50]

Die »Soziale Revolution« setzte dieses Gedankengut in Taten um – Taten, die bis heute für die FDLR und ruandische Hutu-Ideologen als Gründungsakt des »freien« Ruanda gelten. Die Revolution begann am 1. November 1959. Ihr Held Dominique Mbonyumutwa ist einer der wenigen Hutu-Unterchiefs damals. Geboren 1921 und zunächst Novize in Kabgayi, war er danach Lehrer, einige Jahre lang bei der belgischen Minengesellschaft Somuki in den Zinnminen von Rutongo[51] – wo damals auch die Familie des späteren FDLR-Vizepräsidenten Straton Musoni lebte. 1952 wurde Mbonyumutwa Unterchief von Mahembe, der einzige Hutu-Unterchief unter dem Tutsi-Chief Gashagaza des Bezirks Ndiza.

Ein belgischer Untersuchungsbericht schildert, was ab dem 1. November 1959 geschah. »An diesem Morgen des Allerheiligen befand sich Mbonyumutwa zusammen mit seiner Frau auf dem Rückweg von einer katholischen Messe. In ge-

50 Zitiert nach einer ruandischen Veröffentlichung von 1993 in: Mbonimana, Gamaliel/Karangwa, Jean de Dieu: Expert report prepared for ICTR, Arusha 13.2.2007, S. 42. http://jrad.unmict.org/webdrawer/webdrawer.dll/webdrawer/rec/199282/view/?r=1

51 Biografische Angaben nach www.dominiquembonyumutwa.info/pages/ses.origines.html

ringer Entfernung überholte ihn eine Gruppe junger Tutsi, von denen zwei ihn höflich ansprachen.

›Guten Tag Unterchief, wie geht es Ihnen?‹

›Danke. Die Messe war schön und die Predigt ein Genuss, finden Sie nicht?‹

Und das Gespräch setzte sich mit Banalitäten fort, bis es schließlich eine politische Wendung nahm:

›Sie werden sehr wichtig, Unterchief, man spricht viel von Ihnen dieser Tage.‹

›Wird mir etwas vorgeworfen?‹, fragte ironisch der Unterchief, gebaut wie ein Herkules, der vor sich nur ein paar schmächtige Jungs hatte.

Die Ohrfeige flog und die anderen Jungs griffen ein. Mbonyumutwas Frau floh, um Hilfe zu holen, und die Nachricht dieses Angriffs verbreitete sich unter den Hutu.«[52]

Am frühen Morgen des 3. November, so der belgische Bericht weiter, seien die Hutu von Ndiza empört zum Tutsi-Chief Gashagaza gezogen, um ihn zur Rede zu stellen. Tutsi-Unterchief Nkusi habe der Menge gedroht: »Ihr sollt wissen, dass euer fetter Anführer [Mbonyumutwa] an einem dieser Tage getötet werden wird.« Nkusi sei daraufhin mit Keulen und Macheten verprügelt und totgeglaubt liegengelassen worden. Er habe zwar überlebt, aber: »Das Blut war vergossen, die Revolution begann. Wie ein riesiges Buschfeuer sprang sie rasch über und durchzog das ganze Land.«

Mbonyumutwas eigenen Angaben zufolge war das nicht so spontan, wie es den Belgiern erschien. Er selbst hatte schon am Vortag Parmehutu-Führer Kayibanda getroffen, um mit ihm gemeinsam einen Protestbrief zu schreiben. Er übergab diesen dem belgischen Territorialverwalter von Gitarama. Auf seiner Rückkehr nach Hause habe er bereits »spontane Straßensperren« gesehen.[53]

Am Abend des 3. November reist der belgische Verwalter des Nachbardistriktes Nyanza, Louis Jaspers, nach Gitarama. Dort erzählt ihm ein Augenzeuge, was am Vormittag in Ndiza geschehen war. »Er erklärte uns, dass ganz Ndiza in Feuer und Flammen steht und die Hutu systematisch die Tutsi-Autoritäten umbringen. Mit der bei Afrikanern üblichen Übertreibung, und unter dem Eindruck einer verständlichen Emotion angesichts seiner Erlebnisse, behauptet er, dass es Dutzende Tote gibt und Hunderte angezündete Tutsi-Häuser. Er sagt sogar: ›Alle Autoritäten sind ausgelöscht, es gibt keine Tutsi mehr in Ndiza!‹ Es ist die Revolution, ruft er.«[54]

52 Dies und die folgenden Zitate: Hubert, Jean-R.: La Toussaint rwandaise et sa répression, Bruxelles 1965, S. 30–31. www.kaowarsom.be/fr/node/6502

53 Interview mit Dominique Mbonyumutwa anlässlich des 25. Jahrestages der Sozialen Revolution. www.dominiquembonyumutwa.info/pages/la-revolution-de-1959.html

54 Dies und die folgenden Schilderungen und Zitate: Auszüge aus den Erinnerungen von Louis Jaspers. www.dominiquembonyumutwa.info/medias/files/louis-jaspers-commissaire-de-district-hon-1959.pdf

Noch in der Nacht bricht Jaspers selbst nach Ndiza auf. Unterwegs trifft er eine belgische Militärpatrouille mit kongolesischen Soldaten und nimmt sie mit. »Als wir den Bezirk erreichten, sahen wir verbrannte Häuser«, berichtet er. »An drei Stellen mussten die Militärs die Straße freiräumen, blockiert durch Bäume, die die Revolutionäre gefällt hatten. Die Nacht war schwarz. Mit schwerem Herzen sahen wir das Leuchten der brennenden Hütten auf den Hügeln. Aber ich wollte nicht anhalten.« Sein Ziel ist Nyabikenke, Amtssitz des Chiefs Gashagaza. »Aber kurz vor Nyabikenke wurden wir am Haus des Unterchiefs Ziruguru von einer Gruppe Brandstifter aufgehalten, mehrere davon betrunken. Sie sagten, sie wollten keine Tutsi-Autoritäten mehr.« Zirugurus Haus ist nur noch eine Ruine. Darin liegen zwei Schwerverletzte. Jaspers nimmt sie mit.

Nächster Halt: Remera, ein Handelsknotenpunkt. Es ist mittlerweile ein Uhr früh. »Vor uns stand eine große Gruppe bewaffneter Hutu. Unsere Ankunft schien sie zu erleichtern. Sie riefen ›Die Weißen, die Weißen, willkommen.‹ Keine Feindseligkeit, im Gegenteil [...] sie wollten, riefen sie, ›dass die Weißen in Ruanda bleiben, weil die Tutsi sie verjagen wollen und den Feudalismus und die Unterdrückung der Hutu wieder einführen wollen wie früher‹. Es war eine dramatische Szene: in der dunklen Nacht, erleuchtet nur von einigen Feuern und ein oder zwei brennenden und geplünderten Geschäften der Tutsi hörte ich das Wimmern eines Verletzten.« Auch ihn nimmt der belgische Administrator mit. Schließlich erreicht er den Verwaltungssitz des Chiefs Gashagaza. Dort stehen als Wache 50 bewaffnete Hutu. »Auf meine Frage, was sie da machen, antworten sie mir, dass sie die Kasse des Chiefs bewachen, damit die Tutsi damit nicht fliehen, denn ›es ist unser Geld‹, es kommt von ihren Steuerzahlungen an die Unterchiefs! Das zeigt mir, dass diese Revolte nicht zufällig eingetreten ist, sondern vorbereitet wurde, zweifellos von Dominique Mbonyumutwa, dem einzigen Hutu-Unterchief der Provinz. Ich bin angenehm überrascht.«

Unter dem Eindruck dieser erstaunlich optimistischen Schlussfolgerung erstattet Jaspers am nächsten Tag Gouverneur Harroy Bericht: »Die Hutu erklären, sie wollen endgültig alle Tutsi des Bezirks verjagen.« Die offizielle belgische Untersuchung führt später aus: »Für die Hutu war ›der Tag des Ruhmes‹ gekommen«[55] – eine Formulierung aus der Französischen Revolution 1789. Die UNO zählte rund 200 Tote insgesamt und mehrere Zehntausend vertriebene Tutsi.

Die Systematik der Angriffe ergibt sich aus der damaligen Siedlungsstruktur: ein Chief auf einem Hügel, »umgeben von all seinen Klienten, Tutsi und Hutu, ihm in Lehnstreue verbunden«, wie es eine der wenigen zeitgenössischen, in den Jahren 1960 bis 1961 recherchierten ethnologischen Studien Ruandas ausdrückt.[56] So töteten Nachbarn Nachbarn, um Zugriff auf deren Güter und Macht zu erhalten.

55 Hubert 1965, S. 32
56 Gravel, Pierre Bettez: Remera: A Community in Eastern Ruanda, The Hague 1968, S. 158

Erst als traditionelle Milizen des Königshofes gegen die Aufständischen ausschwärmten, griff die belgische Staatsmacht ein. Harroy rief das Kriegsrecht aus und holte aus Belgisch-Kongo den belgischen Oberst Guy Logiest an der Spitze von Einheiten der Kongo-Kolonialtruppe Force Publique nach Ruanda. Logiest wurde am 12. November 1959 Militärgouverneur von Ruanda mit außerordentlichen Vollmachten. Er setzte bis Januar 1960 die meisten Tutsi-Chefs ab und ersetzte sie durch Hutu. Der Oberste Rat CSP wurde aufgelöst. All dies geschah in Zusammenarbeit mit der Hutu-Partei Parmehutu.

Zu Tausenden gingen Tutsi ins Exil oder landeten als mittellose Flüchtlinge in der heißen und trockenen Region Bugesera im Südosten Ruandas. Um Nyamata – ein späteres Zentrum des Völkermordes 1994, dessen katholische Kirche heute Gedenkstätte ist – wuchsen gigantische Elendslager, bewacht von den kongolesischen Kolonialsoldaten. Die Parmehutu forderte derweil die Unabhängigkeit Ruandas als Republik. Ab diesem Zeitpunkt nennt sie sich »MDR-Parmehutu«. Man wolle, schrieb die Partei in einem »Appell an alle Antikolonialisten der Welt«, eine Unabhängigkeit, »die die beiden Kolonialismen überwindet, die die Geschichte den Bevölkerungen aufgesetzt hat: der Kolonialismus der Tutsi und die europäische Vormundschaft«.[57] Die »Antikolonialisten« sollten den Tutsi sagen, dass es »in der Welt von heute der Tutsi-Intrige nicht mehr gelingen wird, das Bantu-Volk von Ruanda-Urundi zu beherrschen«.

Gegen fortdauernde Gewalt blieben die Belgier größtenteils passiv. Aus der Region um Butare berichtete Major Bruneau vom 4. belgischen Fallschirmjägerbataillon im Juni 1960: »Diesmal ist es ein Großbrand. Man hat den Eindruck, dass keine Tutsi-Hütte davonkommen wird. Eine regelrechte Hysterie hat die Hutu ergriffen. Es ist eine Abrechnung und eine Befriedigung von Rachegelüsten, die jahrelang im Zaum gehalten waren. Angesichts einer solchen Unordnung sehen sich unsere Soldaten verpflichtet, auf bei der Tat ertappte Brandstifter, die keine Vernunft annehmen wollen, das Feuer zu eröffnen. Es gibt unter den Einheimischen Verletzte und Tote. Mehrmals haben wir traditionell bewaffnete Hutu-Truppen angetroffen, die gefangengenommene Tutsi eskortieren. Wir müssen uns darauf beschränken, sie zu entwaffnen und nach Hause zu schicken. Unser Bestand an Speeren, Pfeil und Bogen und Macheten nimmt beängstigende Ausmaße an.«[58]

In diesem Klima und gegen den Rat der Vereinten Nationen organisierte die belgische Treuhandverwaltung zwischen dem 27. Juni und 30. Juli 1960 Ruandas erste allgemeine Kommunalwahlen. Angesichts des Boykotts durch die wichtigste

57 Die und die folgenden Zitate aus: MDR-Parmehutu, Appel à tous les anticolonialistes du monde, Gitarama, 8.5.1960. www.mdrwi.org/rapports%20et%20doc/documents/revolisio%2059/appel%20aux%20anticolonialistes.pdf

58 Zitiert in: Lefèvre, Patrick/Lefèvre, Jean-Noel: Les militaires belges et le Rwanda 1916–2006, Brüssel 2007, S. 63 f.

Tutsi-Partei UNAR gewann die MDR-Parmehutu 83,8 Prozent der Stimmen und siegte in 210 der 229 Gemeinden Ruandas. Damit stellte die Hutu-Emanzipationsbewegung nun offiziell die Verwaltung fast überall in Ruanda. Der König war zuvor außer Landes geflohen. Er sollte nie mehr zurückkehren.

Danach ging alles sehr schnell. Am 26. Oktober 1960 setzten die Belgier einen »Übergangsrat« unter Führung der beiden wichtigsten Hutu-Politiker ein: Joseph Gitera als Präsident und Grégoire Kayibanda als Premierminister. Am 28. Januar 1961 trommelte die MDR mehrere Hundert ihrer über 3000 gewählten Bürgermeister an ihrem Parteisitz in Gitarama zusammen und rief die Republik aus, mit Kayibanda als Premier und – als symbolische Würdigung der »Sozialen Revolution« von 1959 – Mbonyumutwa als Präsident. Dieser »Putsch von Gitarama« wurde von den Vereinten Nationen verurteilt, von Belgien indes anerkennt; Militärgouverneur Logiest hatte zuvor grünes Licht gegeben.

Unter belgischer Aufsicht entstand somit die Republik Ruanda, ohne formelle Unabhängigkeit – die kam erst fast anderthalb Jahre später – und getragen von einer Führungselite, die einem Teil der eigenen Bevölkerung den Krieg erklärt hatte. Am 25. September 1961 fanden Parlamentswahlen statt, gekoppelt mit einer Volksabstimmung über zwei Fragen: »Wünschen Sie die Monarchie? Falls ja, wünschen Sie Kigeli V als König?« Die meisten Ruander konnten nicht lesen, also gab es einen weißen Zettel für »Ja« zur Monarchie und einen schwarzen für »Nein«. Bei der Parlamentswahl gab es unterschiedlich gefärbte Zettel für jede Partei: Weiß für UNAR, Rot für die MDR.

Das Referendum über die Monarchie ging mit 80 Prozent der Stimmen für die Republik aus, die Parlamentswahlen gewann die MDR mit 77,7 Prozent der Stimmen und 35 von 44 Sitzen. Die Siegesfarben waren Rot und Schwarz – Jahrzehnte später sollten das die Farben der radikalsten Hutu-Gruppen werden. Die Volksabstimmung galt fortan als unumkehrbarer Schlusspunkt der »Sozialen Revolution«, die somit am 25. September 1961 vollendet war. Bezeichnet wurde sie in Ruanda mit dem Wort *kamarampaka* (Schlusswort).

Ruandas neugewähltes Parlament bestimmte Grégoire Kayibanda am 26. Oktober 1961 zum Präsidenten der Republik. Seine neue Regierung wurde von den Vereinten Nationen anerkannt, was die förmliche Unabhängigkeit ermöglichte. Flankiert von Logiest und Perraudin, dem obersten weißen Militär und dem obersten weißen Bischof in Ruanda, zelebrierte Präsident Kayibanda am 1. Juli 1962 die Geburtsstunde der unabhängigen Republik Ruanda.

In seiner Rede dankte Kayibanda Gott für das »Geschenk der Unabhängigkeit«. Es war ein in Blut getränktes Geschenk. Im März des Jahres waren bei erneuter Gewalt gegen Tutsi um Byumba 3000 Menschen innerhalb weniger Tage gestorben. In einem seltenen gemeinsamen Appell hatten beide katholischen Bischöfe Ruandas, der Schweizer André Perraudin und der ruandische Tutsi Aloys Bigirumwami, die ansonsten alles trennte, bereits im August 1961 gemahnt, die ständige Gewalt in Ruanda sei »ein Verbrechen, das das Land in Elend und Unheil stürzt«. In den Augen der beiden katholischen Bischöfe war Ruanda, das katholischste Land Afrikas, jetzt ein Land von »Tod und Feuer«[59].

Belgien schenkt Ruanda eine Hutu-Arme

Neben der Ideologie der »Sozialen Revolution« war die zweite Säule des neuen unabhängigen Ruanda das Militär. Dieses entstand unter maßgeblicher Anleitung der belgischen Kolonialmacht. Aus der Streitkraft, die der belgische Kongo-Kolonialherr Guy Logiest aufbaute, wurde die Armee Forces Armées Rwandaises (FAR), die 1994 einer der wichtigsten Täter des Völkermordes wurde und aus deren Resten die FDLR entstand.

Bevor Oberst Logiest im November 1959 nach Ruanda kam, hatte er als Kommandant der 3. Gruppe der belgischen Kolonialarmee Force Publique im heutigen Kisangani (damals Stanleyville) im Kongo einen Aufstand von Anhängern des Unabhängigkeitsführers Patrice Lumumba mit 20 Toten niedergeschlagen. Nachdem er Militärgouverneur von Ruanda wurde, definierte er bei einem Treffen mit der zivilen Verwaltung am 17. November seine Strategie so: »Wir müssen Elemente der Ordnung fördern und Elemente der Unordnung schwächen, also das Hutu-Element fördern und das Tutsi-Element schwächen, weil das eine befolgt werden wird und das andere nicht.«[60]

Am 5. Dezember 1959 schlug der belgische Gouverneur Harroy seiner Regierung vor, in Ruanda »den Aufbau einheimischer Sicherheitskräfte vorzubereiten, die in der Lage sind, zu übernehmen, wenn die demokratischen Institutionen eingesetzt worden sind und die Belgier ihr Mandat aufgeben«.[61] So entstand unter dem belgischen Afrika-Kommando das Ruanda-Urundi-Kommando unter Oberst Delperdange, ein alter Freund von Logiest. Er sollte für Ruanda und Burundi Territorialgarden aufbauen.

In dieser Zeit verlor Belgien zu seiner eigenen Überraschung plötzlich die Kontrolle über den Kongo. Die Kolonie wurde am 30. Juni 1960 unter dem Revolutionär Patrice Lumumba unabhängig. Auch in Burundi regten sich radikale Unabhängigkeitsbewegungen unter Tutsi-Führung. Belgien reagierte panisch, unterstützt von anderen westlichen Mächten. Kongo und Burundi wurden erfolgreich destabilisiert, die beiden Unabhängigkeitsführer Patrice Lumumba und Prince Louis Rwagasore im Laufe des Jahres 1961 ermordet. Ruanda hingegen, mit seinen treuen Hutu, blieb ein verlässliches Bollwerk. Als Logiest im August 1960 Fran-

59 Zitiert in: Carney 2014, S. 161 f.
60 Protokoll »Réunion avec les administrateurs«, 17.11.1959, zitiert in: Périès, Gabriel/Servenay, David: Une guerre noire. Enquête sur les origines du génocide rwandais, Paris 2007, S. 102
61 Zitiert in: Lefèvre 2007, S. 56

çois-Louis Vanderstraaten, seinen ehemaligen Stabschef aus Stanleyville, zur Begleitung des Aufbaus der Territorialgarde nach Ruanda-Urundi holte, schwärmte dieser: »Das hier ist wirklich der alte Kongo, mit Enthusiasmus dazu.«[62]

Ruandas Territorialgarde war eine reine Hutu-Armee. »Diese Armee wird Hutu sein, ausschließlich und offen«, schrieb Vanderstraaten. »Wir wollen nicht, unter dem Vorwand, gerecht oder demokratisch zu sein, einen einzigen Tutsi einführen [...] Wir wollen nicht unter dem Vorwand, die Ziege und das Gras zu vermischen, demokratisch zu sein, Leute zu uns lassen, die uns sabotieren werden (wie im Kongo, wo man unter dem Vorwand der Meinungsfreiheit Lumumba reden ließ).«[63] Deswegen wurden bei der Rekrutierung kleine stämmige Männer bevorzugt – Tutsi waren ja bekanntlich groß und dünn. In die Territorialgarde aufgenommen wurde man, wenn die Rechnung »Körpergröße (in Zentimetern) minus die Summe von Brustumfang (in Zentimetern) und Körpergewicht (in Kilogramm)« höchstens eine Summe von fünf ergab.[64]

Aus der Taufe gehoben wurde Ruandas Territorialgarde am 5. Oktober 1960 mit 680 Mann, darunter waren 21 belgische Offiziere. Ein belgischer Geheimdienstbericht analysiert: »In Ruanda wird die Garde entlang Hutu-Kriterien aufgestellt. Im Einsatz überwiegen die Hutu-Gefühle bei den Soldaten über ihre Pflichten als Soldat und Gendarm.«[65]

Ruandas erste Militärschule École des Sous-Officiers (ESO) entstand in Butare im Oktober 1960; im November folgte die Offiziersschule École Supérieure Militaire (ESM) in Kigali – zwei Institutionen, die die FDLR im kongolesischen Exil weiterführte. Es gab zudem die Möglichkeit, in Brüssel an der Königlichen Militärakademie zu studieren und im belgischen Arlon zum Fallschirmspringer ausgebildet zu werden. Die ersten sieben ruandischen ESM-Studenten wurden am 12. Dezember 1960 nach Brüssel geschickt. Sie bekamen am 23. Dezember 1961 den Grad des Unterleutnants verliehen; da war aus der Territorialgarde bereits die Nationalgarde geworden, im Hinblick auf die Unabhängigkeit.

Der Einfluss dieser ersten Offiziere Ruandas auf die weitere Geschichte ist beträchtlich. Nummer eins war Juvénal Habyarimana, der 1963 vom belgischen Oberstleutnant Vanderstraaten das Oberkommando der Nationalgarde übertragen bekam. Zehn Jahre später putschte er und wurde Ruandas Präsident – bis 1994. Ein weiterer war Aloys Nsekalije, Habyarimanas Onkel sowie Enkel des Armeechefs des vorkolonialen Königreiches Bushiru im Nordwesten des Landes, das sich als Hort des Hutu-Widerstandes gegen die Tutsi-Monarchie begriff. Ein anderer war Alexis Kanyarengwe, der 1973 gemeinsam mit Habyarimana und Nsekalije den Militärputsch führte, der Habyarimana an die Macht brachte.

62 Zitiert in: ebd., S. 71
63 Zitiert in: ebd., S. 71 f.
64 Rusagara, Frank K.: Resilience of a Nation. A History of the Military in Rwanda, Kigali 2009, S. 123
65 Zitiert in: Lefèvre 2007, S. 75

Später fiel Kanyarengwe in Ungnade und tauchte 1990 als Präsident der aus Uganda nach Ruanda eindringenden Rebellenbewegung Ruandische Patriotische Front (RPF) wieder auf. Das Arusha-Friedensabkommen zwischen Ruandas Regierung und der RPF vom 4. August 1993, das Ruandas Bürgerkrieg hätte beenden sollen und von Hutu-Hardlinern schließlich mittels Völkermord sabotiert wurde, unterschrieben also zwei der ersten Offiziere Ruandas: Habyarimana als Präsident der Republik und sein Exkamerad Kanyarengwe als Präsident der RPF. Heute ist in Ruanda die RPF an der Macht, und was von Habyarimanas Armee übrig ist, steht als FDLR im Kongo.

Kapitel 3
Von der Unabhängigkeit zum Völkermord

Das unabhängige Ruanda institutionalisiert Rassenhass

Die Republik Ruanda unter Präsident Grégoire Kayibanda ab 1962 war ein Rassenstaat, der einzige im postkolonialen Afrika. Die Tutsi waren »Feudalisten«, die Hutu das »Mehrheitsvolk«. Die neue Nationalhymne »Rwanda Rwacu« enthielt die Feststellung, die »Republik« habe den »Feudalismus« (*ubuhake*) besiegt; sie rief »eingeborene Ruander« (*bavukarwanda*) dazu auf, diesen Sieg zu feiern. Bei Neuwahlen im August 1963 erhielt die Regierungspartei MDR-Parmehutu 98 Prozent der Stimmen. Nur wenige Tutsi waren da noch im Land. In seiner Rede zum 1. Unabhängigkeitstag 1963 geißelte der Präsident »einige Feudalnostalgiker, die wir seinerzeit als verantwortungslose Schreier beschrieben haben, vom Volk entfernt, geheime Kollaborateure des kapitalistischen Kolonialismus, die von einer durch Pseudonationalismus heuchlerisch überdeckten Bettelei, gewohnheitsmäßig faul, traditionsmäßig Abenteurer, von einer quasi erblichen Falschheit beherrscht sind.«[66]

Als im Dezember 1963 Exil-Tutsi aus Burundi in Ruanda einmarschierten und erst mit Hilfe belgischer Militärs kurz vor Kigali gestoppt werden konnten, holte Kayibanda zum großen Schlag aus. Bereits am Tag des Einmarsches, dem 21. Dezember, wurden Hunderte Tutsi und Oppositionelle verhaftet. Organisierte Massaker an Tutsi forderten bis zum 29. Dezember zwischen 5000 und 14000 Tote; erst dann schritt die Armee ein. Internationale Medien begannen, in Berichten über Ruanda das Wort »Genozid« zu benutzen; *Radio Vatikan*, der Sender der katholischen Weltkirche, sprach am 10. Februar 1964 vom »schrecklichsten systematischen Völkermord seit Hitlers Völkermord an den Juden«.[67]

Ruandas Regierung reagierte empört. Das Außenministerium veröffentlichte eine 30-seitige Broschüre »Die ganze Wahrheit über den ›Inyenzi‹-Terrorismus in Ruanda«, in der ausgeführt wurde, es handele sich bei den Tutsi um eine »feudale Rasse«, die vor 400 Jahren in Ruanda »eingedrungen« sei und »seitdem die Hutu-

66 Le président Kayibanda vous parle, Informationsdienst des ruandischen Präsidialamtes 1964, zitiert in: Rutembesa 2002, S. 84
67 Zitiert in: Carney 2014, S.181

Bevölkerung unterdrückt«.[68] Die nach dem »republikanischen Sieg« von 1961 ins Ausland geflohenen »Feudalführer«, so das Pamphlet weiter, wollten »in Ruanda eine gewaltsame und maßlose Volksreaktion provozieren, um die internationale Meinung auf die Seite der ›armen verfolgten feudalen Minderheit‹ zu bringen«. Es sei »sehr schwer für die Ordnungskräfte, das Volk zu beruhigen«; aber: »Die Hutu haben im Kampf gegen den Terror immer Zurückhaltung, Weisheit und Toleranz bewiesen. Nie haben die Hutu den Sinn ihres Kampfes aus dem Blick verloren.«

Das war die Version für die Weltgemeinschaft. Nach innen wandte Kayibanda eine andere Sprache an. In einer »Botschaft« an die Hunderttausenden geflohenen Tutsi erregte sich der Präsident im März 1964 über den Völkermordvorwurf und drohte erstmals mit der totalen Vernichtung der Tutsi. »Wer ist Völkermord?« (»Qui est génocide?«), fragt er in seinem Essay immer wieder rhetorisch. »Was heißt ›Tutsi‹? ›Nobel‹ wie früher? ›Herr‹ wie in der Feudalzeit? ›Terroristisches Nomadenvolk‹, wozu ihr tendiert? Oder ›Schergen antiafrikanischer Kräfte‹, wie es derzeit der Fall ist! Wenn alle gutwilligen Menschen die Augen geöffnet haben werden und die Boshaftigkeit eurer Manöver erkannt haben, wird Tutsi nur noch die Bedeutung ›Schergen antiafrikanischer Kräfte‹ behalten oder ›terroristisches Nomadenvolk‹ heißen.« Und schließlich: »Nehmen wir das Unmögliche an, dass ihr Kigali erobern könnt, wie messt ihr das Chaos, dessen erste Opfer ihr sein werdet? Ich betone es nicht: ihr ahnt es, sonst würdet ihr nicht als Schergen und als Verzweifelte handeln! Ihr sagt es unter euch: ›Es wäre das totale und plötzliche Ende der Tutsi-Rasse‹ [...] Und dieses mögliche Ende, plötzlich oder langsam, muss diejenigen unter euch, die noch Menschenverstand besitzen, zum Nachdenken bringen.«[69]

Man findet in Kayibandas Äußerungen alles, was später die Völkermordideologie von 1994 begründete. In vielen Erinnerungen der Überlebenden von 1994 wird auf die damalige Zeit Bezug genommen. Der Journalist Jean-Baptiste Kayigamba beschreibt, wie Hutu-Bauern damals im Distrikt Gikongoro das Haus seiner Familie zerstörten und dann seine Mutter zum Gemeindebüro bestellt wurde, »wo Tutsi zum Ertränken im nahen Fluss gesammelt wurden. Doch bevor das geschah, befahl die Regierung, das Töten einzustellen. Das war immer das Muster: Die Behörden gaben den Befehl zum Töten, und sie konnten jederzeit Einhalt gebieten. Ich wuchs auf mit Kindern, deren Eltern Tutsi getötet hatten. Wir konnten uns aber lange Zeit nicht vorstellen, dass die Massaker eines Tages wieder beginnen würden. Und dass diesmal niemand den Befehl zum Aufhören geben würde.«[70]

68 Dies und folgende Zitate aus: Toute la vérité sur le terrorisme »inyenzi« au Rwanda. Une mise au point du Ministère des Affaires Étrangères du Rwanda, Kigali, undatiert; die darin zitierten amtlichen Stellungnahmen reichen bis Februar 1964

69 Kayibanda, Grégoire: Message du Président Grégoire Kayibanda aux réfugiés rwandais. Rwanda Carrefour d'Afrique, März 1964. jkanya.free.fr/kayibanda.html

70 Kayigamba, Jean-Baptiste: Kigali, damals im April. In: tageszeitung, 7.4.2004

Die Tutsi-Familie des heutigen ruandischen Präsidenten Paul Kagame, der 1957 in Kayibandas Heimatdistrikt Gitarama geboren wurde, war schon 1961 nach Uganda geflohen. Im Interview schildert Kagame, wie er als Vierjähriger mit seinen Verwandten in einem Auto weggebracht wurde, während auf dem Nachbarhügel die Hütten brannten. »Sie stürmten an, um uns zu schnappen, aber es war zu spät«, erinnert er sich.[71] Erst fast 30 Jahre später, im Oktober 1990, sollte Kagame als Führer der Exilarmee RPF wieder den Fuß auf ruandischen Boden setzen – für die Hutu-Extremisten war das der Beweis, dass man bis 1963 nicht gründlich genug gearbeitet hätte und die Revolution noch vollenden müsse.

In dieses Klima wurden die späteren FDLR-Führer Ignace Murwanashyaka und Straton Musoni hineingeboren, 1963 und 1961. Der Name »Murwanashyaka« war die Bezeichnung für einen MDR-Parteiaktivisten. 1965 wurde Ruanda zum Einparteienstaat. Aber als ein Korruptionsbericht im Jahr 1968 die »Clique von Gitarama« geißelte – benannt nach Kayibandas Heimatregion –, verloren einige der Mitstreiter der ersten Stunde ihre Ämter, darunter der Held von 1959, Dominique Mbonyumutwa. Die MDR begann, sich zu zerfleischen.

Eine Krise im Nachbarland Burundi wurde dem Kayibanda-Regime zum Verhängnis. Ab April 1972 schlug Burundis Tutsi-geführte Militärdiktatur einen Hutu-Aufstand, der mit gezielten Angriffen auf Tutsi begonnen hatte, blutig nieder. Hunderttausende Hutu, darunter so gut wie alle mit höherer Bildung, wurden niedergemetzelt – eine durchaus als Völkermord zu bezeichnende Umkehrung der ruandischen »Revolution«. Viele burundische Hutu flohen nach Ruanda, wo Racheangriffe auf die verbliebenen ruandischen Tutsi einsetzten. Ab Februar 1973 wurden Tutsi-Schüler, -Studenten und -Seminaristen aus Ruandas Bildungseinrichtungen verjagt. An den Eingängen mancher Staatsbetriebe hingen Listen mit Namen von Tutsi, die nicht mehr zur Arbeit erscheinen durften.

Erst am 22. März 1973 rief Präsident Kayibanda in einer Radiobotschaft das ruandische Volk zur Ruhe auf. Um diese durchzusetzen, musste er sich an sein Militär wenden: Oberstleutnant Alexis Kanyarengwe, Chef des Geheimdienstes, und vor allem Generalmajor Juvénal Habyarimana, Verteidigungsminister seit 1965, Chef der Nationalgarde seit 1963, Träger der Nationalflagge bei der Unabhängigkeitsfeier von 1962, der erste einheimische Offizier 1961, kurz: der wichtigste ruandische Soldat.

Schon ab 26. Juni 1973 habe die Armee Straßenkontrollen übernommen, berichtete der damals in Ruanda weilende Kirchenhistoriker Ian Linden in einem Beitrag für die Zeitung der katholischen Kirche Englands.[72] Nach einem stürmischen Treffen zwischen Präsident Kayibanda und Verteidigungsminister Habyarimana am Abend des 4. Juli trommelte Habyarimana in der Nacht das

71 Misser, François: Vers un nouveau Rwanda? Entretiens avec Paul Kagame, Brüssel/Paris 1995, S. 32

72 Linden, Ian: Rwanda's Quiet Coup. The Tablet, 11.8.1973. http://archive.thetablet.co.uk/article/11th-august-1973/3/rwandas-quiet-coup

Oberkommando der Armee zusammen und verkündete, er sei »einem hässlichen, zynischen und nur der Boshaftigkeit seiner Vorbereiter würdigen Plan entronnen«, ihn und andere umzubringen.[73] Am nächsten Morgen wurde Kayibanda verhaftet und unter Hausarrest gestellt. Eine elfköpfige Militärjunta ergriff die Macht, geführt von Habyarimana.

Nach Lindens Schilderung herrschte nach dem Umsturz zunächst Angst, dass die regionale Spaltung Ruandas sich nun weiter vertiefen könne. »Die Nordler hielten die Hutu des Südens für ›tutsifiziert‹ und hinterhältig; das südliche Stereotyp des Nordlers war der Bergjunge vom Lande, ungehobelt und direkt«, gibt der Kirchenhistoriker die gegenseitigen Wahrnehmungen wieder. Andererseits habe auch Grund zur Hoffnung bestanden: »Die ineffizienten Minister, die im Mercedes auf Ruandas Staubstraßen umherfuhren, aber ihr Land ohne Zement, Salz, Streichhölzer und Investitionen hinterließen, standen unter Hausarrest; an ihre Stelle traten adrette, disziplinierte Offiziere, die korrektes Brüssel-Französisch sprachen.«[74]

Das neue Militärregime verkündete nationale Einheit statt Rassenhass. »Die Nationalgarde hat in dem Moment interveniert, als das Land dabei war, in den Abgrund gestürzt zu werden«, erklärte Putschistenführer Habyarimana am 6. Juli 1973 in seiner ersten Radiobotschaft an die Nation. »Ihr alle habt die Pflicht, an der Wiederherstellung des Friedens und der nationalen Einheit zu arbeiten [...] Liebt eure Landsleute ohne ethnische oder regionale Unterscheidung. Weist jede regionalistische Propaganda zurück. Meldet den Behörden jede Person, die euch dazu verleiten will, gegen die nationale Einheit zu arbeiten.«[75]

Habyarimanas »Moralische Revolution« predigt den Zusammenhalt der Nation

Kayibandas »Erste Republik«, entstanden in der »Sozialen Revolution« ab 1959, gründete auf der Annahme, Ruanda bestehe aus zwei getrennten Völkern und die Regierung sei die Vertretung des »Mehrheitsvolkes«. Die »Zweite Republik«, die Habyarimana mit seinem als »Moralische Revolution« bezeichneten Putsch 1973 errichtete, baute auf dem Grundsatz auf, Ruanda sei ein einziges Volk, des-

73 Vgl. Shimamungu, Eugène: Biographie chronologique du Président Habyarimana. http://editions-sources-du-nil.over-blog.com/article-biographie-chronologique-du-president-habyarimana-108641232.html

74 Linden 1973

75 Message à la nation du Président du Comité pour la paix et l'unité nationale lors du coup d'État de juillet 1973. www.olny.nl/RWANDA/Lu_Pour_Vous/Dossier_Special_Deuxieme_Republique/index.html#discours_habyarimana. Die Webseite weist darauf hin, dass die französische und die ruandische Fassung dieser Ansprache nicht identisch seien.

sen verschiedene Bestandteile miteinander leben sollten – also Tutsi als geduldete Minderheit.

»Die Tutsi sollen aufhören, die Hutu zu provozieren, indem sie die Errungenschaften der Revolution von 1959 verneinen. Und die Hutu sollen verstehen, dass die Tutsi und die Twa vollwertige Ruander sind«, sagte Habyarimana.[76] Dies wurde durch eine straffe Anwendung von Hutu-Tutsi-Quotierungen gemäß dem kolonial überlieferten Schlüssel von 85 Prozent Hutu, 14 Prozent Tutsi und ein Prozent Twa durchgesetzt. Eine Rückkehr der geflohenen Tutsi aus den Nachbarländern lehnte die neue Regierung ausdrücklich ab, da »das Volk sie verstoßen« habe.[77]

Die MDR wurde verboten, ihre Führung kam vor Gericht, und Kayibanda starb Ende 1976 im Hausarrest. Als neue Einheitspartei gründete Habyarimana zum zweiten Jahrestag des Militärputsches am 5. Juli 1975 die Revolutionäre Nationalbewegung für Entwicklung (MRND). Jeder Ruander war von Geburt an Parteimitglied, politische Aktivität außerhalb der MRND war verboten. »Keine Einzelperson oder Gruppe von Einzelpersonen kann der sozialen Kontrolle durch die Bewegung entkommen«, heißt es im Gründungsmanifest der MRND.[78] Ziele seien »die endgültige Liquidierung der Folgen des Hasses und der Spaltung, die die Geschichte unseres Landes zwischen den drei ethnischen Gruppen und zwischen den Regionen geschaffen hat; die Zusammenführung aller Kräfte der Nation gegen sowohl mentale als auch sozio-ökonomische Unterentwicklung; die Verbannung der Überbleibsel des ›Feudalismus‹, Kastendenken, höfisches Denken und Intrigantentum, das eine Bremse zur nationalen Entwicklung darstellt, aus der ruandischen Mentalität.«[79]

Es wurde auch erstmals seit der Unabhängigkeit die Pflicht zur Gemeinschaftsarbeit wieder eingeführt, genannt *umuganda* (heute gern als »Zusammenkunft im Gemeinsinn« übersetzt, früher auch als »Baugerüst«). Ab 2. Februar 1974 trommelten die Behörden jede Woche samstags die Bevölkerung zu gemeinnütziger Arbeit zusammen, meist zum Bau von Schulen, Brunnen, Straßen oder anderer Infrastruktur. Aus der Nationalgarde wurde durch Zusammenlegung mit der Gendarmerie 1974 die Armee »Forces Armées Rwandaises« (FAR). Ruanda unter Habyarimana wurde noch mehr als unter Kayibanda ein Liebling der internationalen und vor allem der westdeutschen Entwicklungshilfe, ein Bollwerk des Westens und des Katholizismus.

76 Zitiert in: Kimonyo 2008, S. 77 f.
77 Memorandum der Regierung von Ruanda, Juli 1974, zitiert in: Kimonyo 2008, S. 72
78 Zitiert in: Kimonyo 2008, S. 87
79 MRND, Manifeste et Statuts, zitiert in: Renytjens 1986, S. 278

Eine Hutu-Opposition formiert sich

Das Habyarimana-Regime zerfiel nicht erst ab 1990, als die in der Ruandischen Patriotischen Front (RPF) organisierten Exil-Tutsi aus Uganda in Ruanda einmarschierten, sondern schon viel früher, und zwar nicht aufgrund äußerer Ursachen, sondern von innen heraus. Ein früher Kritiker Habyarimanas war ausgerechnet Joseph Gitera, der Hutu-Rivale Kayibandas in der Zeit um 1959. Der alte Gitera und Habyarimana trafen sich 1976 in Butare, danach schickte Gitera dem neuen Staatschef ein Memorandum.[80] Er beschreibt darin zunächst seine Deutung der ruandischen Geschichte. Erst habe sich »die Tutsi-Minderheit mit Gewalt gegen die Massen des Hutu-Volkes durchgesetzt, genauer: auf dem Haufen der Leichen von Hutu-Prinzen«; dann »agierten die Tutsi in den Hutu-Massen wie ein Speer unter wehrlosen Küken, während die Tutsi-Frau die Hutu mit einschläferndem, korrumpierendem und einnehmendem Charme zum Vorteil der Tutsi überwand« und zahlreiche Hutu »als Hunde und Ratten« starben.

»Exzellenz, Herr Präsident, begreifen und verstehen Sie hier die ganze Boshaftigkeit der feinen und sanften Tutsi-Technik gegen die Hutu in Vergangenheit und Gegenwart«, rät Gitera dem Präsidenten Ruandas. Er warnt vor dem »rachsüchtigen Tutsi mit seinen Hutu-Kurtisanen und seinem Twa-Befehlsempfänger, vereint wie Schlangen, die bereit sind, Ruanda und die unbewussten Ruander zu verschlingen«. Demgegenüber stehe der »Ruander, der seine Wahl für immer in Freude getroffen hat; er ist 100 % Republikaner [...] seine Seele ist von jedem Feudalkomplex gereinigt.« Giteras Papier wurde 1990 von der Hutu-Extremistenzeitung *Kangura* (Erwecket) veröffentlicht.

1980 tauchten in Kigali Flugblätter mit unerhörter Kritik an den Regierenden auf. Das erste nennt hohe Militärs »schlechte Geschäftsmänner, Schande für ihre Eltern und Plünderer ihres Landes«[81]. Flugblatt Nummer zwei, unterschrieben mit »Vox populi, vox dei« (Stimme des Volkes, Stimme Gottes), greift den Präsidenten an: »Die wichtigsten Posten sind in den Händen eigener Familienmitglieder des Präsidenten oder in Händen jener, die aus der gleichen Region kommen wie er«, das neue Regime verstoße gegen die Grundsätze von 1961.[82]

Flugblatt Nummer drei, unterzeichnet mit »Die Befürworter der Erneuerung«, beruft sich auf die aufgelöste Kayibanda-Partei Parmehutu, wirft Habyarimana »Gisenyi-Regionalismus« und »Terror« vor und fordert: »Verbessern Sie die Bedingungen der Hutu durch Gerechtigkeit, bevor deren Wut neu aufbricht.«[83] Das

80 Alle Zitate aus: Gitera, J. H: Voici la problématique du protocole de la réconciliation entre les Rwandais, Butare, 7.5.1976, veröffentlicht als Par qui et comment réconcilier les Twa, les Hutu, les Tutsi du Rwanda entre eux? In: Kangura No 6, Dezember 1990, S. 12–15

81 Nachgedruckt in: Barahinyura, Shyirambere J.: Generalmajor Habyarimana: die Schreckensherrschaft eines scheinheiligen Despoten in Rwanda, Frankfurt/Main 1989, S. 150

82 Ebd., S. 161 f.

83 Ebd., S. 170

vierte und letzte ist unterzeichnet von »Die Gahutu, Gatutsi und Gatwa Liebenden« – eine Referenz an die Diskussionen der 1950er Jahre – und verbindet die bisherigen Beschuldigungen mit noch persönlicheren Angriffen auf den Präsidenten. »Sie besitzen einen Mercedes und verbieten denen, die sich einen leisten können, einen zu besitzen. Haben Sie einen Cent für Ihren Mercedes ausgegeben? War es nicht der Botschafter der Bundesrepublik Deutschland, der ihn Ihnen aus seinem Land mitgebracht hat? War es nicht dieser devote Ngarukiyintwali, der in die Bundesrepublik Deutschland geschickt worden war, um darum zu betteln? Wurde er nicht als Dank dafür zum Minister für Auswärtige Angelegenheiten und Zusammenarbeit ernannt?«[84]

Daraufhin wurden am 16. April 1980 Dutzende hochrangige Persönlichkeiten verhaftet, so Oberst Théoneste Lizinde, bis 1979 Ruandas Geheimdienstchef, der 1973 Habyarimanas Putsch im Staatsrundfunk verkündet hatte. Habyarimana hielt ihn für den Urheber der Flugblätter. Habyarimana brach auch mit seinem alten Kameraden und Innenminister Alexis Kanyarengwe. Dieser floh im Dezember 1980 nach Tansania, um seiner Verhaftung zu entgehen. Damit waren die beiden mächtigsten Figuren in Ruanda neben dem Präsidenten ausgeschaltet.

Ohne die beiden Generäle aus Ruhengeri blieben Habyarimana nur die engsten Getreuen aus seiner Heimatregion Gisenyi: »Von seinen Waffenbrüdern verraten, konnte er sich nur noch auf seine Familie verlassen«, analysierte ein früherer Intimus des Habyarimana-Systems später in einem Gutachten für das Ruanda-Völkermordtribunal ICTR.[85] Zu besonderer Macht stiegen die Verwandten der First Lady Agathe Kanziga auf, eine direkte Nachfahrin des vorkolonialen Königshauses von Bushiru in Nordwestruanda, das erst Anfang des 20. Jahrhunderts Teil Ruandas geworden war. Der Bushiru-Adel sieht sich als stolzer Vertreter des Widerstands gegen die Tutsi-Zentralmacht. Jetzt regierten seine Nachkommen das Land mit.

Der familiäre Machtzirkel traf sich mit Vorliebe in den Villen der Präsidentenfamilie auf den Hügeln von Gisenyi mit Blick über den Kivu-See bis nach Zaire. Agathe Kanzigas Bruder Protais Zigiranyirazo, in Ruanda als »Monsieur Z« bekannt, war Präfekt von Ruhengeri; ihr Cousin Elie Sagatwa war Habyarimanas Privatsekretär, weitere Familienangehörige dominierten die Wirtschaft Ruandas. Eines ihrer wichtigsten politischen Projekte war die Gründung des Nationalen Pädagogischen Instituts IPN als zukünftige zentrale Ausbildungsstätte für Ruandas Lehrer nahe Ruhengeri, eine »Universität der Hutu« in Abgrenzung zur bestehenden Universität im südruandischen Butare. Die Leiter des Komitees zur IPN-Gründung wurden später ideologische Wegbereiter des Völkermordes: Ferdinand

84 Ebd., S. 171 f.

85 Mfizi, Christophe: Le Réseau Zéro (B), Fossoyeur de la Démocratie et de la République au Rwanda (1975–1994), Arusha, März 2006, S. 31. www.cnlg.gov.rw/fileadmin/templates/documents/MFIZI_RESEAU_ZERO_01.pdf

Nahimana, später ein Leiter des Hetzradios *Radio-Télévision des Mille Collines* (RTLM), sowie Léon Mugesera, Urheber einer berühmten Hetzrede gegen Ruandas Tutsi 1992.

Der Bruch Habyarimanas mit seinen alten Kameraden aus dem Militär förderte aber auch eine innere Opposition. Ihren ersten Ausdruck fand sie in den Publikationen eines ruandischen Exilanten in Deutschland: Shyirambere Jean Barahinyura, seit 1986 anerkannter politischer Flüchtling in der Bundesrepublik Deutschland, wo er studiert hatte. In einem Frankfurter Kleinverlag erschien seine Brandschrift gegen das Habyarimana-Regime, erst 1988 auf Französisch und dann 1989 auf Deutsch, gefolgt von seinen Memoiren.[86]

Barahinyuras Buch über Habyarimana war eine wütende Generalabrechnung mit der »Zweiten Republik«. Der Exilruander beschreibt darin seine Verhaftung 1981, seine Zeit in den Gefängnissen von Kigali und Ruhengeri, seinen Prozess, seine Verurteilung, seine Flucht. Gewidmet ist das Buch unter anderem Ruandas erstem Präsidenten Kayibanda.[87]

Kayibanda habe Habyarimana wie seinen eigenen Sohn behandelt; Habyarimana sei ein »Vatermörder«, schreibt Barahinyura und zitiert, was Habyarimanas leiblicher Vater seinem Sohn angeblich auf dem Sterbebett gesagt haben soll: »Du hast mir nicht gehorcht. Jetzt, wo du ihn trotz meines Rates weggeputscht hast, vergieße um Gottes willen niemals sein Blut. Denn von dem Tag an, an dem du das Blut Kayibandas vergießen wirst, von diesem Tag an wirst du verflucht sein. Sein Blut wird dich überall verfolgen.«[88] Kayibanda sei dennoch 1976 in der Haft ermordet worden. »Zwei Jahre nach dem Tod Kayibandas, so heißt es, litt General Habyarimana an Verfolgungswahn. Er sah überall Kayibanda, und nicht etwa nur im Traum.«[89]

Die allgemeine Lage Ruandas verdüsterte sich in den späten 1980er Jahren. Es gab Dürren und Überschwemmungen, Hungersnöte und Seuchen, und verschärft durch einen Verfall der Weltmarktpreise für das Hauptexportprodukt Kaffee stürzte Ruanda in eine tiefe Wirtschaftskrise. Kirchen- und Menschenrechtskreise äußerten immer deutlicher Kritik am autoritären Kurs der Regierung. Die Frage des Umgangs mit den ruandischen Tutsi-Flüchtlingen im Ausland war Thema wiederholter internationaler Gipfeltreffen.

Opposition gegen Habyarimana hieß 1990 vor allem Hutu-Opposition, die dem Präsidenten vorwarf, die politische Macht in den Händen seiner Familie zu konzentrieren und zu viel ökonomische Macht den Tutsi zu überlassen. Im Mai 1990 erschien als Organ der Hutu-Kritiker Habyarimanas die erste Ausgabe der

86 Barahinyura, Shyirambere: Generalmajor Habyarimana: Die Schreckensherrschaft eines scheinheiligen Despoten in Rwanda, und: Aus dem Busch zu den »Zivilisierten«, beide Frankfurt/Main 1989

87 Ebd., S. 11

88 Ebd., S. 220 f.

89 Ebd., S. 224 f.

Zeitschrift *Kangura* (Erwecket), die im Laufe der Jahre das Zentralorgan der Völkermordideologie werden sollte. Ihr Direktor war Hassan Ngeze, ein Tankstellenbesitzer aus Gisenyi.

Auch im Militär rumorte es. Im August 1990 schrieb Oberstleutnant Anatole Nsengiyumva, Leiter der Aufklärungsabteilung G2 der ruandischen Armee, einen Bericht über »Gerüchte von Angriffen von Inyenzi auf unser Land«. Dringend verbessert gehöre die Überwachung »suspekter Milieus« und »des Kerns von aufsässigen Offizieren«, die möglicherweise dem flüchtigen Kanyarengwe zuneigten.[90] Er hatte völlig recht.

Der Krieg mit der RPF beendet Habyarimanas Allmacht

»Am Montag, 1. Oktober 1990 eröffnete eine Gruppe bewaffneter junger Männer das Feuer auf die Soldaten, die Ruandas Grenzposten Kagitumba bewachten«, beschreibt eine RPF-Veteranin den Beginn des ruandischen Bürgerkrieges von 1990.[91] »Innerhalb weniger Minuten kreuzten weitere Kämpfer, manche in ugandischen Armeeuniformen, von Uganda nach Ruanda. Der Krieg zur Befreiung Ruandas hatte begonnen.« Die Truppe von 2500 gut ausgerüsteten ruandischen Exil-Tutsi in Uganda nannte sich Ruandische Patriotische Front (RPF) und wurde von Oberst Fred Rwigema geführt – die ruandischen Tutsi-Exilanten hatten zuvor in Ugandas Armee von Präsident Yoweri Museveni gedient, dem sie 1986 dazu verholfen hatten, sein Land zu erobern.

Die RPF trat anfangs keineswegs als »Tutsi-Guerilla« auf, wie sie später immer wieder bezeichnet wurde. Ihr Präsident im Exil war der Hutu Alexis Kanyarengwe, der älteste Mitstreiter Habyarimanas seit 30 Jahren. Ihr erster Sprecher war der Hutu Shyirambere Jean Barahinyura, der radikale Habyarimana-Kritiker in Deutschland. Ende Oktober 1990 musste sich die Guerilla, deren Militärchef Rwigema bereits am 2. Oktober fiel und durch den vorzeitig aus einem Ausbildungskurs in den USA herbeigerufenen Paul Kagame ersetzt wurde, vorerst aus Ruanda wieder zurückziehen. Ruandas Regierung organisierte landesweite Siegesfeiern, nachdem sie zuvor Tausende Tutsi und politische Gegner verhaftet hatte.

Massaker an Tutsi im Januar 1991 führten zu einem neuen Vorstoß der RPF bis nach Ruhengeri, was eine Massenflucht von Hutu Richtung Kigali auslöste. Am 29. März 1991 wurde unter zairischer Vermittlung ein Waffenstillstand vereinbart. Im Juni trat eine Mehrparteienverfassung in Kraft, auf deren Grundlage neue Parteien entstanden – so die Wiedergründung der MDR, die verbotene erste

90 Sûreté intérieure et extérieure de l'État, G2 Lt-Col Nsengiyumva Anatole an Stabschef der Armee, Kigali, 25.8.1990. www.rwandadocumentsproject.net/gsdl/collect/mil1docs/index/assoc/HASH011b.dir/doc34504.pdf

91 Bamurangirwa, Patricia: Rwanda Yesterday, Kibworth 2013, S. 85 f.

Regierungspartei Ruandas. Die politische Opposition nahm Kontakte zur RPF auf. Das radikale Hutu-Lager antwortete mit dem Aufbau bewaffneter Hutu-Milizenverbände. Im März 1992 wurde die politische Opposition in eine neue Regierung unter einem MDR-Premierminister aufgenommen.

Friedensverhandlungen zwischen Ruandas Regierung und RPF im tansanischen Arusha begannen im Juli 1992, untermauert durch eine Feuerpause ab 1. August. Nach einem ersten Teilabkommen im Oktober 1992 traten Teile des Militärs in offene Opposition zum Friedensprozess und zu Habyarimana. Im Januar 1993 kam es zu neuen Massakern an Tutsi. Daraufhin rückte die RPF erneut vor, diesmal bis kurz vor Kigali. Die Gewalt zwischen politischen Parteien nahm zu. Eine neue Übergangsregierung unter Leitung der MDR-Politikerin Agathe Uwilingiyimana nahm am 18. Juli 1993 die Arbeit auf. Darüber spaltete sich die MDR ebenso wie andere Parteien.

Das endgültige Arusha-Friedensabkommen, das die RPF in Regierung und Armee aufnehmen sollte, wurde am 4. August 1993 unterzeichnet – in einem Klima, in dem klar war, dass wesentliche Teile des Militärs, der MRND und der radikalen Hutu-Opposition seine Umsetzung mit Gewalt verhindern würden. Das Abkommen sah eine gemeinsame neue Übergangsregierung vor, die Rückkehr der Flüchtlinge und die Verschmelzung der Streitkräfte beider Seiten. Ab 1. November 1993 stationierten die Vereinten Nationen Blauhelme in Ruanda. Die Umsetzung des Abkommens stockte jedoch, mit Ausnahme der Stationierung einer Vorhut der RPF mitten in Kigali. Politische Morde und Milizenaufmärsche vergifteten die Atmosphäre.

Erst am 6. April 1994 sagte Habyarimana auf einem regionalen Gipfeltreffen in Tansania zu, die geplante neue Übergangsregierung einzusetzen. Beim Rückflug nach Kigali am gleichen Abend wurde Habyarimanas Flugzeug im Landeanflug abgeschossen; es begannen die organisierten Massaker an Tutsi in ganz Ruanda außerhalb der RPF-Zone, denen drei Viertel der in Ruanda lebenden Tutsi zum Opfer fielen.

»Hutu, seid entschlossen und wachsam«: Die Ideologie des Völkermordes

Die Ideologie des Völkermordes entstand nicht erst ab 1990. Sie war das Erbe der »Sozialen Revolution« von 1959. Unmittelbar nach dem RPF-Einmarsch vom 1. Oktober 1990 verbreiteten regierungsnahe Kreise die These, es handele sich um einen Versuch der Wiederauflage des Feudalismus in Ruanda. Diese Analyse bestimmt heute noch die Sicht des ruandischen Hutu-Exils auf die RPF-Staatsmacht, die Ruanda seit 1994 regiert.

In Berlin präsentierte sich 1990 eine »Ruandische Gemeinschaft«, die nach eigenen Angaben auf Bitte der ruandischen Botschaft entstanden war und aus den nach Deutschland entsandten regimetreuen Studenten bestand. Die Vereinigung betonte, ihr würden »nur Hutu« angehören und sie stehe im christlichen Erbe der Revolution von 1959. Sie sagte, der RPF gehe es »um die Macht der Tutsi, um die Macht der nilotischen Völker gegen die Bantu-Völker. [...] Langfristig gesehen wird es darum gehen, die Kolonialisierung der Bantu-Völker in Zentralafrika durch die nilotischen Völker, die in der Minderheit dort leben, zu verhindern.«[92]

Die Gruppe verbreitete in Berlin einen »Plan zur Tutsi-Kolonisierung Kivus und Zentralafrikas« – ein in der Kayibanda-Zeit gefälschtes Dokument über den angeblichen Griff der Tutsi nach der Macht, ähnlich dem antisemitischen Machwerk »Protokoll der Weisen von Sion«. Abgedruckt hatte diesen Plan im selben Monat die neugegründete radikale Zeitung *Kangura*.

Im Dezember 1990 veröffentlichte *Kangura* auch das »Gitera-Pamphlet« von 1976[93] gegen Habyarimanas Politik der nationalen Versöhnung und in der gleichen Ausgabe die »Zehn Gebote der Hutu«, die die Hutu insgesamt vor jedem Verkehr mit Tutsi warnen. Die »Zehn Gebote« sind der letzte Abschnitt eines »Appells an das Bewusstsein der Hutu«.[94] »Die Tutsi sind blutrünstig und machtgeil und wollen dem ruandischen Volk ihre Hegemonie mit Kanonen und Gewehren aufzwingen«, heißt es im Appell. »Hutu, es ist mehr denn je der Augenblick gekommen, um aufzuwachen, tief nachzudenken und eine neue Ideologie zu erkennen, die Ideologie der Hutu, die ihre Wurzeln in der Sozialen Revolution von 1959 findet und darin besteht, die Errungenschaften dieser Revolution und des Referendums vom 25. September 1961 erbittert zu verteidigen.« Es folgen die Zehn Gebote:

1. Jeder Hutu muss wissen, dass die Tutsi-Frau, egal wo sie ist, für ihre Tutsi-Ethnie arbeitet. Folglich ist jeder Hutu Verräter, der eine Tutsi-Frau heiratet; der eine Tutsi-Frau zur Mätresse nimmt; der eine Tutsi-Frau zur Sekretärin oder zum Günstling macht.
2. Jeder Hutu muss wissen, dass unsere Hutu-Töchter würdevoller und ihrer Rolle als Frau, Gattin und Mutter bewusster sind. Sind sie nicht hübsch, gute Sekretärinnen und ehrlicher!
3. Hutu-Frauen, seid wachsam und bringt eure Männer, Brüder und Söhne zur Vernunft.
4. Jeder Hutu muss wissen, dass jeder Tutsi geschäftlich unehrlich ist. Er zielt nur auf die Vorherrschaft seiner Ethnie. Folglich ist jeder Hutu Verräter, der sich für ein Geschäft mit Tutsi zusammentut; der sein Geld oder Staatsgelder im Unternehmen eines Tutsi anlegt; der einem Tutsi Geld leiht oder von ihm Geld

92 Stellungnahme der in Berlin lebenden rwandischen Gemeinschaft zu den heutigen Kriegsauseinandersetzungen in Rwanda, November 1990
93 Vgl. S. 109
94 Alle Zitate aus: Appel à la conscience des Bahutu. In: Kangura No 6, Dezember 1990, S. 6–8

borgt; der Tutsi geschäftliche Vorteile besorgt (Importlizenzen, Bankkredite, Bauland, öffentliche Aufträge).

5. Strategische Posten in Politik, Verwaltung, Wirtschaft, Militär und Sicherheit müssen an Hutu gehen.
6. Der Bildungssektor (Schüler, Studenten, Lehrer) muss mehrheitlich Hutu sein.
7. Die Armee FAR muss ausschließlich Hutu sein. Die Erfahrung des Krieges von Oktober 1990 lehrt uns das. Kein Militär darf eine Tutsi zur Frau nehmen.
8. Die Hutu müssen aufhören, Mitleid mit den Tutsi zu haben.
9. Die Hutu, egal wo sie sind, müssen geeint, solidarisch und um das Wohl ihrer Hutu-Brüder besorgt sein. Die Hutu inner- und außerhalb Ruandas müssen ständig Freunde und Verbündete für die Hutu-Sache suchen, angefangen mit ihren Bantu-Brüdern. Sie müssen ständig der Tutsi-Propaganda entgegentreten. Die Hutu müssen gegenüber ihrem gemeinsamen Tutsi-Feind entschlossen und wachsam sein.
10. Die Soziale Revolution von 1959, das Referendum von 1961 und die Hutu-Ideologie müssen jedem Hutu auf jeder Ebene gelehrt werden. Jeder Hutu muss die vorliegende Ideologie verbreiten. Jeder Hutu ist Verräter, der seinen Hutu-Bruder verfolgt, weil er diese Ideologie gelesen, verbreitet und gelehrt hat.«[95]

Die »Zehn Gebote der Hutu« waren Ausdruck einer radikalen inneren Opposition gegen das Habyarimana-Regime und seine Ideologie der »nationalen Einheit«. »Mit dem Oktoberkrieg kristallisiert sich das ethnische Bewusstsein«, jubelte *Kangura* im Februar 1991 unter dem Titel »Es lebe die Differenz!«.[96] Ab diesem Monat gab sich das Blatt den Untertitel »Die Stimme, die das Mehrheitsvolk erweckt und verteidigt« (*Ijwi rigamije gukangura no kurengera rubanda nyamwinshi*).[97] Mehrfach betont das Blatt, Eltern würden die Geschlechter ihrer Kinder kennen, also sei es auch völlig normal, die Unterschiede zwischen zwei Rassen anzuerkennen.

Als Habyarimana im Juni 1991 das Mehrparteiensystem zuließ, war eine der ersten Neugründungen die MDR, die wiederauferstandene alte Partei der »Sozialen Revolution«. Sie erhielt starken Zulauf in ihren alten südruandischen Hochburgen und sorgte dort nach Recherchen des ruandischen Historikers Kimonyo für ein neues Hutu-Selbstbewusstsein.[98] Auf MDR-Versammlungen wurde den Bauern eingebläut, nicht mehr an der Gemeinschaftsarbeit *umuganda* teilzunehmen. Es gab Landbesetzungen und Brandstiftungen: »Die Übeltäter jubelten angesichts der brennenden Wälder und verbargen nicht ihren Wunsch, dass die

95 Appel à la conscience des Bahutu, 5: Voici les 10 commandements. In: Kangura No 6, Dezember 1990, S. 8
96 Kangura No 11, Februar 1991, Editorial »Vive la Différence!«
97 Ab Kangura No 10, Februar 1991
98 Vgl. Kimonyo 2008

MRND-Anhänger ebenso brennen wurden [...] Sie erklärten, das Feuer stehe einfach für die Zerstörung der Aktionen der MRND und symbolisiere außerdem in der Geschichte der MDR das Licht der Demokratie«, heißt es in einem Bericht der Behörden.[99] Die nächste Stufe der MDR-Wiedergeburt hieß *kubohoza* (Befreiung) – die gewaltsame Entmachtung von MRND-Funktionären und Bürgermeistern nach dem Muster des Vorgehens gegen Tutsi-Chiefs 1959.

In Reaktion darauf griff auch die MRND auf die Ideale von 1959 zurück – in Zeiten des politischen Pluralismus konnte die alte MRND-Ideologie einer »geeinten Nation«, in der jeder Ruander innerhalb der Staatspartei arbeitet, nicht mehr funktionieren. Die MRND kaperte den alten MDR-Begriff für einen Parteiaktivisten, *umurwanashyaka*, für sich und gab ihrem neuen Parteiblatt diesen Titel. Das Hetzblatt *Kangura* wurde derweil immer radikaler. Man solle »die Revolution von 1959 neu starten, damit wir die Inyenzi-Tutsi besiegen können«, titelte das Blatt im November 1991 unter einem Kayibanda-Foto mit der Schlagzeile »Die Tutsi, die Rasse Gottes« und der mit einer Machete illustrierten Frage »Mit welchen Waffen sollen wir die Inyenzi ein für alle Mal besiegen?«.[100]

Als radikalste politische Gruppierung entstand am 22. Februar 1992 die Koalition zur Verteidigung der Republik (CDR), Sprachrohr der Radikalen im Staatsapparat, die die Friedensgespräche mit der RPF ablehnten. Ziel der CDR war die »Wahrung der Errungenschaften der Sozialen Revolution von 1959«.[101] Die CDR wurde durch das Schlagwort *batsembatsembe* (auslöschen) bekannt, das auf ihren Versammlungen skandiert wurde.[102] Europasprecher der CDR wurde der in Deutschland lebende Exilant Barahinyura, der sich 1991 von der RPF wieder losgesagt hatte. Es sei ihm nicht gelungen, die RPF dazu zu bewegen, Kayibanda und die »Soziale Revolution« anzuerkennen, schrieb er 1991 in seiner Austrittserklärung.[103] 1992 legte Barahinyura in seinem in Deutschland veröffentlichten dritten Buch das politische Programm des Hutu-Extremismus jener Zeit vor.[104] Die Tutsi hätten nach Ruandas Unabhängigkeit die herrschenden Hutu-Milieus wieder infiltriert und korrumpiert, schreibt Barahinyura und greift zu krassen rassistischen Stereotypen: »Die ruandische Geschichte lehrt uns, dass der Tutsi sich immer für schlauer und intelligenter als der Hutu gehalten hat. Tatsächlich ist die Wahrheit eher, dass der Hutu von Natur aus gut, offen und ehrlich ist, der Tutsi hingegen böse, zynisch, hinterlistig und hinterhältig. Er hat die Geselligkeit des Hutu aus-

99 Sicherheitsbericht der Präfektur Kibuye, 28.8.1991, zitiert in Kimonyo 2008, S. 438

100 Kangura No 26, November 1991, übersetzt nach ICTR-Anklageschrift im Prozess gegen Ngeze et al.

101 CDR-Statut, Präambel, zitiert im ICTR-Urteil gegen Ngeze et al., 3.12.2003, § 258

102 ICTR-Urteil gegen Ngeze et al., 3.12.2003, § 308–312, § 340

103 Shyirambere J. Barahinyura démissionne du FPR, Déclaration à la presse du 17 mai 1991

104 Barahinyura, Shyirambere J.: Rwanda 32 ans après la révolution sociale de 1959: Réflexions sur le mouvement terroriste Inyenzi et Inyenzi rajeunis alias FPR-Inkontanyi dans leurs tentatives de réinstauration du pouvoir Tutsi au Rwanda, Frankfurt/Main 1992

genutzt, um ihn zu unterjochen, und dieser ist dem gewinnenden Charme des Tutsi-Schmeichlers erlegen, um zu fallen und in seinen Klauen zu verharren. Die Soziale Revolution von 1959 hat glücklicherweise dem Hutu erlaubt, sich politisch und sozial zu emanzipieren, aber die mentale Emanzipation steht noch aus.«[105] Zu den Tutsi in der RPF schreibt Barahinyura: »Die Demokratie wird ohne sie stattfinden. Sie werden von der nationalen Armee und von der Bevölkerung gejagt werden, bis sie zertreten sind.«[106]

Tutsi wurden routinemäßig als *inyenzi* (Kakerlake) wie in den 1960er Jahren oder *inzoka* (Schlange) bezeichnet, also Ungeziefer, das man tötet, wenn es ins Haus kommt: Kakerlaken werden zertreten, Schlangen mit der Machete zerhackt. Hutu-Extremisten behaupteten, die Tutsi hätten sich selbst *inyenzi* genannt und es sei eine Abkürzung für Mitglieder einer königlichen Miliz; diese These wurde erstmals 1992 von einem soeben aus der Folterhaft entlassenen Tutsi in einem Interview vertreten[107] und gehört seitdem zum Standardrepertoire der Verteidiger von Völkermordtätern vor Gericht. Die These hat mit der damaligen Realität nichts zu tun. Im Februar 1993 erläuterte *Kangura* im Hinblick auf Tutsi wie RPF-Militärchef Kagame, der Ruanda als Kleinkind 1961 verlassen hatte: »Eine Kakerlake kann nur eine andere Kakerlake gebären. Wer kann zwischen den Kakerlaken, die im Oktober 1990 angriffen, und denen der 60er Jahre unterscheiden? Sie sind dieselben. Die ersteren sind die Nachkommen der letzteren [...] Dass man sie in unserer Sprache als Schlangen bezeichnet, erklärt sich von selbst. Ein Tutsi ist jemand mit einer süßen Zunge aber unbeschreiblicher Bosheit. Ein Tutsi ist jemand, dessen Rachedurst unstillbar ist; jemand, der unvorhersehbar ist, der lacht, wenn er leidet. In unserer Sprache wird ein Tutsi Kakerlake genannt, weil er die Nacht ausnutzt, um seine Ziele zu erreichen [...] Wenn sie nicht aufpassen, wird ihre Suche nach Reinheit zu ihrem Verschwinden vom Erdboden führen. Wenn das geschieht (und es wird geschehen), werden sie selbst für ihr Verschwinden verantwortlich sein, sonst niemand.«[108]

Berühmt wurde die Rede des MRND-Kaders Léon Mugesera auf einer Parteiversammlung in Kabaya in der Präfektur Ruhengeri am 22. November 1992, für die er 2012 von seinem Zufluchtsland Kanada nach Ruanda ausgeliefert und 2016 zu lebenslanger Haft verurteilt wurde.[109] »Im Evangelium steht, dass wenn man geschlagen wird, man die andere Wange hinhält; ich sage euch, dass dieses Evangelium sich in unserer Bewegung verändert hat: wenn man dich schlägt, schlägt

105 Ebd., S. 45
106 Ebd., S. 109
107 Entretien avec Ngurumbe Aloys sur l'origine du terme ›inyenzi‹. In: Kanguka 12.2.1992. www.editions-sources-du-nil.fr/Photoshop/UbuhamyaBwaNgurumbe.pdf
108 Kangura No 40, Februar 1993, übersetzt im ICTR-Urteil gegen Ngeze et al, 3.12.2003, § 179
109 Alle Zitate nach: Le discours de Kabaya, ruandischer Originaltext und französische Übersetzung. http://rwanda94.pagesperso-orange.fr/sitepers/dosrwand/kabaya.html

man doppelt zurück!« ruft er. Zur RPF sagt er: »Nennt sie nicht mehr ›Inkontanyi‹ (Kämpfer), es sind ›Inyenzi‹ (Kakerlaken)«. Diesen Begriff bezieht er auf die Tutsi in Ruanda insgesamt: »Es gibt Inyenzi, die ihre Kinder an die Front schicken, um den Inkontanyi zu helfen«, so Mugesera. »Warum verhaftet man nicht diese Eltern, die ihre Kinder geschickt haben, und warum löscht man sie nicht aus [*babatsembe*]? Warum verhaftet man nicht die, die sie bringen, und warum löscht man die nicht alle aus? Sollen wir warten, bis sie uns auslöschen?« Er berichtet von einem Gespräch mit einem Tutsi-Oppositionsaktivisten: »Ich sagte ihm: ›Der Fehler, den wir 1959 begangen haben, da war ich noch ein Kind: wir haben euch ziehen lassen. [...] Dein Zuhause ist Äthiopien, und wir werden dich den Nyabarongo hinunterschicken, damit du da schnell hinkommst.‹«

Diese Passage gilt als Prophezeiung des Völkermords von 1994, als getötete Tutsi in den Nyabarongo-Fluss gekippt wurden, damit sie im Nil landen – die Leichen stauten sich schließlich im Victoria-See. Die Rede stellt klar: Es geht darum, ein Versäumnis von 1959 nachzuholen und die Revolution von damals durch komplette Auslöschung des Feindes zu vollenden. Bei der FDLR wird daraus später das Ziel, »das ruandische Drama endgültig zu beenden«.

Aus CDR-Kreisen entstand 1993 der Radiosender *Radio-Télévision des Mille Collines (RTLM)*, der ab Juli 1993 auf Sendung ging und die Hutu während des Völkermordes zum Massakrieren aufforderte. Anders als im Staatsrundfunk *Radio Rwanda* mit seiner Verlautbarungssprache gab es bei *RTLM* städtischen Slang, lustige Moderatoren, lebhafte Debatten und kongolesische Musik; schnell wurde *Mille Collines* zum beliebtesten Sender des Landes, vor allem in Bars, in Taxis und bei jungen Leuten. Er war zugleich das Organ des radikalen MRND-Flügels, der Kompromisse mit der RPF ablehnte.

Staatschef Habyarimana war der größte *RTLM*-Einzelaktionär, hohe FAR-Militärs beteiligten sich ebenfalls. Auf der dem UN-Ruanda-Tribunal ICTR vorgelegten Liste der Aktionäre von *RTLM* finden sich auch die Namen vieler späterer FDLR-Größen wie Militärchef Sylvestre Mudacumura, Stabschef Léodomir Mugaragu, Nord-Kivu-Kommandant Pacifique Ntawanguka (Omega), Verteidigungskommissar Apollinaire Hakizimana (Lepic/Poète), Sprecher Michel Habimana (Edmond Ngarambe).[110]

Das Ruanda-Tribunal stellte zu *RTLM* fest, es habe »mit Diskussionen über Ethnizität begonnen und sich allmählich in einen anscheinend endlosen Aufruf zur Auslöschung der Tutsi verwandelt«.[111] Zum Standardprogramm von *RTLM*

110 Liste des actionnaires de la RTLM. http://sosrwanda.weebly.com/uploads/3/4/2/9/3429250/rtlm_shareholders.pdf

111 ICTR-Urteil gegen Ngeze et al., 3.12.2003, § 485. Ngeze wurde 1997 in Kenia verhaftet und 2003 vom ICTR zu lebenslanger Haft wegen Völkermordes verurteilt; in der Berufung 2007 wurde die Strafe auf 35 Jahre gesenkt. Er sitzt seine Haftstrafe in Mali ab. Barayagwiza wurde 1996 in Kamerun verhaftet und 2003 vom ICTR zu 35 Jahren Haft wegen Völkermordes verurteilt; in der Berufung 2007 wurde die Strafe auf 32 Jahre gesenkt. Er starb 2010 in der Haft in Benin. Na-

gehörten Lieder des populären Sängers Simon Bikindi. Diese, so das Tribunal im Jahr 2008 bei der Verurteilung des Sängers wegen Aufhetzung zum Völkermord, »manipulierten die Geschichte Ruandas, um die Solidarität der Hutu zu rühmen«.[112] Das Gericht vernahm, dass Mord-Milizen Bikindis Lieder hörten, während sie Tutsi umbrachten.

Ein Gutachten der ICTR-Anklagebehörde analysiert Bikindis Texte: Die Hutu würden darin ermahnt, nicht zu vergessen, dass sie einst Sklaven der Tutsi waren, dass sie 1959 befreit wurden, dass ihre Freiheit bedroht sei, dass sie wachsam bleiben und sich nicht spalten lassen dürften. »Ich hasse Hutu, die sich nicht erinnern, die sich die Bäuche vollschlagen«, heißt es im Refrain des Liedes *Nanga bahutu* (Ich hasse Hutu). Er »hasst« diejenigen, die ihre Identität vergessen, die auf andere Hutu herabsehen, die gierig sind, die naiv sind und mit Tutsi paktieren und die andere Hutu nicht auf Fehler hinweisen.[113]

Die Völkermordideologie in Ruanda verbreitete sich als Ausdruck von Jugendprotest gegen ein verknöchertes System. Das Gutachten führt aus: »Im Jahr 1990 waren in *Kangura* die Zehn Hutu-Gebote erschienen, die Hass in jenen wenigen Intellektuellen einimpften, die sich eine Zeitung leisten und sie lesen konnten. Ein paar Jahre später wurden sie von Bikindi vertont, und seine Musik richtete sich an jeden, der sie hören konnte, also fast alle Ruander. Damit erreichte er sein Ziel der ›Demokratisierung des Hasses‹, wie ein Aufwärmakt, der den Hauptakt, also den Genozid, vorbereitet und einleitet.«[114]

FAR und Interahamwe: Der Tötungsapparat des Völkermordes

Auch der Militärapparat um Habyarimana rüstete gegen den »inneren Feind«. Seit der Gründung der ruandischen »Territorialgarde« durch belgische Kongo-Offiziere war ihre Militärdoktrin die der kolonialen Aufstandsbekämpfung gewesen: eine möglichst vollständige Übersicht über alle Bewegungen und Handlungen der Bevölkerung mit dem Ziel, mutmaßliche Aufständische unschädlich zu machen, bevor sie Anhänger gewinnen. Entwickelt wurde diese Doktrin im französischen Algerienkrieg 1954 bis 1961. Postkoloniale Diktaturen im frankophonen Afrika griffen gerne darauf zurück, um sich gegen innere Feinde durchzusetzen.[115]

himana wurde 1996 ebenfalls in Kamerun verhaftet und 2003 vom ICTR wegen Völkermordes zu lebenslanger Haft verurteilt; in der Berufung wurde die Strafe auf 30 Jahre gesenkt. Er sitzt seine Haftstrafe zusammen mit Ngeze in Mali ab. RTLM-Vorstandsvorsitzender und Hauptfinancier Félicien Kabuga lebt bis heute trotz ICTR-Haftbefehls in Kenia.

112 ICTR-Urteil gegen Bikindi, 2.12.2008, § 264

113 Mbonimana/Karangwa 2007, S. 13

114 Mbonimana/Karangwa 2007, S. 6

115 Hierzu vgl. Périès/Servenay 2007

Die klassische Ausformulierung dieser Doktrin liefert der französische Oberst Roger Tronquier, einst Kommandeur einer Fallschirmjägereinheit in Algier, in seinem Werk »Der moderne Krieg«.[116] Trinquier führt aus, im »modernen Krieg« gehe es nicht mehr um den Kampf einer Armee gegen eine andere, sondern um »den Sturz der etablierten Macht« durch einen »revolutionären Krieg«.[117] Gegner der Staatsmacht sei also keine klassische Armee, sondern seien »schwache, geheim agierende bewaffnete Elemente innerhalb einer Bevölkerung, die von einer Spezialorganisation manipuliert wird«;[118] der Sieg sei nur durch »die vollständige Zerstörung dieser Organisation« zu erreichen.[119] Dieser Sieg erfordere als Erstes eine sorgfältige Definition des Gegners und als Zweites ein straffes Kontrollsystem für die Bevölkerung; »jede Person, die innerhalb einer zu setzenden Frist nicht darin eintritt, stellt sich praktisch außerhalb des Rechts«.[120] So könne die gesetzestreue Bevölkerung selbst ihre Feinde erkennen und unschädlich machen. Der moderne Krieg, so Trinquier, bestehe darin, »aus der Mitte der Bevölkerung die Gesamtheit der infiltrierten Organisation, die sie manipuliert, herauszulösen«.[121]

Trinquiers Buch ist ein Standardwerk der Aufstandsbekämpfung geworden, bis nach Lateinamerika. Belgische Kongo-Militärs lernten daraus in der französischen Militärschule Centre d'instruction à la pacification et à la contre-guerilla (CIPCG) im algerischen Oran. Der belgische Oberst Logiest, der Ruandas Hutu-Armee aufbaute, nahm 1957 in Katanga an entsprechenden Manövern teil und setzte seine Erkenntnisse danach im Kongo gegen Freiheitskämpfer um. So kam über Belgien Trinquiers Doktrin des »modernen Krieges« nach Ruanda.

Die Kriegsdefinition, »aus der Mitte der Bevölkerung die Gesamtheit der infiltrierten Organisation, die sie manipuliert, herauszulösen«, ist eine besonders zynische, aber punktgenaue Beschreibung des Völkermordes an den Tutsi 1994. Die französische Doktrin des »modernen Krieges« wurde an der Militärakademie (ESM) in Kigali gelehrt und blieb ein zentrales Element der FAR-Offiziersausbildung in Ruanda. Der spätere Chef der ruandischen Gendarmerie während des Völkermordes, Augustin Ndindiliyimana, gab an der ESM in den 1980er Jahren einen Lehrgang namens »Totaler Krieg und Revolutionärer Krieg«. Zu seinen Absolventen gehörten Paul Rwarakabije, der erste Oberkommandierende der FDLR, sowie Léopold Mujyambere, der heutige FDLR-Stabschef. Dieser schrieb als junger FAR-Soldat eine Diplomarbeit darüber mit dem Titel »Kollektive Verteidigung gegen die Subversion«.[122]

116 Trinquier, Roger: La guerre moderne, Paris 1957. www.genocidearchiverwanda.org.rw/images/c/c5/Trinquier_La_guerre_moderne-new.pdf.
117 Ebd., S.15
118 Ebd., S.18
119 Ebd., S.19
120 Ebd., S.56
121 Ebd., S. 74
122 Zitiert in: Périès/Servenay 2007, S. 175

Der Begriff des »totalen Krieges«, vom deutschen Propagandaminister Joseph Goebbels 1943 in seiner Berliner Sportpalastrede berühmt gemacht, stammt ursprünglich vom deutschen General Erich Ludendorff als Lehre aus der Niederlage des Deutschen Reiches im Ersten Weltkrieg.[123] Der »totale Krieg« ist laut Ludendorff ein Krieg, der »nicht nur Angelegenheit der Streitkräfte ist, sondern auch unmittelbar Leben und Seele jedes einzelnen Mitgliedes der kriegführenden Völker berührt«.[124] »Im totalen Krieg kämpft nicht der Staat, sondern das Volk«,[125] schreibt der Weltkriegsgeneral und führt aus: »Die seelische Geschlossenheit eines Volkes, und sie ist und bleibt nun einmal die Grundlage für die Führung eines totalen Krieges, ist nur zu erreichen auf dem Wege der Einheit von Rasseerbgut und Glaube und sorgsamer Beachtung der biologischen und seelischen Gesetze und Eigenschaften des Rasseerbgutes.«[126]

Das Protokoll eines Treffens hoher ruandischer Generäle unter dem Vorsitz Präsident Habyarimanas an der ESM Kigali am 4. Dezember 1991 überträgt das Gedankengut des »totalen Krieges« auf das Ruanda der frühen 1990er Jahre.[127] »Der Hauptfeind ist der Tutsi inner- oder außerhalb, Extremist und Nostalgiker der Macht, der die Realitäten der Sozialen Revolution von 1959 nie anerkannt hat und sie noch nicht anerkennt, und der die Macht in Ruanda mit allen Mitteln, einschließlich der Waffen, zurückerobern will«, heißt es unter »Definition des Feindes«. Er rekrutiere sich aus Tutsi-Flüchtlingen, Tutsi in Ruanda, unzufriedenen Hutu, Arbeitslosen, Ausländern mit Tutsi-Ehefrauen, »den nilo-hamitischen Volksgruppen der Region« sowie »flüchtigen Kriminellen« und sei in folgenden Milieus anzutreffen: »Religiöse Milieus; Professoren; Geschäftsmilieus; Zonen der Tutsi-Vertriebenen von 1959, insbesondere die Städte«. Zu seinen Aktivitäten gehörten »die Unterwanderung des politischen Systems«, die »Lähmung« der Verwaltung sowie »Ablenkung der nationalen Meinung vom ethnischen Problem auf das sozioökonomische Problem zwischen Reich und Arm«.

Um diesen Feind zu bekämpfen, entstand die MRND-Jugendmiliz Interahamwe, die 1994 zu einer der wichtigsten Täterorganisationen des Völkermordes werden sollte. Im September 1991 schon skizzierte der Armeekommandant des Sektors Mutara, Oberst Déogratias Nsabimana, in einem Brief an das Verteidigungsministerium das Konzept der »Volksverteidigung«: Verheiratete Männer im Alter von 25 bis 40 Jahren mit »ausreichend Moral, Patriotismus, Geselligkeit und Mut« könnten eine militärische Grundausbildung erhalten, bis in jeder »Zelle« –

123 Ludendorff, General Erich F.W.: Der totale Krieg, München 1935
124 Ebd., S. 5
125 Ebd., S. 28
126 Ebd., S. 20f.
127 Die folgenden Zitate nach: Rapport de la commission créé par le président de la République avec les officiers le 04 décembre 1991 à l'ESM, Kigali, 21.12.1991. Das Dokument »Définition et identification de l'Eni« (Eni ist Militärabkürzung für »Ennemi«) ist dokumentiert auf: www.rwandadocumentsproject.net/gsdl/collect/mil1docs/index/assoc/HASHd191.dir/doc34474.pdf

die kleinste ruandische Verwaltungseinheit aus zehn Häusern – mindestens ein waffenfähiger Milizionär stehe.[128]

Die Interahamwe wurden im November 1991 von »einer Gruppe von Kadern der Staatsverwaltung und der Staatsbetriebe, Geschäftsleuten und anderen Intellektuellen in der Hauptstadt« um den Generaldirektor der staatlichen Benzingesellschaft Petrorwanda, Désiré Murenzi, aufgestellt.[129] Murenzi, Mitglied des Zentralkomitees der MRND, heuerte den jungen Geschäftsmann Robert Kajuga, Präsident des Fußballteams »Loisirs«, an, um aus den Fußballfans den Kern der neuen Truppe zu formieren, die am 28. April 1992 offiziell von der MRND als ihre Jugendmiliz anerkannt wurde. Präsident Kajuga hatte als Halbtutsi wenig zu sagen, konnte sich aber auch schlecht verweigern. Die tatsächlichen Chefs waren die beiden Vizepräsidenten Georges Rutaganda und Phénéas Ruhumuliza, zwei Söhne eines ehemaligen ruandischen Botschafters in der Bundesrepublik Deutschland, Esdras Mpamo.

Reservisten von Armee und Gendamerie warben für die Interahamwe arbeitslose Hutu-Jugendliche an. Staatliche Firmen finanzierten die Miliz, deren bunte Jugendumzüge zur Musik des Radiosenders *RTLM* die Straße aufmischten. Die Interahamwe waren das Fußvolk des radikalen Hutu-Establishments, das das Arusha-Friedensabkommen mit der RPF von August 1993 ablehnte und im *RTLM*-Radio und der Partei CDR Ausdruck fand. Statt Frieden predigten sie als Lösung der Krise den Genozid.

Mächtige Generäle warnten Präsident Habyarimana mehrmals, sie würden eine Einigung mit den RPF-Rebellen bei den Friedensgesprächen von Arusha nicht mittragen. Ihr Hauptproblem war die vereinbarte Integration der RPF in Ruandas Streitkräfte. Die Regierungsarmee FAR einschließlich Gendarmerie war seit 1990 fast verzehnfacht worden, auf rund 50 000 Mann. Demgegenüber stand die RPF-Guerilla mit mittlerweile 20 000 Kämpfern. In Arusha wurde 1993 vereinbart, dass die neue Armee und Gendarmerie insgesamt 19 000 Mann stark sein sollten, anteilig 60 Prozent FAR und 40 Prozent RPF, mit der Armee unter FAR-Kommando und der Gendarmerie unter dem Kommando der RPF. Dies war für die FAR nicht nur ideologisch unannehmbar, sondern hätte auch die Entlassung von vier Fünftel ihrer Soldaten bedeutet. In ihren Augen hatte Habyarimana mit diesem Zugeständnis seine Armee verraten.

Bestätigt sahen sich die Arusha-Gegner durch einen Militärputsch in Burundi am 21. Oktober 1993, als der erste frei gewählte Präsident des Landes, der Hutu Melchior Ndadaye, von Tutsi-Soldaten gestürzt und ermordet wurde. Die Ereig-

128 Nsabimana, Déogratias, Colonel: Auto-défense de la population, Brief an das Verteidigungsministerium, 29.9.1991. www.assemblee-nationale.fr/dossiers/rwanda/anex3000.pdf

129 Angaben des 2. Interahamwe-Vizepräsidenten Georges Rutaganda gegenüber dem ICTR, das ihn 1999 wegen Völkermordes zu lebenslanger Haft verurteilt hatte, in einem Schreiben vom 3.10.2005. http://amakurunamateka.blogspot.de/2013/94/georges-rutaganda-temoignage.html

nisse in Burundi zeigten, dass man Tutsi nicht trauen könne, hieß es. Ab Anfang 1994 prophezeite *Kangura* ihnen den Völkermord. »Wenn sie den Fehler machen, erneut anzugreifen, wird keiner von ihnen in Ruanda mehr übrig sein, nicht einmal ein einziger Komplize«, schrieb das Blatt im Januar.[130] Die nächste Ausgabe enthielt einen Artikel mit dem Titel »Wer wird den Märzkrieg überleben?«.[131] Antwort: das »Mehrheitsvolk«. Die nächste Nummer sagte voraus, dass die UN-Soldaten bald »genug haben und gehen. Und nach ihrer Abreise wird wirklich Blut fließen. Alle Tutsi und ängstlichen Hutu werden ausgelöscht werden.«[132]

Mehrfach prophezeite *Kangura* Präsident Habyarimanas Tod. »RIP Juvénal Habyarimana« stand auf einer Karikatur bereits im Oktober 1993.[133] »Habyarimana könnte vor dem Monat März sterben«, schrieb das Blatt wenig später: »Er wird nicht von einem Tutsi getötet werden, sondern von einem Hutu im Sold der Tutsi [...] Präsident Habyarimana wird von einem gemäß des Arusha-Abkommens demobilisierten ruandischen Soldaten ermordet werden.«[134]

Am Ostersonntag 1994, dem 3. April, prophezeite der Hetzsender *RTLM* eine »kleine Sache hier in Kigali« für die Zeit unmittelbar nach den Feiertagen.[135] Am Morgen des 6. April 1994 tönte der Sender: »Unglück wird sie treffen, Unglück wird sie wirklich treffen. Und diejenigen, die es gewünscht und provoziert haben, sie selbst wird Unglück treffen.«[136]

130 Kangura No 54, Januar 1994, übersetzt im ICTR-Urteil gegen Ngeze et al, 3.12.2003, § 215
131 Kangura No 55, Januar 1994, übersetzt im ICTR-Urteil gegen Ngeze et al, 3.12.2003, § 220
132 Kangura No 56, Februar 1994, Editorial, übersetzt im ICTR-Urteil gegen Ngeze et al., 3.12.2003, § 225
133 Kangura No 51, Oktober 1993, S. 11
134 Kangura No 53, Dezember 1993, Übersetzung zitiert in: Morel, Jacques: La France au coeur du génocide des Tutsi, Paris 2010, S. 256
135 RTLM, 3.4.1994, Übersetzung des ICTR. http://migs.concordia.ca/links/documents/RTLM_03-05Apr94_fr_tape0129.pdf
136 RTLM, 6.4.1994, Übersetzung des ICTR. http://migs.concordia.ca/links/documents/RTLM_06 Apr94_eng_tape0122x.pdf.

Kapitel 4
Der Völkermord von 1994

Der Völkermord an den Tutsi und die Rolle späterer FDLR-Kämpfer

Am 6. April 1994 um 20:23 Uhr trafen über Kigali zwei Raketen das Flugzeug des ruandischen Präsidenten Habyarimana, der soeben in Tansania auf einem Regionalgipfel die Umsetzung der Arusha-Vereinbarungen mit der RPF endgültig zugesagt hatte. Das Flugzeug, im Landeanflug, stürzte in den Garten der Präsidentenvilla. Die Präsidialgarde riegelte den von ihr kontrollierten Abschussort ab und errichtete Straßensperren. In der Nacht begann die systematische Jagd auf mutmaßliche Befürworter des Arusha-Abkommens und Sympathisanten der RPF, zu denen alle Tutsi gezählt wurden.[137]

Gardisten töteten am Morgen des 7. April die verhasste Premierministerin der Übergangsregierung, Agathe Uwilingiyimana, mit ihr starben zehn belgische UN-Soldaten. Während das Morden weiterging, versammelten sich die Führer der Streitkräfte in der Führungsakademie ESM in Kigali unter Leitung des Kabinettsdirektors im Verteidigungsministerium, Oberst Théoneste Bagosora, und bildeten ein »Krisenkomitee«. Dieses organisierte am 8. April eine neue Interimsregierung auf Grundlage der durch Arusha ausgesetzten Verfassung von 1991; sie nahm ihr Amt am 9. April auf.

Der Putsch war eine personifizierte Rückkehr zur »Sozialen Revolution«. Oberst Bagosora hatte schon in den 1960er Jahren Tutsi-Rebelleneinmärsche niedergeschlagen. Neuer Präsident wurde der bisherige Parlamentspräsident Théodore Sindikubwabo – er hatte für die Partei Aprosoma von Joseph Gitera in der ersten ruandischen Regierung von Januar 1961 gesessen und war persönlicher Kinderarzt der Habyarimana-Familie. Sindikubwabo kam aus Butare, ebenso der neue Premierminister Jean Kambanda. 13 der 19 Minister der Völkermordregierung stammten nun aus dem Süden Ruandas, der 1973 bei Habyarimanas Putsch an Macht

137 Für Gesamtdarstellungen des Völkermords vgl. African Rights: Rwanda: Death, Despair and Defiance, London 1995; Human Rights Watch: »Leave None To Tell The Story«: Genocide in Rwanda, New York 1999 (dt. Des Forges, Alison: Kein Zeuge darf überleben. Der Genozid in Ruanda, Hamburg 2002); Melvern, Linda: Conspiracy to Murder. The Rwandan Genocide, London 2004 (dt. Ruanda. Der Völkermord und die Beteiligung der westlichen Welt, Kreuzlingen/München 2004)

verloren hatte. Die Militärs aus dem Norden kontrollierten allerdings weiter die Sicherheitsorgane. Diese Konstruktion – nordruandische Militärs, südruandische Politiker – sollte auch später die Machtbalance innerhalb der FDLR bestimmen.

Der 66-jährige neue Präsident Sindikubwabo war ideologisch vom Völkermord überzeugt. Weil nach zehn Tagen in seinem Heimatdistrikt Butare, als einziger Region in Ruandas Regierungsgebiet, noch nicht so viele Menschen Massakern zum Opfer gefallen waren – dort amtierte mit Jean-Baptiste Habyalimana der einzige Tutsi-Präfekt des Landes –, räumte er auf. Er ernannte einen neuen Präfekten, einen Hutu, reiste zu dessen Amtseinführung am 19. April nach Butare und hielt eine etwa zehnminütige Ansprache vor den Bürgermeistern, die im Radio übertragen wurde. Darin geißelte er »die ›Geht-mich-nichts-an‹-Haltung« in Butare: »Ihr müsst arbeiten, weil der Feind uns jagt. Ihr müsst gnadenlos arbeiten. Ich weiß, dass die Leute in Butare, also ihr, sorglos seid; ihr verhaltet euch, als ob es euch manchmal nichts angeht. Wenn ihr die Arbeit nicht ohne Gnade und ohne Nachsicht verrichten könnt, überlasst es uns.«[138] Mit »Arbeit« war in jener Zeit Töten gemeint.

Die »Arbeitswilligen« in Butare hatten nicht auf diese Rede gewartet. Schon als Tutsi-Präfekt Habyalimana noch im Amt war, hatten führende Offiziere und Zivilverwalter mit dem Morden begonnen. Die Entlassung des Präfekten und die Aufmunterung durch den Präsidenten aber heizten das Klima extrem auf, so dass daraufhin im Distrikt Butare – dem Heimatdistrikt des späteren FDLR-Präsidenten Murwanashyaka – einige der größten Einzelmassaker des gesamten Völkermordes stattfanden. Nach späteren amtlichen Angaben fielen dort den Massakern 214000 Menschen zum Opfer, darunter Zehntausende Tutsi aus Nachbardistrikten, die in Butare Schutz gesucht hatten.[139]

Ezéchiel Gakwerere, heute FDLR-Vizekommandant der kongolesischen Provinz Nord-Kivu mit dem Kriegsnamen Stany, war damals Zweiter Leutnant an der ruandischen Offiziersschule ESO in Butare. Die Straßensperren der Armee dort standen unter seinem Kommando, er befehligte eine zu diesem Zweck gebildete »Einsatzgruppe«.[140] »Während es offiziell hieß, dass die Straßensperren Infiltration durch feindliche Streitkräfte verhindern sollten, wurden sie tatsächlich zur Identifizierung von Tutsi-Zivilisten mit dem Ziel ihrer Auslöschung benutzt«, befand das Ruanda-Tribunal.[141] Gakwerere stand nie selbst vor Gericht, also gingen die UN-Richter dem Vorwurf nicht nach, dass er Hutu-Teenager ohne Schulabschluss anheuerte, zu Straßensperren einteilte und damit »Kinder in schreckliche Mörder verwandelte«.[142]

138 ICTR-Urteil gegen sechs Angeklagte im »Butare-Prozess«, 24.6.2011, § 619, § 874–881
139 Guichaoua, André: Rwanda 1994. Les politiques du génocide à Butare, Paris 2005, S. 25
140 ICTR-Urteil gegen Tharcisse Muvunyi, 12.9.2006, § 137
141 Ebd., § 155
142 Omaar 2008, S. 245

Gakwereres Vorgesetzter damals war Kapitän Ildéphonse Nizeyimana, später bis zu seiner Festnahme 2009 in Uganda unter dem Kriegsnamen Sebisogo Leiter der Militärseelsorge der FDLR im Kongo. 1994 war Nizeyimana in Personalunion G2 und G3 der ESO in Butare, also gleichzeitig zuständig für Aufklärung und Operationen. Er stellte Todesschwadrone unter Führung verlässlicher Offiziere wie Gakwerere zusammen. Ein Ziel: Das große Kirchengelände Cyahinda rund 50 Kilometer außerhalb der Stadt, wo sich Zehntausende Tutsi gesammelt hatten. Cyahinda wurde um den 18. oder 19. April herum von Soldaten gestürmt. Rund 20 000 Menschen kamen ums Leben.[143] Nizeyimana »nahm an der Planung der Militäroperation teil und autorisierte die Teilnahme von ESO-Soldaten«, befand das ICTR in seinem Urteil gegen ihn;[144] die Berufungskammer widersprach seiner Schuld, bestritt aber weder das Massaker noch die Beteiligung von ESO-Soldaten daran.[145]

Bürgermeister der Gemeinde Nyakizu, in der Cyahinda liegt, war damals Ladislas Ntaganzwa, der später bis zu seiner Festnahme im Dezember 2015 unter FDLR-Schutz als »Heiler« in einem Dorf in Nord-Kivu lebte.[146] Gegen ihn ist ebenfalls eine ICTR-Anklage anhängig. Laut dieser trommelte Ntaganzwa am 14. und 15. April 1994 Hutu-Zivilisten zusammen, rief sie auf, die Kirche in Cyahinda zu umstellen, und verteilte Waffen.[147] Am 15. April zog er an der Spitze einer Menschenmenge zum Kirchengelände und wandte sich per Megaphon an die Tutsi in der Kirche.[148] Ein Überlebender berichtete: »Der Bürgermeister gab uns 20 Minuten, um die Kirche zu verlassen. Wenn wir nach 20 Minuten nicht weg wären, würde er uns erschießen. Natürlich brach sofort totale Panik aus. Hunderte von Menschen rannten weg. Aber sie trafen auf Interahamwe.«[149]

Im ICTR-Prozess gegen Nizeyimana befand das Gericht auf Grundlage von Zeugenaussagen: »Bürgermeister Ntaganzwa war mit Gendarmen in Khaki-Uniformen und roten Baretten und mit Feuerwaffen da. Ntaganzwa zählte bis drei in ein Megaphon, und bei Drei hörte die Zeugin Gewehrfeuer.«[150] Die Tutsi wehrten sich mit Steinen. Daraufhin habe der Bürgermeister am Abend verkündet, er wolle am nächsten Tag bei der ESO Verstärkung anfordern.[151]

Am 17. April kamen die hohen Verantwortlichen nach Cyahinda, darunter ESO-Kommandant Nizeyimana und der Tutsi-Präfekt Habyalimana.[152] Es sollte dessen letzter öffentlicher Auftritt sein: Am Abend wurde er entlassen. Am nächs-

143 ICTR-Anklage gegen Ladislas Ntaganzwa, 20.3.2012, § 28
144 ICTR-Urteil gegen Ildéphonse Nizeyimana, 19.6.2012, § 316
145 ICTR-Berufungsurteil gegen Ildéphonse Nizeyimana, 29.9.2014, § 127–159
146 Schlindwein, Simone: Rätselhafte Geiselnahme. In: tageszeitung, 11.12.2015
147 ICTR-Anklage gegen Ladislas Ntaganzwa, 20.3.2012, § 22–23
148 Ebd., § 25
149 Schilderung nach: African Rights 1995, S. 339 f.
150 ICTR-Urteil gegen Ildéphonse Nizeyimana, 19.6.2012, § 246
151 Ebd., § 233
152 Ebd., § 290

ten oder übernächsten Tag kam es zum Großangriff auf das Kirchengelände, wobei ESO-Soldaten ein schweres Maschinengewehr und 60-mm-Artillerie einsetzten.[153]

Nachdem Präsident Sindikubwabo in Butare zur »Arbeit« aufgerufen hatte, wurden die ESO-Offiziere auch direkt in der Stadt Butare aktiv. ESO-Vizekommandant Tharcisse Muvunyi, damals der faktische Chef der Offiziersschule, trommelte am 20. April alle Offiziere zu einer Einsatzbesprechung zusammen, »bei der er den Inhalt der Rede des Präsidenten wiederholte. Er sagte den Anwesenden, dass sie verstehen müssten, was der Präsident sagen wollte, und die Bemerkungen des Präsidenten als einen auszuführenden Befehl annehmen müssten. Kurz nach diesem Treffen begannen die Tötungen in Butare.«[154]

Das erste Opfer hätte symbolischer nicht sein können: Rosalie Gicanda, die hochbetagte Witwe des 1959 verstorbenen ruandischen Königs und die letzte noch in Ruanda lebende Repräsentantin der jahrhundertealten Tutsi-Monarchie. Auf Nizeyimanas Befehl hin wurde die 80-Jährige von Soldaten aus ihrem Haus geholt und hinter dem Nationalmuseum in Butare erschossen. Der spätere FDLR-Kommandant Gakwerere war einer der Beteiligten, möglicherweise auch einer der direkten Mörder, hat das ICTR festgestellt und den Ablauf des Königinnenmordes im Detail rekonstruiert.

Als die Soldaten am 20. April 1994 mittags Gicandas Residenz besetzten, befand sich die Königin gerade mit einer Haushälterin im Garten. Die Haushälterin schilderte die Ereignisse später vor dem ICTR als Zeugin.[155] Die Soldaten sagten, sie müssten Waffen suchen. Die Königin sagte, sie würden nichts finden. Dann wurden alle Anwesenden, auch die Königin, auf einem Lastwagen weggebracht. Der Lastwagen machte Halt bei der Offiziersschule ESO, wo die Soldaten ihren Kameraden sagten, sie hätten »Inyenzi« entdeckt. Dann fuhren sie weiter und hielten in einem Waldstück hinter einer Brücke. Die Gefangenen mussten absteigen. Gicanda bat darum, beten zu dürfen. Man gewährte ihr diesen Wunsch. »Als sie mit dem Gebet begann, eröffneten die Soldaten das Feuer.« Die Zeugin verlor das Bewusstsein und wachte erst wieder auf, als die Soldaten ihre Opfer in Richtung eines Wassergrabens schleiften. »Gicanda war noch nicht tot, aber sie konnte nicht mehr sprechen und atmete schwer.«

Ein Koch in einer Bar sagte als Zeuge beim Ruanda-Tribunal aus, die Soldaten seien am Nachmittag dieses Tages in einem roten Toyota zur Bar gekommen, um zu feiern, und einer namens Bizimana habe gesagt: »Ich hab gerade die Königin getötet. Jetzt sag mal was!«[156] Zwei ESO-Offiziere sagten aus, sie hätten an dem Abend in der ESO-Kantine mitbekommen, wie Bizimana und Gakwerere ihrem

153 Ebd., § 298–299
154 ICTR-Urteil gegen Tharcisse Muvunyi, 12.9.2006, § 105
155 Die folgende Schilderung samt Zitaten: ICTR-Urteil gegen Ildéphonse Nizeyimana, 19.6.2012, § 458–463
156 Ebd., § 477

Vorgesetzten Nizeyimana meldeten, sie hätten die Königin zu Tode gefoltert.[157] Ein anderer Offizier bestätigte das und zitierte Bizimana mit den Worten »Mission accomplished: wir haben Rose Gicanda getötet.« Die Reaktion des Kommandeurs: »Nizeyimana lächelte und schien zufrieden. Er gab eine Runde Bier aus.«[158]

Das UN-Tribunal für Ruanda befand diese Aussagen für glaubwürdig. »Rosalie Gicanda, eine ›alte Dame‹, die offensichtlich keine militärische Bedrohung darstellte, sollte als Beispiel für zukünftige Tötungen von Tutsi in Butare herhalten«, hieß es im Urteil.[159] An der Völkermordabsicht der direkten Täter sowie ihres Befehlshabers Nizeyimana hatte das ICTR »keinen Zweifel«.[160]

»Die überwiegende Anzahl der in Ruanda getöteten Menschen starb in großangelegten Massakern, vor allem in Kirchenzentren, aber auch in Krankenhäusern, Schulen, Fußballstadien, Verwaltungsbüros, auf freiem Feld oder an Flussufern«, fasst die Menschenrechtsorganisation African Rights zusammen, die ab Mai 1994 als erste nichtmilitärische Organisation zusammen mit der vorrückenden RPF Tatorte untersuchte und Überlebende barg.[161] »Das Muster ist in etwa gleich. Die Interahamwe umzingelten die Gebäude, um diejenigen niederzumähen, die zu fliehen versuchten, während Soldaten, oft von Gendarmen, Reservisten, Polizisten oder Gefängniswärtern begleitet, in die Zimmer und Gelände eindrangen. Manchmal schauten lokale Regierungsbeamte wie Präfekten, Unterpräfekten und Bürgermeister zu, manchmal schossen sie selbst auf die Fliehenden. [...] Zehntausende starben sofort, von Granaten oder Gewehrkugeln zerfetzt; Tausende andere wurden verwundet und von Interahamwe und Dorfbewohnern mit Macheten, Speeren und Keulen erledigt. Andere verbluteten. In fast jedem Massaker berichten Überlebende, dass die Interahamwe am nächsten Morgen zurückkamen, auf der Suche nach zu tötenden Verwundeten. Sie kamen auch zum Plündern, nahmen den Toten Geld, Uhren und Kleidung ab. [...] Zehntausende Männer, Frauen und Kinder, die Massakern entkamen, wurden danach auf der Straße oder im Busch, wo sie sich versteckten, erschossen oder zerhackt, oder an Flussufern zerhackt oder gezwungen, sich und ihre Kinder zu ertränken.«

Nach landesweiten amtlichen Erhebungen aus dem Jahr 2000 starben beim Völkermord in Ruanda – großzügig definiert als die Zeit vom 1. Oktober 1990 bis Ende 1994 – insgesamt 1 074 017 Menschen, über 99 Prozent davon nach dem 6. April 1994. Fast 94 Prozent waren demnach Tutsi. 37,9 Prozent der Toten wurden mit Macheten zerhackt, 16,8 Prozent mit Keulen erschlagen, 14,8 Prozent mit Feuerwaffen erschossen; die anderen wurden totgeprügelt, ertränkt, lebendig

157 Ebd., §§ 467, 506
158 Ebd., § 468
159 Ebd., § 529
160 Ebd., §§ 1512–1513. Zur Beteiligung weiterer späterer FDLR-Akteure am Völkermord vgl. Kapitel 3.2, S. 186; 4.3, S. 251 ff.
161 African Rights 1995, S. 258 f.

verbrannt, dem Hungertod ausgeliefert, vergewaltigt und lebendig zerrissen, zum Selbstmord gezwungen, als Babys an Wände geschlagen oder erhängt.[162]

937 000 tote Tutsi wurden demnach namentlich identifiziert.[163] Völkermordleugner bestreiten solche Zahlen mit dem Hinweis auf die letzte Volkszählung der Habyarimana-Ära aus dem Jahr 1991, bei der nur 596 400 Tutsi in Ruanda gezählt wurden, was 8,4 Prozent der Gesamtbevölkerung ausmachte. In Wirklichkeit erscheinen die Opferzahlen stimmig: Untersuchungen zufolge wurde die Anzahl von Tutsi 1991 um 40 Prozent zu niedrig angegeben; demnach hätte es unter Einrechnung des Bevölkerungswachstums bis 1994 zum Zeitpunkt des Völkermordes rund 910 000 Tutsi in Ruanda gegeben.[164] Legt man den offiziellen Anteil von 14 Prozent Tutsi an der Gesamtbevölkerung zugrunde, wären es sogar 1,08 Millionen gewesen.

Schätzungen zufolge überlebten 150 000 Tutsi die Massaker. Es wurden während des Völkermordes nicht nur Tutsi, sondern auch mehrere Zehntausend Hutu umgebracht. Die offiziellen Opferzahlen lassen auch Raum für die Annahme, dass Zehntausende weitere Hutu nach dem Sieg der RPF Racheakten zum Opfer gefallen sein könnten.

Die Hutu-Staatsmacht flieht nach Zaire

Die Hutu-Extremisten stellten die Ereignisse so dar, dass die RPF selbst durch ihren Krieg den Hutu-Volkszorn provoziert habe, der sich nun gegen die Tutsi richte, so wie bereits im Jahr 1959. »Die Waffen von 1959 kommen 1994 zur Anwendung«, freute sich der Radiosender *RTLM*, der nicht daran dachte, die Massaker zu leugnen – das kam erst später. »Diejenigen, die Gruben für die Hutu vorbereitet haben, fallen selbst hinein.«[165]

Am Ende kam es anders. Noch am 25. Mai verfügte zwar Premierminister Jean Kambanda in einer Anweisung an die Präfekten Ruandas »Sensibilisierung, die die Bevölkerung einlädt, sich Stichwaffen zu besorgen«, und »Erfassung aller vertriebenen jungen Erwachsenen zur Ausbildung in Selbstverteidigungstechniken

162 Ministère de l'Administration Locale et des Affaires Sociales, Rapport final, zitiert in: Rwanda/Génocide: Plus d'un million de morts – bilan officiel, Agence de Presse Hirondelle, Arusha 8.2.2002. http://reliefweb.int/report/rwanda/rwandag%C3%A9nocide-plus-dun-million-de-morts-bilan-officiel. Eine Zusammenfassung der Daten wurde 2004 veröffentlicht: http://cnlg.gov.rw/IMG/pdf/denombrement_des_victimes_du_genocide_perpetre_contre_les_tutsi_avril_2004.pdf.

163 Rwanda: Census finds 937.000 died in genocide, IRIN 2.4.2004

164 Vgl. Verpoorten, Marijke: Conflict and Survival: Shocks, Coping Strategies and Economic Mobility in Rwanda, 1990–2002, Ph.D.diss, Universität Leuven 2006, S. 14–23. https://feb.kuleuven.be/public/ndaag37/PHDp5_155.PDF

165 RTLM, Abschrift der Sendung vom 23.5.1994, englische Übersetzung durch das ICTR

und -operationen.«[166] Dafür war es aber schon zu spät. Die Armee hatte andere Pläne: Den geordneten Rückzug, um jenseits der Landesgrenzen neue Kraft zu schöpfen. Ruanda wurde verlorengegeben – und sollte dem Tutsi-Militärführer Kagame als Wüste hinterlassen werden. Kagames RPF war aus ihren nordruandischen Hochburgen durch den Osten des Landes heruntermarschiert und machte sich ab Mitte Mai 1994 daran, den Süden Ruandas aufzurollen und die Hauptstadt einzukesseln. Am 22. Mai besetzten die RPF-Rebellen den Flughafen und Habyarimanas frühere Residenz in Kigali. Die Interimsregierung zog sich ab 2. Juni aus Gitarama nach Muramba im Distrikt Gisenyi zurück, nahe der zairischen Grenze. Am 6. Juni notierte das Kabinett, die »Bevölkerung sei sich selbst überlassen« und es seien »beunruhigende Desertionen von Militärs« zu verzeichnen.[167]

Ab 23. Juni griff Frankreich gegen den Vormarsch der RPF in Ruanda ein. Von Zaire startete die Militärintervention »Opération Turquoise«, bei der französische Truppen eine vor der RPF zu verteidigende »humanitäre Sicherheitszone« im Südwesten Ruandas einrichteten. Nebenbei wurden auch einige Tutsi gerettet, andere aber ihrem Schicksal überlassen. Da war Ruandas Hutu-Staatsmacht schon in heller Auflösung. Die Kabinettssitzung vom 1. Juli 1994 verzeichnet, dass Kigali »komplett umzingelt« sei; man müsse jetzt Bargeldbestände sichern und Bankkonten in Zaires Hauptstadt Kinshasa eröffnen.[168]

Kigali fiel am 4. Juli 1994 vollständig an die RPF. Dieses Datum wird seitdem in Ruanda als Tag der Befreiung gefeiert. Die bisherige Übergangsregierung saß in Gisenyi an Ruandas Grenze zu Zaire, und auf einer Kabinettssitzung am 11. Juli war von der »sehr dringenden Evakuierung der Bevölkerung nach Zaire« die Rede.[169]

Nachdem in der Nacht zum 13. Juli auch Nordruandas größte Stadt Ruhengeri an die RPF fiel, stürmten ruandische Hutu am gleichen Abend einen Grenzposten zwischen Gisenyi und der Nachbarstadt Goma in Zaire. Danach überquerten stündlich geschätzt 10 000 Menschen die Grenze und überwältigten Goma, damals mit rund 200 000 Einwohnern nur ein Fünftel so groß wie heute. Praktisch die gesamte Hutu-Bevölkerung Nordwest-Ruandas lief nach Zaire. Augenzeugen zufolge fuhren Lautsprecherwagen des Militärs durch Gisenyi und forderten die Bevölkerung auf, sich dem Treck anzuschließen; die Vereinten Nationen sprachen von »Panik, verursacht von absichtlich aufwiegelnden Sendungen von Radiosta-

166 République Rwandaise, Ministère de l'Intérieur et du développement communal: Mise en oeuvre des directives du Premier ministre sur l'Auto-organisation de la Défense Civile, Kigali 25.5.1994. www.rwandadelaguerreaugenocide.univ-paris1.fr/wp-content/uploads/2010/01/Annexe_104.pdf

167 Conseil des Ministres, 6.6.1994, Notes d'Augustin Ngirabatware. www.rwandadelaguerreaugenocide.univ-paris1.fr/wp-content/uploads/2010/01/Annexe_99.pdf

168 Conseil du gouvernement du 01/07/1994, Notes de Karemera Edouard. www.rwandadelaguerreaugenocide.univ-paris1.fr/wp-content/uploads/2010/01/Annexe_97.pdf

169 Conseil des Ministres, 11.7.1994, Notes d'Augustin Ngirabatware. www.rwandadelaguerreaugenocide.univ-paris1.fr/wp-content/uploads/2010/01/Annexe_99.pdf

tionen unter Kontrolle der Interimsregierung«.[170] Am 17. Juli rückte die RPF im menschenleeren Gisenyi ein.

Am 18. Juli 1994 verkündete die RPF in Kigali den Sieg im Befreiungskrieg. Sie setzte eine neue Regierung ein, in Kontinuität des Arusha-Abkommens von 1993, aber ohne die Habyarimana-Partei MRND. Der Hutu Pasteur Bizimungu, ehemaliger Leiter der staatlichen Stromgesellschaft Electrogaz und später Nachfolger Barahinyuras als Europasprecher der RPF, wurde Staatspräsident. MDR-Politiker Faustin Twagiramungu, der schon von den Arusha-Vereinbarungen als Premierminister einer Übergangsregierung vorgesehen worden war, wurde Regierungschef. RPF-Militärführer Paul Kagame wurde Vizepräsident und Verteidigungsminister.

Schon am Vorabend war der bisherige Interimspräsident Sindikubwabo, der letzte noch aktive Erbe der »Revolution« von 1959, mit seinen noch verbliebenen Ministern im Autokonvoi vom ruandischen Cyangugu ins zairische Bukavu ins Exil gefahren – mit den Worten, so erinnert sich ein französischer Augenzeuge: »Wir sind wie de Gaulle, der 1940 Bordeaux verlässt, der von Frankreich nach Großbritannien geht.«[171]

170 UN Security Council: Report of the Secretary-General on the situation in Rwanda, S/1994/924, 3.8.1994, § 6
171 Zitiert in: Périès/Servenay 2007, S. 339

Kapitel 5
Ruandischer Exilstaat in zairischen Flüchtlingslagern

1994: Ruandas geflohene Armee FAR baut sich in Zaire neu auf

»Zu Tausenden marschieren sie die Straßen entlang, inmitten des endlosen Zuges entkräfteter Flüchtlinge: Soldaten der ruandischen Armee, in ihren Militärstiefeln und grün-schwarzen Uniformen. [...] Geschlagen und gedemütigt sehen die meisten Soldaten nicht aus, eher so, als fühlten sie sich Herr der Lage. Sie wirken bedrohlich – auch für die ortsansässige Bevölkerung.«[172] So gestaltete sich der Exodus der ruandischen Hutu-Staatsmacht nach Zaire im Juli 1994. Ruandas Völkermordregierung verließ ihr Land, aber gab den Krieg nicht verloren. Auf ihre Aufforderung hin zogen Mitte Juli 1994 rund 1,1 Millionen Menschen aus Nordwestruanda nach Goma, über 300 000 aus Südwestruanda – wo die Anwesenheit der französischen Armee die RPF fernhielt – nach Bukavu.

Die Regierung nahm aus Ruanda alles mit, was nicht niet- und nagelfest war: »Die von der Zentralbank verwaltete Staatskasse; den Fuhrpark aller Ministerien, staatlicher und parastaatlicher Unternehmen sowie der lokalen Verwaltungen und Projekte; Flugzeuge, Militärmaterial und -zubehör; Kaffee, Tee, Mineralien; Rinder, Büromaterial (Schreibmaschinen, Computer und Zubehör, Fotokopierer, Faxgeräte usw); Funkgeräte, Motorolas«, heißt es in einer Aufstellung der Exilregierung aus dem Jahr 1995.[173] Eine UN-Untersuchung kam im November 1994 zum Ergebnis, es lebten jetzt rund 230 politische Führer aus Ruanda in Zaire, zusammen mit ihren Angehörigen 1 200 Personen; es gebe 50 000 FAR-Soldaten samt Angehörige, mindestens 10 000 Milizionäre und schätzungsweise 800 Präsidialgardisten.[174] Am 23. Juli fand in Bukavu eine erste Kabinettssitzung der geflohenen Interimsregierung statt, es folgten weitere Sitzungen in Goma.

172 Gaus, Bettina: Schon allein sie überall zu sehen macht Angst. In: tageszeitung, 25.7.1994

173 Rapport sur la situation du patrimoine rédigé à la demande du Président Théodore Sindikubwabo par Innocent Habamenshi, ministre du Patrimoine et de l'Équipement du Gouvernement en exil, 10 octobre 1995. http://rwandadelaguerreaugenocide.univ-paris1.fr/wp-content/uploads/2010/01/Annexe_106.pdf

174 UN Security Council: Report of the Secretary-General on security in the Rwandese refugee camps, S/1994/1308, 18.11.1994, § 8–11

Die reiche Hutu-Oberschicht hatte ihren Umzug längst vorbereitet, ließ sich in Hotels nieder oder mietete private Villen. Aber Hunderttausende arme Hutu aus dem Habyarimana-Kernland um Gisenyi und Ruhengeri landeten mittellos auf den vulkanischen Böden ohne Trinkwasser rund um Goma. Es brach eine verheerende Cholera-Epidemie aus, die über 40 000 Tote fordern sollte.

Organisatorisch ging nicht alles glatt. Ruandas Staatskasse – Tresore voller ruandischer Geldscheine – sei vom Gouverneur der Zentralbank schon gleich am 14. Juli 1994 in die Filiale der zairischen Bank BCZ in Goma gebracht worden, aber die Zairer hätten nach zwei Wochen die Tresore beschlagnahmt, hieß es im Untersuchungsbericht von 1995. Die Exilregierung habe nur noch Zugang zu einem Konto der Zentralbank in Kenias Hauptstadt Nairobi. »Wir kamen mit vielen Gütern nach Zaire, aber nach einem Jahr ist nichts mehr übrig. [...] Als wir nach Zaire kamen, veränderten unsere Landsleute ihre Mentalität und die Ehrlosigkeit trat an die Stelle der löblichen Werte der Ruander«,[175] hieß es. Die aus Ruanda mitgenommene Kaffeeernte sei in Goma für 51 000 US-Dollar verkauft worden, aber die Verantwortlichen, darunter der Minister für Öffentliche Arbeiten, Hyacinthe Rafiki Nsengiyumva,[176] hätten das Geld nicht abgeliefert. Jugendminister Callixte Nzabonimana[177] habe mitgebrachtes Coltan in Zaire für 470 000 US-Dollar verkauft und nur 50 000 davon abgegeben. Eine Liste von 102 Soldaten, die Fahrzeuge aus dem staatlichen ruandischen Fuhrpark zum privaten Profit verkauften, ist dem Bericht beigefügt. Zu diesem Zeitpunkt allerdings hatte die zivile Exilregierung längst nichts mehr zu sagen. In den gut zwei Jahren der ruandischen Präsenz in Flüchtlingslagern bei Goma und Bukavu übernahm die Armee FAR immer mehr Macht und schmiedete ihre eigenen politischen Strukturen. Es dauerte nur sechs Jahre, bis aus diesen Strukturen die FDLR wurde, aber es waren sechs Jahre des Krieges.

Die Armeeführung beschloss schon am 11. August 1994 in Goma eine grundlegende Umstrukturierung, die sowohl personell als auch strukturell als Vorläufer der FDLR gelten kann.[178] Armee und Gendarmerie kamen unter ein gemeinsames elfköpfiges Oberkommando unter Generalmajor Augustin Bizimungu. Unter ihm gab es ein Kommando für Goma (Nord-Kivu) und eines für Bukavu (Süd-Kivu). Das für Goma führte Oberst Félicien Muberuka zusammen mit Major Aloys Ntabakuze, das für Bukavu unterstand Brigadegeneral Gratien Kabiligi zusammen mit Oberst Théonase Nyilimanzi. 1995 wurden drei dieser vier Kommandanten

175 Habamenshi 1995

176 Später FDLR-Mitgründer und ein Rivale von FDLR-Präsident Murwanashyaka, danach Mitgründer der FDLR-Abspaltung RUD und seit 2009 in Frankreich ansässig

177 2008 in Tansania verhaftet, 2012 vom ICTR wegen Völkermordes zu lebenslanger Haft verurteilt

178 Die folgenden Angaben nach: Bizimana, Augustin: Aux Officiers Généraux et Supérieurs (Tous), Goma, 11.8.1994, ICTR-Asservat ICTR-98-41-T 339A. www.francerwandagenocide.org/documents/BizimanaAugustin11aout1994.pdf. Nähere Angaben zu den einzelnen Personen: Glossar S. 481 ff.

ausgetauscht: Kommandant für Nord-Kivu war jetzt Oberstleutnant Tharcisse Renzaho in Goma, sekundiert von Oberstleutnant Léonard Nkundiye. In Süd-Kivu blieb Brigadegeneral Kabiligi Kommandant, sein Vize war jetzt Aloys Ntiwiragabo, der spätere erste Präsident der FDLR.

Das neue Oberkommando traf sich zum ersten Mal vom 2. bis 8. September 1994 in Goma. Kampfwillige Soldaten, so wurde beschlossen, sollten sich bis spätestens 25. September in Militärlagern sammeln; wenn sie in den zivilen Flüchtlingslagern blieben, müssten sie Zivil tragen.[179] Die Interahamwe-Milizionäre sollten »freiwillig und diszipliniert« in die Armee eintreten. Eine Inventur der Rüstungsbestände wurde beschlossen, neun Millionen US-Dollar wurden für neue Waffenkäufe bereitgestellt.

Für die Politik ernannte die FAR-Führung fünf Kommissare, allesamt zuvor in leitender Position am Völkermord beteiligt: für Politik und Außenbeziehungen Oberst Théoneste Bagosora, zuständig auch für »Ausarbeitung der Ideologie der Mitglieder der Organisation«; zweitens für »Soziales und Kultur« Oberst Anselme Nkuliyekubona, zuständig auch für »innere Disziplin und Schulbildung«; drittens für »Information und Dokumentation« Oberst Aloys Ntiwiragabo, zuständig auch für Medien und »Aufrechterhaltung der Moral«; viertens für Planung und Operationen Oberst André Kanyamanza und fünftens für »Besitzstand, Finanzen und Ressourcenwachstum« Oberstleutnant Augustin Rwamanywa.

Der spätere erste FDLR-Oberkommandierende Paul Rwarakabije war zunächst Rwamanywas Stellvertreter. Zugleich war er FAR-Kommandant des großen Flüchtlingslagers Katale, 60 Kilometer nördlich von Goma, und Kommandeur der 24. FAR-Brigade in Goma.[180] Der spätere Zweite FDLR-Vizepräsident Victor Byiringiro war Kommandeur der 25. FAR-Brigade in Goma, der heutige FDLR-Militärchef Mudacumura stellvertretender Kommandeur der 21. Brigade in Goma; sein Chef war Emmanuel Kanyandekwe, zeitweise in der FDLR Mudacumuras Vize.

Der spätere militärische Kern der FDLR stand also bereits ab 1995 vollzählig an der Spitze der ruandischen FAR-Exilmilitärs in den Flüchtlingslagern. Als die Ex-FAR 1997 bis 1998 unter neuem Namen wieder in Ruanda kämpfte, führten Rwarakabije und Kabiligi die Operationen – die beiden für Operationen verantwortlichen Leiter der Gendarmerie und Armee Ruandas während des Völkermordes.[181]

179 Dies und Folgendes nach: Bizimungu, Augustin: Rapport de la Réunion du Haut Commandement des Forces Armées Rwandaises et des Membres des Commissions, tenue à Goma du 02 au 08 septembre 1994. www.francerwandagenocide.org/documents/BizimunguAugustinReunionDuHautCommandementFAR29septembre1994.pdf

180 Angaben zu den Brigaden nach: Bizimana, Jean-Damascène: La défaite de infiltrés ou la dernière étape de la libération du Rwanda, Kigali 2013. https://bizimanajd.wordpress.com/2013/10/17/la-defaite-des-infiltres-ou-la-derniere-etape-de-la-liberation-du-rwanda

181 Zeugenaussage Paul Rwarakabije, Prozesstag 191, OLG Stuttgart 11.11.2013

1995: Die Hutu-Generäle gründen die Exilpartei RDR

Die Militärs sahen sich als die treibende Kraft des Hutu-Exils. Die geflohene zivile Interimsregierung, konstatierte das Oberkommando im September 1994, sei »nicht mehr funktional«; sie müsse durch ein »politisch-militärisches Komitee« ersetzt werden.[182] Ein halbes Jahr später gründeten die Generäle in Goma die »Vereinigung für die Rückkehr der Flüchtlinge und Demokratie in Ruanda« (RDR). Das Gründungstreffen fand unter Führung General Bizimungus vom 29. März bis 3. April 1995 statt. »Die Militärs sind motiviert, die RPF zu konfrontieren, aber es bedarf vorher einer politischen Organisation, die in der Lage ist, die Mittel dafür aufzutreiben und den Zusammenhalt der Bevölkerung für eine gemeinsame Aktion sicherzustellen«, erklärte Bizimungu laut dem von Major Ntabakuze erstellten Sitzungsprotokoll.[183] Geführt werde die neue Organisation von einem Exekutivkomitee unter dem in Belgien lebenden Exilanten François Nzabahimana als Präsident und drei Vizepräsidenten. Das Exekutivkomitee mit weiteren RDR-Vertretern bildete zusammen mit dem FAR-Oberkommando den »RDR-Kongress« – eine Struktur, wie sie später auch die FDLR übernahm. Als »politisch-militärisches Entscheidungsorgan« entstand ein »Koordinierungskomitee« aus RDR und FAR; dieses sollte »aus strategischen Gründen nicht offiziell auftreten«.

Die FAR war offiziell der bewaffnete Arm der RDR. »Die FAR schließen sich vorbehaltlos der RDR an. Sie sind der militärische Zweig der RDR«, heißt es im Protokoll des Gründungstreffens. Nach außen hin traten beide allerdings getrennt auf. Es gibt eine RDR-Gründungserklärung vom 3. April 1995 und eine FAR-Unterstützungserklärung dafür vom 4. April. Die RDR erklärte, sie sei entstanden »mit dem Ziel, alle Ruander für eine rasche Rückkehr der Flüchtlinge in Würde zu mobilisieren und für die Einsetzung von Institutionen zu arbeiten, die die gesamte Bevölkerung repräsentieren«.[184] Die FAR begrüßte dies und brach offiziell mit der bisherigen Exilregierung von Präsident Sindikubwabo. Sie verkündete am 29. April in Bukavu, die RDR sei »besser platziert als die Regierung«, um die Flüchtlinge politisch zu vertreten; die Regierung möge sich zurückziehen und »der RDR alle Dossiers übergeben, die sie im Namen des Volkes im Exil betreut. Die Beziehungen zwischen FAR und Regierung enden mit diesem 29. April 1995.«[185]

Die RDR als politischer Arm der FAR war vor allem im Ausland präsent. Ihr Sprecher in Deutschland und damit ihr Gesicht in der deutschen Öffentlichkeit war Straton Musoni, später Erster FDLR-Vizepräsident. Ab 1998 war Ignace Murwanashyaka, der spätere FDLR-Präsident, Präsident der RDR in Deutschland.

182 Dies und Folgendes nach: Augustin Bizimungu, September 1994

183 Dies und die folgenden Angaben nach: Ntabakuze, Aloys, Réunion du 29 mars au 03 avril 1995, www.francerwandagenocide.org/documents/Ntabakuze29mars1995.pdf

184 Kangura No 70, Mai 1995, S. 9

185 Déclaration du Haut Commandement des FAR à l'issue de sa réunion du 28 au 29 avril 1995 à Bukavu, Kangura No 70, Mai 1995, S. 8

Viele prominente Hutu-Politiker wollten mit der neuen Gruppierung nichts zu tun haben. Ruandas Premierminister Faustin Twagiramungu, der von der siegreichen RPF im Sommer 1994 in sein Amt eingesetzt worden war, trat gemeinsam mit Innenminister Seth Sendashonga im August 1995 aus Protest gegen die Übermacht der RPF in Kigali zurück und gründete im März 1996 in Brüssel die »Widerstandskräfte für die Demokratie« (FRD). Diese sah sich als zivilen »dritten Weg« zwischen FAR und RPF.[186] Am anderen Ende des politischen Hutu-Exilspektrums, in Nairobi, meldete sich im Juni 1996 die Partei Volk in Waffen zur Befreiung Ruandas (PALIR) zu Wort. Sie setzte ein Kopfgeld auf US-Amerikaner in Ruanda aus: 1000 US-Dollar für jeden US-Bürger, 1500 für den US-Botschafter. »Mitbürger, steht auf und bekämpft diese Vampire, die unser Land in den Griff bekommen haben«, hieß es in ihrer Presseerklärung.[187] Alle Gruppen misstrauten einander und warfen sich gegenseitig vor, das Spiel Kagames zu betreiben.

Aufrüstung und Einschüchterung in den Flüchtlingslagern

Die Idee hinter der organisierten Massenflucht aus Ruanda nach Zaire im Juli 1994 war gewesen, der RPF ein leeres Ruanda zu überlassen – das »Mehrheitsvolk« der Hutu würde jenseits der Grenze überwintern. »Heute sind wir sieben Millionen; wenn wir 17 Millionen sind, gehen unsere Kinder zurück, rächen uns und nehmen das Land wieder zurück«, sagte ein ruandischer Zöllner in Cyangugu einem Reporter.[188] Tatsächlich waren nicht einmal die Hälfte der ruandischen Hutu ins Ausland geflohen – etwas über zwei Millionen insgesamt in alle Nachbarländer.

Als Erstes unterbanden die FAR-Soldaten und Interahamwe-Milizionäre die Rückkehr dieser Flüchtlinge nach Ruanda. Viele Hutu, die geflohen waren, wollten eigentlich schon im Sommer 1994 wieder nach Hause, wo ihre Ernten warteten. Von den 1,1 bis 1,2 Millionen Menschen, die im Juli 1994 nach Goma geströmt waren, schafften bis Anfang Oktober immerhin 360 000 die Rückkehr,[189] danach war von noch 820 000 Flüchtlingen um Goma die Rede. Um Bukavu herum stieg die Zahl der ruandischen Flüchtlinge nach der Auflösung der französisch kontrollieren »humanitären Schutzzone« im Südwesten Ruandas am 22. August 1994 von rund 300 000 auf rund 360 000.

Die FAR stoppte die Rückkehrbewegungen mit Gewalt. Beim ersten militärischen Angriff auf einen Rückkehrer-Konvoi am 23. August 1994 auf dem Weg aus dem Lager Katale nördlich von Goma starben fünf Flüchtlinge. »Es obliegt dem

186 FRD: Plateforme politique, Brüssel, März 1996

187 Zitiert in: Gribbin, Robert E.: In The Aftermath of Genocide: The U.S. Role In Rwanda, Lincoln 2005, S. 146

188 Randal, Jonathan: Ousted Hutu flee Rwandan Zone for Zaire. In: Washington Post, 19.7.1994

189 UN Security Council: Progress Report of the Secretary-General on the United Nations Assistance Mission for Rwanda, S/1994/1133, 6.10.1994, § 8

Militär, [...] ungeordnete Rückkehr zu verhindern und vor allem zu entmutigen, indem in Ruanda ein Klima der Unsicherheit geschaffen wird«, heißt es im Protokoll eines Politikertreffens unter Leitung von Präsident Sindikubwabo Anfang September in Bukavu.[190] Auf dem Treffen wurden als Aufgaben der Regierung »Organisierung des Volkswiderstands« (*résistance populaire*) sowie »Sammlung der Ruander um die republikanischen Werte auf Grundlage der Revolution von 1959« genannt. Der Armee wurde »Destabilisierung« in Ruanda empfohlen.[191]

Von internationaler Seite wurde die Rückkehr von Flüchtlingen nach Ruanda nicht gefördert. Vielmehr warf ein UNHCR-Papier der RPF-Armee »systematische und nachhaltige Tötung und Verfolgung ziviler Hutu-Bevölkerungen« in den Distrikten Butare, Kibungo und im Südosten des Distrikts Kigali vor. Dieser sogenannte »Gersony-Bericht«[192] wird bis heute in Hutu-Exilkreisen als unterdrückte Wahrheit gehandelt, weil er einen »zweiten Völkermord«, begangen an den Hutu, belege. Unterdrückt war der Bericht nie, und er enthält auch keinen Völkermordvorwurf. Der britische *Guardian* berichtete darüber am 24. September 1994 auf der Titelseite mit der Schlagzeile »UN-Bemühungen in Ruanda stecken fest«;[193] in Reaktion darauf stoppte das Flüchtlingswerk UNHCR seine Rücksiedlungshilfen. Der »Gersony-Bericht« war eine 16-seitige Vorlage für eine für den 10. Oktober 1994 geplante UNHCR-Sitzung zur Frage der Rückkehr der Flüchtlinge. Er nennt aufgrund von Angaben geflohener Völkermordtäter Zahlen von geschätzten 5000 bis10 000 Opfern der RPF pro Monat in Ruanda im Zeitraum April bis Juli 1994. Inzwischen, betont der Bericht, sei die Lage ruhig und die »überwiegende Mehrheit« aller Flüchtlinge wünsche eine Rückkehr »so schnell wie möglich«.

Doch die Kontroverse sorgte dafür, dass internationale Beobachter nun über Gewalt in Ruanda diskutierten, nicht über Gewalt in den Flüchtlingslagern in Zaire. Dabei war diese erschreckend: »Jede Woche werden durchschnittlich 15 bis 20 Leute in den Lagern ermordet«, sagte Lyndall Sachs vom UNHCR in Goma. »Wir, die ausländischen Organisationen, werden manipuliert. Die Kontrolle über die Camps ist uns aus den Händen genommen worden.«[194] Die FAR hatte die Kontrolle übernommen.

Überlegungen der Vereinten Nationen, Polizeitruppen oder gar Blauhelme zur Trennung ziviler und bewaffneter Flüchtlinge in die zairischen Lager zu entsenden, blieben ergebnislos. Es wurde lediglich eine zairische Lagerpolizei vom UNHCR mit drei US-Dollar am Tag pro Mann bezahlt und mit Uniformen und Fahrzeugen ausgestattet, und sie entstand später und weniger zahlreich als geplant.

190 Réunion des partis politiques réunies à Bukavu du 02 au 03 septembre 1994, wiedergegeben in: Augustin Bizimungu, September 1994, S. 12

191 Ebd., S.10

192 Dokumentiert unter anderem auf: http://rwandinfo.com/documents/Gersony_Report.pdf

193 UN effort flounders in Rwanda. In: Guardian, 24.9.1994

194 Zitiert in: Gaus, Bettina: Schwierigkeiten mit der Wahrheit. In: tageszeitung, 17.11.1994

1600 internationale Helfer arbeiteten in dieser Zeit in Goma, und nicht alle fanden sich damit ab. Ärzte ohne Grenzen (MSF) schlug im Oktober 1994 Alarm: »Die Kontrolle der Lager liegt derzeit völlig in den Händen der ehemaligen Führer (Bürgermeister, zivile Autoritäten, Militär) Ruandas. [...] So verhindern die jeweiligen Führer die Registrierung der Flüchtlinge. Nur wenn eine solche Registrierung erfolgt, kann die derzeitig enorme Unterschlagung von Hilfsgütern eingeschränkt werden. Ohne jeden Zweifel reorganisieren sich zudem die ehemaligen ruandischen Regierungssoldaten in den Camps und bereiten sich in Trainingslagern auf eine künftige Invasion Ruandas vor.«[195] Knapp zwei Wochen später erklärten alle großen Hilfswerke gemeinsam die Situation für »unhaltbar«.[196]

Angesichts des Risikos einer internationalen Militäroperation in den Flüchtlingslagern wurde die ruandische Hutu-Armee FAR diskreter und verlegte ihre Aktivitäten in gesonderte Camps; dort gab es Militärausbildung, Morgenappelle, Paraden und Manöver. Während die Lage in den zivilen Flüchtlingslagern sich damit scheinbar normalisierte, erleichterte die Abtrennung des Militärs deren Kriegsvorbereitung. Amnesty International berichtete von Waffenlieferungen an die FAR über Goma und Training für FAR-Soldaten durch Franzosen in der Zentralafrikanischen Republik und Kamerun.[197] Goma war die Drehscheibe für die Aufrüstung, weil sich dort bis heute der einzige internationale Flughafen in diesem Teil des Landes befindet. Sichtbar waren die Effekte auch in Bukavu. Der langjährige Schweizer Leiter des deutschen GTZ-Projekts zur Verwaltung des Nationalparks Kahuzi-Biega in Süd-Kivu, Carlos Schuler, schreibt in seinen Memoiren über die Weihnachtszeit 1994: »Ich könnte eine Kalaschnikoff für 30 US-Dollars kaufen. Zugleich höre ich von illegalen Waffeneinfuhren, von großen Kriegsmateriallieferungen an diese fremden Milizen.«[198]

Die FAR betrieb dies alles ganz offen. Man wolle »einen Krieg führen, der lang und tödlich sein wird, bis die Tutsi-Minderheit am Ende ist und komplett aus dem Land raus ist«, erklärte FAR-Oberst Bagosora gegenüber Human Rights Watch am 30. November 1994 in Goma.[199] Das Hetzblatt *Kangura*, das ab September 1994 im Zufluchtsort seines Chefs Hassan Ngeze, Nairobi, wieder erschien, zog explizite Vergleiche zwischen der Rückkehr der Tutsi nach Ruanda nach 35 Jahren Exil und den Plänen der Exil-Hutu, als Drohkulisse: »Hoffen wir, dass die internationale Gemeinschaft die Führer der Tutsi-Familie zur Vernunft bringen wird, bevor ein neuer 1. Oktober, diesmal einer der Hutu, das Land mit Blut überzieht.«[200]

195 MSF: Ärzte ohne Grenzen erwägt Rückzug aus Flüchtlingslagern, Presseerklärung 21.10.1994
196 Oxfam: Relief Agencies Demand Action, Presseerklärung, 3.11.1994
197 Amnesty International: Rwanda: Arming the Perpetrators of the Genocide, Juni 1995
198 Schuler, Carlos: Leben und Überleben im Kongo. Gorillaschutz und Familienleben im Krieg, Altdorf (Schweiz) 2013, S. 106f.
199 Human Rights Watch Arms Project: Rearming with Impunity: International Support for the Perpetrators of the Rwandan Genocide, Mai 1995, S. 2
200 Kangura No 63, 8.–22.12.1994, S. 2

Ende 1994 begannen aus Zaire und Tansania heraus »Kommandoüberfälle auf Dörfer am Ufer des Kivu-Sees in Westruanda sowie Städte im Südosten« mit Macheten-Angriffen auf Babys.[201] Das war erst der Anfang. Im Februar 1995 fiel der Direktor des vom deutschen Hilfswerk Cap Anamur unterstützten Distrikthospitals von Gisenyi, Anatol Bunyendere, einem Anschlag zum Opfer.[202] Amnesty International berichtete: »Im April 1995 lagerten rund 30 bewaffnete Gruppen von Hutu entlang Zaires Ostgrenze mit Ruanda. Milizen überquerten fast täglich nachts die Grenze nach Ruanda.«[203]

In dieser angespannten Situation eröffnete am 23. April 1995 Ruandas RPF-Armee das Feuer auf Zehntausende Hutu-Binnenvertriebene im Ort Kibeho im Südwesten Ruandas, unter denen sie Milizionäre vermutete. Tausende starben.[204] Größere Rückkehrbewegungen aus Zaire nach Ruanda gab es nach dem Kibeho-Massaker nicht mehr.

Der Osten Zaires wird Kriegsgebiet

Ökonomisch blühten die Lager auf Grundlage des Weiterverkaufs von Hilfslieferungen. »In der Bar werden Limonade, Bier und Whisky ausgeschenkt, auf dem Markt gibt es neben Fleisch und Gemüse auch Computer, Radios und Nähmaschinen zu kaufen – am Zoll vorbei importiert, zu günstigen Preisen«, wurde aus dem Lager Kashusha nahe Bukavu berichtet: »Wohlhabende Ruander haben in Bukavu Bars und Hotels übernommen. Sie treiben Handel und konkurrieren mit den einheimischen Geschäftsleuten, sind aber viel schwerer als diese von staatlichen Stellen zu kontrollieren.«[205] In den Lagern um Goma zählte das UNHCR 2324 Bars, 450 Restaurants, 589 Läden, 62 Friseursalons, 51 Apotheken, 30 Schneidereien, 25 Metzgereien, 5 Schmieden, 4 Fotostudios, 3 Kinos, 2 Hotels und einen Schlachthof.[206]

Aus zairischer Sicht war dies ein Skandal. Im April 1995 fasste Zaires Übergangsparlament die Auswirkungen des Flüchtlingszustroms drastisch zusammen: »Entwaldung unserer Wälder, Verschmutzung des Grundwassers; Dollarisierung der Märkte mit nachteiligen Folgen für die Bevölkerung; Aufleben der Kriminalität, die diese Regionen in totale Unsicherheit mit Todesopfern jeden Tag stürzt, ohne dass die zairische Armee eingreift; Entstehen von gemeinsamen Verbänden

201 Block, Robert: Death squads sow new terror in Rwanda. In: The Independent, 3.1.1995
202 Cap Anamur, Presseerklärung 24.2.1995
203 Amnesty International, Juni 1995
204 Vgl. Kapitel 3.2, S. 187
205 Gaus, Bettina: Das schönste Flüchtlingslager der Welt. In: tageszeitung, 5.2.1996
206 Prunier, Gérard: Africa's World War: Congo, the Rwandan Genocide, and the Making of a Continental Catastrophe, Oxford 2009, S. 26. Prunier war in jener Zeit als UNHCR-Consultant in der Region tätig.

der [zairischen]Hutu und der [ruandischen] Flüchtlinge mit dem Ziel, die Einheimischen zu beherrschen.«[207] Diese Verbände seien »militär-tribalistisch, weil sie vorrangig aus Ex-FAR/Interahamwe bestehen«, so die Parlamentsresolution weiter. Sie seien »als Eindringlinge zu betrachten, weil sie sich im Gastland wie Eroberer aufführen«. Daher seien sie »unverzüglich« zu entwaffnen und zu repatriieren, ihre Land- und Immobilienkäufe seien zu annullieren.

Zaires Parlament befasste sich mit dieser Lage, weil die ostzairische Provinz Nord-Kivu um Goma damals längst Kriegsgebiet war – mit der FAR als Kriegspartei. In Zaire war 1990 das Einparteiensystem abgeschafft worden, von Wahlen war die Rede. Als 1993 die Erstellung von Wählerlisten begann, töteten Milizen in Nord-Kivus Regenwaldregion Walikale mutmaßliche ruandische Zuwanderer, damit sie nicht auf den Wählerlisten stehen konnten. Zairische Hutu-Gruppen schlugen blutig zurück. Der Konflikt dehnte sich auf die zwischen Walikale und der Provinzhauptstadt Goma gelegenen Masisi-Berge aus. Dort lebten zairische Tutsi als Betreiber der aus der belgischen Kolonialwirtschaft hervorgegangen ausgedehnten Viehweiden, aber auch Ruander, die 1959 aus ihrer Heimat geflohen waren. Zunächst wehrten sich Zaires Tutsi und Hutu gemeinsam. Aber 1994 stieß die Hutu-Armee FAR aus Ruanda dazu. Sie importierte die Methoden des Völkermordes und veränderte den Konflikt.

Belgische Mönche wurden Zeugen, wie Hutu-Kämpfer am 14. Mai 1996 das katholische Trappisten-Kloster Mokoto in den Masisi-Bergen überfielen, wohin sich bis zu 1000 Tutsi geflüchtet hatten. Die Angreifer zerrten Tutsi nach draußen und zerhackten sie mit Macheten. Einer der Trappisten sagte später in Goma, es sei »genau dasselbe Szenario« wie Ruanda 1994 – er hatte im April 1994 in Kigali gelebt.[208] Ein Team von Ärzte ohne Grenzen besuchte Mokoto kurz nach dem Überfall und fand »die Straße von zwei verkohlten nackten Leichen blockiert: die Hände, Füße und Genitalien waren abgeschnitten, die Brust geöffnet und das Herz entfernt«.[209]

Vom Tutsi-Rinderbestand von einst 450 000 seien nur noch 20 000 übrig, wurde Mitte 1996 geschätzt; innerhalb einer Zone von 90 Kilometer aus Goma ins Landesinnere hinein – von Goma selbst und einigen Enklaven abgesehen – seien alle Nicht-Hutu auf der Flucht.[210] Zairische Tutsi wurden nach Ruanda vertrieben; an der Grenze nahm man ihnen die Pässe oder Ausweise ab, um diese manchmal

207 Dies und die folgenden Zitate: Résolution sur les réfugiés et populations déplacées dans les régions du Nord et du Sud-Kivu, Haut Conseil de la République/Parlement de Transition, Kinshasa, 28.4.1995, dokumentiert in: Manassé (Müller) Ruhimbika: Les Banyamulenge (Congo-Zaire) entre deux guerres, Paris 2001, S. 207–211

208 Gourevitch, Philip: We Wish to Inform You That Tomorrow We Will Be Killed with Our Families, New York 1998, S. 277–279

209 Gourevitch 1998, S. 287

210 Stroux, Daniel: (veröffentlicht als »Ludwig Sarasin«): Verkohlte Hütten, verlassene Äcker. In: tageszeitung, 27.7.1996

ruandischen Hutu-Kämpfern weiterzugeben, die sich damit als Zairer ausgeben und Land erwerben konnten.[211] Der Verfall der Staatsmacht trieb alle ethnischen Gruppen in Kivu in den bewaffneten Selbstschutz – das ist bis heute so.

Von diesem Chaos profitierte die FAR, die in aller Ruhe ihre Invasion Ruandas vorbereitete. Die UN-Kommission zur Überwachung des Waffenembargos gegen sie, die im Juli 1996 ihre Arbeit wieder aufnahm, berichtete nach mehrmonatigen Untersuchungen: »Die exilierte politische und militärische Elite Ruandas, die sich in Nairobi befindet, hat eine ›Invasionsgruppe‹ gebildet, um die Invasion Ruandas in einer Zangenbewegung von Ost und West – den Lagern in Zaire und Tansania – zu planen, die sich ›in Kigali treffen‹ und die Hutu-Herrschaft wiederherstellen würde.«[212] 50 000 ausgebildete Soldaten stünden in den beiden Ländern zur Verfügung. Sie verfügten über neue Waffen, finanziert durch Rohstoffschmuggel sowie den Weiterverkauf von Hilfsgütern. Jede Flüchtlingsfamilie zahle zehn US-Dollar monatlich, auch Hutu-Angestellte internationaler Hilfswerke. FAR-Generäle würden ungehindert mit zairischen Pässen reisen.[213]

Am 27. Juni 1996 starben im bis dahin blutigsten Angriff aus Zaire in Ruanda 29 Tutsi bei einem Angriff auf Giciye im Distrikt Gisenyi – die Heimatgemeinde der ehemaligen First Lady Agathe Kanziga sowie mehrerer hoher Militärs. Ein US-Militärgeheimdienstbericht vom Oktober 1996 schätzte die Stärke der FAR in Zaire auf 14 000 Mann (sechs Bataillone der »Brigade Nord«) in Goma und 5000 Mann (zwei Bataillone der »Brigade Süd«) in Bukavu; dazu kämen 19 000 Interahamwe-Milizionäre.[214] Ihre Kampfkraft wurde als eher gering eingeschätzt; als Stärken seien hingegen anzuführen, dass die FAR in Ost-Zaire einen sicheren Hafen habe, ihre Unterstützung durch eine Million Hutu-Flüchtlinge mit Einschüchterung aufrechterhalte und über einen erfahrenen Offizierskern verfüge.

Genau diese drei Stärken zunichtezumachen waren die Kriegsziele von Ruandas RPF-Führer Paul Kagame, als seine Armee 1996 in Zaire einmarschierte: den »sicheren Hafen« zerschlagen, die Flüchtlinge herausholen, die FAR-Offiziersstruktur eliminieren.

211 UN Economic and Social Council: Report on the situation of human rights in Zaire prepared by the Special Rapporteur Mr Robert Garreton, 16.9.1996, E/CN.4/1997/6/add.1, § 79

212 Third Report of the International Commission of Inquiry (Rwanda), 14.12.1997, S/1997/1010, § 94. Der Bericht wurde im Spätsommer 1996 recherchiert, aber aufgrund des Krieges in Zaire zurückgehalten und an Heiligabend 1997 veröffentlicht.

213 S/1997/1010, § 80–97

214 Rwanda: The Hutu Insurgency. Defense Intelligence Report, 25.10.1996. www.rwandadocuments-project.net/gsdl/collect/usdocs/index/assoc/HASH016e/109bb012.dir/3484.pdf

1996: Ruandas RPF-Armee zerschlägt den Hutu-Exilstaat

»Gegen neun Uhr abends weckte meine Mutter uns auf, indem sie kaltes Wasser auf uns goss«, beschreibt der Exil-Ruander Emmanuel Ngiruwonsanga in seinem Buch über die Flucht der ruandischen Hutu aus den zairischen Lagern den Beginn der Auflösung des Flüchtlingslagers Katale, 60 Kilometer nördlich von Goma, wo der spätere FDLR-Militärchef Paul Rwarakabije das Kommando innehatte. »Ich hörte, wie die Zeltplanen knisterten, weil die Flüchtlinge aus dem Lager flohen […] Als die Nacht dunkel und undurchdringlich wurde, betraten wir den Todesdschungel.«[215]

Die Flucht Hunderttausender ruandischer Hutu-Flüchtlinge tief nach Zaire hinein ab Ende Oktober 1996, als Ruanda in Zaire einmarschierte, ist für die FDLR ähnlich identitätsstiftend wie der Völkermord an Ruandas Tutsi 1994 für die Gegenseite. Hutu-Exilgruppen sind davon überzeugt, dass Hunderttausende Flüchtlinge starben, und sprechen von Völkermord.

Die sich zuspitzende Krise in den Kivu-Provinzen Zaires hatte Ende August 1996 dazu geführt, dass vertriebene Tutsi aus der Provinz Süd-Kivu, als »Banyamulenge« bekannt und in Ruanda militärisch ausgebildet, in Süd-Kivu erste bewaffnete Angriffe verübten. Im Oktober trat eine Banyamulenge-geführte Rebellenkoalition Allianz Demokratischer Kräfte zur Befreiung von Kongo/Ex-Zaire (AFDL) in Erscheinung. Als ihr Sprecher präsentierte sich ein seit zwölf Jahren verschollener alter Guerillaführer aus Lumumba-Zeiten, Laurent-Désiré Kabila.

In der Nacht zum 25. Oktober 1996 nahm die AFDL die Stadt Uvira ein, an der Grenze zu Burundi gelegen, am 29. Oktober Süd-Kivus Provinzhauptstadt Bukavu und am 1. November Nord-Kivus Provinzhauptstadt Goma. Ruandas Armee und Soldaten aus Uganda waren daran beteiligt. Aber mit der Einnahme der Städte war es nicht getan. Die FAR, der Feind, saß draußen in den Flüchtlingslagern. Zuerst wurde in der Nacht zum 26. Oktober das Lager Kibumba, nördlich von Goma direkt an der ruandischen Grenze gelegen, von Ruanda aus beschossen. Die 195 000 Lagerbewohner flohen ins Landesinnere, viele landeten im Lager Mugunga westlich von Goma am Kivu-See. Die AFDL besetzte dann erst die Gebiete nördlich von Goma an Ruandas Grenze, so die mittlerweile größtenteils menschenleeren Lager Katale (200 000 Einwohner) und Kahindo (115 000 Einwohner). Erst danach besetzten die Rebellen Goma selbst.

»Die Angreifer haben die Lager umzingelt«, erinnert sich der spätere FDLR-Militärchef Paul Rwarakabije in Stuttgart vor Gericht an die Flucht aus Katale, wo er damals Lagerkommandant war. »Sie ließen eine Öffnung, damit die Leute nach

215 Ngiruwonsanga, Emmanuel: Rwanda, Blood Everywhere and Beyond, Victoria (Canada) 2012, S. 17 f. Der Autor präsentiert seine Schilderung als Nacherzählung einer im Jahr 2000 festgehaltenen Lebensgeschichte eines 1996 sieben Jahre alten Flüchtlingskindes, das quer durch Zaire zieht und schließlich nach Ruanda repatriiert wird.

Ruanda gehen konnten. Als der Angriff aus Ruanda kam, sind die Soldaten in die Richtung gegangen, wo der Angriff herkam, um ihn zu stoppen, so dass die Zivilisten raus konnten. [...] Die Angreifer schossen nicht auf Zivilisten, die Soldaten kämpften außerhalb des Lagers. Hätten die Angreifer als Ziel die Zivilisten gehabt, wären viele Tausend Flüchtlinge gestorben.«[216]

Bei Bukavu war es ähnlich. »Die Inyenzi sind gekommen«, berichtet vor Gericht ein ehemaliger FAR-Soldat aus dem Militärcamp Inera. »Wir hörten, dass im Flüchtlingslager Bomben fallen; wir hatten die Sachen schon gepackt und flüchteten dann.«[217]

Anfang November 1996 hielt die AFDL zusammen mit Ruandas Armee die beiden Provinzhauptstädte Goma und Bukavu. Aber das größte Flüchtlingslager Mugunga, am Westrand von Goma, war weiterhin in FAR-Händen; dort lebten jetzt über eine halbe Million Menschen. Die AFDL rief am 4. November eine dreiwöchige Feuerpause aus.

Die Flüchtlinge nahmen ihr Schicksal in die eigenen Hände. Die ersten Rückkehrer nach Ruanda – manche hatten die Lager schon ab den ersten Angriffen im Oktober verlassen – landeten auf ruandischer Seite im Transitlager Nkamira mit seinen riesigen Plastikzelten, vor denen noch Jahre später ein Verkehrsschild »Langsam fahren: Flüchtlinge« daran erinnerte, dass sich hier immer wieder große Menschenansammlungen auf der Straße befinden konnten. Lagerkoordinator Edward Nebe vom italienischen Hilfswerk Coopi berichtete: »Bemerkenswert ist, dass fast alle Hutu-Flüchtlinge, die wir aufnehmen, sich wundern, dass sie hier nicht sofort ermordet wurden. Ihre Führer haben ihnen erzählt, im Transitcamp gehe es zu wie in einem Konzentrationslager.«[218] Manche Flüchtlinge hätten Schusswunden im Rücken – bei der Rückkehr nach Ruanda von ihren eigenen Hutu-Milizionären beschossen.

Die AFDL wartete nicht länger. Sie umzingelte Mugunga und am 15. November rückte sie zusammen mit Ruandas Armee von Westen her in das riesige Lager ein. Die allermeisten Flüchtlinge rannten davon – und die einzige für sie offene Straße war die nach Osten, durch Goma hindurch nach Ruanda hinein. Wer in die andere Richtung lief, nach Westen ins zairische Landesinnere, fiel der AFDL in die Hände. So ergoss sich ein gigantischer Menschenstrom aus Zaire nach Ruanda, die Massenrückkehr ein Spiegelbild der Massenflucht genau 28 Monate zuvor. »Die zweispurige Straße ist komplett blockiert«, berichtete eine Reporterin. »Auf einer Länge von rund 40 Kilometern laufen dicht aneinandergedrängt in gleichbleibendem Tempo, nicht langsam, aber auch nicht hastig, Hutu-Flüchtlinge gen Osten. Beinahe jeder trägt ein geschnürtes Bündel auf dem Kopf und hält einen leeren Wasserkanister in der Hand [...] Hin und wieder ist das erschöpfte Weinen

216 Zeugenaussage Paul Rwarakabije, Prozesstag 192, OLG Stuttgart 13.11.2013
217 Zeugenaussage, Prozesstag 133, OLG Stuttgart 6.2.2013
218 Zitiert in Schmidt-Gross, Caroline: Die Flucht zurück in die Heimat. In: tageszeitung, 12.11.1996

der kleinsten Kinder zu hören. Nur bei einer Rast sprechen die Menschen miteinander. Ansonsten laufen die meisten stumm.«[219]

Das UNHCR sprach von der »größten und schnellsten« Flüchtlingsrückkehr der Geschichte.[220] Bis zum Abend des 16. November hatten 200 000 Menschen die Grenze überschritten, und am 19. November sagte das UNHCR, es seien 575 813 Flüchtlinge in vier ruandische Distrikte zurückgekehrt.[221] Bis Ende 1996 zählte das Flüchtlingshilfswerk UNHCR 719 307 Rückkehrer.[222] Folglich wären dann rund 380 000 Flüchtlinge übrig.

Die meisten Helfer hielten die UNHCR-Gesamtzahl der Flüchtlinge für um mindestens zehn Prozent zu hoch, außerdem gingen viele Flüchtlinge außerhalb der Kontrollpunkte nach Ruanda zurück. Es ist Anfang 1997 von höchstens noch rund 250 000 ruandischen Hutu-Flüchtlingen in Zaire auszugehen – allerdings nicht mehr in zugänglichen Lagern, sondern irgendwo im Wald versteckt. Viele starben auf dem Weg durch die Nationalparks der Kivu-Provinzen in die Regenwälder des Kongobeckens, auch der ehemalige Interimspräsident Théodore Sindikubwabo. »Der Präsident starb in Numbi«, ein Bergbauort von Süd-Kivu nahe dem Kivu-See, sagt in Stuttgart ein Exkämpfer aus.[223]

Katholische Kirchenkreise warfen Ruandas Armee und der AFDL Massaker an bis zu 500 000 Flüchtlingen vor. Alle Flüchtlinge, die weder in Lagern noch in Ruanda waren, seien tot, hieß es. Ein entsprechender Bericht des französischen »Weißen Vaters« Laurent Balas zirkulierte im Februar 1997 im Ostkongo und stieß auf breiten Widerhall.[224] Die Zahlen waren maßlos übertrieben, aber dass es Tötungen gab, ist verbürgt. Augenzeugen berichten von Straßensperren der ruandischen und ugandischen Armee dort, wo westlich von Goma und Bukavu die befestigten Straßen enden und die Buschpfade beginnen. Junge Männer, die man für FAR-Soldaten oder Interahamwe-Milizionäre hielt, wurden an diesen Straßensperren beiseitegenommen und erschossen; den anderen bot man an, sie nach Ruanda zu bringen – die meisten liefen lieber davon.[225]

Ngiruwonsanga beschreibt in seinem Buch den Weg über die Masisi-Berge: »Instinktiv übernahmen wir die Strategie der Berggorillas: die Starken führen, dann kommen die Alten und die Jungen, dann die Mütter, und eine Gruppe junger starker Gorillas schützt das Ende.«[226] Nach dem Abstieg in die heißen Wälder des Kongobeckens mussten neue Überlebensstrategien gefunden werden. »Nachdem wir Walikale verließen, gab es nur für diejenigen Flüchtlinge zu essen,

219 Schmidt-Gross, Caroline: Die Augen starr nach vorn gerichtet. In: tageszeitung, 18.11.1996
220 IRIN Great Lakes Update 27, 17.11.1996
221 IRIN Great Lakes Update 30, 19.11.1996
222 IRIN Great Lakes Update 73, 7.1.1997
223 Zeugenaussage, Prozesstag 133, OLG Stuttgart 6.2.2013
224 Eine Version des Balas-Berichts ist zu finden auf http://web.peacelink.it/africa/za_297e.html
225 Interviews mit Überlebenden, Goma, Bukavu und Kinshasa 2005 – 2008
226 Ngiruwonsanga 2012, S. 23 f.

die noch etwas Geld hatten. Sie betrieben ein kleines Geschäft, kauften ein wenig Salz und verkauften es in kleinen Mengen an die Flüchtlinge, die ihren Reis nicht ungesalzen essen wollten. Man verdiente diesen Reis durch harte Arbeit, durch das Stapeln von Reissäcken für die Dorfbewohner. Für 100 Kilo Reiseinlagerung gab es eine Tasse geschälte Reiskörner. Manche Flüchtlinge, die noch ein wenig Hirse vom letzten Lager übrig hatten, versuchten, ihn auf Felsen zu mahlen, oder auf dem Asphalt der Straße von Bukavu nach Kisangani, die durch Walikale verlief [...] Aus dem Mehl, unweigerlich mit Staub und Schmutz versetzt, wurde eine Suppe gekocht und an diejenigen Flüchtlinge verkauft, die noch zahlen konnten.«[227]

Die Ziele dieser Flüchtlinge waren die Provinzhauptstädte Kisangani und Kindu am Kongo-Fluss, nur per Fußmarsch durch Hunderte Kilometer Regenwald zu erreichen. Dorthin hatte sich schon Zaires Armee zurückgezogen, und so wollte sich dort auch die Ex-FAR neu aufstellen. Zwei Camps in der verlassenen Bergbausiedlung Tingi-Tingi, wo die Straße breit genug war, um als Flugpiste zu dienen, wurden mit dem Nachbarort Amisi ab Mitte Dezember 1996 die neue Zentrale der Ex-FAR mit rund 160 000 zivilen Hutu-Flüchtlingen im Schlepptau. Hier fanden internationale Helfer erstmals seit Auflösung der Lager von Goma und Bukavu wieder größere Zahlen organisierter Flüchtlinge vor, hier konnten Politiker und Hilfsgüter landen. Gecharterte Flieger der privaten Flugline »Sky Airways«, in der unter anderen der spätere FDLR-Sprecher Michel Habimana arbeitete,[228] evakuierten prominente Hutu-Exilanten für 800 US-Dollar im Direktflug nach Nairobi. Die obersten Ex-FAR-Generäle waren in Tingi-Tingi basiert. Der spätere FDLR-Militärchef Sylvestre Mudacumura kommandierte in Tingi-Tingi das Bataillon »Alpha«, der spätere FDLR-Stabschef Léodomir Mugaragu das Bataillon »Bravo«.[229] Das Lager Amisi stand unter der Leitung des früheren Lagerchefs von Mugunga, Gabriel Kabanda, der später Sozialkommissar der FDLR wurde.[230]

Mit der Hilfe für die Flüchtlinge in Tingi-Tingi kamen auch Waffen. Seit dem 11. Februar 1997 lieferten laut UNHCR »dieselben drei gecharteten DC-3-Maschinen und zairischen Armeehubschrauber, die UNHCR/WFP/UNICEF zur Lieferung von Nothilfe in die Lager von Tingi-Tingi eingesetzt hat, Waffen, Munition und Uniformen an Ex-FAR in Tingi-Tingi«, heißt es in einem vertraulichen US-Bericht. »Sie wurden von bewaffneten und organisierten Ex-FAR-Gruppen empfangen und in Anwesenheit von UN-Mitarbeitern an der Flugpiste entladen.«[231]

227 Ebd., S. 50
228 Omaar, Rakiya: The Leadershuip of Rwandan Armed Groups Abroad With a Focus on the FDLR and RUD/Urunana, Kigali 2008, S. 39
229 Ebd., S. 103, 109
230 Ebd., S. 57
231 Zaire: UNHCR Warns Of Militarization of Tingi-Tingi Camp, Asks For Help, US Mission Geneva to State Department Washington, Document No 1997, Geneva 905, 14.2.1997. www.rwandadocumentsproject.net/gsdl/collect/usdocs/index/assoc/HASH0193/38893598.dir/3491.pdf.

Nachdem die Stadt Kindu – verteidigt vor allem von Ex-FAR-Soldaten – am 27. Februar an die AFDL und Ruandas Armee fiel, war Zaires improvisierte neue Frontlinie nicht mehr zu halten. Am 28. Februar forderten die ruandischen Hutu-Lagerleiter in Tingi-Tingi die ausländischen Helfer auf, sich zu evakuieren, was sie auch taten. Erkundungsflüge zwei Tage später, am Sonntag, 2. März, fanden dann die Lager von Tingi-Tingi leer vor.

Glaubt man Hutu-Exilpolitikern, fand in der Zwischenzeit dort ein gigantisches Massaker statt. »Der Gipfel des Horrors, die Spitze der Nazi-Barbarei nach Kagame-Methode befindet sich in Tingi-Tingi, heute weltweit bekannt als Symbol des Willens zur Auslöschung der Hutu [...] Die Stätte Tingi-Tingi sollte als Symbols des Holocausts in der Region der afrikanischen Großen Seen anerkannt werden«, heißt es in einem »Manifest für ein Tingi-Tingi-Memorial«, das im Jahr 2012 veröffentlicht wurde, offenbar erstellt in einer Haftanstalt des Ruanda-Tribunals in Mali. Es ist mit den Unterschriften von 18 in Arusha verurteilten Völkermordtätern von 1994 versehen, darunter Oberst Bagosora und Expremier Jean Kambanda.[232] Doch es war damals kein Geheimnis, dass die Ex-FAR Tingi-Tingi vor Ankunft ihrer Feinde räumte, samt den meisten Flüchtlingen. Der UN-Überflug am 2. März fand nicht nur menschenleere Lager, sondern auch eine 15 Kilometer lange Kolonne von Menschen auf der Straße, unterwegs weiter nach Westen, Richtung Kisangani.[233] Das waren offensichtlich nicht einmal alle: Zaires Armee habe Flüchtlinge mit Gewalt aufgehalten und man habe sich in die Wälder schlagen müssen, berichtet Emmanuel Ngiruwonsanga.[234]

Es gab auch Rückzugsgefechte. »Da waren Soldaten aus Kinshasa und Söldner«, berichtet vor Gericht in Stuttgart ein ehemaliger FDLR-Kämpfer, der 1996 von Bukavu nach Tingi-Tingi gezogen war und dort mehrere Monate verbrachte. »Sie kämpften gegen ruandische Soldaten auf der Brücke von Osso. Plötzlich hörten wir Schüsse im Flüchtlingslager, wir gingen zu einem nahen Fluss, viele Flüchtlinge starben da drin. Viele wollten lieber in den Fluss gehen als erschossen zu werden.«[235]

Einem Augenzeugenbericht zufolge ließ die Ex-FAR in Tingi-Tingi 6500 Menschen zurück, die zu schwach waren, um mit den anderen weiterzuziehen; »sie wurden nicht wieder gesehen«.[236] Laut UN tauchten allerdings Tausende wieder

232 Mémorial international Tingi-Tingi: Manifeste fondateur, Koulikoro, 1.9.2012. www.rwamucyo.com/fileadmin/user_upload/documents/2012-Doc/20120901-Manifeste_fondateur_Tingi-Tingi_2.pdf

233 IRIN Great Lakes Update 113, 2.3.1997

234 Ngironsanga 2012, S. 53 ff.

235 Zeugenaussage, Prozesstag 133, OLG Stuttgart 6.2.2013

236 Massacres au Zaire: »Ici, on extermine les réfugiés«, Grands Reporters, Mai 1997, S. 5. www.memoiresdetingitingi.com/medias/files/ici-on-extermine-les-refugies.pdf

auf, als die UN-Helfer zurückkamen.[237] Endgültig wurden die beiden Lager von Tingi-Tingi erst am 2. April 1997 geschlossen.

Am 15. März fiel Kisangani an die AFDL. Die Rebellen kontrollierten nun den gesamten Osten Zaires, jede Idee einer Gegenoffensive Mobutus brach zusammen. Ex-FAR-Generalmajor Augustin Bizimungu sowie die Kommandanten Kabiligi, Ntiwiragabo und Renzaho retteten sich nach Kinshasa, per Flugzeug. Viele Ex-FAR-Soldaten brachen zu Fuß in dieselbe Richtung auf, weiter nach Westen, in den dichten Urwald mit dem Fernziel Mbandaka und Kinshasa.

»Sie jagten uns wie Tiere«: Endstation Urwald

Rund 150 000 der einst 160 000 ruandischen Hutu-Flüchtlinge in Tingi-Tingi erreichten nach zwei bis drei Wochen den Kongo-Fluss, nach einem Urwaldmarsch von rund 140 Kilometern. Sie gelangten an den schwer passierbaren Fluss dort, wo am anderen Ufer die Stadt Ubundu liegt. Da wollten sie hin. Denn Ubundu, wo 1951 der US-Spielfilm »The African Queen« mit Humphrey Bogart und Kathrin Hepburn gedreht worden war, ist der Endpunkt einer 128 Kilometer langen Eisenbahnlinie, die in der belgischen Kolonialzeit aus Kisangani südwärts durch den Urwald geschlagen worden war. Von dort sollte es also nach Kisangani weitergehen. Züge fuhren dort 1997 nur noch selten, aber das Bahngleis diente als Fußweg durch den Urwald.

Bis 25. März 1997 hatten die meisten der Flüchtlinge den Fluss überquert. 80 000 befanden sich am Haltepunkt KM82 der Bahnlinie (Obilo). Dort spaltete sich die Menge. Rund 40 000 waren schon unterwegs Richtung nach Westen, weitere folgten. Die anderen liefen die Bahnlinie hoch Richtung Kisangani, also zur AFDL hin. Rund 10 000 hatten es bereits nach Kisangani geschafft. Einer der Flüchtlinge, Maurice Niwese, berichtet: »Diejenigen, die in den Wald in Richtung Mbandaka gingen, wollten den Widerstandskampf gegen das Regime, vor dem sie 1994 geflohen waren, fortsetzen. Diejenigen, die sich in Kisangani den Rebellen auslieferten, fühlten sich am Ende ihrer Kräfte und akzeptierten, sich zu stellen.«[238]

Sie wurden aber bei KM7 aufgehalten und zurückgedrängt. Es bildeten sich spontane Flüchtlingsansammlungen bei KM25-31 (Kasese) mit rund 50 000 Menschen und KM41 (Biaro) mit rund 30 000. Weitere waren verstreut oder kamen aus Ubundu dazu. Jetzt ging es weder vor noch zurück. Die nächsten Wochen waren die wohl dramatischsten und tödlichsten für die Flüchtlinge, am Ende ihrer Kräfte

237 UN Mapping Report 2010, § 236, 238
238 Niwese, Maurice: Témoignage d'un rescapé des massacres de Kasese commis par l'APR en avril 1997, 2.11.2010. www.france-rwanda.info/article-temoignage-d-un-rescape-des-massacres-de-kasese-commis-par-l-armee-patriotique-rwandaise-apr-en-avril-1997-60160047.html

nach einem halben Jahr auf den Beinen im tiefsten Urwald in der einsetzenden Regenzeit – von der Ex-FAR verlassen, von der AFDL als Feind betrachtet, von der einheimischen Bevölkerung unerwünscht.

Am 21. April schickte die AFDL einen Eisenbahnzug voller Soldaten die Bahnlinie hinunter und verbot Hilfswerken den Zutritt. Was dann passierte, ist umstritten. Ein gemeinsames Team von Vertretern Ruandas und der Vereinten Nationen, begleitet von Journalisten, fand drei Tage später die Lager in Kasese, in denen laut UNHCR 55 000 Menschen gelebt hatten, leer vor. Das Team wurde mit Gewehrschüssen vertrieben, als es frisch ausgehobene Gruben und einen Bulldozer entdeckte. Die Weiterfahrt nach Biaro wurde von der AFDL nicht gestattet, aber ein Überflug am Folgetag bestätigte auch das Verschwinden der Bevölkerung aus diesem Lager.[239]

Hutu-Exilanten sagen seitdem, Zehntausende Flüchtlinge seien hier von der AFDL und ruandischen Soldaten getötet worden. Ein Journalist, der später Überlebende befragte, schreibt: »Am 22. April gegen 15 Uhr saßen die Flüchtlinge bei KM48 entlang der Eisenbahnlinie. Dieudonné berichtet: ›Ich war eingeschlafen. Manche lagen im Sterben. Wir hörten viele Militärs, die auf den Gleisen Stellung bezogen. Um mich herum begannen die Menschen zu beten. Dann begannen die Soldaten, auf uns mit Sturmgewehren zu schießen und Granaten zu werfen. Ich sah von Kugeln abgerissene Köpfe und Gliedmaßen.‹«[240] Derselbe Bericht zitiert einen 45-jährigen zairischen Sanitäter, der zehn Tage lang bei Biaro festsaß. »Ich sah die ruandischen Militärs bis Biaro kommen, mit einer Gruppe von 30 Dorfbewohnern. Sie versammelten die Flüchtlinge, Männer, Frauen und Kinder, in kleinen Gruppen von je 50. Dann massakrierten sie sie am Lagerausgang mit Macheten und Hämmern.«[241] Das Vorgehen war einfach: einen Bereich militärisch absperren, die dort gefundenen Flüchtlinge töten, dann den Zugang wieder öffnen.

Nach heftiger internationaler Kritik akzeptierte die AFDL eine rasche Repatriierung der Flüchtlinge nach Ruanda auf dem Luftweg. Am 1. Mai 1997 wurden die ersten 1512 nach Ruanda ausgeflogen – der Beginn der »größten humanitären Luftbrücke der afrikanischen Geschichte«.[242] Damit wurde deutlich, dass keineswegs alle 85 000 Flüchtlinge von Kasese und Biaro tot waren. Jeden Tag tauchten Hunderte von ihnen aus den Wäldern auf. Bis Ende Mai – mittlerweile hatte die AFDL Kinshasa erobert, Mobutu war geflohen und Zaire war jetzt die »Demokratische Republik Kongo« unter Präsident Laurent-Désiré Kabila – wurden 37 569

239 IRIN Great Lakes Updates 157–158, 24.–25.4.1997; Rebels Force 80.000 To Flee To Jungle. In: New York Times, 26.4.1997

240 »Ici, on extermine les réfugiés«, S. 6

241 »Ici, on extermine les réfugiés«, S. 7

242 Wilkinson, Ray: Heart of Darkness, UNHCR Refugee Magazine No 110, Dezember 1997

ruandische Hutu-Flüchtlinge aus Kisangani nach Ruanda ausgeflogen.[243] Es sollten rund 40 000 Menschen werden.

Derweil befanden sich Zehntausende andere, die nicht nach Ruanda zurückwollten, auf dem Weg noch weiter durch den Wald Richtung Westen, begleitet von Ex-FAR-Soldaten. Manche erreichten Mitte Mai Mbandaka am Kongo-Fluss nahe der Grenze zu Kongo-Brazzaville. Andere stießen nach Norden vor und landeten in der Zentralafrikanischen Republik. Dieser militarisierte Flüchtlingstreck war kein Elendszug. Der französische Reporter Jean Hatzfeld zitiert einen Augenzeugen des Internationalen Komitees vom Roten Kreuz (IKRK): »Sie laufen in Kolonnen von mehreren hundert Personen. Sie werden von sehr gut organisieren FAR-Militärs geführt. Sie verfügen über Landkarten, sie hören RFI auf Transistorradios. Sie wissen gut, was um sie herum vorgeht und wo sie hinwollen: Immer weiter nach Norden. Mehrmals haben wir versucht, sie anzuhalten. Ohne jeden Erfolg. Jeden Morgen stehen sie auf, beginnen zu laufen und kampieren abends 30 Kilometer weiter.«[244]

Rund 50 000 sammelten sich um Mbandaka. Dort kam es in den Tagen kurz vor Mobutus Sturz am 17. Mai 1997 noch einmal zu massiven Tötungen im Ort Wendji kurz vor Mbandaka sowie am Hafen der Provinzhauptstadt selbst.

Einer, der dabei war, ist Laforge Fils Bazeye, heute Sprecher der FDLR. Er schildert das Geschehen in unveröffentlichten persönlichen Aufzeichnungen.[245] Darin beschreibt er, wie die Flüchtlinge eines Morgens am Hafen von Mbandaka – nach anderen Berichten muss das der 13. Mai 1997 gewesen sein – Boote bestiegen, aber vor der Abfahrt bombardiert worden, woraufhin sie wieder wegliefen. »Kaum aus dem Boot heraus, stellten die Flüchtlinge fest, dass der Hafen von bis auf die Zähne bewaffneten Soldaten Kagames umstellt war. Sie begannen, wahllos auf die Menge zu schießen«, schreibt Laforge. Ein Kommandant habe junge Männer abführen und erschießen lassen. Laforge selbst habe festgestellt, dass seine kleine Tochter, von seiner Mutter auf dem Rücken getragen, bereits einer Schusswunde erlegen war. »Man zwang uns, sie ins Wasser zu werfen. Ich wollte mich widersetzen und begründen, dass ich sie begraben wollte. Einer der Flüchtlinge flüsterte mir ins Ohr: ›Willst du eine Kugel im Nacken?‹ Einer, der sah, dass ich mich weigerte, nahm das tote Baby und warf es ins Wasser, um mir die Kugel zu ersparen.«

»Die Kongolesen sagten überall, wo wir ankamen, wir sollten nach Ruanda zurückkehren«, erinnert sich als Zeuge in Stuttgart ein ehemaliger FDLR-Kämpfer, der als junger Flüchtling aus Bukavu bis nach Brazzaville lief – über 2000 Kilometer entlang seiner Route. »Sie jagten uns in die Wälder mit Hunden, wie wenn sie Tiere jagten. Wenn sie Flüchtlinge festnahmen, schlugen sie sie und nahmen

243 IRIN Great Lakes Update 183, 28.5.1997
244 Hatzfeld, Jean: Zaire: L'incroyable odyssée des réfugiés. In: Libération, 13.5.1997
245 Schilderung und Zitate nach: Mbandaka: Mieux vaut mourir vite. Témoignage d'un rescapé du massacre du port de Mbandaka, von Laforge Fils Bazeye übermittelter autobiografischer Bericht

ihnen alles weg. Sie versuchten, sie mit Zwang nach Ruanda zurückzubringen. Ich überlebte, weil ich meine kleine Schwester trug, sonst hätten sie mich auch getötet. Am Flugplatz Bangoka [der Name des Flughafens von Kisangani] brachten sie meinen Vater und meine Brüder nach Ruanda. Meine Mutter, ich und meine Schwester gingen nach Brazzaville.«[246]

Wer heimkehrte, war in Ruanda nicht besonders willkommen. Ein deutscher Priester berichtete im Mai 1997, wie er »eher zufällig« Zeuge der Ankunft von Repatriierten aus Kisangani wurde, als er eigentlich eine Schule besuchte: »Weit im Süden Ruandas, nahe der burundischen Grenze, trifft in einem Gemeindezentrum ein Lastwagen des UN-Flüchtlingshilfswerks UNHCR mit etwa 60 Rückkehrern ein, direkt vom Flughafen in Kigali. Schätzungsweise 600 bis 700 Bewohner der Gemeinde bilden einen großen Kreis und starren erwartungsvoll an, was ihnen da regelrecht vor die Füße gekippt wird. Ausgemergelte Männer, Frauen mit geschwollenen Füßen, Kinder mit Wunden – jeder wird genauestens kontrolliert. Einige müssen sich fast nackt ausziehen. Stundenlang hocken sie in der prallen Sonne. Einige werden von den Militärs noch auf ihre Wunden geschlagen. Jeder muß seine Taschen ausleeren. Aus einigen fällt etwas Geld auf die Erde. Die Soldaten treten es mit Füßen, um es schließlich in die eigene Tasche zu stecken. Keiner aus dem Kreis der Zuschauer reicht den Rückkehrern auch nur ein Glas Wasser.«[247]

Aus Sicht der ruandischen Regierung hatten sich die Flüchtlinge ihr Schicksal selbst zuzuschreiben – sie hätten ja gleich nach Ruanda zurückkommen können. Wer nicht freiwillig zurückkehrte, so der Umkehrschluss, hatte entweder etwas zu verbergen, war ideologisch vom Völkermord überzeugt oder war gar selbst weiter militärisch aktiv. Der vom UN-Menschenrechtsrat mit Untersuchungen in Zaire/Kongo beauftragte Chilene Roberto Garreton kam im Juli 1997 zum Schluss: »Es steht außer Frage, dass ethnische Massaker verübt wurden und dass die Opfer zumeist Hutu aus Burundi, Ruanda und Zaire waren. Die vorläufige Meinung der gemeinsamen Mission ist, dass einige dieser mutmaßlichen Massaker Akte des Völkermords sein könnten.«[248]

Doch die bis zu 200 000 angeblich »verschwundenen« Flüchtlinge, von denen UN-Stellen 1997 sprachen, sind mittlerweile alle wieder aufgetaucht – mit Ausnahme derjenigen, die mit großer Sicherheit im April 1997 südlich von Kisangani und im Mai 1997 bei Mbandaka starben oder unterwegs den dramatischen Lebensbedingungen zum Opfer fielen. Das UNHCR repatriiert bis heute ruandische Flüchtlinge aus dem Kongo. Die Gesamtzahl der Repatriierten seit 1996 erreichte

246 Zeugenaussage, Prozesstag 132, OLG Stuttgart 4.2.2013

247 Bartel, Burkhard: Reisebericht, auszugsweise veröffentlicht als Die Logik des Überlebens ist mörderisch. In: tageszeitung, 25.6.1997

248 Dies und das Folgezitat: Report of the joint mission charged with investigatins allegations of massacres and other human rights violations occurring in eastern Zaire (now Democratic Republic of the Congo) since September 1996, UN General Assembly 2.7.1997, A/51/942, § 80

Ende 2014 genau 1 165 107.[249] Das sind mehr Flüchtlinge als zu Beginn der Repatriierungen gezählt worden waren. Zugleich sagt die FDLR, sie habe noch 245 000 ruandische Hutu-Flüchtlinge in den Kivu-Provinzen unter ihrer Kontrolle.

Der Krieg der Zahlen dauert an. Aber der Horror, den viele ruandische Hutu-Flüchtlinge beim monatelangen Treck durch Zaire erlebten, ist zum Gründungsmythos der FDLR geworden. Er dient ihr als Beweis, dass ruandische Hutu-Flüchtlinge im Kongo ihre eigene Armee brauchen.

249 UNHCR Statistical Online Database, popstats.unhcr.org

Kapitel 6
Der Kongokrieg und das Entstehen der FDLR

1997: Die Hutu-Armee trägt den Krieg zurück nach Ruanda

Die Ex-FAR-Strukturen seien »total zerstört«, freute sich Ruandas Vizepräsident Paul Kagame wenige Wochen nach Kabilas Machtergreifung in Kinshasa und der Gründung der Demokratischen Republik Kongo im Mai 1997.[250] Die Ex-FAR-Kampftruppen hatten sich nach der Zerschlagung der Lager in Zaire 1996 gespalten: Ein Teil zog als reguläre Armee nach Westen, ein anderer Teil blieb als Guerilla in den Kivu-Provinzen.

Viele der in den Westen Zaires geflohenen Ex-FAR-Soldaten erreichten die Nachbarländer: Kongo-Brazzaville, Zentralafrikanische Republik, Angola, Sudan. Manche blieben im Inneren des Kongobeckens, in der Waldregion um Basankusu. Eine funktionierende Kommandostruktur gab es nur noch in den Masisi-Bergen in Nord-Kivu im Ostkongo. Dort waren wichtige Ex-FAR-Einheiten untergetaucht. Ihr Anführer war der spätere FDLR-Oberkommandierende Paul Rwarakabije. Mit ihm war als einziges Mitglied des einstigen FAR-Oberkommandos Oberstleutnant Léonard Nkundiye gekommen. Insgesamt sammelten sich rund 7000 Mann.[251] In Katoyi entstand ein Generalstab mit Oberst Froduald Mugemanyi als Oberkommandierender. Zum Generalstab gehörten Rwarakabije als G3 und Nkundiye als G4 und der heutige FDLR-Interimspräsident Byiringiro als G5. Sie trugen den Krieg nach Ruanda zurück.

Rwarakabije, heißt es, habe nach dem Fall von Kisangani am 15. März 1997 die Truppen um sich geschart und gesagt, jetzt sei die einzige Lösung, Krieg innerhalb Ruandas zu führen.[252] Ein ehemaliger FDLR-Offizier sagt vor Gericht in Stuttgart aus: »Die Ex-FAR-Brigade ›Yankees‹ ging zurück; sie hat sich in Masisi neu formiert, und weil sie Waffen hatten, haben sie alle Leute in den Wäldern gesucht.«[253] Ein anderer Soldat erinnert sich: »Als wir auf der Flucht nach Walikale kamen,

250 IRIN Great Lakes Update 186, 3.6.1997
251 Dies und die folgenden Angaben nach: African Rights: Rwanda: The Insurgency in the Northwest. London 1998, S. 37 f., 62–64
252 African Rights 1998, S. 38
253 Zeugenaussage, Prozesstag 68, OLG Stuttgart 26.3.2012

waren da Leute mit Waffen […] Sie sagten, wer genug Kraft hat, kann mit ihnen nach Ruanda und mit den *abacengezi* anfangen.«[254]

Abacengezi, »Infiltrierer«, nannte sich die neue Hutu-Guerilla. Ihre grundlegende Idee war, die massive Rückkehr von Flüchtlingen nach Ruanda seit November 1996 zu nutzen und die jetzt wieder von ihren Hutu-Bewohnern besiedelten Distrikte Gisenyi und Ruhengeri zu »befreien«.

Mit den Flüchtlingen waren bereits Soldaten und Milizionäre nach Ruanda zurückgekehrt; 2300 wurden bis Januar 1997 in Ruhengeri registriert.[255] Nicht alle blieben friedlich. Bereits nach der ersten Januarwoche 1997 wurden 50 Tote bei Angriffen seit Weihnachten 1996 gemeldet.[256] Am 19. Januar 1997 wurden in Ruhengeri drei spanische Mitarbeiter des Hilfswerks »Médecins du Monde« (MDM) erschossen – ein Vorfall, der zum Rückzug internationaler Helfer aus dem Nordwesten Ruandas führte, obwohl dort Hunderttausende Rückkehrer dringend Unterstützung gebraucht hätten. Jacqui Mamu, Sprecherin von »Médecins du Monde«, berichtete, vier Männer mit Uniformen und Sturmgewehren seien in das Gelände eingedrungen, hätten die Papiere der Mitarbeiter kontrollieren wollen und dann sofort das Feuer eröffnet; es sei »keine Tat von Banditen gewesen, sondern von Menschen, die sehr genau wussten, was sie taten«.[257]

Jahre später sollte ein spanischer Untersuchungsrichter behaupten, der Mord an den Spaniern sei von Ruandas RPF-Armee verübt worden. Er machte dies zur Grundlage von Haftbefehlen gegen deren komplette Führung, was lange das diplomatische Klima vergiftete. Erst 2015 setzte die spanische Justiz die Haftbefehle aus. Schon 1997 hatte die Exilpartei RDR in einer in Deutschland von Straton Musoni unterzeichneten Presseerklärung Ruandas Armee verantwortlich gemacht: »Nicht Hutu-Milizen, sondern Soldaten der ruandischen Regierungsarmee töteten drei Spanier und verletzten einen Amerikaner.«[258] Nach einer Serie weiterer blutiger Überfälle auf Tutsi behauptete Musoni, es handele sich um »Unruhestiftung, die bewusst von Tutsi-Extremisten in Szene gesetzt wird, um möglichst viele Hutu zu ermorden«.[259]

In diesem Klima von Gewalt landeten ab Mai 1997 die *abacengezi* aus dem Kongo. Sie operierten in Einheiten von bis zu 500 Mann, griffen bevorzugt Tutsi und mutmaßliche Kollaborateure der RPF-Regierung an. Der damalige US-Militärattaché in Ruanda schrieb später: »Ein typischer Angriff lief wie folgt ab: Ex-FAR erkundeten das Ziel, um Armeepositionen und Patrouillenroutinen in Erfahrung zu bringen. Mit Schusswaffen ausgerüstete Ex-FAR griffen die Armeepositionen an, Aufständische mit Macheten und anderen Handwaffen sowie Zivi-

254 Zeugenaussage, Prozesstag 133, OLG Stuttgart 6.2.2013
255 Semaine sanglante dans le nord-ouest du Rwanda, AFP 24.1.1997
256 Berichte über Hutu-Übergriffe in Ruanda, Reuters 7.1.1997
257 Interview mit Jacqui Mamu, 20.1.1997
258 RDR-Deutschland, Presseerklärung 27.1.1997
259 RDR-Deutschland, Presseerklärung 15.2.1997

listen die weichen, zivilen Ziele.«[260] Die Aufständischen teilten Nordwestruanda in Militärzonen auf und verlangten von den dort lebenden Hutu, sie zu versorgen. Es gab Propagandazeitungen; eine davon hieß *Umucunguzi* (Der Erlöser) – der Name, den die FDLR bis heute ihren Kämpfern gibt. Es gab Flugblätter und Pamphlete: »Ihr dummen Hutu, die immerzu Geld gebt, womit Waffen gekauft werden, die dazu dienen, eure Brüder zu töten«, stand auf einem.[261]

Eine »Botschaft an alle Ruander« vom Juli verkündete: »Wir erinneren euch, dass unser Kampf einer zwischen Hutu und Tutsi ist. Bleibt wachsam, lasst uns die Tutsi weit weg jagen. Der Kampf ist in einer kritischen Phase. Seid stark, wir stehen kurz davor, unser Vaterland zu befreien. Wir werden es bald schaffen. Die Inyenzi-Führer sind im Begriff, zu verschwinden.«[262] In Ruhengeri verkündete ein Drohbrief, man habe beschlossen: »i) jeden Hutu zu köpfen, der ein Komplize oder Kollaborateur des Feindes ist; ii) das Haus jedes Hutu anzuzünden, der sich weigert, seinen Volksgenossen aufzunehmen oder zu ernähren; iii) jeden Hutu mit 200 Stöcken zu schlagen, der Angst oder mangelnden Willen bei der Teilnahme an den militärischen Aktivitäten zur Befreiung des Landes zeigt […] Eine dieser Strafen wird an jedem vollstreckt, der dieses Kommuniqué zerreißt, bevor andere es gelesen haben.«[263] Flugblätter wandten sich auch an die Tutsi, die im »Ruanda der Hutu« nichts zu suchen hätten. »Wir befehlen, dass ihr Tutsi in allen Städten Ruandas alle verschwindet, bevor es zu spät ist. […] Gott hat euch uns ausgeliefert, damit wir euch essen wie Teig.«[264]

In der Nacht zum 11. Dezember 1997, pünktlich zu einem Besuch von US-Außenministerin Madeleine Albright in Ruanda, richteten die *abacengezi* ihr größtes Massaker an. Vier Stunden lang wüteten sie im Flüchtlingslager Mudende, wo 17 000 Tutsi aus dem Kongo lebten, die ab 1994 vor den FAR in Nord-Kivu geflohen waren. Nach amtlichen Angaben starben 300 Menschen, die Flüchtlinge sprachen von 1643 Toten. »Sie kamen von allen Seiten«, berichtete ein Überlebender. »Sie nutzten Metallstangen, Macheten, Speere, Hämmer, Äxte. Manche trugen Uniformenn, andere waren Frauen und Kinder […] Am Morgen konnte man ohnmächtig werden, wenn man sah, wie sie Menschen gefoltert hatten, bevor sie sie töteten: abgeschnittene Köpfe, Hände, Beine, Arme, Genitalien, Brüste und so weiter. Manche Frauen hatten Stöcke in ihrer Vagina.«[265] Das erinnert an die späteren Schilderungen von FDLR-Überfällen auf kongolesische Dörfer.

260 Orth, Richard: Rwanda's Hutu Extremist Insurgency. An Eyewitness Perspective. In: MacMillan Center Genocide Studies, No 25, Yale 2001, S. 240. www.isn.ethz.ch/Digital-Library/Publications/Detail/?ots591=0c54e3b3-1e9c-be1e-2c24-a6a8c7060233&lng=en&id=46
261 African Rights 1998, S. 103
262 Ebd., S. 113
263 Ebd., S. 205 f.
264 Zitiert in Rwanda: Questions autour du second massacre de Mudende, RNA 11-17.12.1997, wiedergegeben in Rutazibwa, Privat: Les crises des Grands Lacs et la question tutsi: Réflexions sur l'idéologie du génocide dans la sous-région, Kigali 1999, S. 104 f.
265 African Rights 1998, S. 168 f.

»Der Horror des Völkermordes geht weiter«, titelte dazu die Monatszeitung *Rwanda Libération*, eine der wenigen Zeitungen in Ruanda damals, und identifizierte die Angreifer, wie damals üblich, als »Interahamwe, die sich ›Armee Jesu‹ nennen«.[266]

Ab jetzt setzte Ruandas Armee Kampfhubschrauber und Panzerfahrzeuge ein. Die *abacengezi* sortierten sich ebenfalls neu. Sie nannten sich nunmehr Armee für die Befreiung Ruandas (ALIR), als militärischer Arm der Exil-Partei PALIR in Nairobi, wie ihre Zeitung *Umucunguzi* bekanntgab.[267] Im Juni 1998 bekannte sich die PALIR erstmals zu einem Angriff der *abacengezi* in Ruanda – die Tötung von 59 Tutsi-Rückkehrern im Transitlager Kinihira.[268] Ihre Militärsektoren bekamen neue Namen – aus den militärisch üblichen alphabetischen Code-Bezeichnungen Alpha, Bravo, Charlie wurden Nazareth, Bethlehem und Québec, geführt von jungen, frischen Kommandanten, »belastbarer und der Sache total ergeben«.[269] Vizekommandeur des Sektors Bethlehem war der spätere FDLR-Kommandant von Nord-Kivu, Pacifique Ntawunguka alias Omega. Kommandant des vierten Sektors Delta, der bis nach Gitarama reichte, war der spätere stellvertretende FDLR-Militärchef Stanislas Nzeyimana alias Bigaruka. Die ALIR verübte dort Terrorangriffe: 34 Menschen verbrannten bei einem Brandanschlag auf Zuschauer einer Fernsehübertragung des Endspiels der Fußball-Weltmeisterschaft am 11. Juli 1998 im Ort Tare, dem Geburtsort von Ruandas erstem Präsidenten Kayibanda.

»Für die ruandische Regierung war es nicht leicht, gegen die Abacengezi zu kämpfen«, berichtet vor Gericht in Stuttgart ein damals in Ruanda lebender ehemaliger FDLR-Kader. »Viele kamen aus der Region, sie bekamen zu essen und Zuflucht von den Bürgern, die ihre Verwandten waren.«[270] Nachdem Rebellen seinen Wohnort angriffen und viele Soldaten töteten, sei er immer wieder geflohen. »Ich war müde und dachte, ich werde umgebracht. Weil ich als junger Mann immer floh, dachten die ruandischen Soldaten, du bist einer von den Abacengezi, und die Abacengezi dachten, ich arbeite mit den Soldaten.« Schließlich kontaktierte er einen ehemaligen Schulkameraden, der Offizier bei den Rebellen war, und wurde von ihnen aufgenommen. »Statt von beiden Seiten gejagt zu werden, entschied ich mich für eine Seite, um Schutz zu finden.«[271] Ein anderer ehemaliger FDLR-Kämpfer berichtet vor Gericht, wie er damals als Schüler von den *abacengezi* zwangsrekrutiert wurde. »Drei Tage lang konnten wir nicht in die Schule gehen, weil Abacengezi kamen und Leute festnahmen und sagten: Du arbeitest mit den

266 Camp de Mudende: L'horreur du génocide continue. In: Rwanda Libération, 20.1.1998, S. 1 und 3
267 IRIN Great Lakes Update 428, 2.6.1998
268 IRIN Great Lakes Update 436, 12.6.1998
269 Damascène 2013, Teil 8
270 Dies und das folgende Zitat: Zeugenaussage, Prozesstag 255, OLG Stuttgart 24.9.2014
271 Zeugenaussage, Prozesstag 38, OLG Stuttgart 14.11.2011

Soldaten von Kagame«, sagte er. »Sie sagten: Entweder du kommst mit zum Militär oder du stirbst.«[272] Er ging mit.

Ruandas Armee behielt die Oberhand. In der Nacht zum 24. Juli 1998 starb Ex-FAR-Oberstleutnant Nkundiye, Stabschef der ALIR, bei einer großen Schlacht in der Gemeinde Giciye. Die Armee lud die Bevölkerung ein, seine Leiche vor dem Verwaltungsgebäude von Giciye zu besichtigen. Der Oberkommandierende des Ex-FAR-Generalstabs in Masisi, Froduald Mugemanyi, starb in der Nacht zum 4. August im nahen Gishwati-Wald.

Damit war das Rückgrat der »Infiltrierer« gebrochen. Giciye war strategisch und ideologisch von zentraler Bedeutung, denn es war die Heimatgemeinde der einstigen First Lady Agathe Kanziga und anderer für den Völkermord Verantwortlicher wie Théoneste Bagosora und Protais Mpirinya. Giciye liegt an der Straße ins Herz von Bushiru, das einstige rebellische alte Hutu-Königreich. »Die Kontrolle der Straße durch ALIR würde ganz Bushiru unter die Kontrolle der Rebellen bringen«, heißt es in einer zeitgenössischen ALIR-Analyse.[273] Giciyes Bürgermeister Fidèle Nsekalije war der Sohn von Oberst Aloys Nsekalije, Habyarimanas Onkel und Promotionskamerad. Und ausgerechnet an diesem Ort wurde die Leiche des ALIR-Kommandeurs der Öffentlichkeit präsentiert.

Am 10. Oktober 1998 befahl Rwarakabije den geordneten Rückzug in den Kongo.[274] Ruandas Armee gewann die Kontrolle zurück und sie tat das gründlich: Die Hügel, wo die Bauern immer verstreut gelebt hatten, wurden geräumt. Die Bewohner kamen erst in Vertriebenenlager, dann in neue Gemeinschaftssiedlungen. Die Siedlungsstruktur des alten Kernlandes des Habyarimana-Regimes wurde nachhaltig verändert. In dieser Zeit entstand das heute gewohnte Bild einer Reihe von Straßendörfern entlang der Hauptstraße in den Bergen zwischen Gisenyi und Ruhengeri. Nie wieder sind die steilen Hügel ringsum, wo zuweilen Hagel fällt und es empfindlich kalt werden kann, ein sicheres Terrain für Untergrundkämpfer geworden.

1998: Im »zweiten Kongokrieg« werden die Hutu-Kämpfer wieder gebraucht

Im Sommer 1998 brach im Kongo erneut Krieg aus. Präsident Laurent-Désiré Kabila, wegen seiner nichterfüllten Demokratisierungsversprechen in innenpolitischer Bedrängnis, brach am 27. Juli 1998 mit Ruanda, dessen Armee ihn ein Jahr

272 Zeugenaussage, Prozesstag 46, OLG Stuttgart 12.12.2011
273 The Battle For A Road, undatiert. www.afroamerica.net/pages/afrogreatlakes/ALIR_Nsekalije.txt
274 African Rights: A Welcome Expression of Intent. The Nairobi Communiqué and the Ex-FAR/Interahamwe. December 2007, S. 15. www.francerwandagenocide.org/documents/AfricanRights-ReportNairobiCommunique9November.pdf

zuvor an die Macht gehievt hatte. Er wies Ruandas Soldaten aus dem Kongo aus und setzte James Kabarebe, der Ruandas Feldzug an der Spitze der Rebellenallianz AFDL gegen Mobutu angeführt hatte, als Generalstabschef der kongolesischen Streitkräfte ab. Daraufhin erhoben sich Ruanda-treue Offiziere und jene Tutsi-Kämpfer, die ursprünglich den Kern der AFDL gebildet hatten, gegen Kabila. Die Meuterer erklärten am 2. August 1998 in Goma Kabila für abgesetzt und gründeten die Rebellenbewegung Kongolesische Sammlung für Demokratie (RCD). Im Laufe des Augusts versuchten sie, mit einer Kommandoaktion per Flugzeug Kinshasa in einem Blitzkrieg zu erobern – das scheiterte, weil Angola zugunsten Kabilas eingriff. Daraufhin setzte sich die RCD im Ostkongo fest mit dem Ziel, den AFDL-Vormarsch quer durch das Land von 1996-97 zu wiederholen.

Der »zweite Kongokrieg« begann, aber anders als der erste führte er nicht zum Umsturz, sondern zur Teilung des Landes – und nicht zur Zerschlagung des bewaffneten ruandischen Hutu-Exils, sondern zu dessen Renaissance. Präsident Kabila reaktivierte die ehemalige ruandische Hutu-Armee, weil er keine eigene mehr hatte. Die ruandischen Ex-FAR-Soldaten, die sich 1997 in alle Winde zerstreut hatten, wurden zurückgeholt, um mit Kongos desolaten Regierungsstreitkräften sowie Eingreiftruppen aus Simbabwe, Angola, Namibia und Tschad den Vormarsch der RCD-Rebellen aufzuhalten. Diejenigen, die im Ostkongo untergetaucht waren und dann als ALIR in Ruanda gewütet hatten, sammelten sich wieder in Kivu – wo jetzt auch Ruandas Armee an der Seite der RCD kämpfte.

Nach UN-Recherchen gab es zum Zeitpunkt des Kriegsausbruchs am 2. August 1998 zwischen 41 000 und 54 000 ruandische Hutu-Soldaten und Hutu-Milizionäre in der gesamten Region: rund 15 000 innerhalb der Demokratischen Republik Kongo; 10 000 bis 15 000 in Ruanda als ALIR-Guerilla; 5000 bis 8000 im Sudan, zumeist in südsudanesischen Garnisonsstädten; 5000 bis 7000 in Kongo-Brazzaville, zumeist in Flüchtlingslagern oder als Beteiligte am dortigen Bürgerkrieg; 3000 bis 5000 in Tansania; jeweils 2000 in Sambia und der Zentralafrikanischen Republik; 1500 in Angola bei den Unita-Rebellen; und einige Hundert in Burundi, Kenia und weiter entfernten Ländern.[275] Laut der Menschenrechtsorganisation African Rights nahm Kongos Botschaft in Nairobi schon wenige Tage nach Kriegsausbruch Kontakt mit dem dort lebenden früheren Verteidigungsminister der ruandischen Interimsregierung von 1994, André Bizimana, auf.[276] Am 5. Oktober habe eine Gruppe von 800 Ex-FAR-Soldaten, begleitet von 1400 neuen Rekruten, unter dem Kommando des späteren FDLR-Stabschefs Major Léodomir Mugaragu den Kongo-Fluss von Brazzaville nach Kinshasa überquert. General Augustin Bizimungu, FAR-Oberkommandierender im Kongo seit 1994 und nun

275 Location and Movement of ex-FAR and Interahamwe, Landkarte im Anhang zu: UN Security Council, Final Report of the International Commission of Inquiry (Rwanda), 18.11.1998, S/1998/1096

276 Dies und die folgenden Angaben nach: African Rights 2007, S.16f.

in den Generalstab der kongolesischen Armee integriert, empfing die Kämpfer in Kinshasa und sorgte für ihre Integration in die Armee. Die Kämpfer aus Brazzaville wurden im Kongo »doucement« (sanft) genannt, die ruandischen Kämpfer insgesamt hießen auch »Romeo«[277] – nach dem militärischen Code-Alphabet für den Buchstaben R.

Zwei weitere wichtige Führer der Ex-FAR aus den Flüchtlingslagern lebten mittlerweile im Sudan: der frühere FAR-Geheimdienstchef und spätere FDLR-Präsident Aloys Ntiwiragabo sowie der frühere Gouverneur von Kigali, Tharcisse Renzaho. Kongos Präsident Kabila flog ihretwegen in die sudanesische Hauptstadt Khartum. Aus Sudan kamen daraufhin Tausende Ex-FAR-Soldaten. Ntiwiragabo und Renzaho folgten und organisierten ihre Truppen im Kongo.

So sammelte sich die Ex-FAR im Kongo neu. Der spätere FDLR-Vizepräsident Musoni resümiert vor Gericht: »1998 war der Angriff Ruandas auf Kongo, der kongolesische Präsident suchte Unterstützung bei den ex-Soldaten der ruandischen Regierung im Exil, das waren die Ex-FAR. Sie haben zusammen eine Armee zusammengestellt namens Forces Spéciales (FS), als Spezialeinheit, die nicht zur Regierung gehörte, sondern eigenständig war. Mit Verträgen wurde die Zusammenarbeit geregelt. Das Kommando hatte Generalstabschef Tharcisse Renzaho.«[278]

Nachdem Ende August die nahe Kinshasa kämpfenden Rebellen besiegt waren, wandten sich die neuen Freunde der Aufgabe zu, den Krieg in den Ostkongo zu tragen, Richtung Ruanda. Kongos Justizminister Mwenze Kongolo traf im September in Nairobi Ex-FAR-Offiziere, »um sie zu bitten, Angriffe auf Goma zu starten, was sie auch taten«.[279] Ab 13. September führte ALIR einen Großangriff auf Goma, an dem nach Angaben gefangengenommener Kämpfer 900, nach RCD-Angaben 2000 Soldaten teilnahmen; bei dieser »Operation Alleluia« starben über 100 Menschen.

Ab Oktober 1998 stabilisierten sich im Ostkongo die Kriegsfronten: Kabila mit Ruandas Ex-Armee FAR im Westen, Ruanda mit der Rebellenbewegung RCD im Osten. Die wichtigste Front verlief mitten durch das Land, quer durch die Bergbauprovinzen Kasai und Katanga. Dort stand das Gros der Ex-FAR. Ein ehemaliger Offizier, der 1997 über Tingi-Tingi nach Angola zu den Unita-Rebellen geflohen war, erinnert sich daran vor Gericht in Stuttgart: »Wir sind Anfang 1997 in Angola angekommen und haben Ende 1998 Angola verlassen. Wir sind nach Kananga gegangen [Hauptstadt von Kasai Occidental], dort wurde ein Bataillon gebildet, das man ›Bataillon von Ruanda‹ nannte. Anfang Dezember 1998 haben wir Kananga verlassen und sind nach Mbuji-Mayi [Hauptstadt von Kasai Oriental], dort sind wir ein Jahr geblieben, dann 2000 sind wir nach Katanga.«[280]

277 Zeugenaussage, Prozesstag 119, OLG Stuttgart 12.5.2012. Vgl. auch Kapitel 5.4, S. 411
278 Einlassung Straton Musoni, Prozesstag 224, OLG Stuttgart 7.4.2014
279 UN-Bericht S/1998/1096, § 52
280 Zeugenaussage, Prozesstag 66, OLG Stuttgart, 19.3.2012

Ruandische Hutu-Soldaten kämpften auch im Norden Kongos gegen die von Uganda unterstützte Kongolesische Befreiungsbewegung (MLC), eine von ehemaligen Mobutu-Anhängern gegründete Rebellenarmee. 840 ruandische »Flüchtlinge« aus der Zentralafrikanischen Republik, mehrheitlich Ex-FAR, wurden am 11. November 1998 auf eigenen Wunsch vom Flüchtlingshilfswerk UNHCR in den Kongo gebracht, wo sie mit Soldaten aus Tschad gegen die MLC in den Krieg zogen. Das war ein Fiasko. Der spätere FDLR-Nord-Kivu-Kommandant Ezéchiel Gakwerere (Stany) schrieb seinem in Deutschland lebenden Großonkel: »Die Tschader haben uns Panzergranaten und Mörser geliehen, und als sie sich zurückzogen, nahmen sie das wieder an sich. Wir waren entwaffnet.«[281] Die MLC eroberte im Juli 1999 Gbadolite, Mobutus Geburtsort, wo auch Ruandas Expräsident Habyarimana begraben liegt. Die Ex-FAR-Kontingente flohen nach dieser Schmach zurück in die Zentralafrikanische Repubik. Im August wurden sie erneut in den Kongo geschickt, dieses Mal direkt per Flugzeug nach Lubumbashi. Die UN-Blauhelme in Bangui waren dabei nicht kooperativ, berichtete Gakwerere. »Wir sind nach Bangui gefahren, haben dort Material und Geld erhalten, und als wir ins Flugzeug steigen wollten, haben die Soldaten der UN alles weggenommen. Wir landeten in Lubumbashi ohne alles.« Auch der spätere FDLR-Militärchef Mudacumura kam auf dem Luftweg von Bangui nach Lubumbashi.[282]

Nicht mehr die Flüchtlingslager in Goma und Bukavu, sondern die Armeehauptquartiere in Kinshasa und Lubumbashi waren nun die Basen der Ex-FAR. »Die Ex-FAR und Interahamwe, einst ein besiegter und zerstreuter Rest, sind jetzt ein wichtiger Bestandteil der internationalen Allianz gegen die kongolesischen Rebellen und ihre mutmaßliche Sponsoren Ruanda und Uganda geworden«, bilanzierte eine UN-Untersuchungskommission im November 1998, gut ein Vierteljahr nach Kriegsbeginn. »Die neue Beziehung hat den Interahamwe und Ex-FAR eine Art Legitimation verschafft. Dies ist ein zutiefst schockierender Umstand.«[283]

Als Koordinationsgremium der Exil-Ruander entstand ein Widerstandskoordinationskomitee (CCR) in Kinshasa, faktisch eine Neuauflage der ruandischen Interimsregierung aus der Zeit des Völkermordes und der Flüchtlingslager.[284] Der frühere Gesundheitsminister Casimir Bizimungu wurde CCR-Präsident. Die aus Sudan zurückgekehrten Ex-FAR-Führer Renzaho und Ntiwiragabo verdrängten die zivilen Politiker und wurden jeweils CCR-Exekutivsekretär und CCR-Oberkommandierender. Der entmachtete Bizimungu reiste zurück nach Nairobi und wurde dort am 11. Februar 1999 unter ICTR-Haftbefehl festgenommen.[285]

281 Dies und das folgende Zitat: Brief von Gakwerere an Jean-Bosco U., verlesen im FDLR-Unterstützerprozess, OLG Düsseldorf

282 Zeugenaussage, Prozesstag 120, OLG Stuttgart 10.12.2012

283 UN-Bericht S/1998/1096, § 87

284 Die folgenden Angaben nach: African Rights 2007, S. 19f.

285 Sein Völkermordprozess begann 2003. Am 30.9.2011 wurde er vom ICTR freigesprochen, ebenso sein früherer Außenministerkollege Jérôme Bicamumpaka.

Das Aus für Bizimungu bedeutete auch das Ende des CCR und führte zum Entstehen der FDLR schon lange vor ihrer offiziellen Gründung am 1. Mai 2000. FDLR-Mitgründer Félicien Kanyamibwa erinnert sich: »Die Idee der FDLR wurde am 19. Februar 1999 formalisiert und umgehend Präsident Laurent-Désiré Kabila vorgelegt, als die neue politische Organisation, in der sich ruandische Flüchtlinge ausdrücken werden. Präsident Kabila war begeistert von der Idee und unterstützte sie.«[286] Nach Angaben Bizimanas gegenüber African Rights berief CCR-Exekutivsekretär Oberst Renzaho am 14. Februar 1999 eine Sitzung ein und erklärte, er habe mit Ntiwiragabo und Rafiki beschlossen, eine neue Gruppe namens FDLR zu gründen, als Bindeglied zwischen den Ex-FAR und Kongos Regierung.

Präsident und Oberkommandierer wurde Ntiwiragabo in Kinshasa, mit Renzaho in Lubumbashi als Stellvertreter und dem späteren FDLR-Militärchef Mudacumura als Stabschef an der Kriegsfront in Pweto.[287] Der spätere FDLR-Stabschef Mugaragu kommandierte in der Region um Pweto und Moba am Tanganyika-See die 111. Brigade; G4 war der spätere FDLR-G4 Samuel Rucogoza alias Sam Muhire.[288] Zwei weitere Brigaden standen in Mbuji-Mayi sowie in in der nördlichen Provinz Équateur.

Der Name FDLR war damals noch nicht in Gebrauch. Die Ex-FAR in Kasai, Katanga und Équateur wurden von internationalen Beobachtern als »ALIR II« bezeichnet, um sie von der eigentlichen ALIR in Nord-Kivu zu unterscheiden. Sich selbst nannten sie »Forces Spéciales« und sahen sich als Eliteeinheiten. »Die Forces Spéciales waren oft Ex-FAR«, erläutert FDLR-Vizepräsident Musoni vor Gericht; »auf Bitten von Kabila kämpften die Forces Spéciales als Verbündeter gegen die ruandische Armee.«[289]

Die ursprüngliche ALIR im Ostkongo wurde nun »ALIR I« genannt. Ihre Kommandanten Mugemanyi und Nkundiye waren in Ruanda gefallen. Übrig aus dem Ex-FAR-Generalstab waren noch Rwarakabije und Byiringiro, die beide später in der FDLR auf höchster Ebene tätig werden sollten. Ihre Basen hatten sie in den beiden Nationalparks der Kivu-Provinzen – der Kahuzi-Biega-Park nordwestlich von Bukavu und der Virunga-Park nordwestlich von Goma. Von der Regierung Kabila im fernen Kinshasa wurden sie als Verbündeter gegen Ruanda mit Waffen versorgt, von lokalen Volksgruppen aber als Besatzungsmacht abgelehnt.

Auf internationale Aufmerksamkeit stießen diese Hutu-Kämpfer, als sie am 1. März 1999 in Uganda zuschlugen und im Bwindi-Nationalpark, eine Stunde Fußmarsch von der kongolesischen Grenze entfernt, acht weiße Touristen töteten. 150 bewaffnete Kämpfer aus dem Wald drangen im Morgengrauen in das

286 Persönliche Auskunft, E-Mail von Félicien Kanyamibwa, 23.1.2015. Zu den inneren Reibereien im Hutu-Exil in dieser Zeit vgl. Mureme, Kubwimana: La grande énigme des FDLR, 11.3.2014, www.therwandan.com/fr/la-grande-enigme-des-fdlr-par-mwalimu-mureme-kubwimana/

287 African Rights 2007, S. 20

288 Omaar 2008, S. 104, 109, 125

289 Einlassung Straton Musoni, 173. Prozesstag, OLG Stuttgart, 5.8.2013

Touristencamp »Abercrombie and Kent Gorilla Forest Camp« ein, warfen Granaten und schossen um sich. Sie töteten drei Ugander, legten Feuer und trieben 31 weiße Touristen zusammen. 15 wurden verschleppt und von diesen wiederum acht – vier Briten, zwei US-Amerikaner und zwei Neuseeländer – brutal ermordet. Überlebende berichteten von tiefen Machetenhieben, zerquetschten Schädeln und einer Vergewaltigung.[290]

Die Angreifer »hatten Radios und waren mit Sturmgewehren bewaffnet«, meldete der ugandische Geheimdienst nach der Befragung einer wieder freigelassenen Französin.[291] »Sie waren zumeist zwischen 18 und 30 Jahre alt, sprachen Französisch und Kinyarwanda und es waren Frauen unter ihnen«. Gegenüber Journalisten hieß es, auf den Leichen seien Zetteln hinterlassen worden mit Aufschriften wie »Dies ist das Schicksal der Angelsachsen, die uns verraten haben und die Niloten zum Nachteil der Bantu-Bauern bevorzugen.«[292] Knapp sieben Jahre später verurteilte ein ugandisches Gericht einen der Angreifer zu 15 Jahren Haft: den Ruander Jean-Paul Bizimana.[293] Bizimana war seit 1992 FAR-Soldat, hatte 1997 bis 1998 am ALIR-Krieg in Ruanda teilgenommen und diente nun in einer CRAP-Spähereinheit. »Morgens wurden wir über unsere Mission gebrieft«, schilderte er vor Gericht den Ablauf. »Uns wurde gesagt, dass sich im Wald Touristen zusammen mit ugandischen Soldaten aufhalten. Unsere Aufgabe war, die ugandischen Soldaten anzugreifen und ihre Gewehre zu holen.«

Einen neuen Impuls erhielt die ALIR durch das Waffenstillstandsabkommen für den Kongo, das die Kriegsparteien im Juli und August 1999 in Sambias Hauptstadt Lusaka schlossen. Dieses Abkommen verfügte eine Einstellung aller Kampfhandlungen innerhalb von 24 Stunden, einen »nationalen Dialog« im Kongo innerhalb von 90 Tagen, die Entwaffnung aller bewaffneten Gruppen innerhalb von 120 Tagen und den Abzug aller ausländischen Truppen innerhalb von 180 Tagen.[294] Zu den »bewaffneten Gruppen«, die »aufgespürt, entwaffnet, festgesetzt und dokumentiert« werden sollten, zählte das Abkommen explizit Ex-FAR und Interahamwe, wobei »Massenmörder und Täter von Verbrechen gegen die Menschlichkeit« dem UN-Tribunal zu überstellen seien.[295] Diese Aufgabe sollte eine UN-Truppe übernehmen.

Die unmittelbare Folge von Lusaka war nicht Frieden, sondern noch mehr Krieg. Bereits im September 1999 beförderte Kongos Präsident Laurent-Désiré

290 8 Tourists Slain In Uganda, Including U.S. Couple. In: New York Times, 3.3.1999

291 Kidnap of Foreign Tourists in Bwindi, CMI-Bericht an Ugandas Präsident, 1.3.1999, veröffentlicht in: The Independent, Kampala, 5.5.2009

292 Les armées ougandaise et rwandaise à la poursuite des Interahamwe, AFP 4.3.1999

293 Die folgenden Angaben nach dem schriftlichen Urteil im Fall Uganda v Bizimana, High Court of Uganda, Kampala, 16.1.2006, AZ HCT-00-CR-SC-0122 of 2005. www.ulii.org/ug/judgment/high-court/2006/46

294 Ceasefire Agreement on the Democratic Republic of the Congo, Lusaka 10.7.1999, Volltext in UN-Dokument S/1999/815. Zeitplan: Annex A Kapitel 13

295 Lusaka Agreement Annex A, Kapitel 9

Kabila seinen Sohn Joseph zum Chef der Landstreitkräfte und erklärte später, Kongos Armee FAC stehe nunmehr »bereit zur Erfüllung ihrer Mission [...] Wenn die FAC in Kigali stehen, werden wir sehen, wie arrogant Paul Kagame ist.«[296]

2000: Ex-FAR-Offiziere und Exilanten aus Deutschland gründen die FDLR offiziell

Die militärische Zusammenführung der ruandischen Hutu-Kämpfer ging einher mit einer politischen Spaltung der Hutu-Exilpolitiker. Die 1995 in den Flüchtlingslagern als politischer Arm der FAR gegründete Partei RDR trennte sich 1997 auf einem außerordentlichen Kongess im belgischen Namur von der Armee und gab sich eine neue Führung.[297] Im August 1998 wurde Ignace Murwanashyaka Präsident der Deutschland-Sektion der RDR. Doch im September gründete die RDR zusammen mit der FRD von Expremierminister Faustin Twagiramungu und einer weiteren Organisation das Exilbündnis Union des Forces Démocratiques Rwandaises (UFDR). Twagiramungu wurde UFDR-Präsident und bekräftigte seine »unzweideutige Verurteilung des Völkermordes an den Tutsi 1994« als »Abscheulichkeit«[298]. Dann beschloss das neue Exilbündnis im März 2000 in Brüssel die Fusion seiner konstituierenden Organisationen innerhalb von sechs Monaten.[299] Dies war offenbar der Anlass für Murwanashyaka und Musoni, sich von der RDR zu trennen. Musoni sagt vor Gericht, dass »wir beide RDR verließen, um die FDLR zu gründen«.[300] Als Grund gibt er an, dass die RDR nichts gegen die Massaker an Flüchtlingen in Zaire 1996/97 unternommen habe.

»Wir sind konkurrierende Organisationen«, sagt vor Gericht zum Verhältnis von RDR und FDLR Eric Bahembera, 1999–2000 Herausgeber der RDR-Zeitschrift *Forum Rwandais* und ab 2000 Nachfolger Murwanashyakas als Präsident der RDR-Deutschland.[301] Die RDR habe sich um die Flüchtlinge politisch, die FDLR militärisch kümmern wollen. Murwanashyaka sei als »Freund von Soldaten« zur FDLR gegangen, bestätigt Paul Rwarakabije, der erste Militärchef der FDLR.[302] Ein ehemaliger FAR- und ALIR-Offizier weist vor Gericht auf einen weiteren Grund für die Gründung der FDLR hin: »Die ALIR hat den Krieg in Ruanda verloren, da sie keine Unterstützung aus dem Ausland hatte [...] Es wurde ein alter Fehler

296 IRIN Great Lakes Update 792, 2.11.1999

297 Déclaration du 1er congrès extraordinaire du RDR, tenu à Namur du 15 au 17 août 1997. In: Forum Rwandais No 0, 1.–31.10.1998, S. 2

298 Twagiramungu, Faustin: Pour une paix durable dans les pays des Grands Lacs. In: Forum Rwandais No 2, Juni 1999

299 Premier Congrès de l'Union des Forces Démocratiques Rwandaises (UFDR), Bruxelles 11.–12.3.2000, Résolutions et Recommandations. In: Forum Rwandais No 9, April 2000

300 Einlassung Straton Musoni, Prozesstag 173, OLG Stuttgart 5.8.2013

301 Zeugenaussage Eric Bahembera, Prozesstag 25, OLG Stuttgart 14.9.2011

302 Zeugenaussage Paul Rwarakabije, Prozesstag 34, OLG Stuttgart 24.10.2011

korrigiert.«[303] Demnach wäre die FDLR entstanden, um Unterstützung aus dem Ausland zu gewinnen.

Laut Gründungsprotokoll erfolgte die offizielle Gründung der FDLR am 1. Mai 2000 zum Abschluss eines zehntägigen Treffens in Nasho im Südosten Ruandas.[304] Unter Beteiligung von Delegierten aus aller Welt habe man »die kulturellen und historischen Gründe« der ruandischen Krise diskutiert, das »Funktionieren einer Befreiungsbewegung«, den »psychologischen, medialen und propagandistischen Krieg« sowie »die Notwendigkeit und Natur der Aufklärung in einer Befreiungsbewegung« beraten und schließlich ein Programm, Statuten und eine Geschäftsordnung beschlossen. Schließlich wurde der später für die FDLR-Soldaten gebräuchliche Begriff *abacunguzi* (Befreier/Erlöser) eingeführt: Die Teilnehmer »ermutigen die *abacunguzi*« und »unterstützen die Aktionen der *abacunguzi* und fordern die zuständigen Instanzen auf, alles für den Erfolg ihrer so ehrenwerten Mission zu tun«.

Dieses Gründungstreffen fand laut dem späteren FDLR-Vizepräsidenten Musoni in Wirklichkeit im kongolesischen Lubumbashi statt, Sitz des Generalstabs der Ex-FAR-Kämpfer im Kongo. »Wir waren nicht in Nasho, das ist nicht richtig«, sagt er vor Gericht und gab als Begründung für die Unwahrheit an: »Man sollte nicht sagen, dass man in Lubumbashi eine politische Partei für Ruanda gründete.«[305] Er erinnert sich: »Am 1. Mai 2000 wurde die FDLR mit Unterstützung der kongolesischen Regierung offiziell gegründet. Ich war aus Deutschland angereist, um mir eine Meinung zu bilden. Ich war überzeugt von dem Willen nach einer politischen Lösung, vor allem von ehemaligen FAR-Offizieren war der Wunsch glaubhaft nach einer politischen Lösung. Ich war überzeugt von ihrem Willen, ihrer Disziplin und ihrem Glauben an Gott.«[306] Zum Gründungstreffen seien außer ihm aus Europa noch Ignace Murwanashyaka sowie ein Ruander aus Belgien gekommen. Die politische und militärische Führung sei in Präsident Ntiwiragabo vereint worden, mit Renzaho als Exekutivsekretär. Murwanashyaka wurde FDLR-Kommissar für auswärtige Angelegenheiten, Musoni Vertreter in Europa.

Nach der FDLR-Gründung erlebte die ALIR im Ostkongo einen Aufschwung. Offensichtlich wurde sie verstärkt von Kabila mit Waffen versorgt; das Kriegsgeschehen in den Kivu-Provinzen konzentrierte sich damals auf die Kontrolle der vielen im Wald verstreuten Flugpisten. Ende Mai 2000 führte die ALIR ihren ersten größeren Angriff auf Ruanda seit über einem Jahr, mit 15 Toten im Nordwesten des Landes. Ende Juli kam es zu einer Welle von Großangriffen auch in Nord-Kivu.

303 Zeugenaussage, Prozesstag 66, OLG Stuttgart 19.3.2012

304 Diese und folgende Angaben nach: Résolutions, décisions et recommandations des premières assises des Forces Démocratiques de Libération du Rwanda, Nasho, 1.5.2000

305 Einlassung Straton Musoni, Prozesstag 224, OLG Stuttgart 7.4.2014

306 Einlassung Straton Musoni, Prozesstag 173, OLG Stuttgart 5.8.2013

Es wurde damals von Komplizenschaft zwischen den ALIR-Milizen und in Ruandas Armee eingegliederten Ex-FAR-Offizieren berichtet. So griff die ALIR nach einem lokalen Bericht in der Nacht zum 18. Juni 2000 die Distrikthauptstadt Kabare in Süd-Kivu an, aber erst nach sechs Stunden habe die ruandische Armee eingegriffen, obwohl ihre Soldaten in der Stadt waren: »Der Kommandant von Kabare ist ein Hutu [...] Es ist nachgewiesen, dass er mit seinen Interahamwe-Brüdern zusammenarbeitet.«[307] Die Hutu-Angreifer, heißt es weiter, fühlten sich völlig ungestört: »Die Interahamwe sagten: Ihr flieht nach Bukavu, wir werden euch in den See werfen, denn Bukavu ist unser Hauptquartier.«

Nach unabhängigen Angaben hatte sich die Zahl der ALIR-Kämpfer in den Kivu-Provinzen zwischen 1999 und 2000 auf rund 15 000 verdreifacht; sie seien in jeder der beiden Provinzen mit einer Division präsent, und in Nord-Kivu gebe es drei Brigaden, »Limpopo«, »Lilongwe« und »Niamey«.[308] Überlebende von ALIR-Angriffen berichteten von »Gruppen von Banditen mit nagelneuen Uniformen und Funkgeräten«.[309] Die RCD-Rebellen erklärten: »Viele Interahamwe kommen aus Tansania über den Tanganyika-See mit Waffen und Kommunikationsmitteln; sie landen im Distrikt Fizi und erhalten dort weitere Versorgung von Kabila.«[310]

Um diese Nachschubrouten im äußersten Südosten des Kongo abzuschneiden, überrollte Ruandas Armee nach wochenlangen Kämpfen am 3. Dezember 2000 die Stadt Pweto am Mwero-See, wenig später auch die letzte noch von Kongos Regierungstruppen gehaltene Stadt am Tanganyika-See, Moliro. 1600 ruandische Hutu-Kämpfer, unterstützt von Offizieren aus Simbabwe an der Artillerie, hätten auf der Gegenseite gestanden, hieß es.[311] Der Fall von Pweto war die spektakulärste Niederlage Kabilas und der Ex-FAR im gesamten Kongokrieg.

Kongos Armeeführung ergriff ungeordnet die Flucht, einschließlich Präsidentensohn und Armeechef Joseph Kabila. »Der Präsidentensohn floh über den See in einer Fähre namens ›Allianz‹ zusammen mit hochrangigen Kommandanten aus Simbabwe und burundischen Hutus«, so ein zeitgenössischer Bericht.[312] Die Ex-FAR habe Joseph Kabila damals »physisch gerettet«, heißt es in der Darstellung eines FDLR-Sympathisanten.[313] Unter den 3700 Soldaten der kongolesischen

307 Attaque de grande envergure autour de Bukavu, ANB-BIA 24.6.2000

308 International Crisis Group: Scramble for the Congo: Anatomy of an Ugly War, 20.12.2000, S. 14

309 Hutu militia spread terror in Congo's east, Reuters 10.8.2000

310 RCD-Innenminister Joseph Mudumbi in Les Interahamwe multiplient leurs actions dans le Sud-Kivu, AFP, 8.8.2000

311 L'armée rwandaise annonce avoir reprise Pepa dans le Katanga, Plus de 100 morts dans les combats pour la reprise de Pepa (rebelles), AFP, 11.11.2000

312 Vick, Karl: Desperate Battle Defines Congo's Warlike Peace. In: Washington Post, 2.1.2001

313 Témoignage émouvant, FDLR a sauvé la RDC deux fois et a protégé des réfugiés rwandais rescapés des massacres du FPR jusqu'à présent, avant de condamner il faut juger. In: Veritas Info 31.10.2010. www.veritasinfo.fr/article-rdc-temoignage-emouvant-fdlr-a-sauve-la-rdc-deux-fois-et-a-protege-des-refugies-rwandais-rescapes-des-massacres-du-fpr-jusqu-a-prese

Armee, die nach Sambia flohen, wurde auch der spätere FDLR-Militärchef Mudacumura vermutet.

In einer zeitgenössischen Analyse rechnet FDLR-Mitgründer Kanyamibwa mit dem damaligen System Kabila schonungslos ab. »Die Stabschefs und sogar der Generalstabschef sind noch nie professionell im Kampf ausgebildet worden. Kein Einziger von ihnen ist ein professioneller Soldat. Sie wurden auf der Grundlage familiärer oder persönlicher Beziehungen zu Kabila ernannt [...] Der einzige autonome Militärkommandeur ist der Stabschef der Armee, Joseph Kabila. Er hat es geschafft, die anderen Kommandanten zu terrorisieren.«[314]

Einen Monat später, am 16. Januar 2001, wurde Kongos Präsident Laurent-Désiré Kabila in seinem Büro in Kinshasa von einem Leibwächter erschossen. Die Regierung übertrug am nächsten Tag »die Führung der Regierung und das militärische Oberkommando« an seinen Sohn Joseph Kabila.[315] Der 31-jährige wurde aus Simbabwe eingeflogen und am 26. Januar offiziell als Präsident installiert.

Jetzt war Kongos Zukunft völlig offen. Der »kleine Kabila«, wie viele Beobachter den neuen Präsidenten nannten, bekannte sich zum Frieden und zu den Vereinten Nationen, anders als sein Vater. Für die ruandischen Hutu-Kämpfer in ihrer neuen Organisation FDLR war das gefährlich. Am 22. Februar forderte der UN-Sicherheitsrat erstmals Kongos Konfliktparteien auf, »bis zum 15. Mai 2001 zur sofortigen Umsetzung vorrangig Pläne zur Entwaffnung, Demobilisierung, Repatriierung, Reintegration oder Umsiedlung (DDRRR) aller bewaffnneten Gruppen nach Annex A Kapitel 9.1 des Lusaka-Abkommens vorzubereiten«.[316]

2001: Die FDLR etabliert sich als politisch-militärische Kraft

Nun beschloss die FDLR, erstmals an die Öffentlichkeit zu gehen. Sie wählte dafür den ruandischen Völkermordjahrestag 2001. FDLR-Sprecher Alexis Nshimiyimana in Wien veröffentlichte am 6. April 2001 eine Erklärung, die mit den Worten beginnt: »Die FDLR nutzen die Gelegenheit der interethnischen Massaker in Ruanda, um dem ruandischen Volk ihr aufrichtiges Beileid auszusprechen.«[317] Die FDLR wolle aber »nicht passiv der Zerstörung ihres Landes und der unerbittlichen Auslöschung der Bevölkerung durch die Laune und den Größenwahn von General Paul Kagame zuschauen«, und »die internationale Gemeinschaft muss das Recht des ruandischen Volkes anerkennen, sich mit allen verfügbaren Mitteln zu befreien«. Begleitend veröffentlichte eine FDLR-treue Webseite ein Interview

314 Kanyamibwa, Félicien: Kabila's Congo. Beyond a gangrenous regime, a region in a sinking boat. E-Mail, 16.12.2000

315 Official Congolese Statement on Kabila, RTNC Kinshasa, BBC Monitoring, 17.1.2001

316 UN-Sicherheitsrat, Resolution 1341, 22.2.2001. Vgl. Kapitel 4.1, S. 206ff.

317 Dies und folgende Zitate: Statement by the FDLR, Alexis Nshimiyimana, 6.4.2001

mit Nshimiyimana, in dem er ausführte: »Wir sehen militärische Gewalt als einen anderen Weg, politische Ziele zu erreichen. Manchmal hat man keine Wahl.«[318]

Die FDLR ließ den Worten Taten folgen. Sie startete einen Großangriff auf Ruanda unter dem Namen »Opération Oracle du Seigneur« (Orakel des Herrn). Dieser Einmarsch begann um den 21. Mai 2001, als die ruandischen Behörden erstmals vermeldeten, sie hätten im Distrikt Ruhengeri unterhalb der Vulkane an der Grenze zum Kongo »vierzig Interahamwe« getötet.[319] Auf der kongolesischen Seite der Grenze berichteten Augenzeugen am 23. Mai, die Hauptstraße aus Goma nach Norden sei bei Kibumba zwei Stunden lang blockiert gewesen, weil 3000 ruandische Hutu-Kämpfer sie Richtung Ruanda überquerten.[320]

Es war eine Großoffensive. »Als die Ex-FAR im Mai 2001 aus Masisi Ruanda angriffen, war es mit Zustimmung sowohl der ALIR II als auch der Regierung in Kinshasa«, berichtete ALIR-Führungsmitglied Pierre Claver Habimana nach seiner Festnahme in Ruanda im Juli 2001. »Das Hauptziel war, die Regierung in Kigali zu destabilisieren, massiv zu rekrutieren und dann die Männer zum Training und zur Ausrüstung zurück in den Kongo zu schicken.«[321] Habimana zufolge warf Kongos Regierung Anfang Mai 2001 in den Masisi-Bergen Sturmgewehre, Munition, ein Satellitentelefon und Geld aus der Luft für die ALIR-Truppen ab. Augenzeugen in Nord-Kivu berichteten, die Richtung Ruanda marschierenden Kämpfer würden ihre Lebensmittel mit frischen Dollarscheinen bezahlen.[322]

Aber anders als 1997 und 1998 fanden die Hutu-Kämpfer in Ruandas Zivilbevölkerung keine Unterstützung mehr. »ALIR-Kämpfer haben den Bewohnern des Nordwestens [von Ruanda] ernsten Schaden durch Plünderung insbesondere von Nahrung, Kleidung und Medikamenten zugefügt«, bilanzierte die Menschenrechtsorganisation Human Rights Watch später: sie hätten Kinder entführt, Felder abgeerntet und Geschäfte ausgeraubt.[323]

Bereits nach der ersten Juniwoche berichteten die ruandischen Behörden, 150 von 400 aufgespürten Kämpfern seien getötet worden. Hunderte weitere starben. ALIR-Stabschef Pierre Habimana alias Bemera wurde am 15. Juli nahe Mutobo gefangengenommen – dort entstand später Ruandas größtes Demobilisierungslager für ehemalige ruandische Hutu-Kämpfer aus dem Kongo[324] – und eine Woche später auch ALIR-Geheimdienstchef Joseph Nandizimana alias Nyundo.

Tausende geschlagene ALIR-Soldaten machten sich auf den Weg zurück in die Wälder Nord-Kivus, wo sie auf Kosten der Bevölkerung lebten, was wiederum

318 Kanyamibwa, Félicien: Rwanda: a new politico-military opposition party, AfroAmerica Network, 6.4.2001
319 IRIN Great Lakes Update 1184, 23.5.2001
320 Forte concentration de Interahamwe à la frontière entre Rwanda et la RDC, AFP 29.5.2001
321 Speech by Pierre Claver, ex-ALIR chief of staff, New Congo Net, 3.10.2001
322 Persönliche Kommunikationen aus Goma, Juni 2001
323 Human Rights Watch: Rwanda: Observing the Rules of War?, Dezember 2001, S. 8
324 Vgl. Kapitel 4.1, S. 208 ff.

eine Massenflucht verursachte. »Sie ziehen nachts durch die Wälder und schlagen sich Richtung Walikale durch«, berichteten damals Vertriebene in neu entstandenen Elendslagern, wo Zehntausende fast ohne jede Versorgung kampierten.[325]

Die versprengten Reste von ALIR I in Nord-Kivu und die Einheiten von ALIR II in Süd-Kivu – jeweils sehr groben Schätzungen zufolge rund 10 000 Mann – wurden ab etwa Mitte 2001 allmählich verschmolzen und begannen, sich gemeinsam als FDLR zu bezeichnen. »2001 habe ich zum ersten Mal gehört, dass wir FDLR waren«, sagt vor Gericht in Stuttgart ein ehemaliger FDLR-Zugführer, der ab 1997 mit der ALIR gekämpft hatte; »als ALIR I und II zu FDLR wurden, hat man uns gesagt, wir haben einen Präsidenten, der Murwanashyaka heißt.«[326] Am 12. September 2001 wurde Ignace Murwanashyaka Präsident der FDLR.

325 Johnson, Dominic: Der endlose Krieg der Hutu-Milizen. In: tageszeitung, 19.9.2001
326 Zeugenaussage, Prozesstag 46, OLG Stuttgart 12.12.2011

Teil 3

Die Gedankenwelt der FDLR und des Hutu-Exils

Kapitel 1
Gotteskrieger der Erlösung: Das Weltbild der FDLR

»Alle Mitglieder der FDLR müssen an Gott glauben und ihn respektieren und fürchten«, heißt es in der Geschäftsordnung der FDLR.[1]

Sobald um Punkt sieben Uhr morgens die FDLR-Kämpfer und Offiziere im Dschungelhauptquartier Kalongi auf dem zentralen Paradeplatz zusammenkamen und sich vor General Mudacumura in Reih und Glied aufstellten, trat ein Priester, der neben dem Oberkommandierenden stand, einen Schritt vor und betete, die flache Hand ausgestreckt gen Himmel. »Gott möge die Krieger schützen und ihnen den rechten Weg weisen in ihrem Kampf«, lautete sein Gebet, erinnern sich Deserteure aus dem Hauptquartier. »Amen«, murmelten die Krieger im Chor. Dann konnte der Tag beginnen.

Die größten Gebäude auf den Hügeln inmitten des Dschungels waren neben dem zentralen Konferenzsaal die Kirchen: je eine für Katholiken, Protestanten und Adventisten, um den sonntäglichen Gottesdienst abzuhalten. Es wurden dort auch die in der FDLR-Geschäftsordnung festgehaltenen kirchlichen Feiertage begangen: Weihnachten, Ostern, Pfingsten, Mariä Himmelfahrt.[2] An Karfreitag und in der Osternacht wurden dort Rosenkränze gebetet, die die Mehrheit der FDLR-Kämpfer und vor allem die hohen Kommandeure um den Hals trugen. Auch FDLR-Präsident Murwanashyaka betrat niemals ohne Rosenkranz den Gerichtssaal in Stuttgart.

Umucunguzi, die FDLR-Bezeichnung für ein FDLR-Mitglied, heißt nicht nur »Befreier«, wie es die FDLR in ihrer Geschäftsordnung ausführt. Es ist im religiösen Kontext die ruandische Übersetzung für »Erlöser« in der Bibel. Präsident Murwanashyaka bezeichnet in seinen Textnachrichten Jesus Christus als »größten Umucunguzi«. Die strenge Disziplin, die Entschlossenheit und der 20 Jahre andauernde Kampf der FDLR lassen sich ohne eine starke religiöse Komponente nicht erklären. Ihr fester Glaube schweißt sie zusammen und ist auch das Funda-

1 FDLR: Règlement d'Ordre Intérieur, § 9
2 FDLR-Protokollakte zur Rangfolge und den Feiertagen, 21.5.2005, verlesen am Prozesstag 26, OLG Stuttgart 19.9.2011

ment ihrer Ideologie. Deswegen geben sie niemals auf. Sie kämpfen, finden sie, für eine heilige Sache: die Erlösung Ruandas von dem Bösen.

Die geheime Bibel der Auserwählten

»Prophezeiung – die Ideologie der FDLR/FOCA« lautet der Name eines Buches, aus welchem ein FDLR-Kommandeur im UN-Transitlager in Walungu in Süd-Kivu 2015 predigte. Es umfasst 229 Seiten, handgeschrieben, in säuberlichen Druckbuchstaben. Dieses Buch ist die »geheime Bibel«, wie es ein ehemaliger FDLR-Offizier ausdrückt, der 20 Jahre lang im Hauptquartier Dienst geschoben hatte.[3] Der Kommandeur in Walungu verfügte demnach lediglich über einen Auszug; vom vollständigen Werk gibt es angeblich nur ein einziges Exemplar, streng bewacht vom tief religiösen Zweiten Vizepräsidenten Victor Byiringiro.

Prophezeiungen spielen in der ruandischen Kultur eine wichtige Rolle. Meist sind es Jungfrauen, denen die Jungfrau Maria erscheint, um ihnen die Zukunft zu weisen. Allen diesen Prophezeiungen gemeinsam sind die Voraussagen von politischen Erschütterungen wie der Tod eines Führers oder Präsidenten, gewaltsame Machtumstürze und extreme Brutalität.

Auch in den Hutu-Flüchtlingslagern in Zaire und in der FDLR-Vorgängerorganisation ALIR ist, so die Kämpfer, die Jungfrau Maria erschienen. Deren Prophezeiungen seien über die Jahre hinweg vom heutigen FDLR-Interimspräsidenten Byiringiro in seinem »heiligen Buch« gesammelt worden. Auszüge seien in kleineren Schriftsammlungen an die verschiedenen Truppen verteilt und in den Stellungen von den Truppen-Priestern regelmäßig zum Gebet verlesen worden. Weitere Auszüge befänden sich in den Händen der Kommandanten der Militär- und Offiziersschule. Anhand der Prophezeiungen würde den Rekruten und Offiziersanwärtern weisgemacht, an welchem Punkt des Kampfes man sich gerade befinde. Die zivilen Lehrer in den FDLR-eigenen Grund- und Sekundarschulen würden dem Nachwuchs daraus vorlesen. Für die junge Generation war es das Glaubenskorsett, nach welchem sie die Realität beurteilen. Und so gesehen befindet sich die FDLR in einem heiligen Krieg.

Nicht zufällig gaben die Hutu-Generäle ihren Militäroperationen aus dem Kongo nach Ruanda hinein religiöse Namen: »Alleluia«, »Amen« und schließlich »Oracle du Seigneur«. Es gab noch kleinere Aktionen: die Operation »Trompete« 2003, ein Vorstoß aus Süd-Kivu nach Ruanda, benannt nach Joshuas Einzug nach Jericho im Alten Testament; die Operation »Schleuder« im Jahr 2004, die sich auf die Steinschleuder bezieht, mit welcher David den gewaltigen Goliath niederstreckte.

3 Interview, Mutobo Februar 2015

»Wir hatten eine Verheißung, dass das Land uns gehören werde«, berichtete ein in Ruanda beim Scheitern der Operation »Oracle de Seigneur« gefangener Anführer der ALIR im Jahr 2001 einem britischen Journalisten. Dabei küsste er das Kruzifix um seinen Hals. Er nannte sich mit Kriegsnamen Oberst Bemera, was übersetzt bedeutet »die Gläubigen«. Die ALIR sei als »Werk Gottes« in den Flüchtlingslagern im Ostkongo entstanden, erläuterte er. »Eine kongolesische Frau in einem Lager in Masisi hatte uns prophezeit, Gott sei bereit, uns Ruanda zu geben und es sei unsere Mission, nach Hause zu gehen.«[4]

Ein ehemaliger hochrangiger FDLR-Verwalter, der in Murwanashyakas Büro im Kongo arbeitete, sagt in Stuttgart vor Gericht: »Der Glaube hat eine große Bedeutung für FDLR, weil einige Führer großen Wert darauf legen, es hat Botschaften von Gebetsgruppen zum Kriegsverlauf gegeben. Soldaten und militärische Anführer stützen sich auf diese Botschaften, und zwar mehr als auf die Realität. Als 2001 die Operation ›Oracle du Seigneur‹ vorbereitet wurde, haben die Soldaten sich auf die Botschaft gestützt, dass Gott für sie kämpfen würde, aber sie hatten nicht genug Ausrüstung dabei. Die Vorgesetzten hatten damit den Soldaten Hoffnung gemacht, das hat bei vielen Unverständnis erzeugt. [...] Der Glaube hat über der Realität gestanden. Es gab einen Teil der Kämpfer, die die religiöse Interpretation nicht nachvollziehen konnten.«[5] Darüber habe er selbst mit Vizepräsident Byiringiro gestritten: Der sei jemand, der glaubt, Gott werde die Dinge schon richten, wenn es Probleme gibt.[6]

Auf die Frage, welche Rolle die Religion spielt, sagt ein anderer ehemaliger FDLR-Kämpfer: »Früher hatte der Glaube großen Einfluss auf die FDLR. Zur Zeit von ALIR beteten sie und Gott sagte ihnen, dass er ihnen das Land wiedergeben wird [...] Mit dem Land ist Ruanda gemeint, sie sagten, dass wir dort als Sieger zurückkehren werden. Nach ihren Gebeten sagten sie, wir sollen uns gedulden und stark sein.«[7]

»Jesus als Vorbild«: Der Präsident als religiöser Führer

FDLR-Präsident Ignace Murwanashyaka ist ein zutiefst gläubiger Katholik. In seinem Asylantrag, den Murwanashyaka im Jahr 2000 in Deutschland stellte, gab er sich nicht nur als verfolgter Hutu, sondern auch als verfolgter Christ aus. Die RPF beabsichtige, »alle Katholiken und intellektuelle Hutu auszuschalten«.[8] Zu Beginn seiner politischen Aktivität in der FDLR stand die Religion für ihn aber nicht an

4 Smith, Alex Duval: Rwanda warns of Hutu. In: The Independent, 4.8.2001
5 Zeugenaussage, Prozesstag 38, OLG Stuttgart 14.9.2011
6 Zeugenaussage, Prozesstag 39, OLG Stuttgart 16.9.2011
7 Zeugenaussage, Prozesstag 68, OLG Stuttgart 26.3.2012
8 Asylantrag Ignace Murwanashyaka, 3.2.2000, verlesen am Prozesstag 94, OLG Stuttgart 1.8.2012

erster Stelle. Als er 2005 seine Truppen im Kongo besuchte, trank er abends noch stundenlang Whisky mit Militärchef Mudacumura. Beim nächsten Besuch 2006 allerdings, erinnert sich ein ehemaliger Kämpfer, »war er christlich gesinnt, statt mit Mudacumura zu diskutieren ging er lieber zum Gebet. Der General ging dann sauer nach Hause und sprach darüber: Es gibt ein ruandisches Sprichwort: Wenn ein Hund nicht mehr Fleisch essen kann, ist er tot.«[9] Angeblich soll Murwanashyaka zwischen diesen beiden Reisen die Jungfrau Maria erschienen sein.

Gewissenhaft ließ sich seitdem die Führungsriege der FDLR zu den christlichen Feiertagen gegenseitig fromme Grüße rund um den Globus zukommen. Berühmt sind Murwanashyakas Osterbotschaften, die er jährlich verfasste: »Abacunguzi, liebe Brüder und Schwestern, ich wünsche euch allen das Beispiel von unserem größten Umucunguzi, unserem König Jesus Christus zu folgen. Ich wünsche euch ein frohes Osterfest. Er hat allen seinen Leuten den Erlöser versprochen und dieser sei mit euch!«[10] Wie kein anderer in der Organisation ehrt Murwanashyaka die Feiertage der Erscheinung von Fátima sowie den heiligen Tag der Erscheinung der Rosa Mystika 1949 in Heroldsbach bei Forchheim in Schwaben, an denen er segensreiche Grüße an die Kommandeure im Dschungel verschickt. Auch vom »Rosenkranz der Sieben Schmerzen« spricht Murwanashyaka in seinen Textnachrichten an die Truppe – ein katholisches Leidensritual.

»Gott möge euch weiterhin schützen«, schrieb Murwanashyaka in fast allen seiner Textnachrichten an die Kommandeure und politischen Untergebenen. Vor allem 2009, als Militäroperationen die FDLR in ihrer Existenz bedrohten, fehlte dieser Gruß unter fast keiner Nachricht.[11] »Gott möge euch segnen«, wünscht der FDLR-Präsident seinem Militärchef Mudacumura zum Abschied eines Telefongesprächs.[12] Fast jede seiner SMS schließt er mit der Grußfloskel, die Jungfrau Maria und der »Größte Umucunguzi« mögen den Adressaten schützen.

Je länger Murwanashyaka im Amt war, desto wichtiger wurden ihm religiöse Ermahnungen. Zum Internationalen Tag der Menschenrechte 2008 schrieb der FDLR-Präsident am 10. Dezember 2008 an alle FDLR-Mitglieder: »Jeder Abacunguzi[13] soll Jesus als Vorbild haben, sie werden ihr Ziel erreichen, nach Ruanda zurückzukehren, sie müssen Opfer bringen und leiden, wie Jesus es getan hat, sie sollen alles miteinander teilen und sich gegenseitig helfen, sie sollen Jesus danken für seinen Schutz.«[14] Er gab einen Plan durch, wie das Jahr mit Gebeten beendet

9 Zeugenaussage, Prozesstag 119, OLG Stuttgart 5.12.2012
10 SMS Murwanashyaka an Byiringiro und Mudacumura, 20.3.2008, Prozesstag 287, OLG Stuttgart 4.3.2015
11 SMS Murwanashyaka an Mudacumura, 9.9.2009, Prozesstag 260, OLG Stuttgart 15.10.2014
12 Telefonat Murwanashyaka und Mudacumura, 17.6.2009, Prozesstag 18, OLG Stuttgart, 25.7.2011
13 In den Übersetzungen ruandischer Texte vor Gericht wird »Abacunguzi« meist stehengelassen und auch anstelle der Singularform Umucunguzi benutzt
14 Botschaft von Ignace Murwanashyaka, 10.12.2008, Prozesstag 69, OLG Stuttgart 28.3.2012

werden solle. Dabei solle ein Ruhetag nur für Gebete zum Gedenken an die Menschen in Ruanda und in der Diaspora eingeräumt werden.

Zu Beginn des Jahres 2009 folgten genaue Anweisungen: Jeden Tag soll der Kämpfer um 15 Uhr ein kurzes »Friedensgebet« sprechen, für »Liebe unter den Ruandern, Frieden in Ruanda, für die Freiheit der Religion und Einheit«. Einmal täglich soll nach 16 Uhr gefastet werden. Dabei sollen die *abacunguzi* an den Krieg in der Region denken, am 22. und 23. Januar solle gefastet und der geleisteten Opfer gedacht werden. Wenn sich die *abacunguzi* im Kampf befinden, soll kurz innegehalten werden. »Denkt in Gebeten an die Intentionen, die ich euch gab in den letzten Jahren«, schreibt Murwanashyaka und ermahnt: »Der Rosenkranz der sieben Schmerzen ersetze nicht den vollständigen Rosenkranz.« Er gibt an, der Gebetsplan ende in der Karwoche am 25. März, und beendet die Botschaft mit der Signatur »Euer Führer Dr. Ignace Murwanashyaka«.[15]

»Wir versuchen zu beten«, schreibt im Juni 2009 Oberstleutnant Ferdinand Nsengiyumva alias Ferdinand Ayayo, damals Aufklärungschef (G2) des Schutzbataillons im Hauptquartier, seinem Präsidenten, nachdem er zuvor berichtet hat: »Wir haben Pfingsten gut gefeiert, auch wenn der Feind uns von allen Seiten angreift; wir haben ihn die Nacht danach aber richtig bestraft.«[16] Der Geheimdienstler fährt fort: »Wir haben Hoffnung, weil Gott einen Plan für uns hat. Wir wissen, dass sie sich schämen werden, wenn wir mit Stolz nach Hause zurückkehren. Ich versichere dir, dass ich immer noch an unseren Abmachungen, die wir 1999 in Lubumbashi getroffen haben, festhalte. Wir sind noch zu dritt. Sie, Bora und ich. Das Ziel und das Gebet sollen weiter die Basis unserer Entschlossenheit bleiben. Die Jungfrau Maria betet jeden Tag für uns.«

Der stellvertretende FOCA-Kommandant Bigaruka schreibt im März 2009 an Murwanashyaka: »Ich zähle zu den wenigen, die viel über die Botschaft Gottes verstehen zu diesem Krieg. Ich bete immer, damit Gott mich heute schützt, damit ich noch am Leben bin, wenn dieser Krieg zu Ende geht. Ich werde dann Gott preisen. […] Ich kenne die Bedeutung des Gebets. Ich kann nicht dabei nachlassen. Darin liegt das Geheimnis der Organisation. In der Zeit der Abacengezi[17] hat Gott sich uns gezeigt und wir haben Gott gesehen. […] Die Zeit naht, in der Gott zeigen wird, dass dieser Krieg von Gott geführt wird.«[18] Der Kommandant für Nord-Kivu, General Omega, macht sich über das von den USA auf im Ausland lebende FDLR-Führer ausgelobte Kopfgeld lustig: »Gott ist stärker als die USA.«[19]

Sogar seinen Vize Musoni ermahnt Murwanashyaka telefonisch zur Einhaltung der Gebetsregeln. »Wenn du keinen findest, mit dem du beten kannst, musst

15 Neujahrsbotschaft, 10.1.2009 Prozesstag 69, OLG Stuttgart 28.3.2012
16 SMS Ferdinand Ayayo an Murwanashyaka, 3.6.2009, Prozesstag 285, OLG Stuttgart 25.2.2015
17 Name für die aus dem Kongo nach Ruanda eingedrungenen Hutu-Untergrundkämpfer 1997–98. Vgl. Kapitel 2.6, S. 152 ff.
18 SMS Bigaruka an Murwanashyaka vom 7.3.2009, Prozesstag 284, OLG Stuttgart 23.2.2015
19 SMS Omega an Murwanashyaka, 6.3.2009, Prozesstag 284, OLG Stuttgart 23.2.2015

du zumindest in den Gottesdienst gehen und für die Sache beten«, mahnt er. Musoni versichert: »Ich werde hingehen.«[20]

Als im April 2009 Musoni wissen will, warum so viele FDLR-Kämpfer derzeit desertieren, erklärt Murwanashyaka ihm: »Man muss beten. Jeder Abacunguzi muss beten, das muss der Charakter von jedem Abacunguzi sein. Man muss jeden Tag beten. Derjenige, der nicht betet, wird diesen Krieg/Kampf nicht zu Ende führen. Die Himmlischen/Propheten haben das auch gesagt: Derjenige, der nicht betet, wird diesen Kampf nicht zu Ende bringen. Es wird hundertprozentig schwieriger sein. Derjenige, der jeden Tag betet morgens und abends, wenn möglich auch mittags, der hat keine Probleme. Diese, die desertieren und den Wald verlassen, ehrlich gesagt, sind Leute, die nicht beten. Die sind dem Alkohol verfallen oder sind mit Geld beschäftigt. Diese Leute werden den Kampf nicht zu Ende bringen. Keiner, keiner.«[21]

Manchmal, sehr selten, erntet Murwanashyaka Widerspruch. Im April 2009 erhält der Präsident folgende Nachricht aus dem Busch: »Exzellenz, Herr Präsident, uns geht es gut. Jemand hat mir letztens gesagt, dass Sie in Ihren Reden und Anweisungen zu katholisch sind (zu viele Jungfrau Maria).«[22] Am nächsten Tag schreibt der Präsident zurück: »Diejenigen, die sagen, dass ich in meinen Nachrichten zu sehr katholisch bin, verstehe ich. Man soll für sie beten, damit sie die Gottesseite dieser Angelegenheiten, in denen wir uns befinden, verstehen. Protestanten und Ungläubige, diejenige, die verloren sind, diese betrachten meine Nachrichten nicht wirklich als gut. Die Zeit wird aber kommen, wenn sie den Inhalt gut verstehen werden, und einiges davon bereuen werden, warum sie meine Bitten an sie nicht umgesetzt haben. Unsere Mutter, die Jungfrau Maria und der Größte Umucunguzi mögen euch weiterhin beistehen.«[23]

Enthaltsamkeit und Disziplin: Der perfekte FDLR-Krieger

Ähnlich wie früher in der FAR und in vielen anderen Armeen der Welt gibt es auch bei der FDLR eine Militärseelsorge, angeschlossen an den Generalstab – die *aumônerie militaire*. Die Truppen-Priester erteilen Sterbenden die letzte Salbung, beten mit Verwundeten, nehmen die Beichte ab, feiern die Sonntagsmesse oder beten einfach mit den Soldaten. In der FDLR zelebrieren sie auch Trauungen, Taufen und Beerdigungen. Institutionell war die Militärseelsorge Militärchef Mudacumura untergeordnet. Bis 2009 war der Leiter der Militärseelsorge Idel-

20 Telefonat Murwanashyaka und Musoni, 31.1.2009 Prozesstag 155, OLG Stuttgart 3.6.2013
21 Telefonat Murwanashyaka und Musoni, 3.4.2009, Prozesstag 21, OLG Stuttgart 3.8.2011. Schrägstriche verweisen auf umstrittene Übersetzungen des Gesprächs vor Gericht
22 SMS Gathos an Murwanashyaka vom 26.4.2009, Prozesstag 285, OLG Stuttgart 25.2.2015
23 SMS Murwanashyaka an Gathos vom 27.4.2009, Prozesstag 291, OLG Stuttgart 18.3.2015

phonse Nizeyimana alias Sebisogo, der während des Völkermordes in Ruanda für Massaker in Butare verantwortlich war und dafür vom internationalen Ruanda-Tribunal ICTR mit internationalem Haftbefehl gesucht wurde[24]. Bei Interpol war er gelistet, in den USA waren fünf Millionen US-Dollar auf ihn ausgeschrieben. Am 6. Oktober 2009 wurde er in einem Hotel in Ugandas Hauptstadt Kampala verhaftet, als er unter falschem Namen vom Kongo nach Kenia reisen wollte.[25] Uganda überstellte ihn an das ICTR, am 19. Juni 2012 wurde er dort wegen Völkermordes verurteilt. Sein Nachfolger als oberster Militärseelsorger der FDLR trägt den Kriegsnamen »Archevêque« – »Erzbischof«.

Eine weitere religiöse Institution, an der auch Zivilisten teilnehmen, ist die »Gebetsgruppe«, für Murwanashyaka ein wichtiges Organ. Schon 2006 hielt Nord-Kivu-Kommandant Omega, ebenfalls tief religiös, seinen Präsidenten über die Besuche der »Gebetsgruppe« unter Aufsicht von Leutnant Lukula in Süd-Kivu auf dem Laufenden.[26] 2008 erhielt sie vom Präsidenten aus Deutschland Geld. »Ich habe mit Mupenzi gesprochen«, schreibt Murwanashyaka im Oktober 2008 an Vize Byiringiro – »Mupenzi« ist der Codename des Oberkommandierenden Mudacumura: »Er wird dir in meinem Auftrag 200 USD geben, du sollst das Geld Assise geben. Es geht um meinen persönlichen Beitrag, um die Gebetsgruppe zu unterstützen. Es muss heimlich gemacht werden. Mupenzi hat mir gesagt, dass es schlecht aussehen wird, weil es auch Verwundete gibt, wenn man der Gebetsgruppe hilft anstatt den Verwundeten!«[27]

Im Militär waren die Priester ein strategisches Instrument. »Die Priester werden dirigiert von den militärischen Führern«, weiß der ehemalige FOCA-Verwalter. »Sie garantieren die Moral.«[28] So seien Raub und Plünderung eigentlich verboten – »aber wenn ein Kommandeur seine Einheiten auf einen Beutefeldzug schicken will, dann ruft er die religiösen Führer zu sich und gibt diesen Anweisungen. Diese predigen dann, dass es Gottes Wille sei, heute einen Beutefeldzug durchzuführen.« Solche Methoden würden die Geistlichen auch in Hinsicht auf das Verhalten der Soldaten anwenden. Wenn Geld knapp wurde, machten die Priester den Kämpfern weis, Gott hätte ihnen strikt untersagt, zu trinken. Ein allgemeines Trinkverbot sparte Geld.

Dabei war und ist der oberste Militärchef Mudacumura ein Trinker, und als besonders gläubig gilt er auch nicht. General Omega, der Kommandant für Nord-Kivu, hingegen bestand stets darauf, in seinen Spezialeinheiten entlang der Front zu Ruanda nur gottesfürchtige, enthaltsame Kämpfer zu unterhalten. Er trichterte ihnen ein, sie sollten nicht heiraten, denn Gott wünsche das so. Der wahre

24 Vgl. Kapitel 2.4, S. 126ff.
25 Auskunft von Ugandas Polizeisprecher, Kampala Oktober 2009
26 SMS Omega an Murwanashyaka, 29.9.2006, Prozesstag 275, OLG Stuttgart 14.1.2015
27 SMS Murwanashyaka an Byiringiro, 30.10.2008, Prozesstag 289, OLG Stuttgart 11.3.2015
28 Dies und das folgende Zitat: Interview, Mutobo Februar 2015

Grund: Verheiratete Männer ließen in schwierigen Zeiten oft ihre Einheiten im Stich, weil Frau oder Kinder versorgt werden mussten. Von ledigen Kämpfern versprach man sich mehr Loyalität, doch dies musste ihnen anders nahegebracht werden. In einer Textnachricht an Murwanashyaka schreibt sein Vertrauter Levite im Mai 2007: »Omega wird sich freuen, wenn er Leute bekommt, die fähig sind, mutig, entschlossen, ohne familiäre Belastung, nicht leicht bestechlich, dem Gebet hingegeben.«[29] Auch deshalb besteht die FDLR so streng auf ihren Heiratsregeln: ausdrückliche Erlaubnis von oben, Monogamie, Treue, keine HIV-Infektion.[30]

Die religiösen Gesetze sind kein Selbstzweck, sondern dienen dem Kampf. Immer wieder warnt Murwanashyaka vor denjenigen, »die nicht beten«, »die Alkohol trinken«, »die nicht Gott hörig sind«. Gegenüber Mudacumura erklärt er, als dieser ihm von der Fahnenflucht eines Hauptmannes berichtet: »Gott ist zurzeit am Trennen, Gott trennt die besten von den schlechtesten, andere werden auch weggehen, sei nicht überrascht.«[31]

Einer der gefallenen Krieger, die im November 2012 beim gescheiterten FDLR-Einmarsch nach Ruanda an der Grenze tot zurückgelassen wurden, trug in seiner Uniform eine Bibel eng an seiner Brust. Die wenigen nicht bedruckten Seiten am Anfang und am Ende des Buches waren vollgeschrieben mit Weissagungen und Prophezeiungen, wie im Religionsunterricht diktiert. Im Buch »Exodus« des Alten Testaments waren Zeilen unterstrichen, Anmerkungen an den Rand gekritzelt. Sie erlauben einen einmaligen Einblick in die geheime Gedankenwelt der FDLR.[32] Es geht um die Parallelen zwischen dem Gründungsmythos der FDLR, dem Exil der Hutu, und der Geschichte der Israeliten im Alten Testament:

Moses wird in einem Korb ausgesetzt und in der Ferne groß, bis er zurückgerufen wird, um die Israeliten aus der Sklaverei zu befreien – wie Murwanashyaka im Exil. Die Israeliten vermehren sich in Ägypten, nur um brutal vom Pharao versklavt zu werden – wie die Hutu unter der ruandischen Tutsi-Herrschaft. Naturkatastrophen wie Flüsse aus Blut brechen über Ägypten herein, als der Pharao die Israeliten nicht gehen lässt – wie die »Ereignisse« von 1994. Im Alten Testament wird von der systematischen Ermordung des Erstgeborenen jeder Familie berichtet; nur die auserwählten Israeliten bleiben verschont; auch das erinnert an den Völkermord. Letztlich zieht das gesamte Volk der Israeliten aus Ägypten aus, mit Kind und Kegel, Ziegen und sämtlichen Besitztümern – wie die Hutu aus Ruanda 1994. Der Pharao schickt seine besten Krieger hinterher, um sie zurückzubringen, notfalls mit bestialischer Gewalt – wie beim Krieg in Zaire 1996. Deswegen bewaffnen sich die Israeliten, während sie die Wüste der Sünden durchqueren

29 SMS Levite an Murwanashyaka vom 17.5.2007, Prozesstag 275, OLG 14.1.2015
30 Vgl. Kapitel 1.5, S. 58 ff.
31 Telefonat Murwanashyaka und Mudacumura, 21.7.2009, Prozesstag 95, OLG Stuttgart 6.8.2012
32 Angaben nach Gespräch mit dem M23-Kommandeur, der diese Bibel fand, Dezember 2012. Zum Angriff vgl. Kapitel 1.4, S. 52 f.

und Hunger leiden – wie die Hutu auf der Flucht im kongolesischen Regenwald. Auf einem Berg, der Blitz, Donner, Rauch und Feuer speit, empfängt Moses die Zehn Gebote – wie auf dem aktiven Vulkan Nyiragongo im Ostkongo bei Goma, dessen Feuerglühen bis weit nach Ruanda hinein sichtbar ist. Gott erteilt Moses schließlich den Auftrag, sein Volk ins Gelobte Land zurückzuführen; so verlassen die Israeliten den Berg auf der Halbinsel Sinai Richtung Kanaan – seit der jüngsten FDLR-Militärreform 2012 ist der Sektor Nord-Kivu, dort wo der Vulkan Nyiragongo liegt, in die Untersektoren »Sinai« und »Kanaan« geteilt.

In einer Presseerklärung benutzt FDLR-Übergangspräsident Byiringiro 2015 das Bild des Ozeans, durch welchen er ähnlich wie Moses beim Gang durch das Rote Meer die Flüchtlinge auf der Flucht vor Kongos Armee hindurchführen werde. Gott werde sie schützen und dafür sorgen, dass die Feinde, die ihnen folgen, in den Wogen versinken.[33]

»Lobe den Herrn«: Murwanashyakas letzte Worte vor Gericht

»Lobe den Herrn, meine Seele, und alles in mir seinen heiligen Namen« – mit diesem Bibelzitat ergreift Ignace Murwanashyaka am 16. September 2015, nach über vier Jahren Prozess gegen ihn, vor dem Oberlandesgericht Stuttgart erstmals das Wort. Am letzten Prozesstag vor seiner Verurteilung hat er das »Letzte Wort«. »Lobe den Herrn, meine Seele, und vergiss nicht, was er dir Gutes getan hat«, sagt er und erläutert: »Der Text kommt aus Psalm 103. Mitten im Gefängnis, in Bedrängnis und in ausweglos scheinender Situation ist Gott am Werk und verteidigt den, der ihn ehrt, wie seine eigene Ehre. Dass der Angeklagte heute noch am Leben ist, ist nur Gottes Barmherzigkeit zu verdanken.«[34]

Der FDLR-Präsident ist sich sicher, dass er verurteilt werden wird; das regt ihn nicht mehr auf. Aber richtig persönlich getroffen gibt er sich über einen Halbsatz, den Bundesanwalt Christian Ritscher in seinem Plädoyer geäußert hatte: nämlich, der Angeklagte würde sich als ein »Moses« darstellen. Dies werde »zutiefst zurückgewiesen«, so Murwanashyakas Anwältin an seiner Stelle. Denn die FDLR-Geschäftsordnung besage, jeder *umucunguzi* müsse an Gott glauben und ihn fürchten. »Im Alten Testament war Moses der Einzige, welcher zu Gott Auge zu Auge sprach. Ein kleines Gänseblümchen kann doch nicht den Anspruch erheben, Auge und Auge mit einer großen Lilie zu sein!« Und noch ein weiterer Satz des Staatsanwalts stört Murwanashyaka gewaltig, sagt er: »Laut Generalbundesanwaltschaft ist der Glaube des Angeklagten nur eine Fassade. Zeuge François sagte: In Kalongi 2005 unterhielt sich Murwanashyaka gerne mit Mudacumura,

33 Presseerklärung von FDLR-Übergangspräsident Byiringiro, Walikale 7.3.2015

34 Dies und die folgende Schilderung: Letztes Wort Ignace Murwanashyaka, Prozesstag 319, OLG Stuttgart 14.9.2015

trank Whisky bis Mitternacht – 2006 trank er nicht mehr, ging abends immer zur Gebetsgruppe und Mudacumura konnte sich mit ihm nicht mehr unterhalten. Mudacumura sagte zu G1: wenn der Hund kein Fleisch mehr essen will, ist sein Ende nah. Aber zehn Jahre später lebt der Angeklagte noch, mit Gottes Hilfe und ohne Whisky.«

Murwanashyaka fragt: »Zu welchem Zweck soll der Angeklagte seinen Glauben vor Mudacumura und den Abacunguzi vorgetäuscht haben, wenn es sogar dort umstritten war? Jeder darf sich seine eigene Meinung über den Glauben des Angeklagten bilden, aber die Meinung der Bundesanwaltschaft, sein Glaube sei nur Fassade, ergibt sich nicht aus der Beweisaufnahme. Der Angeklagte rief die Abacunguzi auf, den Weg der Heiligkeit zu gehen. Das passt nicht zu einem Aufruf, zu töten und zu vergewaltigen, zusammen.«

Am Ende kommt der FDLR-Präsident wieder auf die Bibel zu sprechen und auf seine eigene Rolle des Märtyrers. Er zitiert aus der Passionsgeschichte, wie der römische Stadthalter Pontius Pilatus Jesus zum Tod am Kreuz verurteilte. »Die Evangelien erzählen uns die Geschichte eines ehrlichen, aber ungerechten Richters«, so Murwanashyaka. »Pilatus sagt: Ich sehe keinen Grund zu verurteilen. Das Volk schreit noch lauter. Pilatus sagt: Nehmt ihn mit und kreuzigt ihn. Er sieht nur seine Interessen und vergisst, dass er auch vor Gott tritt. Wenn der Angeklagte verurteilt wird, wird er keinen Groll gegen die Richter hegen, er wird den Saal gelassen verlassen. Nicht nur die Geschichte wird ihn freisprechen, auch eine andere Instanz. Er wird den Saal gelassen verlassen, in der Zuversicht, dass er zwar eine Schlacht, aber nicht den Krieg verloren hat.«

Kapitel 2
Prophetische Traditionen und Marienkult

Die Figur eines kriegerischen Helden, der sein Leben für sein Land gibt, ist tief in der ruandischen Geschichte verwurzelt. *Umucengeri* ist eine traditionelle Bezeichnung für einen »Befreier«, meist »ein Mitglied der Königsfamilie, das dazu vorbestimmt war, sein Blut in Feindesland zu vergießen«.[35] Tut er es auf ruandischem Gebiet, heißt er *umutabazi*, was in Bibelübersetzungen und Kirchenliedern auch für Jesus als »Retter« verwendet wird.[36] Die Parallele zwischen dem *umucengeri* und FDLR-Präsident Murwanashyaka, der sich in der Fremde für die Sache opfert, drängt sich auf. Dass er vor Gericht verurteilt wird, ist geradezu eine Bestätigung seiner historischen Rolle. In der vorkolonialen ruandischen Geschichte gibt es Könige, die als *umutabazi* bezeichnet werden, weil sie im Krieg starben und damit angeblich den Sieg herbeiführten.

Der ruandische Sänger Simon Bikindi, der Hetzlieder für den Völkermord schrieb, benutzte in seinen Texten die Figur des *mutabazi* als Mahner, der die Hutu auf den rechten Weg weist. Als *guverinoma y'abatabazi* – »Regierung der Retter« – bezeichnete sich 1994 die Interimsregierung Ruandas, die nach Habyarimanas Tod die Massenmorde mitorganisierte und dann nach Zaire ins Exil ging. Die gedankliche Konnotation ist eindeutig: Es ging bei den Massakern an Tutsi und der darauffolgenden Flucht um die Selbstopferung der Hutu.

35 Musabyimana, Gaspard: Brève historique du Kamarampaka. www.musabyimana.net/20090528-breve-historique-de-kamarampaka-i/

36 Vgl. Munyaneza, Malachie: Genocide in the Name of ›Salvation‹. In: Brekkenkamp, Jonneke / Sherwood, Yvonne (Hg.): Sanctified aggression: Legacies of Biblical and Post-Biblical Vocabularies of Violence, London/New York 2003, S. 73 f.

Nyabingi: Prophetische Revolten als Vorläufer der Hutu-Revolution

Prophezeiungen und Weissagungen sind für die Entstehung des politischen Denkens der Hutu-Revolution und der FDLR zentral. Die erste große Rebellion gegen die Tutsi-Herrschaft in Ruanda gab es 100 Jahre vor dem Völkermord zu Beginn der Kolonialzeit am Anfang des 20. Jahrhunderts, genau in jenen Regionen Nordwestruandas, in denen auch das Habyarimana-Regime und später die Militärführungen von ALIR und FDLR zu Hause waren. Es waren Volksaufstände, geführt von Propheten.[37]

Die Tradition der Bergvölker der ugandisch-ruandischen Grenzregion Rukiga kennt die prophetische Kraft *nyabingi*, Geist einer toten Königin, die von bestimmten Frauen Besitz ergreift. »Das Nyabingi-Medium betrachtet sich in seiner Hochburg Ndorwa als einzige Autorität«, heißt es in einer kolonialen Studie. »Jede andere Macht ist schlecht, insbesondere die Tutsi-Herrschaft [...] Das Land muss von Fremdherrschaft und von anderen Anforderungen, insbesondere Steuern und Gemeinschaftsarbeit, erlöst werden.«[38]

1895 starb Ruandas Erobererkönig Kigeri IV Rwabugiri, der das kleine, in sich gekehrte Königreich Ruanda aus dem zentralen Hochland des heutigen Staatsgebiets weit in alle Himmelsrichtungen ausgedehnt hatte. Designierter Nachfolger war Prinz Rutarindwa. Designierte neue Königinmutter – nach dem König traditionell die mächtigste Person am Hof – war aber nicht dessen bereits verstorbene Mutter, sondern eine andere Königswitwe: Kanjogera. Sie akzeptierte den neuen Prinzen nicht, als er unter dem Namen Mubambwe IV Rutarindwa König wurde, und sorgte dafür, dass er 1896 getötet wurde; er starb in den Flammen seiner in Brand gesteckten Residenz. An seine Stelle trat Kanjogeras eigener Sohn Musinga, der Ruanda als König Yuhi V Musinga die nächsten 35 Jahre regieren sollte. Die entthronte andere Witwe floh in die Berge und wurde dort als »Wiederkehr Nyabingis« verehrt. Einer ihrer Söhne erklärte sich zum wahren Erben des toten Erobererkönigs: Prinz Ndungutse. Er versprach die Abschaffung von Zwangsarbeit und verbündete sich mit Hutu-Aufständischen, die alle Musinga-Getreuen angriffen und ihre Häuser anzündeten – genau wie 1959 auch die »Soziale Revolution« der Hutu beginnen sollte.[39]

Die deutsche Kolonialmacht und der neue ruandische Königshof standen mit dem Rücken zur Wand. Die deutsche Armee errichtete Militärposten entlang der heutigen Straße von Kigali nach Ruhengeri, um die zerklüftete Bergregion zurückzuerobern. Ndungutse wurde 1913 von britischen Soldaten in Uganda gefasst.

37 Vgl. Chrétien, Jean-Pierre: La révolte de Ndungutse. Forces traditionelles et pression coloniale au Rwanda allemand. In: Revue francaise d'histoire d'outre-mer, vol 59, no 217, 1972, S. 645–680. www.persee.fr/doc/outre_0300-9513_1972_num_59_217_1631

38 Bessell, M. J.: Nyabingi. In: Uganda Journal, Vol VI, No 2, October 1938, S. 85

39 Vgl. Kapitel 2.1, S. 86; 2.2, S. 96 ff.

König Musinga musste Ruanda erst einmal wieder frisch unter seine Autorität bringen und brauchte dafür die Deutschen; diese gewannen in ihm einen loyalen Verbündeten.

Die Niederschlagung dieser Revolten etablierte die Herrschaft des ruandischen Zentralstaats endgültig im Norden Ruandas. Neben Rukiga unter den Vulkanen wurde 1913 auch das südwestlich gelegene Königreich Bushiru südlich des heutigen Gisenyi unter Kontrolle gebracht. Einer in radikalen Hutu-Kreisen gepflegten Überlieferung zufolge hingen seitdem an der heiligen Kalinga-Trommel des ruandischen Könighofes, Symbol der Allmacht des *Mwami* und seit der »Sozialen Revolution« verschollen, die abgetrennten Hoden der besiegten Kriegsführer.

Aus Rukiga und Bushiru stammen die meisten hohen Militärs der späteren ruandischen Armee FAR und auch heute noch die der FDLR. Agathe Kanziga, die mächtige Ehefrau des Hutu-Präsidenten Juvénal Habyarimana, ist eine direkte Nachfahrin des einstigen Königshauses von Bushiru und stammt aus dem dortigen Bezirk Giciye; Juvénal Habyarimana selbst kam aus einfacheren Verhältnissen im Nachbarbezirk Karago in Rukiga. Die Webseite »Urugaga« des aktuellen FDLR-Interimspräsidenten Byiringiro, nach der Verhaftung Murwanashyakas jetzt Hüter der religiösen Disziplin der Organisation, trägt als ihr Motto zwischen dem Emblem der FDLR und der Flagge der früheren ruandischen Republik den Spruch: »Wir werden nie vor einem neuen Kalinga in die Knie gehen.«[40]

In einigen Teilen Ruandas gab es bis in die 1920er Jahre hinein Nyabingi-Revolten. Nyabingi wurde nicht nur in Ruanda als Heilsbringerin verehrt, sondern auch auf der anderen Seite der erloschenen Vulkane, die heute Ruanda und Kongo trennen. Das Volk der Nande weiter nördlich rund um das Rwenzori-Bergmassiv an der Grenze zu Uganda – die geheimnisumwitterten Mondberge – verehrte traditionell Nyavingi als »Göttin des Überflusses«.

Die katholische Mission in diesem Teil Nord-Kivus betrieben nicht die Weißen Väter wie in Ruanda, sondern die Assumptionisten. Dieser französische Mönchsorden ist benannt nach dem lateinischen Begriff für Mariä Himmelfahrt und wurde im 19. Jahrhundert bekannt dadurch, dass er Wallfahrten zu den Marienerscheinungen in Lourdes organisierte. Die Göttin Nyavingi erinnerte die weißen Missionare an die heilige Maria, und die Missionare ermutigten die Nande, ihre Göttin als »Wegbereiterin Mariä« zu sehen, »Königin des Friedens, Königin der Reinheit«.[41] Es ist kein Zufall, dass der Marienkult gerade in jenen Teilen der Region der Großen Seen so stark ist, in denen es eine Tradition der Anbetung von Prophetinnen gab.

40 www.urugaga.org

41 Muhemu Subao Sitone, Matthieu: Acculturation de la spiritualité assomptioniste au Nord-Kivu. In: Spindler, Marc/Lenoble-Bart, Annie (Hg.): Spiritualités missionaires contemporaines, Paris 2007, S. 277

Die Anbetung der Jungfrau Maria ist vom ersten ruandischen Präsidenten Kayibanda bis zu FDLR-Präsident Murwanashyaka Ruandas Hutu-Führern sehr wichtig. Die ruandische Schriftstellerin Scholastique Mukasonga erinnert sich in ihren Memoiren, wie die in den Südosten des Landes vertriebenen Tutsi in den 1960er Jahre gezwungen wurden, zwei Bilder in ihren Hütten aufzuhängen: eines von Präsident Kayibanda, eines von der Jungfrau Maria. »Wir lebten unter dem Doppelportrait des Präsidenten, der uns die Auslöschung versprach, und der Maria, die uns im Himmel erwartete.«[42] Der Marienkult war Staatsreligion, aber der Nyabingi-Kult lebte im Untergrund weiter und machte sich auch während des Genozids von 1994 bemerkbar. Eine Tutsi-Überlebende des Völkermordes berichtete später, sie habe die Hutu-Milizen vescheucht, indem sie sich magische Kräfte zuschrieb und als Nyabingi auftrat.[43]

Ein seit den 1970er Jahren in Ruanda ansässiger Baptistenmissionar aus den USA beschrieb nach Ende des Völkermordes, in Ruhengeri sei die Anbetung Nyabingis noch in den 1980er Jahren weit verbreitet gewesen. Die Baptistenkirche habe dies gemerkt, als sie ihr Kirchengebäude auf Anregung ihres lokalen Pfarrers direkt neben einem heiligen Baum des Nyabingi-Kults errichten wollte. Zwei Wochen vor Beginn des Völkermordes im April 1994 habe US-Missionar Stan Lee in Ruhengeri seiner Gemeinde gepredigt, sie »müssten sich auf die gerechte Hand Gottes vorbereiten, um Nyabingi in Ruanda den Weg zu ebnen«. Mit der Flucht der Völkermörder aus Ruanda, so die Schilderung weiter, »hat Gott Nyabingi aus Ruanda entfernt. Sie hat sich in Goma in Zaire niedergelassen. ›Man spürt in den Lagern die geistige Unterdrückung, sie ist sehr stark‹, sagte Lee.«[44]

Kibeho: Marienerscheinungen und Massaker

Zentrum der Marienverehrung in Ruanda ist das Kloster Kibeho, im äußersten Süden des Landes im Distrikt Gikongoro gelegen. Kibeho ist im Laufe der Jahrzehnte ein regelrechter Wallfahrtsort geworden, wo Marienkult und Hutu-Extremismus miteinander verwoben sind.

Am Abend des 28. November 1981 fiel Alphonsine Mumureke, eine 16-jährige Schülerin der kirchlichen Oberschule von Kibeho, im Refektorium in Ekstase und fühlte sich von einer jungen Frau unvergleichlicher Schönheit gerufen. Wie es in den offiziellen kirchlichen Darstellungen heißt,[45] gab sich die Frau als *nyina*

42 Mukasonga, Scholastique: Inyenzi ou les Cafards, Paris 2006, S. 66

43 Karuhimbi pretended to be a witchdoctor and saved Tutsi. In: New Times, 28.4.2014

44 Personal attack teaches missionary of dark forces oppressing Rwanda. In: Baptist Press, 26.9.1994. http://media.sbhla.org.s3.amazonaws.com/7850,26-Sep-1994.pdf

45 Vgl. Diocèse de Gikongoro: Les apparitions de Kibeho: une brève présentation, Gikongoro 2004, und: Gahamanyi, Mgr Jean Baptiste, Evêque émérite du Diocèse de Butare: Kibeho, apparitions du 28 novembre 1981, Rom 1997, beides auf jesusmarie.free.fr, sowie Tardif, Thérèse: To avoid a

wa jambo (Mutter des Wortes) aus und trug Alphonsine auf, sich bereitzuhalten, um Gebote entgegenzunehmen. Immer wieder sei die »Mutter des Wortes« der Schülerin daraufhin pünktlich um 21 Uhr erschienen und habe ihr zunächst aufgetragen, »die welken Blumen zu gießen«.

Zwei weitere Schülerinnen von Kibeho wurden schließlich von der Kirche als Empfängerinnen von Marienerscheinungen anerkannt. Im Laufe der Zeit strömten Menschenmassen zusammen, um die himmlischen Botschaften anzuhören. »Ab Mai 1982 breitete sich das Phänomen der Erscheinungen außerhalb der Oberschule von Kibeho aus und erreichte die Grundschule und die umliegenden Hügel, sogar entferntere Ortschaften, wie ein Buschfeuer«, heißt es im Bericht der Kirche. »Später war sogar von Jesuserscheinungen die Rede.«[46]

»Die Erscheinungen dauerten bis zum 15. August 1983 an; jede dauerte drei bis vier Stunden«, berichtete der Bischof von Butare später. »Die Seherin litt nicht, auch wenn sie schwer zu Boden fiel oder lange Zeit mit offenen Augen in die Sonne starrte. Die Erscheinungen spielten sich in Dialogform ab: Anhören der Botschaft, Bitte um Präzisierung der Botschaft; die Präzisierungen warfen weitere Fragen seitens der Seherin auf.«[47]

Zum Inhalt der Erscheinungen gibt es unterschiedliche Berichte. Der Bericht der Diözese von Gikongoro – die 1992 aus der Diözese von Butare herausgelöst wurde – nennt zehn wiederkehrende Gebote: ein Aufruf, Buße zu tun und zum Glauben zu finden, bevor es zu spät sei; eine düstere Diagnose des schlechten Zustands der Welt und des drohenden »Abgrunds«; die Trauer Marias darüber; der Hinweis darauf, dass Glauben unbemerkt kommt und geht; der Verweis auf Leid als Quelle des Heils und der Rettung; dann Aufrufe zu mehr Gebet, zu mehr Rosenkränzen; zum Rosenkranz der Sieben Schmerzen; zum Bau einer Marienkapelle in Kibeho sowie zum Gebet für die Kirche, der schwere Zeiten bevorstünden.[48]

Den »Rosenkranz der Sieben Schmerzen«, der die sieben Stationen des Leidens der Maria darstellt, trug später FDLR-Präsident Murwanashyaka seinen Kämpfern als Ritual auf. Damals in den 1980er Jahren kannte ihn in Kibeho niemand außer einer alten Nonne. Er wurde Marie-Claire am 6. März 1982 offenbart – mit der Anleitung, ihn zu rezitieren mit dem Zusatz: »Jungfrau der Schmerzen, bete für uns, auf dass wir der Verheißungen Jesu Christi würdig sind.«

Besonders bedrückend war der kirchlichen Schilderung zufolge der 15. August 1982, der katholische Feiertag Mariä Himmelfahrt, als alle drei Mädchen – Alphonsine, Nathalie und Marie-Claire – gemeinsam die Jungfrau Maria weinen sa-

horrible war: Messages of Our Lady of Sorrows in Kibeho, Rwanda, Michael Journal Oct–Dec 2001. www.michaeljournal.org/kibeho.html

46 Diocèse de Gikongoro 2004, S. 3

47 Gahamanyi 1997

48 Dies und die folgenden Schilderungen: Diocèse de Gikongoro 2004, S. 11 f., auch wiedergegeben auf der offiziellen Kibeho-Webseite www.kibeho-sanctuary.org

hen. Die offizielle Schilderung: »Sie erlebten sichtlich Momente des Martyriums. Die Menge sah sie weinen, mit den Zähnen klappern oder zittern. Sie sahen wohl fürchterliche Dinge. Nathalie sagte, sie habe eine klaffende Schlucht gesehen, in die eine Menschenmenge hineinzufallen drohte. Alphonsine sprach von einem Strom von Blut, von einem großen brennenden Scheiterhaufen, von Menschen, die sich gegenseitig töten, von enthaupteten blutigen Köpfen.«

Marie-Claude habe sich in einem Dornenbusch wiedergefunden, weil sie den Rosenkranz der Sieben Schmerzen nicht verbreitet habe. »Maria verlangte, dass den Menschen folgender Satz wiederholt wird: ›Glaube und Unglaube kommen gemeinsam, ohne dass man es merkt.‹ Schließlich rief sie dringend zur Buße und zur Hinwendung zum Glauben auf: ›Tut Buße, tut Buße! Bekehrt euch, solange noch Zeit ist. Der Welt geht es sehr schlecht; sie geht verloren. Sie wird in unermessliches und unendliches Leid stürzen. Die Welt ist im Aufstand gegen Gott, zu viele Sünden werden begangen; es gibt weder Liebe noch Friede. Wenn ihr nicht Buße tut und eure Herzen nicht zum Glauben finden, werdet ihr in den Abgrund stürzen.‹«

Später wurde die Marienerscheinung vom 15. August 1982 als Vorhersage des Völkermords von 1994 gewertet. Im Völkermord verlor Marie-Claude ihr Leben; die anderen flohen nach Zaire. Alphonsine zog weiter als Ordensschwester in die Elfenbeinküste, Nathalie kam Ende 1996 nach Ruanda zurück und wurde Nonne in Kibeho.

Alles was mit Anbetung der Jungfrau Maria zu tun hatte, kam in den 1980er Jahren zu neuer Blüte – selbst die Marienlegion des verfemten Expräsidenten Kayibanda. Butares Bischof Gahamanyi erlaubte 1988 öffentliche Gebete an den Orten der Marienerscheinungen; seit 2001 sind sie von der katholischen Weltkirche anerkannt. Am 28. November 1992 legte Gikongoros Bischof Augustin Misago den Grundstein für die Wallfahrtsstätte »Schrein Unserer Jungfrau der Schmerzen«.

Die Erscheinungen endeten der offiziellen Darstellung zufolge exakt acht Jahre nach ihrem Beginn, am 28. November 1989. In ihrer Abschiedsbotschaft an Alphonsine soll Maria gesagt haben: »Ich spreche euch an, die ihr Macht ausübt und die Nation vertretet: Rettet das Volk, statt es zu foltern. Raubt das Volk nicht aus; teilt mit anderen. Gebt Acht, diejenigen nicht zu verfolgen und zum Schweigen zu bringen, die eure Irrtümer anklagen wollen.«[49]

Waren die Marienerscheinungen Teil der propagandistischen Vorbereitung des Völkermordes? Der Dominikanerbruder René Lumeau weist auf Merkwürdigkeiten in Kibeho hin: Die Jungfrau Maria habe nach einigen Jahren begonnen, immer das Datum ihrer nächsten Erscheinung anzukündigen, so dass der Staatsrundfunk und Ruandas als besonders radikal bekannte First Lady kommen konnten. Zur berüchtigten Völkermordprophezeiung vom 15. August 1982 an die drei Mädchen

49 Zitiert nach Tardif 2001

bemerkt der Mönch Lumeau in einer Fußnote trocken: »Die Jungfrau Maria erscheint niemals mehreren Gläubigen auf einmal.«[50]

Nicht einmal das genaue Datum dieser Prophezeiung scheint klar zu sein. Sie wird von der Kirche auf den Feiertag des 15. August datiert, als sich viele Tausend Gläubige auf dem Kirchengelände sammelten. Aber ersten Berichten zufolge fand sie am 19. August statt, ohne Öffentlichkeit. Die einzige Überlieferung ihres Inhalts, an der sich alle späteren Darstellungen orientieren, stammt von dem französischen Missionar Gabriel Maindron, Mitglied der Weißen Väter und seit 1959 in Ruanda. Er veröffentlichte 1984 das erste Buch über die Marienerscheinungen von Kibeho. Recherchen zufolge war Maindron später Mitglied der extremistischen ruandischen Partei CDR und stand 1994 dem Präfekten von Kibuye nahe, Clément Kayishema, der einige der blutigsten Massaker des Völkermordes organisierte.[51] Auf der Liste der 93 prominentesten Völkermordtäter, die Ruandas Generalstaatsanwalt im Jahr 2006 veröffentlichte, steht Maindron ganz oben als Nummer eins. 2010 wurde er in Ruanda in Abwesenheit zu lebenslanger Haft verurteilt.

Während des Völkermords 1994 war die Region um Kibeho ein Schwerpunkt des Tötens. Das berühmte Kirchengelände wurde zunächst ein Zufluchtsort: Mehrere Zehntausend Schutzsuchende versammelten sich dort. Am 12. und 13. April besuchte Unterpräfekt Damien Biniga die Kirche und forderte die Tutsi-Flüchtlinge auf, sich von Waffenträgern zu trennen. Am Vormittag des 14. April kam Biniga zurück, begleitet von Gendarmen unter dem Kommando von Leutnant Anaclet Hitimana und zahlreichen Interahamwe-Milizionären, bewehrt mit Granaten, Gewehren, Macheten und Sensen. Sie massakrierten Menschen dort den ganzen Tag, mit Nachschub versorgt aus dem Haus des Schuldirektors von Kibeho, Pater Emmanuel Uwayezu. Am nächsten Tag zündeten sie die Kirche an. Es starben Tausende.[52] Die Tutsi-Oberschüler in den Schulgebäuden nebenan waren am 7. Mai an der Reihe. Die Gendarmerie befahl ihnen, sich im Refektorium zu versammeln – dem Ort der ersten Marienerscheinung von 1981 – und ließ eine Gruppe von Milizionären mit Macheten den Raum stürmen. Fast alle starben.

Kommandant Hitimana, der den Befehl zum Anzünden der Kirche gegeben haben soll, wurde später Vizekommandant der FDLR-Reservebrigade in Nord-Kivu mit dem Kriegsnamen »Odilo«. Sein Vorgesetzter, Kapitän Faustin Sebuhura, stieg in der FDLR zum Oberst namens Marius Minani auf und wurde 2008 schwerkrank von den Vereinten Nationen nach Ruanda repatriiert. Unterpräfekt Biniga wurde FDLR-Protokollchef für Nord-Kivu.[53]

50 Luneau, René: Comprendre l'Afrique. Évangile, modernité, mangeurs d'âmes, Paris 2004, S. 92

51 Gouteux, Jean-Paul: Le rôle de l'église au Rwanda. In: La Nuit Rwandaise No 1, Paris 2007, S. 175–204

52 Vgl. African Rights 1995, S. 299–315. Die Massaker wurden bestätigt im ICTR-Prozess gegen Aloys Simba

53 Omaar, Rakiya 2008, S. 247–250, 258–264

Am 29. Juni 1994 übernahm die französische Armee im Rahmen ihrer Militärintervention »Opération Turquoise« die Kontrolle über die Gegend. Der Distrikt Gikongoro wurde zu einem Sammelpunkt für noch aktive Völkermordmilizen und Soldaten – die Franzosen entwaffneten sie nicht. Ende August übernahm die neue ruandische Regierung der Ruandischen Patriotischen Front (RPF) die Kontrolle über das Gebiet mitsamt den 38 Hutu-Flüchtlingslagern, in denen 380 000 Menschen lebten. Aus Sicht der RPF saß in den Lagern ihr Kriegsgegner. Das größte davon, mit 120 000 Menschen auf neun Quadratkilometern, befand sich in Kibeho. Noch 85 000 bis 100 000 Menschen lebten dort Ende März 1995.

In der Nacht zum Dienstag 18. April 1995, direkt nach Ostern, umstellte Ruandas RPF-Armee das Lager.[54] Die Flüchtlinge wurden unter freiem Himmel auf einem Hügel neben dem Quartier der sambischen UN-Blauhelmsoldaten zusammengepfercht. Tagelang blieben sie dort, ohne jegliche Versorgung. 5000 von ihnen wurden hinausgebracht. Am Abend des 20. April fing es zu regnen an, und am Samstag, 22. April, versuchten die verbliebenen Flüchtlinge zweimal, wegzulaufen. Die ruandische Armee eröffnete das Feuer, die zuschauenden UN-Soldaten griffen nicht ein. »Nach einer Stunde war nichts mehr zu sehen von der Masse, die in den Tagen zuvor da gestanden hatte; das ganze Areal war einfach mit Tausenden Leichen übersät«, berichtete eine anonyme MSF-Quelle.[55]

Den Berichten zufolge starben bei dem Massaker zwischen 338 und über 4100 Menschen. Für die FDLR und andere ruandische Hutu-Exilorganisationen ist das Massaker von Kibeho 1995 bis heute ein zentraler Punkt ihrer Vorhaltungen, wonach Ruandas RPF-Regierung einen Völkermord an den Hutu begehe. Die Partei FDU der in Ruanda inhaftierten ehemaligen RDR-Präsidentin Victoire Ingabire schreibt zum 20. Jahrestag im Jahr 2015 von »zwei Jahrzehnten Straflosigkeit« und nennt die angeblich 8000 Toten in Kibeho 1995 Teil einer Kette »unaussprechlicher Übergriffe gegen Millionen unschuldige Zivilisten, die die RPF seit 1.Oktober 1990 begangen hat.«[56]

Heute ist Kibeho eine große internationale Wallfahrts- und Gedenkstätte. Offiziell sind dort die Überreste von 28 937 Toten beigesetzt. Jedes Jahr zu Mariä Himmelfahrt am 15. August wird in Kibeho der Marienerscheinungen gedacht, jedes Jahr am 13. April der Opfer von 1994. Wo einst die Jungfrau Maria Schülerinnen mit ihrem Licht blendete, betreiben polnische Missionare eine Blindenschule.

Eine der ehemaligen Schülerinnen von Kibeho erhält angeblich bis heute einmal im Jahr Besuch von der Jungfrau Maria, immer am 15. Mai. Valentine Nyiramukiza hat die typische Odyssee eines Hutu-Flüchtlings hinter sich. Die Marienerscheinung von 1995 erlebte sie in Goma, danach in Nairobi, Togos Hauptstadt

54 Schilderung nach UN-Bericht S/1995/411 sowie MSF-Bericht Report on events in Kibeho camp, April 1995, 16.5.1995

55 MSF 1995, S. 9

56 FDU-National Movement-Inkubiri, Presseerklärung, 22.4.2015

Lomé und seit 2000 in Brüssel – zuerst in ihrer Wohnung, mittlerweile in Festsälen. Organisiert wird das vom Verband Freunde der Jungfrau Maria von Notre Dame de Kibeho (AVMDKI); es kommen regelmäßig Gäste aus Spanien, Afrika, den USA und von den Weißen Vätern.[57]

Als Belgiens katholische Kirche eine Teilnahme an der Veranstaltung im Jahr 2013 verbot, machte ein Blog, der die himmlischen Botschaften an Valentine verbreitet, eine wütende Tirade voller Weissagungen und prophetische Geschichtsdeutungen bekannt.[58] Demnach stehe Ruanda seit März 2000 – als Paul Kagame Präsident Ruandas wurde – unter der Herrschaft des Horns. »Der Begriff ›Horn‹ bedeutet eine tödliche ›Waffe‹, die das Volk aus seinem Land verjagt«, erläutert der Autor, der sich »Byilingiro« nennt wie der FDLR-Interimspräsident, und zitiert aus dem biblischen Buch des Propheten Daniel, wonach das Horn »sehr groß« wird, »des Himmels Heer« zertritt und seine »Wohnung verwüstet«. Dieser Zustand dauere lange an, aber am Ende werde »das Heiligtum wieder geweiht«. Bis dahin müsse man »das Gesicht heimlich halten, denn es ist noch eine lange Zeit dahin«.[59]

Genau dieses Endzeitdenken bestimmt das FDLR-Weltbild: Es herrschen Sünde und Verwüstung; aber der Tag wird kommen; so lange muss man Geduld haben.

57 Die Gespräche zwischen Valentine Nyiramukiza und der Jungfrau Maria seit 1994 sind dokumentiert auf www.avmdki.org/voyants/nyiramukiza/Valentine%20Nyiramukiza%201994-2014.pdf

58 http://byilin-voixdelesperance-zephope.blogspot.de/2013/05/a-la-fin-le-coeur-immacule-de-marie.html

59 Bibel, Buch Daniel 8: 9–14, 23–26

Kapitel 3
Völkermordapologie und das Endziel der Rückeroberung Ruandas

»Das ruandische Drama endgültig beenden«: Die Selbstdarstellung der FDLR

Die FDLR definiert sich in ihrer wichtigsten programmatischen Schrift als »Befreiungsbewegung«[60] für Ruanda mit dem Ziel, »die nationale Souveränität zurückzuerobern und zu verteidigen« und »das ruandische Drama endgültig zu beenden«. Ihre Entstehung sei »eine legitime Antwort des ruandischen Volkes auf die Missachtung, Arroganz und unbarmherzige und blutige Repression« der RPF-Regierung in Ruanda, »ein blutrünstiges, diktatorisches und faschistisches Regime ohne Basis in der Bevölkerung, gegründet auf Lüge, Exklusion, Staatsterrorismus und der Hima-Tutsi-Ideologie des Hegemonismus und des Expansionismus«. Die FDLR habe zum Ziel, »dass das ruandische Volk seine Zukunft und seine Schicksale wieder in die eigenen Hände nimmt«.

Von Anfang an bezieht sich die FDLR auf die Vergangenheit, nicht auf die Gegenwart. »Das ruandische Drama kann nicht als einfaches Überschäumen einer punktuellen Situation begriffen werden, sondern geht vielmehr auf die Geschichte zurück«, lautet der erste Satz des FDLR-Manifests, das danach der RPF vorwirft, die alte »feudale« Klientelbeziehung zwischen dem »zum Rang des Sklaven reduzierten Hutu« und »dem zum Rang des Herrn erhobenen Tutsi« im alten, 1959 beendeten »feudal-monarchischen Regime« wiederherzustellen. »Dies ist das System, von dem sich das ruandische Volk in seiner Gesamtheit befreien möchte.«

Der fundamentale Grund für die ruandische Krise sei, so heißt es weiter, »die unablässige Obsession der Tutsi-Minderheit, im Namen einer rassischen Überlegenheit zu regieren, um mit allen Mitteln die einheimischen Bevölkerungen Ruandas ebenso wie der Region der Großen Seen zu beherrschen und auszubeuten«. Zu diesen Mitteln gehörten »Gewalt, Intrige, Lüge, Zynismus, ethnische Segregation, Korruption, Rache und Mord«. Über 400 Jahre lang habe die Tutsi-Monarchie die Hutu unterdrückt; die Soziale Revolution von 1959 habe ihre Herrschaft beendet, aber 1990 griffen sie in Form der RPF wieder an und »nach vier Jahren

60 Alle Zitate aus: Manifeste-Programme et Statuts des Forces Démocratiques de Libération du Rwanda, gez. Präsident Dr. Ignace Murwanashyaka, Masisi, 24.5.2005

mörderischen Krieges, markiert durch Millionen Tote [...] riss die RPF im Juli 1994 in Kigali die Macht an sich«.

Diese politisch-historische Analyse steht in der Tradition der Ideologie, die in Ruanda dem Völkermord an den Tutsi 1994 zugrunde lag und auf die Revolution von 1959 zurückgeht. Zwar bekennt sich die FDLR in ihrem Manifest zu einer »politischen Lösung« des Konflikts, aber mit der Einschränkung: »Die Errungenschaften der Sozialen Revolution von 1959 bleiben die Säulen der ruandischen Gesellschaft.«

Das FDLR-Manifest enthält das Wort »Völkermord« nur zur Beschreibung dessen, was die RPF seit 1990 angeblich treibt. Es schreibt die der RPF unterstellten Ziele pauschal der »Tutsi-Minderheit« zu. Es vertritt die These einer jahrhundertealten Dominanz aller Tutsi über alle Hutu, welche die RPF mit ihrer Machtergreifung wiederhergestellt habe – ein »Drama«, das es laut Statut »endgültig« zu beenden gelte. Dies kann als Aufforderung zur Endlösung, also zur Vollendung des Völkermordes an den Tutsi gelesen werden.[61] In ihrem Statut gibt sich die FDLR schließlich einen bewaffneten Flügel, »um ihren Kampf gut zu führen«.[62]

Die offizielle Gründungserklärung der FDLR vom 1. Mai 2000 verkündet, die Ruander inner- und außerhalb des Landes müssten »Trägheit und Entmutigung« aufgeben, um »einen bedingungslosen Kampf« zu führen. Man wolle, so damals die im kongolesischen Lubumbashi zusammengekommenen Exilpolitiker und Generäle, »unverzüglich die Sensibilisierung, Sammlung und Mobilisierung aller Ruander einleiten, zum Kampf mit dem Ziel der Ersetzung der blutrünstigen und unbeliebten RPF-Inkotanyi-Macht, Quelle des Übels für Ruanda und alle Länder der Region der Großen Seen, durch eine demokratische und pluralistische Macht«.[63]

15 Jahre später veröffentlichte der damalige erste FDLR-Präsident und frühere FAR-Militärgeheimdienstchef, Generalmajor Aloys Ntiwiragabo, aus seinem mutmaßlich französischen Exil ein weiteres Pamphlet über »das ruandische Drama«, in dem er sämtliche Übel der RPF im Allgemeinen und Kagame im Besonderen zuschob. Paul Kagame »suchte nur die Ergreifung und totale Kontrolle der Macht, um jeden Preis. Er klammert sich heute daran, um sich weiter hinter der Immunität des amtierenden Staatschefs zu verbergen.«[64]

Die FDLR sieht sich in der Kontinuität mit der ruandischen Republik der Jahre 1961 bis 1994 und ihrer Armee FAR. Die Verwaltungsstruktur der FDLR

61 Die französische Originalfassung lautet: »arrêter définitivement le drame rwandais«. Als »ruandisches Drama« bezeichnet das Manifest die gesamte Entwicklung in Ruanda seit Beginn des Krieges der RPF im Oktober 1990

62 Statut, § 5

63 Résolutions, décisions et recommandations des premières assises des Forces Démocratiques de Libération du Rwanda, Nasho, 1.5.2000

64 Ntiwiragabo, Aloys: Le drame rwandais: Le non-dit caché à l'opinion, 25.7.2015, S. 2. www.musabyimana.net/wp-content/uploads/2015/07/LE-NON-DIT-SUR-LE-DRAME-RWANDAIS.pdf

im Kongo heute ist die Ruandas vor 1994. Alle FAR-Dienstgrade gelten weiterhin in der FDLR. Die FDLR-Militärschule ESM im Kongo setzt die Jahrgangszählung der FAR-Militärschule ESM in Ruanda fort. Auch der Fahneneid ist derselbe, wird berichtet; man habe nur den Schwur auf »die Republik Ruanda« mit »die FDLR« vertauscht.[65] Das FOCA-Statut betont, dass der militärische Arm der FDLR bei ihrer Disziplinarordnung und der Militärjustiz die Regelungen der FAR weitgehend übernommen habe.

Die MONUSCO schätzt, dass zwar nur fünf Prozent der heutigen FDLR-Mitglieder am Völkermord in Ruanda aktiv beteiligt gewesen sind. Doch diese fünf Prozent stellten die Mehrheit in der obersten Führung.

Der Völkermord an den Tutsi als »Selbstverteidigung« der Hutu

Konstitutiv für das politische Weltbild der FDLR ist das Leugnen von Verantwortung. Alles, was in Ruanda an Schlechtem geschieht, ist entweder eine Missetat der Tutsi oder eine nachvollziehbare Reaktion der Hutu darauf oder ein gottgewollter Plan. Schon während des Völkermordes erklärte der in Deutschland unter anderem von Murwanashyaka und Musoni gegründete Verein Akagera-Rhein, die Massaker »hätten nicht stattgefunden, wenn die RPF Ruanda nicht den Krieg aufgezwungen hätte«.[66] Die flüchtige Interimsregierung des Völkermordes verbreitete ihre Sicht der Geschichte erstmals ausführlich in einem Offenen Brief an die UN-Menschenrechtskommission, verfasst im Exil in Bukavu von ihrer Justizministerin Agnès Ntamabyaliro und versandt am 21. September 1994.[67] »Die katastrophale Lage, in der sich das ruandische Volk seit dem Beginn des Krieges zur Rückeroberung der Macht in Ruanda am 1. Oktober 1990 im Allgemeinen und seit der schändlichen Ermordung des Präsidenten Habyarimana Juvénal am 6. April 1994 im Besonderen befindet, ist das teuflische Werk der RPF-Inkontanyi mit der massiven Unterstützung durch gewisse interessierte Mächte«, heißt es da. »Nachdem es im Kampf zur Verteidigung seiner Souveränität so viel Schweiß und Blut vergossen hatte, war das ruandische Volk leider gezwungen, sein Territorium zu verlassen und im Ausland ins Exil zu gehen.«

In solchen Schriften ging es den Hutu-Exilpolitikern zunächst vor allem darum, sich selbst gegen die Justiz zur Wehr zu setzen. Der UN-Sicherheitsrat gründete am 1. November 1994 mit der Resolution 955 das Ruanda-Völkermordtribunal ICTR mit Sitz im tansanischen Arusha »zu dem ausschließlichen Zweck der

65 Interview, Mutobo Januar 2015

66 Akagera-Rhein und Bewegung gegen Apartheid in Ruanda und Burundi: Lettre au Président de la République Française, 26.6.1994

67 Le peuple rwandais accuse, Ministére de la justice du Gouvernement du Salut National, Bukavu 21.9.1994

Verfolgung der Personen, die für Völkermord und andere schwere Verstöße gegen das humanitäre Völkerrecht im Hoheitsgebiet Ruandas zwischen dem 1. Januar 1994 und dem 31. Dezember 1994 verantwortlich sind«.[68] Die flüchtigen Täter fürchteten daraufhin – zu Unrecht, wie sich erwies – eine Auslieferung.

Die Bezeichnung der Massaker an den Tutsi als »Völkermord« sei »eher sentimental als juristisch« zu verstehen, heißt es in einem Dossier der ruandischen Armee FAR im Exil, erstellt im Dezember 1995 und später dem ICTR übergeben.[69] »Das ruandische Drama hat seinen Ursprung in der Invasion Ruandas durch die RPA, bewaffneter Arm der RPF, am 1. Oktober 1990 [...] Die Massaker vom April bis Juli 1994 sind lediglich die Auswirkung.« Die getöteten Tutsi, so nimmt das Dokument sämtliche späteren Verteidigungsstrategien vor dem ICTR vorweg, seien »Opfer der Bürgerkriegssituation und nicht einer Intention oder eines Gesamtwillens der Hutu«.

Der Mord an Habyarimana am 6. April 1994 habe »spontan Wut unter der ruandischen Bevölkerung ausgelöst«, führt das FAR-Dossier weiter aus, und »die Mehrheit des ruandischen Volkes, überzeugt von der Täterschaft der RPF, nahm sich ihre Aktivisten und Anhänger vor«. Die RPF habe »die FAR daran gehindert, einzugreifen«. So sei die RPF an den Massakern schuld: »Die RPF hat die Auslöschung der Hutu geplant, indem sie die Ethnien zu Hass und Gewalt anstachelte, bei den Tutsi ein Gefühl von Aggressivität und Stolz schuf und bei den Hutu eines der Selbstverteidigung.«

FAR-Oberst Théoneste Bagosora, der nach Habyarimanas Tod die Lage in Kigali in die Hand genommen hatte, entwickelte diese Argumentationslinie 1995 aus dem kamerunischen Exil weiter:[70] »Die Nachkommen der in der RPF zusammengeschlossen Feudalmonarchisten haben einen Rachekriegsplan konzipiert, vorbereitet und ausgeführt, der darin bestand, das republikanische Regime in Ruanda zu stürzen, um ihre von der sozialen Revolution 1959 von der Macht gejagten Väter zu rächen [...] Sie haben den Tod von zwei Millionen Ruandern verursacht.«

Eine weitere Schrift, verfasst 1996,, stellt den Völkermord grundsätzlich in Frage und bedient sich dabei grotesker Lügen: »Schon am Abend des 7. April 1994 verkündeten *RFI*, *BBC*, *Canal Afrique* und andere internationale Medien, dass 500 000 Tutsi getötet worden seien. Seit diesem Datum, und trotz der Fortführung des Krieges und der Massaker bis zum 15. Juli 1994, hat diese Zahl der Tutsi-Opfer

68 UN-Sicherheitsrat, Resolution 955, 1.11.1994

69 Dies und die folgenden Zitate: Commandement des Forces Armées Rwandaises en Exil: Contribution des FAR à la recherche de la vérité sur le drams rwandais, Dezember 1995. www.rwandadocumentsproject.net/gsdl/collect/mil1docs/index/assoc/HASH548f/71285a83.dir/doc86452.PDF

70 Dies und folgende Zitate: Bagosora, Col Théoneste: L'assassinat du Président Habyarimana ou L'ultime opération du Tutsi pour sa reconquête du pouvoir par la force au Rwanda, Yaoundé, 30.10.1995. www.rwandadocumentsproject.net/gsdl/collect/mil1docs/index/assoc/HASH25ce.dir/doc34527.pdf

sich nicht verändert«, wird da völlig wahrheitswidrig behauptet. »Die internationalen Medien, der RPF-Propaganda treu, haben es gewagt, die Massaker, die am einzigen Tag des 7. April 1994 verübt wurden, als ›Völkermord‹ zu bezeichnen. So entstammt die Verwendung des Wortes ›Völkermord‹ einer bewusst von der RPF konzipierten Medienkampagne.«[71]

In Bukavu schrieb der geflohene ruandische Jurist Albert Basomera im April 1995 für die Interimsregierung ein Gutachten zum Völkermordvorwurf. Es sei »unzulässig, Akte der Niedertracht und des allgemeinen Vandalismus als Völkermordverbrechen zu bezeichnen«, erläuterte diese Streitschrift.[72] Alle angeblichen Völkermordaufrufe oder -planungen waren entweder »banal«, »Antworten auf RPF-Provokationen« oder »normale Reaktionen« in einer Kriegssituation. »Kakerlaken« sei lediglich eine »zweifellos kodierte Bezeichnung, die sich diejenigen gegeben hatten, die vor der Revolution geflohen waren und zwischen 1962 und 1967 Ruanda angriffen«; »Schlangen« sei bloß eine alte Bezeichnung für »Tutsi-Machthaber, in Bezug auf den Geist der Schlauheit, der List und der Boshaftigkeit und ihrer offenkundigen Böswilligkeit«.

Viele geflohene hochgebildete Intellektuelle und Juristen formulierten immer neue Varianten solcher Thesen. Ein ehemaliger Justizminister, Charles Nkurunziza, schrieb in Bukavu eine historische Abhandlung, die er später im belgischen Exil 2005 in gekürzter Form veröffentlichte. Die Schrift »Der ruandische Konflikt«[73] beschreibt den Völkermord mit den Worten: »Der Tutsi hat den Hutu getötet, der Hutu hat sich mutig verteidigt.« Nkurunziza weiter: »Die Ermordung Habyarimanas war ein Katalysator zur Einheit des gesamten Hutu-Volkes gegen den erklärten Feind. Zur sehr großen Überraschung der Tutsi und ihrer Verbündeten verteidigten sich die Hutu drei Monate lang, wie sie konnten, Hand in Hand und mit der Unterstützung der FAR [...] Auf diesen entschlossenen Widerstand des Hutu-Volkes in der Ausübung seines legitimen Selbstverteidigungsrechts gründet die RPF ihre absurden Anschuldigungen eines von den Hutu gegen die Tutsi verübten Völkermordes.« Die Exilpartei RDR behauptete 1995 in einer von ihrem Deutschlandsprecher und späteren FDLR-Vizepräsidenten Straton Musoni unterzeichneten Erklärung: »Die Ermordung des Präsidenten Habyalimana im April 1994 führte zu einer Massenhysterie, in deren Folge es zu Massakern der RPF an Hutus und Hutu-Milizen an Tutsis mit geschätzten 1,5 bis 2 Millionen

71 RDR-Kamerun: Le Conseil de Sécurité de l'ONU induit en erreur sur le prétendu ›génocide tutsi‹ au Rwanda, Juni 1996

72 Dies und die folgenden Zitate: À propos du rapport final de la commission des experts du Conseil de Sécurité des Nations Unies pour le Rwanda: Conclusions au génocide au prix d'une mise à l'écar de certains faits, d'altérations d'autres et d'interprétation tendancieuse (sic), Document Groupe Basomingera Albert, Bukavu April 1995

73 Dies und die folgenden Zitate: Nkurunziza, Charles: Le conflit rwandais. www.olny.nl/RWANDA/Histoire_History/C_Nkurunziza_Conflit_Rwandais.html

Toten kam […] Es muß von etwa 500 000 getöteten Tutsis und etwa 1 bis 1,5 Millionen getöteten Hutus ausgegangen werden.«[74]

Dies ist die These des »doppelten Völkermords«, begangen von Hutu an den Tutsi und begangen von Tutsi an den Hutu, die sich sozusagen ausgleichen. Auf dieser Grundlage entstanden in kirchlichen Kreisen auch in Deutschland Forderungen nach »Versöhnung zwischen Hutu und Tutsi« mit gegenseitiger Anerkennung gleichwertiger Verbrechen.[75]

Dem juristischen Streit, ob es einen Völkermord an den Tutsi in Ruanda gegeben habe, setzte das ICTR in Arusha am 16. Juni 2006 ein Ende. Da befand die Berufungskammer des Ruanda-Tribunals, es seien ab jetzt in jedem Völkermordprozess folgende »Tatsachen« als erwiesen vorauszusetzen: »1) Die Existenz von Twa, Tutsi und Hutu als zu schützende Gruppen unter der Völkermordkonvention. 2) Es herrschte in Ruanda zwischen dem 6. April 1994 und dem 17. Juli 1994 folgender Zustand: in ganz Ruanda fanden ausgedehnte oder systematische Angriffe gegen eine Zivilbevölkerung auf Grundlage der ethnischen Identifizierung als Tutsi statt. Während der Angriffe wurden als Tutsi wahrgenommene Personen von manchen ruandischen Bürgern getötet oder es wurde ihnen schwerer körperlicher oder geistiger Schaden zugefügt. Als Ergebnis der Angriffe starben zahlreiche Personen der ethnischen Identität der Tutsi. 3) Zwischen dem 6. April 1994 und dem 17. Juli 1994 gab es in Ruanda Völkermord gegen die ethnische Gruppe der Tutsi.«[76]

Gegen diese Feststellung wehrt sich seitdem die FDLR mit ihrer ständigen Forderung nach »Wahrheit« – »die Wahrheit über das ruandische Drama, um alle Schuldigen zu bestrafen und alle Opfer zu rehabilitieren«, wie es Vizepräsident Musoni vor Gericht ausdrückt.[77] Die Selbstdarstellung der FDLR sowie der führenden Völkermordtäter als Träger einer unterdrückten Wahrheit, die tatsächlich weder wahr noch unterdrückt ist, hat sich im Laufe der Jahre zu einer regelrechten juristischen Industrie ausgebaut – nicht nur beim Ruanda-Völkermordtribunal ICTR in Arusha, auch bei Völkermordprozessen gegen Ruander in Europa, bei der Bekämpfung ruandischer Auslieferungsbegehren oder beim Durchsetzen von Asylanträgen.

Inzwischen geht es kaum noch darum, den Völkermord als solchen in Frage zu stellen. Es geht vor allem darum, persönliche Schuld wegzuschieben. Was in einem Strafverfahren als juristisch gebotene Verteidigungsstrategie seinen Platz hat, greift als politische Grundhaltung allerdings zu kurz und ist in der Praxis Apologetik für Verbrechen. Selbstschutz tritt an die Stelle von Aufarbeitung.

74 RDR-Deutschland: Aufklärung der Wahrheit über das Drama des ruandischen Volkes, 26.8.1995

75 Vgl. Bekenntnis von Detmold, 12.12.1996. www.i-basis.de/dp/ansicht/kunden/erzbistum-gemeinden/pv-detmold/pv-detmold/medium/ak_ruanda_detmolder_bekenntnis.pdf?m=30251

76 ICTR Appeals Chamber takes Judicial Notice of Genocide in Rwanda, ICTR Press Release, Arusha 20.6.2006. www.unictr.org/en/news/ictr-appeals-chamber-takes-judicial-notice-genocide-rwanda

77 Einlassung Straton Musoni, Prozesstag 173, OLG Stuttgart 5.8.2013

Murwanashyakas Schlusswort vor Gericht in Stuttgart ist dafür ein beredtes Beispiel.[78] Er sagt: »Der Angeklagte wird als Störfaktor angesehen. Jeder, der die Wahrheit über die Tötungen in Ruanda 1994 und im Kongo 1996 und 1998 verlangt, stört. Jeder, der nach echter Justiz verlangt, stört. Jeder, der will, dass nicht nur Mörder von Tutsi, sondern auch Mörder von Hutu vor ein neutrales Gericht gestellt werden sollen, stört. Jeder, der, weil er laut sagt, dass FPR-Tötungen von Hutu in Ruanda und Kongo genauso Völkermord darstellen wie Tötungen von Tutsi in Ruanda, stört. Jeder, der sagt, dass Ruanda eine blutige Diktatur ist, stört. Jeder, der sagt, dass Völkermord Blankoscheck für Völkermord der Mehrheit durch die Minderheit geworden ist, stört. Jeder, der sagt, dass friedliches Zusammenleben aller ruandischen Ethnien nicht möglich sein wird, solange die ganze Wahrheit nicht ans Licht kommt, stört. Jeder, der sagt, dass die Länder, die die Diktatur unterstützen, USA, Großbritannien, Deutschland, Mitverantwortung für die Ausrottung des ruandischen Volkes tragen, stört. [...] Nicht nur für die ruandische Militärdiktatur, auch für die UNO und westliche Geheimdienste hat es Priorität, die störende Stimme des Angeklagten endgültig zum Schweigen zu bringen.«

Vom Hutu-Tutsi-Konflikt zum Krieg zwischen »Bantu« und »Niloten«

Die FDLR baute nicht nur auf der Völkermordapologetik im Hutu-Exil auf, sondern auch auf einer Anti-Tutsi-Hassideologie im Kongo. Die ruandische Armee FAR wurde auch deswegen in Zaire so bereitwillig aufgenommen, weil ihr Gedankengut sich mit antiimperialistischen Verschwörungstheorien dort deckte. Kongolesische Intellektuelle analysierten den Konflikt in Ruanda auch als Konflikt zwischen »Bantu«, was die Hutu einschließt, und »Niloten«, also Tutsi – eine Variante der alten kolonialen Rassenideologie.[79]

»Ein Baumstamm wird nicht zum Krokodil, bloß weil er lange im Wasser liegt«, dozierte Mobutus Staatsrundfunk *Voix du Zaire* schon am 25. Oktober 1996, zu Beginn des AFDL-Krieges. »Gleichermaßen bleibt ein Tutsi immer ein Tutsi, mit seiner Perfidie, Schlauheit und Unehrlichkeit.«[80] Die größte Partei aus Kongos Demokratiebewegung, die Union für Demokratie und Sozialen Fortschritt (UDPS), warnte im August 1997, kurz nach Mobutus Sturz durch Kabila: »Wir Bantu haben

78 Die folgenden Zitate aus: Letztes Wort Ignace Murwanashyaka, Prozesstag 319, OLG Stuttgart 14.9.2015

79 Vgl. Kapitel 2.1, S. 80 ff.

80 Zitiert in: Massey, Simon: Operation Assurance: The Greatest Intervention That Never Happened. In: Journal of Humanitarian Assistance 123, 15.2.1998. https://sites.tufts.edu/jha/archives/123

ein Geburtsrecht, das Land unserer Vorfahren und unsere sozialen und kulturellen Werte gegen die Invasion und die Rassenvorherrschaft der Tutsi zu schützen.«[81]

Als im August 1998 der zweite Kongokrieg ausbrach, explodierte im Kongo der staatliche Hass gegen Tutsi in einer Form, wie sie die Region seit dem Völkermord in Ruanda nicht mehr erlebt hatte. Präsident Kabilas Kabinettsdirektor Abdoulaye Yerodia erklärte im Staatsrundfunk *RTNC*, die Rebellen seien »Müll, Ungeziefer und Mikroben«, die »methodisch und resolut« zu beseitigen seien.[82]

Eine in Kongos Staatsmedien im August 1998 verbreitete Regierungserklärung erläuterte: »Ein Tutsi oder jede andere Person, die als Komplize der Invasoren enttarnt wird, wird die Härte des Gesetzes zu spüren bekommen.«[83] In der Stadt Bunia rief der Staatsrundfunk die Bevölkerung dazu auf, »eine Machete, einen Speer, einen Pfeil, eine Hacke, Spaten, Rechen, Nägel, Keulen, Bügeleisen, Stacheldraht, Steine« zu bringen, »um die ruandischen Tutsi in unserem Distrikt zu töten«; man solle sich »auf die großen dünnen Langnasen stürzen [...] Ihr werdet die Feinde aufspüren und sie gnadenlos massakrieren, der Sieg ist sicher.«[84]

Am 6. August sprach die Menschenrechtsorganisation Human Rights Watch von einer »beginnenden Hexenjagd« auf Tutsi,[85] und in Bunia fanden die Rebellen, als sie eine gute Woche nach dem Tötungsaufruf in die Stadt einrückten, 150 Leichen getöteter Tutsi-Soldaten. Auch in anderen kongolesischen Städten kam es zu solchen Massakern.

Als die Rebellen im Westen des Landes in der letzten Augustwoche 1998 auf Kinshasa vorrückten, sagte Kabila: »In den Dörfern müssen die Menschen zu den Waffen greifen, traditionelle Waffen wie Pfeil und Bogen, um den Feind zu zerschlagen. Sonst werden wir Sklaven der Tutsi.«[86] Wie dies »in den Dörfern« funktionierte, berichtete die staatliche Nachrichtenagentur *ACP* aus der Provinz Bandundu östlich von Kinshasa mit einem Zitat des Provinzgouverneurs Marc Katshunga: »Jeder soll mit der Waffe in der Hand Wache halten und gemeinsam versperren wir dem gemeinsamen Feind, der in kleine Stücke zerschlagen und total vernichtet werden muss, den Weg.«[87]

In Kinshasa nahmen das einige wörtlich, als die Rebellen ab 26. August einige Tage lang in den südwestlichen Außenvierteln standen. »Wir haben Tutsi verbrannt«, sangen jubelnde Demonstranten vor Journalisten im Stadtviertel Ka-

81 Letter of UDPS South Africa, Dr Denis Kimwana Nakeya, to Bill Clinton, Johannesburg 2.8.1997
82 Videoaufzeichnung archiviert auf www.youtube.com/watch?v=gyajJhWgcQY; zitiert im Haftbefehl des belgischen Untersuchungsrichters Damien Vandermeersch gegen Yerodia vom 11.4.2000 wegen dieser auf den 4.8.1998 datierten Äußerungen. Das Verfahren wurde wegen Yerodias diplomatischer Immunität eingestellt.
83 IRIN Great Lakes Update 477, 10.8.1998
84 Zitiert in: Amnesty International, DRC: War against unarmed civilians, 23.11.1998, S. 4
85 Human Rights Watch rapporte des exactions à l'égard des Tutsis congolais, AFP 6.8.1998
86 ›Arrows And Spears‹ To Fight Congo Rebels, CNN 25.8.1998
87 Bandundu soutient M'Zee Laurent Désiré Kabila contre l'aggression rwandaise, ACP 24.8.1998

savubu, als sie eine verkohlte Leiche durch die Straßen trugen.[88] Es gab Berichte über mehr als hundert getötete Tutsi, zahlreiche internierte Tutsi-Zivilisten und Massengräber. Der Angriff auf Kinshasa scheiterte, womit der Krieg im Westen Kongos zu Ende ging. Aber auf Regierungsseite blieb der Hass auf Ruanda und die Tutsi lebendig, während die Regierung zugleich die Ex-FAR als Verbündete gewann.[89] Dankbar verbreiteten die Regierenden in Kinshasa die Weltsicht der ruandischen Völkermordtäter. Verkehrsminister Henri Mova[90] veröffentlichte im Oktober 1998 ein Buch mit dem Titel »Krieg im Kongo: Die Auswirkungen des Hima-Tutsi-Ethnofaschismus in der Region der Großen Seen«, Informationsminister Didier Mumengi ein Pamphlet mit dem Titel »Die ideologische Dimension der ruandisch-ugandischen Aggression gegen die Demokratische Republik Kongo«. Darin stand: »Die Tutsi, konditioniert vom rassistischen Diskurs und den diskriminatorischen Praktiken der Kolonisatoren (Deutsche, dann Belgier), halten sich noch immer für geborene Herrscher, und heute sind die Kongolesen ihre Hutu.«[91]

Kongos Minister für Staatsbesitz, Prosper Kibuey,[92] warf den Tutsi Ruandas und Burundis Menschenfresserei vor: »In dem einen wie dem anderen Land ist das beliebteste Fleisch natürlich das aus dem Kongo, aufgrund seiner Überlegenheit im Vergleich zu den von Hungersnot gezeichneten lokalen Sorten.«[93] Eine Regierungserklärung in Kinshasa führte aus: »Wir sind ein würdiges und souveränes Volk, alles kann uns widerfahren außer die ruandisch-ugandische Tutsi-Herrschaft. Der Widerstand ist Pflicht, weil eine solche Herrschaft auf unserem Staatsgebiet nicht nur die Sklaverei einführen würde, sondern auch die Dämonen des ethnischen Hasses.«[94]

Dieses Denken wurde auch im damals von Rebellen und von Ruandas RPF-Armee beherrschten Ostkongo verbreitet, wo ruandische Hutu-Untergrundkämpfer aktiv waren. Die Untergrundzeitung *La Résistance* (Der Widerstand) in Goma erläuterte im November 1998 ihren Lesern in einfachen Worten, worum es ging: »Was ist das Wesen dieses Krieges? Es ist ein Krieg, den die Tutsi-Ethnie führt, um die Einheimischen zu besetzen und ihrer Herrschaft zu unterwerfen. Die Tutsi-Ethnie Ruandas, Ugandas und Burundis möchte ihre Kontrolle ausweiten und sich mit Hilfe der Amerikaner das reiche Staatsgebiet des Kongo aneignen. Liebe Landsleute, öffnet also die Augen, seid wachsam. Mit der Un-

88 IRIN Great Lakes Update 490, 28.8.1998
89 Vgl. ausführlich Kapitel 2.6, S. 156 ff.
90 Später Regierungssprecher des Kongo und seit Mai 2015 Generalsekretär der Regierungspartei PPRD
91 Kinshasa dénonce l'idéologie raciste du Rwanda et de l'Ouganda, AFP 15.10.1998
92 Später Postminister, heute in der radikalen Oppositionspartei Ecide Beauftragter für neue Technologien
93 Le ministre Kibuey invite la communauté internationale à arrêter la dérive bestiole rwando-burundaise, ACP 18.12.1998
94 RDC, Déclaration Gouvernementale, 17.10.1998

terstützung gewisser westlicher Länder haben die Tutsi diesen verrückten Plan konzipiert und führen ihn aus, gegründet auf der angeblichen Überlegenheit der Niloten über die Bantu. Wenn ihr Plan Wirklichkeit wird, werden wir also Sklaven in unserem eigenen Land, Bürger zweiter Klasse. Es liegt an uns, zu kämpfen.«[95]

Deutlicher wurde ein Drohbrief gegen Tutsi in Bukavu: »Das Volk verspricht euch, mit allen Mitteln zu seiner Verfügung – Reifen um den Hals, Besuch eines bewaffneten Kommandanten – Gerechtigkeit walten zu lassen und sich euch einzeln vorzunehmen, sobald feststeht, dass ihr die Verursacher seines ewigen Elends seid. Das Volk wird niemals mehr eine Herrschaftsmacht akzeptieren, vor allem nicht durch eine Rasse ohne Ursprung und Manieren.«[96]

Im Juni 1999 rief Kabila zum »totalen Krieg« auf: »Die Kongolesen müssen sich bewaffnen. Der Krieg muss total sein. Die Ruander, die denken, dass sie den Kongo schlucken können, werden selber von der Weite des Staatsgebiets geschluckt werden. Von hinten umzingelt, werden sie ausgelöscht werden.«[97] In Kinshasa erläuterte Informationsminister Mumengi, was er von Friedensgesprächen mit Ruanda hielt: »Unser Kampf ist der des Rechts gegen die Barbarei [...] Die Notwendigkeit für die internationale Gemeinschaft und das ruandische Volk drängt sich auf, Paul Kagame unschädlich zu machen.«[98]

Das war das intellektuelle Klima, in dem im Kongo die FDLR entstand, mit dem Ziel »der Ersetzung der blutrünstigen und unbeliebten RPF-Inkotanyi-Macht, Quelle des Übels für Ruanda und alle Länder der Region der Großen Seen« und dem Bestreben, »das ruandische Drama endgültig zu beenden«. Gemessen an der sonstigen Rhetorik in Kinshasa war dies geradezu gemäßigt.

Bestätigung erhielt dieses Weltbild durch Untersuchungen der US-Organisation International Rescue Commitee (IRC) ab 2000 über die Frage, wie viele Menschen im Kongokrieg gestorben seien. In einer Reihe methodisch höchst umstrittener Untersuchungen wurden ausgewählte Haushalte befragt, wie viele ihrer Angehörigen in einem definierten Zeitraum gestorben seien. Dies wurde mit der »normalen« Sterberate in Friedenszeiten verglichen – mangels Daten aus Zaire vor dem Krieg wurde die durchschnittliche Sterberate in ganz Afrika südlich der Sahara zur Basis erklärt. Die Differenz war nach dieser Rechnung die Zahl der durch den Krieg verursachten »excess deaths« im Kongo.

In der ersten Untersuchung, die im April und Mai 2000 duchgeführt wurde, nannten 7339 Kongolesen an drei Orten im Ostkongo 606 Todesfälle in ihren Familien seit Anfang 1999. Daraus machten die IRC-Statistiker, hochgerechnet auf die Gesamtbevölkerung, 2,3 Millionen Tote insgesamt. Unter der Annahme, dass

95 La Résistance: Bulletin de résistance du peuple congolais des régions occupés, November 1998, S. 1
96 Zitiert in: Johnson, Dominic: Kabila will die Tutsi verjagen: In: tageszeitung, 15.9.1998
97 Zitiert in: IRIN Great Lakes Update 692, 14.6.1999
98 Le gouvernement rejette catégoriquement toute partition du territoire congolais, ACP 25.6.1999

es unter normalen Umständen nur etwa 600 000 hätten sein dürfen, kam die US-Organisation in der am 8. Juni 2000 veröffentlichten Studie zum Schluss, kriegsbedingt seien im Kongo bereits 1,7 Millionen Menschen gestorben.[99]

Weitere Untersuchungen erhöhten diese Todeszahl bis 2008 auf 5,4 Millionen – bis die wissenschaftlichen Zweifel an dieser Methode zu groß wurden. Aber in der Politik haben sich diese Zahlen verselbstständigt, vor allem in ihrer in vielen Medien gebräuchlichen reißerischen Variante »1000 Tote am Tag« und der Pauschalrechnung, der Kongokrieg habe mehr Opfer gefordert als jeder Krieg auf der Welt seit 1945.

Im Laufe der Jahre wuchs daraus im Kongo die Überzeugung, der Kongo habe einen von der Welt verschwiegenen Holocaust erlitten, und Ruanda mit seinem Präsidenten Kagame sei schuld daran. Im Kongo hat sich ein Opferdiskurs etabliert, den man mit der FDLR teilt. Von sechs Millionen Toten ist die Rede, von acht, von zehn. Kongos oppositionelle Jugendprotestbewegung Filimbi rief zum 1. März 2015 zusammen mit Exilanten zum Gedenken an die »über acht Millionen Toten« der Kongokriege auf.[100] Im Internet zirkulieren unzählige Pamphlete über das »Tutsi Empire«, an dem die »Niloten« seit »der Niederlage der Tutsi in Ruanda gegen die Hutu in der Sozialen Revolution 1959« bastelten und welches »Dominanz über die Bantu-Völker« in ganz Afrika anstrebe.[101]

Bestätigt fühlt sich dieser Diskurs auch durch den sogenannten »Mapping Report« der Menschenrechtskommission der Vereinten Nationen aus dem Jahr 2010, das Ergebnis einer mehrjährigen Untersuchung von Menschenrechtsverletzungen im Kongo vom Beginn der ersten ethnischen Pogrome 1993 bis zum offiziellen Ende des Krieges 2003.[102] Der brisanteste Vorwurf darin: Ruandas Militär habe 1996 bis 1997 »systematische und ausgedehnte Angriffe« gegen ruandische Hutu-Flüchtlinge verübt, die möglicherweise »Zehntausende« Tote gefordert haben könnten. Mehrere dieser Angriffe »offenbaren eine Anzahl inkriminierender Elemente, welche als Völkermordverbrechen bezeichnet werden könnten, wenn sie vor einem zuständigen Gericht bewiesen wären.«[103]

Der Bericht wird vom Hutu-Exil als Beweis eines Völkermords gewertet, ist in Wahrheit aber sehr viel differenzierter und zurückhaltender und enthält Vorwürfe gegen alle Seiten. Juristische oder politische Folgen hatte der »Mapping Report« keine. Seine zentrale Forderung nach einer Wahrheitskommission für die Demokratische Republik Kongo wurde nicht umgesetzt.

99 International Rescue Committee: Mortality Study, Eastern DR Congo (April–May 2000), New York 8.6.2000. www.rescue.org/mortality-study-eastern-dr-congo-april-may-2000

100 http://filimbi.org/qui%20sommes-nous.php

101 Vgl. Three Plans to achieve Tutsi Empire, Ikaze Iwacu 8.5.2014

102 Der Bericht samt Reaktionen: www.ohchr.org/EN/Countries/AfricaRegion/Pages/RDCProjet-Mapping.aspx

103 OCHCR, DRC 1993–2003, Report of the Mapping Exercise (Mapping Report), Genf 2010, § 31

Der »Blutsbund« zwischen Kongo und der FDLR

Zum Kern des politischen Selbstverständnisses der FDLR gehört die Überzeugung, dass Kongos Staat den ruandischen Hutu-Exilsoldaten Hilfe schuldig ist, um Ruanda zurückzuerobern. Als FDLR-Präsident Murwanashyaka zum ersten Mal in dieser Funktion öffentlich auftrat, am 10. September 2001 in Kinshasa, nannte Kongos Sicherheitsminister Mwenze Kongolo die Zusammenarbeit zwischen Kongos Regierung und der FDLR eine »Schicksalsgemeinschaft«.[104] FDLR-Sprecher Alexis Nshimiyimana sagte im Jahr 2002 über das Verhältnis zum Kongo: »Wir sind in einem Blutsbund miteinander verbunden.«[105]

1998 bewahrten die Ex-FAR-Generäle Kongos Präsident Laurent-Désiré Kabila vor dem Sturz und retteten seine Macht in Kinshasa – seither wartet die FDLR auf eine Gegenleistung und beruft sich auf angebliche Versprechen Kabilas. Im August 1998 hatte Kabila zu einem »langen Krieg« aufgerufen und erklärt: »Wir müssen uns darauf vorbereiten, Widerstand gegen die Aggression zu leisten und den Krieg in der Heimat des Aggressors zu beenden.«[106] Dieser Satz Kabilas wurde in der Folge – und wird bis heute – als »Prophezeiung« interpretiert, wonach erst die Eroberung Ruandas und der Sturz des Kagame-Regimes den Krieg endgültig beenden werden. Das ist die Wurzel der späteren politischen und militärischen Allianz zwischen Kinshasa und der FDLR.

Den Krieg »dort hinzutragen, wo er hergekommen ist«, nämlich nach Kigali, ist eine im Kongo immer wieder zu hörende Beschwörung in Zeiten der nationalistischen Aufwallung und begründet das fortdauernde Misstrauen Ruandas gegen Kongos politische Klasse. Ehemalige FDLR-Soldaten bestätigen den Pakt vor Gericht. »Der Plan sah so aus, dass wir Kabila helfen, die ruandischen Soldaten im Kongo zu besiegen; er sollte uns helfen, nach Ruanda zurückzugehen«, sagt ein ehemaliges Mitglied der FDLR-Reservebrigade.[107] Ein anderer sagt über die Ex-FAR: »Sie hatten Kabila versprochen, dass sie ihm helfen werden, um den Feind aus dem Osten zurückzudrängen. Er sagte, wenn es notwendig wird, wird man auch weitergehen.«[108]

Mehrmals betont Murwanashyaka später, Kongos Kabila-Regierung habe der FDLR in ihren Gründungszeiten Hilfe versprochen, um »nach Hause zu gehen«, also Ruanda zurückzuerobern. Dies sei auf einem Treffen zwischen dem damaligen kongolesischen Präsidenten Laurent-Désiré Kabila, seinem Sohn Joseph

104 Mwenze Kongolo donne des arguments à Kagame. In: Le Potentiel, 11.9.2001

105 Kinshasa chasse les Hutu du Front de libération du Rwanda – Alexis Nsimyimana: ›Le rapatriement de nos combattants ne devrait en aucun cas servir de monnaie de change pour Kagame‹. In: La Référence Plus, 25.9.2002.

106 Congo Says Rebels Get Rwandan Aid. In: Washington Post, 7.8.1998

107 Zeugenaussage, Prozesstag 131, OLG Stuttgart 30.1.2013

108 Zeugenaussage, Prozesstag 68, OLG Stuttgart 26.3.2012

Kabila, seinem mächtigen General John Numbi, dem ersten FDLR-Präsidenten Aloys Ntiwiragabo (Omar) und dem damaligen Chef der burundischen Hutu-Rebellen Jean-Bosco Ndayikengurukiye zugesagt worden. Als Murwanashyaka im Jahr 2009 mitten in der gemeinsamen kongolesisch-ruandischen Armeeoffensive »Umoja Wetu« gegen die FDLR seinem Sprecher erlaubt, Kontakt zum kongolesischen General Numbi aufzunehmen, trägt er ihm auf: »Sag ihm, dass sie uns im Gegenteil im Stich gelassen haben, indem sie uns das nicht gegeben haben, was der alte Kabila uns vor seinem Tod versprochen hat, vor seinem Sohn, Numbi, Omar und Ndarucengurukiye. Er hat dabei Numbi und seinen Sohn gebeten, uns zu helfen, falls er stirbt, bevor er es tut.«[109]

Der »Blutsbund« hat also auch eine materielle Ebene: Kongos Regierung ist der FDLR nach deren Ansicht noch immer Bezahlung für die unentgeltlichen Hilfseinsätze der Ex-FAR zwischen 1998 und 2002 schuldig – bis hin zur Rettung Joseph Kabilas beim Debakel von Pweto Ende 2000.[110] Auf jede Forderung aus dem Kongo, die FDLR möge bitte die Waffen niederlegen und nach Hause gehen, antwortet die Organisation mit einer Geldforderung: erst die Schulden zahlen. Dies belastet spätere Demobilisierungsverhandlungen immer wieder, von Kamina 2001 bis Rom 2005.[111] Jedesmal enden sie damit, dass die FDLR vom Kongo Geld bekommt.

Kann die FDLR den Kongo mit dem »Blutsbund« erpressen? Als im Januar 2015 erneut kongolesische Militäroperationen gegen die FDLR drohten, wie schon einmal im Jahr 2009, schrieb FDLR-Interimspräsident Byiringiro aus dem Wald von Nord-Kivu einen bizarren Offenen Brief an die kongolesische Regierung:[112] »In diesen Wäldern werden wir seit 19 Jahren erbarmungslos gejagt mit der Intention, uns auszulöschen«, schrieb er, »aber glücklicherweise gibt es noch ein paar überlebende Flüchtlinge, um von der Vergangenheit Zeugnis abzulegen. […] Denn wir werden alles offenbart haben, bevor wir sterben.« Byiringiro mahnt: »Wer die Wahrheit sagt, kann sterben. Aber sie wird nicht mit ihm begraben. Die Wahrheit bleibt und ertönt weiter. […] Je bedrohter wir sind, desto mehr Offenbarungen über die verborgene Wahrheit werden wir vornehmen, dank Gottes, den manche mit ihren Kriegswaffen zu bekämpfen und zu besiegen können meinen.«

Am Ende erklärt der FDLR-Führer »Exzellenzen, Damen und Herren, Führer des Kongo: Einerseits gibt es einen abgrundtiefen Hass (*inzigo*) zwischen den Ruandern und den Kongolesen, infolge der sechs Millionen Kongolesen, die von der

109 SMS Murwanashyaka an Ngarambe, 9.2.2009, Prozesstag 291, OLG Stuttgart 18.3.2015. Vgl. Kapitel 4.4, S. 293 f.

110 Vgl. Kapitel 2.6, S. 164 f.

111 Vgl. Kapitel 4.1, S. 210; 4.2, S. 235

112 Dies und die folgenden Zitate aus: Lettre ouverte des FDLR aux dirigeants de la RDC, gez. Victor Byiringiro, Interimspräsident der FDLR, Walikale 13.1.2015

RPF massakriert worden sind. Andererseits gibt es einen Blutsbund zwischen den Kongolesen und den ruandischen Flüchtlingen, hervorgegangen aus ihrem Blut, das sich vermischte, als die RPF sie unterschiedslos massakrierte. Dieser Bund ist wichtiger als alles. Es ist auf Grundlage dieses Bundes, dass der liebe Gott uns vor einer vollständigen Auslöschung hier im Kongo schützt, bevor wir nicht die ganze Geschichte von allem, was geschehen ist, erzählt haben.«

Teil 4

Vom Krieg im Kongo zur Anklagebank in Deutschland

Kapitel 1
Demobilisierung: Die Heimkehr der müden Krieger

Endlich wieder normal leben: Eine Rückkehr nach Ruanda

Ein Flugblatt mit einer Notruf-Telefonnummer war für Bahati die Eintrittskarte in ein neues Leben. Erschöpft und ausgezehrt hockte der 34-jährige FDLR-Kämpfer im Februar 2009 auf einer schimmeligen Matratze im tropisch heißen Zeltlager der Demobilisierungsabteilung (DDRRR) der UN-Mission im Kongo (MONUC) in Goma.[1] Auf Bahatis Nase perlte der Schweiß, dabei hatte er fast nichts an. Er hatte seine Uniform ausziehen müssen. Seine Unterhose war zerrissen und das Unterhemd hing ihm in Fetzen vom Leib. Nur die Camouflage-Mütze verriet: Er war bis gerade eben noch ein Soldat.

Den Handzettel hatte Bahati eines Morgens gefunden. Er klebte tropfnass in einem Busch am Rande seines Maniok-Ackers. Sein Bataillon war in Pinga stationiert, eine Kleinstadt 150 Kilometer westlich von Goma tief im Regenwald des Distrikts Walikale. Dort lebte Bahati in einer kleinen Lehmhütte mit seiner 24-jährigen Frau, die er in einem nahegelegenen Flüchtlingslager kennengelernt hatte. Sie war sofort schwanger geworden, erzählte er, gebar im vergangenen Jahr einen Sohn – sein ganzer Stolz. Doch der Kleine schien krank, aufgedunsen, fiebrig. Dem jungen Vater wurde klar: Sie müssen den Dschungel verlassen, das Kind zu einem Arzt bringen. Doch wie?

Der Zettel mit den Telefonnummern schien an jenem Morgen die einzige Option. Von weitem waren Schüsse zu hören. Ruandas Armee war wenige Wochen zuvor im Ostkongo eingerückt, um die FDLR zu jagen. Es herrschte ein heilloses Durcheinander. Seine Kameraden waren in alle Himmelsrichtungen davongestoben. Das war die Gelegenheit. Aufgeregt lief er zur Hütte: »Pack die Sachen«, flüsterte er seiner Frau zu. Dann nahm er das kranke Baby auf den Arm und die Familie schlich sich ins Unterholz. Auf einem Trampelpfad zeigte ihnen ein kongolesischer Bauer den Weg zur kleinen UN-Basis im nächsten Dorf, wo ab und zu UN-Hubschrauber landeten. Das war die Rettung. »Wenn der Kommandeur uns gefunden hätte, dann wären wir jetzt tot«, sagte Bahati. Er hatte viele

1 Angaben nach: Begleitung einer DDRRR-Repatriierung aus Goma nach Mutobo, Februar 2009

seiner Kameraden durch Folter sterben sehen, wenn sie auf der Flucht erwischt wurden.

So saß Bahati nun erleichtert im UN-Lager in Goma. Seine Frau wog neben ihm das fiebrige Baby in den Schlaf. Die UN-Mitarbeiter hatten Medizin besorgt und neue Kleidung. Der Kämpfer stieg in die frischen Hosen, knöpfte sich das Hemd zu: Die erste zivile Kleidung seit 15 Jahren. Er schaute verblüfft an sich herunter. Seine Frau quiekte erstaunt. Der hagere Mann wirkte wie ausgewechselt. Ein Lächeln huschte über sein Gesicht.

In jenen Tagen war besonders viel los im DDRRR-Transitlager in Goma am Kivu-See. Mehrfach am Tag traf ein Lastwagen mit FDLR-Kriegern ein, die sich den UN-Blauhelmen ergeben hatten. Die meisten brachten eine Kalaschnikow mit, deren Seriennummer die UN-Mitarbeiter registrierten und in einen sicheren Container einschlossen, damit sie später vernichtet werden konnte. Selten war der Waffencontainer auf dem UN-Gelände in Goma so voll wie in jenen Wochen im Februar 2009.

Zur Registrierung riefen die DDRRR-Mitarbeiter die Kämpfer einzeln auf. Als Bahati dran war, salutierte er automatisch. Solche Reflexe lassen nur langsam nach. Er folgte dem UN-Angestellten in einen weißen Bürocontainer. Dort wurde eine Akte über ihn angelegt: Foto, Fingerabdrücke, Name und Geburtsort, der Name seiner Frau und seines Kindes, Geburtsdaten. Auch Fragen zu seinem Werdegang musste er über sich ergehen lassen: Wann war er in die FDLR eingetreten? In welcher Einheit hatte er gedient? Unter welchem Kommandeur?

Dann hievte Bahati sein Bündel mit Kochgeschirr auf die Ladefläche. Ein Lastwagen brachte den Haufen müder Krieger samt Frauen und Kinder über die Grenze. Bahatis altes Zuhause lag nur wenige Stunden Fahrtzeit von Goma entfernt, im Süden Ruandas. Doch es hatte 15 Jahre gedauert, bis er sich nun endlich auf den Heimweg machte.

Unter der Plane des alten Viehtransporters war es heiß. Es herrschte angespanntes Schweigen, als der Lkw den Schlagbaum nach Ruanda passierte. Niemand hatte Reisepässe. Im Innenhof der Immigrationsbehörde wurde eine Liste mit den Namen verlesen. Dann durfte Bahati sein Bündel schmutziger kongolesischer Geldscheine in neue ruandische Francs tauschen, umgerechnet zwei Euro. Er begutachtete das Wasserzeichen und den glitzernden Silberstreifen. »Jetzt sind wir wieder Ruander«, sagte er und strahlte. Dann ging es weiter.

Während der Busfahrt drückte sich Bahati die Nase an der staubigen Fensterscheibe platt. Nach 15 Jahren im kongolesischen Dschungel wirkte Ruanda im Jahr 2009 wie ein modernes Wunderland. Eine frisch geteerte Straße führte von der Grenze weg durch Gisenyi, wo am Straßenrand gerade Farbmarkierungen angebracht und Gehsteige errichtet wurden. Bahati machte große Augen, während er sein Baby auf dem Schoß schaukelte: »Guck, in der Apotheke können wir die Medizin kaufen. Hier gibt‹s frische Milch und dort Telefone«, plapperte er. Der junge Vater war stolz, seinem Kind eine bessere Zukunft ermöglichen zu können.

Er diskutierte mit seiner Frau, wie sie die umgerechnet 100 US-Dollar Startgeld, das sie im Rahmen des Reintegrationsprogramms erhalten würden, sinnvoll anlegen konnten. Ein Stück Land, ein Häuschen, eine Ziege, Hühner?

Eine gute Autostunde entfernt hieß es: Aussteigen! Die Truppe war in Mutobo angekommen, Ruandas Vorzeige-Schulungszentrum für demobilisierte Rebellen. Es liegt wenige Kilometer vor der Kleinstadt Ruhengeri am Ende eines kurzen Feldweges, der von der Hauptstraße abgeht, im Schatten einer imposanten Kette erloschener Vulkane. Hinter den Gipfeln beginnt der Kongo. Das unscheinbare Lager besteht aus einfachen Wellblechhäusern: Schlafsäle und Klassenräume mit Platz für über 400 Exrebellen.

Fast alle Betten waren belegt, als Bahati eintraf. »Willkommen zu Hause«, begrüßte Direktor Frank Musonera die Exkämpfer und lächelte freundlich. Dann erklärte er den Männern, die bis vor wenigen Tagen noch im kongolesischen Busch für den Umsturz in Ruanda gekämpft hatten, den Unterrichtsplan der nächsten zehn Wochen: Wie funktionieren Wahlen in Ruanda? Wie bekommt man einen Kredit bei einer Bank? Was kostet eine Krankenversicherung? Was sind Menschenrechte? Was bedeutet Genozid? Musonera verteilte Notizbücher und Kugelschreiber.

Am Abend saß Bahati auf seinem neuen Bett im Schlafsaal. Verschämt versteckte er sein Schreibzeug unter der Matratze. Lesen und Schreiben habe er nie gelernt, gestand er. Doch die größte Herausforderung war eine andere: »Ein Leben in Frieden« – das konnte er sich gar nicht vorstellen, sagte er. »Ein ganz normales Leben«, murmelte er vor sich hin.

Es war der erste Tag seit 15 Jahren, an dem Bahati keine Kalaschnikow trug. Er wusste nicht so recht, woran er sich festhalten sollte. Er fügte Schnipsel einer zerrissenen Verpackung zusammen wie ein Puzzle. Stück für Stück wurde das Bild eines CD-Spielers sichtbar. Bahati grinste: »Ich will eine Musikanlage«, sagte er. Da haute ihm seine Frau auf den Unterarm: Zuerst sollte er Schulgeld für das Baby ansparen, tadelte sie. Fast schon eine ganz normale Familie.

Die Ursprünge des Demobilisierungsprogramms DDRRR

Bahati ist einer von 8815 FDLR-Kämpfern, die nach ruandischen Angaben von 2001 bis September 2014 in ihr Heimatland Ruanda zurückgekehrt sind und das Demobilisierungsprogramm DDRRR durchlaufen haben.[2] DDRRR steht für »Disarmament, Demobilization, Repatriation, Reintegration, Resettlement« (Entwaffnung, Demobilisierung, Repatriierung, Reintegration, Umsiedlung) – die friedliche Auflösung bewaffneter Gruppen und ihre Rückkehr nach Hause. Es ist die

2 Statistiken der ruandischen Demobilisierungskommission RDRC. Die Zahlen der DDRRR-Abteilung der UN-Mission im Kongo sind höher, wegen einer großzügigeren Definition von »Kämpfern«

für ausländische Milizen konzipierte Erweiterung klassischer Demobilisierungsprogramme, mit denen nach Ende eines Bürgerkrieges Kämpfer wieder Zivilisten werden.

Für das Afrika der Großen Seen setzte eine Geberkonferenz in Brüssel im Jahr 2001, kurz nach der Machtübertragung vom toten Laurent-Désiré Kabila auf seinen gemäßigteren Sohn Joseph, einen Weltbank-Fonds für ein länderübergreifendes Demobilisierungsprogramm auf: das Multi-Country Demobilization and Reintegration Program (MDRP). Mit 621 Millionen US-Dollar ausgestattet, war es das größte weltweit. Es richtete sich an 350 000 Regierungssoldaten und irreguläre Kämpfer in neun Ländern. Immerhin 279 263 wurden während der Laufzeit des Programms zwischen 2002 und 2009 demobilisiert.[3]

»Die größten Hürden zur Demobilisierung hatten mit mangelndem politischen Willen zu tun und wurden in der DR Kongo registriert«, so der MDRP-Abschlussbericht. Ein »andauerndes Problem« bleibe am Ende die FDLR im Ostkongo.[4]

Das war sie, beziehungsweise ihre Vorläufer, schon von Anfang an. »Die Entwaffnung, Demobilisierung, Repatriierung, Reintegration oder Umsiedlung der bewaffneten Gruppen ist der Schlüssel zur Beendigung des Konfliktes in der Demokratischen Republik Kongo«, stellte der UN-Sicherheitsrat fest, nachdem die UN-Botschafter seiner Mitgliedsländer im Mai 2001 gemeinsam die Region bereist hatten. »Die Lösung der verbleibenden Probleme würde jede Notwendigkeit für den Verbleib ausländischer Truppen im Osten des Landes beseitigen, die Sicherheit und Lebensqualität der Bevölkerung des Gebietes unermesslich verbessern und eine gefährliche Quelle von Konflikt und Unsicherheit in der Region neutralisieren.«[5] Doch niemand wollte die Probleme lösen. Schon bevor irgendein Konzept vorlag, mahnte UN-Generalsekretär Kofi Annan, es sei »unwahrscheinlich, dass die Vereinten Nationen einen Plan bestätigen werden, der Zwangsentwaffnung unter einem Kapitel-7-Mandat voraussetzt« – also eines, das Gewaltanwendung erlaubt.[6]

So erarbeiteten die ausländischen Kriegsparteien, die damals noch mit ihren Armeen im Kongo standen und diesen in Einflusssphären aufgeteilt hatten, ein Entwaffnungskonzept ohne Zwang.[7] Eine UN-Informationskampagne sei an die Milizen zu richten; willige Kämpfer würden sich dann in designierte »Sammelgebiete« begeben, ein Formular ausfüllen und ihre Waffen abgeben – an wen, blieb offen. Es würden Zivilisten von Kämpfern getrennt und auch Frauen von Männern, mutmaßliche Völkermordtäter dem UN-Ruanda-Tribunal ICTR übergeben und Kindersoldaten dem UN-Kinderhilfswerk UNICEF. Wer dann übrig

3 MDRP Final Report, Juli 2010, S. 15, 22. www.tdrp.net/PDFs/MDRP_Final_Report.pdf
4 MDRP 2010, S. 23
5 Security Council Mission Visit to the Great Lakes 15.–26.5.2001, S/2001/521, 29.5.2001, § 124
6 7. MONUC-Bericht S/2001/373, 17.4.2001, § 94
7 Dokumentation des Plans: UN-Sicherheitsrats-Reisebericht S/2001/521/Add.1

sei, werde befragt, und falls er nach Ruanda zurückwolle, bekäme er Amnestie, Sicherheitsgarantien und Ausbildung »für eine zweite Karriere«. Außerdem sollte »die Zivilgesellschaft der Länder der Reintegration bereitstehen, die Exkämpfer durch eine intensive Medienkampagne zu empfangen«.

Dieser Plan hätte die Ex-FAR als heldenhafte Kriegsveteranen nach Ruanda zurückgebracht, Medienrummel und Privilegien inklusive. Es ist daher kein Wunder, dass die FDLR seitdem einen solchen Empfang in Ruanda, am besten noch unter Beibehaltung ihrer militärischen Struktur, als Bedingung für ein Ende ihres Kampfes nennt. UN-Generalsekretär Kofi Annan erteilte auch diesem Konzept eine klare Absage: Es sei »keine hinreichende Grundlage für weiteres Handeln der Vereinten Nationen zu diesem Zeitpunkt«.[8]

Einen Impuls brachte erst eine militärische Niederlage der ruandischen Hutu-Kämpfer. Die Operation »Oracle du Seigneur« im Mai/Juni 2001, ihr letzter großer bewaffneter Einmarsch aus dem Kongo in Ruanda, war ein Debakel. »Über 1000 Rebellen getötet«, titelte die ruandische Zeitung *New Times*.[9] Von den 4000 bis 5000 Angreifern – ein Drittel der Gesamtstärke von ALIR I – sollen 1890 in Ruanda getötet und 945 gefangengenommen worden sein; 530 hätten sich daraufhin ergeben, darunter 245 Offiziere.[10] Ruandas Regierung nutzte dies, um der Welt zu beweisen, dass kapitulierende Ex-FAR-Soldaten in Ruanda nichts zu befürchten hätten.

Schon seit 1994 gab es in Ruanda sogenannte »Solidaritätslager« (*ingando*), wo zurückkehrende Flüchtlinge auf das Leben in der Heimat vorbereitet wurden. Ab 1999 entwickelten sie sich unter Aufsicht der Nationalen Einheits- und Versöhnungskommission (NURC) zu einer Art Ferienlagersystem, auch für Soldaten und Abiturienten – und für Hutu-Kämpfer aus dem Kongo. Rund 600 Ex-FAR-Soldaten durchliefen bis 2001 das wichtigste militärische Ingando-Lager in Mudende in der Nähe von Gisenyi – dort, wo die ALIR 1997/98 ihre blutigsten Massaker angerichtet hatte.[11] Nach »Oracle du Seigneur« kamen viel mehr Menschen dazu. Bis August 2001 wuchs Mudende auf 1800 Exkämpfer an. Die Regierung verlegte schließlich das Lager nach Nkumba und öffnete ein weiteres in Mutobo, jeweils nördlich und südwestlich von Ruhengeri.

Neu war, dass die Exsoldaten zuerst ihre Familien in ihren Heimatdörfern besuchen durften, bevor sie zur Schulung ins Lager mussten. Das gab ihnen Sicherheit. »Das Lager hatte keinen Zaun und die FDLR-Leute waren nicht eingesperrt, sondern konnten sich frei bewegen«, erinnert sich die damalige Demobilisierungsbeauftragte beim UN-Entwicklungsprogramm (UNDP) in Ruanda, die

8 8. MONUC-Bericht S/2001/572, 8.6.2001, § 108
9 More than 1000 rebels killed. In: New Times 28.–30.6.2001. Vgl. Kapitel 2.6, S. 166f.
10 UNDP/Donor Mission to the DRC and the Great Lakes region: Defining UNDP's Role in Disarmament, Demobilization and Durable Solutions (D3), 6.8.–13.9.2001, Contextual Analysis, S. 13
11 Vgl. Kapitel 2.6, S. 154

Österreicherin Susanne Brezina. »An den Wochenenden durften sie nach Hause fahren, mit öffentlichen Verkehrsmitteln, aber ansonsten hatten sie ein Ingando-Programm und lernten über das neue Ruanda.«[12] Nach 90 Tagen wurden sie feierlich verabschiedet und mit einer Starthilfe nach Hause geschickt – zur Starthilfe gehörten auch Macheten für die zu Bauern umgeschulten ehemaligen Hutu-Kämpfer, nur wenige Jahre nach dem Völkermord.

In einer Evaluierung kam UNDP zum Schluss: »Die ALIR-Exkämpfer waren angeblich ganz überrascht über den positiven Empfang, den sie in Ruanda vorfanden, und noch mehr über die allgemeine Lage in Ruanda, die sie während ihrer Familienwoche erlebten. Es scheint, als sei die Mehrheit von ihnen Opfer gezielter Desinformation durch ihre Vorgesetzten im Kongo gewesen.«[13]

Begeistert von diesem Ansatz, sagte Großbritannien im August 2001 als erstes Geberland im August 2001 Mittel für ein DDRRR-Programm im Kongo zu. Kongos Präsident Kabila versprach der britischen Entwicklungsministerin Clare Short im Gegenzug, Ex-FAR-Kämpfer in Gebieten unter Regierungskontrolle zu demobilisieren. 4000 von ihnen befänden sich bereits in den Militärlagern Kitona (Bas-Congo) und Kamina (Katanga), sagte er.[14] Es war ein Testballon. »Man brachte uns dorthin von der Front«, erinnert sich später vor Gericht in Stuttgart einer der nach Kamina gebrachten Kämpfer; »es war auf Verhandlungsbasis. Wir gingen nicht dorthin, weil wir verloren hatten oder so [...] In Kamina warteten wir auf die Rückkehr nach Ruanda.«[15]

Die Strategie war, die ruandischen Hutu-Kämpfer als willige Partner im Friedensprozess zu präsentieren, was ihrer politischen Agenda nützen würde. Ab jetzt stand die FDLR als politische Organisation der ruandischen Hutu-Kämpfer im Vordergrund. Am 10. September 2001 organisierte Kongos Regierung in Kinshasa den ersten öffentlichen Auftritt der FDLR: Ignace Murwanashyaka, vorgestellt als »Präsident«, trat mit FDLR-Sprecher Alexis Nshimiyimana und FDLR-Menschenrechtskommissar Christophe Hakizabera vor die Presse, unter der Ägide des kongolesischen Sicherheitsministers Mwenze Kongolo.[16]

Zwei Tage später führten kongolesische Regierungsvertreter zusammen mit FDLR-Funktionären Diplomaten und Journalisten auf der fernen Militärbasis Kamina, tief in der Savanne von Katanga, eine Gruppe von 1500 uniformierten FDLR-Kämpfern vor. Minister Kongolo erklärte: »Es gibt keine bewaffneten Ruander mehr auf kongolesischem Gebiet unter Regierungskontrolle, und die Ent-

12 Angaben von Susanne Brezina per E-Mail, November 2015
13 UNDP 2001, S. 23
14 Wrong, Michela: UK looks to women to lead Congo out of darkness. In: Financial Times, 10.8.2001
15 Zeugenaussage, Prozesstag 128, OLG Stuttgart 21.1.2013
16 Dépouillé, Kagame obligé de retirer ses troupes de la RDC. In: L'Avenir, 11.9.2001; Des combattants des FDLR presentés à Kigali! In: Le Phare, 11.9.2001; Mwenze Kongolo donne des arguments à Kagame. In: Le Potentiel, 11.9.2001

waffnung der FDLR ist ein wichtiger Schritt in unserer Suche nach Frieden.«[17] Ein Kommandeur der Kämpfer erklärte allerdings, sie seien »Sündenböcke« und »Opfer von Verleumdung, Diffamierung, Denunziation und globaler Verteufelung«.[18]

Es war unklar, was mit diesen Kämpfern nun geschehen sollte. Sie befanden sich auf einer kongolesischen Armeebasis. Die FDLR betrachte sie nicht als demobilisiert. Sie seien in fünf Bataillonen der Brigade »Kamba« unter Oberst Vincent Ndanda organisiert und würden nach Bedarf wieder zum Kampfeinsatz abkommandiert, berichteten später demobilisierte Exkämpfer.[19] Ein Kämpfer, der in der FDLR-Brigade »Horizon« im Wald in Katanga geblieben war – aus ihr wurde später die FDLR-Reservebrigade –, berichtet viel später in Stuttgart vor Gericht: »Nicht alle gingen nach Kamina. Nach Kamina ins Lager kamen jene, die in Mbuji-Mayi, Équateur, Lubumbashi waren. Wir blieben im Wald. Man sagte uns, dass wir nicht nach Kamina sollen, dass die FDLR nach der Entwaffnung nach Ruanda soll und es sein kann, dass es nichts bringt.«[20] Angeblich erhielt die FDLR als Gegenleistung fünf Millionen kongolesische Francs (damals rund 10 000 Euro); das Geld brachten kongolesische Regierungsvertreter auf dem MONUC-Flug nach Kamina mit.[21] So lieferten die Vereinten Nationen der FDLR unwillkürlich eine Anschubfinanzierung.

Zwischen dem 28. Oktober und 28. Dezember 2001 befragten UN-Mitarbeiter 1981 FDLR-Kämpfer in Kamina sowie in Krankenhäusern in Lubumbashi und Kinshasa.[22] Sie kamen zu dem Schluss, »dass sie alle fließend Kinyarwanda sprechen; sie hatten mit wenigen Ausnahmen militärische Ausbildung erhalten und waren in militärischer Formation und Uniform. Während die Männer nicht bewaffnet waren, konnte MONUC nicht bezeugen, dass die Männer entwaffnet oder demobilisiert worden waren. Keine Informationen gab es über die Waffen, die die Kämpfer getragen hatten. Alle Kämpfer weigerten sich, Fragen zu beantworten, die es möglich gemacht hätten, sie explizit zu identifizieren, einschließlich solchen über ihren Heimatdistrikt und ihre Familie. Sie nahmen die Haltung auf Rat der FDLR ein, die vorgab, sie zu vertreten, und die als Teil der Delegation der Regierung der DR Kongo allen Interviews beiwohnte.«[23]

17 IRIN Great Lakes Update 1265, 13.9.2001
18 Mwenze Kongolo présente les combattants FDLR à la MONUC. In: Le Potentiel, 13.9.2001
19 MONUC Kigali DDRRR Report, 17.10.2002. Zu den Bataillonskommandanten gehörten demnach Major Hussein Nditurende, 2009 von der FDLR nach Ruanda desertiert, Major Kiti, von der FDLR zur Abspaltung RUD übergelaufen und 2009 nach Ruanda gegangen, und Kapitän Aloys Birasa als Kommandant der Hauptquartier-Schutzeinheit, noch heute in gleicher Funktion bei der FDLR in Süd-Kivu
20 Zeugenaussage, Prozesstag 220, OLG Stuttgart 24.3.2014
21 International Crisis Group: Disarmament in the Congo: Jump-Starting DDRRR to Prevent Further War, 14.12.2001, S. 19
22 155 rebelles rwandais dans les bras de la MONUC. In: Digitalcongo, 11.12.2001
23 10. MONUC-Bericht S/2002/169, 15.2.2002, § 62

In dieser Zeit wurde Ignace Murwanashyaka offiziell Präsident der FDLR: nach Angaben des FDLR-Sprechers Laforge im Rahmen des »Empfangs der UNO und Verlassen des Untergrunds« am 12. September 2001, dem Tag des ersten öffentlichen Auftritts der Kamina-Kämpfer.[24] Murwanashyaka war ein neues, unverbrauchtes Gesicht, perfekt für die neue, politische Rolle, in der sich die Hutu-Exilmilitärs jetzt sahen. Die »politische Vereinigung« von ALIR I und II wurde laut Laforge am 7. August 2001 vollzogen; vom 19. bis 24. Januar 2002 tagte zum ersten Mal das FDLR-Führungskomitee CD, und am 27. März hob der frischgebackene Präsident gemeinsam mit den Führern zweier anderer Exilgruppen das politische Bündnis Allianz für Demokratie und nationale Versöhnung (ADRN-Igihango) aus der Taufe – in Bad Honnef, gegenüber von Bonn am Rhein gelegen.[25] Am Treffen von Bad Honnef nahm als kongolesischer »Beobachter« Séraphin Ngwej teil, damals schon und bis heute ein enger sicherheitspolitischer Berater des kongolesischen Präsidenten Joseph Kabila. Wenige Monate später ernannte Kabila Ngwej zu seinem DDRRR-Beauftragten.[26]

Kongos Regierung sagte, die ruandischen Hutu-Kämpfer seien ein Problem der Regierung Ruandas, die sich mit ihren Gegnern verständigen müsse, statt sie nach Kongo zu exportieren. Ruandas Regierung sagte, sie seien ein Problem der Regierung Kongos, die sie aufgenommen und aufgerüstet habe. Alle waren sich einig, dass die Vereinten Nationen sich darum kümmern sollen. Diese sahen sich dafür weder als zuständig noch dazu in der Lage. Ihre Priorität war der Abzug der ausländischen Regierungsarmeen aus dem Kongo.

So verhandelte Kongo in Südafrika unter Vermittlung des heutigen Präsidenten Jacob Zuma mit Ruanda über dessen Abzug aus dem Kongo und die zeitgleiche Rückführung der FDLR. Am 30. Juli 2002 unterzeichneten die beiden Präsidenten Kabila und Kagame feierlich in Südafrika das »Friedensabkommen von Pretoria«.[27] Das war sehr ambitioniert und zielte auf »Aufspüren und Auflösen« der Milizen einschließlich ihrer Führer und Vollzug der Repatriierung innerhalb von 120 Tagen.[28] Das Problem hierbei war: Nach wie vor war Kongo geteilt, die Regierung Kabila kontrollierte den Osten des Landes nicht und damit auch nicht die Orte, wo sich die meisten ruandischen Hutu-Kämpfer aufhielten.

24 Dies und die folgenden Angaben: »Chronologie des FDLR«, zur Verfügung gestellt von FDLR-Sprecher Laforge Fils Bazeye

25 Acte de Bad Honnef: Charte de l'Alliance pour la Démocratie et la Réconciliation Nationale (ADRN) – Igihango, 27.3.2002

26 Präsidialdekret vom 5.8.2002: Vital Kamerhe savoure les fruits d'un travail fait à la limite du sacrifice. In: Digitalcongo, 7.8.2002

27 Peace Agreement between the Governments of Rwanda and the DRC on the Withdrawal of the Rwandan Troops from the Territory of the DRC and the Dismantling of the Ex-FAR and Interahamwe Forces in the DRC, UN-Dokument S/2002/914. http://peacemaker.un.org/sites/peacemaker.un.org/files/CD%20RW_020730_PeaceAgreementRwandaDRC.pdf

28 Calendrier détaillé du retrait des troupes rwandaises en RDC. In: Le Potentiel, 26.7.2002

Die FDLR-Truppen, ehemals ALIR I und II, setzten sich ungestört im Chaos der Kivu-Provinzen fest. Eine erste systematische Untersuchung von Stärke und Struktur der bewaffneten Gruppen im Kongo durch die UN-Mission im Kongo hatte im März 2002 ergeben, dass ALIR I damals aus je einer Division in Nord- und Süd-Kivu bestand, mit dem Hauptquartier im Kahuzi-Biega-Nationalpark in Süd-Kivu, gegliedert in insgesamt fünf Brigaden. ALIR II bestehe aus einer Division in Katanga mit einer Brigade in Nyunzu und einer weiteren, die nordwärts zur ALIR I gestoßen sei; dazu kämen weitere Einheiten. Jede Gruppe habe 4000 bis 6000 Kämpfer. Die von ALIR II seien »besser ausgerüstet als ALIR I, aber haben weniger Erfahrung«.[29]

In Reaktion auf das Pretoria-Abkommen zwischen Kongo und Ruanda drohte FDLR-Sprecher Alexis Nshimiyimana aus Wien, Kabila »sollte sich daran erinnern, dass die FDLR auf Einladung der Regierung der DR Kongo an der Seite der kongolesischen Armee gekämpft haben«.[30] Er präzisierte: »Wir sind keine Unterzeichner dieses Abkommens. Wir versuchen jedoch, die Verpflichtungen der kongolesischen Regierung zu respektieren, denn wir sind in einem Blutsbund miteinander verbunden.«[31]

2002: In Kamina scheitert die Entwaffnung der FDLR

Nachdem Kongos Regierung in Südafrika die Entwaffnung der FDLR als Gegenleistung für Ruandas Truppenabzug aus dem Kongo versprochen hatte, war eine Konfrontation unausweichlich. Am 13. August 2002 wurde der ehemalige FAR-Stabschef Augustin Bizimungu, der höchstrangige aller ruandischen Hutu-Generäle im Kongo, verhaftet und an das UN-Ruanda-Tribunal ausgeliefert. Tharcisse Renzaho, ein Gründer der FDLR und einer der ursprünglichen Leiter des Einsatzes der Ex-FAR-Soldaten an Kabilas Seite ab 1998, wurde am 29. September ebenfalls verhaftet und nach Arusha geschickt. Außerdem verkündete Vital Kamerhe, Kongos Regierungsbeauftragter für den Friedensprozess, am 23. September im Staatsfernsehen ein »striktes und definitives« Verbot aller politischen FDLR-Aktivitäten. Alle FDLR-Führer im Kongo seien »unerwünschte Personen« und müssten innerhalb von 72 Stunden das Land verlassen; zugleich solle Südafrika

29 First assessment of the armed groups operating in the DRC, Annex zu UN-Bericht, S/2002/341, 5.4.2002, S. 9

30 Des extrémistes hutus rwandais rejettent l'accord de Pretoria, AFP 30.7.2002

31 Kinshasa chasse les Hutu du Front de libération du Rwanda – Alexis Nsimyimana: ›Le rapatriement de nos combattants ne devrait en aucun cas servir de monnaie de change pour Kagame‹. In: La Référence Plus, 25.9.2002.

als Garant des Pretoria-Abkommens die Repatriierung der Kämpfer in Kamina »rasch organisieren«.[32]

Seit über einem Jahr saßen die FDLR-Kämpfer in Kamina bereits herum. Jetzt kam Bewegung in die Sache. UN-Unterhändler erstellten eine Liste von 81 Freiwilligen für eine Schnuppertour nach Ruanda: 67 Exkämpfer, ein Zivilist, zehn Frauen und drei Babys. Um sie zu verabschieden, hoben am 30. September 2002 um 8:35 Uhr in Kinshasa zwei Flugzeuge mit Delegierten und Journalisten für den 105-Minuten-Flug nach Kamina ab; mit von der Partie war FDLR-Präsident Murwanashyaka und sein späterer Vize Musoni, der sich erinnert: »Ignace war auch dort, er kam mit der offiziellen Delegation mit dem EU-Kommissar Louis Michel und einem Regierungsmitglied.«[33]

»Beim Aussteigen«, berichtete aus Kamina einer der eingeflogenen kongolesischen Journalisten, »stießen wir mit der Nase auf die ruandischen Exkämpfer, in Dreierreihen aufgereiht, gekleidet in weiße T-Shirts mit dem Logo von *Radio Okapi*, blaue Jeans und Turnschuhe unterschiedlicher Formate. Jeder hatte ein Bündel bei sich. Insgesamt 66 kleine junge Männer, zehn Frauen, davon drei werdende Mütter, und Babys – wie um zu zeigen, dass die Kämpfer nicht immer nur an der Front waren, sondern auch Zeit hatten, ihre ehelichen Pflichten zu erfüllen. [...] Kaum mehr als Kindersoldaten, sah keiner aus wie ein Krieger. Sie sind 17 bis 20 Jahre alt, wer über 30 ist, fällt auf. Sie sind also fast alle im Kongo aufgewachsen, wo sie im Alter von neun, zehn oder zwölf Jahren angekommen sind.«[34]

Als nach den vielen Reden die Reisenden endlich ins Flugzeug steigen sollten, stellte sich FDLR-Kommandant Vincent Ndanda quer: »Er argumentiert, es sei nicht vereinbart, dass sie einfach so gehen! Auf einmal zeigen die Leute – die nicht lächelten, aber auch nicht weinten – offen ihre Verärgerung und sogar ihre Angst. Der Regierungskommissar musste Ndanda beiseitenehmen und ihm lange erklären, worum es geht, damit er einwilligt, sein Telefon zu nehmen und mit seiner politischen Führung zu sprechen. Niemand wird wissen, was er am Telefon gesagt hat. Aber angesichts der Genervtheit aller Kongolesen – Zivilisten, Militärs und Journalisten – lenkt der Mann ein. Um 14:15 Uhr Ortszeit heulen endlich die Motoren der beiden C-130-Maschinen der MONUC auf.«

Eine gute Stunde später landete die FDLR-Gruppe in Kigali.[35] UNHCR-Busse brachten sie zu ihrer Unterkunft, wo UN-Offizielle und Regierungsvertreter sie empfingen. Die Gäste stellten »von Angst und Misstrauen gezeichnete Fragen«,

32 Communiqué du gouvernement de la République Démocratique du Congo, gez. Vital Kamerhe, 24.9.2002, Kinshasa chasse les Hutu du Front de libération du Rwanda. In: La Référence Plus, 25.9.2002

33 Befragung Straton Musoni, Prozesstag 174, OLG Stuttgart 9.8.2013

34 Dies und das folgende Zitat: Processus du DDRRR: 79 ex-combattants FDLR en visite exploratoire à Kigali. In: Digitalcongo, 1.10.2002

35 Die folgende Schilderung nach dem Rechenschaftsbericht von MONUC Kigali Liaison Office »First two days of Kamina exercise« an MONUC Kinshasa, 1.10.2002

heißt es im UN-Rechenschaftsbericht. Erst als gegen 22:30 Uhr die angekündigte ruandische Tanz- und Musikgruppe eintraf, löste sich die Stimmung. »Die Gruppe war ziemlich bewegt und beeindruckt. Menschen hatten Tränen in den Augen und begannen, zu strahlen und zu lächeln, während sie zuvor sehr angespannt gewesen waren. Sie klatschten in die Hände und jubelten bei den Highlights der Vorstellung. Plötzlich war niemand mehr müde. Das Eis war gebrochen.«

Leiter der FDLR-Delegation in Kigali war David Mukiza, später Murwanashyakas bis heute amtierender Kabinettschef.[36] Auf dem Programm stand »Sightseeing in Kigali«, ein Besuch im Demobilisierungscamp Mutobo und die individuelle Reise in die Heimatgemeinde, alles auf UN-Kosten. Das Büro der Vereinten Nationen in Kigali gab den FDLR-Besuchern Handys mit Airtime und pro Person stolze 415 000 ruandische Francs (damals rund 90 Euro) Fahrtgeld, mehr als ein durchschnittliches ruandisches Monatsgehalt. Insgesamt kostete der Besuch die Vereinten Nationen über 10 000 US-Dollar.[37]

Nach zehn Tagen kam die Delegation zurück nach Kamina – drei ihrer Mitglieder waren allerdings gleich in Ruanda geblieben. Von den anderen sprachen sich 20 für eine sofortige Repatriierung aus, die restlichen verlangten Bedenkzeit. Am 12. Oktober 2002 repatriierte die UN-Mission endgültig 98 FDLR-Kämpfer mit 38 Angehörigen aus Kamina nach Ruanda. Die erste erfolgreiche DDRRR-Operation hatte begonnen.

Doch sie war damit auch schon zu Ende. Denn gleichzeitig war Kongos Regierung dabei, die politische Führung der FDLR unsanft außer Landes zu drängen. Die am 24. September verfügte Ausweisung betraf 25 in Kinshasa ansässige FDLR-Führungsmitglieder, darunter Präsident Murwanashyaka selbst. Er bestieg einige Tage später vor den Kameras des kongolesischen Staatsfernsehens *RTNC* den Linienflug nach Nairobi – von dort flog er vermutlich weiter nach Deutschland. Zehn Ausgereiste wurden am 2. Oktober beim Versuch der Wiedereinreise aus Brazzaville festgenommen. Andere FDLR-Führungsmitglieder blieben in Kinshasa und beantragten Flüchtlingsstatus beim UNHCR.

Am 3. Oktober 2002, dem Tag der Deutschen Einheit, der in der Deutschen Botschaft gefeiert wurde, besetzte die Militärpolizei in Kinshasa das FDLR-Hauptquartier. Sie beschlagnahmte alle Kommunikationsgeräte, mit denen der Generalstab Kontakt zu seinen Kämpfern hielt, und stellte alle aufgefundenen Personen, darunter diverse Kommissare und Amtsträger der FDLR, unter Hausarrest in den VIP-Salon eines Hotels. Dort saßen sie wochenlang zusammen mit jenen, die bei der Rückreise aus Brazzaville festgenommen worden waren, insgesamt 20 Personen. Am späten Abend des 30. Oktober wurden sie zum internationalen Flughafen von Kinshasa gebracht – und nach Kigali geflogen. Sie stießen dort zu ihren

36 Zeugenaussage, Prozesstag 220, OLG Stuttgart 24.3.2014
37 Tentative Programme for Kamina visit, List of Requirements and Cost estimation for the Kamina visit, MONUC Kigali Liaison Office

Verwandten und erzählten Journalisten, man habe sie getäuscht: Am Flughafen Kinshasa habe ein südafrikanischer General und ein Flugzeug aus Südafrika auf sie gewartet, aber nach Abflug hätten sie vom Piloten erfahren, dass die Reise nach Ruanda ging.[38]

Die FDLR wollte das nicht kampflos hinnehmen. Murwanashyaka stellte den Vereinten Nationen und den Regierungen Kongos und Ruandas ein 24-Stunden-Ultimatum, um die angeblichen Geiseln »zurückzugeben«; sonst werde man »angemessene Maßnahmen ergreifen«, aber »der Präsident und das Exekutivkomitee der FDLR bitten die *abacunguzi*, Ruhe zu bewahren«; die Erklärung nimmt seinen späteren Tonfall – eine Kombination von Vorwürfen, Drohungen und Machtgehabe – vorweg.[39]

Den Worten folgten Taten. Im Morgengrauen des 1. November stürmten auf der Basis Kamina rund 1000 FDLR-Soldaten das Waffenlager der kongolesischen Armee. Die Kämpfe, so die FDLR-Version, seien ausgebrochen, »nachdem kongolesische Soldaten und flintenschwingende Zivilisten Lager im Viertel Ossida von Kamina plünderten und sich in Richtung der FDLR-Truppenlager bewegten. Erst beschossen sie die Hütten der Flüchtlinge und versuchten, die Residenz von Oberst Ndanda anzugreifen. Der Angriff wurde abgewehrt, und die Kongolesen ließen einige ihrer schweren Waffen zurück. Dann versuchte Oberst Ndanda, mit kongolesischen Offizieren, die er kannte und an deren Seite er lange gekämpft hatte, zu verhandeln. Er wurde gekidnappt und von Jean-Claude hingerichtet.«[40]

Mehrere Hundert Meuterer blieben in der Basis – zwischen 8. und 20. November 2002 repatriierte die MONUC über 670 FDLR-Angehörige, davon 375 Kämpfer, aus Kamina nach Ruanda.[41] Die Mehrheit aber, geschätzt 1300 Mann, brach aus der Basis aus und verschwand mit geklauten Fahrzeugen im Busch. Ihr Anführer war der stellvertretende Stabschef und spätere FDLR-Militärchef Sylvestre Mudacumura.

»Mudacumura führte die Operationen gegen die Kongolesen, um das Lager zu verlassen«, sagt vor Gericht in Stuttgart ein Kämpfer aus, der damals im Wald von Katanga half, die Kameraden aus Kamina zu empfangen – die FDLR-Brigaden »Horizon« und »Tempête« waren damals in der Nähe des 600 Kilometer entfernten Kalemie am Tanganyika-See stationiert. »Wir mussten einen Weg vorbereiten für die Kameraden, aus Kamina zu uns zu kommen. Meine Frau sagte es mir, da

38 Schilderung nach: Les FDLR rapatriés à Kigali accusent Kinshassa de ›double langage‹, AFP 1.11.2002

39 Kidnapping and forceful repatriation to Rwanda, FDLR Press Release gez. Präsident Ignace Murwanashyaka, Bonn 30.10.2002

40 Kamina: Colonel Ndanda executed by Jean Claude, AfroAmerica Network 2.11.2002. Mit Jean-Claude ist Kongos Militärgeheimdienstchef Jean-Claude Yav gemeint. Vgl. Igihango-Presseerklärung No 13/DM/PP-INF/Igihango/01/11/2002, Brüssel 1.11.2002

41 MONUC has completed the first phase of the repatriation of Rwandan ex-combatants cantoned at Kamina, MONUC Presseerklärung 20.11.2002

sie in Kamina war [...] Auf einmal kamen sie nach ein paar Tagen bei uns in den Wäldern an, unter Führung von Mudacumura [...] Zusammen gingen wir nach Osten.«[42]

Damit war der erste Versuch einer Demobilisierung der FDLR in Zusammenarbeit mit Kongos Regierung kläglich beendet. Die zu demobilisierenden Kämpfer waren weg. Das DDRRR-Programm der MONUC arbeitete nach dem Debakel von Kamina jahrelang nach dem Prinzip Hoffnung: Man setzt sich irgendwo hin und wartet, dass FDLR-Soldaten kommen und darum bitten, nach Ruanda gebracht zu werden.

Alexis Nshimiyimana: Einschüchterung aus Wien gegen FDLR-Deserteure

Am 16. Dezember 2002 eröffnete die MONUC ihr erstes Demobilisierungszentrum für ausländische Kämpfer im Kongo. Das Ereignis blieb unbemerkt. Denn in der darauffolgenden Nacht unterschrieben Kongos Kriegsparteien feierlich zum Abschluss des »innerkongolesischen Dialogs« in Südafrika einen Friedensvertrag. Kongos großer Krieg um die Macht im Land war zu Ende. Es blieb die Unsicherheit in den östlichen Landesteilen, wo teilweise in jedem Dorf eine andere Bande von Teenagern mit Sturmgewehren oder Macheten herumlief – eine Situation wie geschaffen für die Ausbreitung der straff organisierten FDLR.

Das neue DDRRR-Zentrum lag tief im Ostkongo im Distrikt Lubero, in einem Teil der Provinz Nord-Kivu, der nominell unter Kontrolle einer von der Kabila-Regierung unterstützten Splittergruppe stand und wo sich nach UN-Schätzungen 3000 bis 4000 ruandische Hutu-Kämpfer und ihre Familien aufhielten.[43] Das UN-Camp für Ruander mitten in einem Gebiet, wo Hunderttausende Kongolesen ohne jede Versorgung in den Bergen herumirrten, war aus einheimischer Sicht sehr luxuriös: »In dem stacheldrahtumzäunten Lager gibt es Gebäude, Zelte, Nahrung, Trinkwasser und Kleidung«, staunte ein lokaler Reporter und merkte an, dass sich in dem für 500 Mann konzipierten Camp nur 50 Kämpfer eingefunden hatten; nur zwei davon ließen sich repatriieren, und von den verbleibenden 48 liefen 44 wieder weg, nachdem sie sich über Weihnachten ausgeruht hatten.[44]

Das war typisch für die DDRRR-Realität der kommenden Jahre. FDLR-Kämpfer kamen in den Jahren 2002 bis 2008 im Rhythmus von durchschnittlich weniger als zwei am Tag zur MONUC: 633 im Jahr 2003, 567 im Jahr 2004 und gar nur 376 im Jahr 2005.[45]

42 Zeugenaussage, Prozesstag 220, OLG Stuttgart 24.3.2014
43 13. MONUC-Bericht S/2003/211, 21.2.2003, § 18
44 44 Interahamwe internés à Lubero se sont échappés de leur camp. In: Digitalcongo 13.1.2003
45 Statistiken der ruandischen Demobilisierungskommission RDRC

Kein Wunder: Die FDLR-Truppen waren bekannt für ihre straffe Disziplin. »Desertieren oder den Posten verlassen wird als Verrat betrachtet«, erinnert sich ein ehemaliger Kämpfer der Schutzeinheit des FDLR-Hauptquartiers; »wenn man keine Begründung hat, kriegt man die Todesstrafe.«[46] Der Berater des UN-Demobilisierungsprogramms, Matthew Brubacher, erinnert sich vor Gericht: »Es gab jüngere Soldaten, Kinder mit Narben an den Ellbogen. Sie hatten versucht zu fliehen, waren gefangengenommen worden und kamen ins Gefängnis, mit nach hinten festgebundenen Armen, wodurch sie sich nicht mehr bewegen konnten.«[47]

Unter diesen Umständen ging das UN-Angebot der »freiwilligen Repatriierung« an der Realität vorbei. Untersuchungen zufolge wollten die zivilen und militärischen ruandischen Hutu-Flüchtlinge im Kongo eigentlich alle nach Hause. Eine Erhebung unter 17 669 ruandischen Hutu-Flüchtlingen in Süd-Kivu, sowohl Kämpfer als auch Zivilisten, im September und Oktober 2002 kam zu ganz klaren Ergebnissen.[48] Alle Befragten stimmten den Aussagen »Der Krieg hat lange genug gedauert« und »Vorrang gebührt den Friedensabkommen« zu; alle Militärs wollten in die Heimat zurück; von diesen »zieht es die große Mehrheit vor, dass dies auf friedlichem Wege geschieht; eine kleine Minderheit denkt, dass der Krieg weitergehen und von den Hutu in Ruanda gewonnen werden muss«, so die Untersuchung. Aber die »kleine Minderheit«, die weiter Krieg wollte, hatte die Macht.

Auch die DDRRR-Experten der Vereinten Nationen stellten im Laufe der Jahre fest, dass sich die meisten FDLR-Krieger nach ihrer Heimat sehnten. Der wichtigste Grund waren oft die Kinder, die im Dschungel geboren wurden. Was für eine Perspektive gab es für sie? Diese Frage war für viele Kämpfer der Hauptgrund, die gefährliche Flucht zu wagen. Familientreue statt militärische Loyalität – darauf baute die Demobilisierungsstrategie schließlich auf. Dafür musste man die Nachricht von der Chance auf ein neues Leben in der ruandischen Heimat tief in die Wälder des Ostkongo funken. Am 25. Februar 2002 ging im Kongo das von den Vereinten Nationen eingerichtete *Radio Okapi* auf Sendung, zunächst mit ungenügender Reichweite; außerdem brachte Ruandas Staatsrundfunk *Radio Rwanda* Programme für die Kämpfer im Kongo.

Heimkehrer berichteten darin, wie sehr sie sich freuten, ihre Familie auf den Hügeln wieder in die Arme schließen zu können. Sie erzählten vom Frieden in Ruanda, von der Entwicklung, von den Chancen auf ein besseres Leben. Frauen in Ruanda, deren Männer in der FDLR kämpften, baten ihre Ehemänner unter Tränen, nach Hause zu kommen. Die FDLR konterte mit Gegenpropaganda. »Radio Soleil« hieß die Sendung, die die Krieger im Dschungel verfolgen konnten. Mode-

46 Zeugenaussage, Prozesstag 63, OLG Stuttgart 29.2.2012
47 Zeugenaussage Matthew Brubacher, Prozesstag 89, OLG Stuttgart, 16.7.2012
48 Synergie »Vaincre l'Isolement par l'Équité« (V.I.E.), »Rapport détaillé des résultats des enquêtes sur les volontés de rapatriement des réfugiés hutu (miliciens et civils)«, Ibanda/Bukavu 31.10.2002

rator dieser Sendung war der in Österreich ansässige ruandische Radiojournalist Alexis Nshimiyimana, bis 2003 Sprecher der FDLR.

»Die Anweisungen an die FDLR-Kämpfer, das DDRRR-Programm zu meiden, kamen ausgerechnet aus Wien«, berichtet die Österreicherin Susanne Brezina, zu jener Zeit bei der MONUC-Außenstelle in Ruandas Hauptstadt Kigali für Demobilisierung zuständig.[49] Im Lager Mutobo erfuhr sie zum ersten Mal von Nshimiyimana, der in ihrem Heimatland Österreich lebte, und seinem Radiosender *Radio Afrika*, der seit Ende Oktober 2001 die Sendung »Radio Soleil« ausstrahlte. »In Mutobo erzählten die Exkämpfer, dass Nshimiyimana in der Sendung gesagt haben soll, sie würden alle umgebracht, wenn sie sich der MONUC ergeben«, erinnert sich Brezina.

Die Österreicherin schrieb einen internen Bericht: »Das Radio hat sehr entschlossene FDLR-Propagandaprogramme mit dem Ziel, die gegenwärtige Regierung Ruandas mit Gewalt zu stürzen. Daneben hat es ziemlich aktive Programme gegen Demobilisierung und Repatriierung. [...] Radio Africa ruft weiterhin alle Ruander auf, sich an keinen MONUC-Programmen zu beteiligen, sondern die Anweisungen der FDLR zu befolgen und weiterzukämpfen.«[50] Sie zitierte einen ehemaligen FDLR-Kämpfer: »Das Radio ist das billigste und effektivste Kommunikationsmittel der FDLR in Europa, den USA und dem Kongo.« Kongos Regierung habe angeblich 30 000 US-Dollar gegeben, um den Sender zu unterhalten, von FDLR-Kommissar Hakizabera aus Kinshasa in bar nach Europa gebracht. In Wien erfuhr Brezina, dass der öffentlich-rechtliche Rundfunk *ORF* eine Kurzwellensendung in verschiedenen Sprachen in die Region der Großen Seen sendete.[51] Ruandas Regierung bestätigte der Österreicherin, dass sie diese Sendung abhörte.

Über den Moderator Alexis Nshimiyimana hatte Ruandas Generalstaatsanwalt eine Akte im Schrank stehen. Er hatte einst in Ruanda beim Staatsrundfunk gearbeitet. Bis zu seiner Ausreise nach Wien 1992 auf einem Auslandsstipendium der ruandischen Regierung moderierte der Jugendliche auf *Radio Rwanda* die beliebte Jugendsendung *Ejo Nzamerante* (Was willst du einmal werden?). Die meisten FDLR-Kämpfer kannten ihn noch daher, als sie zehn Jahre später im Dschungel ab 18 Uhr »Radio Soleil« hörten, produziert in den Studios des *ORF* und anfänglich finanziert mit österreichischer Entwicklungshilfe.

Nshimiyimana war zu jener Zeit freier Mitarbeiter des *ORF*, anerkannter Flüchtling in Österreich – und Pressesprecher der FDLR. Er gab 2001 die ersten Interviews, sein Name stand unter den ersten Pressemitteilungen der Organisation. 2002 besuchte Susanne Brezina ihn in Wien. Er hatte sie zu sich nach Hause eingeladen, ihr Videoaufnahmen vom FDLR-Militärtraining im Dschungel vor-

49 Dies und folgende Angaben und Zitate: Interview mit Susanne Brezina, November 2013
50 FDLR Radio Broadcasting From Austria, Bericht an den DDRRR-Chef Kinshasa, 29.11.2002
51 MONUC-interne E-Mail von PIO Patricia Tome an Sadry Berhrooz, Betreff: Radio Afrika International und FDLR, vom 12. November 2003

geführt. Brezina kann nicht vergessen, was Nshimiyimana beim Anblick der Trainingsvideos gesagt haben soll: »Dieses Mal kommt keiner davon, wir machen sie fertig!« Zurück in Afrika, schrieb Brezina einen neuen Bericht an ihre MONUC-Vorgesetzten mit der Bitte, den Fall Nshimiyimana und das Programm »Radio Soleil« zu untersuchen. Wenige Stunden später erhielt sie eine Droh-Mail von Nshimiyimana, erzählt sie.

Österreichs Regierung, auf das Radioprogramm aufmerksam gemacht und um seine Schließung gebeten, bat MONUC um Einzelheiten, aber die Anfrage wurde nie beantwortet.[52] Stichprobenartig wurden einige wenige Sendungen abgehört. Ein ganzes Jahr dauerte es, bis die MONUC-Informationsabteilung zum Schluss kam, es gebe »bis zum heutigen Tag keine Beweise« für die Anschuldigungen gegen das Programm.[53] Seit dem 1. Mai 2003 werde es überdies mangels Finanzierung nicht mehr ausgestrahlt. Damit war die Sache erledigt.

Bis heute ist Alexis Neuberg, wie Nshimiyimana sich mittlerweile laut seinem österreichischen Reisepass nennt, in der afrikanischen Exilszene Österreichs bekannt. In der FDLR ist er längst nicht mehr tätig, aber es gibt kaum ein Afrika-Festival, wo er nicht moderiert hat, kaum eine Afrika-Veranstaltung in Österreich, zu welcher er nicht eingeladen wurde. Neuberg arbeitet nach wie vor als freier Mitarbeiter beim *ORF* in Wien und leitet weiter seinen 1997 gegründeten Radiosender *Radio Afrika*. Er wurde nach eigenen Angaben von der SPÖ-Fraktion im EU-Parlament für sein »journalistisches Engagement gegen Rassismus und Xenophobie« ausgezeichnet, von der Landesregierung Steiermark für seine »Berichterstattung über die Drittwelt« und vom *ORF* für sein Projekt »SchülerInnen machen Radio«.[54] Ab 2004 saß er im Vorstand der Wiener Integrationskonferenz-Vernetzungsplattform. Ab 2005 engagierte er sich als Berater für Flüchtlinge, 2008 gründete er die »Demokratische Diversität Österreich«, eine Lobbygruppe für Integration.

Einige engagierte Mitglieder der Wiener Zivilgesellschaft konfrontierten 2013 Neuberg mit seiner FDLR-Vergangenheit, darunter Kollegen und Mitstreiter des Vereins Baobab, wo er in der Plattform Medien & Entwicklung tätig war. Er erklärte daraufhin seinen Rücktritt. Aber er habe sich von seiner Vergangenheit nicht distanziert, berichtet eine Teilnehmerin dieses Treffens später.[55] Am 20. Jahrestag des Beginn des Völkermordes in Ruanda, am 7. April 2014, schreibt eine *ORF*-Kollegin, die über seine Vergangenheit Bescheid weiß: »Es ist in diesen Tagen besonders schwer, Alexis auf den Fluren des Rundfunks zu begegnen.«

52 Bericht vom MONUC-Liaisonbüro Kigali an MONUC Kinshasa, 10.3.2003
53 MONUC-interne E-Mail, 12.11.2003
54 Dies und die folgenden Angaben: Persönlicher Lebenslauf von Alexis Nshimiyimana
55 Interviews und E-Mails, November 2013 und Januar 2014

Mutobo: Den »Geist des Hasses« überwinden

In Ruandas Demobilisierungslager Mutobo schmiegen sich große Baracken aus silbern glänzendem Wellblech an grüne beackerte Hügel.[56] Unterhalb des Lagers verläuft eine frisch geteerte Landstraße, an welche sich Geschäfte reihen: Banken, Telefonläden, Internetcafés. Rund zehn Kilometer weiter schießen in der Provinzhauptstadt Ruhengeri/Musanze moderne Hotelanlagen in die Höhe. Touristen leisten sich von dort aus für 750 US-Dollar einen einstündigen Besuch bei den vom Aussterben bedrohten Berggorillas.

Wie in einem Pfadfinderlager schlafen die Ex-Rebellen in Mutobo in zwei- oder dreistöckigen Betten aus rostigem Metall und Schaumstoffmatratzen. Die meisten sind einfache junge Männer. Von früher Kindheit an wuchsen sie in der FDLR auf. Ihr Ruanda-Bild ist von dem Weltbild geprägt, das den Kämpfern und FDLR-Zivilisten in Schulungen eingetrichtert wird. Sie lernen dort gruselige Schauergeschichten über Ruanda. Wenn sie dann in Ruanda aus dem Bus steigen und das Land zum ersten Mal sehen, sind die meisten verängstigt und misstrauisch. Sie fürchten Folter und Erpressung.

Mutobos Lagerdirektor Frank Musonera weiß um die Verunsicherung seiner Schützlinge. Sobald der UN-Kleinbus von der Teerstraße auf den Feldweg zum Lager einbiegt, erwartet der untersetzte Mann die Heimkehrer auf dem Parkplatz vor dem Verwaltungsgebäude. Noch während die Männer ihre wenigen Habseligkeiten aus dem Bus heraushieven und die Frauen mit den Kindern auf der saftigen Wiese Platz nehmen, begrüßt er sie freundlich. Sie hätten in den nächsten Tagen Gelegenheit, mit ihren Angehörigen Kontakt aufzunehmen und erst einmal nach Hause zu fahren. »Die meisten Exkämpfer trauen dem ruandischen Staat und der Gesellschaft nicht, sie trauen in dieser für sie feindseligen Welt nur ihren engsten Angehörigen. Deswegen ist es wichtig, dass sie erst einmal nach Hause gehen«, erklärt Musonera. Dafür gibt es Taschengeld und Telefonkarten.

Drei bis vier Monate verbringen die Ex-FDLRler in diesem Lager. In täglichen Unterrichtseinheiten lernen sie, wie die ruandische Sozialkasse funktioniert, wie man einen Wahlzettel ausfüllt und wie man einen Personalausweis beantragt. In den Pausen singen und tanzen die Männer zur Nationalhymne, auf dem zentralen Rasenplatz. Über ihnen weht Ruandas Flagge am Mast, in leuchtenden Farben. Hymne und Flagge sind nicht die von früher, sondern die des neuen Ruanda unter der RPF-Regierung, eingeführt 2002.

Mit Kreide schreibt der Geschichtsprofessor das Wort »Genozid« an die Tafel. In der großen Wellblechbaracke stehen Kirchbänke. Über 100 ehemalige FDLR-Kämpfer sitzen in Reih und Glied. Mit Bleistift schreiben sie in ihr Schulheft alles gewissenhaft auf. An Disziplin mangelt es ihnen ja nicht. »Was bedeutet Völker-

56 Dies und weitere Angaben und Zitate: Besuche und Interviews in Mutobo, 2009–2013

mord?«, fragt der Geschichtslehrer auf Kinyarwanda. »Und wann fand der Genozid in Ruanda statt?« Schweigen. Er guckt in die Runde. Es bleibt still. Der Lehrer ruft einen grauhaarigen alten Mann in der ersten Reihe auf, offensichtlich ein gestandener FDLR-Offizier, der sich an den Völkermord gut erinnern dürfte. Wie auf Befehl steht er auf: »Der Völkermord an den Tutsi war 1994«, sagt er gewissenhaft und setzt sich wieder. »Richtig«, nickt der Lehrer. Ein erster Schritt in der Umformung des Geschichtsbilds.

Gewalterfahrene Kämpfer in eine von ihnen als feindlich betrachtete Heimat zurückzubringen, ist eine große Herausforderung. In einer 2013 veröffentlichten Studie frisch entwaffneter Kämpfer im Kongo, darunter auch FDLR-Mitglieder, kamen Psychologen der Universität Konstanz zu erschreckenden Ergebnissen: acht Prozent der Befragten gaben zu, Menschenfleisch gegessen oder Blut getrunken zu haben; 26 Prozent waren Augenzeugen von Kannibalismus; 60 Prozent waren Zeugen sexueller Gewalt; elf Prozent mussten selbst auf Befehl vergewaltigen; 85 Prozent wurden von ihren eigenen Vorgesetzten und Kameraden gewaltsam misshandelt; 63 Prozent mit dem Tode bedroht; 73 Prozent wurde befohlen, Kameraden zu misshandeln; 36 Prozent wurden jenseits von Kampfeinsätzen gezwungen, jemanden zu töten; 66 Prozent waren Zeugen eines Massakers, 25 Prozent gaben an, selbst an Massentötungen teilgenommen zu haben.[57]

Jean Marie Turabumukiza, Vizedirektor von Mutobo im Jahr 2009, bewachte mit Argusaugen die psychologische Entwicklung der Exkämpfer. Der ehemalige Offizier im Militärgeheimdienst schlurfte in Jogginghose und Turnschuhen herum, allzeit bereit, seine Schützlinge zu einem Fußballspiel auf dem zentralen Platz anzuspornen. Sport, sagte er, stärke das Selbstwertgefühl, mache müde und helfe gegen Schlafmangel und Appetitlosigkeit. Vor allem beuge es Aggression vor. Turabumukiza kannte alle stressbedingten Symptome: »Viele lassen innerhalb der ersten sechs Wochen nach, manche schlafen auch nach Monaten noch schlecht«, erklärte er. Die Zahl der schweren Fälle sei erstaunlich gering: Nur vier Männer musste er im ersten Halbjahr 2012 in die psychiatrische Abteilung des Militärkrankenhauses überstellen. Mutobo ist auch eine Schleuse: Wer auffällig wird, wird nicht einfach auf die Gesellschaft losgelassen.

Dass die ehemaligen Kämpfer in Mutobo inmitten ihrer Kameraden lebten und sie diesen Kulturschock eines zivilen Lebens ohne Zwang und Gewalt gemeinsam durchliefen, helfe jedem Einzelnen enorm, sagte Turabumukiza. Mutobo ist auch Gruppentherapie: eine Übergangsphase zwischen Befehlshörigkeit und individueller Verantwortung.

Gern setzte Turabumukiza sich dazu, wenn die Männer in der Mittagshitze in kleinen Grüppchen im Schatten eines Baumes lümmelten. Da wurde über die

57 Elbert, Thomas u.a.: Perpetrating Sexual and Gender Based Violence in the Kivu Provinces of the DRC. Insights from Former Combatants on the Motives for Committing SGBV, Washington 2013, S. 38. https://openknowledge.worldbank.com/handle/10986/17852

Zukunft palavert, Familiengeschichten ausgetauscht. Anfang 2013 wurde in Mutobo ein Internetcafé eingerichtet, das in den Mittagspausen ständig überfüllt war. E-Mail-Adressen, ein Facebook-Account – das war eine ganz neue Welt. Ein 2007 demobilisierter Kämpfer, der jahrelang in Tansania gelebt hatte und daher sehr gut Englisch sprach, gab Sprachkurse. Im Jahr 2010 hatte Ruandas Regierung die erste Amtssprache von Französisch auf Englisch umgestellt – das kennen die im frankophonen Kongo aufgewachsenen Exkämpfer nicht.

Wenn sie Mutobo verlassen, bekommen die jungen Männer das von der Weltbank finanzierte Startpaket, um sich ein neues, ziviles Leben aufzubauen. Die Jüngeren entscheiden sich meist für eine Ausbildung als Mechaniker, Tischler oder Klempner. Die Älteren wollen Ziegen, Hühner oder Gartengeräte, um ihren Familienacker auf ihrem Heimathügel zu bestellen. Höhere Offiziere wollen oft studieren. Einige werden Ingenieure, Verwalter oder Bankangestellte. Mutobo ist der Start in ein neues Leben.

Alle Demobilisierten werden automatisch in Ruandas Reservearmee aufgenommen – ein Kontrollmechanismus und zugleich ein Instrument der Integration. Sie bleiben nicht auf sich allein gestellt, sondern sie sollen in ihren Gemeinden eine verantwortungsvolle Aufgabe übernehmen. Für Sicherheit sorgen können sie ja. Das haben sie in der FDLR-Militärschule gelernt. Diese Fähigkeiten sollten sie jetzt auch anwenden, um in ihren Heimatdörfern Wache zu schieben.

Ein Zellenkommandeur der Reserve erklärt vor Gericht in Stuttgart die Struktur. Eine Zelle ist in Ruanda eine Verwaltungseinheit, bestehend aus 100 Haushalten. In seiner Zelle auf seinem Hügel leben rund 30 demobilisierte Soldaten, für die er zuständig ist: »Ich muss ihre Probleme kennen«, erklärt er. Die Demobilisierten hätten ihn selbst zu ihrem Kommandeur bestimmt. Er müsse nun ihre Interessen auf höherer Ebene vertreten, und so weiter die Hierarchie hoch, bis zum Verteidigungsministerium.[58]

Die Aufgabe der Reserve ist per Dekret geregelt: »Bei Kriegszeiten, Naturkatastrophen, zu Trainingszwecken oder wann immer notwendig können Reservisten im Ernstfall aufgerufen werden, die aktiven Einheiten der ruandischen Verteidigungskräfte zu unterstützen oder andere Missionen unternehmen, zu denen sie berufen werden.«[59] Zum Beispiel die Entsendung in UN-Friedensmissionen rund um die Welt. Nach Darfur im Sudan wurden einstige FDLR-Soldaten als ruandische UN-Blauhelme entsandt, auch als UN-Polizisten nach Haiti. Einer Handvoll hochrangiger Offiziere wurden diese Dienste sogar als Lockmittel angeboten, um sie aus dem Busch zu lotsen. Davor mussten sie eine zweimonatige Spezialausbildung durchlaufen. Einige durften sogar einen Führerschein machen. »Es ist wie

58 Zeugenaussage, Prozesstag 70, OLG Stuttgart 16.4.2012
59 Dekret 33/01, Official Gazette n°39, Kigali 24.9.2012

eine Tombola: Wenn man gewinnt, kann man teilnehmen«, beschreibt in Stuttgart ein ehemaliger FDLR-Offizier das Auswahlverfahren.[60]

In der Reservebrigade sei man gut aufgehoben, erklärt Jean Sayinzoga, der Vorsitzende der ruandischen Demobilisierungs- und Reintegrationskommission. Die hohe Arbeitslosigkeit in Ruanda mache die Reintegration in das zivile Leben schwierig. Knapp ein Viertel der jungen Exkämpfer könne nicht lesen und schreiben, habe keine andere Ausbildung als die an der Waffe und in der FDLR-Militärschule. Einige kämen als Invaliden zurück oder seien psychisch instabil. Diesen müsse man unter die Arme greifen, über Starthilfe hinaus.

Als ehemaliger UNHCR-Mitarbeiter mit Erfahrung in Demobilisierungsfragen in Krisenländern wie der Zentralafrikanischen Republik weiß er, wie leicht ehemalige Bürgerkriegskämpfer wieder zur Waffe greifen. Eine unvollständige Reintegration, sagt er, »legt stets den Grundstein für einen neuen Krieg«.

Aus diesem Grund sprach sich Sayinzoga auch stets gegen die Option aus, diejenigen FDLR-Kämpfer, die nicht freiwillig nach Ruanda zurückkehren wollten, irgendwohin anders umzusiedeln – in den Kongo oder in ein Drittland wie Südafrika, Sambia oder Angola. International wurde das immer wieder diskutiert. So landeten 2010 auf Veranlassung einer kongolesischen Kirchenorganisation 187 FDLR-Kämpfer mit Frauen und Kindern in Kisenge, einem ehemaligen Lager für Flüchtlinge aus Angola in den Savannen der kongolesischen Südprovinz Katanga, Tausende von Kilometer von Ruanda entfernt. »Sie sind unbewaffnet und stellen keinerlei Gefahr für die Zivilisten dar«, versicherte Kongos Regierungssprecher Lambert Mende.[61] Doch die Exkämpfer hatten nichts zu tun, es gab weder Strom noch Telefonempfang, die Familien bekamen nicht einmal Kochgeschirr.[62] Es häuften sich Übergriffe gegen Frauen, Ex-FDLRler randalierten, die Anwohner demonstrierten gegen die ruandischen Rebellen. Daher setzten Kongos Regierung und das UNHCR die FDLR-Kämpfer wieder in ein UN-Flugzeug und flogen sie nach Kigali. Sayinzoga empfing die Exrebellen am Nachmittag des 20. August 2010, als sie – alle bekleidet in weißen T-Shirts – aus dem Flugzeug stiegen, mit einem »Willkommen zu Hause«.

»Wir haben hier in Ruanda Strukturen und Mittel, diesen Männern zu helfen, sich ein besseres Leben aufzubauen. Diese Strukturen gibt es im Kongo für sie nicht«, schlussfolgert Sayinzoga. »Solange die FDLR im Ausland existiert, lebt auch der Geist des Hasses weiter fort.« Die Rückkehr nach Ruanda sei der einzige Weg, diesen Geist zu überwinden. Die FDLRler »haben kein Recht, irgendwelche Bedingungen zu stellen. Ihre rassistische Völkermord-Ideologie diskreditiert sie in jeder Hinsicht.«[63]

60 Zeugenaussage, Prozesstag 70, OLG Stuttgart 16.4.2012

61 Des combattants des FDLR transferent au Katanga. In: Congo Independent, 5.5.2010, www.congoindependant.com/article.php?articleid=5606

62 Braeckman, Colette: L'autre terre des soldats hutus. In: Le Soir 24.6.2010

63 Interview mit Jean Sayinzoga, Kigali 20.8.2010

Kapitel 2
Nicht vor, nicht zurück: Die FDLR setzt sich im Ostkongo fest

2003: Zusammenschluss der Hutu-Kämpfer in Ostkongos Wäldern

Die FDLR als staatsähnliches Gebilde im Osten der Demokratischen Republik Kongo entstand im Jahre 2003, tief in den Wäldern der Kivu-Provinzen. Die einst bei Kongos Regierungsarmee stationierten ALIR-II-Kämpfer, die 2002 unter Führung von Oberst Mudacumura aus der Militärbasis Kamina geflohen waren, schlossen sich am 15. Februar 2003 in Kilembwe im Hochland der Provinz Süd-Kivu mit der ruandischen Hutu-Guerilla ALIR I von General Rwarakabije zusammen, die schon seit Jahren im Ostkongo stand. »Der militärische Zusammenschluss hat in Kilembwe stattgefunden«, berichtet über die sogenannte *jonction* ein Beteiligter vor Gericht in Stuttgart: »Jene, die von Westen kamen, hatten eigene Bataillone und Bataillonskommandeure und jene im Osten auch. Die Versammlung in Kilembwe war ein effektiver Zusammenschluss, die Posten wurden verteilt nach Dienstalter und Rang.«[64]

Rwarakabije wurde Generalstabschef, Mudacumura sein Stellvertreter. Kommandant der Division Nord-Kivu wurde Omega und ist es bis heute geblieben. Kommandant der Division Süd-Kivu war Mugaragu. Die alten Ex-FAR-Generäle waren ausgeschaltet: Bizimungu und Renzaho saßen in Haft beim UN-Tribunal in Arusha; Ntiwiragabo hatte sich in den Sudan zurückgezogen. »Ich bin der Einzige, der geblieben ist«, sagt Rwarakabije dazu später als Zeuge in Stuttgart.[65]

Ganz einfach war die Fusion nicht. ALIR I hatte sich als Guerilla im »Osten« im Dschungel eingerichtet, ALIR II im »Westen« als reguläre Armee konventionellen Krieg geführt. »Der Westteil war stärker, da sie schwere Waffen hatten; die Soldaten im Osten waren sehr demotiviert. Die Mitgliederzahl im Osten war größer, aber zum Beispiel hatten im Osten sechs Personen nur eine Waffe, aber ein Soldat aus dem Westen hatte drei Waffen.«[66]

64 Zeugenaussage, Prozesstag 216, OLG Stuttgart, 10.3.2014
65 Zeugenaussage Paul Rwarakabije, Prozesstag 190, OLG Stuttgart 6.11.2013
66 Zeugenaussage, Prozesstag 216, OLG Stuttgart, 10.3.2014

Die neue geeinte FDLR stieß in den Kivu-Provinzen in ein Machtvakuum. Ruandas Armee war 2002 abgezogen, die nominell im Ostkongo herrschenden RCD-Rebellen waren mit dem Einzug in Kongos geplante Allparteienregierung beschäftigt. Im April 2003 schlug der niederländische Experte Hans Romkema in Süd-Kivus Hauptstadt Bukavu Alarm über die Ausbreitung der FDLR-Kämpfer: »Sie kommen aus der Richtung Mwenga und Shabunda und bewegen sich Richtung Nord-Kivu. Für Lebensmittel und Getränke bezahlen sie; es gibt keine Berichte von Plünderungen. Keine Frauen, Kinder oder alte Leute begleiten die Gruppe. Es sind alles erwachsene Militärs, vermutlich größtenteils Ex-FAR, gut ausgerüstet mit leichten Waffen [...] Gefragt, wo sie herkommen, nennen die Hutu-Milizionäre oft Kamina, die Kasai-Provinzen und Lubumbashi [...] Manche tragen erhebliche Mengen Bargeld und Diamanten mit sich [...] Diese Gruppe ist nicht in den Ostkongo gekommen, um friedlich nach Ruanda zurückzukehren.«[67]

Wie Rwarakabije Jahre später als Zeuge vor Gericht zugibt: »Nachdem die Zusammenführung der ganzen Armee zustande gekommen war, haben wir daran gedacht, Ruanda anzugreifen.«[68] Auf einer einwöchigen Versammlung des Oberkommandos im September 2003 in Süd-Kivu hätten die FDLR-Truppen ihren bis heute gültigen Namen erhalten: »Forces Combattantes Abacunguzi« (FOCA). Dort wurden auch die Angriffspläne abgesegnet. »Im September gab es zwei Themen: Regeln, Gesetze der beiden Kräfte, die alle Soldaten zusammenführen sollten und FOCA genannt wurden, und es ging um den Angriff auf Ruanda, den wir durchführen wollten.«[69]

Alles geschah, so Rwarakabije, in Absprache mit Murwanashyaka in Deutschland: »Ich war derjenige, der ihn informierte [...] Der Präsident war für den Angriff. Wäre er nicht dafür gewesen, hätten wir den Angriff nicht vorbereitet.«[70] Nach eigenen Angaben kommunizierte er damals etwa einmal im Monat mit dem Präsidenten – per Satellitentelefon, damals noch ein großes Gerät in einem sicheren Gehäuse wie »ein Satellitenkoffer im Wald«,[71] oder auch per E-Mail über Kongo-Brazzaville: »Wenn wir eine Nachricht schickten über Berichte oder Planung, schickten wir es über Funk nach Brazzaville, wo es Murwanashyaka zugeschickt wurde. Bis 2003 waren in Brazzaville Soldaten und Politiker der FDLR, mit denen wir zusammenarbeiteten.«[72]

Zu dem Angriff auf Ruanda kam es nicht. Rwarakabije verließ stattdessen die FDLR.

67 Situation Update, Life and Peace Institute, Bukavu 25.4.2003
68 Zeugenaussage Paul Rwarakabije, Prozesstag 190, OLG Stuttgart 6.11.2013
69 Zeugenaussage Paul Rwarakabije, Prozesstag 191, OLG Stuttgart 11.11.2013
70 Zeugenaussage Paul Rwarakabije, Prozesstag 192, OLG Stuttgart 13.11.2013
71 Zeugenaussage Paul Rwarakabije, Prozesstag 34, OLG Stuttgart 24.10.2011
72 Zeugenaussage Paul Rwarakabije, Prozesstag 190, OLG Stuttgart 6.11.2013

Militärchef Rwarakabije desertiert, die FDLR spaltet sich

Am 14. November 2003 ergab sich Paul Rwarakabije völlig überraschend in Ruanda und wurde anschließend in der Hauptstadt Kigali mit militärischen Ehren begrüßt. »Wir haben beschlossen, die Waffen niederzulegen, denn Krieg ist nicht die beste Lösung«, erklärte der FDLR-Oberkommandierende.[73] Rwarakabije schildert vor Gericht in Stuttgart seine Rückkehr.[74] Er nahm aus dem Kongo heraus Kontakt mit Ruandas Generalstab auf, und dieser versprach Schutz. Mit seiner Garde aus etwa 100 Soldaten und zehn Offizieren ging er nach Bukavu, dann zu Fuß über die Grenze. Ein Hubschrauber des ruandischen Generalstabs brachte ihn am nächsten Morgen nach Kigali. Ruandas Armeespitze empfing ihn, und er ging in der Offiziersmesse essen. Am nächsten Tag, so Rwarakabije, traf er William Swing, den Chef der MONUC – laut MONUC war es am 19. November. Der lobte ihn als »Vorbild für ruandische Kämpfer, die sich noch im Kongo aufhalten«.[75] Dann ging Rwarakabije zum ruandischen Staatsrundfunk, den auch die FDLR im Kongo aufmerksam hörte, und verkündete die Auflösung der Organisation. »Ich erinnere mich, dass er im Radio Ruanda gesagt hat, dass er die ganze FDLR und die FOCA abgeschafft hat«, so ein ehemaliger Kämpfer in Stuttgart.[76]

Das ließ die Gräben innerhalb der FDLR neu aufbrechen. Die »Ost«-Kämpfer um Rwarakabije hatten ihren Führer verloren. Die »West«-Kämpfer um Mudacumura fühlten sich hintergangen. »Die Leute, die früher im Osten waren, fühlten sich nicht richtig als Teil der Armee. Jene, die von Westen kamen, haben den Leuten, die mit Rwarakabije gearbeitet hatten, nicht vertraut«, berichtet ein Beteiligter.[77] Mudacumura ließ sich vom Oberkommando zum neuen Militärchef bestimmen.

Die Tage von FDLR-Präsident Murwanashyaka schienen gezählt zu sein. Sein Oberkommandierender war desertiert. Seine Autorität war angeschlagen. Die Konsolidierung der FDLR als Armee im Ostkongo passte nicht zur Strategie der anderen ruandischen Exilgruppen, die auf zivile Politik setzten. Die im Jahr 2002 in Bad Honnef von der FDLR und anderen Exilgruppen aus der Taufe gehobene Allianz Igihango warf dem Präsidenten schon im Februar 2003 »unerträgliches Verhalten« vor: »Herr Murwanashyaka weigert sich beharrlich, dem bewaffneten Kampf zu entsagen […] Zum Glück teilt die Mehrheit der FDLR-Mitglieder die kriegerische Haltung von Herrn Murwanashyaka und den verborgenen Grüppchen, die ihn of-

73 Johnson, Dominic: Hutu-Milizen geben auf. In: tageszeitung, 20.11.2003

74 Die folgende Schilderung nach: Zeugenaussage Paul Rwarakabije, Prozesstage 34–35, OLG Stuttgart 24./26.10.2011

75 MONUC Cable 1272, 20.11.2003

76 Zeugenaussage, Prozesstag 202, OLG Stuttgart 13.1.2014

77 Zeugenaussage, Prozesstag 216, OLG Stuttgart 10.3.2014

fensichtlich manipulieren, nicht.«[78] Die Allianz Igihango entzog Murwanashyaka die Anerkennung und bat seine Anhänger, »Verantwortung zu übernehmen« – ein Aufruf zum Putsch. Rwarakabijes Flucht bot dafür eine Chance.

Ein aufgrund der internen Spannungen als Überwachungsgremium für die FDLR-Führung gegründeter »Rat der Weisen« erklärte Murwanashyaka für abgesetzt und ernannte Vizepräsident Jean-Marie Vianney Higiro zum »Interimspräsidenten« bis zu Neuwahlen zwei Monate später.[79] »Man warf ihm vor, verantwortlich zu sein, dass Rwarakabije nach Ruanda ging«, sagt Musoni über Murwanashyakas Absetzung später vor Gericht.[80] Der neue FDLR-Oberkommandierende Mudacumura nutzte die Gunst der Stunde zum Machtspiel. Er lehnte Higiro ab, und ein dankbarer Murwanashyaka erklärte, Higiros Ernennung sei ohnehin ungültig, da das Oberkommando nicht konsultiert worden sei.[81] Damit war Mudacumura jetzt Königsmacher. Die rivalisierenden Fraktionen der FDLR bestätigten jeweils Higiro und Murwanashyaka als Präsidenten – und der Oberkommandierende durfte sich einen aussuchen.

Die Higiro-Fraktion berief am 22. Mai 2004 einen FDLR-Kongress in Amsterdam ein und scharte dafür alle Auslandsvertretungen der FDLR um sich – mit Ausnahme Deutschlands. Der Kongress beschloss den Ausschluss Murwanashyakas wegen »notorischer Mängel an der Spitze der Organisation«, »Beteiligung und aktiver Unterstützung« des Übertritts von Rwarakabije nach Ruanda, »Veruntreuung von Geldern der Organisation« sowie »Bildung einer Regierung mit FDLR-Kadern ohne Konsultation«.[82] Murwanashyaka hielt gleichzeitig am 22. Mai in Brüssel eine Mini-Versammlung von sieben ihm loyalen Mitgliedern des Direktorenkomitees ab.

Beide Fraktionen funkten ihre Beschlüsse in den Kongo. Mudacumura antwortete am 29. Mai 2004 an Murwanashyaka: »Oberkommando FOCA erklärt Ihnen seine Unterstützung als Präsident. Alle FOCA stehen hinter Ihnen. Nehmen Sie ihre Aktivitäten wieder auf. Brutalität und Durcheinander vermeiden. Nehmen Sie sich Beobachtungszeit, um andere zu gewinnen. Jede Haltung mit regionalistischem Charakter vermeiden. Satellitentelefon wird gebraucht. Mut und Entschlossenheit.«[83]

78 Dies und die folgenden Zitate: Déclaration sur les comportements inacceptables de Monsieur Murwanashyaka Ignace, président des FDLR, et appel aux FDLR à prendre ses responsabilités, gez. Augustin Kamongi (Präsident des Exekutivkomitees) und Joseph Ndahimana (Präsident des Präsidentenrates), Allianz Igihango, Brüssel 17.2.2003

79 Communiqué SE/No1/NOV/2003 portant nomination du Président Intérimaire des FDLR, 17.11.2003, zit. in: Rafti, Marina: The Dismantling of the Rwandan Political Opposition in Exile, Annuaire des Grands Lacs 2003–2004, Paris 2004, S. 28

80 Einlassung und Befragung Straton Musoni, Prozesstag 224, OLG Stuttgart 7.4.2014

81 Vgl. Rafti 2004, S. 29–31

82 Résolutions du congrès extraordinaire des FDLR tenu à Amsterdam, Pays-Bas, du 22 au 23 mai 2004, Communiqué No PP/04/MAI/2004

83 SMS-Serie Mudacumura an Murwanashyaka, 29.5.2004, Prozesstag 290, OLG Stuttgart 16.3.2015

Ab jetzt war Murwanashyaka Präsident von Mudacumuras Gnaden. In einer »Nachricht an alle Abacunguzi« erläuterte Mudacumura: »Das Lager Higiro/Kanyamibwa wollte Murwanashyaka stürzen. Das Oberkommando hat gesagt, es muss ein Treffen des Direktorenkomitees geben, das haben sie nicht akzeptiert. Murwanashyaka hat eine Versammlung einberufen, daran nahmen sie nicht teil, beriefen eigene Versammlung ein, haben sogar eigene Militärgrade verliehen. Ziel ist, die Organisation zu spalten. [...] Die Beschlüsse von Amsterdam betreffen uns nicht, Soldaten waren nicht anwesend. Wir unterstützen unwiderruflich Murwanashyaka als Präsident und bitten ihn, die Arbeit wieder aufzunehmen. Die Armee entlässt niemanden. Diese Entscheidung, weil man sich gegenüber Oberkommando respektlos verhalten hat.«[84]

Musoni sagt später vor Gericht, er hätte damals Higiros Sozialkommissar werden können, zog es aber vor, an der Seite Murwanashyakas zu bleiben. Die Spaltung beschreibt er wie folgt: »Eine Woche lang wusste man nicht, wer der Präsident war. Murwanashyaka war bereit, aufzugeben, wenn die Armee und der CD [Direktorenkomitee] im Kongo den Putsch akzeptiert hätten mit Higiro als Präsident. Aber die Armee lehnte den Putsch ab. Murwanashyaka blieb Präsident.«[85]

Die unterlegene Higiro-Fraktion gründete eine Sammlung der Demokratischen Kräfte zur Befreiung Ruandas (R-FDLR). 2005 wurde daraus die Sammlung für Einheit und Demokratie (RUD-Urunana), die sich als gemäßigte Alternative zur FDLR verkaufte. Die R-FDLR konnte bekannte Namen aufweisen – der bisherige Exekutivsekretär Félicien Kanyamibwa behielt in der neuen Organisation sein Amt und seine einflussreiche Webseite *AfroAmerica Network*; der bisherige Sprecher Nshimiyimana in Wien wurde Higiros Politischer Kommissar.[86] Aber sie hatte wenig Unterstützung bei den Truppen im Kongo. Lediglich Bataillonskommandeur Musare setzte sich später mit rund 400 Kämpfern ab, alles ehemalige ALIR-I-Kämpfer, die Mudacumura nicht vertrauten. Sie wurden zu Higiros RUD-Truppen.

Zur Begründung seiner Abspaltung sagt Félicien Kanyamibwa, diejenigen um Murwanashyaka »trauten anderen Ethnien nicht und wollten die FDLR als monoethnische Organisation beibehalten. Sie glaubten an das Primat des militärischen Flügels bei der Festlegung der Politik, deshalb hatte der militärische Flügel die FOCA als Organisation innerhalb der FDLR gegründet, mit faktischer Macht über den politischen Flügel.«[87]

In der neuen, kleineren Rest-FDLR musste Murwanashyaka erst einmal Posten füllen. Zum 1. Juni 2004 wurde Straton Musoni Erster Vizepräsident und Callixte

84 FOCA-HC an alle Abacunguzi. In: SMS-Serie Mudacumura an Murwanashyaka, 8.6.2004, Prozesstag 290, OLG Stuttgart 16.3.2015

85 Einlassung und Befragung Straton Musoni, Prozesstag 224, OLG Stuttgart 7.4.2014

86 Déclaration sur le Communiqué No 03/PP-FOCA/Juin/2004 du PP/FOCA portant sur la crise au sein du leadership des FDLR, 18.6.2004, gez. »Président: Dr Jean Marie Vianney Higiro«

87 E-Mail von Félicien Kanyamibwa, 23.1.2015

Mbarushimana Finanzkommissar[88] – die beiden stiegen im Laufe der Jahre zu den wichtigsten politischen Führern der FDLR im Ausland auf. Neuer Sprecher wurde Anastase Munyandekwe, laut Kritikern ein in Brüssel lebender Geschäftspartner des Präsidenten.[89] Und der mächtige Zweite Vizepräsident, der im Kongo weilende Victor Byiringiro, blieb im Amt.

Byiringiro hatte sich als wichtigstes im Kongo ansässiges Mitglied der politischen Führung im Streit zwischen den Flügeln zunächst neutral verhalten und erklärt, dass die politischen Führer im Kongo »die Entscheidungen Brüssel/Amsterdam nicht akzeptieren«; eine Lösung könne es nur geben, wenn die FDLR »vereint und solidarisch bleibt und FOCA unterstützt«.[90] Er organisierte Ende Juli 2004 ein dreitägiges Treffen der im Kongo ansässigen Mitglieder des Direktorenkomitees, das Mudacumuras Unterstützungserklärung für Murwanashyaka bekräftigte.[91] Die Führung der FDLR, wie sie bis 2009 bestehen sollte, war ab Sommer 2004 komplett – mit all ihren internen Spannungen.

Die Verbrechen nehmen zu, die UN-Mission bleibt untätig

Doch zunächst schien es, als könne die FDLR bald der Vergangenheit angehören. Im Kongo ging der Krieg zu Ende, in Ruanda gab es eine neue Verfassung und Wahlen – das bewaffnete ruandische Hutu-Exil in Kongos Wäldern erschien als verkrampftes Überbleibsel aus einer anderen Ära. Der Samtpfötchen-Ansatz des DDRRR-Programms der MONUC wurde immer unverständlicher. So nahm Kongos Armee im August 2004 in Mutarule (Süd-Kivu) 25 FDLR-Kämpfer gefangen und übergab sie der UN-Mission zur Repatriierung. Aber die MONUC beharrte darauf, den Kriegsgefangenen ihre Waffen nicht abzunehmen, denn »das DDRRR-Programm beruht auf Freiwilligkeit«.[92] Die Gefangenen gingen zurück in den Busch. Ruandas Präsident Kagame erklärte, die freiwillige Entwaffnung sei »gescheitert«,[93] und Ruanda habe nun »keine andere Wahl«, als sich selbst zu kümmern.[94]

Im November 2004 stießen mehrere Bataillone aus Ruanda diskret in den Kongo vor und griffen FDLR-Stellungen in Nord-Kivu an. Der Sicherheitsrat der Afrikanischen Union (AU) bekräftigte im Januar 2005 »die Notwendigkeit, die Ex-

88 Nouveaux membres dans le leadership des FDLR, Communiqué 03/PrésidF/Juin/2004, Bonn 4.6.2004, gez. Dr Ignace Murwanashyaka, Président des FDLR

89 Vgl. Kigali: The hidden truth behind the rift within the Hutu rebels‹ ranks. In: AfroAmerica Network, 22.7.2005

90 SMS Byiringiro an Murwanashyaka, 5.6.2004, Prozesstag 290, 16.3.2015

91 Message de Soutien 2e VP au Presidef, 29.7.2004, Prozesstag 275, OLG Stuttgart 14.1.2015

92 Les 25 rebelles hutus rwandais capturés en RDC refusent d'être désarmés (Monuc), AFP 2.8.2004

93 Rwanda: Voluntary repatriation of Hutu rebels has failed, Kagame says, IRIN 22.11.2004

94 Kagame: ›le moment venu nous allons nous occuper‹ des extrémistes hutus en RDC, AFP 25.11.2004

FAR und Interahamwe und die anderen bewaffneten Gruppen in der DR Kongo gewaltsam zu entwaffnen«[95] und ein AU-Gipfel beschloss förmlich einen Militäreinsatz. Auf einem AU-Planungstreffen in Addis Abeba am 15. und 16. März 2005 wurden Konzepte entwickelt: erst politischer Dialog mit der FDLR, um sie zur freiwilligen Aufgabe zu bewegen; danach notfalls militärischer Druck durch 30 000 bis 45 000 Soldaten.[96]

Das Problem mit all diesen Ideen war nur, dass Kongos Armee, zu deren Unterstützung solche Einsätze gedacht waren, zu diesem Zeitpunkt noch gar nicht existierte. Die »Vermischung« (*brassage*) der vielen Bürgerkriegsarmeen aus den Jahren 1998 bis 2003 zu einer geeinten Nationalarmee namens FARDC begann gerade erst. In den Kivu-Provinzen standen nach wie vor getrennte Truppen der einstigen Kriegsparteien – und der FDLR.

Als am 2. März 2005 Kerstin Müller, Deutschlands von den Grünen gestellte Staatsministerin im Auswärtigen Amt, nach Goma flog, staunte sie nicht schlecht über die Landkarte im Lagezentrum der MONUC am Flughafen. In Nord-Kivu gab es demnach 18 Militärpositionen der hier herrschenden Rebellengruppe RCD, die jetzt auch Teil der Übergangsregierung in Kinshasa war; 38 Stellungen standen unter Kontrolle diverser lokaler Milizen – und 23 gehörten der FDLR.[97]

Eine Entwaffnung der laut MONUC noch genau 7086 ruandischen Hutu-Kämpfer im Kongo, so erfuhr die deutsche Grüne, habe keine Priorität. Erst brauche der Kongo eine Armee. Dann müsse man den »politischen Prozess«, also Wahlen, zu Ende bringen. »Wir gehen nicht in den Busch, um die FDLR zu suchen, denn meine oberste Verantwortung ist die Sicherheit der Bevölkerung«, erklärte ihr ganz ernsthaft ein UN-Verantwortlicher in Goma.

Wer mit der Bevölkerung sprach, konnte über solche Sätze nur den Kopf schütteln. 78 Prozent aller sexuellen Kriegsverbrechen gingen auf das Konto der Miliz Interahamwe, berichtete in Bukavu die Frauenschutzaktivistin Christine Schuler-Deschryver; seit 2002 hätten sich 10 000 Opfer brutaler Vergewaltigungen gemeldet. Hinter ihrem einfachen Holzschreibtisch zählte die damalige GTZ-Mitarbeiterin den Horror auf: Das jüngste Opfer war 18 Monate alt, das älteste 84 Jahre. Im Durchschnitt kamen auf eine Frau vier Vergewaltiger. »Man vergewaltigt nicht nur, man führt hinterher Stöcke ein.«[98]

Für Kongolesen in Kivu waren die FDLR damals kollektiv einfach »Interahamwe«, die Täter des ruandischen Völkermordes, und ihre Taten waren eine Fortsetzung des Völkermordes auf kongolesischem Gebiet. Die Schlussfolgerung: Sollen sie doch ihre Probleme unter sich lösen, zu Hause – und die internationale

95 Resolution des AU-Rates für Frieden und Sicherheit PSC, 10.1.2005

96 Rapport de la Réunion Consultative sur le désarmement et la neutralisation des ex-FAR/Interahamwe et autres groupes armés à l'est de la RDC, Addis Abeba, 15.–16.3.2005

97 Dies und die folgenden Angaben: Mitschrift des MONUC-Briefings für die deutsche Delegation, Goma 2.3.2005

98 Interview mit Christine Schuler-Deschryver, Bukavu Dezember 2004

Gemeinschaft, die 1994 diese Hutu-Kämpfer ins Land gebracht hatte, möge sie bitte auch wieder wegschaffen.

Vor diesem nachvollziehbaren Hintergrund fiel die zentrale Forderung der FDLR nach einem »innerruandischen Dialog«, der ähnlich wie der »innerkongolesische Dialog« in eine neue Regierung münden müsse, auf fruchtbaren Boden – auch bei den Vereinten Nationen im Kongo. Das MONUC-Mandat erlaube keine Gewaltanwendung gegen die FDLR, erklärte die DDRRR-Abteilung in Goma im März 2005 dem verblüfften Politikerbesuch aus Deutschland. »Die Interahamwe sind Störer, aber es sind nicht bloß negative Kräfte, sondern es gibt eine politische Dimension in Ruanda, die unterstützt werden muss«, hieß es. »Denn alle Extremisten, die wir getroffen haben, vor allem General Mudacumura – sein politischer Berater sagte uns ganz klar: ›Wenn ihr wollt, dass wir nach Hause gehen, müsst ihr wissen, dass wir keine normalen Menschen sind. Wir haben hohe Ränge und wir sind VIPs. Wir müssen mit den Machthabern in Ruanda verhandeln. Wir wollen als politische Partei behandelt werden.‹ Und wir erhalten Botschaften: ›Wenn MONUC uns angreift, werden einige Dörfer ausradiert.‹« Also kehrten die UN-Offiziellen den Spieß um: Um die FDLR-Präsenz im Kongo zu beenden, »müssen wir Deutschland anrufen. Da befindet sich das FDLR-Hauptquartier.«[99]

2005: In Rom erklärt Murwanashyaka das »Ende des bewaffneten Kampfes«

Währenddessen befand sich die FDLR längst in Verhandlungen – in Italien, bei der katholischen Kirchengemeinde Sant'Egidio in Rom, ganz nach dem Geschmack des gläubigen Katholiken Murwanashyaka. Den Kontakt zu den diskreten Kirchendiplomaten mit reicher Erfahrung in Afrika hatte ein Schulfreund Musonis eingefädelt, der als Priester in Italien lebte, so Musoni später vor Gericht: »Sant'Egidio hat den Auftrag gerne angenommen.«[100]

Das erste Treffen in Rom fand vom 4. bis 10. Februar 2005 statt. »Murwanashyaka hat die Verhandlungen in Rom mit Matteo vorbereitet«, erinnert sich vor Gericht in Stuttgart ein FDLR-Kader. Matteo Zuppi, Unterhändler Sant'Egidios, habe drei »Wünsche« geäußert, die Murwanashyaka an seine Truppen weitertragen sollte: »Erstens: Alle FDLRler sollen den Völkermord von 1994 akzeptieren. Zweitens: Alle FDLR-Führer sollen mit einer einheitlichen Position nach Rom zu den Verhandlungen. Drittens: Die FDLR soll der internationalen Gemeinschaft ihre Anliegen erklären, um Verständnis und Akzeptanz zu bekommen und eine Zusammenarbeit zu ermöglichen.«[101]

99 Mitschrift des MONUC-Briefings für die deutsche Delegation, Goma 2.3.2005
100 Einlassung Straton Musoni, Prozesstag 184, OLG Stuttgart 9.10.2013
101 Zeugenaussage, Prozesstag 39, OLG Stuttgart 16.11.2011

Am 3. März flog Murwanashyaka nach Kinshasa, um mit den FDLR-Führungsgremien im Ostkongo zwischen dem 7. und 14. März diese Forderungsliste zu diskutieren.[102] Ab 16. März wurde in Rom weiterverhandelt. Die FDLR war jetzt mit einer neunköpfigen Delegation dabei, unter Führung des Präsidenten: »Murwanashyaka kontaktierte Mudacumura, Mudacumura sprach mit dem FOCA-Kommando, die Armee war auch einverstanden [...] Am Ende wurde eine Delegation für Rom zusammengestellt durch Mudacumura, er gab mir die Namen«, erinnert sich Musoni. »Wir organisierten mit der Regierung des Kongo die Reiseunterlagen, wir trafen uns dann alle in Rom.«[103] Auf kongolesischer Seite führte Minister Mbusa Nyamwisi – der noch 2001 bis 2003, als Rebellenführer des Nande-Volkes in Nord-Kivu, FDLR-Kämpfern Schutz geboten hatte – die Gespräche.

Es sah zunächst so aus, als habe die FDLR eingelenkt. Sie veröffentlichte am 31. März 2005 eine von Präsident Murwanashyaka unterzeichnete »Erklärung von Rom«, in der sie »vor Gott, der Geschichte und dem ruandischen Volk« folgende Selbstverpflichtungen abgab: »Die FDLR verpflichten sich, den bewaffneten Kampf zu beenden. Die FDLR beschließen, ihren Kampf ab jetzt in einen politischen Kampf zu verwandeln. In dem Maße wie die begleitenden Maßnahmen identifiziert und umgesetzt werden, akzeptieren die FDLR die freiwillige Entwaffnung und die friedliche Rückkehr ihrer Kräfte nach Ruanda.«[104] Zweitens verurteilten sie den Völkermord von 1994, drittens den Terrorismus und andere Verbrechen, und viertens forderten sie die Rückkehr der ruandischen Flüchtlinge nach Ruanda. Ein am 1. April vorgelegter Kalender sah vor, dass ein gemeinsamer Ausschuss von Kongos Regierung und FDLR die Repatriierung vorbereiten solle, die am 5. Mai beginnen könne. Die gesamte Operation solle drei Monate dauern.[105]

Doch schon am nächsten Tag wurden Einwände laut. Gegenüber Diplomaten in Rom am 2. April 2005 erklärte die FDLR-Delegation, sie habe »eine gewisse Anzahl von Bedenken« und legte einen langen Forderungskatalog von »begleitenden Maßnahmen« in Ruanda vor.[106] Verlangt wurde eine politische Neuordnung Ruandas, noch bevor überhaupt ein FDLR-Kämpfer die Waffen niederlegt: Veränderungen der Verfassung und des Parteiengesetzes, juristische Immunität, Stationierung von UN-Menschenrechtsbeobachtern, ein Ende der »Umerziehungslager« genannten Ingando-Lager, in denen auch die Demobilisierung stattfand, ein Ende der *local defence* genannten zivilen Hilfspolizei sowie Geld für die FDLR zur Umwandlung in eine politische Partei.

Der FDLR war natürlich klar, dass Ruanda all das nicht umsetzen würde. Aber so konnte sie elegant die weitere Verantwortung von sich weisen. Die Umsetzung

102 Daten nach Murwanashyakas deutschem Reisepass, verlesen am Prozesstag 94, OLG Stuttgart 1.8.2012, sowie »Chronologie der FDLR« von FDLR-Sprecher Laforge Fils Bazeye
103 Befragung Straton Musoni, Prozesstag 224, OLG Stuttgart 7.4.2014
104 Rom-Erklärung der FDLR, 31.3.2005
105 Calendrier du retour des réfugiés rwandais, Rom 1.4.2005
106 FDLR, »Projet de texte«, 2.4.2005

der Rom-Erklärung »hängt von Kigali ab«, so Murwanashyaka: »Wir können unseren Truppen nicht sagen, einfach so nach Hause zu gehen [...] Wenn wir den militärischen Kampf aufgeben, dann, weil wir davon überzeugt sind, dass das Ziel auch mit dem politischen Kampf zu erreichen ist. Wir kehren nicht nach Ruanda zurück, um Kagames Politik zu applaudieren.«[107] Vor Gericht erinnert sich Musoni: »Nachdem Ruanda sagte, sie machen nicht mit, sagte Kongo: O.k., dann macht es keinen Sinn.«[108]

Die FDLR im Kongo lehnt die Rom-Erklärung ab

Erneut landete Murwanashyaka am 28. April in der kongolesischen Hauptstadt, nach einem Flug aus Frankfurt/Main über Paris.[109] Am 4. Mai 2005 trat er auf der wöchentlichen MONUC-Pressekonferenz in Kinshasa auf und sagte, die Repatriierung seiner Kämpfer werde nicht wie geplant am 5. Mai beginnen.[110] Am 11. Mai flog Murwanashyaka zusammen mit Peter Swarbrick, Leiter des DDRRR-Programms der MONUC, sowie Kabilas Sonderberater Samba Kaputo nach Kivu. Er blieb dort, bis er am 7. Juni 2005 mit einem UN-Flug aus Bukavu nach Kinshasa zurückreiste.[111] Im September reiste er erneut nach Ostkongo, dieses Mal über Uganda, von wo aus er mit dem Auto nach Butembo im Kongo fuhr, dann ging es weiter per Motorrad und zu Fuß. Zwischen 24. und 31. Januar 2006 leitete Murwanashyaka im Kongo einen FDLR-Kongress.[112] »Ich war zwischen September 2005 und April 2006 abwesend«, erinnert er sich Jahre später in einer Textnachricht.[113]

Für den Präsidenten, kein Jahr zuvor fast aus dem Amt gefegt, waren diese Reisen zunächst einmal eine Gelegenheit, seinen Status zu festigen. Vom Flughafen Bukavu in Süd-Kivu marschierte er zu Fuß in Begleitung der Süd-Kivu-Einheiten der FDLR in die Kleinstadt Hombo entlang der Provinzgrenze. Dort wurde er von rund 100 Mann einer Schutztruppe des Nord-Kivu-Sektors empfangen und zu Fuß über die Berge ins Hauptquartier Kalongi gebracht, wo er mit militärischen Ehren begrüßt wurde. Ein Begleitsoldat erinnert sich vor Gericht in Stuttgart:

107 Les FDLR, prêts à désarmer, veulent des garanties, affirme leur président, AFP 11.4.2005

108 Befragung Straton Musoni, Prozesstag 184, OLG Stuttgart 9.10.2013

109 Flugdokumente Ignace Murwanashyaka, verlesen am Prozesstag 266, OLG Stuttgart 26.11.2014

110 Les FDLR menacent les élections en RDC. In: Le Potentiel, 5.5.2005

111 UN-Flugerlaubnis für Ignace Murwanashyaka, verlesen am Prozesstag 257, OLG Stuttgart 6.10.2014

112 Daten nach »Chronologie des FDLR« von FDLR-Sprecher Laforge Fils Bazeye. Vor Gericht in Stuttgart ist von zwei Reisen Murwanashyakas in den Kongo in diesem Zeitraum die Rede gewesen, aber durch Reisedokumente belegt sowie von Laforge bestätigt sind drei: eine Woche im März 2005, vier Wochen im Mai 2005 und über sechs Monate ab September 2005. Nicht immer ist klar, welche Zeit gemeint war, wenn Zeugen in Stuttgart von der »ersten« oder der »zweiten« Reise sprachen.

113 SMS Murwanashyaka an Mudacumura, 7.4.2008, Prozesstag 287, OLG Stuttgart 4.3.2015

»Die Leute freuten sich und kamen zusammen zu einer Art Feier, Zivilisten und Soldaten kamen, um ihn zu sehen [...] Man hing an die Häuser Bilder der ehemaligen Präsidenten Ruandas sowie von Murwanashyaka [...] Er hielt eine Rede. Darin ging es im Großen und Ganzen darum, dass er wollte, dass die Leute Moral haben, damit sie weiter Mut haben, für ihr Ziel zu arbeiten, damit sie weiterkämpfen, um ihr Heimatland zu befreien. Er sagte, er wolle bei den Verhandlungen in Rom die UNO überzeugen, dass die FDLR friedlich nach Ruanda zurückkehren könne. Dies sei seine Mission gewesen. Aber wenn es keine Lösung gebe, würde er die internationalen Gremien davon überzeugen, der FDLR Rüstung zu geben.«[114]

In – undatierten – Redenotizen hat Murwanashyaka den Ablauf seines Auftritts skizziert. »Treffen mit Bevölkerung / Gott danken und grüßen / Bevölkerung danken / Arbeit ehren, Beitrag für FDLR leisten, was für Märkte übriglassen, nicht zu DDR[RR] gehen, gute Disziplin und Nachbarschaft mit den Kongolesen / Kongolesen bitten, mit uns geduldig zu sein«. An die FDLR-Führung im Kongo gerichtet, heißt es: »Ich möchte Gelegenheit nutzen, der Führung zu sagen: Nähe zu den zu Führenden suchen, ihnen Nachrichten zukommen lassen, FDLR-Prinzipien befolgen, unsere Geschichte erläutern, Wahrheit benachrichtigen, den Kindern die Wahrheit hinterlassen.« Zum Schluss steht in den Notizen: »Wiederkommen / Alle zusammen werden wir gewinnen.«[115]

Bei den hohen FDLR-Militärs gab es große Skepsis, als Murwanashyaka die Forderungen aus Rom präsentierte. Ein hochrangiger ehemaliger FDLR-Offizier erinnert sich an Murwanashyakas Vortrag: »Die Soldaten sollten in Transitlager gehen und die Zivilisten in eigene Transitlager, danach würde man nach Ruanda gehen und dort empfangen werden. Kongo, Ruanda und die Weltgemeinschaft sollten dabei helfen. Murwanashyaka sagte: Wenn man uns angreift, müssen wir kämpfen [...] Wir fragten ihn, ob wir die Waffen niederlegen und Hände hoch nach Hause gehen oder ob wir mit den Waffen nach Hause gehen. Murwanashyaka sagte, dass sie darüber noch diskutieren.«[116] Auch Vizepräsident Musoni berichtet: »Mudacumura gab eine gute Frage: Was machen wir mit unseren Waffen – vernichten oder weiterverkaufen? [...] Ich konnte ihm keine Antwort geben.«[117]

Strittig war auch die Anerkennung des ruandischen Völkermordes. Ein Leibwächter Murwanashyakas berichtet im Interview von einer Liste der in Ruanda gesuchten Genozid-Täter, die im kongolesischen Butembo ausgedruckt wurde und im Wald zirkulierte. Auf ihr standen viele hohe FDLR-Kommandanten. »Dies hätte bedeutet, dass nach erfolgreichen Verhandlungen fast alle Einheiten ohne Kommandeure dastehen würden.«[118] Ein ehemaliger Kader berichtet, schließlich

114 Zeugenaussage, Prozesstag 41, OLG Stuttgart 23.11.2011
115 Asservatsverlesung, Prozesstag 272, OLG Stuttgart 15.12.2014
116 Zeugenaussage, Prozesstag 100, OLG Stuttgart 19.9.2012
117 Befragung Straton Musoni, Prozesstag 173, OLG Stuttgart 5.8.2013
118 Interview, Ruhengeri Oktober 2009

habe man es akzeptiert: Die Täter sollten vor das ICTR, aber auch Verbrechen an Hutu sollten vor Gericht. In Gedanken hätten die FDLR den Völkermord nie anerkannt, sondern das nur gemacht, um Verhandlungen zu erleichtern.[119]

Auch die Verbrechen der FDLR im Kongo waren Streitpunkt. Murwanashyaka verlangte ein Ende der Plünderungen und Übergriffe: »Er war in Bukavu und die Leute haben ihm alle Probleme benannt […] Die Kongolesen erzählten ihm von Tötungen, Vergewaltigungen und beschuldigten die FDLR. Er bat uns, sich gut zu verhalten«, so ein ehemaliger Offizier.[120] »Da hat er gesagt, dass die Mitglieder diszipliniert sein müssen, damit eine Organisation ihre Ziele erreicht. Plünderungen und Straftaten bei den Zivilisten können verursachen, dass die internationale Gemeinschaft nicht versteht, warum gekämpft wird.«[121] Das sahen die Dschungelkämpfer nicht ein: Sie mussten ja irgendwie überleben und wurden nicht mehr von Kongos Regierung versorgt wie früher. »Die Soldaten im Wald sagten: die Politiker in Europa wissen nicht, wie hart das Leben hier ist.«[122]

Um seinen Soldaten die geforderten Zugeständnisse zu versüßen, kam Murwanashyaka auf einer seiner Reisen – welche, ist in Stuttgart unterschiedlich dargestellt worden – mit Geld in den Dschungel: Kongos Regierungsvertreter in Rom hatten ihm 250 000 US-Dollar zugesteckt, angeblich die erste Rate einer größeren Zahlung ausstehenden Soldes für den Kampfeinsatz an der Seite von Kongos Armee ab 1998. Das Geld war bestimmt für »Kommunikation zwischen allen Flüchtlingen im Kongo inklusive Armee und europäische politische Mitglieder der FDLR, mit der Aufgabe, Flüchtlinge zu suchen und die Armee dazu zu bringen, zu demobilisieren; für diese Aufgabe erhielten wir Geld von der kongolesischen Regierung mit der Zustimmung des Parlaments«, so Musoni.[123]

Details nannte Murwanashyaka Jahre später in einer Mitteilung an Mudacumura, die eine Liste von Forderungen der FDLR an Kinshasa im Zusammenhang mit den Rom-Gesprächen enthielt. »Vor Rom: 450 000 RCA[124], 25 000 Vedettes Tilapia, 80 000 Container und 30 000 für zwei nach September 2002 in Matadi geklaute Autos und 5000 für das in Kinshasa im Oktober 2002 beschlagnahmte Material, darunter ein Laptop; und Gefangene in Kinshasa befreien. Nach Rom: Wir haben uns informell über viele Sachen geeinigt.«[125]

In Gummistiefeln, Jogginganzug, Regenjacke und Baseballmütze marschierte Murwanashyaka durch den Urwald, um Dollar-Bündel zu verteilen. »Es waren 100-US-Dollar-Scheine«, erinnerte sich ein hochrangiger Offizier später vor Ge-

119 Zeugenaussage, Prozesstag 39, OLG Stuttgart 16.11.2011
120 Zeugenaussage, Prozesstag 100, OLG Stuttgart 19.9.2012
121 Zeugenaussage, Prozesstag 254, OLG Stuttgart 22.9.2014
122 Zeugenaussage, Prozesstag 217, OLG Stuttgart 12.3.2014
123 Befragung Straton Musoni, Prozesstag 174, OLG Stuttgart 9.8.2013
124 Französische Abkürzung für Zentralafrikanische Republik, aus der 1999 Ex-FAR-Kämpfer wie Stany und Mudacumura zu Kabila stießen. Vgl. Kapitel 2.6, S. 159
125 SMS Murwanashyaka an Mudacumura, 14.7.2008, Prozesstag 289, OLG Stuttgart 11.3.2015

richt. »Jeder Soldat bekam 10 US-Dollar […] Die Kommandeure versammelten sich, jeder bekam Geld für seine Soldaten und regelte es dann selbst […] die Soldaten haben sich arrangiert, das Geld zu wechseln.«[126] Ein einfacher Soldat bestätigte: »Jeder Soldat bekam zehn Dollar, um Gummistiefel zu kaufen.«[127] Es gab auch Gelder für »Büromaterial« sowie Startkapital für Bataillonskommandeure, um Handel zu treiben – die sogenannte »unkonventionelle Logistik« (LNC).[128] »Mein Bataillon bekam 7000 Dollar für Medikamente, Logistik, um Geld zu verdienen beim Kauf von Essen und Salz«, berichtete ein Offizier; vier Jahre später waren aus den 7000 Dollar 15000 geworden.[129]

Im Nachhinein versüßte das Geld also den Verbleib im Kongo. Direkt im Anschluss an den FDLR-Kongress Ende Januar 2006 trommelte der Finanzkommissar mehrere hohe Kommandanten zu einem LNC-Strategietreffen zusammen. In seinem Bericht an Murwanashyaka über das Treffen empfahl er: »Handelsgeschäfte sollte man im Rahmen der Möglichkeiten nutzen, Marktlücke wird jeder Einheit überlassen.« Im Holzhandel seien Verträge mit Sägewerken zu schließen; im Bergbau – vor allem Goldminen in Süd-Kivu – gelte: »Gräben unterstehen jeder Einheit. Bericht an Hierarchie.«[130]

Laut dem Experten Hans Romkema, der in Stuttgart vor Gericht aussagte, flossen von dem von Murwanashyaka verteilten Geld 100000 Dollar an die Funktionäre der FDLR, 60000 wurden an die Truppe im Kongo verteilt und 80000 waren für Murwanashyaka bei seiner Rückkehr nach Deutschland übrig.[131] Nach Abrechnung aller Reisekosten seien 29000 US-Dollar übriggeblieben, »die wir Munyandekwe gaben«, so Musoni[132] – der FDLR-Sprecher investierte das Geld in den Kauf eines Taxis in Brüssel, aber statt dann seine Schulden bei der FDLR abzustottern, verkaufte er das Taxi und wurde abgesetzt.[133] Musoni kaufte technische Geräte. »Von dem Geld habe ich Telefone und Einheiten gekauft«, erzählt er in Stuttgart vor Gericht.[134] Murwanashyaka brachte »Computer und Thurayas« für Mudacumura persönlich in den Kongo.[135]

All das genügte nicht, um die Truppe umzustimmen. Ein hochrangiger Beteiligter der Diskussionen antwortet vor Gericht in Stuttgart auf die Frage, warum Sant'Egidio gescheitert sei: »Die militärischen Führer haben das Abkommen

126 Zeugenaussage, Prozesstag 100, OLG Stuttgart 19.9.2012
127 Zeugenaussage, Prozesstag 127, OLG Stuttgart 16.1.2013
128 Vgl. Kapitel 1.5, S. 67 ff.
129 Zeugenaussage, Prozesstag 100, OLG Stuttgart 19.9.2012
130 Bericht des Finanzkommissars an den Präsidenten über Versammlung am 3.2.2006 mit G4 Sosuki, G2 Sonoki und Comd2 Sonoki, Asservatsverlesung, Prozesstag 290, OLG Stuttgart 16.3.2015
131 Zeugenaussage Hans Romkema, Prozesstag 7, OLG Stuttgart 30.5.2011
132 Befragung Straton Musoni, Prozesstag 174, OLG Stuttgart 9.8.2013
133 SMS Murwanashyaka an CD, Datum unklar, Prozesstag 266, OLG Stuttgart 24.11.2014
134 Befragung Straton Musoni, Prozesstag 173, OLG Stuttgart 5.8.2013
135 Zeugenaussage, Prozesstag 118, OLG Stuttgart 3.12.2012

nicht akzeptiert.«[136] Er präzisiert: »Man musste nicht abstimmen, es haben fast alle abgelehnt.«[137]

War das eine Schwächung des Präsidenten oder war es in seinem Sinne? Formell ging Murwanashyaka aus dieser Reise gestärkt hervor. Das Direktorenkomitee CD bestätigte ihn erneut als Präsident. Neue Regelwerke wurden beschlossen.[138] Murwanashyaka reiste nach Deutschland zurück in der Gewissheit, in seiner Organisation die Ordnung wiederhergestellt zu haben.

Zur gleichen Zeit hatten mutmaßliche Interahamwe in Süd-Kivu neue Greueltaten verübt. Ein damals von Kongos politischer Opposition verbreiteter Bericht zeigt Fotos, die am 24. Mai 2005 in der Gemeinde Nindja in Süd-Kivu entstanden sein und Opfer eines Massakers vom Vortag darstellen sollen: ein Mann mit aufgeschlitztem Bauch, ein durch einen Machetenhieb an den Hals getöteter Mann, ein Mann, der seinen abgetrennten linken Fuß in die Kamera hält.[139] »Diese Bilder zeigen den Horror, dem unsere Landsleute im Osten zum Opfer fallen, verübt von den Interahamwe, die mit dem Segen unserer Regierung in unserem Land gehalten werden«, steht daneben. »Nicht einmal Tiere werden so behandelt [...] Sind Kongolesen weniger als Tiere?«

Die FDLR schob solche Verbrechen auf das Konto einer Abspaltung namens »Rasta« oder »Kiyombe«. In zeitgenössischen Berichten werden die Rasta als Komplizen der FDLR beschrieben, die für diese die Drecksarbeit erledigen. Die ausführlichste Untersuchung des »Rasta-Phänomens« kommt zum Schluss, bei Rasta handele es sich um ruandische Hutu-Kämpfer in Süd-Kivu außerhalb der FDLR-Befehlskette.[140] Kontrollierte die FDLR also nicht alle ruandischen Hutu-Kämpfer im Kongo? Für Murwanashyaka eine inakzeptable Vorstellung.

Der Krieg gegen die FDLR beginnt – und hört wieder auf

Wenige Wochen nach dem Veto der FDLR gegen die Rom-Erklärung begannen in Süd-Kivu Militärschläge gegen die FDLR: die Operationen »Falcon Sweep« und »Iron Fist« im Distrikt Walungu. Insgesamt 1500 Soldaten waren ab 4. Juli 2005 im Einsatz. Kongolesische Truppen, die bereits in Kamina gegen die FDLR gekämpft hatten, standen an der Seite von UN-Spezialeinheiten aus Guatemala und

136 Zeugenaussage, Prozesstag 216, OLG Stuttgart 10.3.2014
137 Zeugenaussage, Prozesstag 218, OLG Stuttgart 17.3.2014
138 Règlement d'Ordre Intérieur (ROI) des FDLR, 24.5.2005; Texte officiel destiné à permettre de comprendre les mécanismes des élections, 25.5.2005
139 Voici des images des atrocités commises à Nindja dans la nuit du 23 mai 2005, Anhang zu E-Mail aus Kinshasa vom 9.6.2005
140 Union Paysanne pour le Développement Intégral/Life & Peace Institute: Le phénomène Rasta: Violence et insécurité à Nindja/Kaniola,, Bukavu/Uppsala 2009. www.life-peace.org/wp-content/uploads/Rasta-report-DRC.pdf

Pakistan. Die ruandischen Hutu-Kämpfer schlugen brutal zurück. In der Nacht zum 10. Juli 2005 starben 39 Menschen, zumeist Frauen und Kinder, im Dorf Mamba 40 Kilometer außerhalb von Bukavu, als Bewaffnete sie in ihren Hütten einsperrten und diese dann anzündeten. Dies stellte eine UN-Patrouille am 11. Juli vor Ort fest.[141] Am gleichen Tag erklärte die FDLR, dass sie »in keiner Weise für die unvorhersehbaren Folgen dieses ihnen aufgezwungenen Kriegs verantwortlich gemacht werden« könne[142] – eine für die FDLR typische Formulierung.

Der Sant'Egidio-Prozess war gestorben. UN-Spezialkräfte zündeten reihenweise FDLR-Militärlager an, darunter ein Brigadehauptquartier in Mirhanda im Distrikt Kabare. Die pakistanischen Blauhelme operierten nach einem einfachen Schema: Sie rückten auf einen FDLR-Stützpunkt vor und setzten den Kämpfern dort eine Frist zum Abzug. Die FDLR-Kämpfer zogen sich in den Wald zurück und plünderten meist das nächstgelegene Dorf. Nach Ablauf der Frist zündeten die Blauhelme den verlassenen FDLR-Stützpunkt an und erklärten den Dorfbewohnern, sie seien jetzt befreit. Dann zogen sie wieder ab.

Innerhalb der FDLR sorgte das Scheitern von Rom für erneute Machtkämpfe. Das einzige nach der Spaltung von 2004 an Murwanashyakas Seite verbliebene Mitglied der ursprünglichen FDLR-Führung, Christophe Hakizabera, mittlerweile Kommissar für Auswärtiges, erklärte Murwanashyaka am 27. Juni 2005 für abgesetzt, weil er »den Rom-Friedensprozess blockiert«, und rief sich selbst zum neuen FDLR-Präsidenten aus.[143] Davor hatte Hakizabera erfolglos bei der Neuwahl des Präsidenten durch das Direktorenkomitee gegen Murwanashyaka kandidiert – der hatte sich mit 88 Prozent durchgesetzt. Parallel dazu erklärte am 24. Juni ein »Oberst Jeribual Amani Mahoro«, mit richtigem Namen Séraphin Bizimungu, die FOCA-Führung sei »provisorisch« durch eine Militärführung für den Wandel (CMC-FOCA) ersetzt. Diese stehe »total« hinter der Rom-Erklärung. Mit 85 Kämpfern ließ sich Mahoro schließlich am 15. Dezember 2005 nach Ruanda repatriieren.[144]

Mahoro hatte mit Ruandas Armeeführung bei einem geheimen Treffen in Brüssel einen Deal vereinbart: Er und seine Kämpfer würden in die Armee integriert, er selbst würde seinen Rang behalten. Solche Vereinbarungen waren nicht unüblich zu jener Zeit: Damit konnte Ruandas Armee Kontrolle über zurückkehrende Kämpfer und Offiziere behalten. Mahoro sollte nun, wie Rwarakabije 2003, voll bewaffnet mit all seinen Soldaten in Uniform an die Grenze kommen und sich

141 DR Congo villagers burnt to death, BBC News 11.7.2005, Découverte de deux fosses communes après le massacre à Mamba, Radio Okapi 13.7.2005

142 Communiqué de presse No 04/PP/FDLR/JUIL/2005, gez. Anastase Munyandekwe, Brüssel 11.7.2005

143 Le Lt-Col Christophe Hakizabera s'autoproclame président des FDLR, LDGL-Presseerklärung, 4.7.2005

144 Général Bizimungu: Une intégration réussie pour des ex-FDLR, MONUC 26.4.2006

ergeben. Doch dann bekam Mahoro kalte Füße und wandte sich doch lieber an die DDRRR-Abteilung der MONUC.

Die Verhandlungen zwischen Mahoro und dem DDRRR-Team sowie die anschließende Entwaffnung seiner rund 150 Kämpfer sind in dem deutschen Dokumentarfilm »Schlafende Monster« festgehalten:[145] Da sitzt Generalmajor Mahoro mit ausländischen Demobilierungsexperten irgendwo bei Bukavu in einem überdachten runden Pavillon und verhandelt stundenlang. Schließlich holen Lastwagen der Vereinten Nationen die Kämpfer ab. Sie legen die Waffen nieder, steigen auf die Ladefläche. Dann geht es nach Hause, nach Ruanda.

Mit der Armeeintegration wurde es dort nichts mehr. Mahoro wurde beschuldigt, 1994 als FAR-Offizier Befehle zum Töten gegeben zu haben. Ein Gacaca-Gericht verurteilte ihn zu lebenslanger Haft, was 2009 in der Berufung bestätigt wurde. Bis heute sitzt er in Ruanda im Gefängnis. Mahoro sei ein »sehr böser Mensch« gewesen, sagt ein hochrangiger FDLR-Offizier in Stuttgart vor Gericht: »Als die Verhandlungen von Sant'Egidio geführt wurden, erzählten die Leute, dass er Geld bekommen hat, damit er eine Rebellion gründet, damit er in diesen Rom-Prozess einsteigt.«[146] Ein Interview einer ruandischen Exilzeitung in Brüssel mit Mahoro vor seiner Rückkehr nach Ruanda offenbart die tiefen Animositäten innerhalb der FDLR. Der Oberst schimpft über Präsident Murwanashyaka und Sprecher Munyandekwe: »Erzähl mir nichts von Murwanashyaka. Jemand, der vor der internationalen Gemeinschaft Erklärungen abgibt und dann das größte Hindernis zu ihrer Umsetzung wird! Wenn man einem Militär einen Befehl gibt, setzt er ihn um [...] Und dieser Munyandekwe, ich habe den nie im Wald gesehen, wo ich seit elf Jahren lebe. Jetzt will er mich von Brüssel aus aus den Wäldern verjagen, die er selber nie betreten hat.«[147]

Die Abspaltungen machten die FDLR offenbar nervös. Öffentlich schimpfte sie über einen »scheußlichen Plan, um unsere Organisation zu zerstören«.[148] Intern musste Murwanashyaka per schriftlicher »Weisung« auf seine Autorität pochen: »1) Nur Präsident und Erster Vizepräsident sind befugt, Kommunikation mit dem Terrain zu beginnen. 2) Kommunikation zwischen Westen und Terrain muss von Präsident/Erster Vizepräsident genehmigt werden. 3) Wer dagegen verstößt, wird bestraft.«[149]

145 Schmidt, Marcus: Schlafende Monster, 2005. www.schlafendemonster.de.

146 Zeugenaussage, Prozesstag 202, OLG Stuttgart 13.1.2014

147 Interview avec le Colonel Séraphin Bizimungu, Commandant des FOCA, geführt am 15.7.2005, Umwezi, Ausgabe Juli–August 2005, Brüssel

148 La corruption de certains membres ds FDLR sans foi ni loi ne saurait en aucun cas être une alternative viable et crédible à l'initiative de paix de Rome, Communiqué de Presse no 08/PP/FDLR/JUIL/2005, gez. Anastase Munyandekwe, Brüssel 31.7.2005

149 Weisung betr. Kommunikation zwischen Westen und Terrain in Anwendung der Führung CD, gez. Ignace Murwanashyaka, Bonn 7.7.2005, Prozesstag 272, OLG Stuttgart 15.12.2014. In der FDLR-internen Sprachregelung steht »Westen« für die Diaspora und Führung in Europa, »Osten« für die Truppe und Führung im Ostkongo

Es wäre in dieser Zeit durchaus möglich gewesen, den militärischen Druck auf die FDLR zu erhöhen. Im Kongo standen als Vollendung des Friedensprozesses die ersten freien Wahlen an. Dafür sollte im ganzen Land Frieden und staatliche Ordnung wiederhergestellt sein. Am 16. September 2005 setzte Kongos Regierung daher allen ausländischen bewaffneten Gruppen im Kongo ein Ultimatum, das Land bis Ende September zu verlassen – auch der FDLR. Der UN-Sicherheitsrat stellte sich dahinter.[150] Doch die FDLR hatte ein probates Druckmittel: Nach Jahrzehnten ohne richtige Papiere erhielten die Kongolesen 2005 landesweit orangene neue Wählerausweise, die auch als Personalausweis dienten. Die Kongolesen waren darauf sehr stolz, es war der erste sichtbare Schritt hin zu ihrer Anerkennung als Bürger durch den Staat und zu freien Wahlen. Nun drohte die FDLR, die Ausweisverteilung zu blockieren. Die UN-Mission hielt still, und Kongos Armee war ohne Unterstützung der Vereinten Nationen nicht handlungsfähig. »Wer die Wahlen nicht stört, wird auch nicht gestört«, lautete die Haltung der MONUC in Goma.[151] So erhielten die meisten FDLR-Mitglieder am Ende kongolesische Wählerausweise und sicherten in ihren Hochburgen schließlich sogar Kongos erste freie Wahlen 2006 ab, zu deren Schutz auch die Bundeswehr nach Kinshasa entsandt wurde.

Die Vereinten Nationen beschließen Sanktionen gegen die FDLR

Der Kardinalfehler: Das UN-Ultimatum hatte keine Zwangsmaßnahmen enthalten. Es drohte lediglich mit Sanktionen. Am 1. November 2005 setzte der zuständige UN-Sanktionsausschuss 15 Personen und eine Organisation auf eine Sanktionsliste, darunter Murwanashyaka und Mudacumura.[152] Bereits im Juli 2003 hatte der UN-Sicherheitsrat ein Waffenembargo gegen alle nicht am Friedensprozess im Kongo beteiligten Gruppen verhängt.[153] Eine davon war die FDLR. Zur Überwachung wurde im März 2004 ein Sanktionskomitee eingerichtet, dem eine UN-Expertengruppe regelmäßig Bericht erstatten sollte.[154] Zugleich wurde damals die UN-Mission im Kongo ermächtigt, Waffen der dem Embargo unterliegenden Gruppen zu beschlagnahmen,[155] womit die Zwangsentwaffnung der FDLR möglich wurde.

150 Tripartite Plus Joint Commission Ministerial, Summary of Decisions, 16.9.2005, Annex zu UN-Sicherheitsratserklärung S/PRST/2005/46, 4.10.2005
151 Johnson, Dominic: Augen zu und durch. In: tageszeitung, 16.12.2005
152 UN-Sicherheitsrat, Presseerklärung 1.11.2005. www.un.org/press/en/2005/sc8546.doc.htm
153 UN-Sicherheitsrat: Resolution 1493, 28.7.2003, § 20
154 UN-Sicherheitsrat: Resolution 1533, 12.3.2004, §§ 8–12. Alle Beschlüsse und Berichte des Sanktionskomitees sind dokumentiert auf: www.un.org/sc/suborg/en/sanctions/1533
155 UN-Sicherheitsrat: Resolution 1533, 12.3.2004, § 4

Im April 2005 erweiterte der Sicherheitsrat das Waffenembargo auf das gesamte Staatsgebiet des Kongo und verhängte Einreise- und Transitverbote sowie das Einfrieren aller Finanzguthaben gegen vom Sanktionskomitee zu bestimmende Personen.[156] Diese Sanktionsliste, auf der Murwanashyaka und Mudacumura standen, billigte der Sicherheitsrat kurz vor Weihnachten 2005.[157] Im März 2007 kam FDLR-Vizepräsident Straton Musoni mit auf die Liste, im März 2009 FDLR-Exekutivsekretär Callixte Mbarushimana sowie die Vizekommandanten Mujyambere und Nzeyimana (Bigaruka) und Nord-Kivu-Kommandant Ntawunguka (Omega); es folgten im Dezember 2010 der Zweite Vizepräsident Victor Byiringiro, Stabschef Mugaragu und Süd-Kivu-Bataillonskommandeur Nsanzubukire (Irakeza). Zum Jahreswechsel 2012/2013 wurde schließlich die FDLR insgesamt als Organisation gelistet.[158]

Wegen dieser Sanktionen kam Murwanashyaka kurz in Haft, als er nach seinem sechsmonatigen Kongo-Aufenthalt Anfang April 2006 nach Deutschland zurückkehrte[159]. So begann auch die Justiz, sich für den FDLR-Präsidenten zu interessieren. Am 25. April 2006 verkündete Luis Moreno-Ocampo, Chefankläger des Internationalen Strafgerichtshofs in Den Haag, er sammele Informationen über Murwanashyaka und die FDLR im Hinblick auf die Eröffnung eines Verfahrens. Daraufhin bestätigte die deutsche Bundesanwaltschaft, der Generalbundesanwalt habe schon Ermittlungen gegen Murwanashyaka nach dem Völkerstrafgesetzbuch (VStGB) eingeleitet. Es bestehe ein Anfangsverdacht wegen Beteiligung an Verbrechen gegen die Menschlichkeit in der Demokratischen Republik Kongo.[160] Das Ermittlungsverfahren lief nach Angaben vor Gericht in Stuttgart bereits seit 11. April 2006.[161]

2006: Militärchef Mudacumura eliminiert Rivalen

In Kongos Wahljahr 2006 war die FDLR in schlechter Verfassung. Die Anfang 2006 beschlossene Ausweitung der LNC-Handelsgeschäfte[162] mit dem von Murwanashyaka mitgebrachten Kapital brachte offenbar mehr Streit als Wohlstand. Militärchef Mudacumura klagte nach Deutschland, zugesagte Zinserträge seien nicht angekommen: »SOS: Sind in Geldnot. Was ist mit dem versprochenen

156 UN-Sicherheitsrat: Resolution 1596, 18.4.2005
157 UN-Sicherheitsrat: Resolution 1649, 21.12.2005
158 EU-Rat, Durchführungsverordnung vom 20.4.2015, Amtsblatt der Europäischen Union L/102/10, 21.4.2015 www.ausfuhrkontrolle.info/ausfuhrkontrolle/de/embargos/kongo/durchfuehrungsverordnung/dvo2015_614.pdf
159 Vgl. Kapitel 1.2, S. 31 ff.
160 Generalbundesanwalt ermittelt gegen Hutu-Milizenführer, Reuters 27.4.2006
161 Antrag Verteidigung Musoni, Prozesstag 274, OLG Stuttgart 12.1.2015
162 Kapitel 1.5, S. 67 ff.

Geld?«[163] Mathias Kabahizi alias Levite aus Murwanashyakas Kabinett vor Ort bat den Präsidenten, sich um kranke FDLR-Angehörige in Goma zu kümmern: »Die Ärzte verlangen Bezahlung, sie werden sie sonst Ruanda übergeben.«[164] Gestritten wurde über den Nachfolger des verstorbenen Exekutivsekretärs – der Posten ging schließlich an den bisherigen Stellvertreter Callixte Mbarushimana in Paris. Mudacumura war damit nicht einverstanden: »Warum haben Sie den Posten Exekutivsekretär nicht dem Osten überlassen?« fragte er.[165] Es sollte bis 2007 dauern, bis Mbarushimana sein Amt aufnehmen konnte.

Potentielle Rivalen Mudacumuras in der Truppe kamen auf mysteriöse Weise ums Leben. Sein Stellvertreter als FDLR-Militärchef, Oberst Emmanuel Kanyandekwe, starb im Dezember 2006. Erst als Ruandas regierungsnahe Tageszeitung *New Times* behauptete, er sei am Heiligabend auf Mudacumuras Weihnachtsparty mit Gift getötet worden,[166] hielt es der Militärchef für nötig, seinen Präsidenten in Deutschland zu unterrichten: »2. COM FOCA ist in Nähe von Mashiga am 2018H0B auf einer kleinen Holzbrücke ausgerutscht, Kopf in Kanalisation gefallen, Rückenmark geschädigt und ganzer Körper gelähmt. Nach Kashebere evakuiert, er starb am gleichen Tag.«[167] Die FDLR gab am gleichen Tag eine Presseerklärung heraus, wonach Kanyandekwe »an den Folgen eines Sturzes während eines Spaziergangs« verstorben sei.[168]

In Stuttgart sagt ein ehemaliger hochrangiger FDLR-Offizier aus, Kanyandekwe sei auf Mudacumuras Geheiß vergiftet worden: »Sie haben zusammen in Kalongi gelebt. Er wollte nur zu seiner Frau nach Hause gehen [...] Ich habe gehört, dass diese Leute ihm ein Produkt gegeben haben sollen, durch dieses Produkt ist er umgefallen. Er hat die Reise angetreten, als es schon dunkel war. Vorher hatte er richtig viel Alkohol mit Mudacumura getrunken. Es war ein richtig schlechtes Terrain, wo es ein Tal gab, da gab es nur eine kleine Brücke. Er ist auf der Brücke ausgerutscht [...] da ist er runtergefallen. Die Leute, die bei ihm waren, haben ihn getragen und zum Krankenhaus in Kashebere gebracht. Dort wurde er auch beerdigt. Ein enger Vertrauter von Mudacumura hat mir gesagt, dass sie die Pläne gefunden haben, die Kanyandekwe hatte, um seinen Vorgesetzten zu stürzen.«[169]

Angeblich habe Kanyandekwe die Rom-Erklärung unterstützt. »Er war kurz zuvor in Sant'Egidio«, bestätigt vor Gericht ein ehemaliger FDLR-Kämpfer; »als er aus Europa kam, war er anders als zuvor, er hatte gute Kleidung und Geld.«[170]

163 SMS Mudacumura an Murwanashyaka, 2.9.2006, Prozesstag 275, OLG Stuttgart 14.1.2015
164 SMS Levite an Murwanashyaka, 1.9.2006, Prozesstag 275, OLG Stuttgart 14.1.2015
165 SMS Mudacumura an Murwanashyaka, 29.9.2006, Prozesstag 275, OLG Stuttgart 14.1.2015
166 Tension engulfs FDLR over Colonel's death. In: New Times 3.1.2007
167 SMS Mudacumura an Murwanashyaka, 3.1.2007, Prozesstag 273, OLG Stuttgart 17.12.2014
168 FDLR-Presseerklärung gez. Anastase Munyandekwe, Brüssel 3.1.2007
169 Zeugenaussage, Prozesstag 201, OLG Stuttgart 8.1.2014
170 Zeugenaussage, Prozesstag 121, OLG Stuttgart 12.12.2012

Ersetzt wurde Kanyandekwe Monate später durch Déogratias Izabayo alias Bigaruka, bisher FDLR-Kommandant von Süd-Kivu. Der lebte in Kigoma in Tansania mit seiner Frau, eine ehemalige FAR-Offizierin und tansanische »Antenne« der FDLR. Mit 15 von 27 Stimmen wählte das Oberkommando ihn zum Stellvertreter Mudacumuras; der Präsident ernannte ihn offiziell am 15. Juli 2007 in Bonn.[171]

Ein weiterer hoher Kommandant, der ehemalige Süd-Kivu-Divisionskommandeur und Reservebrigadechef Oberst Denis Murego alias Mbuyi, ließ sich schwerkrank am 26. Juli 2007 nach Ruanda repatriieren. Omega, der FDLR-Kommandant für Nord-Kivu, sagte daraufhin: »Es gibt in diesem Jahr einen großen Verlust an Führungskraft.«[172]

Am meisten Streit verursachte der Tod von »Oberst Ben«, auch als Kagoma bezeichnet, von einem Zeugen in Stuttgart als Bernard Musengeni und Nachfolger Bigarukas als Kommandant in Süd-Kivu identifiziert. Er erkrankte und starb am 10. August 2007 in Uvira, da es angeblich kein Geld gab, um ihn medizinisch zu behandeln. Dringende Appelle an Murwanashyaka waren ungehört verhallt. »Guten Morgen, Herr Präsident. Die Affäre Kagoma riskiert, Sie und den FOCA-Kommandanten in Misskredit zu bringen, wenn ihr nichts unternehmt!!! Er liegt im Sterben in Uvira. Finden Sie das Geld für Röntgen in Bukavu«, schrieb der frisch ernannte Vize-Militärchef Bigaruka in einer von seinem Chef Mudacumura weitergeleiteten Textnachricht nach Deutschland.[173]

Murwanashyakas Antwort wirft ein bezeichnendes Licht auf seinen Führungsstil aus der Ferne: »Dies ist normal in der Kriegszeit, es gibt immer Unerwartetes. Ich hatte vor, dafür zu sorgen, dass Ben zur Delegation Rom III gehört, aber Gott hat auch seine Planung. Wir müssen auf Knie gehen und für ihn beten. Geröntgt zu werden bedeutet nicht, dass er behandelt wird.«[174] Am nächsten Morgen schrieb Mudacumura: »Guten Morgen. Col Ben ist heute Morgen gestorben. Ruhe in Frieden.«[175] Wieder war ein mutmaßlicher Unterstützer des Rom-Prozesses tot.

Bigaruka war offensichtlich betroffen. Er schrieb dem Präsidenten: »Ich rechne damit, nach zwei harten Marschtagen bei der Beerdigung von Ben zu sein. Welche Botschaft wollen Sie der Familie und Angehörigen mitteilen? Ich werde in 45 Minuten gehen.«[176] Murwanashyaka versprach eine Beileidsbekundung. Bigaruka hakte nach: »Finden Sie 200 Euro für die Familie des Verstorbenen, so dass wir ihn von Uvira zu den Stellungen transportieren. Wir sollen ihn mit militärischen

171 SMS Mudacumura an Murwanashyaka, 2.7.2007, und Murwanashyaka an Mudacumura, 15.7.2007, Prozesstag 273, OLG Stuttgart 17.12.2014

172 SMS Omega an Murwanashyaka, 1.8.2007, Prozesstag 276, OLG Stuttgart 19.1.2015

173 SMS Bigaruka/Mudacumura an Murwanashyaka, 9.8.2007, Prozesstag 276, OLG Stuttgart 19.1.2015

174 SMS Murwanashyaka an Mudacumura, 9.8.2007, Prozesstag 286, OLG Stuttgart 2.3.2015

175 SMS Mudacumura an Murwanashyaka, 10.8.2007, Prozesstag 276, OLG Stuttgart 19.1.2015

176 SMS Bigaruka an Murwanashyaka, 10.8.2007, Prozesstag 276, OLG Stuttgart 19.1.2015

Ehren beerdigen.«[177] Murwanashyaka reagierte nicht. Zwei Tage später meldete sich noch vor Sonnenaufgang FDLR-Militärsprecher Edmond Ngarambe alias Michel Habimana: »Guten Morgen. Wir haben ihn am 11. am Abend beerdigt [...] Das Geld für die Beerdigung wird 350 US-Dollar nicht überschreiten.«[178]

Dann nahm die Affäre Ben eine unerwartete Wendung: Die Witwe des Verstorbenen warf der FDLR Schuld an seinem Tod vor. »Mein Mann starb mit Kummer, und sein Tod hat mit seinen Waffenbrüdern zu tun, weil er es abgelehnt hat, die Partei und die Abacunguzi zu verraten«, schrieb sie dem Präsidenten nach Deutschland. »Ben hat für die Partei im Wald gearbeitet, während die anderen Autos gefahren und in Hotels geschlafen haben. Sie haben ihn jetzt mit dem Tod belohnt. Er wurde von den Verrätern der Partei getötet [...] Ben hat eine Botschaft in den Nachrichten hinterlassen. Ben musste sterben, weil er die Wahrheit gesagt hat, und Gott wird ihn rächen.«[179] Eine Antwort des Präsidenten ist nicht überliefert. Wohl aber eine Frage an den Militärsprecher, drei Tage später: »Hat Ben dir jemals erzählt, wie er vergiftet wurde und von wem? Wie ist die von ihm hinterlassene Nachricht?«[180] Eine Erklärung erhielt Murwanashyaka von Bigaruka. »Michel hat die Spannung angestachelt, indem er das Testament bei der Beerdigung gelesen hat: er hat gesagt, dass er vergiftet wurde.« Weiter warnte der Vizekommandant: »Der Tod von Ben hat Kommentare mit Spaltungscharakter hervorgerufen: ›er wäre von Abakiga[181] getötet worden‹ [...] Diejenigen, die alles von Anfang an verfolgt haben, bestätigen, dass es um Vergiftung geht.«[182]

Noch Jahre später kümmerte sich Murwanashyaka um Bens Witwe und deren Kind im sambischen Exil, wie aus häufigen Textnachrichten der Frau an den FDLR-Präsidenten hervorgeht. Vor Gericht in Stuttgart befragt ausgerechnet Murwanashyaka selbst einen als Zeuge auftretenden hochrangigen ehemaligen FDLR-Offizier über Bens Tod. Der Oberst, bekommt er zur Antwort, habe bei einer Feier vergifteten Alkohol getrunken, den sonst niemand anrührte. »Felicien, der ihn vergiftet hat, war ein enger Vertrauter des FOCA-Kommandanten. Einige Personen haben gesagt, es könnte sein, dass es ein Befehl oder eine Mission von Mudacumura war, den Colonel zu beseitigen.«[183]

177 SMS Bigaruka an Murwanashyaka, 10.8.2007, Prozesstag 276, OLG Stuttgart 19.1.2015
178 SMS PPFOCA an Murwanashyaka, 12.8.2007, Prozesstag 276, OLG Stuttgart 19.1.2015
179 SMS »Madame Ben« an Murwanashyaka, 23.8.2007, Prozesstag 276, OLG Stuttgart 19.1.2015
180 SMS Murwanashyaka an PPFOCA, 26.8.2007, Prozesstag 286, OLG Stuttgart 3.3.2015
181 Bezeichnung für Hutu aus dem Norden Ruandas
182 Mehrere SMS Bigaruka an Murwanashyaka, 26.8.2007, Prozesstag 277, OLG Stuttgart 21.1.2015
183 Zeugenaussage, Prozesstag 201, OLG Stuttgart 8.1.2014

2007: Die FDLR kämpft mit Kongos Armee gegen die Tutsi-Guerilla CNDP

Joseph Kabila gewann 2006 die ersten freien und allgemeinen Präsidentschaftswahlen des Kongo. Die FDLR fühlte sich sicher. Nicht sie war das größte Problem der neuen kongolesischen Armee FARDC, sondern die neue Rebellenbewegung Nationalkongress zur Verteidigung des Volkes (CNDP), die der abtrünnige Tutsi-Armeegeneral Laurent Nkunda 2006 zwischen den beiden Wahlgängen in den Masisi-Bergen westlich von Goma ins Leben gerufen hatte. Sie bestimmte danach jahrelang die Geschicke der Provinz Nord-Kivu. Der CNDP sah sich nicht als irgendeine beliebige Rebellentruppe. Sein Kern waren Tutsi-Veteranen des Krieges gegen Mobutu, die fanden, dass Kabila sie danach verraten habe. Sie hielten sich nicht nur für besser als die normalen FARDC-Soldaten, sie gewannen auch jede ernsthafte Schlacht. Ein Eintritt in die FARDC war aus ihrer Sicht eine Erniedrigung. Um gegen den CNDP zu bestehen, brauchte die noch im Aufbau befindliche FARDC so wie einst 1998 die Expertise der kampferfahrenen ruandischen Hutu-Kämpfer.

Interne FDLR-Kommunikation dieser Zeit belegt die daraus folgende Zusammenarbeit. »Die FARDC von Serufuli[184] hatten uns 26000 Schuss Munition für Kalaschnikow gegeben, sie stritten mit Nkunda. Bestätige das Geschenk. Sie sollen uns weitere Sachen schenken«, erfuhr Murwanashyaka per Satellitentelefon.[185]

2007 traten nach Geheimverhandlungen Nkundas CNDP-Rebellen doch in die Regierungsarmee ein, aber in besonderen »gemischten« Brigaden zusammen mit ausgewählten FARDC-Einheiten. Die sollten gemeinsam gegen die FDLR vorgehen, beispielsweise im Distrikt Rutshuru, mehrheitlich von kongolesischen Hutu bewohnt – und auch Geburtsregion Laurent Nkundas, der wie fast alle Tutsi dieser Region in den 1990er Jahren vor den ruandischen Hutu-Milizen nach Ruanda geflohen war. Für Nkunda war die Entfernung der FDLR aus dem Distrikt Rutshuru Ehrensache. Der dortige traditionelle kongolesische Hutu-König, Mwami Paul Ndeze, sah sich zwischen den Fronten: Er wollte die FDLR auch nicht, war sich aber bewusst, wie stark sie sich mit den lokalen Hutu vermischt hatte – die Bevölkerungen der kongolesischen und der ruandischen Seite der Vulkane an der Grenze sind eng miteinander verbunden.

CNDP-Kämpfer der neuen »gemischten« Brigade Bravo, kommandiert von Sultani Makenga, rückten im Distrikt Rutshuru ins FDLR-Gebiet vor, die Brigade Alpha kämpfte in Masisi. Nach CNDP-Angaben zerstörten beide Brigaden 27 wichtige FDLR-Stellungen bis Mitte Juni 2007.[186] Ende April berichtete Le-

184 Eugène Serufuli, Hutu-Politiker und Provinzgouverneur von Nord-Kivu von 2000 bis 2007
185 SMS von ungenanntem Absender an Murwanashyaka, 8.9.2006, Prozesstag 275, OLG Stuttgart 14.1.2015
186 CNDP, militärische Lagekarte 25.6.2007

vite an Murwanashyaka: »Sie haben Lager und Kirche verbrannt, wir leben jetzt in der Armut […] Die Bevölkerung und die lokalen Autoritäten bitten uns um Verhandlungen.«[187] Levite erwog, im ruandischen Hutu-Flüchtlingslager Nakivale in Uganda »2000 bis 3000 Rekruten« anzuwerben.[188]

Die alten Freunde der ruandischen Hutu-Kämpfer im Umfeld Kabilas – an erster Stelle General John Numbi aus Katanga – eilten der bedrängten FDLR zu Hilfe. »Ich habe mit John Numbi gesprochen. Er hat mir gesagt, dass er bereit ist, den Krieg zu beenden und einen Dialog zu beginnen«, berichtete der FDLR-Militärsprecher dem Präsidenten.[189] Am nächsten Tag präzisierte er, er sei in Kontakt mit Nord-Kivus Armeechef General Amisi: »FDLR-Division Nord-Kivu akzeptiert, Kämpfe zu beenden, um Kontakt zur FARDC zu beginnen.«[190]

Im August 2007 blies die FARDC abrupt die Offensive gegen die FDLR ab. Die Vereinten Nationen waren überrascht, Ruanda war empört, die »gemischten« Brigaden lösten sich wieder auf, der CNDP ging zurück in die Berge. Im Operationsgebiet der Brigade Bravo nahm die FDLR ihr gesamtes verlorenes Gebiet wieder zurück. Stolz meldete sie nach Deutschland: »Wir haben die Gelegenheit genutzt, dass Nkunda weggegangen ist, um die Zone an der Grenze zu Uganda in Nyamwisi und Buganza zu besetzen.«[191] Aus der internen FDLR-Kommunikation geht hervor, dass nach dem Bruch mit dem CNDP die kongolesische Armeeführung in Goma, die sogenannte »8. Militärregion«, weiter direkten Kontakt zur FDLR hielt. »Sie wünschen sich eine nähere lokale Zusammenarbeit«,[192] berichtete der Militärsprecher nach Deutschland. Wenige Tage später meldete Nord-Kivu-Kommandant Omega: »Ich bin im Kontakt mit Kommandant 8. Region.«[193]

Levite kümmerte sich auch um Uganda: »Wir sind gerade von Uganda zurückgekommen […] Wir haben dort zwei in der Zone nahe Kongo arbeitende Offiziere des Inlands- und Auslandsgeheimdienstes getroffen.«[194] Einen Tag später ergänzte er, man habe vereinbart, die Sicherheit der ugandischen Grenze zu garantieren und FDLR-Flugblätter auf Englisch zu produzieren. »Ich habe das genutzt, um die Operationen von Butogota zu leugnen und die Schuld auf Nkunda zu schieben […] Wir befinden uns gerade in Ishasha, wo wir die FARDC treffen werden. Die Verhandlungen laufen gut.«[195] Sein Fazit nach dem Treffen: »Für die FARDC sind die FDLR Freunde, aber wir sollen uns nicht in den Dörfern zeigen. Wir benutzen eine andere Sprache, gemäßigte Begriffe.«[196]

187 SMS Levite an Murwanashyaka 26.4.2007, Prozesstag 275, OLG Stuttgart 14.1.2015
188 Ebd.
189 SMS PPFOCA an Murwanashyaka, 1.5.2007, Prozesstag 275, OLG Stuttgart 14.1.2015
190 SMS PPFOCA an Murwanashyaja, 2.5.2007, Prozesstag 275, OLG Stuttgart 14.1.2015
191 SMS Levite an Murwanashyaka, 17.9.2007, Prozesstag 277, OLG Stuttgart 21.1.2015
192 SMS PPFOCA an Murwanashyaka, 5.9.2007, Prozesstag 277, OLG Stuttgart 21.1.2015
193 SMS Omega an Murwananashyaka, 14.9.2007, Prozesstag 277, OLG Stuttgart 21.1.2015
194 SMS Levite an Murwanashyaka, 22.9.2007, Prozesstag 277, OLG Stuttgart 21.1.2015
195 Mehrere SMS Levite an Murwanashyaka, 23.9.2007, Prozesstag 277, OLG Stuttgart 21.1.2015
196 SMS Levite an Murwanashyaka, 25.9.2007, Prozesstag 277, OLG Stuttgart 21.1.2015

All dies blieb damals der internationalen Öffentlichkeit verborgen, nicht aber Ruanda, das schwere Vorwürfe an den Kongo richtete. Am 30. September 2007 beschoss die FDLR ruandisches Staatsgebiet nördlich von Gisenyi.[197] Der Nord-Kivu-Kommandant der FDLR, Omega, berichtete seinem Präsidenten dazu am nächsten Morgen: »G3 hat mich über die Vorbereitung eines Besuches im Punkt[198] informiert. Wir warten auf die Ergebnisse. Wenn die Leute es laut sagen, werden wir sagen, dass Nkunda Theater spielt.«[199]

Erst am 9. November 2007 einigten sich die Regierungen Kongos und Ruandas unter massivem Druck der USA bei Gesprächen in Kenia auf eine Entspannung. Das sogenannte »Nairobi-Communiqué«,[200] unterzeichnet von den beiden Außenministern, skizzierte das Modell, das seither die Grundlage für alle regionalen Versuche der Befriedung der Region bildet: Ruandas Regierung beendet die Unterstützung kongolesischer Tutsi-Rebellen im Kongo; Kongos Regierung schickt die ruandischen Hutu-Kämpfer im Kongo nach Hause. Laut Kommuniqué kamen beide Länder überein, gemeinsam »die Ex-FAR/Interahamwe als militärische Völkermordorganisation, die auf dem Staatsgebiet der DR Kongo operiert, zu zerschlagen«. Eine Fußnote präzisiert, »Ex-FAR/Interahamwe« beziehe sich auf »alle bewaffneten ruandischen Gruppen auf kongolesischem Boden, egal welchen Namen sie sich geben (Ex-FAR, Interahamwe, ALIR, FDLR, RUD-Unana, Rasta usw.)«.

Ursprünglich wollten die USA noch viel weiter gehen. Laut Murwanashyaka kursierte ein Vorschlag, dass US-Eliteeinheiten die FDLR zwangsentwaffnen.[201] Noch am Tag des Nairobi-Communiqués berichtete Byiringiro seinem Präsidenten, was ihm der protestantische Bischof Kuye berichtet habe: »Ich habe gerade mit Kuye telefoniert. Er hat gesagt, dass Kabila und Bush sich über deine Festnahme unterhalten.«[202]

Das Nairobi-Communiqué war im Vergleich dazu eher schwach. Die FDLR witterte, dass sie nicht wirklich Angst haben musste. Das Communiqué »verpflichtet nur seine Unterzeichner«, hieß es in einer von Exekutivsekretär Mbarushimana unterzeichneten Erklärung, die polterte: »Völkermörder sind diejenigen, die die Völkermorde an den ruandischen und kongolesischen Völkern seit dem 1. Oktober 1990 konzipiert, geplant und ausgeführt haben, und die sich nicht schämen, jene Unschuldigen, die ihr Volk von einem blutrünstigen und faschistischen Joch

197 FDLR shoots at Rubavu village. In: New Times, 3.10.2007; DR Congo arming FDLR – Dr Sezibera. In: New Times, 25.10.2007

198 FDLR-interne Sprachregelung für »Ruanda« nach Angaben vor Gericht in Stuttgart

199 SMS Omega an Murwanashyaka, 1.10.2007, Prozesstag 277, OLG Stuttgart 21.1.2015

200 Communiqué conjoint du Gouvernement de la République Démocratique du Congo et du Gouvernement du Rwanda sur une approche commune pour mettre fin à la menace pour la paix et la stabilité des deux pays et de la Région des Grands Lacs, Nairobi 9.11.2007

201 SMS Murwanashyaka an Mudacumura und Byiringiro, 2.11.2007, Prozesstag 286, OLG Stuttgart 2.3.2015

202 SMS Byiringiro an Murwanashyaka, 9.11.2007, Prozesstag 278, OLG Stuttgart 26.1.2015

befreien wollen, Völkermörder zu nennen.«[203] Ein kurzfristig einberufenes Treffen der im Kongo ansässigen Mitglieder des FDLR-Direktorenkomitees beschloss, auf dem nächsten regulären Treffen im Januar 2008 »eine reelle und sichere Redynamisierung unseres Kampfes und eine echte Bedrohung der RPF« zu besprechen.[204]

Auch der Krieg flammte neu auf. Kongos Armee startete eine Großoffensive gegen Nkundas CNDP-Rebellen in den Bergen – und erlitt die schwerste Niederlage seit dem Debakel von Pweto in Katanga sieben Jahre vorher. Mehrere FARDC-Brigaden wurden bei Mushaki in den Masisi-Bergen komplett zerschlagen. Kongos Regierung blieb nichts anderes übrig, als nun doch Friedensgespräche zu führen. Sie wollte aber nicht mit Nkunda direkt reden. Sie berief in Goma eine Friedenskonferenz für alle bewaffneten Gruppen der Kivu-Provinzen ein. So sammelten sich vom 6. bis 23. Januar 2008 Hunderte Politiker, Milizensprecher und zivile Aktivisten der beiden Kivu-Provinzen im Hotel Karibu am westlichen Stadtrand von Goma.

Es wurde ein gigantisches Spektakel, eine Gelegenheit für jeden Möchtegern-Chef, mit blumigen Worten vor großem Publikum seine Wahrheit darzulegen. Unter Leitung des allseits respektierten Vorsitzenden der kongolesischen Wahlkommission, dem aus Butembo in Nord-Kivu stammenden katholischen Kirchenführer Apollinaire Malu-Malu, unterzeichneten neun bewaffnete Gruppen ein Programm der »Sicherung, Befriedung, Stabilisierung und Wiederaufbau« für Kivu, begleitet von einem sofortigen Waffenstillstand.[205] Weitere Gruppen schlossen sich später diesem sogenannten »Amani«-(Frieden)-Programm an, auch Kongos Regierung.

Eine fehlte: die FDLR. Die ruandische Hutu-Miliz kontrollierte laut einer 2007 vom Experten Romkema im Auftrag des regionalen Demobilisierungsprogramms MDRP erstellten Studie direkt oder indirekt 70 Prozent der Kivu-Provinzen,[206] aber bei der Friedenskonferenz in Goma war sie nicht dabei. FDLR-Emissäre trafen lediglich in Nyabiondo, hundert Kilometer westlich hinter den Masisi-Bergen gelegen, am 16. Januar den aus Rom angereisten Sant'Egidio-Vermittler Pater Matteo Zuppi sowie kongolesische Regierungsvertreter.[207]

Militärschläge hingen ab jetzt über der FDLR wie ein Damoklesschwert. Es gab nun zwei politische Prozesse zur Beendigung der Präsenz irregulärer Milizen im Ostkongo: der »Amani-Prozess« der Goma-Friedenskonferenz für kongolesische

203 Communiqué de presse No 02/SE/CD/FDLR/NOV/2007 des FDLR, gez Callixte Mbarushimana, Paris 12.11.2007

204 Mehrere SMS Byiringiro an Murwanashyaka, 15.11.2007, Prozesstag 278, OLG Stuttgart 26.1.2015

205 Acte d'engagement, gez. CNDP, Pareco, Mai-Mai-Kasindien, -Kifuafua, -Vurondo, -Mongol, -Rwenzori, UJPS, Simba, Goma 23.1.2008; Ordonnance No 08/008 du 2 février 2008 portant organisation et fonctionnement du Programme National de Sécurisation, Pacification, Stabilisation et Réconstruction des provinces du Nord-Kivu et du Sud-Kivu, dénommé ›Programme Amani‹, gez. Präsident Joseph Kabila, Kinshasa 2.2.2008

206 Angaben nach Romkema 2007

207 SMS Bora an Murwanashyaka, 17.1.2008, Prozesstag 278, OLG Stuttgart 26.1.2015

Gruppen und der »Nairobi-Prozess« des Nairobi-Communiqués für die FDLR. International setzte sich in dieser Zeit eine neue Erkenntnis durch, dass die Führung der FDLR kein potentieller Partner, sondern ein Hindernis zur friedlichen Entwaffnung war. Romkema riet in seinem Bericht von 2007, dem Problem der radikalen Milizenführer mit gesonderten Strategien zu begegnen.[208] Die Rom-Verhandlungen hätten gezeigt, dass es sinnlos sei, auf eine kollektive Entwaffnung der FDLR durch ihre Führer zu hoffen. Die DDRRR-Strategien sollten vielmehr die Kämpfer als Individuen ansprechen – und sie aus der Kontrolle ihrer Führer lösen.

2008: Deutschland entdeckt durch Zufall das FDLR-Problem

»Hier können Sie helfen!«, bekam eine Gruppe deutscher Bundestagsabgeordneter zu hören, als sie im April 2008 gegen Ende einer Kongo-Reise bei der MONUC in Goma landete. Die fünf deutschen Politiker verschiedener Parteien wollten eigentlich wissen, ob die Lage im Kongo nach den von der Bundeswehr abgesicherten Wahlen des Jahres 2006 besser war als zuvor. Die UN-Vertreter in Goma wollten mit ihnen über Murwanashyaka reden. Die Führer der FDLR würden die Kämpfer und Flüchtlinge als Geisel halten, erklärten die MONUC-Vertreter laut dem Reisebericht des grünen Bundestagsabgeordneten Winfried Nachtwei. Mit Angst und Repression halte die FDLR-Führung im Ausland die Truppe im Kongo auf Kurs. Nachtwei gibt die UN-Analyse wieder: »Wenn wir weitere Militäroperationen mit weiteren Opfern vermeiden wollen, dann muss der Druck auf die Führer verstärkt werden. Und der größte lebe in Deutschland.«[209]

Die deutschen Abgeordneten waren verdattert. Bis dahin wussten sie nicht einmal, dass der Präsident der FDLR in Deutschland lebt, gestanden sie am Abend auf einer weißen Marmorterrasse im luxuriösen Ihusi-Hotel am Seeufer, während sich draußen über dem Kivu-See heftige Gewitter zusammenzogen. In einer improvisierten Runde mit kongolesischen FDLR-Kennern ließen sie sich erklären: Die Miliz betreibe Schulen und Krankenhäuser und verfüge über mehr Ressourcen als die lokale kongolesische Verwaltung. Murwanashyaka und Mbarushimana versuchten, der Basis weiszumachen, dass sie von der internationalen Gemeinschaft unterstützt werden.[210]

Aufgewühlt kehrten die deutschen Abgeordneten nach Berlin zurück. Kaum hatten sie die Koffer ausgepackt, stand Ruandas Präsident Paul Kagame in Berlin auf der Matte. Sein lang geplanter viertägiger Staatsbesuch ab 22. April 2008 hatte plötzlich ungeahnte Brisanz. Auf der Pressekonferenz im Bundeskanzleramt am

208 Vgl. Romkema 2007, S.49 ff.
209 Nachtwei, Winfried: Kongo im 2. Jahr nach der Wahl: Wenige Fortschritte, viel Stagnation, Höllen auf Erden, Reisebericht Kongo 13.–20.4.2008, Winfried Nachtwei, Mai 2008, S. 12
210 Dies und die folgenden Zitate: Gesprächsnotizen, Goma 17.4.2008

23. April wurde Kagame nach Murwanashyaka und den UN-Sanktionen gefragt.[211] »Die deutsche Regierung muss dieses Problem angehen«, antwortete Kagame: »Man kann nicht einerseits eine Resolution unterstützen und andererseits die sich daraus ergebenden Kontrollmaßnahmen nicht umsetzen.« Bundeskanzlerin Angela Merkel versprach, man werde dieses Problem »sehr genau angucken«.

Die Abgeordneten ließen nicht locker. Noch bevor sich Kagame in Berlin äußerte, fragte Norman Paech (Linke) am 22. April schriftlich die Bundesregierung, »welche Maßnahmen« sich aus den UN-Resolutionen gegen Murwanashyaka ergäben. »Die zuständigen Landesbehörden haben ein Verbot der politischen Betätigung gemäß § 47 des Aufenthaltsgesetzes für Dr. Ignace Murwanashyaka ausgesprochen«, antwortete Gernot Erler (SPD), Staatsminister im Auswärtigen Amt. »Die Reise- und Finanzsanktionen wurden umgesetzt und bestehen fort.«[212] Kein Wort darüber, dass der FDLR-Präsident trotzdem weiter sein Amt aktiv ausübte.

Das Thema erreichte am 7. Mai 2008 das Plenum des Deutschen Bundestages. Erlers Vorgängerin im Amt, Kerstin Müller (Grüne), fragte in einer Aktuellen Stunde nach den Sanktionen gegen Murwanashyaka.[213] »Die Sanktionen werden umgesetzt«, lautete wieder Erlers stereotype Antwort. Nachtwei wunderte sich, wieso die Vertreter der Vereinten Nationen in Goma ihm gesagt hätten, sie wüssten davon nichts. »Wir haben die Vereinten Nationen jedenfalls über das eingeleitete Verfahren unterrichtet«, antwortete Erler pikiert; »was die Vereinten Nationen mit dieser Information machen, entzieht sich unserer Kenntnis.« Müller hakte nach, was denn die Gesamtpolitik gegenüber der FDLR sei. Erler gab seine Einschätzung, »dass es vor Ort auf militärischer Ebene niemanden gibt, der die Entwaffnung der FDLR vornehmen könnte«. Es war eine politische Bankrotterklärung.

Aber der Wind hatte sich gedreht. Rein zufällig verhaftete die deutsche Polizei am Tag der Ankunft von Ruandas Präsident Kagame in Berlin erstmals einen in Deutschland ansässigen ruandischen Völkermordverdächtigen, Exbürgermeister Onesphore Rwabukombe. Die Vergangenheit begann, die ruandischen Hutu-Exilanten einzuholen.

211 Dies und die folgenden Zitate: Johnson, Dominic: Ruanda fordert deutsche ›Maßnahmen‹. In: tageszeitung, 24.4.2008, sowie Mitschrift Pressekonferenz Merkel/Kagame, 23.4.2008. An diesem Tag hatte die taz mit der Schlagzeile »Deutschland duldet Terrorchef« und einer ausführlichen Recherche auf den »Fall Ignace M.« aufmerksam gemacht.

212 Schriftliche Frage Dr. Paech, Norman und Antwort des Staatsministers Dr. h. c. Gernot Erler vom 5.5.2008, Bundestagsdrucksache 16/9156, 9.5.2008, S. 3

213 Deutscher Bundestag, 7.5.2008, Plenarprotokoll S. 16783 – 16785, http://dip21.bundestag.de/dip21/btp/16/16159.pdf

Kapitel 3
Callixte Mbarushimana und der Schatten des Völkermordes

Kigali, April 1994: »Ich weiß, wen du meinst«

26 Namen stehen auf dem Gedenkstein, Namen von UN-Angestellten in Ruanda, die während des Völkermordes 1994 ermordet wurden. Es ist eine weiße schlichte Marmortafel in der Hofeinfahrt des Geländes der Vereinten Nationen in Kigali, abgeschirmt von Elektrozäunen und hohen Mauern. Als Nicht-UN-Mitarbeiter darf man aus Sicherheitsgründen keinen Blick auf die Marmortafel werfen, geschweige denn ein Foto machen. UN-Angestellte in Ruanda erzählen, sie gingen täglich daran vorbei, wüssten aber über die Geschichte wenig. »Diese Gedenkstätte soll sicherstellen, dass die Vereinten Nationen sie niemals vergisst«, sagte UN-Generalsekretär Ban Ki Moon am 7. April 2014, zum 20. Jahrestag des Völkermordes, als er an dem Stein einen Kranz niederlegte.[214]

Viele wissen, wie die UN-Mission in Ruanda 1994 die Tutsi im Stich ließ, statt sie vor den Mordmilizen zu schützen. Nur die Wenigsten jedoch kennen das volle Ausmaß der Verantwortung der Vereinten Nationen für den Tod ihrer eigenen einheimischen Angestellten, deren Namen auf der weißen Gedenktafel stehen. Sie wurden mutmaßlich unter Beihilfe eines ihrer Kollegen ermordet: Callixte Mbarushimana – später einer der höchsten politischen Führer der FDLR.

Die FDLR leugnet gern, irgendetwas mit dem Völkermord in Ruanda 1994 zu tun zu haben. Offiziell verurteilt sie ihn, streitet jeden Schutz von Völkermordtätern ab und sagt, diese gehörten vor Gericht. Der Fall Mbarushimana beweist das Gegenteil.

Es gibt Aussagen von Zeugen, die Mbarushimana 1994 gesehen haben, wie er aus dem UN-Gelände mit einem weißen UN-Fahrzeug durch Kigali fuhr, auf einer blutigen Mission: Er wollte seine Tutsi-Kollegen töten. Einer von ihnen war Michel, ein Kollege und Nachbar Mbarushimanas in Kigalis Stadtviertel Nyamirambo. Seine Witwe Christine war später mutig genug, ihre Geschichte zu erzählen.[215]

214 Secretary-General's remarks at ceremony honouring UN staff victims of Rwanda Genocide, Kigali 7.4.2014. www.un.org/sg/STATEMENTS/index.asp?nid=7577

215 Die folgenden Angaben und Zitate: Zeugenaussage gegenüber ICTR-Ermittler Tony Greig, August 2001, von diesem vorgelegt

»Ich weiß, wen du meinst mit Callixte Mbarushimana«, sagte sie sieben Jahre danach einem UN-Ermittler. »Ich kannte ihn als einen Nachbar, mit dem ich zwar nichts zu tun hatte, aber er wohnte nicht weit von unserem Haus [...] Ich kannte ihn auch durch die UN. Michel arbeitete für UNICEF und wann immer ich und Michel zu Partys für UN-Angestellte gegangen sind, war Callixte Mbarushimana auch da.«

Michel hatte zwei Brüder in der damaligen Tutsi-Guerilla RPF. »Als der Krieg ausbrach, haben wir uns deswegen in unserem Haus versteckt. Wir wurden mehrfach angegriffen.« Dreimal ließen sich die Milizionäre abwimmeln. »Am 18. April 1994 haben sie uns wieder angegriffen. Ich war im Haus. Ich hörte ein Klopfen am Tor und Callixte Mbarushimana kam herein und hinter ihm ein paar Leute. Ich sah ihn und vielleicht vier weitere Männer. Als ich sie sah, rannte ich weg und versteckte mich [...] Callixte Mbarushimana trug ein Militär-Hemd und normale Hosen. Die anderen, die ich sah, waren in Uniform. Callixte Mbarushimana hatte eine Waffe, ich denke, es war ein Gewehr, aber ich bin mir nicht sicher, ob er es über der Schulter oder in der Hand hatte. Ich erinnere mich, dass er zu jener Zeit einen Bart hatte, aber es war kein dichter Bart. Er trug eine Brille.«

Christine floh auf einen Zypressenbaum in der Nähe. »Von dort konnte ich unser Grundstück einsehen. Ich hörte das Hausmädchen schreien: ›Sie haben ihn getötet!‹ Später in der Nacht erzählte sie mir, was passiert war. Sie sagte, dass sie Michel gefunden und ins Wohnzimmer gezerrt haben, wo meine vierjährige Tochter war. Sie haben vor ihren Augen drei Mal auf ihn geschossen. Dann haben sie meine Tochter ausgezogen, aber haben sie dann nicht genommen, als sie sahen, dass sie noch ein Mädchen war. Sie sagten: ›Nein, wir bringen sie nicht um. Lass jemand anders sie töten.‹ Meine Tochter ist seitdem traumatisiert. Bis heute kann sie keinen Film ansehen, in welchem Soldaten kämpfen, sie fürchtet Soldaten. Ich habe sie immer wieder nach diesem Tag gefragt, aber sie sagt nur ganz wenig, und dann spricht sie nur über ihren Vater, Kugeln und Blut.«

Vom Baum aus sah sie, wie die Gruppe wieder aus dem Haus kam. »Ich hörte sie sagen: ›Wo ist diese Tutsi-Braut, damit wir ihr die Schwangerschaft austreiben können?‹ Ich sah sie zu einem Haus gehen, das von einem Mann namens Pascal bewohnt wurde [...] Ich hörte Mbarushimana sagen: ›Dieses Haus gehört Pascal, der ist auch ein Tutsi!‹ Pascal kam mit seiner Frau heraus. Sie stießen die Frau beiseite und erschossen Pascal. Ich kann nicht sagen, wer ihn erschoss. Ich hörte jemanden sagen: ›Lass uns nachsehen, wie das Geschlechtsteil einer Tutsi aussieht‹, und sie haben sie ins Haus gezerrt. Sie waren dort für ungefähr 20 Minuten drin. Ich weiß, dass auch Pascals Frau an diesem Tag starb. Ich erinnere mich, dass Mbarushimana beim Gehen sagte: ›Das haben wir gut gemacht.‹«

Es sind insgesamt 13 Zeugen, die Callixte Mbarushimana zum Teil schwer belasten. Sie hatten den Mut, 2001 gegenüber Ermittlern des Internationalen Ruanda-Tribunals auszusagen. Diese setzten einen Haftbefehl auf, der aber niemals in Kraft trat. Wenige Jahre später gehörte Mbarushimana zum obersten Führungszirkel der FDLR.

Fallnummer 52874/2004 stand auf der Interpol-Webseite neben dem verblichenen Passfoto des Ruanders mit steifem Hemdkragen, akkurat sitzender Krawatte und Brille: 170 Zentimeter groß, wohnhaft in Frankreich, gesucht wegen »Völkermord, Mord, Auslöschung, Gründung einer kriminellen Vereinigung«. Mehrfach wurde er schon festgenommen: im Kosovo 2001, in Deutschland 2008, in Frankreich 2010, woraufhin er an den Internationalen Strafgerichtshof (ICC) nach Den Haag überstellt wurde. Ende 2011 kam er erneut frei. Weiter lebt er unbehelligt in Frankreich.

Verharmlosung, Vertuschung, Komplizenschaft: Die Mitverantwortung der Vereinten Nationen

Während des Völkermordes 1994 arbeitete Mbarushimana in Kigali für das UN-Entwicklungsprogramm UNDP. Er war dort für Funktechnik und Datenübermittlung zuständig. Sein Chef damals war Gregory Gromo Alex, den alle Kollegen immer nur »Gromo« nannten. Auch 15 Jahre später quälten den bulligen US-Amerikaner noch Schuldgefühle, wenn er an den Genozid zurückdachte. Und daran dachte er jeden Tag. Er lebte 2009 nach wie vor in Kigali, war mit einer Völkermordüberlebenden verheiratet. Unter der Woche arbeitete er drei Fahrstunden entfernt im Kongo – in der Provinzhauptstadt Goma, per Luftlinie knapp 100 Kilometer vom FDLR-Hauptquartier im Wald entfernt. Er war noch immer bei den Vereinten Nationen. Er suchte die Täter.

Gromo wurde 2009 Chef des DDRRR-Programms der MONUC in Goma, zuständig für die Demobilisierung von FDLR-Kämpfern. Mit blaugrauen, traurigen Augen war er damals schweißgebadet an seinem vollbeladenen Schreibtisch in einem weißen, klimatisierten Container hinter Sandsäcken im UN-Hauptquartier von Goma am Ufer des Kivu-Sees anzutreffen. Sein Gesicht war hochrot, Bluthochdruck. Das Telefon auf seinem Schreibtisch klingelte ununterbrochen. Wenn Gromo aufbrauste, zogen im DDRRR-Team alle die Köpfe ein. »Wir brauchen einen Helikopter, jetzt sofort«, fauchte er und knallte den Hörer auf.

Wenn Gromo anfing, über Mbarushimana zu sprechen, dann wollte man seinen Ohren nicht trauen, so haarsträubend klang die Geschichte. Er erzählte sie nicht oft, sie tat ihm nicht gut, sie fraß ihn förmlich auf. Gromo hatte Krebs. Er starb am 22. Mai 2013 im Krankenhaus. Zuvor schrieb er seine Memoiren. Dauernd erhielt er ominöse Drohanrufe. Doch Gromo ließ sich nicht einschüchtern. Er wollte die Geschichte um Mbarushimana der Nachwelt übermitteln. Zu diesem Zweck übergab er im Sommer 2010 Auszüge seiner unveröffentlichten Autobiografie – ein explosives Zeugnis des Versagens der Vereinten Nationen.[216]

216 Alle folgenden Zitate aus: Memoiren von Gregory Gromo Alex, von diesem zur Verfügung gestellt

»Es war im späten April 1994, als Callixte Mbarushimana mich im UN-Lager in Kigali unaufgefordert ansprach und raunzte: ›Wir werden sie alle auslöschen.‹ Auf meinen irritierten Blick hin wiederholte er: ›Die Inkotanyi – wir werden sie alle auslöschen.‹ Mal abgesehen vom unglaublichen Gedanken, dass hier jemand einen anderen auslöschen will und noch dazu eine ganze Bevölkerung, wurden damit die Warnungen, die ich von zahlreichen versteckten Kollegen gehört hatte, was Mbarushimana im Schilde führe und dass er die Suche nach UN-Kollegen anführte, um sie auszulöschen, auf erschreckende Weise glaubwürdig.«

Für Gromo übermittelte der Funktechniker Mbarushimana damals UNDP-Berichte an den UN-Sicherheitsrat in New York. Zehn Jahre später, als die Vereinten Nationen ihr Versagen während des ruandischen Völkermordes intern untersuchten, befragte ein zweiköpfiges UN-Team auch Gromo als damaligen UNDP-Chef in Kigali. »Während des Interviews erwähnte einer der Männer beiläufig, dass die Berichte, die ich während des Völkermordes schrieb und ans UN-Hauptquartier nach New York geschickt hatte, von zwei Personen nach Ruanda zurückgesandt wurden, die später als Spione innerhalb der Vereinten Nationen identifiziert wurden«, schreibt Gromo dazu.

Die Enthüllung erschütterte ihn zutiefst. »Seit zehn Jahren hatte ich unter der Scham gelitten, nicht genug getan zu haben, um meine Kollegen zu retten während des Völkermordes. Jetzt musste ich auch die Verantwortung dafür tragen, den Tätern Hinweise geliefert zu haben, dass einzelne Personen gerettet werden oder in ihren Verstecken Hilfe erhalten sollten. Eine war eine UN-Angestellte, die einige Kinder vermisster oder getöteter UN-Kollegen versteckt hielt. Am Tag, nachdem ich meinen Bericht versandt hatte, wonach wir die Genehmigung hatten, im Stadtteil Kiyovu mit einer bewaffneten Eskorte die Kinder zu retten, erfuhr ich, dass sie in der Nacht alle abgeschlachtet worden waren. Aus meiner Scham wurde Schuld. Ich weine noch immer bei dem Gedanken und frage mich selbst bis heute, ob diese beiden Spione je zur Verantwortung gezogen worden sind – oder ob sie vielleicht sogar noch im System arbeiten.«

Gromo blieb mit diesem Schuldgefühl allein. Das UN-Team erklärte, die Interviewaufzeichnung sei vernichtet worden, »um Unschuldige zu schützen«.

Im Anklageentwurf des ICTR gegen Mbarushimana aus dem Jahr 2001 wird die UN-Angestellte, die Gromo 1994 mitsamt ihren Schützlingen retten wollte, mit Namen genannt: Florence Ngirumpatse, die damalige Personalchefin des UNDP in Kigali. »An einem unbekannten Datum zwischen Ende April und Anfang Mai 1994 tötete Callixte Mbarushimana Florence Ngirumpatse oder verursachte ihre Tötung«, steht da. Ebenso verantwortlich sei er für die Tötung der insgesamt elf von Florence geschützten Personen: zwei Erwachsene, mehrere Teenager und zwei Achtjährige, Fiston Gahima und Ange Ruhemeza.[217]

217 ICTR, The Prosecutor against Callixte Mbarushimana, Indictment 2001, undatiert, http://americanradioworks.publicradio.org/features/rwanda/indictment.html

Gromo war ein Arbeitstier. Einer, der nie aufgab, immer weiter machte, Tag und Nacht. Er war ein Getriebener, wie so viele seiner damaligen Kollegen, die bis heute »im System« arbeiten, wie man bei den Vereinten Nationen sagt. Denn das »System« schützte Mbarushimana. »Manche Menschen trifft man im Leben mehrfach, auch wenn man ihnen nie wieder begegnen will«, scherzte Gromo im Sommer 2010 sarkastisch. In seinen Memoiren führt er aus: Zunächst floh Mbarushimana 1994 nach Goma, wie viele andere Völkermordtäter. Dann wurde er »mit anderen ruandischen UN-Mitarbeitern nach Nairobi evakuiert, wo er kurzzeitig UN-Umzugshilfen erhielt. Als ich im Oktober 1994 auf meinem Rückweg nach Ruanda nach vier Monaten Abwesenheit durch Nairobi reiste, sah ich ihn dort auf dem Balkon des UN-Lagers Gigiri herumlungern. Einige Kollegen fürchteten sich und hatten Angst um ihr Leben, wenn sie sich dort aufhielten.«

1996 bekam Mbarushimana einen UN-Posten in Angola, als Computermanager – einige Zeit später wurde auch Gromo dorthin versetzt. Der UNDP-Chef in Angolas Hauptstadt Luanda, der Mbarushimana einstellte, war ein Ruander, der ebenfalls im April 1994 in Kigali anwesend war: Benoît Ntegeye.[218] »Das kann ja nur ein Zufall sein«, scherzt Gromo in seinen Memoiren.

War Mbarushimana kein Einzelfall? Beherbergte das UN-System Völkermörder? Zahlte die Weltgemeinschaft ihnen sogar gutes Gehalt? Evakuierte sie sie mit eigenen Hubschraubern in sichere Länder? Gewährte sie ihnen Asyl und Schutz vor der Justiz? Hatte Mbarushimana innerhalb des Systems Beschützer, vielleicht sogar in den oberen Reihen? All diese Fragen ließen Gromo nicht mehr los.

Er wandte sich aus Angola an den UNDP-Rechtsberater in New York. »Als mein Brief in der UN-Hierarchie seine Runden machte, entdeckte ich, dass ich mit meinen Bedenken, dass Mbarushimana beim UNDP als Volontär arbeitete, nicht alleine war. Es gab einige Ruander und andere in Angola, denen seine Anwesenheit nicht geheuer war, da sie von Kollegen, die den Völkermord 1994 überlebt hatten, Geschichten gehört hatten.« Gromo schrieb einen weiteren Brief nach New York. Das Original des Briefes landete in Angola bei Ntegeye, danach erhielt er nächtliche Drohanrufe. »Schließlich wurde ich mit meiner Familie unauffällig außer Landes gebracht.« Sein nächster Posten war Ost-Timor, dann Äthiopien. Mbarushimana wurde nach Kosovo versetzt.

Erst als außerhalb der Vereinten Nationen Fragen gestellt wurden, kam Bewegung in die Sache. »UNO gab mutmaßlichem Kriegsverbrecher Job«, titelte die britische Sonntagszeitung *Sunday Times* am 4. Februar 2001. Detailliert gab der Bericht das Schicksal von Florence Ngirumpatse wieder, jene UN-Angestellte, die

218 Während des ruandischen Völkermordes 1994 war Bernard Ntegeye UNDP-Chef in Togo, zu Beginn der Massaker auf Urlaub in Kigali. Er war mit dem damaligen ruandischen Planminister Ngirabatware befreundet, der spätere Kommissar für Außenbeziehungen im FDLR-Vorgängerverband CCR und 2012 vom ICTR wegen Völkermordes zu 35 Jahren Haft verurteilt. Vgl ICTR-Urteil gegen Ngirabatware, 20.12.2012, § 497

während des Völkermordes Kindern Schutz geboten und mit diesen ermordet worden war. Mbarushimana, so der Artikel, sei jetzt »unauffindbar«.[219]

Ruandas Justiz erließ Haftbefehl gegen Mbarushimana wegen Völkermordes,[220] und das ICTR wurde auf den Fall aufmerksam. Der Brite Anthony Greig, ursprünglich Kommissar der Londoner Polizei und dann nach Neuseeland ausgewandert, ermittelte seit 2000 für das ICTR in Ruanda. Er nahm sich des Falles Mbarushimana an. »Mir wurde gesagt, diese Ermittlungen hätten Priorität und mir wurden andere Fälle entzogen, die Tötungen im viel größeren Umfang umfassten«, erinnert sich Greig.[221] In nur wenigen Monaten fand er zahlreiche Zeugen.

Aus New York war nach dem Beginn der Massaker am 7. April 1994 der Befehl an die Vereinten Nationen in Kigali ergangen, alle internationalen Angestellten zu evakuieren und die ruandischen Kollegen zurückzulassen, auch wenn sie als Tutsi dem sicheren Tod geweiht waren. Auch UNDP-Chef Gromo musste damals ausfliegen. Unmittelbar danach, so Greig, ernannte sich Mbarushimana selbst zum Chef der UNDP-Mission in Ruanda: »Nachdem der Krieg ausgebrochen war, schien er eine Liste seiner UN-Kollegen erstellt zu haben, um die Tutsi unter ihnen zu finden und zu töten.« Auch Gromo erinnert sich an diese ausgedruckten Mitarbeiter-Listen: da stand H für Hutu und T für Tutsi.[222] Mbarushimana, so Greig weiter, habe Hutu-Milizen in seiner Nachbarschaft in Kigali trainiert und sie zu den Häusern seiner Tutsi-Kollegen geschickt. »Bei vielen Aktionen war er selbst anwesend«, erinnert sich Greig an die Zeugenaussagen. 24 Zeugen fand Greig, 13 davon sagten, sie hätten Mbarushimana an Tatorten gesehen.

Der Brite Greig hütet die Zeugenaussagen dieser Überlebenden bis heute wie einen Schatz. Sie sind für ihn klare Beweise für die Verantwortung Mbarushimanas – und für die Mitverantwortung der Vereinten Nationen. Denn Mbarushimana hatte einen UN-Pass, wurde von der UN bezahlt, benutzte deren Fahrzeuge, Benzin und Infrastruktur.

»Er ist ein Völkermörder«, sagt Greig. »Ich habe Männer interviewt, die auf seinen Befehl hin getötet haben. Sie errichteten Straßensperren, sie mordeten, sie bekamen dafür von ihm Auszeichnungen mit Bier und Kühen und anderen Dingen, und diese Männer hörten ihn auch bei mehreren Gelegenheiten die Tutsi als Kakerlaken beschimpfen, die alle ausgerottet gehörten. Zu sagen, es gäbe keine Beweise gegen ihn, ist schlichtweg nicht wahr.«

Während Greig in Ruanda diese Beweise zusammentrug, arbeitete Mbarushimana für die UN-Mission im Kosovo (UNMIK). Sein einjähriger Vertrag lief Ende April 2001 aus. Sein Chef bewertete seine Arbeit mit »gut« und empfahl,

219 Swain, Jon: UN gave job to war crimes suspect. In: Sunday Times, 4.2.2001
220 Generalstaatsanwaltschaft Ruanda, Haftbefehl vom 15.3.2001 gegen Callixte Mbarushimana, eingesehen in Kigali
221 Interviews mit Anthony Greig, 2013
222 Interview mit Gromo, Goma 2010

ihn für ein weiteres halbes Jahr zu beschäftigen.[223] Doch dann flatterte den Vereinten Nationen in New York der Haftbefehl aus Ruanda ins Haus. Am 27. März landete dieser Haftbefehl bei Mbarushimanas Vorgesetztem im Kosovo auf dem Schreibtisch. Aber genoss Mbarushimana als UN-Angestellter nicht Immunität? Die UNMIK delegierte diese heikle Frage an New York. Höchstpersönlich sprach der UN-Generalsekretär einen ausdrücklichen Verzicht auf Immunität für den Ruander aus. Spätestens jetzt war der Fall Mbarushimana bei den Vereinten Nationen ganz oben angekommen.

Am 11. April 2001 wurde Mbarushimana von kosovarischen Behörden festgenommen. Einen Tag später stand er vor der Haftrichterin im Bezirksgericht Gnjilane, wo das UN-Hauptquartier lag. Sie behielt ihn in Untersuchungshaft. Vier Tage vor Ablauf seines Vertrages schrieb die UNMIK an Mbarushimana: »Der stellvertretende Generalsekretär der Personalabteilung hat entschieden, dass es [...] nicht im Interesse der Organisation ist, Sie nach Ablauf unseres Beschäftigungsverhältnisses am 30. April weiter zu beschäftigen.«

Seinen Job und seinen UN-Diplomatenpass war Mbarushimana los, seine Immunität war aufgehoben, sein Heimatland suchte ihn mit Haftbefehl. Aber ICTR-Ermittler Greig in Kigali hatte seinen Bericht noch nicht fertig. Und im kriegszerstörten Kosovo hatte die Justiz andere Probleme. Es begann ein Wettlauf gegen die Zeit. »Ich drängte den ICTR, den Haftbefehl auszustellen und mich in den Kosovo fliegen zu lassen, um ihn dort abzuholen«, erinnert sich Greig. Seinem Drängen wurde nicht stattgegeben. Im Kosovo landete der Fall beim Obersten Gericht. Der entließ Mbarushimana am 19. Juni 2001 nach 70 Tagen aus der Untersuchungshaft. Er war wieder frei.

Eine Woche nach seiner Freilassung bat Mbarushimana die UNMIK, wieder in seinen Job aufgenommen zu werden. Die Antwort: »Da Sie wegen Völkermord und Verbrechen gegen die Menschlichkeit in Ihrem Heimatland angeklagt sind, wäre es nicht im Interesse der Vereinten Nationen, Sie wieder zu beschäftigen, bis diese Angelegenheit geklärt ist, entweder indem die Anklage fallengelassenen wird durch ruandische Gerichte oder sie durch die Regierung zurückgezogen wird. Wenn dies eintritt, werden wir unsere Entscheidung überdenken.«

Mbarushimana reiste nach Frankreich und erhielt politisches Asyl. Greig spürte ihn dort auf. »Er lebte in einem großen Mietshaus in Toulouse. Wir versuchten mehrfach, ihn zu Hause anzutreffen. Ich hinterließ meine Visitenkarte dort an der Tür. Dann rief er uns an und machte klar, dass er nicht mit uns sprechen wollte. Persönlich habe ich Callixte niemals gesehen.« Greig hoffte immer noch auf einen ICTR-Haftbefehl. Endlich bekam er die Gelegenheit, das Anliegen der Chefanklägerin Carla del Ponte vorzutragen. Sie befand sich auf Stippvisite in Kigali. Es war der 11. September 2001.

223 Dies und die folgende Schilderungen und Zitate: Urteil des UN Administrative Tribunal, AT/DEC/1192, Genf 30.9.2004

Greig erinnert sich: »Alle Ermittler mussten Zusammenfassungen ihrer Fälle vorbereiten und ihr vortragen. Es war für mich eine großartige Gelegenheit. Ich sollte sie am späten Vormittag oder frühen Mittag treffen. Als ich mit einer kleinen Gruppe weiterer ICTR-Angestellten wartete, kam ein Freund vorbei. Er hatte ein Radio am Ohr. Er guckte entsetzt und erzählte uns, dass es Berichte gäbe, ein Flugzeug sei gerade in die Zwillingstürme in New York gekracht. Nach einer Weile ging ich nach oben, um del Ponte im kleinen Vorlesungsraum zu sehen, den wir dort hatten. Der Vorsitzende des ICTR, der Chefankläger und einige andere waren dort, ebenso ihr stets präsenter Leibwächter. Ich glaube nicht, dass sie von den Anschlägen bereits wussten [...] Ich erinnere mich, dass wir alle generell damit einverstanden waren, dass ein Haftbefehl ausgestellt werden müsse. Ich verbrachte wohl maximal zehn Minuten in dem Raum.« Der Entwurf des Haftbefehls führt detailliert sämtliche Vorwürfe auf und wirft Mbarushimana sogar vor, selbst Menschen erschossen zu haben.[224]

Greig verfolgte den Fall Mbarushimana nicht weiter. Seine Frau wurde schwer krank. Erst vier Jahre später erfuhr er, dass Carla del Ponte den Haftbefehl nie unterzeichnet hatte. Warum? »Ich weiß nur, dass ein übergeordneter Staatsanwalt den Fall geprüft hatte und erklärte, es gäbe nicht ausreichend Beweise«, sagt Greig. »Doch das war nicht der Fall – es gab zweifelsfrei genug Beweise.« Bereits damals, so vermutet Greig, war das ICTR angehalten, nur noch die obersten Völkermörder anzuklagen. Mbarushimana war schlicht nicht hochrangig genug. Genau ein Jahr nach dem Gespräch in Kigali, am 11. September 2002, stellte del Ponte die Ermittlungen gegen Mbarushimana offiziell ein. Die Akte wurde 2005 der ruandischen Justiz übergeben.

Mbarushimana hatte gewonnen. Doch dabei beließ er es nicht. Er beantragte bei den Vereinten Nationen sein noch ausstehendes Gehalt für April 2001, eine rückwirkende Wiedereinstellung ab Mai 2001 sowie zusätzlich drei Jahresgehälter als Entschädigung. Ein UN-Gremium in New York gab ihm in der Sache recht und empfahl sechs Monatsgehälter als Entschädigung. Der UN-Generalsekretär widersprach. Daraufhin verklagte der Ruander im März 2003 die Vereinten Nationen beim UN-Verwaltungsgericht in Genf. Sein Anwalt war der Franzose François Roux, der bereits Erfahrung als erfolgreicher Verteidiger von Völkermordangeklagten vor den Ruanda- und Kambodscha-Tribunalen hatte.

Roux gewann für Mbarushimana 2004 den Fall. Die Vereinten Nationen hätten dem Kläger »schweren Schaden zugefügt«, so das Urteil der UN-Richter; sie mussten dem mutmaßlichen Völkermörder nicht nur das ausstehende Gehalt bezahlen, sondern zusätzlich zwölf Netto-Monatsgehälter als Entschädigung für die 70-tägige

224 ICTR-Anklageschrift gegen Callixte Mbarushimana, 2001

Haftzeit im Kosovo:[225] 45 000 US-Dollar insgesamt.[226] Als er diese Summe zugesprochen bekam, war Mbarushimana gerade zum Finanzkommissar der FDLR ernannt worden. Danach stieg er weiter auf, zum Vize-Exekutivsekretär 2005 und zum Exekutivsekretär 2007. Aus Paris steuerte er zusammen mit Murwanashyaka und Musoni in Deutschland die Politik der FDLR.

Ein Skandal war das, fanden das einige bei den Vereinten Nationen. Eine interne Untersuchung wurde angestoßen, ein UN-Team interviewte Zeitzeugen. Ihr vertraulicher Bericht, vorgelegt im November 2004, kommt zu niederschmetternden Schlüssen: »Die Organisation hat nicht nur versagt, den Fall Mbarushimana zu verfolgen, sondern auch während der Notsituation darin versagt, ihren lokalen Angestellten ein Minimum an Schutz zukommen zu lassen, Bis jetzt ist die Ermordung einer Vielzahl von Angestellten noch nicht ordentlich untersucht worden.«[227]

Die Vereinten Nationen, so der Bericht weiter, prüften nicht einmal den Vorwurf, Mbarushimana habe während des Völkermordes UN-Eigentum den Mordmilizen zur Verfügung gestellt. Umgekehrt sei ein UN-Fahrer, der bedrohte Kollegen in Sicherheit gebracht habe und dann inhaftiert worden sei, im Stich gelassen worden. »Laut einem Zeugen, der das Team als glaubwürdig überzeugte, war Callixte Mbarushimana vor 1994 Mitglied einer Gruppe von vier Hutu-Extremisten im UN-System, und er war ›nicht der Schlimmste‹. Die anderen drei tauchten nach dem Völkermord einfach unter und ihre gegenwärtigen Aufenthaltsorte sind nicht bekannt«, steht da. »Das Team glaubt, dass Callixte Mbarushimana von einem Unterstützernetzwerk profitierte.« Es liege im Interesse der Vereinten Nationen, den Fall Mbarushimana vor Gericht zu klären: beim ICTR, in Frankreich oder anderswo.[228]

Auch dieser Bericht blieb folgenlos. Diejenigen im UN-Apparat, die den Fall nicht zu den Akten legen wollten, blieben Einzelkämpfer. Neben Gromo war das zum Beispiel Charles Petrie, während des Völkermordes stellvertretender humanitärer Direktor der Vereinten Nationen in Ruanda. Der Brite arbeitete später im Kongo für die UNO und verfolgte den Aufstieg der FDLR aus der Nähe. »Callixte Mbarushimana wäre vermutlich nicht in der Lage gewesen, die FDLR beim Verursachen unvorstellbaren Leids in Zentralafrika zu führen, wenn die UNO die Anschuldigungen gegen ihn nach deren Bekanntwerden 1996 untersucht hätte«, so sein Fazit, nachdem er die Vereinten Nationen schließlich resigniert verlassen hatte.[229]

Petrie war durch Gromo auf den Fall aufmerksam geworden. Er schrieb Briefe an den Sicherheitsrat, die UN-interne Rechtsabteilung, den Stab. Er sprach per-

225 Urteil: UNAT (Verwaltungsgericht): AT /DEC/1192; Genf 30.9.2004, S. 14.
226 Review of the handling of Mr. Callixte Mbarushimana's alleged complicity in the Genocide in Rwanda 1994, Confidential report, New York 12.11.2004, S. 13
227 Ebd., S. 5
228 Ebd., S. 6
229 Petrie, Charles: Contributing to the Demise of Absolutes, Arbeitspapier 2011, S. 2

sönlich mit Kollegen. Die Reaktion schildert er so: »Die UNO betrachtet Mbarushimana als Einzelfall, der niemals wieder geschehen würde. Ihn auszugraben sei peinlicher als ihn ruhen zu lassen und würde ohnehin nichts ändern, sagten mir die Verantwortlichen in der UN.«[230]

2010 reichte Petrie die Kündigung ein. Sein Kündigungsschreiben an UN-Generalsekretär Ban Ki Moon verwies auf Mbarushimana: »Ich denke, unabhängig zu sein wird mir ebenso helfen, die UN im Fall Mbarushimana zu unterstützen [...] Ich schlage daher vor, die Organisation kritisch zu durchleuchten [...] Die Unfähigkeit der Organisation, mit dem Fall Callixte Mbarushimana umzugehen, ist kein Einzelfall.«[231]

Petrie kennt das System: Job-Vergabe nach dem Prinzip der Vetternwirtschaft. Dies zeige die Art, wie Mbarushimana seinen Job in Angola erhielt, über einen ruandischen Bekannten. Dass die Vereinten Nationen gegen solche Praktiken nicht vorgehen, bezeugt laut Petrie: »Damit erlaubt man dem Krebs, sich innerhalb der Organisation auszubreiten. Es ist, als ob Termiten die Substanz zerfressen, bis nichts mehr übrig ist. Jetzt mal ehrlich, wie viele Menschen glauben heute noch wirklich an die UN?«

Auch Gromo in Goma haderte oft, gab er später zu. Doch er entschied, innerhalb der UN-Strukturen zu kämpfen. So viele Jahre nach seiner ersten Begegnung mit Mbarushimana in Kigali war Gromo nach wie vor überzeugt: »Mbarushimanas radikaler, hasserfüllter Glaube an die Hutu-Power-Ideologie wirkt fort – und kostet im Ostkongo noch immer täglich Menschenleben.«

Für Gromos DDRRR-Demobilisierungsteam in Goma galt Mbarushimana als heimlicher Chefideologe der FDLR. »Er ist der Schlimmste von allen«, waren sich sämtliche FDLR-Experten einig – einer, dessen Lebenslauf den Beweis lieferte, dass die Hutu-Power-Bewegung Einfluss überall auf der Welt behielt, auch im UN-System. »Solange Callixte von keinem Gericht der Welt schuldig gesprochen wird, kann man auch der FDLR nichts nachweisen«, erklärte im Interview ein ehemaliger hochrangiger FDLR-Kommandeur. Er war Mbarushimanas ehemaliger Studienkollege an der Fakultät für Informationstechnik und Funktechnik in Kigali in den 1980er Jahren und bestätigte: Mbarushimana sei als Exekutivsekretär neben Präsident Murwanashyaka der wichtigste politische, aber vor allem ideologische Führer gewesen.[232]

Laut § 28 der FDLR-Geschäftsordnung ist der Exekutivsekretär eine Art Geschäftsführer. »Er ist verantwortlich, die Tätigkeiten der ausführenden Kommissariate zu koordinieren und zusammenzuführen«, lautet seine Zuständigkeit. Zudem steuert er die Personalpolitik: Er schlägt dem Direktorenkomitee Kader

230 Telefoninterview Charles Petrie, 2.11.2013
231 Kündigungsschreiben Petries, von diesem zur Verfügung gestellt
232 Interview, Kigali 2009

vor und sorgt für deren Ablösung.[233] Falls der FDLR-Präsident verhindert war oder wegen rechtlicher Belange vorsichtig sein musste, übernahm Mbarushimana dessen Aufgaben, schrieb Pressemitteilungen oder telefonierte mit den Militärs im Dschungel. Gleichzeitig umgab ihn innerhalb der FDLR die Aura eines »Mister Unantastbar«, als habe er Beschützer weltweit. Indem er selbst alle Vorwürfe unbeschadet überlebt hatte und indem er selbst in die Welt hinaus predigte, die Kämpfer im Dschungel hätten keinerlei Verbrechen begangen, war er der lebendige Beweis, dass es stets Mittel und Wege gab, ungeschoren davonzukommen.

Einer Dokumentarfilmerin gab Mbarushimana 2007 ein Interview, in dem er alle Vorwürfe wieder einmal abstritt. Der FDLR-Exekutivsekretär sitzt da im Wintermantel, darunter Anzug und Krawatte, in einem französischen Straßencafé. »Das ist alles nicht wahr«, versichert er. Dann schlendert er durch die Fußgängerzone. »Ich habe niemals etwas getan. Ich war niemals in Verbrechen in Ruanda verwickelt«, sagt er, den Blick starr in die Kamera gerichtet, die Gesichtszüge steif wie eine Maske.[234]

In Deutschland festgenommen – und wieder freigelassen

Die Festnahme des FDLR-Exekutivsekretärs in Deutschland war reiner Zufall. Callixte Mbarushimana wollte am 7. Juli 2008 aus Paris ins russische Sankt Petersburg fliegen und stieg in Frankfurt/Main um. Als die Beamten des Bundesgrenzschutzes im Transitbereich seinen Pass scannten, blinkte die Suchmeldung von Interpol auf. Der Ruander wurde abgeführt und kam in der Justizvollzugsanstalt Weiterstadt unweit des Frankfurter Flughafens in Auslieferungshaft.[235]

Die FDLR war bestürzt. Murwanashyaka schrieb dem gesamten FDLR-Direktorenkomitee – das tat er nur zu besonderen Anlässen. »Nachricht an alle CD-Mitglieder: Ich informiere Sie, dass unser SE[236] Mbarushimana Callixte gestern bei einem Transit in Frankfurt auf einer Mission unserer Organisation verhaftet wurde. Er wurde dem Richter am 8. vorgeführt. Der Richter hat ihm erklärt, dass ein vom Regime in Kigali erlassener Haftbefehl gegen ihn besteht. Sie wirft ihm vor, Völkermord begangen zu haben. […] Ich bleibe überzeugt, dass unser SE auch dieses Mal den Prozess gewinnen wird, wenn es überhaupt einen gibt.«[237]

Die Nachricht bestätigt, dass Mbarushimana für die FDLR nach Russland unterwegs war. Schon einige Wochen zuvor hatte Präsident Murwanashyaka seinem Militärchef Mudacumura mitgeteilt: »Wir wollen eine Delegation zum Treffen mit

233 FDLR: Règlement d'Ordre Intérieur, § 28
234 Dokumentarfilm: »A Question of Murder«. www.youtube.com/watch?v=l44lQxMSvdw.
235 Johnson, Dominic: Deutsche Hilfe für Ruandas Frieden. In: tageszeitung, 11.7.2008
236 Abkürzung für »Secrétaire Exécutif« (Exekutivsekretär)
237 SMS Murwanashyaka an CD, 8.7.2008, Prozesstag 289, OLG Stuttgart 11.3.2015

der höheren Führung des osteuropäischen Landes, dessen Namen mit R beginnt, schicken. […] Das Treffen wird Anfang Juli stattfinden. Ich werde eine Delegation schicken, die aus Leuten aus Ländern hier in Europa besteht.«[238]

Bei Ruandas Völkermordermittlern sprach sich die Nachricht der Verhaftung wie ein Lauffeuer herum. »Ich wollte ihn ausgeliefert bekommen, ich wusste, das ist unsere Chance, wir müssen jetzt rasch handeln«, sagte Ruandas Generalstaatsanwalt Martin Ngoga hoffnungsvoll.[239] Der existierende ruandische Haftbefehl gegen Mbarushimana entsprach nicht unbedingt deutschem Standard. Er war lediglich eineinhalb Seiten lang. Ein paar Namen von Zeugen und Mittätern, eine Reihe von Anklagepunkten wie Teilnahme am Völkermord und Führung einer kriminellen Vereinigung.[240] Dann eine Liste einzelner Tatvorwürfe, die sich mit Tony Greigs ICTR-Ermittlungen deckten, und eine Liste von Morden. »Er schickte die Interahamwe-Milizen zu verschiedenen Örtlichkeiten, wo Tutsi-Angestellte der UN lebten, und half somit bei ihrer Ermordung«, heißt es. Als Mittäter wird jener ruandische UN-Angestellte Ntegeye genannt, der Mbarushimana später einen Job in Angola gab.

Ruandas Generalstaatsanwalt Ngoga schickte dieses Dokument an die Deutsche Botschaft in Kigali. Doch das reichte nicht aus. Es musste rasch eine deutsche Fassung her, bevor die Frist zur Freilassung Mbarushimanas in Deutschland ablief. Über 5000 Euro kostete die schnelle Übersetzung, die Ngoga im September nach Deutschland schickte.[241] Das ist viel Geld für Ruandas Justizsystem.

Doch die Deutschen ließen den weltweit gesuchten mutmaßlichen Völkermörder am 4. November 2008 wieder laufen. In der Begründung heißt es: »Gegen Mbarushimana wurde vom OLG Frankfurt am Main am 10.7.2008 die Auslieferungshaft angeordnet aufgrund eines ruandischen Haftbefehls wegen Völkermordes. Gegen die Zulässigkeit der Auslieferungshaft bestanden zu diesem Zeitpunkt keine Bedenken. Dieser Auslieferungshaftbefehl wurde mit Beschluss vom 6.11.2008 wieder aufgehoben, nachdem die Berufungskammer des Internationalen Strafgerichtshofs für Ruanda unter dem 8.10.2008 in einem anderen Verfahren grundsätzlich festgestellt hatte, dass ein faires Verfahren vor den ruandischen Gerichten zum damaligen Zeitpunkt nicht garantiert werden könne.«[242]

Wieder blieb Mbarushimana straffrei. FDLR-Chef Murwanashyaka in Mannheim feierte: »Die FDLR begrüßt die Entscheidung der Justiz, welche die Unschuld von Mbarushimana bestätigt, und hofft, dass das Regime in Kigali und dessen Verbündete bei der Verfolgung von Ruandern eine angemessene Lektion

238 SMS Murwanashyaka an Mudacumura, 10.6.2008, Prozesstag 288, OLG Stuttgart 9.3.2015
239 Interview Martin Ngoga, Kigali, 12.12.2009
240 Generalstaatsanwaltschaft Ruanda, Haftbefehl gegen Callixte Mbarushimana, englische Fassung 2007, eingesehen in Kigali im Juli 2010
241 Gespräch mit Chefermittler Jean Bosco Sibyontore, Kigali Juli 2010
242 E-Mail von Präsidialreferat OLG Frankfurt, 24.10.2013

erhalten.«[243] Glückwünsche aus dem Kongo waren schon am 3. November gekommen. Mudacumura schrieb: »Gott sei Dank! Wir werden Gott immer dankbar sein. Unsere Feinde sollen unzufrieden bleiben!«[244]

Weitere Völkermordtäter in deutscher Abschiebehaft

Callixte Mbarushimana war nicht der erste mutmaßliche ruandische Massenmörder, der damals in deutscher Haft landete, sondern der dritte. Als erster war 2007 der vom ICTR gesuchte Augustin Ngirabatware festgenommen worden – der einstige Planminister Ruandas und einer der Gründer des FDLR-Vorgängergremiums CCR in Kinshasa 1998. 1999 erhob das ICTR Völkermordanklage gegen ihn, 2001 stellte es einen internationalen Haftbefehl aus. Er kam am 17. September 2007 in Frankfurt in Haft. Gegen seine drohende Überstellung an das UN-Tribunal in Arusha reichten seine Anwälte Verfassungsbeschwerde ein; das Bundesverfassungsgericht lehnte die Annahme am 11. August 2008 ab.[245] Am 8. Oktober 2008 wurde der Ruander nach Tansania ausgeflogen; zwei Tage später erschien er erstmals vor dem ICTR in Arusha.[246]

Wie offizielle Kreise bestätigen, verpassten die Polizisten bei Ngirabatwares Verhaftung nur knapp dessen Schwiegeronkel: Félicien Kabuga, der mutmaßliche Hauptfinanzier und Mitgründer des ruandischen Völkermord-Hetzradios *Mille Collines*. Er soll damals unter falschem Namen zur medizinischen Behandlung nach Deutschland gereist sein und bei seinem Schwiegersohn in Frankfurt gelebt haben – und befand sich möglicherweise sogar in der Wohnung, als die Polizei klingelte und Ngirabatware mitnahm.

Der zweite Auslieferungshäftling war der als Flüchtling in Deutschland lebende ruandische Exbürgermeister Onesphore Rwabukombe, der genau an dem Tag festgenommen worden war, als Ruandas Präsident Kagame nach Berlin kam, am 23. April 2008. Er kam in Haft, als er in der Ausländerbehörde im südhessischen Gelnhausen seine Aufenthaltserlaubnis abholen wollte. Auch gegen ihn gab es seit 2007 einen internationalen Haftbefehl aus Ruanda.

Die Völkermordvorwürfe gegen Rwabukombe beschäftigten von 2011 bis 2015 das Oberlandesgericht Frankfurt und den Bundesgerichtshof. Am 11. April 1994 ermordeten demnach Milizen mit Gewehren und Macheten mindestens 1500 Tutsi

243 FDLR-Presseerklärung No 01/CD/NOVEMBRE/2008, gez. Ignace Murwanashyaka, 4.11.2008

244 SMS Mudacumura an Murwanashyaka, 3.11.2008, Prozesstag 281, 4.2.2015

245 Vgl. Kirsch, Stefan: Entscheidungsanmerkung: Überstellung an den Internationalen Strafgerichtshof für Ruanda in Arusha (Tansania). In: Zeitschrift für Internationale Strafrechtsdogmatik, 2008 S. 476-479. www.zis-online.com/dat/artikel/2008_9_269.pdf

246 Ngirabatware pleads not guilty, UNICTR Press Release 10.10.2008. www.unictr.org/en/news/ngirabatware-pleads-not-guilty. Am 20.12.2012 wurde Ngirabatware wegen Völkermordes zu 35 Jahren verurteilt; die Berufungskammer reduzierte dies auf 30 Jahre.

in der Kirche von Kiziguro im Distrikt Byumba im Nordosten Ruandas. Der dorthin geflohene Bürgermeister der Gemeinde Muvumba, Onesphore Rwabukombe, sei der Auftraggeber dieses und anderer Gemetzel gewesen, so der Haftbefehl.[247] Rwabukombe lebte bis zu seiner Verhaftung im hessischen Erlensee bei Frankfurt in einer kleinen Mietwohnung. Der Straßenbauingenieur studierte in den 1980er Jahren in Trier, 1985 ging er nach Ruanda zurück, wurde dort Bürgermeister – damals in Ruanda ein Amt auf Ernennung durch den Präsidenten, das nur treuen Aktivisten der Einheitspartei MRND offenstand. Nach dem Völkermord flüchtete er mit seiner Familie erst nach Tansania, dann durch den Kongo bis nach Brazzaville, schließlich 2002 nach Deutschland. Dort bekam Rwabukombe Asyl. Seit 2007 stand er auf der Interpol-Fahndungsliste. Die deutsche Bundesanwaltschaft startete im März 2008 ein Ermittlungsverfahren. So kam er in Haft.[248]

Aber auch Rwabukombe kam damals zunächst wieder frei, zwei Tage nach Callixte Mbarushimana. Die Grundlage war die gleiche, der Beschluss kam vom gleichen Gericht in Frankfurt: Eine Auslieferung nach Ruanda kam nicht in Frage. »Gegen Rwabukombe wurde vom OLG am 25.3.2008 ein Auslieferungshaftbefehl erlassen, der jedoch am 6.11.2008 wieder aufgehoben wurde«, erklärt das Oberlandesgericht Frankfurt.[249]

Mbarushimana und Rwabukombe kannten sich beide »mehr oder weniger gut«, wie Rwabukombe später zugab. Sie hätten Kontakt aufgenommen, um Adressen von Anwälten auszutauschen.[250] Auch FDLR-Präsident Murwanashyaka wurde um Hilfe für Rwabukombe gebeten.[251] Der Mittelsmann: Eric Bahembera, Nachfolger Murwanashyakas als Vorsitzender der Deutschland-Sektion der Hutu-Exilpartei RDR. Kurz nachdem Rwabukombe im November 2008 wieder freikam, wählte die RDR-Deutschland ihn zu Bahemberas Stellverteter. Er nahm die Wahl nicht an.

Von Kigali nach Karlsruhe: Murwanashyaka im Visier der Justiz

Über die Freilassung Mbarushimanas und Rwabukombes aus deutscher Haft konnte Ruandas Generalstaatsanwalt Ngoga in seinem Büro in Kigali nur fassungslos den Kopf schütteln. »Die Drahtzieher des Genozids, die laufen noch immer frei herum«, empörte er sich.[252]

93 Namen umfasste die Liste der international gesuchten wichtigsten mutmaßlichen Genozid-Täter, die der Generalstaatsanwalt 2008 aufgesetzt hatte. Mbaru-

247 Generalstaatsanwaltschaft Ruanda, Haftbefehl gegen Onesphore Rwabukombe von 2007, eingesehen in Kigali. Zum späteren deutschen Prozess gegen Rwabukombe vgl. Kapitel 5.5, S. 426 ff.
248 Schlindwein, Simone: Von den Toten eingeholt. In: tageszeitung, 18.1.2011
249 E-Mail von Präsidialreferat OLG Frankfurt, 24.10.2013
250 Gespräch mit Onesphore Rwabukombe, Erlensee August 2009
251 Bianco, Marie-Claude: Die seltsamen Freunde. taz.de, 23.3.2011
252 Dies und folgende Zitate: Interview Martin Ngoga, Kigali 12.12.2008

shimana war einer davon. Mit einer verächtlichen Handbewegung knallte Ngoga die Liste auf den glänzend polierten Konferenztisch in seinem geräumigen Büro im obersten Stockwerk der Staatsanwaltschaft in Kigali. Unter seinen sonst so wachen, fokussierten Augen hingen dunkle Schatten. »Es ist einfach nur erschreckend«, murmelte Ngoga, rieb sich die Schläfen, als habe er Kopfschmerzen, und betonte: »Wenn so etwas in Deutschland passiert – mit der Vergangenheit des Holocausts – dann ist das besonders erschreckend.« Er erzählte, er habe mit dem deutschen Botschafter in Kigali gesprochen: »Der sagte, die deutsche Generalstaatsanwaltschaft sei sehr beschäftigt. Doch ich frage mich: Wie viele Völkermord-Fälle gibt es denn?« Er fühlte sich in einer Zwickmühle. »Wie soll ich seiner in Paris oder Frankfurt habhaft werden, wenn meine Auslieferungsgesuche nicht erhört werden? Wir müssen also selbst sehen, wie wir sie finden.«

Ruandas Generalstaatsanwalt stand auf. Im Korridor jenseits der mit Leder gepolsterten Bürotür röhrte ein Akkubohrer. Handwerker hämmerten und klopften. Das heruntergekommene dreistöckige Gebäude wurde gerade renoviert, in den engen Fluren stapelten sich meterhoch Umzugskartons mit schweren Aktenordnern. Ngoga jagte in schnellen Schritten den Gang entlang. Im Stockwerk unter seinem Büro riss er eine Bürotür auf: »Völkermord-Ermittler-Einheit« stand auf einem ausgedruckten Schild an der Tür. Das Büro war kaum größer als eine Gefängniszelle des jüngst in Ruanda fertiggestellten Modellgefängnisses für Völkermordtäter, das gerade mit niederländischen Entwicklungsgeldern gebaut worden war, um in einem immer noch bitterarmen Land Haftbedingungen nach europäischen Standards anzubieten. Drei Schreibtische standen ineinander verkeilt und nahmen fast den gesamten Raum ein. Rund um die Laptops darauf stapelten sich Dokumente. Drei junge Staatsanwälte wühlten sich emsig durch Unterlagen der Gacaca-Dorfgerichte, die in den Jahren zuvor in jeder ruandischen Gemeinde Hunderttausende Angeklagte und Überlebende des Völkermordes miteinander konfrontiert und zahlreiche neue Erkenntnisse an den Tag befördert hatten. Sie suchten nach Material zu den 93 Tätern auf Ngogas Liste. Auf den Rücken prallvoller Aktenordner prangten bekannte Namen: Murwanashyaka. Mudacumura. Mbarushimana. Dessen grauschwarzer Ordner lag ganz oben. In den fast eine Million dokumentierten Gacaca-Prozessen waren immer wieder Hinweise auf den UN-Mitarbeiter aufgetaucht.

Als Mbarushimana im Juli 2008 in Deutschland in Haft geriet, wollte Ruanda endlich auch Taten gegen Murwanashyaka sehen. Am 16. Juli brachte in Ruanda der damalige Chef der Völkermord-Ermittler-Einheit einen 28-seitigen Haftbefehl gegen den FDLR-Präsidenten mit sieben Anklagepunkten höchstpersönlich zur Deutschen Botschaft in Kigali.[253] Er war zwei Tage zuvor unterzeichnet worden. Auf dem Titelblatt des Haftbefehls stand Murwanashyakas Adresse in Mannheim.

253 Gespräch mit Jean Bosco Mutangana, Kigali 12.12.2008

Im Dokument wurde der FDLR-Präsident als Anführer einer Terrororganisation bezeichnet, der direkten Nachfolgeorganisation der ehemaligen ruandischen Armee FAR sowie der Interahamwe. Mord und Verschwörung, Mitglied einer Völkermordbande, Terrorismus und Kriegsverbrechen, Mord, Rekrutierung von Kindersoldaten sowie Vorgesetztenverantwortlichkeit warf die ruandische Justiz Murwanashyaka vor. Er sei auch für die zwischen 1995 und 1999 von der FDLR-Vorgängerorganisation ALIR getätigten Massaker in Ruanda verantwortlich, die zum Ziel gehabt hätten, »Mord mit politisch-ethnischen Motiven zu begehen, die sich gegen Tutsi richten«.[254] Murwanashyaka sei Chef »einer völkermörderischen politisch-militärischen Einheit, stationiert in der Demokratischen Republik Kongo, die von dort aus mit Waffengewalt die demokratisch gewählte Regierung Ruandas zu stürzen versucht«. »Es ist verblüffend, dass dieser Mann frei herumläuft«, entrüstete sich Ngoga im Schlusswort des Haftbefehls an seine deutschen Amtskollegen.

Seit dem ruandischen Haftbefehl war Murwanashyaka weltweit auf der Interpol-Fahndungsliste erfasst.[255] Doch Deutschland blieb für Murwanashyaka ein sicherer Hafen. Der Grund: Das Bundeskriminalamt nahm seinen Namen aufgrund einer Entscheidung des Bundesamtes für Justiz nicht in die bundesweite Fahndungsdatei auf.[256] Das Bundesamt erklärte aber eine Auslieferung für möglicherweise zulässig, und so beantragte die Bundesanwaltschaft am 8. Oktober 2008 einen Auslieferungshaftbefehl gegen Murwanashyaka – zweieinhalb Jahre nachdem der FDLR-Präsident im April 2006 zum ersten Mal in deutscher Auslieferungshaft gesessen hatte und wieder freigekommen war.

Für die deutsche Justiz war das Dilemma in jenem zweiten Halbjahr 2008 groß. Völkerstrafsachen waren und sind für Deutschland keine Routine. Ermittlungen, Anklagen und Prozesse wegen Völkermord hatte es zwar in den 1990er Jahren im Zusammenhang mit dem Jugoslawien-Konflikt mehrfach gegeben, aber seither nicht mehr. Das Völkerstrafgesetzbuch aus dem Jahr 2002 schlummerte ungenutzt in den Regalen. Aber plötzlich sahen sich die Ermittler der zuständigen, gerade im Aufbau befindlichen Abteilung »S4« der Bundesanwaltschaft gleich mit mehreren komplexen Afrika-Fällen konfrontiert.

In den hochmodernen Büros des Generalbundesanwalts und seiner Behörde in der Brauerstraße in Karlsruhe wirkte Ruanda damals wie ein anderer Planet. Horrorvorstellungen und Schreckensbilder verband man damit: Leichenberge, Massengräber, Flüchtlingsströme, Cholera. Obwohl der Trümmerzustand längst überwunden war, konnte sich kaum ein deutscher Ermittler zu jenem Zeitpunkt

254 Dieses und die folgenden Zitate: Haftbefehl RPGR 005/06/KGL/NM, gez. Martin Ngoga, Kigali 14.7.2008, S. 8

255 Interpol-Haftbefehl www.interpol.int/%E8%A4%8C%E8%82%96%E5%B1%91%E8%A4%8C%E8%82%96%E5%86%99en/Wanted-Persons/(wanted_id)/2008-24392

256 Innenministerium Baden-Württemberg, Stellungnahme an den Präsidenten des Landtags, 14.12.2009, S. 4

vorstellen, dass in der Staatsanwaltschaft in Kigali gerade WLAN-Router installiert wurden und die ruandischen Kollegen ein digitales Archivierungssystem wie das der Stasi-Behörde planten.

Immerhin: Die Deutschen kontaktierten Ngoga und zeigten sich »positiv überrascht«, wie ein deutscher Staatsanwalt später zugab. Ruanda hatte die Auslieferung Murwanashyakas beantragt, der gegen die 2006 ausgesprochene Aberkennung seines politischen Asyls klagte; das Bundesamt für Justiz hatte erklärt, gegen eine Auslieferung »bestünden derzeit keine durchgreifenden Bedenken«.[257] Im Rahmen des Asylverfahrens gegen Murwanashyaka fragte das Bayerische Verwaltungsgericht also am 27. Oktober 2008 beim Auswärtigen Amt an, »ob konkrete Vorfälle dafür benannt werden können, dass die FDLR die ihr vorgeworfenen Kriegsverbrechen, Verbrechen gegen die Menschlichkeit und/oder Zuwiderhandlungen gegen die Ziele und Grundsätze der Vereinten Nationen zu verantworten haben«.[258]

Ausgerechnet in dieser Zeit, am 3. November 2008, brüstete sich Murwanashyaka in einem Interview mit der *ARD*-Sendung »Fakt«, er wisse »ganz genau«, was in der FDLR geschieht. Dieses Interview war nach Angaben des Stuttgarts Gerichts der Tropfen, der das Fass zum Überlaufen brachte:[259] Der Generalbundesanwalt nahm offiziell wieder Ermittlungen gegen Murwanashyaka unter dem Völkerstrafgesetzbuch auf. Wenige Tage später jedoch lehnte das OLG Frankfurt Ruandas Auslieferungsbegehren für Rwabukombe und Mbarushimana ab und ließ die beiden mutmaßlichen Völkermörder laufen. Unter Hinweis auf diesen Beschluss verweigerte das OLG Karlsruhe am 8. Dezember 2008 auch eine Auslieferung des FDLR-Präsidenten Murwanashyaka.[260]

Alle Begehren aus Ruanda, in Deutschland befindliche ruandische Staatsbürger vor Gericht in Ruanda stellen zu können, waren somit gescheitert. Jetzt waren die FDLR-Verbrechen im Kongo und der Völkermord in Ruanda endgültig Fälle für die deutsche Justiz. Noch am gleichen Tag erteilte das Bundesjustizministerium dem Generalbundesanwalt eine »Verfolgungsermächtigung« gegen die FDLR-Führung in Deutschland.

257 OLG Karlsruhe, Beschluss 8.12.2008, 1 AK 68/08, S. 1
258 Ebd., S. 2
259 Urteilsverkündung, Prozesstag 320, OLG Stuttgart 28.9.2015
260 OLG Karlsruhe, Beschluss 8.12.2008, 1 AK 68/08

Kapitel 4
»Umoja Wetu«: Krieg gegen die FDLR

BKA-Überwachung aus Mettenheim: Die Ermittlungen laufen

»Morgens machte ich den PC an und schaute, was nachts angefallen war«, berichtet die junge Beamtin des Bundeskriminalamts (BKA). Mit fünf ruandischen Dolmetschern war sie ab dem 8. Dezember 2008 damit beschäftigt, die Telekommunikation von Ignace Murwanashyaka auszuwerten; später kam Straton Musoni dazu. Die deutschen Telekommunikationsfirmen leiteten die Daten direkt auf einen sicheren Server des BKA um; kam keine sichere Leitung zustande, schickten sie die Daten per CD nach Mettenheim zur BKA-Zentralstelle für Kriegsverbrechen und Völkermord.[261] »Da ich nach einiger Zeit mit einigen Telefonnummern vertraut war, selektierte ich auch aus Zeitdruck vor, nach Nummern, die ich als relevant schon kannte«, erläutert die BKA-Beamtin ihre Arbeit.

Über 80 000 E-Mails, Telefonate und SMS wurden gesammelt. Über 9000 Mal kommunizierte Murwanashyaka über seine Homezone-Nummer der Telefongesellschaft O2. Die Beamtin lacht bei ihrer Aussage in Anbetracht der enormen Zahl: »Ich habe aber jedes Ereignis angehört oder gelesen.« Der Vorsitzende Richter Hettich fragt noch einmal nach, um sich zu vergewissern: »Alle 80 000 also fast?« Da lacht die Zeugin erneut: »Ja, deswegen habe ich auch so lange für die Auswertung gebraucht.« Fast ein Jahr lang war sie jeden Tag bis zu acht Stunden damit beschäftigt, oft auch am Wochenende.

Was für die Ermittlungen wichtig sein könnte und was nicht, war nicht immer sofort ersichtlich. Auf einem von Murwanashyaka unter dem Decknamen »Mahoro« geführten E-Mail-Konto war »viel von Prophezeiungen und Erscheinungen die Rede«, erzählt die Kriminalistin und erinnert sich, wie sie die ruandischen Übersetzer fragte, was dies bedeute und ob dies für das Verfahren relevant sei. Diese bestätigten: Dies sei durchaus üblich. Die Heiligen Matthäus oder Maria hätten gesagt, der Krieg solle weitergehen.

Von Murwanashyaka wurden von Dezember 2008 bis zu seiner Verhaftung im November 2009 fünf E-Mail-Adressen sowie zwei Konten für Internettelefonie

261 Dies und die folgenden Angaben: Zeugenaussagen von BKA-Beamten, Prozesstage 16 und 124, OLG Stuttgart 13.7.2011 und 7.1.2013

und sein Homezone-Anschluss überwacht – mit diesem war er zu Hause und unterwegs erreichbar. Von Musoni wurden zwei Handys, ein Festnetzanschluss, ein DSL-Anschluss, ein Konto für Internettelefonie sowie der Mobilfunkanschluss seiner damaligen Ehefrau abgehört, bis Musoni im Juli 2009 nach einem Ehekrach wegzog.

Ab März 2009 wurde auch gegen Musoni auf Grundlage des Völkerstrafgesetzbuches ermittelt. Seitdem fingen die Beamten auch alle seine E-Mails auf der Adresse *fdlr@gmx.net* ab, die sie zuerst Murwanashyaka zugeschrieben hatten. Die E-Mail-Adresse *fdlr@gmx.de*, die auf Murwanashyaka registriert war, hatten die Beamten nicht im Blick. Musonis Internettelefon-Konto, registriert unter seinem Decknamen »Innocent Muhire«, war verschlüsselt. Als das BKA endlich den richterlichen Beschluss hatte, es zu knacken, kamen keine Gespräche mehr an. Musoni habe wenige direkte Kontakte in den Kongo gehabt, sondern vor allem mit den anderen Exilführern Murwanashyaka und Mbarushimana kommuniziert, resümiert die BKA-Beamtin.

Ein anderer BKA-Beamter erläutert vor Gericht, dass auch die Satellitentelefone von fünf hochrangigen FDLR-Offizieren im Kongo abgehört wurden. Dabei bekam das Bundeskriminalamt (BKA) Amtshilfe vom Bundesnachrichtendienst (BND), allerdings unter der Einschränkung, dass nur Telefonate vom Inland ins Ausland und umgekehrt berücksichtigt werden dürften, keine Gespräche vom Ausland ins Ausland. Weitere 1300 Textnachrichten und Telefonate fing also der BND ab.

Um die Kommunikation in den Ostkongo zu gewährleisten, wo es in abgelegenen Gegenden kein Mobilfunknetz gibt, hatte Murwanashyaka in deutschen Campingläden Satellitentelefone für seine Kommandeure im Dschungel und für sich selbst gekauft. In seiner Wohnung fanden die Beamten Quittungen dafür aus dem Jahr 2005, in den Kongo brachte er die Geräte bei seinem damaligen Truppenbesuch. Mit der Zeit fanden die Beamten heraus, wem die fünf Satellitentelefonnummern gehörten, denn die Anrufer meldeten sich mitunter mit Namen. Drei konnten dem Oberkommandierenden Mudacumura zugeordnet werden. Zwei davon hörte der BND vom 3. Februar 2009 bis zum 30. Juli 2009 ab, die andere vom 11. März 2009 bis zum 8. Juni 2009. Die übrigen Nummern wurden dem Zweiten Vizepräsidenten Byiringiro und dem Nord-Kivu-Kommandanten Omega zugeordnet; sie wurden aber nur vom 8. Oktober 2009 bis zum 2. Dezember 2009 abgehört, also kurz vor und nach Murwanashyakas Verhaftung.

Von der Satellitentelefonüberwachung im Kongo hatte sich der BND versprochen, die Nummer von Murwanashyakas Satellitentelefon in Mannheim ausfindig zu machen. Doch vergeblich. Erst bei der Durchsuchung von Murwanashyakas Wohnung fanden sie dann sogar vier Satellitentelefone, eines davon nicht funktionstüchtig. Wichtige Belege von Murwanashyakas Kommunikation mit der FDLR im Kongo gingen den deutschen Ermittlern also wohl durch die Lappen. Die Beamten entdeckten außerdem auf einem PC in Murwanashyakas Wohnung zwei umfangreiche Dateien mit archivierten SMS-Nachrichten seit 2006 – darunter auch einige aus dem Jahr 2009, die ihnen bei der Überwachung nicht untergekommen waren. Die Ermittler stellten im Nachhinein auch fest, dass Murwanashyaka über das WLAN seiner Nachbarn Voice-Over-IP benutzte, worauf sie jedoch keinen Zugriff hatten.

Auch bei Musoni gab es Indizien, dass er über Wege kommunizierte, die die Beamten nicht nachvollziehen konnten. Er verwies in Gesprächen auf Informationen von Kontakten mit FDLR-Kommandeuren, die er laut Kenntnisstand der heimlichen Mithörer gar nicht haben konnte. »Nein, so was sage ich nicht am Telefon«, gab Musoni gegenüber Murwanashyaka in einem Gespräch am 14. Dezember 2008 an.[262] »Ich glaube, das sind Angelegenheiten, über die wir nicht am Telefon sprechen sollen«, sorgte er sich auch beim nächsten Gespräch am 17. Dezember, als die beiden über einen gerade veröffentlichten UN-Bericht über FDLR-Verstöße gegen die UN-Sanktionen diskutierten.[263]

Insgesamt zählte das BKA im Überwachungszeitraum von rund einem Jahr 571 Telefonate und Textnachrichten von Murwanashyakas O2-Nummer mit dem Ausland: unter anderem nach Kongo, Ruanda, Kenia und Namibia. Seine Gesprächspartner im Kongo waren vor allem Mudacumura, Byiringiro und diverse Kommandanten. Wie sie hießen und wer sie waren, entnahmen die BKA-Beamten einem im Dezember 2008 in Kigali veröffentlichten Bericht. Im Auftrag der ruandischen Demobilisierungskommission hatte die Expertin Rakiya Omaar von der Organisation African Rights, die sich seit 1994 mit den Völkermordtätern und den Hutu-Kämpfern im Exil beschäftigte, bei ausführlichen Interviews mit demobilisierten FDLR-Offizieren in Mutobo genaue Informationen zusammengepuzzelt. Nun legte sie persönliche Profile über Dutzende politische und militärische FDLR-Kader an.[264]

Kongos Countdown zum Angriff auf die FDLR

Als die deutschen Ermittler begannen, die Kommunikation abzufangen, war das interne Geschehen der FDLR nicht nur für sie Neuland, sondern auch für die ruandischen Dolmetscher. Immer wieder merkten sie in ihren ersten Übersetzungen an, dass sie manche Abkürzungen und Begriffe nicht verstanden. Es war eine kritische Zeit. Die ruandische Hutu-Miliz im Ostkongo stand Ende 2008 im Zentrum eines schillernden Kaleidoskops rivalisierender Machtinteressen.

262 Telefonat Murwanashyaka und Musoni, 14.12.2008, Prozesstag 18, OLG Stuttgart, 25.7.2011
263 Telefonat Murwanashyaka und Musoni, 17.12.2008, Prozesstag 72, OLG Stuttgart, 25.4.2012
264 Omaar, Rakiya: Targeting the Leadership of Combattants of Foreign Armed Groups Present in the Democratic Republic of Congo, Kigali 2008

Kongos Regierung befand sich in einem Dilemma. Im Januar 2008 hatten alle kongolesischen bewaffneten Gruppen Ostkongos, allen voran die Tutsi-geführte Rebellenarmee CNDP, in Goma ein Ende ihrer Kämpfe zugesagt. Zwei Monate vorher hatten in Nairobi Kongos und Ruandas Regierungen im sogenannten Nairobi-Kommuniqué ein Ende der Unterstützung bewaffneter Gruppen im jeweils anderen Land vereinbart – das betraf Ruandas Unterstützung für den CNDP und Kongos Unterstützung für die FDLR, die nun die Waffen niederlegen sollte.[265] Die FDLR wollte davon aber nichts wissen. Das blockierte auch alle anderen Fortschritte.

Kongos Außenminister Mbusa Nyamwisi unterhielt gute Kontakte zur FDLR. Mit seiner Unterstützung versuchte nun die in Nord-Kivu einflussreiche evangelische Kirche Église du Christ au Congo (ECC) unter ihrem Bischof Jean-Luc Kuye Ndondo, wie Nyamwisi Angehöriger der Nande, Nord-Kivus größter Volksgruppe, die FDLR für eine freiwillige Entwaffnung zu gewinnen. Murwanashyaka war dagegen. Die Umsetzung der Nairobi-Kommuniqués, schrieb er seinem Nord-Kivu-Kommandanten Omega, »ist einfach DDRRR, ohne Begleitmaßnahmen, ohne Bildung eines internationalen Komitees zur Weiterverfolgung, ohne politischen Freiraum«[266] – also ohne Erfüllung der politischen Forderungen an Ruanda, die Murwanashyaka 2005 bei den Verhandlungen von Rom erhoben hatte. Der katholische FDLR-Präsident hielt nichts von den Protestanten der ECC und setzte ausschließlich auf eine Neuauflage der Rom-Gespräche von 2005 mit der katholischen Gemeinde Sant'Egidio.[267] »Beteiligen wir uns nur an Initiativen, die wir hundertprozentig kontrollieren können [...] Wir sind im Kontakt mit Sant'Egidio und ein Treffen mit Matteo ist geplant. Matteo und die Kongolesen sind mit dem Prinzip für ein Treffen zur Bewertung von Rom I und Rom II in Rom einverstanden. Wir sollten uns schon jetzt im Frühling treffen«, hoffte der FDLR-Präsident.[268]

Er selbst habe Sant'Egidio-Vermittler Pater Matteo Zuppi am 6. März 2008 in Frankfurt getroffen und über das Treiben des kongolesischen Außenministers folgende Erkenntnisse gewonnen: »Mbusa hat kein Budget von der Regierung bekommen, er rechnet nur mit dem von Norwegen der ECC via Pax Christi gegebenen Budget [...] Dies zeigt, dass Kabila-Camp die Affäre Rom noch nicht Mbusa gegeben hat. Der versucht, sich nach der Enttäuschung von Rom als Meister zu zeigen. Die FDLR müssen vermeiden, an einem nicht von Kabila unterstützten Treffen teilzunehmen.«[269]

265 Vgl. Kapitel 4.2, S. 247 ff.
266 SMS Murwanashyaka an Omega, 3.5.2008, Prozesstag 288, OLG Stuttgart 9.3.2015
267 Vgl. Kapitel 4.2, S. 231 ff.
268 SMS Murwanashyaka an Byiringiro, 29.2.2008, Prozesstag 287, OLG Stuttgart 4.3.2015
269 SMS Murwanashyaka an Mudacumura und Byiringiro, 16.4.2008, Prozesstag 287, OLG Stuttgart 4.3.2015

Es kam tatsächlich zu einem Treffen in Rom, aber nicht mit der FDLR. Stattdessen kam die FDLR-Abspaltung RUD nach Italien, vertreten durch die einstigen FDLR-Politiker Félicien Kanyamibwa, Christophe Hakizabera und Rafiki Hyacinthe Muhindo.[270] Die Spaltungen von 2004 und 2005, als der Großteil des politischen Flügels sich von Murwanashyaka losgesagt hatte, trugen jetzt Früchte.[271] Kanyamibwa vereinbarte am 9. Mai 2008 in Rom mit Kongo und Sant'Egidio eine »Road Map« zur Entwaffnung der ruandischen Hutu-Kämpfer im Kongo, obwohl er die meisten davon nicht kontrollierte.[272] Die Kämpfer sollten nicht nach Ruanda gehen, sondern »in Zonen, die lebensfähige Bedingungen gewährleisten« unter Obhut der kongolesischen Regierung, mit internationaler Versorgung. Die RUD bekräftigte diese Road Map, ergänzt um die Forderung nach einem »innerruandischen Dialog«, am 28. Mai bei einem weiteren Treffen mit Diplomaten in Kisangani.[273]

Aus der Initiative wurde nicht viel. Am 31. Juli 2008 übergab die RUD bei einer Zeremonie im Ort Kasiki im Distrikt Lubero der Provinz Nord-Kivu 64 Kämpfer mit 41 Waffen und 24 Schuss Munition und 72 Familienangehörige; sie kamen in ein von der protestantischen Kirche ECC mit norwegischen Hilfsgeldern errichtetes Lager, wo sie unter RUD-Kontrolle blieben.[274] Es war wie eine Mini-Neuauflage der fiktiven Demobilisierung von Ex-FAR-Kämpfern in Kamina sieben Jahre zuvor.[275] Nach Ruanda kamen die Kämpfer im Lager von Kasiki nie. Mitten in der gemeinsamen ruandisch-kongolesischen Militäroperation »Umoja Wetu« gegen die FDLR im Januar/Februar 2009 verschwanden sie spurlos aus ihrem unbewachten Lager; die RUD habe sich damals inoffiziell wieder mit der FDLR zusammengetan, berichteten demobilisierte RUD-Kämpfer später.[276]

Wie innerhalb der halb empört, halb belustigt zuschauenden FDLR-Führung berichtet wurde, zahlte Kongos Regierung dem RUD-Politiker Hyacinthe Rafiki Muhindo für die Demobilisierungsaktion 50 000 US-Dollar.[277] Die RUD im Kongo spielte ein Doppelspiel. Sie sprach von Frieden und teilte sich zugleich mit der FDLR die lukrativen Steuereinnahmen auf Schmuggel Richtung Uganda.

270 SMS Murwanashyaka an Omega, 7.5.2008, Prozesstag 288, OLG Stuttgart 9.3.2015

271 Vgl. Kapitel 4.2, S. 226 ff.

272 Feuille de Route sur le Désarmement RUD et RPR, Rom 9.5.2008, gez. Félicien Kanyamibwa, www.nationaldemocraticcongress.org/ndccnd/index.php/explore-and-get-news/latest-news/news-and-blogs/75-kisangani-process-feuille-de-route-sur-le-desarmement-rud-et-rpr

273 Discours des Combattants RUD/RPR à Kisangani, 28.5.2008. www.nationaldemocraticcongress.org/ndccnd/index.php/ndc-updates/135-discours-combattants-rud-rpr-a-kisangani

274 Joint Monitoring Group, 35th Meeting of the Task Force, Goma 15.8.2008, Summary of Minutes of the Meeting wiedergegeben in: Kabel des US-Botschafters in Kinshasa, 25.8.2008. https://wikileaks.org/plusd/cables/08KINSHASA696_a.html

275 Vgl. Kapitel 4.1, S. 209 ff.

276 Notizen der Befragung eines desertierten RUD-Obersts durch die DDRRR-Abteilung der Monuc, Goma 6.7.2009, Prozesstag 96, OLG Stuttgart 10.8.2012

277 SMS Mbarushimana an Murwanashyaka 20.5.2008, Prozesstag 280, OLG Stuttgart 2.2.2015

Murwanashyaka hoffte derweil beharrlich selbst auf eine Einladung nach Rom. »Hab Matteo getroffen«, berichtete er über ein Treffen mit Sant'Egidio-Unterhändler Matteo Zuppi am 6. März 2008 in Europa. »Rom eventuell nach Ostern. Wir haben neun Leute vom Terrain vorgeschlagen.«[278] Ostern verstrich, statt der FDLR ging die RUD nach Rom. »Sollte Rom III stattfinden, dann wird es im Juli 08 oder später passieren«,[279] war Murwanashyaka sich im Juni sicher. Im August berichtete Murwanashyaka dem Sant'Egidio-Vermittler: »Die Kongolesen haben akzeptiert, dass Rom III in kürzester Zeit stattfinden sollte.«[280]

Es ging Murwanashyaka dabei nie um tatsächliche Fortschritte, sondern lediglich um einen Punktsieg: »Rom wird unser Problem nicht endgültig lösen, es wird noch mal zeigen, dass Kigali nicht mit uns verhandeln möchte.«[281] Aber sich stattdessen an den von Kongos Außenminister Mbusa Nyamwisi geleiteten Gesprächen zu beteiligen, »wäre eine Öffnung für neue Infiltration und Meuterei«, tönte Murwanashyaka.[282] In einer außerordentlichen Nachricht an das gesamte FDLR-Direktorenkomitee erklärte der Präsident kurz vor der RUD-Entwaffnungsinitiative von Kisangani: »Ich bekomme Informationen, wonach Kongos Regierung eine Meuterei bei uns organisiert ähnlich wie Mahoro. Alle Einheiten müssen wachsam sein.«[283]

Murwanashyaka witterte überall Verrat. Über die kongolesische Hutu-Miliz Pareco, die eigentlich mit der FDLR kämpfte, schrieb er: »Ich bekomme Informationen, wonach Pareco vom Feind infiltriert wird, um uns zu zerstören. [...] Wachsam bleiben.«[284] Über neue Rekruten der FDLR war er misstrauisch: »Ich habe sichere Information bekommen, wonach Kigali Leute geschickt hat, um die FDLR/FOCA zu infiltrieren [...] Alle neuen und außerhalb des Kongo in diesem Jahr rekrutierten Personen müssen in einen Ort ohne normalen Telefonempfang unter Beobachtung gebracht werden.«[285]

Mitte Mai 2008 beschwerte sich Bataillonskommandeur Hussein aus der Brigade »Bahama« im rohstoffreichen Distrikt Walikale, dass gewisse Bergbaugebiete, die er beanspruchte, einer anderen Einheit zugeschanzt worden seien. Murwanashyaka schrieb daraufhin Omega, dem Nord-Kivu-Kommandanten, Hussein »sucht Gründe, um eine eigene Rebellion zu gründen«.[286] Der Zweite Vizepräsident Byiringiro pflichtete ihm bei: Hussein sei in Kontakt mit Rivalen

278 SMS Murwanashyaka an Omega, 9.3.2008, Prozesstag 287, OLG Stuttgart 4.3.2015
279 SMS Murwanashyaka an Mudacumura 2.6.2008, Prozesstag 288, OLG Stuttgart 9.3.2015
280 SMS Murwanashyaka an Pater Matteo Zuppi, 9.8.2008, Prozesstag 289, OLG Stuttgart 11.3.2015
281 SMS Murwanashyaka an Musenyeri, 2.5.2008, Prozesstag 288, OLG Stuttgart 9.3.2015
282 SMS Murwanashyaka an Mudacumura, 9.2.2008, Prozesstag 287, OLG Stuttgart 4.3.2015
283 SMS Murwanashyaka an Mudacumura und CD, 23.5.2008, Prozesstag 288, OLG Stuttgart 9.3.2015
284 SMS Murwanashyaka an Mudacumura, 18.3.2008, Prozesstag 287, OLG Stuttgart 4.3.2015
285 SMS Murwanashyaka an Mudacumura und Byiringiro, 26.4.2008, Prozesstag 288, OLG Stuttgart 9.3.2015
286 SMS Murwanashyaka an Omega, 14.5.2008, Prozesstag 288, OLG Stuttgart 9.3.2015

der FDLR im Exil, behauptete er. »Hussein kollaboriert mit Rusesa[287], Ingabire[288] [...] Er muss sofort neutralisiert werden.«[289] Murwanashyaka befahl daraufhin seinem Militärchef: »Es ist wichtig, Strafmaßnahmen gegen Hussein so schnell wie möglich zu ergreifen«[290] – nur, um am folgenden Tag zu erfahren: »Hussein ist in der Nacht mit einer Clique geflohen.«[291]

Immer wieder forderte der FDLR-Präsident aus Deutschland heraus Angriffe im Ostkongo. »Erteilen Sie Anweisungen, damit die Operationen gegen Nkunda-Truppen in Sonoki[292] fortgesetzt werden«, schrieb er Mudacumura im März 2008: »Er hat sehr viele Materialien von Kigali bekommen, es ist notwendig, sie zu erbeuten. [...] Unsere Priorität sollte sein, Kontrolle in den von Nkunda zurzeit besetzten Regionen zu gewinnen.«[293] Einen Monat später bekräftigte er gegenüber dem Nord-Kivu-Kommandanten Omega: »Erbeuten Sie so viel Materialien wie es geht, wir werden sie brauchen.«[294]

Förmliche Gespräche mit Kongos Regierung lehnte Murwanashyaka ab. Denn über die Erfüllung des »Blutsbundes« zwischen Kabilas Armee und den ruandischen Hutu-Kämpfern konnte man natürlich nicht offiziell reden. »Wenn die Kongolesen uns was Gutes wünschen, dann sollen sie ein informelles Treffen ohne MONUC machen«, schrieb der FDLR-Präsident seinem Nord-Kivu-Kommandanten. »Wir werden ihnen Vorschläge machen, wie sie uns helfen können, nach Hause zurückzukehren. [...] Wir sollen sie nur treffen, wenn die Möglichkeit besteht, sie zu erinnern, in was wir ihnen geholfen haben, und sie daran erinnern, dass sie uns was schulden, und zwar uns zu helfen, nach Hause zurückzukehren.«[295]

Aber die Hoffnung war vergebens. Im Laufe der Monate freundete sich Kongos Regierung mit der militärischen Option gegen die FDLR an. Der internationale Druck war groß. Anfang Juni 2008 überfielen Bewaffnete zehn Kilometer nördlich der Stadt Rutshuru das Flüchtlingslager Kinyandoni, wo mehrere Tausende vor der FDLR geflohene Bauernfamilien dicht gedrängt in kleinen Plastikzelten lebten. Sie schossen auf eine Menschenmenge. Sechs Menschen starben und 23

287 Paul Rusesabagina, während des Völkermordes Direktor des Hotels »Mille Collines« in Kigali, im Film »Hotel Rwanda« als Held der Rettung von Tutsi gefeiert, scharfer Kritiker von Ruandas Präsident Kagame im US-Exil

288 Victoire Ingabire, Präsidentin der Exilpartei RDR 2003-06 und danach des RDR-geführten Exiloppositionsbündnisses UFDR, seit 2010 in Ruanda in Haft

289 SMS Byiringiro an Murwanashyaka, 17.5.2008, Prozesstag 280, OLG Stuttgart 2.2.2015. Musare war Militärchef der FDLR-Abspaltung RUD nach 2004, Mahoro Gründer der FDLR-Abspaltung CMC 2005

290 SMS Murwanashyaka an Mudacumura, 19.5.2008, Prozesstag 288, OLG Stuttgart 9.3.2015

291 SMS Elie an Murwanashyaka, 20.5.2008, Prozesstag 280, OLG Stuttgart 2.2.2015

292 FDLR-interne Abkürzung für »Sektor Nord-Kivu«

293 SMS Murwanashyaka an Mudacumura, 18.3.2008, Prozesstag 287, OLG Stuttgart 4.3.2015

294 SMS Murwanashyaka an Omega, 21.4.2008, Prozesstag 288, OLG Stuttgart 9.3.2015

295 SMS Murwanashyka an Omega, 19.6.2008, Prozesstag 288, OLG Stuttgart 9.3.2015

wurden verletzt. Die Überlebenden identifizierten die Täter als FDLR; die FDLR dementierte.[296]

MONUC, die USA und die EU sprachen nach dem Massaker von Kinyandoni erstmals von einem »terroristischen Akt« der FDLR.[297] Ab diesem Zeitpunkt berieten die Generäle Kongos, Ruandas und der MONUC offen über Angriffe. Im Gespräch waren massive Truppeneinsätze zur Entfernung der FDLR aus klar definierten Zonen, vorzugsweise in Grenznähe.[298] MONUC bildete dafür acht FARDC-Bataillone aus. Das Training war eher rudimentär. In Lubero übten die Soldaten des 23. FARDC-Bataillons unter Aufsicht indischer UN-Blauhelme das Abseilen aus Hubschraubern, indem sie von Bäumen sprangen.[299]

Kinshasas Ton gegenüber der FDLR wurde härter. »Kaumba hat am 13. Oktober angerufen«, berichtete Murwanashyaka dem Direktorenkomitee im Oktober über ein Gespräch mit dem neuen Sicherheitsberater Kabilas, Kaumba Lufunda: »Die FDLR müssen Leute schicken, damit sie die Kongolesen in Südafrika treffen und ohne Bedingung. […] Wenn wir dieses Angebot ablehnen, werden sie uns angreifen. […] Wir sollen alles, was mit Rom zu tun hat, vergessen. Rom wäre die Ursache, warum die Menschen im Wald geblieben sind. Die Führung der FDLR ist die Ursache, warum die Menschen nicht zurückkehren. […] Ich habe ihm angeboten, dass er seine Delegation hierher, nach Europa, nach Nyabiondo oder Chambucha schickt, damit sie unsere Leute treffen, damit wir uns auf einige Sachen informell einigen können vor jeglichem Treffen. Er hat mein Angebot abgelehnt.«[300]

Doch Kongos Armee griff die FDLR nicht an. Stattdessen brach sie selbst zusammen – vor der Rebellengruppe CNDP. Denn die bei der Goma-Friedenskonferenz im Januar 2008 vereinbarte Integration der bewaffneten Gruppen in die Armee war aufgrund ständiger Streitereien festgefahren. In der letzten Oktoberwoche nahm der in den Masisi-Bergen zusammengezogene CNDP handstreichartig den kompletten Distrikt Rutshuru ein, also das Gebiet bis zur ruandischen und ugandischen Grenze, und rückte auf Nord-Kivus Provinzhauptstadt Goma vor. Die Regierungstruppen flohen panisch aus der Millionenstadt.

Unter dem Eindruck von Kampfhubschrauberangriffen der MONUC und auf massiven Druck Ruandas hin blieb der CNDP vor Goma stehen und marschierte nicht in die Stadt ein. So konnte CNDP-Führer Nkunda Kongos Regierung dazu zwingen, als Preis für seine Zurückhaltung Ruandas Hilfe beim Krieg gegen die FDLR anzunehmen. Das jedenfalls war, was Ruanda von ihm wollte; er

296 FDLR-Presseerklärung 02/SE/CD/FDLR/JUIN/2008, gez. Callixte Mbarushimana, Paris 5.6.2008

297 UN condemns ›terrorist‹ act by rebels in Congo, Reuters 6.6.2008

298 Kabel des US-Botschafters in Kinshasa, 10.6.2008. https://wikileaks.org/plusd/cables/08KINSHASA513_a.html, Kabel des US-Botschafters in Kigali, 11.6.2008, https://wikileaks.org/plusd/cables/08KIGALI410_a.html

299 Veit, Alex: Kongo: Da ist was im Busch. In: tageszeitung, 6.9.2008

300 SMS-Serie Murwanashyaka an CD, 14.10.2008, Prozesstag 289, OLG Stuttgart 11.3.2015

selbst dürfte dies später bereut haben. Während internationale Vermittler Laurent Nkunda in seiner Heimatgemeinde Jomba in den Bergen oberhalb von Rutshuru ihre Aufwartung machten, vereinbarten die Regierungen Kongos und Ruandas den Krieg gegen die FDLR. Am 4. Dezember traf Ruandas Außenministerin Rosemary Museminali in Goma ein, um im Luxushotel Ihusi am Seeufer mit ihrem kongolesischen Amtskollegen den Schlachtplan zu verkünden. »Wir stehen bereit«, sagte Museminali.[301]

Nun blieb der FDLR nur noch Gottvertrauen. Am Abend des 4. Dezember 2008 meldete Murwanashyakas Vertrauter Levite aus Nord-Kivu seinem Präsidenten: »Bei uns haben wir die neuntägige Andacht am Tag des Rosenkranzes beendet [...] Man hat die FARDC beim Wegrennen gesehen; als sie aber an einem bestimmten Ort angekommen sind, hat der Engel sie angehalten und ihnen eine schwere Waffe gegeben. Sie haben dann angefangen, Richtung Ruanda zu schießen.«[302]

»Nicht wie ein Hund sterben«: Interne Machtkämpfe und drohender Krieg

Es wirkt im Nachhinein wie ein absurder Zufall, dass sich FDLR-Präsident Murwanashyaka in seiner ersten vom BKA mitgelesenen E-Mail-Botschaft ausgerechnet anlässlich des Internationalen Tages der Menschenrechte am 10. Dezember 2008 an seine Kämpfer im Kongo wendet.[303] Er berichtet, dass die FDLR-Führung in Europa verfolgt würde, die Verfolgung habe jedoch zum Ende des Jahres an Intensität verloren. Der gemeinsame Plan von Ruanda und Kongo, die FDLR mit Gewalt zu entwaffnen, werde nicht funktionieren. »Alle Abacunguzi sollen Jesus als Vorbild haben. Sie werden ihr Ziel erreichen, nach Ruanda zurückzukehren. Sie müssen Opfer bringen und leiden wie Jesus es getan hat. Sie sollen alles miteinander teilen und sich gegenseitig helfen, sie sollen Jesus danken für seinen Schutz«, mahnte Murwanashyaka und ordnete Gebete an.

Er fürchtete einen Putsch in der FDLR. »Ich habe gehört, dass einige Personen sich zurzeit schlecht verhalten, indem sie den Kongolesen sagen, dass die Führung der FDLR/FOCA sich bald in den kommenden Versammlungen ändern wird«, schrieb er seinem Militärchef Mudacumura am 4. Januar 2009.[304] »Die Leute aus Kigali haben mit kongolesischen Offizieren Angriffe gegen das FOCA-Kommando geplant, um FOCA-Kommandeure zu töten«, berichtete er dem Kir-

301 Rwanda, DRC ministers discuss joint military operations against Interahamwe, AP 4.12.2008
302 SMS Levite an Murwanashyaka, 4.12.2008, Prozesstag 281, OLG Stuttgart 4.2.2015
303 Botschaft zum Internationalen Tag der Menschenrechte am 10.12.2008, Prozesstag 69, OLG Stuttgart 28.3.2012
304 SMS Murwanashyaka an Mudacumura, 4.1.2009, Prozesstag 289, OLG Stuttgart 11.3.2009

chenunterhändler Matteo Zuppi. »Das muss man den Kongolesen nicht sagen, sie glauben, ich weiß es nicht.«[305] Daher traute Murwanashyaka auch neuen Sondierungen über mögliche Gespräche in Kinshasa nicht, die ihn über den RUD-Politiker Rafiki erreichten. Sein Kommentar dazu war ein ruandisches Sprichwort: »Man sollte nicht wie ein Hund sterben, sondern wie ein Mann.«[306]

Als letzte Karte setzte der FDLR-Präsident auf einen abenteuerlichen Joker: eine Rebellion gegen Kabila im Kongo, aus Protest gegen Kabilas Annäherung an Ruanda und CNDP.[307] Die neue Rebellion sollte Bewegung für die Befreiung des Kongolesischen Volkes (MLPC) heißen und vom Ortschef von Buganza, einem Dorf nahe der ugandischen Grenze in einem FDLR-Gebiet, geleitet werden.

Murwanashyakas Vertrauter Levite nahm am 16. Dezember 2008 in Buganza an einem bizarren Treffen mit den MLPC-Gründern sowie Pareco-Vertretern und ugandischen Geheimdienstlern teil. »Tagesordnung: Die Befreiung des Kongo. Ziel: Kivu befreien und dann Kinshasa; den FDLR helfen, damit sie nach Hause zurückkehren. Strategie: Militärbasis in Uganda einrichten, militärische und ideologische Ausbildung, heimliche Zusammenarbeit mit den FDLR. Beschluss: Aufklärungsmission zur Sondierung der internationalen Gemeinschaft, die Organisation der Bewegung gründen. Sonstiges: Angebot des venezolanischen Hugo Chávez an die FDLR aufgrund seiner Beziehung zum verstorbenen Habyarimana und seiner Verbindung zu dessen Kindern: Kriegsmaterial steht in Äthiopien zur Verfügung. Einen Experten für schwere Waffen, der einen ugandischen Pass besitzt, zur Inspektion für den Lufttransport bestimmen.«[308]

Bis zuletzt unterstützten derweil kongolesische Regierungsoffiziere die FDLR militärisch. »Was uns überraschte, war, dass die kongolesische Armee mit der ruandischen Armee kämpfen wollte, obwohl sie uns kurz zuvor Munition gaben«, offenbart vor Gericht in Stuttgart ein ehemaliger hoher Kommandeur. »Kurz zuvor wurde viel Munition von Minova nach Kibua gebracht, es war so viel, wir hatten Probleme, es zu transportieren.«[309] UN-Waffenexperte Claudio Gramizzi bestätigt: »FDLR kam mit Zivilisten aus Minova und Kibua, um die Lieferung abzuholen.«[310] Das sei im Dezember 2008 gewesen.

Ausgerechnet in dieser explosiven Lage war für Mitte Januar 2009 die turnusmäßige Sitzung des obersten FDLR-Führungsgremiums CD (Direktorenkomitee) angesetzt, davor eine Tagung des Oberkommandos. Eifrig wurden Tagesordnungspunkte zwischen Kongo und Deutschland hin- und hergeschickt. Der

305 Telefonat Murwanshyaka und Pater Matteo Zuppi, 11.12.2008, Prozesstag 117, OLG Stuttgart 28.11.2012
306 Telefonat Murwanashyaka und Musoni, 14.12.2008, Prozesstag 18, OLG Stuttgart 25.7.2011
307 Telefonat Murwanshyaka und Pater Matteo Zuppi, 11.12.2008, Prozesstag 117, OLG Stuttgart 28.11.2012
308 SMS Levite an Murwanashyaka, 29.12.2008, Prozesstag 176, OLG Stuttgart 11.9.2013
309 Zeugenaussage, Prozesstag 99, OLG Stuttgart 17.9.2012
310 Zeuganaussage Claudio Gramizzi, Prozesstag 143, OLG Stuttgart 20.3.2013

Zweite Vizepräsident Byiringiro mahnte per E-Mail: »Aktionen von Militär und Politik sind nicht gut koordiniert, jeder nimmt seine Richtung, jeder würde sagen dass das Militär eine eigene Bewegung ist und die FDLR auch.«[311] Byiringiro stand traditionell auf Kriegsfuß mit Militärchef Mudacumura. Murwanashyaka sollte vermitteln – doch er war schon auf Silvesterurlaub tief in Süddeutschland. Er ließ die Streithähne per SMS wissen, er sei erst am 3. Januar zurück und werde sich dann um die Versammlung kümmern. Dann wünschte er den beiden ein gutes Neues Jahr.[312]

Zurück an der Arbeit, vergewisserte sich Murwanashyaka, dass es beim Treffen des Oberkommandos (HC) keine Überraschungen geben werde. Mudacumura bestätigte, die Tagesordnung bestehe lediglich aus Routine: »Über die letzte Versammlung diskutieren; Strafgesetzbuch, Regeln LNC, Rentner/Beerdigungsfragen; Strategie.«[313] Sein Stellvertreter Bigaruka hingegen warnte, die Sitzung könnte stürmisch werden: »Sie wird eine Bewertung von sechs Jahren FOCA durchführen. Die Bilanz wird dann HC veranlassen, über das Weiterbestehen oder Änderung der Mannschaft zu entscheiden. Nur was hier auf dem Terrain deutlich ist: Es gibt eine andere Sicht der Dinge. Viele Leute stellen fest, dass der Kampf sein Gesicht geändert hat, er nimmt die Richtung des Überlebens.«[314]

Das Oberkommando der FDLR-FOCA trat am 14. und 15. Januar 2009 im Hauptquartier auf dem Hügel Kalongi im großen Sitzungssaal zusammen. Aus allen Richtungen waren die Kommandanten anmarschiert, selbst aus Süd-Kivu. Alle drei Jahre musste laut FOCA-Statut dem Oberkommandierenden das Vertrauen ausgesprochen werden. »Das Hauptthema war die Wahl des FOCA-Kommandeurs, da sein Mandat zu Ende war«, erinnert sich ein Teilnehmer vor Gericht in Stuttgart. »Eine Gruppe sagte, wenn Mudacumura im Amt bleibt, wird es Krieg geben. Die andere Gruppe sagte, der Krieg wird nicht stattfinden. Es gab damals schon Berichte über die kommenden Angriffe [...] Die Leute, die im Kontakt mit Kinshasa standen, sagten, Mudacumura blockiert die Friedensverhandlungen, daher sagte man: Wenn er im Amt bleibt, wird es Krieg geben.«[315]

Eine »Änderung der Mannschaft« gab es nicht. Das Oberkommando bestätigte die bisherige Militärführung mit 23 von 30 Stimmen.[316] »Das Vertrauen wurde erneuert. Gottlob!«, berichtete Militärchef Mudacumura seinem Präsidenten am Abend des 14. Januar per SMS aus Kalongi.[317] Der Präsident schrieb noch in der Nacht aus Mannheim zurück: »Glückwünsche! Gott möge gepriesen werden. Ei-

311 E-Mail Byiringiro an Murwanashyaka, 29.1.2009, Prozesstag 167, OLG Stuttgart 15.7.2013
312 SMS Murwanashyaka an Byiringiro, 31.12.2008, Prozesstag 289, OLG Stuttgart, 11.3.2015
313 SMS Mudacumura an Murwanshyaka, 5.1.2009, Prozesstag 281, OLG Stuttgart 4.2.2015
314 SMS Bigaruka an Murwanashyaka, 5.1.2009, Prozesstag 281, OLG Stuttgart 4.2.2015
315 Zeugenaussage, Prozesstag 217, OLG Stuttgart 12.3.2014
316 SMS Omega an Murwanashyaka, 15.1.2009, Prozesstag 281, OLG Stuttgart 4.2.2015
317 SMS Mudacumura an Murwanashyaka, 14.1.2009, Prozesstag 281, OLG Stuttgart 4.2.2015

nige Personen hatten dem Berater des Juniors[318] gesagt, dass sie kommen würden, um die Hardliner zu stürzen. Sie sollen vor Wut kochen!«[319]

Erst ein halbes Jahr später erfuhr Murwanashyaka von seinem Kabinettsdirektor Mukiza, welche tiefen Gräben Mudacumuras Wiederwahl hinterlassen hatte: »Nach der letzten Versammlung des Oberkommandos haben die Leute eine Veränderung erwartet. Diese erfolgte nicht. Was die Soldaten sauer gemacht hat, war die Äußerung des FOCA-Kommandanten: Am Ende seiner Rede hat er gesagt, dass diejenigen, die ihn nicht unterstützt haben, dass sie schlechte Leute sind und der Organisation nicht dienen wollen, aber Gott hat die Organisation geschützt.«[320] Die Unzufriedenheit äußerte sich in zahlreichen Desertionen in den nächsten Monaten – und erleichterte den ruandisch-kongolesischen Krieg gegen die FDLR.

Während die FDLR-Militärchefs im Dschungel berieten, liefen die Kriegsvorbereitungen der Armeen Ruandas und Kongos schon längst auf Hochtouren. Das war nicht nur eine Sache zwischen zwei Regierungsarmeen. In Nord-Kivu war die CNDP-Rebellentruppe die stärkste Armee – also musste sie eingebunden werden. Aber ein Schulterschluss Kinshasas mit Ruanda und dem Tutsi-geführten CNDP würde die Hutu Nord-Kivus in die Arme der FDLR treiben – also musste auch die kongolesische Hutu-Miliz Pareco mit ins Boot. CNDP-Führer Laurent Nkunda sah sich derweil schon als kommenden Präsidenten oder zumindest Armeechef ganz Kongos – das störte die Anti-FDLR-Allianz zwischen Kigali und Kinshasa, also musste ein anderer CNDP-Führer her. CNDP-Stabschef Bosco Ntaganda war dafür genau der Richtige. Ihm stand ein wichtiger Teil der Kampftruppen nahe. Er hatte eher finanzielle als politische Ambitionen. Am 5. Januar 2009 erklärte Ntaganda den bisherigen Führer Nkunda für abgesetzt. Viele Nkunda-treue Kommandanten im CNDP mussten von Ruanda mit Drohungen gezwungen werden, sich Ntaganda unterzuordnen.

Weil die kongolesische Hutu-Miliz Pareco in der Anti-FDLR-Koalition saß und an den Besprechungen teilnahm, war die FDLR offenbar von Anfang an über alles informiert. »Pareco hat sehr gut mit der Reservebrigade zusammengelebt, so dass sie viel zusammenarbeiteten und bei Motorola die gleichen Kanäle hatten«, enthüllt in Stuttgart vor Gericht ein ehemaliger FDLR-Kämpfer.[321] Am 14. Januar 2009, nachdem Kabila die Einsatzpläne gegen die FDLR in Kinshasa abgesegnet hatte, rief Pareco-Präsident Sendugu Museveni seinen FDLR-Amtskollegen Murwanashyaka an: »Ich beteilige mich nicht in dieser Angelegenheit. Demnächst werde ich Mitteilung machen, daß wir das ablehnen. Es gibt keine Schlange, die sich am Schwanz beißt.«[322] Pareco-Militärchef Mugabo aber machte beim Krieg mit, erfuhr

318 Mit »Junior« ist Kongos Präsident Joseph Kabila gemeint, mit »Berater« Sicherheitsberater Kaumba
319 SMS Murwanashyaka und Mudacumura, 14.1.2009, Prozesstag 289, OLG Stuttgart 11.3.2015
320 Telefonat Murwanashyaka und Mukiza, 20.7.2009, Prozesstag 228, OLG Stuttgart 5.5.2014
321 Zeugenaussage Prozesstag 154, OLG Stuttgart 15.5.2013
322 Telefonat Museveni und Murwanashyaka, 14.1.2009, Prozesstag 17, OLG Stuttgart 20.7.2011

Murwanashyaka am nächsten Tag: »Mugabo ist am 14. Januar nach Goma zurückgekehrt. Er ist direkt [...] nach Ruanda gefahren, um die Offiziere von APR[323] zu holen, damit sie mit den Angriffen gegen uns am 19. Januar anfangen.«[324]

Dann gab es noch einen Paukenschlag. Am Nachmittag des 16. Januar 2009, einem Freitag, beraumten wichtige CNDP-Führer, ohne Laurent Nkunda, im Hotel Ihusi in Goma überraschend eine Pressekonferenz an und verkündeten feierlich ein »Ende des Krieges«. Die jahrelangen Feindseligkeiten seien eingestellt, alle Straßensperren würden aufgehoben, hieß es. In Goma breitete sich ungläubiges Staunen aus – seit über zwei Jahren hatten die Menschen im faktischen Belagerungszustand gelebt. Am nächsten Tag folgte eine ähnliche Erklärung der Pareco. Am Wochenende fielen tatsächlich überall die Straßensperren, es gab spontane Freudenfeiern und Verbrüderung zwischen den einstigen Kriegsgegnern. »Jetzt schießen wir alle in dieselbe Richtung – auf die FDLR«, war aus dem CNDP zu hören.[325] Die Anti-FDLR-Allianz war komplett, zur Begeisterung der Kongolesen. Die FDLR war endgültig isoliert.

Ein letztes Mal versuchte Murwanashyaka, den Krieg abzuwenden. Er suchte den Kontakt zu seinem alten kongolesischen Freund John Numbi. »Am laufenden 19. habe ich mit Seninga[326] gesprochen und ihm gesagt, dass er General Numbi bitten soll, nach Nyabiondo zu kommen, um sich mit unseren Leuten informell ohne MONUC zu treffen«, berichtete der Präsident seinem Zweiten Vizepräsidenten Byiringiro in einer Reihe von SMS-Nachrichten. »Damit wir ihn erinnern, was wir mit dem alten Kabila abgemacht haben. Er war selbst dabei. Wir dürfen aber nicht viel von dem Treffen erwarten, weil er das, was sie zusammen mit Kigali unterschrieben haben bezüglich der Angriffe auf uns, nicht kündigen kann. Wir können aber ihn erinnern, dass sie diejenigen sind, die uns im Stich gelassen haben, und wir bitten ihn, uns zu geben, was wir mit dem alten Kabila vereinbart haben, damit wir nach Hause zurückkehren [...] Ich warte, ob General Numbi sagt, ob er nach Nyabiondo kommt oder nicht.«[327]

Der FDLR-Präsident wartete vergeblich. General Numbi war längst als kongolesischer Chef der Operationen gegen die FDLR vorgesehen. Um 5:36 Uhr frühmorgens am Dienstag, dem 20. Januar klingelte auf Murwanashyakas Telefon in Mannheim eine SMS aus dem Kongo: »RPF ist heute Nacht eingetroffen. 20 LKW.«[328]

323 Bezeichnung für Ruandas Armee, alte Bezeichnung für den militärischen Flügel der RPF
324 SMS Hardi an Murwanashyaka, 15.1.2009, Prozesstag 281, OLG Stuttgart 4.2.2015
325 Johnson, Dominic: Neuer Feldzug im Osten Kongos. In: tageszeitung, 22.1.2009
326 Robert Seninga, damals Abgeordneter in Nord-Kivus Provinzparlament, davor Pareco-Mitgründer, heute Leiter der Bergbaukooperative »Cooperama«, die als konfliktfrei zertifiziertes Coltan exportiert
327 SMS Murwanashyaka an Byiringiro, 19.1.2009, Prozesstag 291, OLG Stuttgart 18.3.2015
328 SMS von ungenanntem Teilnehmer an Murwanashyaka, 20.1.2009, Prozesstag 282, OLG Stuttgart 9.2.2015

20. Januar 2009: Ruandischer Einmarsch im Morgengrauen

»Umoja Wetu« heißt auf Deutsch »unsere Einheit«. Es ist ein Begriff aus der ostafrikanischen Suaheli-Sprache, die Lingua franca aller Militärs im Afrika der Großen Seen. Damit bezeichneten die Regierungen Kongos und Ruandas die gemeinsame Militäroperation gegen die FDLR, die am 20. Januar 2009 begann und am 25. Februar 2009 zu Ende ging. Beide Regierungen lobten die »gemeinsame Operation« nach ihrem Ende als beispiellosen Erfolg. Aber zu ihren Auswirkungen gehörte auch eine beispiellose Serie von Verbrechen der FDLR an der ostkongolesischen Bevölkerung, die schließlich ihre Führer vor Gericht in Deutschland brachte.

Am 20. Januar im Morgengrauen kamen bei Munigi auf den Anhöhen nördlich von Goma 2000 Soldaten aus Ruanda über die Grenze in den Kongo, ausgerüstet mit Militärfahrzeugen und schwerem Geschütz.[329] Erster Zwischenhalt: Rumangabo, die große Militärbasis rund 30 Kilometer nördlich im von der Rebellentruppe CNDP kontrolliertem Gebiet. Von da ging es teils direkt nach Westen durch den Virunga-Nationalpark in Richtung der Masisi-Berge, wo das FDLR-Hauptquartier lag, teils nach Norden Richtung Rutshuru und in die weiter nördlich gelegenen FDLR-Gebiete.

Bis zum 20. Januar 2009 hatten die Bewohner der Dörfer im fruchtbaren Tiefland bei Rutshuru unter CNDP-Kontrolle gelebt. Am Morgen des 20. Januar spazierten nun an den verblüfften Dorfbewohnern unangekündigt lange Kolonnen ruandischer Soldaten vorbei, zu erkennen an der aufgenähten blau-gelb-grünen Flagge auf den Uniformen, begleitet von ruandischen Armeefahrzeugen. Am 21. Januar folgten ebenso lange Kolonnen kongolesischer Regierungssoldaten, zu erkennen an ihrem ungeordneten Auftreten. Die CNDP-Soldaten standen am Straßenrand im Gebüsch und staunten: Ruandas Einheiten zogen schnurstracks in die Berge Richtung FDLR – aber die Soldaten der kongolesischen Armee luden in Rutshuru erschöpft ihre Ehefrauen, Kochgeräte und Plastikkanister ab und nahmen das CNDP-Gebiet in Beschlag, ohne einen Schuss abzufeuern. Am Morgen des 23. Januar, an einem Freitag, schlug wie eine Bombe die Nachricht ein, dass ruandische Soldaten den historischen CNDP-Führer Laurent Nkunda verhaftet und nach Ruanda gebracht hätten.

Am Tag davor stand im Dorf Rugari südlich von Rutshuru der traditionelle Hutu-König, Mwami Paul Ndeze, auf der Hauptstraße, wo innerhalb weniger Tage drei verschiedene Armeen unterwegs gewesen waren. Vergeblich versuchte er, einer Schar aufgeregter Obstverkäuferinnen zu erklären, dass auch er nicht verstand, was los war. Zum geplanten Feldzug gegen die FDLR-Milizen hatte der Mwami eine klare Meinung: »Alle sagen: Die Soldaten aus Ruanda werden die

329 Alle Angaben über Truppenbewegungen nach Augenschein im Januar 2009 und Auskunft von Militärverantwortlichen in Kongo und Ruanda

Milizen auf den Straßen suchen, während die sich im Busch verstecken. Es ist ganz anders. Die Soldaten suchen die Milizen im Busch, aber tatsächlich sind sie hier, mitten auf der Straße, während wir reden, oder sie sitzen in den Häusern und gucken zu. Sie sind überall.«[330]

Kalongi, 23. Januar 2009: Flucht aus dem Militärhauptquartier

Am Wochenende vor Ruandas Einmarsch war direkt im Anschluss an das Treffen des FOCA-Oberkommandos das oberste FDLR-Führungsgremium CD (Direktorenkomitee) in Kalongi zusammengetreten, vom 16. bis 18. Januar 2009. Die 32 Mitglieder, jeweils zur Hälfte Zivilisten und Militärs, tagten wie immer geografisch getrennt: die im Kongo saßen im großen Sitzungssaal im Hauptquartier unter Leitung des Zweiten Vizepräsidenten Byiringiro, die in Europa unter Leitung des Präsidenten Murwanashyaka in seiner Erdgeschosswohnung in Mannheim. Entscheidungen wurden per E-Mail hin- und hergeschickt, erinnert sich der Protokollant der Sitzung später vor Gericht: »Wenn sie eine Entscheidung trafen, schickten sie es an die Leute in Europa [...] Ich sah, sie brachten Dokumente in die Versammlung, die die Leute aus Europa geschickt hatten [...] Wo es Meinungsverschiedenheit gab, wurde diskutiert, bis sie sich auf dieses Dokument einigten.«[331] Zum Abschluss der Sitzung am Sonntag, dem 18. Januar beteten alle Teilnehmer im Dschungelhauptquartier gemeinsam und hielten eine feierliche Messe ab. Nicht oft kamen alle politischen und militärischen FDLR-Führer im Kongo zusammen, es wurde viel getrunken, berichtet ein Teilnehmer vor Gericht.[332]

Am nächsten Tag mailte FDLR-Präsident Murwanashyaka die Beschlüsse des ihm unterstehenden Leitungsgremiums an Militärchef Mudacumura. Ab Punkt 40 sind dort folgende Empfehlungen aufgeführt: »Vergewaltigungen und sonstige Verbrechen dürfen nie geduldet werden. Die Straflosigkeit muss beendet werden für Übergriffe gegen die Zivilbevölkerung. Es soll keine Rekrutierung von Minderjährigen geben, es werden Ermittlungen durchgeführt zu angeblichen Übergriffen. Der Zweite Vizepräsident und COMDEF [Verteidigungskommissar] sollen enger mit dem FOCA-Kommando arbeiten, um den makabren Plan der internationalen Gemeinschaft und Kigali zu Fall zu bringen.«[333]

Es folgte die Mahnung zu einer geschlossenen Führung: »Koordination der politischen und militärischen Arbeit durch informelle Treffen«. Mudacumura und Byiringiro sollten jetzt endlich an einem Strang ziehen. Denn Krieg stand vor der

330 Zitiert in: Johnson, Dominic: Nichts ist so, wie es scheint. In: tageszeitung, 24.1.2009
331 Zeugenaussage, Prozesstag 168, OLG Stuttgart 22.7.2013
332 Zeugenaussage, Prozesstag 185, OLG Stuttgart 14.10.2013
333 CD-Beschlüsse, in E-Mail Murwanashyaka an Mudacumura, 18.1.2009, Prozesstage 93 und 123, OLG Stuttgart 30.7.2012 und 19.12.2012

Tür: »Man sagte, dass die Operation wahrscheinlich stattfinden wird«, erzählte vor Gericht ein Generalstabsmitglied.[334]

Um die Truppe über die Beschlüsse der Politiker zu unterrichten, rief Mudacumura nach Abschluss der CD-Versammlung eine Generalversammlung auf dem großen Paradeplatz in Kalongi ein.[335] Mehrere hundert Kämpfer und Offiziere standen dort vor dem General stramm. »Er hat uns die Beschlüsse der Versammlung erzählt«, erinnert sich ein Teilnehmer vor Gericht in Stuttgart.[336] Dort las Mudacumura auch eine E-Mail-Botschaft des Präsidenten vor: »Wir haben seit langem gekämpft. Es ist nicht die erste Operation. Wir haben viele Operationen überlebt, diese werden wir auch überleben. Wir sollen heldenhaft kämpfen.«[337] Noch fühlten sie sich in ihrem Hauptquartier tief im Dschungel, 100 Kilometer Luftlinie von Ruanda entfernt, sicher. Bis spät in die Nacht auf den 20. Januar saßen sie zusammen, mit viel Alkohol.[338]

Früh am Morgen knackte es in den Funkgeräten der Schutzeinheit: Es wurde der Einmarsch der ruandischen Truppen gemeldet.[339] »Auf einmal ging es ganz schnell, was die Leute überraschte, so dass einige Teilnehmer nicht richtig zurückkamen, da Umoja Wetu schon angefangen hatte«, erinnert sich ein Beteiligter später in Stuttgart.[340] Auf einem Schlag musste alles umdirigiert werden, es ging um Krieg. Es gab neue Besprechungen. »Mudacumura sagte uns, dass kongolesische Zivilisten, die zusammen mit kongolesischen Soldaten uns angreifen, dass die FDLR diese Zivilisten als Feind betrachten werden, genau wie die kongolesischen Soldaten. Er sagte, diese Anleitung kam von der obersten Führung der FDLR«, erinnert sich ein Exmajor vor Gericht.[341] Dieser mutmaßliche Befehl, Zivilisten als Kriegsgegner anzugreifen, beschäftigte später das Gericht in Stuttgart jahrelang. Damals hielt Mudacumura seinen Präsidenten per SMS auf dem Laufenden: »Endgültiger Abschluss an diesem 21. um 15 Uhr.«[342]

Ruandas Armee RDF war da bereits im Anmarsch. Sie erreichte über die geteerte Hauptstraße Rutshuru und Kiwanja, passierte die Savanne des Virunga-Nationalparks in Richtung Rwindi und Kibirizi. Am folgenden Tag ging es über die holprige Piste durch den Nyanzale-Wald in Richtung Pinga, ein wichtiger FDLR-Stationierungsort am Eingang zum Distrikt Walikale. Am Mera-Fluss, der die beiden Distrikte Masisi und Walikale voneinander trennt, wurden die ruandischen Soldaten von einem FDLR-Hinterhalt überrascht. Die Truppen des Nord-Kivu-

334 Zeugenaussage, Prozesstag 166, OLG Stuttgart 10.7.2013
335 Interview mit Teilnehmer, Mutobo Februar 2015
336 Zeugenaussage, Prozesstag 185, OLG Stuttgart 14.10.2013
337 Zeugenaussage, Prozesstag 216, OLG Stuttgart 10.3.2014
338 Zeugenaussage, Prozesstag 185, OLG Stuttgart 14.10.2013
339 Interview mit Augenzeuge, Mutobo Februar 2015
340 Zeugenaussage, Prozesstag 166, OLG Stuttgart 10.7.2013
341 Zeugenaussage, Prozesstag 185, OLG Stuttgart 14.10.2013
342 SMS Mudacumura an Murwanashyaka, 20.1.2009, Prozesstag 282, OLG Stuttgart 9.2.2015

Kommandanten Omega, ganz in der Nähe verschanzt, hatten die enge Holzbrücke zerstört. Als die ruandischen Armeefahrzeuge stoppten, stürmten FDLR-Kämpfer aus dem Gebüsch. Es kam zum Feuergefecht, das die überlegenen RDF-Soldaten gewannen. Zu Fuß marschierten sie am dritten Tag, am 22. Januar, weiter – abseits der Straße über die Hügel Masisis nach Süden.

Mudacumura bekam Panik. »Er gab Befehle über Funk an alle Einheiten, Hinterhalte zu legen und nicht mit den Flüchtlingen in einer Kolonne zu fliehen.«[343] Urplötzlich fühlte er sich in seiner Trutzburg Kalongi nicht mehr sicher.

In Mannheim klingelte das Telefon, doch Murwanashyaka nahm nicht ab. Anrufer Andre Kalume, Kommandant der FDLR-Reservebrigade, hörte nur die Computerstimme auf Deutsch: »Herzlich willkommen bei O2. Bitte hinterlassen Sie eine Nachricht nach dem Signalton.« Nach dem Piep-Ton sprach er aufs Band: »Herr Präsident, hier spricht Kalume. Ich rufe Sie wegen dieser Angelegenheit an. Wir haben die Entscheidung getroffen, in den Busch zu gehen – egal, was passiert. Können Sie uns eine Bestätigung von heute Abend geben? Danke, Herr Präsident!«[344]

Bei Einbruch der Dunkelheit verkroch sich General Mudacumura in eine sichere Stellung der Militärpolizei auf einem benachbarten Hügel. An Schlaf war nicht zu denken, schilderte später dessen ehemaliger Verwalter, der dem General nicht von der Seite wich. Schon im Morgengrauen am 23. Januar erteilte er neue Befehle: Die Schutztruppen sollten alles zerstören und nichts Wichtiges zurücklassen. Der Verwalter musste die beiden Laptops und den Kopierer im Wald vergraben. Die Computerdateien hatte Mudacumura auf einem USB-Stick gespeichert, der ihm an einer Kette um den Hals hing. Die Buchhaltung, einst in dicken blauen Kladden abgewickelt, war bereits digitalisiert. Die Bücher wurden verbrannt. Die Generatoren, die schweren Waffen sowie Mudacumuras Biervorräte wurden versteckt: zu schwer zum Tragen.[345]

Spät am Abend des 23. Januar 2009, im Schutz der Dunkelheit, räumte die FDLR-Militärführung ihr Hauptquartier Kalongi, wo sie fünf Jahre lang gelebt hatte. Zeitversetzt in zwei Kolonnen zogen sich die obersten Kommandierenden mit ihren jeweiligen Schutzeinheiten geordnet zurück. Mudacumura verbrachte die Nacht im Busch nahe dem benachbarten Hügel, auf welchem die Militärschule eingerichtet war. Am nächsten Tag marschierten sie los. Zwei Tage kämpften sie sich zu Fuß durch den dichten Wald, ohne Lebensmittel.

Kurz vor Moto, im Ort Brazza, teilte sich der Generalstab auf – aus Sicherheitsgründen. Mudacumura wollte sich über Nyabiondo in Richtung des Distrikts Rutshuru durchschlagen, aber »von Goma kamen ruandische Soldaten, dann gin-

343 Interview mit Augenzeuge, Mutobo Februar 2015
344 Anrufbeantworternachricht von Andre Kalume, 22.1.2009, Prozesstag 282, OLG Stuttgart 9.2.2015
345 Zeugenaussage, Prozesstag 119, OLG Stuttgart 5.12.2012

gen sie nicht weiter und blieben im Wald«,[346] und er verschanzte sich mit einem Teil des Generalstabs in Mukoberwa.[347] Sie mussten sich monatelang im Unterholz des Dschungels verstecken. Stellvertreter Bigaruka zog sich mit den restlichen Generalstabsmitgliedern in die andere Richtung zurück, auf einen Hügel in der Nähe von Brazza. Mudacumura gab den Befehl, alle Telefone auszuschalten – auch die Satellitentelefone. Zur Kommunikation zwischen den beiden Stellungen benutzten sie Läufer mit Stafetten.[348]

Mudacumura hat sein altes Hauptquartier nie wieder betreten. Er schickte noch einmal eine Einheit seiner Leibwächter hin, um die vergrabenen Sachen zu bergen: »Man hat in Kalongi dreimal auf mich geschossen, als ich versteckte Sachen holte«, erinnert sich einer vor Gericht. »Sie haben die Schule und den Ort, wo Ignace Murwanashyaka uns besuchte, zerstört und alle Häuser in Brand gesteckt. In Kalongi gibt es außer Bananen- und Zuckerrohrplantagen nichts mehr.«[349]

Mannheim: Ignace dirigiert den Untergrundkampf

Während Mudacumura im Dschungel untertauchte, erhielt Murwanashyaka in Mannheim alarmierende Nachrichten. Am späten Abend des 24. Januar 2009, ein Samstag, schrieb ihm der Kommandant der FDLR-Militärschule: »Seine Exzellenz, wie geht es Ihnen? Hier ist die Lage sehr ernst. Die FARDC haben an diesem Freitag um 15 Uhr unsere Stellung in Kagusho angegriffen. Es gibt keine Toten und keine Verletzte. Man hat uns gesagt, dass 12 000 APR-Soldaten schon in der RDC eingetroffen sind.«[350] Kagusho liegt entlang der Bezirksgrenze zwischen Masisi und Walikale. Aus einer nahegelegenen FDLR-Position erhielt der Präsident wenige Minuten später eine Textnachricht über Kämpfe. Der Feind habe acht Tote und einen Schwerverletzten zu beklagen: »Wir müssen uns neu einrichten.«[351]

Murwanashyaka war in Alarmstimmung und telefonierte fast täglich mit seinem Vize Musoni in Neuffen. Er war ganz in seinem Element, gab Anweisungen, führte Interviews mit *BBC* und *RFI*.[352] Noch am späten Abend telefonierte der Präsident mit Exekutivsekretär Mbarushimana in Paris, während Musoni bei ihm zu Besuch war. Sie aktualisierten die Homepage und besprachen, was sonst zu tun sei. Murwanashyaka kündigte an, sicher nicht vor ein Uhr ins Bett zu gehen. Auch Mbarushimana war mit Briefen für die FDLR beschäftigt und bestätigte, nicht vor

346 Zeugenaussage, Prozesstag 100, OLG Stuttgart 19.9.2012
347 Zeugenaussage, Prozesstag 62, OLG Stuttgart 27.2.2012
348 Zeugenaussage, Prozesstag 166, OLG Stuttgart 10.7.2013
349 Zeugenaussage, Prozesstag 64, OLG Stuttgart 5.3.2012
350 SMS Bonane an Murwanashyaka, 24.1.2009, Prozesstag 282, OLG Stuttgart 9.2.2015
351 SMS Kimba an Murwanashyaka, 24.1.2009, Prozesstag 282, OLG Stuttgart 9.2.2015
352 Telefoninterviews Murwanashyaka mit BBC und RFI, 21.1.2009, Prozesstag 210, OLG Stuttgart 10.2.2014

drei Uhr früh schlafen zu gehen, Murwanashyaka könne also ruhig später noch mal anrufen.[353]

Aus dem Versteck im Dschungel erreichte den FDLR-Präsidenten eine dringende Nachricht von Militärchef Mudacumura: »Kaufen Sie uns Einheiten für 200 US-Dollar auf die Nummer mit der Ziffer 534 am Ende«, schrieb er.[354] »Machen Sie alles, was möglich ist, um mir Einheiten zu geben, damit ich mit allen Anderen kommuniziere«[355], bettelte auch Vize-Exekutivsekretär Wilson Irategeka. Um das Überleben seiner Organisation zu sichern, musste der FDLR-Chef Geld auftreiben. Musoni sagte ihm, er sei dabei, von Ruandern in der deutschen Diaspora Geld einzutreiben, auch von Mudacumuras Familienmitgliedern im Exil in Europa. »Das brauchen wir dringend [...] ich weiß, dass der Krieg härter wird. Ich möchte, dass es genug Einheiten gibt«, so Murwanashyaka.[356]

Alle wurden vorsichtig, aus Angst vor Überwachung und Ortung durch den Feind. »FOCA-Kommandeure dürfen nicht mehr Telefon anmachen. Sie sollen woanders gehen und Telefon ausmachen für zwei Wochen. Wir wissen dann, dass wir sie nicht erreichen können. Die Einheiten wissen dann, wie sie mit ihnen kommunizieren können«, meinte Musoni.[357] Murwanashyaka erklärte: »Ich werde nicht mehr mit dem Oberkommando der FOCA reden, sondern direkt mit den Einheiten. Es wäre sonst zu gefährlich [...] Es könnte sein, dass sie Raketen haben«, fürchtete er. Musoni warnte: »Die Geräte sollen ausbleiben oder woanders gelagert, sie können lokalisiert werden [...] Auch unsere E-Mails und SMS werden gelesen und Informationen, die wir austauschen und Gespräche«.[358]

Murwanashyaka wies daraufhin seine Kommandanten im Dschungel an: »In schwierigen Zeiten mit der Benutzung von mobilen Telefonen, darunter Thuraya, sehr aufpassen, weil es Geräte gibt, die diese Telefone von weit her lokalisieren können. Wenn die Telefone aus sind, muss man die Akkus herausnehmen, damit diese Telefone nicht die Wellen senden, die benutzt werden können, um sie zu lokalisieren.«[359] Nord-Kivu-Kommandant Omega bestätigt sofort und fügt hinzu: »Die schweren Zeiten sind vor uns.«[360] Und auch Süd-Kivu-Kommandant Musenyeri bedankt sich: »Gott segne Sie. Ich habe Ihre Ratschläge bezüglich der Sicherheit bei Telefongesprächen erhalten. Sie haben recht. Es wird langsam Zeit. Jesus Christus und die Jungfrau Maria sind zusammen mit uns. Es wird uns nichts fehlen. Sie sollen keine Sorge haben.«[361]

353 Telefonat Murwanashyaka und Mbarushimana, 22.1.2009, Prozesstag 263, OLG Stuttgart 5.11.2014
354 SMS Mudacumura an Murwanasyhaka, 26.1.2009, Prozesstag 283, OLG Stuttgart 11.2.2015
355 SMS Irategeka an Murwanashyaka, 28.1.2009, Prozesstag 283, OLG Stuttgart 11.2.2015
356 Telefonat Murwanashyaka und Musoni, 25.1.2009, Prozesstag 19, OLG Stuttgart 27.7.2011
357 Ebd.
358 Telefonat Murwanashyaka und Musoni, 26.1.2009, Prozesstag 115, OLG Stuttgart 21.11.2012
359 SMS Murwanashyaka an Omega, 29.1.2009, Prozesstag 283, OLG Stuttgart 11.2.2015
360 SMS Omega an Murwanashyaka, 29.1.2009, Prozesstag 283, OLG Stuttgart 11.2.2015
361 SMS Musenyeri an Murwanashyaka, 29.1.2009, Prozesstag 283, OLG Stuttgart 11.2.2015

Kibua, 27. Januar 2009: Das politische FDLR-Hauptquartier fällt

Nach dem FDLR-Militärhauptquartier in Kalongi war eines der nächsten Ziele der »Umoja Wetu«-Truppen das politische FDLR-Hauptquartier in Kibua weiter südlich. CNDP-Kämpfer, jetzt als Teil der Anti-FDLR-Koalition mit Ruandas und Kongos Armeen verbündet, marschierten unter dem Kommando von CNDP-Oberst Baudouin Ngaruye über die ihnen seit Jahren vertrauten Bergpfade über Mushaki und Ngungu dort hinauf. In diesem Südteil des Distrikts Masisi, dem Kreis Ufamandu, koexistierten einst Tutsi-Großfarmen mit Hutu-Bauern, dazu kommen alteingesessene Bevölkerungen der Volksgruppen der Tembo und Bahunde. Es ist die Heimat zahlreicher Kriegsführer.

Kibua schmiegt sich ins Tal des Nyabarongo-Flusses zwischen drei Hügeln. In Kibua kreuzen sich zwei schmale Straßen, die in Trockenzeiten mit Motorrädern befahrbar sind: eine gen Norden nach Katoyi, eine andere nach Osten bis an den Kivu-See und Richtung Westen in die Wälder des Distrikts Walikale, über Mangere, Kipopo und Busurungi bis nach Hombo an der Grenze zu Süd-Kivu. All diese Orte kamen in der Folge zu trauriger Berühmtheit. Auf einem der Hügel am Ortsrand hatte die zivile Verwaltung der FDLR, zuständig vor allem für die ruandischen Hutu-Flüchtlinge, ihren Sitz unter dem Zweiten Vizepräsidenten Victor Byiringiro und dem stellvertretenden Exekutivsekretär Wilson Irageteka. Im Tal lebten in einfachen Hütten mit Strohdächern nach FDLR-Angaben bis zu 10 000 Menschen, die meisten davon ruandische Hutu-Flüchtlinge.[362]

Im Umkreis von Kibua waren Einheiten der FDLR-Reservebrigade stationiert – Kibua war für die FDLR ein strategischer Ort, lebten dort doch so viele ihrer Frauen und Kinder. Viele FDLR-Kämpfer verbrachten stets ihren Front-Urlaub in Kibua.[363] Das Bataillon Zodiaque der Reservebrigade hatte sein Hauptquartier mit schweren Waffen in der Nähe, im Ort Kaleta.[364] Als der Krieg sich näherte, wurde auch das Bataillon Mirage aus Remeka dorthin verlegt.

Ab Montag, 26. Januar 2009, herrschte Aufregung in Kibua. Es war Markttag, erzählt ein ehemaliger FDLR-Zeuge: »Am Montag wurden die Waren geliefert und es gab das Gerücht, dass der Krieg beginnen wird.«[365] Ein anderer früherer Kämpfer, der in Kibua stationiert war, erinnert sich: »Am Montagmittag kamen Leute vom Kommando der Brigade. Sie sagten, demnächst wird es Krieg geben, die Leute sollen fliehen.«[366]

»Ich habe den Leuten gesagt, dass sie ihre Habseligkeiten packen sollen. Ich bin in Kibua geblieben, um die Situation zu beobachten«, erzählt ein FDLR-

362 Zeugenaussage, Prozesstag 67, OLG Stuttgart 21.3.2012. Vgl Kapitel 1.5, S. 59 f.
363 Zeugenaussage, Prozesstag 59, OLG Stuttgart 13.2.2012
364 Zeugenaussagen, Prozesstage 59 und 220, OLG Stuttgart 13.2.2012 und 24.3.2014
365 Zeugenaussage, Prozesstag 163, OLG Stuttgart 1.7.2013
366 Zeugenaussage, Prozesstag 59, OLG Stuttgart 13.2.2012

Kämpfer von jenem Nachmittag. »Gegen 15 Uhr begannen die Zivilisten in Richtung Walikale zu fliehen«, nach Westen in Richtung der dichten Wälder, weg vom anrückenden Feind. »Ich habe dann das kleine Zentrum von Kibua gegen 17 Uhr verlassen [...] Meine Frau war schon geflohen [...] Bevor ich nach Hause ging, hatten wir [...] Bomben gehört in der Nähe von Kaleta wo das Bataillon Zodiaque war.«[367]

Am späten Abend schlugen rund 300 FDLR-Kämpfer der Reservebrigade und Militärpolizei in Kibua auf. Ein Exkämpfer der Aufklärungseinheit CRAP bei der FDLR-Militärpolizei erzählt vor Gericht, wie er an jenem Tag mit seiner Kompanie aus seiner Stellung bei Remeka geflüchtet war: »Wir sind in Kibua um 23 Uhr angekommen«, erinnert er sich: »Es waren keine Zivilisten mehr da.«[368]

Am nächsten Morgen seien die Kommandeure von den Anführern der örtlichen Mayi-Mayi-Miliz gerufen worden – Bigembe Turinkinko, ein kongolesischer Hutu-Bauernverbandsführer aus der Gegend, dessen Hutu-Gruppe »FAC-Mongol« bislang mit der Hutu-Miliz Pareco gegen die Tutsi-Guerilla CNDP gekämpft hatte. Der stellvertretende Kommandant der FDLR-Reservebrigade, Oberstleutnant Anaclet Hitimana alias Kabuyoya oder Odilo, sei losmarschiert, beschützt von seinen Leibwächtern. Sie dachten, sie gingen zu ihren Freunden. »Der Brigadechef und S3 wurden gerufen für ein Treffen wie üblich«, erinnert sich der ehemalige FDLR-Militärpolizist weiter.[369] »Wir dachten, FAC wäre immer noch unser Verbündeter.«[370] Doch nur knapp 15 Minuten später hörten die FDLR-Kämpfer Schüsse: Das Treffen war eine Falle. Die Kommandanten wurden erschossen.[371] »Ihre Eskorte kam zurück und erzählte es. Da waren wir schon umzingelt. Der Kommandant sagte, es bleibt keine Möglichkeit, wir müssen kämpfen.«[372]

Ein Offizier des Schutzbataillons in Kibua spricht vor Gericht in Stuttgart von rund 30 Minuten Schusswechseln. »Die Reservebrigade hat nicht in Kibua gekämpft«, moniert er. »Plötzlich war der Feind bei uns angekommen aus der Richtung, wo die Reservebrigade war.«[373] Byiringiro berichtete viel später seinem Chef nach Mannheim per SMS, er sei an jenem Morgen zusammen mit Irageteka beinahe gefangengenommen worden, als beide auf die Evakuierung warteten und dachten, die Reservebrigade würde den Angriff abwehren.

»In Wirklichkeit hatten sich diese Einheiten in Luft aufgelöst ohne Vorwarnung«, schimpfte Byiringiro in seinem Rechenschaftsbericht an Murwanashyaka. »Seit dem Vorabend waren Offiziere, Unteroffiziere und die Truppen damit be-

367 Zeugenaussage, Prozesstag 69, OLG Stuttgart 28.3.2012
368 Zeugenaussage, Prozesstag 58, OLG Stuttgart 8.2.2012
369 Zeugenaussage, Prozesstag 59, OLG Stuttgart 13.2.2012
370 Zeugenaussage, Prozesstag 58, OLG Stuttgart 8.2.2012
371 Zeugenaussage, Prozesstag 59, OLG Stuttgart 13.2.2012
372 Zeugenaussage, Prozesstag 58, OLG Stuttgart 8.2.2012
373 Zeugenaussage, Prozesstag 154, OLG Stuttgart 15.5.2013

schäftigt, ihre Familien, ihre gigantischen Besitztümer und unzählige Waffen zu evakuieren. Der Feind [...] benutzte überraschende Wege; er schoss nicht, auch wenn er beschossen wurde.«[374] Das ganze Debakel habe einen einfachen Grund, so der Zweite Vizepräsident weiter – aufgrund der früheren Zusammenarbeit zwischen FDLR und Pareco benutzten beide immer noch dieselben Motorola-Frequenzen, so dass die zu den »Umoja-Wetu«-Truppen gewechselte Pareco den kompletten Funkverkehr der FDLR-Offiziere mithörte.

Vor Gericht sagen Exkämpfer, dass viele Zivilisten da bereits aus Kibua geflohen waren: Die kongolesischen Zivilisten »gingen nach Kipopo und Remeka«, während sich die FDLR-Kommissare und Politiker mit Militärpolizei und den letzten Hutu-Flüchtlingen Richtung Mianga und Busurungi zurückzogen.[375] »Die Zivilisten waren vor uns, sie laufen nicht so schnell wie Soldaten, daher haben wir Hinterhalte gelegt, damit die Zivilisten fliehen können und genug Zeit haben.«[376]

Der letzte offene Fluchtweg war am Ende die wackelige aus Bambus geflochtene Hängebrücke über den Fluss. Der lokale Mayi-Mayi-Kommandant Oberst Limenzi Kanganga von der Tembo-Volksgruppe organisierte die Flussüberquerung.[377] »Da es viele Leute waren, ist die Brücke kaputt gegangen, bevor wir den Fluss überqueren konnten«, erinnert sich ein Exkämpfer vor Gericht an die dramatische Fluchtaktion. »Da die feindlichen Soldaten hinter uns waren, gab es keine Zeit, die Brücke zu reparieren. Einige fingen an zu schwimmen.« Am anderen Ufer angelangt, flohen die Kämpfer und Zivilisten in die dichten Wälder.[378]

»Hallo, wir haben Kibua verlassen, der Feind ist jetzt dort«,[379] schrieb Irategeka am nächsten Tag Murwanasyhaka in Deutschland. Er war mit zahlreichen ruandischen Hutu-Flüchtlingen Richtung Busurungi gezogen, rund zwei Tagesmärsche entfernt.[380] Als auch in diese Region Kongos Armee einrückte, flohen sie weiter in Richtung Mianga.

Die FDLR kehrte nie wieder nach Kibua zurück. Kibua wurde von den Angreifern abgebrannt: »Sie haben dort alles verbrannt, niemand ging zurück.«[381]

Einige geflohene Kongolesen zogen in die Gegenrichtung, nach Osten, und erreichten schließlich die Flüchtlingslager um die Provinzhauptstadt Goma. Zwei Wochen nach der Schlacht um Kibua warf die Menschenrechtsorganisation Hu-

374 Allgemeine Lage nach drei Monaten Feindseligkeiten. SMS-Serie Byiringiro an Murwanashyaka, 20.4.2009, Prozesstag 284, OLG Stuttgart 23.2.2015
375 Zeugenaussage, Prozesstag 161, OLG Stuttgart 24.6.2013
376 Zeugenaussage, Prozesstag 57, OLG Stuttgart 6.2.2012
377 Zeugenaussage, Prozesstag 69, OLG Stuttgart 28.3.2012
378 Zeugenaussage, Prozesstag 162, OLG Stuttgart 26.6.2013
379 SMS Irategeka an Murwanashyaka, 28.1.2009, Prozesstag 267, OLG Stuttgart, 26.11.2014
380 Zeugenaussage, Prozesstag 161, OLG Stuttgart 24.6.2013
381 Ebd.

man Rights Watch auf der Grundlage von Aussagen dieser Flüchtlinge der FDLR schwere Verbrechen in Kibua vor. Die FDLR habe Zivilisten als »menschliche Schutzuschilde« eingesetzt: »Zeugen sagten, dass die Zivilisten zu fliehen versuchten, als die Koalitionskräfte Kibua am 27. Januar angriffen. Die FDLR hackte viele Zivilisten zu Tode und andere starben im Kreuzfeuer. Ein Zeuge sah, wie FDLR-Kämpfer mindestens sieben Menschen töteten, darunter eine schwangere Frau, deren Bauch aufgeschlitzt wurde. Ein anderer sah einen FDLR-Kämpfer ein zehnjähriges Mädchen gegen eine Ziegelmauer zu Tode schlagen. Als die FDLR floh, entführte sie Dutzende Zivilisten und zwang sie, ihre Güter zu tragen.«[382]

Es waren die ersten Berichte über systematische Greueltaten der FDLR während der Operation »Umoja Wetu«. Sie wurden im ausführlichen Bericht von Human Rights Watch »You Will Be Punished« von Ende 2009 wiederholt[383] und finden sich auch, wortgleich bis ins Detail, in der deutschen Anklage gegen Murwanashyaka und Musoni.[384]

Insgesamt, so die Menschenrechtsorganisation in ihrer am 13. Februar 2009 veröffentlichten Erklärung, tötete die FDLR zwischen 20. Januar und 8. Februar mindestens 100 Zivilisten. Noch am gleichen Tag schickte Murwanashyaka eine E-Mail mit der Betreffzeile »Wir werden diese Lügen bestreiten« an seine FDLR-Führungskollegen Musoni und Mbarushimana in Europa, in die er die Erklärung der Organisation kopierte.[385] Ein Tag später folgte ein »Kommuniqué-Entwurf, dringend«. Darin wurden die Vorwürfe »vollkommen grundlos, widersprüchlich, unzuverlässig« genannt.[386]

Von Versuchen der FDLR-Führung in Europa, genauer herauszufinden, was in Kibua geschehen sein könnte, ist nichts bekannt. Murwanashyakas Recherche erschöpfte sich der überwachten Kommunikation zufolge in einem Telefonat mit einer lokalen Kontaktperson, die er fragte: »Ich wollte dich jetzt nur über Kibua fragen, weil man erzählt, dass die FDLR dort über 100 Leute getötet hat. Haben dort über 100 Leute gewohnt?« »Ja, das kann sein«, erhielt er zur Antwort. Zum Abschluss sagte der FDLR-Präsident: »Es geht um Lüge. Es handelt sich um Hutu. Warum sollte die FDLR Hutu töten?«[387]

382 Human Rights Watch: DR Congo: Rwandan Rebels Slaughter Over 100 Civilians, 13.2.2009. www.refworld.org/docid/49991d891a.html

383 Human Rights Watch: »You Will Be Punished«: Attacks on Civilians in Eastern Congo, Dezember 2009, S. 58 f., www.hrw.org/sites/default/files/reports/drc1209webwcover2.pdf

384 Anklageverlesung, Prozesstag 1, OLG Stuttgart 4.5.2011

385 E-Mail Murwanashyaka an verschiedene FDLR-Adressen, 13.2.2009, Prozesstag 93, OLG Stuttgart 30.7.2012

386 E-Mail Murwanashyaka an verschiedene FDLR-Adressen, 14.2.2009, Prozesstag 273, OLG Stuttgart 17.12.2014

387 Telefonat Murwanashyaka und Alphonsine Ntarwali, 14.2.2009, Prozesstag 228, OLG Stuttgart 5.5.2014

»Jeder Kongolese ist jetzt unser Feind«: Blutspur durch die Dörfer

Die Attacke auf Kibua traf die FDLR an ihrer schwächsten Stelle. Jetzt rannten auch ihre politischen Amtsträger davon und ihre Frauen und Kinder, nach Jahren relativer Ruhe – wie 1996/97. Die Tutsi-Kämpfer des CNDP, die hier für die Operation »Umoja Wetu« im Einsatz waren, rollten das Kernland der FDLR auf. Die lokale kongolesische Bevölkerung aus Hutu, Tembo und Bahunde und deren Milizen, die bislang mit der FDLR Tür an Tür gelebt hatten, wechselten ebenfalls die Seiten: Endlich wurden sie die fremden Rivalen los. Byiringiro schrieb Murwanashyaka am 2. Februar: »Der Feind konzentriert alle seine Anstrengungen auf CE[388] und auf die Bevölkerung, die mit uns ist. Sie werfen Bomben und schießen mit Maschinengewehren auf uns, ohne zu unterscheiden. Mayi-Mayi-Tembo hat mit dem Feind koaliert.«[389]

Den Fluchtspuren der ruandischen Hutu-Kämpfer folgte eine Blutspur, wie 1996. Dieses Mal war die FDLR bis an die Zähne bewaffnet – und auf Vergeltung aus: Überall hinterließ sie verbrannte Erde, verbrannte Dörfer, tote Zivilisten. »Jeder Kongolese ist jetzt unser Feind«, soll der Oberkommandierende Mudacumura zu Beginn der Operation gesagt haben.[390] Wie Dominosteine fiel der FDLR bei ihrer Flucht vor den anrückenden Feinden ein Dorf nach dem anderen zum Opfer: Dörfer, in denen sie selbst jahrelang gelebt, Geschäfte betrieben und Frauen geheiratet hatten. Kikoma, Bukumbiri, Katoyi, Kihundu, Mangere, Lushebere, Ngungu, Nyakabasa, Ufamando, Nunyakagendo, Fungaramacho, Katagunda, Kishonja, Remeka – über eine ganze Seite erstreckt sich die Liste der im Bericht von Human Rights Watch genannten Orte rund um Kibua, in denen die FDLR Ende Januar und Anfang Februar 2009 Zivilisten getötet, Häuser niedergebrannt, Frauen vergewaltigt haben soll.[391]

In Remeka, Kreisstadt von Ufamandu und Heimat der beiden zu FDLR-Gegnern gewandelten Mayi-Mayi-Führer Limenzi und Bigembe, trommelten die FDLR-Kämpfer demnach die Bevölkerung zusammen und beschwerten sich, die Mayi-Mayi hätten sie verraten. »Die FDLR sagten uns, dass wenn jemand auf sie schießt, sie uns verantwortlich machen und uns töten würden«, zitierte Human Rights Watch einen geflohenen Bewohner. Danach hätten die Kämpfer die Dorfversammlung mit Granaten und Gewehren beschossen und mit Macheten attackiert. »Als ich wegrannte, sah ich überall Leichen liegen«, wurde die Aussage wiedergegeben.[392] Vor Gericht in Stuttgart kommt Remeka nur einmal beiläufig zur Sprache, als ein FDLR-Major auf Nachfrage bestätigt, dass die FDLR den Ort

388 Exekutivkomitee der FDLR
389 SMS Byiringiro an Murwanashyaka, 2.2.2009, Prozesstag 283, OLG Stuttgart, 11.2.2015
390 Zeugenaussage, Prozesstag 219, OLG Stuttgart 19.3.2014
391 Human Rights Watch: »You Will Be Punished«, 2009, S. 157
392 Human Rights Watch: DR Congo: Rwandan Rebels Slaughter Over 100 Civilians, 13.2.2009

in Brand gesteckt habe. Als Grund gibt er an: »Ich glaube, weil sie mit ruandischen und kongolesischen Soldaten zusammengearbeitet haben.«[393]

In Mangere fackelte die FDLR wenige Tage nach der Flucht aus Kibua Häuser ab, tötete sechs Kongolesen.[394] Der Ort liegt nur wenige Kilometer südlich von Kibua, auf dem schmalen Weg Richtung Kipopo. »Als die Kämpfe nach Kibua kamen, sind die Zivilisten geflohen, die Ehefrauen von Soldaten der Reservebrigade flohen nach Mangere«, erinnert sich vor Gericht ein Major der FDLR-Militärpolizei. »Die Mayi-Mayi waren dort und vergewaltigten die Frauen.« Eine der Frauen habe der FDLR-Reservebrigade davon berichtet. »Aus Wut wurde die Siedlung angezündet, weil die Frauen vergewaltigt wurden.«[395]

Später soll der Dorfchef von Mangere die FDLR um Verzeihung gebeten und gesagt haben, sie konnten nichts dafür, so ein weiterer Zeuge: »Sie haben gesagt, dass es die Mayi-Mayi sind, die die ruandischen und kongolesischen Soldaten hergebracht haben«.[396] Mayi-Mayi-Führer in Mangere war Oberst Limenzi, der noch bei der Flucht aus Kibua der FDLR geholfen hatte.[397]

Der nächste größere Angriff, der in der Anklage gegen die beiden FDLR-Führer in Deutschland Erwähnung findet, soll am 13. Februar 2009 stattgefunden haben, als Human Rights Watch seinen ersten Bericht veröffentlichte. Schauplatz war Kipopo – der nächstgelegene Ort nach Mangere entlang der schmalen Straße, auf welcher die FDLR-Truppen und mit ihnen verbliebenen Zivilisten flohen. »Als die Flüchtlinge in Kipopo ankamen, wurden sie alle von Mayi-Mayi getötet«, berichtet ein Kämpfer vom Hörensagen vor Gericht. »Sie haben die Flüchtlinge in einem Busch gefunden, sie hatten sich versteckt dort, wo Rumuli (Byiringiro) war, sie haben die Flüchtlinge grausam getötet. Die Spezialkompanie machte dann einen Angriff, um sich zu rächen.«[398]

Bei Kipopo war die »Compagnie Spéciale« der Reservebrigade unter Kommandeur Vainqueur stationiert. Er habe den Angriff angeordnet, nachdem er erfuhr, dass sich feindliche kongolesische Einheiten in Kipopo niedergelassen hätten:[399] »Die FDLR hat dann nachts angegriffen. Sie haben gekämpft und die Häuser angezündet. Es waren keine Zivilisten in Kipopo. Dort waren Mayi-Mayi. Die Zivilisten hatten Kipopo verlassen.«[400]

Die FDLR habe Kipopo angegriffen, »um die dortige Zivilbevölkerung zu bestrafen«, steht dazu in der deutschen Anklage gegen Murwanashyaka und Musoni. »Die FDLR-Kämpfer zündeten mindestens 100 Häuser an, nachdem sie etliche

393 Zeugenaussage, Prozesstag 99, OLG Stuttgart 17.9.2012
394 Human Rights Watch: »You Will Be Punished«, 2009, S. 157
395 Zeugenaussage, Prozesstag 99, OLG Stuttgart 17.9.2012
396 Zeugenaussage, Prozesstag 219, OLG Stuttgart 19.3.2014
397 Zeugenaussage, Prozesstag 69, OLG Stuttgart 28.3.2012
398 Zeugenaussage, Prozesstag 121, OLG Stuttgart 12.12.2012
399 Zeugenaussage, Prozesstag 118, OLG Stuttgart 3.12.2012
400 Zeugenaussage, Prozesstag 57, OLG Stuttgart 6.2.2012

Dorfbewohner in ihren Häusern eingesperrt hatten. Mindestens 15 Zivilisten, davon acht Kinder, verbrannten. Außerdem erschossen die Milizionäre eine Frau, eine andere wurde mit zahlreichen Messerstichen getötet.«[401]

Zwei Tage nach dem Angriff auf Kipopo, am 15. Februar, so die deutsche Anklage weiter, verübten FDLR-Milizionäre an einem ungenannten Ort ein besonders grausames Verbrechen auf einem Kartoffelacker. Sie umzingelten Bäuerinnen auf dem Feld, »hielten sie fest und vergewaltigten sie eine nach dem anderen«. Sie banden eine an einen Baum und sie musste hilflos zusehen: »Anschließend übten die sieben Kämpfer jeweils nacheinander mit der Nachbarin gegen deren Willen den Geschlechtsverkehr derart brutal und gewaltsam aus, dass diese noch am Tatort aufgrund der ihr so zugefügten Unterleibsverletzungen verblutete.«[402]

»Seid wachsam!« Angst vor Deserteuren und Verrätern

Die FDLR versuchte auch, Kontakte zu ihren alten Freunden in Kongos Armee zu halten. FDLR-Militärsprecher Edmond Ngarambe alias Michel Habimana fädelte wieder einmal Kontakt zum kongolesischen General John Numbi ein, jetzt kongolesischer Leiter der Operation »Umoja Wetu«. Er teilte Murwanashyaka mit: »Guten Tag, ich bin jetzt mit Oberst Foka Mike.[403] Sie sagen, dass John Numbi mit einem von uns sprechen will.«[404] Murwanashyaka erteilte am Abend des 9. Februar seinem Sprecher grünes Licht mit einer Botschaft, die einen tiefen Einblick in die historischen Beziehungen der FDLR zum Kabila-Machtapparat im Kongo gewährt:

»Das Treffen am laufenden 10. ist unter folgendem Vorbehalt autorisiert: Es muss ein informelles sein, ohne Anwesenheit von MONUC und ruandischer Agenten. Das Treffen muss in einer sicheren Zone stattfinden, in der unsere Delegation nicht entführt oder von Kongolesen erpresst werden kann. Deine Mission ist, die Nachricht, die Numbi für die FDLR hat, entgegenzunehmen und nicht irgendwas zu verhandeln. Ich gebe dir einen Auftrag im Namen der Organisation: Sie sollen uns ausreichendes Material geben und wir überqueren Richtung nach Hause. Man soll ihm auch deutlich sagen, dass wir die Spiele wie in Kamina oder diese von RUD nicht spielen werden, weil wir das, worüber wir uns in Kamina geeinigt haben, nicht bekommen haben. [...] Man soll ihm auch sagen, dass das, was Kabila erzählt wurde – dass die FDLR ihn töten wollte, als wir noch in Kinshasa waren – eine Lüge ist. Sag ihm, dass sie die Wahlen im Osten auch nicht gewonnen

401 Anklageverlesung, Prozesstag 1, OLG Stuttgart 4.5.2011
402 Ebd.
403 Albert Kahasha, ehemaliger Mayi-Mayi-Kommandeur in Süd-Kivu, ab 2004 in Kongos Armee FARDC
404 SMS Ngarambe an Murwanashyaka, 9.2.2009, Prozesstag 283, OLG Stuttgart 11.2.2015

hätten, wenn wir sie gehasst hätten […] Sag ihm, dass sie uns im Gegenteil im Stich gelassen haben, indem sie uns das nicht gegeben haben, was der alte Kabila uns vor seinem Tod versprochen hat.«[405]

FDLR-Sprecher Ngarambe bestätigte eine gute halbe Stunde später die drei zentralen Punkte: »Sie geben uns die Mittel und wir kämpfen bei uns zu Hause; sie helfen uns, damit wir durch Verhandlungen zurück nach Hause kehren; wir sind Feinde und schießen uns gegenseitig.«[406]

Das Treffen verlief anders als geplant. Am Abend des 10. Februar 2009 erfuhr Murwanashyaka, Ngarambe sei in Goma, was nicht vereinbart war. Im Morgengrauen am 11. Februar erhielt er eine Nachricht von Kommandant Bora: »Der Feind hat Michel reingelegt. […] Man hat ihn verhaftet.«[407] »Respektlosigkeit in großen Maßen« nannte Murwanashyaka das gegenüber Mudacumura.[408] Für die Öffentlichkeit bereitete er ein Kommuniqué vor: »Offizielle Version: ›PPFOCA[409] mit einer Delegation wurden von kongolesischen Verantwortlichen, darunter General Numbi, entführt. Sie hatten einen Auftrag erhalten, um mit ihnen über die Linderung des Leidens der zivilen Bevölkerung, die Opfer des von der Koalition APR-FARDC verursachten Krieges ist, zu verhandeln.‹«[410]

Zugleich aber rief der »entführte« Sprecher am 13. Februar auf *Radio Rwanda* die FDLR zum Ende ihres Kampfes auf.[411] Knapp zwei Wochen später berichtete Präsident Murwanashyaka dem Direktorenkomitee das Gegenteil der veröffentlichten Version: »Alle Informationen, die ich bisher bekommen habe, zeigen, dass PPFOCA hundertprozentig desertiert ist […] Er soll jetzt von APR die Mission bekommen haben, Offiziere der FDLR – vor allem diejenigen, die die APR ›Leute aus dem Süden‹ nennt – davon zu überzeugen, zu tun, was er getan hat. Seid wachsam! Ich wünsche euch eine gute Fastenzeit.«[412] Der stellvertretende Militärchef Bigaruka fand diese Mitteilung nicht gut: Sie könne ein »Klima des Misstrauens zwischen den Kadern verstärken«, schrieb er – eine deutliche Warnung. »Sie sollen aufpassen mit den Nachrichten, die Sie schicken, vor allem in dieser Zeit, in der ein schlechtes Klima herrscht.«[413]

Denn die Desertion des Sprechers kam nicht aus heiterem Himmel. Sie war eine Konsequenz aus dem Streit um den Kurs der FDLR, der schon im Januar zu Spannungen bei der Sitzung des Oberkommandos geführt hatte. Wie Süd-Kivu-Kommandant Bora, ein Vertrauter Murwanashyakas, berichtete: »Die Ver-

405 SMS Murwanashyaka an Ngarambe, 9.2.2009, Prozesstag 291, OLG Stuttgart 18.3.2015. Für den Rest der Nachricht vgl. Kapitel 3.3, S. 201
406 SMS Ngarambe an Murwanashyaka, 9.2.2009, Prozesstag 283, OLG Stuttgart 11.2.2009
407 SMS Bora an Murwanashyaka, 11.2.2009, Prozesstag 284, OLG Stuttgart 23.2.2015
408 SMS Murwanashyaka an Mudacumura, 11.2.2009, Prozesstag 291, OLG Stuttgart 18.3.2015
409 Abkürung für »Porte-Parole FOCA«, FOCA-Sprecher
410 SMS Murwanashyaka an Mudacumura, 11.2.2009, Prozesstag 291, OLG Stuttgart 18.3.2015
411 Le porte-parole des FDLR s'est rendu à la force Rwanda-RDC, selon Kigali, AFP 13.2.2009
412 SMS Murwanashyaka an CD, 25.2.2009, Prozesstag 291, OLG Stuttgart 18.3.2015
413 SMS Bigaruka an Murwanashyaka, 7.3.2009, Prozesstag 284, OLG Stuttgart 23.2.2015

sammlung des Oberkommandos hat das richtige Gesicht gezeigt. Man wollte den Wechsel beim Militärkommando, was Ihren Weggang auslösen sollte [...] Man sagt, dass sie zunächst den Kommandant aus dem Amt wählen wollten, indem sie vortäuschen, dass Omega Kommandant wird, und dann den 2nd einsetzen. Omega hat abgesagt und der Plan hat deswegen nicht funktioniert. Michel ist dann desertiert.«[414] Er wies Murwanashyaka darauf hin, dass sich unter den Kämpfern »Entmutigung« breitmache.

Nach Ngarambes Desertion feuerte der Präsident seine Truppen im Kongo erst recht zum Kampf gegen alles an, was die Moral der FDLR-Kämpfer schwächen könnte – zum Beispiel die Radiobotschaften, die Ruandas Demobilisierungskommission jetzt gemeinsam mit dem Demobilisierungsprogramm der MONUC in den Busch sendete. Als FDLR-Truppen einen Radiosender zerstörten, lobte er: »Danke, es war echt mutig von euch, das Radio zum Schweigen zu bringen. Andere Radiosender werden jetzt zweimal überlegen, bevor sie die Propaganda für den Feind machen.«[415]

Nachdem Mbarushimana in Paris gehört hatte, dass ein Hubschrauberangriff bei Kashebere 40 FDLR-Kämpfer getötet habe, und bei Murwanashyaka anrief, fragte dieser im Kongo nach und erfuhr: »Hubschrauber von Monuc macht Aufklärung, da klein und wendig. FARDC schießt. Schon wieder Kompanie angegriffen am 14.2. Hubschrauber sind jetzt ständig in Kampfzone in Kashebere.«[416] Murwanashyaka antwortete: »Habt ihr keine Munition, um die Hubschrauber abzuschießen? Oder ihr erkundigt euch, wo sie nachts stehen, dann könnt ihr auf sie schießen, wenn sie am Boden stehen.«[417] Sein Kontaktpartner antwortet, die Hubschrauber stünden in Goma. »Wir haben keine Mittel, um sie abzuschießen, es sei denn es handelt sich um ›Gazelle‹.«[418] Murwanashyakas Antwort: »Wir müssen uns gedulden. Die Sachen, die sie abschießen können, werden wir einmal haben.«[419] Dieser E-Mail-Dialog vom 17. Februar 2009 war blutiger Ernst.

Der psychologische Krieg der Vereinten Nationen

»Sie haben unseren Hubschrauber beschossen!«, berichtete Bruno Donat, Leiter des DDRRR-Programms der MONUC, am gleichen Abend aufgeregt in Goma, außer Atem. »Wir mussten uns auf unsere Helme setzen, damit sie uns nicht die Eier abschießen!« Der US-Amerikaner schimpfte so wüst, dass es das ganze Restau-

414 Dies und das folgende Zitat: SMS Bora an Muwawanashyaka, 27.2.2009, Prozesstag 284, OLG Stuttgart 23.2.2015
415 E-Mail Murwanashyaka an »pierrekimbal«, 15.2.2009, Prozesstag 123, OLG Stuttgart 19.12.2012
416 E-Mail »horeste25« an Murwanashyaka, 17.2.2009, Prozesstag 13, OLG Stuttgart 4.7.2011
417 E-Mail Murwanashyaka an »horeste25«, 17.2.2009, Prozesstag 13, OLG Stuttgart 4.7.2011
418 E-Mail »horeste25« an Murwanashyaka, 17.2.2009, Prozesstag 14, OLG Stuttgart 6.7.2011
419 E-Mail Murwanashyaka an »horeste25«, 17.2.2009, Prozesstag 14, OLG Stuttgart 6.7.2011

rant in der Hauptstadt von Nord-Kivu hören konnte. Das nassgeschwitzte T-Shirt klebte ihm am Leib, als er die schusssichere Weste auszog, Schweiß perlte ihm unter dem Safarihut auf der Stirn. »Diese Bastarde! Das war verdammt knapp!«, fluchte er.[420]

Der Demobilisierungschef kam gerade von einem Rundflug in jenem Gazelle-Hubschrauber zurück, von dem in den FDLR-internen Mails die Rede war. Er hatte Faltblätter über dem FDLR-Gebiet abgeworfen. Darauf waren Fotos von Männern in Uniformen gedruckt – ehemalige FDLR-Kämpfer, die in ihre Heimat zurückgekehrt waren. Neben diesen Männern stand ein kleines Mädchen mit geflochtenen Zöpfen und Schleifen im Haar. Auf ihrem T-Shirt prangte das Wort »Love«. Das Bild trug die Legende: »Ihr habt noch immer eine Wahl – die MONUC ist da für diejenigen, die die Waffen niederlegen und in ein Leben in Frieden und Würde zurückkehren wollen.« Darunter die Telefonnummer einer 24-Stunden-Hotline.

Während Kongo und Ruanda die FDLR militärisch aufrollten, kämpfte die UN-Mission MONUC an der psychologischen Front. Die Aufgabe der DDRRR-Abteilung war es, die Kämpfer einzeln aus dem Busch zu locken, mit Radioprogrammen und Flugblättern. Von 2001 bis Ende 2008 waren nach ruandischen Angaben 5081 FDLR-Kämpfer repatriiert worden, noch rund 6000 waren im Kongo übrig. Abertausende Faltblätter warf das DDRRR-Team im Februar 2009 über dem »Umoja-Wetu«-Kampfgebiet ab. »Im Dschungel herrscht das totale Chaos, sie sind alle auf der Flucht und rennen um ihr Leben, doch sobald sie die Hotline gewählt haben, müssen wir sie nur noch abholen«, erklärte Donat.

In Goma klingelte das Telefon dann in einem der UN-Container am Ufer des Kivu-Sees. Es stand in diesen Tagen niemals still. Es klingelte vor allem nachts, wenn die FDLR-Kommandeure schliefen und sich desertierende Kämpfer in der Dunkelheit davonstehlen konnten. Dann schickte Donat den Hubschrauber, um sie und ihre Familien nach Goma zu bringen. Manchmal mehrmals am Tag. Immer wieder geriet der Helikopter unter Beschuss. Zwei DDRRR-Mitarbeiter verloren während der Laufzeit der Operation ihr Leben.[421] Im Februar 2009 desertierten 327 FDLR-Kämpfer, so viele wie noch nie in einem Monat zuvor. Mit jedem Deserteur lernte Donat mehr über den Zustand der FDLR. »Wir verstehen jetzt mehr und mehr, dass diese Kämpfer im Dschungel den Bezug zur Realität verloren haben, nach so vielen Jahren im Busch. Diese jungen Männer haben ein Vertrauensproblem, denn sie sind von ihren Anführern mit Lügen auf Linie getrimmt worden. Wir versuchen, ihnen klarzumachen, dass diese Lügengeschichten nicht wahr sind.«

Die DDRRR-Abteilung lockte die Kämpfer vor allem mit dem Hinweis auf den himmelschreienden Unterschied zwischen ihrer Situation im Kongo und der Lage

420 Schilderungen und Zitate von Begegnung und Interview mit Bruno Donat in Goma, 17. und 19.2.2009

421 Kabel des US-Botschafters in Kinshasa, 6.4.2009. https://wikileaks.org/plusd/cables/09KINSHASA323_a.html

ihrer Exilführer in Europa. Zu Weihnachten 2008 hatte Donats Team kunterbunte Faltzettel mit Comics entworfen. Links ist eine FDLR-Familie im Dschungel zu sehen: Der Vater in zerschlissener Uniform mit Frau und drei Kindern im Zelt, neben sich ein Sturmgewehr. Es regnet. Über dem Zelt hängt ein Schild mit der Aufschrift »Weihnachten«. Der Kochtopf auf der Feuerstelle ist halb leer. Die Kinder und Eltern sehen hungrig und elend aus. Rechts hingegen hocken zwei glückliche Familien am vollbeladenen Essenstisch neben einem Weihnachtsbaum. Kinder lachen und packen Geschenke aus, neben ihnen trinken zwei gutgekleidete Familienväter Primus-Bier, über ihren Köpfen steht »Ignace« und »Callixte«. Zwischen den beiden Zeichnungen ist ein freundlicher UN-Blauhelm gezeichnet, der den Weg weist, darunter wieder die Nummer der Hotline.

Für die FDLR-Führung waren diese DDRRR-Flugblattaktionen ein Trick: Die Flugblätter sollten Kämpfer an einen Ort locken, an dem sie bombardiert werden könnten. Am Morgen des Tages, als der Hubschrauber des DDRRR-Chefs Donat beschossen wurde, hatte Nord-Kivu-Kommandant Omega seinem Präsidenten nach Deutschland gemeldet: »Am 12. um 11 Uhr hat ein Flugzeug von MONUC eine Aufklärung gemacht, in Gashebere. Dieses Flugzeug hat dabei dort Flugblätter geworfen. Die Kriegshubschrauber von Kongo sind danach um 14 Uhr gekommen und haben dort geschossen. Schadensbilanz: Zwei Leichtverletzte von uns.«[422]

Am 19. Februar entkam die im Wald versteckte FDLR-Militärführung offenbar einem Angriff nur knapp, nachdem sie von einem Deserteur »und durch das Gerede gewisser betrunkener Offiziere« verraten worden war, meldete Byiringiro viel später. »Sie retteten sich in Unordnung und hinterließen viele persönliche Gegenstände. Ich nahm den Vizekommandanten am 24. Februar für einen kurzen Aufenthalt in Walikale auf.«[423]

Aber die Desertionen an sich scherten Murwanashyaka wenig. Er hoffte offenbar, irgendwann könnten sich manche Deserteure, »denen man vertrauen kann«, in Ruanda nützlich machen: »Diese Zeit ist aber noch nicht gekommen.«[424] Es sei eine Auslese im Gange: »Es werden dann wenige Leute bleiben, die aber wissen, in welchen Angelegenheiten sie sich befinden und wer ihnen diesen Auftrag gegeben hat.«[425] Bestätigung erfuhr er von Nord-Kivu-Kommandant Omega: »Bezüglich der Familien, die aufgeben und weggehen: Es ist gut für uns, es ist eine Entlastung für die Kämpfer. Keine Sorge. Gott schütze Sie!«[426]

422 SMS Omega an Murwanashyaka, 17.2.2009, Prozestag 284, OLG Stuttgart 23.2.2015
423 SMS-Serie Byiringiro an Murwanashyaka, 20.4.2009, Prozesstag 284, OLG Stuttgart 23.2.2015
424 SMS Murwanashyaka an Bora, 27.2.2009, Prozesstag 291, OLG Stuttgart 18.3.2015
425 SMS Murwanashyaka an Bora, 7.3.2009, Prozesstag 291, OLG Stuttgart 18.3.2015
426 SMS Omega an Murwanashyaka, 20.2.2009, Prozesstag 284, OLG Stuttgart 23.2.2015

Ruanda zieht ab, die FDLR bleibt

Am 25. Februar 2009 ging die gemeinsame ruandisch-kongolesische Militäroperation »Umoja Wetu« mit einer feierlichen Parade in Goma zu Ende. Ruandas Armee zog sich nach Ruanda zurück, abgesehen von Aufklärungseinheiten. Man habe der FDLR »das Rückgrat gebrochen«, sagte Ruandas Präsident Kagame. Der Leiter der Operation auf kongolesischer Seite, General Numbi, zog Bilanz: 153 FDLR-Kämpfer seien getötet, 13 verletzt und 37 gefangengenommen worden, sagte er; die Anti-FDLR-Koalition habe lediglich acht tote Soldaten zu beklagen. Die FDLR habe 32 Zivilisten getötet und sechs Dörfer angezündet.[427] Nach UN-Angaben wurden infolge von »Umoja Wetu« rund 6000 Ruander aus dem Kongo in die Heimat zurückgebracht, 1476 davon FDLR-Kämpfer samt Familienangehörigen und rund 4500 weitere ruandische Hutu-Flüchtlinge.[428]

Aber alle wussten: Die FDLR war noch da und würde sich rächen. Sie selbst erklärte, sie habe »mindestens 70 Soldaten, darunter Offiziere« getötet, und selbst bloß vier Tote, fünf Verschwundene, sechs Gefangengenommene, darunter zwei Geisteskranke, und 20 Deserteure zu verzeichnen.[429]

In UN-Kreisen herrschte Skepsis. Am 28. Januar 2009, direkt nach dem Fall von Kibua, wurde bereits auf einer Sitzung des UN-Sicherheitsrats in New York die Befürchtung geäußert, die Zivilbevölkerung »könnte nicht nur von Kämpfen geschädigt werden, sondern auch Opfer von FDLR-Racheangriffen werden, was seinerseits der Beginn von Gewalt entlang ethnischer Linien sein könnte«.[430] Im Kreis Ufamandu stellte ein UN-Team Anfang März fest, dass drei Viertel der Dörfer leer seien; die meisten Menschen seien vor der FDLR geflohen und wer dageblieben sei, übernachte nicht mehr zu Hause.[431] Ruandas Tageszeitung *New Times* schrieb: »Die FDLR-Apologeten halten die Leine eines vor langer Zeit ausgebrochenen Monsters, das jetzt durch entlegene Dörfer in Masisi streunt und eine Blutspur hinter sich zieht. [...] Die kongolesische Bevölkerung sorgt sich zu Recht, dass, falls die gemeinsame Operation endet, bevor die FDLR komplett ausradiert ist, die Rebellen in ihre alten Stellungen zurückkehren, wenn jetzt keine ernsthaften Maßnahmen ergriffen werden. Ist MONUC der Lage gewachsen? Werden sie ihr Mandat erfüllen, Zivilisten notfalls mit Gewalt zu schützen? Abwarten – und für die Kongolesen beten.«[432]

Geplant war, dass nach dem Rückzug der ruandischen Armee die kongolesische Armee FARDC die neu eingenommenen Positionen hält und dann den Druck auf

427 Radio Okapi 25.2.2009
428 27. MONUC-Bericht S/2009/160, 27.3.2009, § 13
429 »Les FDLR affirment avoir tué au moins 70 soldats congolais et rwandais«, AFP 23.2.2009
430 Briefing Note of the Assistant SG to the DPKO, Edmond Mulet, to the Security Council on 28.1.2009
431 Masisi: l'insécurité grandit après les opérations conjointes RDC-Rwanda, Radio Okapi 5.3.2009
432 What then when ›Umoja Wetu‹ comes to an end, will MONUC cope? In: New Times, 20.2.2009

die FDLR »allmählich erhöht«.[433] »Kimia II«[434] sollte diese Operation heißen. 3000 FARDC-Soldaten wurden nach Hombo geschickt, an der Grenze zwischen Süd- und Nord-Kivu, um die FDLR in ihrem Kernland zu bekämpfen, und 2630 nach Kindu, Hauptstadt der weiter westlich gelegenen Provinz Maniema, um den ruandischen Hutu-Kämpfern ihren von 1996 vertrauten Fluchtweg ins Landesinnere abzuschneiden. Ein aktiver Ansatz der Demobilisierung wie bei »Umoja Wetu« war nicht mehr vorgesehen. Die Militärs sahen darin eine potentielle Behinderung ihrer Arbeit.[435] Es ging jetzt um eine rein militärische Lösung. Ein weiterer Unterschied: CNDP- und Pareco-Einheiten sowie andere Mayi-Mayi-Milizen sollten nun nicht mehr nur im Bündnis mit der FARDC kämpfen, sondern als Teil davon. Dafür schloss Kongos Regierung am 23. März 2009 offiziell ein Friedensabkommen mit dem CNDP.

In der Praxis trauten sich die einstigen Kriegsgegner nicht über den Weg; die Befehls- und Versorgungsketten waren chaotisch oder nicht vorhanden, und die frisch integrierten Soldaten wurden nicht bezahlt, sondern ernährten sich von der Zivilbevölkerung. Über die Region Bunyakiri-Hombo an der Grenze zwischen den Provinzen Süd- und Nord-Kivu tief im Wald berichtete der US-Botschafter in Kinshasa nach einem Treffen mit einem Mitarbeiter einer internationalen Organisation: »Die FARDC sind in den Dörfern nicht willkommen, sie besteuern jeden, der an ihren Straßensperren vorbeiwill. Sogar Kinder auf dem Schulweg wurden von Soldaten durchsucht. Die FDLR war in der Gegend wichtig gewesen und lieferte Produkte an Dorfmärkte. Diese Märkte sind nun weitgehend leer. Die FDLR hat sich in den dichten Wald zurückgezogen, aber verübt punktuelle Angriffe.«[436]

»Sie können uns nicht alle kriegen, wir laufen im Kreis und kommen wieder«, ließ sich ein FDLR-Sprecher im März zitieren.[437] Im April erklärte Byiringiro seinem Präsidenten Murwanashyaka: »Seit dem 3. März 2009 bekämpft der Sektor Nord-Kivu den Feind energisch und fügt ihm enorme menschliche und materielle Verluste zu […] Eine Beruhigung, solange wir uns noch auf kongolesischem Gebiet befinden, ist ausgeschlossen.«[438]

433 Kabel des US-Botschafters in Kinshasa, 25.2.2009. https://wikileaks.org/plusd/cables/09KINSHASA176_a.html
434 »Kimia« heißt »Ruhe«. Kimia II bezieht sich darauf, dass frühere Militäroperationen der zairischen und kongolesischen Armee in Nord-Kivu bereits den Namen »Kimia« trugen.
435 Kabel des US-Botschafters in Kinshasa, 6.4.2009. https://wikileaks.org/plusd/cables/09KINSHASA323_a.html
436 Kabel des US-Botschafters in Kinshasa, 27.4.2009. https://wikileaks.org/plusd/cables/09KINSHASA410_a.html
437 DRC-Rwanda: War against rebels ›not over, despite troop withdrawal‹, IRIN 2.3.2009
438 SMS-Serie Byiringiro an Murwanashyaka, 20.4.2009, Prozesstag 284, OLG Stuttgart 23.2.2015

Mianga, 12. April 2009: Grausiges Osterfeuer

Der erste Racheangriff auf ein kongolesisches Dorf, dessen sich die FDLR-Führer ausdrücklich intern rühmten, fand am Ostersonntag 2009 statt – wie ein symbolischer Akt der Auferstehung. »In den frühen Morgenstunden des 12. April 2009, des Ostersonntags«, so die deutsche Anklage gegen Murwanashyaka und Musoni, »überfiel die FDLR das Dorf Mianga […] Nachdem die dort ansässigen FARDC-Soldaten getötet oder vertrieben worden waren, brachen einige Milizionäre der FDLR, um sich an der aus Sicht der FDLR abtrünnigen Zivilbevölkerung für deren Unterstützung der Regierungsarmee zu rächen, in das Haus des Ortsvorstehers ein, trafen ihn in seinem Bett an und enthaupteten ihn mit einer Machete. Danach töteten sie drei weitere Mitarbeiter der Ortsverwaltung. An diesem und den folgenden Tagen erschossen oder erschlugen die FDLR-Kämpfer mindestens weitere 41 Zivilpersonen in Mianga, bevor sie das Dorf schließlich völlig niederbrannten.«[439]

Mianga liegt in Nord-Kivu im Kreis Waloa-Loanga im Südosten des Distrikts Walikale direkt an der Grenze zum Distrikt Masisi. Es kreuzen sich dort zwei schmale Wege. Entlang der Straße aus dem Südosten, von Kibua, Kipopo und Remeka via Busurungi, rauscht der Nyabarongo-Fluss wie eine natürliche Grenze; an ihm liegt auch Mianga im Tal. Westlich erhebt sich der dichte Urwald Walikales.

In unmittelbarer Nähe hatten sich damals die FDLR-Führer nach ihrer Flucht aus den Hauptquartieren versteckt. Deswegen ließen sich auch FARDC-Truppen in Mianga nieder: »Dort war ein Wald. Dort war der Zweite Vizepräsident der FDLR. Sie wollten ihn festnehmen und haben ihn immer wieder angegriffen. Er hat den Angriff vorbereitet, um sie von dort wegzujagen, damit sie ihn nicht mehr angreifen können.«[440] Ein Mitarbeiter des Hauptquartiers schildert: »In Mianga sind FDLR-Soldaten auf der Flucht vorbeigekommen. Die Bürger von Mianga zeigten dem Feind, wohin sie flohen und Soldaten wurden getötet. Danach ging die FDLR nach Mianga. Sie haben die ganze Siedlung angezündet, um Vergeltung zu üben.«[441] Mit Byiringiro hatte sich auch Irategeka sowie der stellvertretende Oberkommandierende der FOCA, Brigadegeneral Bigaruka, auf den bewaldeten Hügeln über Mianga in verschiedenen Stellungen verschanzt, gemeinsam mit einem Teil des Generalstabs.[442] Sie gaben den ursprünglich von Militärchef Mudacumura erteilten Angriffsbefehl, berichtet vor Gericht in Stuttgart ein beteiligter FDLR-Hauptmann.[443]

439 Anklageverlesung, Prozesstag 1, OLG Stuttgart 4.5.2001
440 Zeugenaussage, Prozesstag 118, OLG Stuttgart 3.12.2012
441 Zeugenaussage, Prozesstag 217, OLG Stuttgart 12.3.2014
442 Zeugenaussage, Prozesstag 118, OLG Stuttgart 3.12.2012
443 Zeugenaussage, Prozesstag 220, OLG Stuttgart 24.3.2014

»Als Umoja Wetu anfing, wohnten dort viele Ruander vermischt mit Kongolesen«, erklärt ein ehemaliger FDLR-Kämpfer vor Gericht, dessen Frau und Kinder in Mianga gewohnt hatten. Bei den Kämpfen habe er seinen Sohn verloren, schluchzt der Mann im Gerichtssaal: »Die Frau hat mir geschrieben, dass die Kämpfe angefangen haben. Sie sind geflohen. Das Kind ist zurückgeblieben. Als wir zurückkamen, fanden wir es tot. Es wurde erschossen.«[444]

Ein halbes Bataillon der Reservebrigade griff an, dazu ein halbes Bataillon der Militärpolizei: »Als es Nacht war, gingen die Soldaten dorthin. Mit Hilfe von Seilen haben sie den Fluss überquert, der Angriff war nachts, sie haben die FARDC in der Siedlung überrascht.«[445] Die FDLR machte gewaltig Beute: »Gewehre der Marke AK-47, ich habe ca. 13 Stück gesehen; zwei Kartons mit Munition für Gewehre, die ich sah und die sich die Soldaten teilten; kongolesische Uniformen, einfache Soldaten trugen die Uniformen von Obersten; dann gab es Motorola: eines wurde mir als S2 gegeben, um Nachrichten der FARDC zu verfolgen, [...] nach zwei Tagen hat die FARDC das Kommunikationsprogramm geändert, wir konnten sie nicht mehr verfolgen.«

Die Menschenrechtsexpertin Anneke van Woudenberg von Human Rights Watch berichtete vor Gericht von ihren Interviews mit Überlebenden in Mianga in einem Vertriebenenlager. »Viele Opfer waren überrascht, denn Ostersonntag ist ein wichtiger Tag im Ostkongo. Die Opfer waren schockiert, dass die FDLR an diesem Tag sehr früh kam und zum örtlichen Chef ging. Jedes Opfer erzählte als Erstes die Tötung des Chefs, Adrien Balume Lubula, bekannt als Chef Adrien. Die interviewten Personen waren keine Augenzeugen, aber sie kamen in seinen Raum kurz nach der Tötung, er lag enthauptet in seinem Schlafzimmer, die Personen kamen innerhalb von 45 Minuten und fanden ihn auf seinem Bett. Das war für das Dorf extrem schockierend. Zwei Personen haben den enthaupteten Körper gesehen. Kurz nach der Tötung des Chefs suchten die Angreifer andere Autoritäten und töteten drei weitere wichtige Personen im Dorf. Danach begann das Massaker. Es gab eine große Zahl an Opfern von Frauen und Kindern, das Massaker dauerte nicht lange, aber es war unglaublich brutal, viele wurden mit Macheten zu Tode gehackt.«[446]

Am Ostermontag erstattete Vize-Exekutivsekretär Irategeka Murwanashyaka Meldung per SMS. »Schöne Grüße«, schrieb er nach Mannheim. »Unsere Soldaten haben in Mianga und in Cyanyundo angegriffen. Es gibt viele Verluste auf der Seite des Feindes [...] Gott ist auf der Seite unserer Organisation.«[447]

Als ein FDLR-Verantwortlicher zwei Monate nach dem Angriff das Dorf besuchte, um dort eine Rückkehr der Zivilisten zu koordinieren, existierte Mianga

444 Zeugenaussage, Prozesstag 64, OLG Stuttgart 5.3.2012
445 Dies und das nächste Zitat: Zeugenaussage, Prozesstag 220, OLG Stuttgart 24.3.2014
446 Zeugenaussage Anneke van Woudenberg, Prozesstag 106, OLG Stuttgart 15.10.2012
447 SMS Irategeka an Murwanashyaka, 13.4.2009, Prozesstag 15, OLG Stuttgart 11.7.2011

praktisch nicht mehr. »Es gab kein Haus mehr, nur Trümmer, die Versammlungen waren in einem Haus mit Blechdach, aber alle Strohhäuser waren angezündet worden […] Die Wiese war schon nachgewachsen.«[448]

Luofu, 17. April 2009: »Solche Sachen muss man erwarten«

Das Drama von Mianga erregte kaum Aufmerksamkeit; Nachrichten aus diesem Urwaldgebiet drangen nur spärlich nach draußen. Viel mehr Aufsehen erregte das Kampfgeschehen 100 Kilometer weiter nördlich, in den Bergwäldern des Distrikts Lubero, wo schon seit vielen Jahren Hunderttausende von Menschen auf der Flucht waren.

Am Abend des 17. April 2009 brannten Hunderte von Hütten in der Kleinstadt Luofu. Dieser Angriff wurde zunächst der FDLR zugeschrieben.[449] Die protestantische Kirche berichtete, die Angreifer seien am späten Abend aus den Hügeln oberhalb von Luofu in den Ort mit 50 000 Einwohnern eingerückt und hätten ihn angezündet.[450] 350 Hütten seien mit ihren schlafenden Bewohnern in Flammen aufgegangen, 25 Menschen seien verbrannt und die Bevölkerung habe in der Nacht die Flucht ergriffen. Die Soldaten der kongolesischen Armee FARDC würden die Fliehenden ausplündern.

Human Rights Watch sprach von sieben verbrannten Zivilisten, darunter fünf Kindern, und veröffentlichte Fotos von den Beerdigungszeremonien: fünf kleine offene Särge.[451] Das Hilfswerk Oxfam sprach von 250 000 Flüchtlingen in dem Gebiet seit Januar und Tausenden angezündeten Häusern.[452] MONUC-Chef Alan Doss besuchte Luofu und die nahe Großstadt Kanyabayonga wenige Tage später und erklärte: »Diese Angriffe zeigen wieder einmal, dass die FDLR nicht an Frieden interessiert ist.«[453] Am 9. Mai zündeten FDLR-Kämpfer in Butolongola zehn Kilometer südwestlich der Stadt Kanyabayonga bis zu 130 Häuser an;[454] dieser Vorfall findet sich auch in der deutschen Anklage gegen Murwanashyaka und Musoni.

Im Menschenrechtsbericht »You Will Be Punished« von Human Rights Watch sowie in der Anklage des Internationalen Strafgerichtshofs gegen FDLR-Exekutiv-

448 Zeugenaussage, Prozesstag 220, OLG Stuttgart 24.3.2014

449 Caritas Développement Congo: Nord-Kivu: 7 morts et 255 maisons incendiées, bilan de l'attaque des FDLR à Luofu, Communiqué de presse No 009-CDC-2009, Butembo 20.4.2009

450 JPSC/CBCA: La population du territoire de Lubero particulirement de Luofu lancent un cris d'alarme (sic), Goma 20.4.2009

451 Human Rights Watch: Children Burned to Death by Rwandan Hutu Militia, 23.4.2009

452 Oxfam: Thousands of homes burned in new atrocities in Eastern Congo, villagers tell Oxfam, 24.4.2009

453 MONUC: North Kivu: Alan Doss visits the zones threatened by the FDLR rebels, 24.4.2009

454 Kabel des US-Botschafters in Kinshasa, 18.5.2009. https://wikileaks.org/plusd/cables/09KINSHASA475_a.html

sekretär Callixte Mbarushimana wird der Angriff auf Luofu als FDLR-Verbrechen aufgeführt, auch noch in der Anfangsphase der deutschen Ermittlungen gegen Murwanashyaka und Musoni, so im Haftfortdauerbeschluss des Bundesgerichtshofs vom 17. Juni 2010. In der Stuttgarter Anklage kommt er aber nicht mehr vor: Es war festgestellt worden, dass die FDLR-Abspaltung RUD dafür verantwortlich war. Dies entspricht auch den internen FDLR-Debatten damals – aber die beiden Organisationen waren darüber in Kontakt.

»Die RUD hat dort gekämpft«, meldete Nord-Kivu-Kommandant Omega seinem Präsidenten nach Deutschland.[455] Murwanashyakas Vertrauter Levite bestätigte: »In Luofu hat RUD das ganze Dorf in Brand gesetzt«; er sprach auch von »gelungenen Ablenkungsmanövern« zweier FDLR-Bataillone um Kanyabayonga.[456] Am nächsten Tag plauderten Murwanashyaka und Musoni am Telefon und kamen auf Luofu zu sprechen.[457] »Die Leute von RUD haben irgendwo was gemacht«, sagte der Präsident. »Ich weiß nicht, ob sie es waren, aber sie sollen Luofo in der Nacht vom 18. auf den 19. angegriffen haben, Häuser wurden angezündet, fünf Kinder verbrannten in Häusern, insgesamt starben sieben Zivilisten [...] Jene, die mit dem Krieg anfangen, müssen erwarten, dass solche Sachen passieren. Anders geht es nicht.«

Ein Tag davor hatte Murwanashyaka eine SMS vom RUD-Militärchef Musare erhalten. »Die MONUC hat erklärt, dass die Leute gestorben sind. Sie reden von sieben umgebrachten Personen? Sie sind bestimmt während der Kämpfe gestorben. Die FARDC haben viele Häuser in Brand gesetzt.«[458]

Unter dem Eindruck des Grauens von Luofu beschleunigte Kongos Regierung ihre Vorbereitungen für die Operation »Kimia II«. Am 28. April 2009 verkündete Kongos Verteidigungsminister Charles Mwando den Beginn der Operation »in zehn Tagen« und erklärte: »Der Generalstab appelliert an alle Kongolesen in Nord- und Süd-Kivu, sich unzweideutig von der FDLR zu distanzieren.«[459] John Holmes, der humanitäre Koordinator der Vereinten Nationen im Kongo, warnte, die kommenden Kämpfe könnten »Hunderttausende« Flüchtlinge und schwere Menschenrechtsverletzungen aller Seiten mit sich bringen.[460] Er sollte recht behalten.

455 SMS Omega an Murwanashyaka, 19.4.2009, Prozesstag 273, OLG Stuttgart 17.12.2014

456 SMS Levite an Murwanashyaka, 19.4.2009, Prozesstag 273, OLG Stuttgart 17.12.2014

457 Die folgenden Zitate: Telefonat Murwanashyaka und Musoni, 20.4.2009, Prozesstag 110, OLG Stuttgart 5.11.2012

458 SMS Musare an Murwanashyaka, 19.4.2009, Prozesstag 284, OLG Stuttgart 23.2.2015

459 Les FARDC s'engagent dans les opérations ›Kimia II‹ et ›Rudia II‹ pour neutraliser les FDLR et LRA. In: Le Potentiel, 29.4.2009

460 L'ONU craint des centaines de milliers de civils déplacés, AFP 2.5.2009

Kapitel 5
Busurungi und die humanitäre Katastrophe

10. Mai 2009: »Die Kehle durchgeschnitten wie Hühnern«

Als der UN-Hubschrauber am 15. Mai 2009 über Busurungi kreiste, ballte sich noch Rauch über den Hügeln. Das Dschungeldorf war teilweise abgebrannt. An einer Hauswand, die noch stand, hatten die Angreifer ein Graffiti in der Sprache Kisuaheli hinterlassen: »Seid euch der FDLR bewusst, die am 10. Mai morgens um 2 Uhr hier angegriffen hat.«[461]

Anhand dessen, was die Mitarbeiter der MONUC-Menschenrechtsabteilung unter Schutz von indischen Blauhelmsoldaten bei ihrem Kurzbesuch per Helikopter zu sehen bekamen, ließ sich das Grauen jener Nacht vom 9. auf den 10. Mai 2009 lediglich erahnen. Sie knipsten Fotos von abgebrannten Hütten, von frischen Gräbern, dem Graffiti. Rund hundert Lehmhütten waren ohne Strohdach. Sie hatten lichterloh gebrannt. Die gewaltige Hitze hatte viele zum Einstürzen gebracht. Das UN-Team interviewte die wenigen Männer, die anwesend waren, um die Toten zu beerdigen. Sie berichteten von 62 toten Zivilisten, darunter 17 Kinder, hinzu kamen zwischen 25 und 35 tote Soldaten der kongolesischen Regierungsarmee FARDC und fünf tote FDLR-Kämpfer.

»Sie haben ihnen die Kehle durchgeschnitten wie Hühnern«, berichtete einer der Überlebenden, deren Aussagen über Busurungi die Menschenrechtsorganisation Human Rights Watch in ihren im Dezember 2009 veröffentlichten Bericht über den Horror des FDLR-Krieges des Jahres 2009 aufnahm. Darin ist von mindestens 96 toten Zivilisten die Rede.[462] »Ich war in meinem Haus mit meinen drei Kindern, als die FDLR angriff. Sie kamen in unsere Hütte und schrien ›Ihr Kongolesen seid auf der Seite der kongolesischen Soldaten, die nicht wissen, wie man kämpft. Wir werden euch töten und wir werden euch alle auslöschen!‹ Dann haben sie meinen 18-jährigen Sohn gepackt, ihn aus der Hütte gezerrt und umge-

461 Dies und die folgenden Angaben: UN-interner Untersuchungsbericht, Dezember 2009. Fotos wurden eingesehen.

462 Human Rights Watch: »You Will Be Punished«, Dezember 2009, S. 7

bracht. Danach haben sie die Machete genommen und eine 42-jährige Frau und ein drei Monate altes Baby zu Tode gehackt«, erzählte einer.[463]

»Als ich am nächsten Morgen in das Dorf zurückkam, sah ich Leichen: enthauptet, verbrannt, vergewaltigt. Ich hatte Angst, ich blieb nicht lange. Die Frauen waren alle nackt, wir wussten also, dass sie vergewaltigt worden waren. Einige waren in ihren Häusern, andere daneben. Einige waren durch Kugeln getötet wurden, andere durch Messer oder Macheten. Ich sah zwei Frauen, die schwanger waren. Die FDLR hat ihnen die Bäuche aufgeschnitten und die Embryos herausgeholt. Die Leichen der neun Kinder, die ich sah, waren alle verbrannt, eines war zuerst mit einem Messer getötet worden«, berichtete ein weiterer Augenzeuge.

Das Massaker von Busurungi ist das größte Einzelverbrechen, das die deutsche Anklage gegen Murwanashyaka und Musoni der FDLR vorwirft. »Die angreifenden FDLR-Kämpfer«, steht in der Anklage, die fast auf den Tag genau zwei Jahre später in Stuttgart verlesen wird, »feuerten in der Dunkelheit wahllos auf Häuser und Menschen, ohne zwischen FARDC-Soldaten und der Zivilbevölkerung zu unterscheiden. Sie erschossen, erstachen, erschlugen oder zerhackten mindestens 96 Zivilisten. Außerdem setzten die Milizionäre der FDLR mindestens 700 Häuser in Busurungi und den umliegenden Dörfern in Brand. Eine nicht mehr bezifferbare Vielzahl von Frauen wurde gegen ihren Willen zum Geschlechtsverkehr gezwungen [...] Darüber hinaus wurden Dorfbewohner gezielt verstümmelt.« Nach dem Angriff habe FDLR-Militärchef Mudacumura dem Präsidenten Murwanashyaka Bericht erstattet.[464] Busurungi ist für den Prozess in Stuttgart der zentrale Tatort.

Busurungi: Milizenhauptquartier in einer Region ohne Staat

Busurungi ist eine Gemeinde im Kreis Waloa-Loanda im Distrikt Walikale, tief im Dschungel der ostkongolesischen Provinz Nord-Kivu gelegen, in einem Gebiet, das hauptsächlich von der Volksgruppe der Tembo bewohnt ist. Es liegt seit Ende 1996 im Herzen des Territoriums, das die ruandischen Hutu-Kämpfer kontrollieren: Ex-FAR, ALIR, schließlich FDLR. Anfangs war es ein Sammelpunkt für ruandische Hutu-Flüchtlinge aus Nord- und Süd-Kivu auf dem Weg in den Dschungel. Der berühmteste ruandische Sänger des Völkermordes, Simon Bikindi, lebte als Flüchtling von 1997 bis 2000 in Busurungi.[465] Die Hügel ringsum gelten als mineralienreich. Staatliche Autorität existiert in der gesamten Region seit Jahrzehnten nicht, die Bevölkerung ist auf sich gestellt.

463 Dies und das folgende Zitat: Ebd., S. 63

464 Anklageverlesung, Prozesstag 1, OLG Stuttgart 4.5.2011

465 Asylinterview Simon Bikindi in den Niederlanden, 8.6.2000, in den bei seiner Festnahme beschlagnahmten Materialien beim ICTR. http://jrad.unmict.org/webdrawer/webdrawer.dll/webdrawer/rec/202512/view/?r=1

Das Volk der Tembo im Kreis Waloa-Loanda ebenso wie in Nachbarregionen verwaltete sich seit 1993 mit eigenen Milizen selbst – einige der ältesten lokalen Selbstschutzmilizen Ostkongos, die kollektiv als »Mayi-Mayi« bekannt sind, kommen aus dieser Gegend. Unter dem mächtigen Mayi-Mayi-Führer Padiri, der später General in Kongos neuer Armee FARDC wurde, kämpften die Tembo-Milizionäre zusammen mit den ruandischen Hutu-Kämpfern im Kongokrieg gemeinsam gegen Ruandas Besatzung, bis diese im Oktober 2002 zu Ende ging. Danach lebten sie mit der FDLR in dieser Region mehr oder weniger einträchtig zusammen – bis 2009.

Seit der Friedenskonferenz von Goma im Januar 2008, als jede bewaffnete Gruppe der Kivu-Provinzen als politische Kraft anerkannt worden war, nannten sich die Mayi-Mayi der Tembo »Kifuafua«.[466] Ihr Militärführer »Oberst« Delphin Mbaenda hatte eine Zeitlang die aus Mayi-Mayi bestehende 85. FARDC-Brigade in Walikales Bergbaugebieten kommandiert; als er nach der Friedenskonferenz von Goma seine Brigade auflösen musste, zog er sich als Kifuafua-Führer nach Busurungi zurück.

Busurungi wurde daraufhin zum Hauptquartier der Mayi-Mayi-Kifuafua. Sie hatten rund 700 Kämpfer, etwa die Hälfte davon die aus der FARDC desertierten Soldaten der 85. Brigade; dazu kamen Jugendliche, die in ihren Dörfern Steuern eintrieben und bei Bedarf mobilisierbar waren.[467] Die Kifuafua teilten sich die Markteinnahmen von Busurungi mit der FDLR und ließen sie an ihren Sicherheitsbesprechungen teilnehmen.[468] Dann kam im Januar 2009 die Militäroperation »Umoja Wetu«, und die Tembo-Milizionäre wandten sich wie alle anderen lokalen Milizen gegen die FDLR. Anfang März 2009 übergab die Kifuafua-Miliz Busurungi an Kongos Regierungsarmee und zog sich in den nächsten größeren Ort Chambucha zurück. Etwa 300 bis 400 FARDC-Soldaten waren seitdem in Busurungi stationiert.

Die FARDC – das waren jetzt vor allem Kämpfer der einstigen Tutsi-geführten Rebellenarmee CNDP. Das politische Hauptquartier der FDLR in Kibua war Ende Januar von anrückenden Ex-CNDP-Einheiten zusammen mit lokalen Milizen zerstört worden. Der Zweite Vizepräsident Byiringiro sowie Vize-Exekutivsekretär Irategeka hatten mit Tausenden ruandischen Hutu-Flüchtlingen den Weg in den Dschungel angetreten und im Shario-Wald Schutz gesucht, nur wenige Kilometer von Busurungi entfernt.

Zwei der CNDP-Kommandeure, die nun die Jagd fortsetzten, waren Oberst Innocent Zimurinda und Oberst Baudouin Ngaruye. Die beiden hochgewachse-

466 Kifua ist Kisuaheli für »Brust«, Kifuafua kann als »die geschwellte Brust« verstanden werden

467 Vgl. Walimba, Mass: Étude sur les groupes armés locaux dans les provinces du Nord-Kivu et du Sud-Kivu en RDC, Februar 2009, S. 51–58

468 Vgl. Buuma, Déogratias: Analyse du contexte du territoire de Kalehe, APC Bukavu, April 2009, S. 35–37

nen kräftigen Berufssoldaten mit langer Kriegserfahrung wurden Ende der 1970er Jahre im späteren FDLR-Gebiet geboren: in der Gemeinde Ngungu im Kreis Ufamando, nicht weit von Kibua. Wie viele spätere Tutsi-Kämpfer wurden sie dort oben auf den Farmen groß, wo auf grünen Almen Kühe grasen, deren Milch zur Herstellung des in ganz Kongo begehrten Käses aus Masisi dient. Als 1994 die aus Ruanda eingedrungenen Hutu-Flüchtlinge, von denen viele in der Heimat soeben den Völkermord an den Tutsi verübt hatten, samt ihren geschlagenen Soldaten über die Grenze kamen, besetzten sie viele Farmen, schlachteten die Rinder und zerstörten die Farmhäuser. Viele Tutsi flohen nach Ruanda.

Ihre Söhne, die in der Zeit noch Oberschüler in Zaire gewesen waren, schlossen sich 1996 Kabilas AFDL-Rebellen an, um ihre Farmen zurückzuerobern. So auch Zimurinda und Baudouin. Die Tutsi-Krieger zogen von einer Rebellion zur nächsten: AFDL, RCD, dann CNDP – und jetzt waren sie in Kongos Armee. Zimurinda hat an den Unterarmen tiefe Narben von Schrotkugeln. Im April 2009 war Baudouin für den Sektor Walikale zuständig, Zimurinda für den Untersektor rund um Busurungi, als Kommandant der 231. FARDC-Brigade.

In Busurungi selbst war Major Eric Badege stationiert, ebenfalls einer mit kriegslustigem Ruf. Seine Einheiten hatten auf den Hügeln rund um das Gemeindezentrum, wo die Schule und die Kirche standen, Stellungen ausgehoben, die sie mit Stroh bedeckten, um sich darin zu verstecken. Hütten der Einwohner lagen hoch oben auf dem Kamm des Hügels. Von dort aus konnte man die beiden Zufahrtsstraßen überblicken. Wie die UN-Fotos später zeigten: Einige der ausgehobenen Armeestellungen befanden sich unmittelbar vor den Haustüren.

Die ruandischen Hutu-Flüchtlinge der Gegend lebten fünf Kilometer entfernt, im Shario-Wald an der Straße, entlang der sie Ende Januar 2009 aus Kibua geflohen waren. In Busurungi selbst kreuzt diese Straße diejenige, die nach Süden in die 36 Kilometer entfernte Kleinstadt Hombo führt. Die Pisten durch Busurungi sind sogar mit Geländewagen nicht passierbar. Motorräder quälen sich durch den Matsch. An der Straße im Tal liegt das Gemeindezentrum: eine Kirche, eine Gesundheitsstation und eine Schule am Ortseingang, die einzigen Gebäude aus Stein. Drum herum standen bis Mai 2009 ein paar hundert Lehmhütten mit Strohdächern. Busurungi hatte bis zu 7000 Einwohner, darunter Kriegsvertriebene aus anderen Dörfern. Nach dem FDLR-Überfall waren sie alle fort, Busurungi war noch eineinhalb Jahre lang unbewohnt.

Der Vorlauf: Jagd auf die Hutu-Flüchtlinge in Shario

Jeder Angriff hat eine Vorgeschichte, auch der auf Busurungi. Auf Befehl des ehemaligen CNDP-Obersts Zimurinda schickte FARDC-Major Badege um den 25. April 2009 seine FARDC-Soldaten aus Busurungi los, um die FDLR im Shario-Wald anzugreifen, dem Siedlungsgebiet der ruandischen Hutu-Flüchtlinge und seit Ende Januar Sitz der politischen Führung der FDLR. Oben auf dem Hügel Shario befand sich das neue Hauptquartier der FDLR-Reservebrigade. Sie konnte von dort die Straße nach Hombo überblicken und besaß dort eine rückstoßfreie Kanone, den Lauf ins Tal gerichtet, die sie auch beim Angriff auf Busurungi einsetzte, wie einer der FDLR-Kämpfer vor Gericht schildert. Er berichtet, die FDLR-Kämpfer in Shario seien beim FARDC-Angriff die Berge hinauf geflohen. Sie ließen ihre ruandischen Flüchtlinge ungeschützt am Hang in ihren selbstgebauten Unterkünften aus Plastikplanen zurück.[469]

So waren die Hutu-Flüchtlinge den FARDC-Angreifern schutzlos ausgeliefert. Ein früherer Hauptmann des Schutzbataillons des FDLR-Hauptquartiers, der damals dort stationiert war, beschreibt den Angriff in Stuttgart vor Gericht: »Sie waren mit kongolesischen Zivilisten, die die kleinen Wege des Waldes kannten. Sie teilten sich in zwei Teile: Einige schossen auf die Soldaten, um sie abzulenken, die anderen gingen von hinten in den Wald zu den Flüchtlingen.«[470]

Zwischen dem 27. und dem 29. April 2009 töteten Zimurindas FARDC-Soldaten in Shario angeblich 129 FDLR-Flüchtlinge, in insgesamt vier Angriffen. »80 Prozent waren Frauen und Kinder und ältere Frauen«, sagt der Exhauptmann.[471] »Als die Tutsi-Soldaten uns in Shario angriffen, habe ich sechs Verwandte verloren, darunter auch meine 8-jährige Tochter und meinen 12-jährigen Sohn, die beide vor meinen Augen mit Holzstöcken erschlagen wurden. Dann haben mich vier der Soldaten vergewaltigt. Sie sagten zu mir, ich sei eine FDLR-Frau und dass sie machen können mit mir, was sie wollen«, berichtete später eine überlebende Zeugin dem Team von Human Rights Watch.[472] Auch in den Berichten der UN-Experten und der UN-Menschenrechtsabteilung ist von brutaler Gewalt und Terror durch Zimurindas Truppen die Rede.[473] Augenzeugen berichteten von abgehackten Händen und Armen, die demonstrativ durch die Gegend getragen wurden, zur Abschreckung.[474]

»Wir grüßen Sie«, schrieb FDLR-Vize-Exekutivsekretär Irategeka am 27. April 2009 per SMS an Murwanashyaka. »Ich war in Shario […] um die Flüchtlinge zu betreuen. Sie haben letztens ein schlimmes Theater erlebt. Der Feind (FARDC, Pareco, CNDP) hat dort am 25. April angegriffen. Der Feind ist immer noch dort. Es sind über 10 000 Flüchtlinge, sie haben über 200 mitgenommen. Wir haben erfahren, dass sie 47 getötet haben. Sie werden von Mayanga und Innocent (Tutsi) geführt. Veröffentlichen Sie das, damit man uns hier im Wald hilft.«[475]

469 Zeugenaussage, Prozesstag 57, OLG Stuttgart 6.2.2012
470 Zeugenaussage, Prozesstag 153, OLG Stuttgart 13.5.2013
471 Zeugenaussage, Prozestag 153, OLG Stuttgart 13.5.2013
472 Human Rights Watch: »You Will Be Punished«, Dezember 2009, S. 118
473 Ebd., S. 117
474 MONUC Joint Assessment Mission Report Hombo-Busurungi, 30.5.2009
475 SMS Irategeka an Murwanashyaka, 27.4.2009, Prozesstag 285, OLG Stuttgart 25.2.2015

Wenige Tage später schrieb Irategeka erneut nach Deutschland. »Wir haben das Lager angeschaut, nachdem wir von Shario zurückgekommen sind, und ich habe ein sehr großes Massengrab gesehen, wo sie die Leute begraben haben. Man sagt, daß sie Männer getötet und Frauen vergewaltigt haben. Man sieht viele Kondome im Lager. Sie haben jetzt die vergewaltigten Frauen und Kinder in ihrer Gewalt. Man sagt, dass sie diese Frauen und Kinder nach Ruanda bringen wollen.«[476] Jetzt war für die FDLR die Zeit gekommen, Vergeltung zu üben.

Der Angriff auf Busurungi: »Auge um Auge, Zahn um Zahn«

Zwei FDLR-Täter, die den Überfall auf Busurungi als Offiziere mit ihren Einheiten durchführten, ergaben sich 2011 den Vereinten Nationen. Im Demobilisierungslager Mutobo in Ruanda erzählten sie von den Ereignissen jener Nacht.[477] Nkindi und Mustafa, beide zum Zeitpunkt des Angriffs rund 30 Jahre alt, hatten in der FDLR-Reservebrigade gedient. Beide kannten Busurungi schon vor dem Angriff gut, sie hatten dort auf dem Markt eingekauft. Leutnant Nkindi führte in jener Nacht im Mai 2009 einen Zug der FDLR-Aufklärungseinheit CRAP. Oberstleutnant Mustafa hatte eine Kompanie mit rund hundert Mann unter seinem Kommando. Er wurde in jener Nacht angeschossen. Zwei Jahre später in Mutobo zog er das linke Bein noch immer nach.

Als Mustafa und Nkindi über die Nacht in Busurungi sprechen, klingt dies wie aus einem Militärhandbuch: nüchtern, sachlich, präzise. In ihren Stimmen schwingen keinerlei Gefühlsregungen mit, keine Reue, kein Verantwortungsgefühl. »Die Toten unter der Bevölkerung sind bedauerlich, doch uns trifft keine Schuld, die Armee hatte sich ja zwischen den Zivilisten verschanzt«, erklärt Nkindi und zuckte mit den Schultern. Für ihn war dies ein Krieg zwischen der FDLR und Kongos Armee. Frauen und Kinder? »Das war eben Kollateralschaden.«

»Erschießt alle, brennt Busurungi nieder!«, habe der Befehl bei der Einsatzbesprechung gelautet, erinnern sie sich. Ein ehemaliger Zugführer der Reservebrigade gibt den Befehl vor Gericht in Stuttgart so wieder: »Alles, was atmet, was in Busurungi ist, das alles wird entfernt.«[478] Es seien drei Ziele verfolgt worden, erinnern sich die beiden Exkämpfer in Mutobo: »Erstens, die Bevölkerung zur Flucht verleiten. Zweitens, die Verstecke der Soldaten zerstören. Drittens, die Bevölkerung gegen die Armee aufzuhetzen, damit sie diese nicht mehr unterstützt.«

Den Befehl, Busurungi anzugreifen, erteilte Mudacumura am 3. Mai dem Kommandanten der Reservebrigade, Oberst Kalume, berichten die beiden Exkämpfer. Kalume war Mustafas direkter Vorgesetzter. Die Reservebrigade war

476 SMS Irategeka an Murwanashyaka, 1.5.2009, Prozesstag 285, OLG Stuttgart 25.2.2015.

477 Die folgenden Schilderungen und Zitate: Interviews mit Nkindi und Mustafa, Mutobo 30.3.2011

478 Zeugenaussage François Ngayinteranya, Prozesstag 118, OLG Stuttgart 3.12.2012

traditionell für das Gebiet rund um die Hauptquartiere zuständig, jetzt also auch für den Shario-Wald und Busurungi.

Am 4. Mai schickte Kalume Gruppen von Spähern der Aufklärungseinheit CRAP los, um die FARDC-Truppen auszuspionieren. Jede sollte je einen der vier Hügel rund um Busurungi observieren. Nkindi näherte sich dem Hügel Moka. Zwei Nächte lang schlich er mit vier Kameraden durch das Gebüsch. In der Dämmerung trauten sie sich auch nahe an die Häuser in der Dorfmitte heran. Sie sahen den FARDC-Kommandanten mit seinem Leibwächter in einer Hütte ein- und ausgehen. Sie beobachteten, wie die Truppen in der Grundschule ein Munitionslager anlegten. Sie zählten die Soldaten und die Waffen, merkten sich die Stellungen.

Gegen Mittag des 7. Mai kehrten die Späher zurück und erstatteten Bericht. Am nächsten Tag, am 8. Mai, bestellte Oberst Kalume seine Kommandeure und die anderer Einheiten ein. Sie trafen sich in Misima, einem Ort zwischen Busurungi und dem Shario-Wald. Mustafa war dabei. »Dort haben wir die Entscheidung getroffen, Busurungi anzugreifen«, erinnert er sich. Kalume erstattete daraufhin Militärchef Mudacumura in seinem provisorischen Hauptquartier im Mukoberwa-Wald einige Dutzend Kilometer westlich Bericht. »Ohne Einverständnis vom Oberkommando können wir keine Operationen durchführen«, so Mustafa. Das Oberkommando beriet sich und gab Kalume den Befehl zum Losschlagen.[479] Am Nachmittag des 9. Mai wurden Anweisungen erteilt, so Nkindi und Mustafa. Die FDLR-Kämpfer hockten in Butchanga, nicht weit von Busurungi im Wald, zur mehrstündigen Einsatzbesprechung zusammen.

Der UN-Untersuchungsbericht führte später alle beteiligten FOCA-Einheiten einzeln auf, auch die Befehlskette und die zuständigen Offiziere. Bis zu 800 Kämpfer zog die FDLR zusammen: Drei Kompanien von Kalumes Reservebrigade, ein Zug von Mudacumuras Hauptquartier-Schutzbataillon, dazu rund 70 Kämpfer der Militärpolizei, die Leibwächtereinheit der politischen Führer Vizepräsident Byiringiro und Vize-Exekutivsekretär Irategeka. So waren alle obersten FDLR-Führer im Kongo in den Angriff verwickelt.

80 Zivilisten waren als »Ziviler Widerstand« *(résistance civile)*, ein aus den Zeiten der Tutsi-Verfolgung in Ruanda übernommener Begriff zur Mobilisierung der Hutu gegen den inneren Feind, in die regulären Truppen eingegliedert. »Es sind paramilitärische FDLR-Angehörige, die kein Militärtraining durchlaufen hatten«, erklärt Mustafa. Die meisten von ihnen hatten in Shario Verwandte verloren. Einem Hauptmann Barozi wurde das Kommando über sie zugeteilt. Er händigte ihnen Macheten aus, berichtet Mustafa. Zum Einsatzleiter der gesamten Operation ernannte Kalume den Oberstleutnant Wellars Nsengiyumva alias Syrus. »Dieser erteilte mir den Auftrag, eine Einheit aus 24 Mann zusammenzustellen und uns zu rüsten«, so Nkindi.

479 Dies und die folgenden Angaben zu den Einheiten: UN-interner Untersuchungsbericht zu Busurungi

Am Nachmittag des 9. Mai 2009 kurz nach 16 Uhr marschierten die FDLR-Truppen los. »Die FARDC war an dem Tag schwächer als sonst, weil einige Soldaten Sold in Hombo abholen sollten«, gibt vor Gericht in Stuttgart UN-Experte Gramizzi ein Gespräch mit einem damaligen Bewohner Busurungis wieder.[480] Die FDLR-Truppen näherten sich Busurungi über die Hügel, teilten sich auf, schlichen sich aus verschiedenen Richtungen heran. Nach Einbruch der Dunkelheit legte sich Nkindi mit seinen Männern im Gebüsch nahe dem Hügel Moka auf die Lauer. Von weitem konnte er die Lichter der Paraffinlampen vor den Häusern von Busurungi erkennen. Frauen kochten Abendessen für die Soldaten, Holzkohleöfen glühten vor den Lehmhütten. Ein paar Hundert FARDC-Soldaten, so hatte es Nkindi bei seiner Erkundungsmission zuvor geschätzt, waren in Busurungi stationiert, ein ganzes Bataillon.

»Wir konnten sie nur aus dem Hinterhalt bezwingen, wenn wir alle vier Hügel gleichzeitig erobern«, erklärte Nkindi die Taktik. Er selbst sollte gemeinsam mit Mustafas Kompanie und zwei weiteren Einheiten den Hügel Moka einnehmen. Dort befand sich das gut verteidigte FARDC-Hauptquartier.

Nachts, um zwei Uhr am 10. Mai, schlugen sie von allen Seiten los. »Wir verabredeten eine Uhrzeit«, erinnert sich ein ehemaliger CRAP-Kämpfer, der am Sturm auf den Hügel Kimaka teilnahm, vor Gericht in Stuttgart: »Wir haben sie besiegt, sie sind weggelaufen, wir haben ihre Häuser angezündet«, insgesamt etwa 200 Häuser auf einem Hügel, der gegen vier Uhr als letzter eingenommen worden sei. Es sei viel Material erbeutet worden, in den verkohlten Häusern fand er »Leichen von kongolesischen Soldaten und unseren Soldaten und wir haben dort Gewehre und Munition mitgenommen.«[481]

Mustafa wurde beim Sturm auf den Hügel Moka sofort im Kugelhagel getroffen. Zwei seiner Kämpfer schleppten ihn in den Dschungel zurück. Auch Nkindi kämpfte auf dem Hügel Moka nicht lange, seine Soldaten rannten davon: »Nach knapp 20 Minuten Feuergefecht zogen wir uns zurück.« Er schätzte, er habe 18 Soldaten fallen sehen. Unter den gefallenen FDLR-Kämpfern war der Operationsleiter (S3) der Reservebrigade mit dem Kampfnamen »Fidel«, bestätigen mehrere Zeugen vor Gericht.

Im Dschungel warteten Nkindi und Mustafa mit ihren Einheiten. Sie hatten den Befehl, bis zum Morgengrauen mit dem Rückzug zu warten. Zuvor musste noch Beute gemacht werden. Punkt 5:30 Uhr stürmten sie also in der Dämmerung wieder los. Dieses Mal konzentrierte sich der Angriff auf das Ortszentrum, wo sich die noch verbliebenen FARDC-Soldaten verschanzt hatten. »Sie leisteten nur wenige Minuten Widerstand, dann rannten sie ins Tal«, erinnert sich Nkindi. Seine Einheit durchsuchte die Grundschule, die Hütten, die Militärstellungen. Sie

480 Zeugenaussage Claudio Gramizzi, Prozesstag 143, OLG Stuttgart 20.3.2013
481 Zeugenaussage, Prozesstag 57, OLG Stuttgart 6.2.2012

fand Maschinengewehre und Munition, die sie mitnahmen, auch einen Raketenwerfer, mit dem man Hubschrauber abschießen konnte.

Mit einer Fackel zündeten die Rebellen dann die Strohdächer an, erzählt Nkindi. Busurungi brannte lichterloh. Die mit Macheten bewaffneten Zivilisten der *résistance civile* »töteten jeden, dem nicht rechtzeitig die Flucht gelang«, so Nkindi und fügt hinzu: »Einsatzleiter Syrus stand 200 Meter von der Siedlung entfernt.« Mit seinem Funkgerät koordinierte er die Einheiten. Die bewaffneten Zivilisten seien hinzugezogen worden, um sich für ihre Angehörigen zu rächen, die in Shario so brutal ermordet worden waren: Auge um Auge, Zahn um Zahn, wie die Operation später genannt wurde. Um Punkt sechs Uhr gab Syrus den Befehl zum Rückzug.

Um neun Uhr trafen sich alle im nahen Butshanga zur Lagebesprechung wieder. Danach funkte Syrus seinen Bericht an Kalume, der ihn an Militärchef Mudacumura via Satellitentelefon weitergab, erinnert sich Mustafa. Er war selbst dabei.

Auf dem Rückweg durchquerte eine Einheit der Reservebrigade noch einmal Busurungi. »Da war kein Mensch mehr«, erinnert sich vor Gericht in Stuttgart einer der beteiligten Kämpfer, »es gab keine Leute mehr, sie waren weggelaufen. Aber es gab Leichen – Leute, die zufällig von Munition getroffen wurden. Was ich mit meinen Augen selbst gesehen habe, waren etwa 20 Leichen.« Auf Nachfrage bestätigt er, dass er Zivilisten meint. Tote Soldaten habe es sehr viel mehr gegeben. »Waren die toten Zivilisten bei den Häusern an der großen Straße?«, wird der Kämpfer gefragt. »Ja, die lagen dort in der Nähe ihrer Häuser«, antwortet er: sämtlich Männer, erschossen. Die Häuser »waren durch Schüsse zerstört, aber Soldaten machen manchmal, was sie wollen, sie haben die Häuser in Brand gesetzt. Es sah so aus, dass sie den Feind beherbergt haben – einige davon haben sie in Brand gesetzt.«[482]

Am 11. Mai gegen 15 Uhr, als alles vorbei war, meldete die Reservebrigade den Erfolg der Operation an alle FDLR-Einheiten.[483] »Weil der Angriff vom Vizekommandeur der Reservebrigade geführt wurde, hat die Reservebrigade das Telegramm geschickt«, erinnert sich vor Gericht ein ehemaliger Zugführer der Reservebrigade. »Auf dem Telegramm stand *unités toutes*, an alle Einheiten […] Da stand ›Operation Auge um Auge und Zahn um Zahn‹, das Telegramm war auf Französisch, sie sagten dass diese Operation 100 % erfolgreich war, dass der Feind verjagt wurde, dass sie militärische Ausrüstung erbeutet haben und auch zivile Ausrüstung und sie haben es im Detail beschrieben, dass sie ganz Busurungi in Brand gesetzt haben. Am Ende des Telegramms stand ›Glückwunsch‹.«[484]

482 Zeugenaussage, Prozesstag 79, OLG Stuttgart 23.5.2012
483 Zeugenaussage, Prozesstag 204, OLG Stuttgart 20.1.2014
484 Zeugenaussage, Prozesstag 118, OLG Stuttgart 3.12.2012

Das Nachspiel: Ein zufälliger UN-Hubschrauberflug

Der Ende 2009 veröffentlichte Bericht »You Will Be Punished« von Human Rights Watch legte einen besonderen Fokus auf Busurungi, denn »in Busurungi war die Gewalt so bösartig und unglaublich brutal und schnell«, sagt Anneke van Woudenberg, die Kongo-Expertin der Organisation, später in Stuttgart vor Gericht.[485] Sie erinnert sich an die Aussage eines Familienvaters: »Er öffnete die Tür und sah die FDLR. Er nahm zwei seiner Kinder und rief seiner Frau zu ›Nimm die Kinder und lauf‹, er lief mit den Kindern in den Wald und schaute zurück, der Frau war es unmöglich, das Haus zu verlassen, die FDLR hatte sie eingeschlossen und das Haus angezündet. Es gibt viele Stories wie diese. Vielen Verletzten gelang die Flucht in den Wald. Am nächsten Tag kamen sie zurück, um die Toten zu beerdigen. Eine Person war sehr traumatisiert, da es unmöglich war, so viele zu beerdigen, da sie in den Häusern verbrannt waren. Er weinte, als er es mir erzählte.«

Viele Opfer flohen nach Chambucha, wo die nächste Krankenstation war, fährt sie fort. »Das medizinische Personal dokumentierte systematisch die Anzahl der Verwundeten. Die Opfer hatten schreckliche Wunden, die ernsthaft infiziert waren, es dauerte Tage für die Opfer, nach Chambucha zu gehen, einige Personen des medizinischen Personals waren sehr betroffen wegen der notwendigen Amputationen.« Insgesamt interviewten die Mitarbeiter von Human Rights Watch 32 Opfer und Zeugen aus Busurungi. »Wir fragten viele Zeugen und Opfer, woher sie die Information hatten, dass es die FDLR war. Sie erkannten die Angreifer. Viele hatten über Jahre hinweg mit ihnen zusammengelebt. Die FDLR war lange in Shario und Maroc, sie kamen ins Dorf, um Handel zu treiben oder Kinder in die Schule zu bringen, die Opfer erkannten die Gesichter, die Sprache, die Uniformen, aber vor allem die Gesichter.«

Die Toten waren »mindestens 96 Zivilisten, darunter 25 Kinder, 23 Frauen und sieben ältere Männer, der Rest waren junge Männer«, so Anneke van Woudenberg. Die Zahl 96 kam vom Leiter des Bestattungsteams von Busurungi. Er betonte die »große Anzahl von Frauen und Kindern« unter den Leichen. Dies sei »außergewöhnlich«, denn normalerweise gebe es unter den Toten eines Massakers deutlich mehr Männer, »da Frauen und Kinder meist zuerst fliehen«, erläutert die HRW-Expertin. Zu den 96 müsse man solche dazurechnen, die in den Wald flohen und erst Tage später tot aufgefunden wurden.

Um fundierte Aussagen über die Zahl von Massakeropfern zu bekommen, sei es erfahrungsgemäß gut, die Totengräber zu befragen, so van Woudenberg. Um diese zu finden »ist es am sinnvollsten, sich an das Rote Kreuz, die Kirche und lokale Behörden zu wenden [...] Wir machten Interviews mit mindestens vier Beerdigungshelfern. Sie notierten, wie viele beerdigt wurden, wie viele Frauen

485 Dies und die folgenden Zitate: Zeugenaussage Anneke van Woudenberg, Prozesstag 106, OLG Stuttgart 15.10.2012

und Kinder, welche Verletzungen vorlagen. Opfer hatten oft Schussverletzungen oder Verletzungen von Macheten oder hatten die Schädel zertrümmert. Diese Informationen helfen bei der Erstellung der Statistik.« Sie präzisiert: »Wir führten Interviews immer einzeln.«

Die Interviews mit Zeugen in Chambucha sowie in Hombo führte die Menschenrechtsorganisation am 17. und 18. Juni, fünfeinhalb Wochen nach dem Massaker. In Busurungi selbst waren die Menschenrechtler nicht. Die unmittelbaren Schilderungen der Opfer hatten sie bereits am 15. Mai in Goma festgehalten, fast 300 Kilometer entfernt. Ein Team der UN-Mission MONUC hatte Überlebende aus Busurungi an diesem Tag ausgeflogen. Dass die Vereinten Nationen damals so schnell an Ort und Stelle waren, war purer Zufall.

Als die UN-Mission MONUC am 12. Mai 2009 einen Hubschrauber aus Goma in die Wälder von Waloa-Loanga losschickte, war das Massaker von Busurungi noch gar nicht bekannt. Die Mitarbeiter der MONUC-Abteilungen für Menschenrechte und für Demobilisierung wollten eigentlich die Tötungen von Shario untersuchen, von denen Überlebende in der Kleinstadt Hombo berichtet hatten. Doch auf dem abschüssigen Gelände rund um den steilen Shario-Berg konnte der Hubschrauber nicht landen. Stattdessen kreiste er über den niedergebrannten Hütten von Busurungi. So sammelten die UN-Ermittler im nächsten Ort Chambucha erste Informationen. Am 15. Mai kamen sie wieder und landeten direkt auf dem Fußballfeld von Busurungi. Fünf Ortsteile waren verkohlt und menschenleer, der Ortsteil Moka brannte da immer noch.[486]

Die UN-Ermittler machten zahlreiche Fotos. Ein Mitglied des Untersuchungsteams bewahrte sie über Jahre auf – in der Erwartung, Ermittler würden irgendwann danach fragen. Aber die deutschen Staatsanwälte stießen bei ihren Ermittlungen in Goma nie darauf, dass diese Beweisbilder tatsächlich existieren, und sie sind nie vor einem Gericht als Beweismittel eingebracht worden.

Aus dem Bericht des UN-Teams, der auch den deutschen Staatsanwälten zufloss und ins Verfahren in Stuttgart eingeführt worden ist,[487] geht hervor, dass die UN-Ermittler am 15. Mai in Busurungi auf 13 Milizionäre der lokalen Tembo-Miliz Kifuafua unter einem Major Kandolo trafen. Dieser erklärte, er sei mit seinen Männern unmittelbar nach dem Angriff der FDLR aus Hombo nach Busurungi zurückgekehrt, »um verbliebene Zivilisten zu finden und zu schützen«.[488] Später sagt ein UN-Experte vor Gericht in Stuttgart: »Ein Mayi-Mayi-Kommandant kam nach Busurungi, um das Gebiet zu sichern, er hieß Limenzi, er sagte, der Angriff war eine Vergeltungsaktion für die FARDC-Operation in Shario.«[489] Limenzi war der Tembo-Milizenführer aus Remeka weiter östlich, dessen »Ver-

486 MONUC Joint Assessment Mission Report Hombo-Busurungi, 30.5.2009
487 Verlesen am Prozesstag 96, OLG Stuttgart 10.9.2012
488 MONUC Joint Assessment Mission Report Hombo-Busurungi, 30.5.2009
489 Zeugenaussage Dinesh Mahtani, Prozesstag 87, OLG Stuttgart 9.7.2012

rat« an der FDLR bereits im Januar Racheangriffe an der Zivilbevölkerung hervorgerufen hatte.

Die UN-Ermittler »inspizierten Gräber, interviewten die anwesenden Mayi-Mayi-Kifuafua und wohnten fortdauernden Begräbnissen bei«, heißt es.[490] Auf dieser Grundlage sowie anderen Interviews gebe es Hinweise, dass »mindestens« 62 Zivilisten in Busurungi getötet worden seien, darunter »mindestens 17 Kinder« im Alter unter 14 Jahren, außerdem 25 bis 35 FARDC-Soldaten. Diese Zahlen seien von Vertriebenen und lokalen Behörden bestätigt. Die von den Kifuafua genannte Zahl von 702 abgebrannten Häusern bestätigten die UN-Ermittler nicht. Sie sprachen von rund 100.

Am 13. Mai hatten die UN-Mitarbeiter in Chambucha bereits Kifuafua-Militärchef Delphin Mbaenda und einen seiner Berater getroffen. Die erzählten, sie seien enttäuscht über Kongos Armee: Die Kifuafua hätten ihre Kämpfer vereinbarungsgemäß in Chambucha zusammengezogen, aber die Armee habe geräumte Ortschaften nicht vor der FDLR geschützt. »Sie behaupteten, sie seien jetzt gezwungen, Stellungen einzunehmen und Operationen gegen die FDLR zu starten. Sie argumentierten weiter, dass die FARDC den Schutz der Zivilisten nicht gewährleiste.«

Die FARDC, stellten die UN-Mitarbeiter fest, hatte sich aus dem gesamten Gebiet zurückgezogen, bis nach Hombo mehr als 30 Kilometer entfernt. Unzählige Menschen seien auf der Flucht. »Mayi-Mayi-Kifuafua stehen in allen wichtigen Dörfern und treiben offen und aktiv Steuern von der lokalen Bevölkerung ein. Die Einheimischen scheinen es vorzuziehen, Steuern zu zahlen und Lebensmittelrationen zur Verfügung zu stellen, damit die Mayi-Mayi-Kifuafua sie vor der FDLR schützen können […] Das Team wurde informiert, dass jubelnde FDLR-Kämpfer und ihre Angehörigen tanzten und Kriegslieder sangen, in denen sie drohten, die Überlebenden aufzuspüren: ›Wegrennen nützt nichts, wir werden euch überallhin folgen, Hombo, Chambucha, um zu tun, was wir in Ruanda getan haben.‹ Dieser besondere Aspekt wurde von unterschiedlichen Teilen der Mission in Chambucha, Hombo, Otobora und Katatua II und III bestätigt.«

Das UN-Team sah mindestens neun verletzte Überlebende in der Krankenstation von Chambucha. Vier von ihnen nahm es auf dem Rückflug nach Goma gleich mit, im Hubschrauber, und brachte sie in eine Spezialklinik. Am gleichen Tag wurden diese in Goma von Human Rights Watch befragt, woraufhin die Menschenrechtler einige Wochen später selbst in die Kriegsregion aufbrachen.

Wie sehr haben sich Human Rights Watch und die Vereinten Nationen bei ihren Feststellungen von einer Kriegspartei leiten lassen – den Mayi-Mayi-Kifuafua? Der Human-Rights-Watch-Bericht »You Will Be Punished« gibt an, dass die in Chambucha befragten Totengräber von Busurungi und Mianga zu den Kifuafua

490 Dies und die folgenden Angaben und Zitate: MONUC Joint Assessment Mission Report, 30.5.2009

gehörten.[491] Die Zahlen von 96 Toten und 700 zerstörten Häusern in Busurungi, die im Bericht der Menschenrechtsorganisation und in der deutschen Anklage gegen Murwanashyaka und Musoni stehen, entsprechen den Angaben der Kifuafua, nicht denen der Vereinten Nationen. Deren Ermittler waren selbst vor Ort. Aber weder Human Rights Watch noch die deutsche Bundesanwaltschaft haben eigene Untersuchungen in Busurungi durchgeführt.

Die Vertuschung: Wie die FDLR am Telefon Lügen ausheckt

Am Tag, bevor er den Befehl zum Angriff auf Busurungi erteilte, schickte FDLR-Militärchef Mudacumura eine SMS an seinen Präsidenten nach Deutschland. »Info Presidef« schrieb er am 2. Mai 2009, die gängige Abkürzung für den Präsidenten der FDLR: »Ein deutscher Staatsanwalt ist auf Dienstreise hier in der Region, um Anschuldigungen gegen Chef der FDLR zu erheben. Michel wurde bereits vernommen.«[492] Am Tag davor hatte bereits Vize-Exekutivsekretär Irategeka ihn entsprechend informiert.[493] Murwanashyaka nahm sich vier Stunden Zeit mit der Antwort. »Diese Angelegenheiten über Untersuchungen eines deutschen Staatsanwalts werden nichts erreichen, und sie machen dies schon seit vier Jahren. Es ist aber gut zu wissen, wen sie fragen, weil kein Gericht von hier eine belastende Aussage von einem gefangenen Deserteur, der sich in Kigali befindet, akzeptieren kann. Gott möge euch weiterhin schützen. PRSDF.«[494]

Nach eigenen Angaben waren die Mitarbeiter der Bundesanwaltschaft in jener Zeit nicht wegen der FDLR in Ruanda, sondern wegen des in Deutschland wegen Völkermordes verhafteten ruandischen Exbürgermeisters Onesphore Rwabukombe. Rwabukombe war kurz vor Weihnachten 2008 zum zweiten Mal festgenommen worden, wenige Wochen nach seiner Freilassung aus der Auslieferungshaft. Da Deutschland ihn nicht nach Ruanda ausliefen wollte, bereiteten die deutschen Staatsanwälte nun einen Prozess in Deutschland vor. Dafür mussten sie in Ruanda ermitteln. Der SMS-Austausch zwischen Mannheim und dem ostkongolesischen Dschungel zeigt aber: Die FDLR-Führer gingen Anfang Mai 2009 davon aus, dass auch gegen sie aktiv ermittelt werde. Trotzdem ordnete Mudacumura unmittelbar danach den Angriff auf Busurungi an.

Die BKA-Beamten im deutschen Mettenheim registrierten am 8. Mai, zwei Tage vor dem Angriff, zahlreiche SMS von Satellitentelefonen der FDLR-Kommandeure an Murwanashyaka in Deutschland. Aber keine kam von Mudacu-

491 Human Rights Watch: »You Will Be Punished«, Dezember 2009, S. 62 f. mit Fußnoten 134–137

492 SMS Mudacumura an Murwanashyaka, 2.5.2009, Prozesstag 285, OLG Stuttgart 25.2.2015. »Michel« ist vermutlich der desertierte Sprecher Edmond Ngarambe alias Michel Habimana, der sich seit Februar in Kigali befand

493 SMS Irategeka an Murwanashyaka, 1.5.2009, Prozesstag 285, OLG Stuttgart 25.2.2015

494 SMS Murwanashyaka an Mudacumura, 2.5.2009, Prozesstag 291, OLG Stuttgart 18.3.2015

mura. Stattdessen kommunizierte der FDLR-Präsident am Nachmittag mit Nord-Kivu-Kommandant Omega, dessen Truppen weit weg von Busurungi stationiert waren und der neue Thuraya-Telefoneinheiten brauchte. Murwanashyaka bekam auch Textnachrichten von seinem Zweiten Vizepräsidenten Byiringiro in Shario: »Die Zeiten sind schlimm. Der Feind greift uns derzeit jeden Tag an. Wir sind allein von Gott geschützt.«[495] Und eine Minute später: »Man sagt, sie können dich in einem Auto töten. Man sagt, du sollst vermeiden, in ein Auto einzusteigen von jemandem, die sich deine Freunde nennen und denen du nicht vertrauen kannst. Der Feind will dir zumindest eine Behinderung zufügen. Selbst die Amputation eines Beines genügt schon. Denkst du darüber nach?«[496]

Abends um 18:20 Uhr bedankte sich Omega bei seinem Vorgesetzten: »Es sind die Einheiten angekommen. Es sind genug, die kann ich lange verwenden. Vielen Dank.«[497] Und kurz vor Mitternacht, um 23:57 Uhr, schrieb Murwanashyaka dem tiefgläubigen Omega zurück: »Glückwünsche an die jungen Männer, die die FARDC besucht haben. Es ist notwendig zu verhindern, dass es sich entfaltet, wenn es möglich ist. Man soll Material erbeuten. Und Glückwunsch zum Jahrestag der heiligen Fatima-Erscheinung.«[498]

Direkte Kommunikation Murwanashyakas mit dem Kongo über Busurungi während des Angriffs entdeckten die deutschen Ermittler nicht. UN-Experte Mahtani verliest vor Gericht die ein- und ausgehenden SMS-Verbindungsdaten zwischen Murwanashyakas deutscher O2-Handynummer und zwei Satellitentelefonen, die seiner Meinung nach von Mudacumura genutzt wurden »und mindestens einem anderen Kommandeur«.[499] Am 9. und 10. Mai 2009 gibt es nichts. Erst am 11. Mai sendete Mudacumura dem FDLR-Chef in Deutschland eine SMS.

An diesem Tag aber hat das Bundeskriminalamt keine Kommunikation zwischen Murwanashyakas O2-Handynummer und dem FDLR-Militärchef abgefangen. Stattdessen bekam der Präsident erneut von Omega eine SMS sowie eine E-Mail über einen Angriff seines Bataillons auf den Ort Butalongola im Distrikt Lubero.[500] Murwanashyaka antwortete am selben Tag: »Danke, dass du mich auf Situation aufmerksam machst. Die Situation wird für FARDC, MONUC nicht einfach sein. Man soll immer wieder zu Disziplin aufrufen. Sollen Bevölkerung nicht quälen, weil Kinshasa sie in diesen Krieg hineingezogen hat. Die Mehrheit der Bevölkerung würde uns lassen, damit wir dort in Ruhe warten, bis wir nach Hause zurückgehen. Können für Konsequenzen des Krieges nur beten. Grüße junge Männer von mir. Gott allein weiß, wann wir uns wiedersehen. Gott schütze euch.«[501]

495 SMS Byiringiro an Murwanashyaka, 8.5.2009, Prozesstag 226, OLG Stuttgart 28.4.2014
496 SMS Irategeka an Murwanashyaka, 8.5.2009, Prozesstag 226, OLG Stuttgart 28.4.2014
497 SMS Omega an Murwanashyaka, 8.5.2009, Prozesstag 226, OLG Stuttgart 28.4.2014
498 SMS Murwanashyaka an Omega, 8.5.2009, Prozesstag 226, OLG Stuttgart 28.4.2014
499 Zeugenaussage Dinesh Mahtani, Prozesstag 86, OLG Stuttgart 4.7.2012.
500 SMS Omega an Murwanashyaka, 11.5.2009, Prozesstag 15, OLG Stuttgart 11.7.2011
501 E-Mail Murwanashyaka an »niodada«, 11.5.2009, Prozesstag 13, OLG Stuttgart 4.7.2011

In den folgenden Tagen war Murwanashyaka beschäftigt, ein Dementi zu den Übergriffen in Butalongola vorzubereiten.[502] Die Erklärung veröffentlichte Exekutivsekretär Mbarushimana am 13. Mai.[503] Erst am Mittag des 14. Mai traf in Murwanashyakas E-Mail-Postfach eine weitergeleitete UN-Pressemitteilung über Busurungi ein. »Angriff hat Dutzende Tote verursacht [...] Mehrere Quellen zeigen auf FDLR [...] Bewohner erklärten, sie hätten über 35 Tote beerdigt«, hieß es in der MONUC-Erklärung.[504]

Ganz entspannt rief Murwanashyaka am Abend Musoni an. Der fragte, ob »die Probleme schlimmer« geworden seien. Murwanashyka hielt sich bedeckt: »Du wirst demnächst sehen. Du wirst Ergebnisse sehen, wenn sie draußen sind.« Musoni war sorgenvoll: »Ich denke, dass man uns am Ende vor Gericht bringen wird, und diese Briefe, die wir immer wieder schreiben, werden Beweis sein. Wie sieht es aus dort unten?« Murwanashyaka wimmelte ihn ab: »Gibt nix Neues. In Nord-Kivu herrscht Krieg, jeden Tag Kämpfe, aber nix Neues.« Später wieder: »Nix Neues. Nix was ich dir sagen kann. Es herrscht Krieg in Nord-Kivu. Sie führen Angriffe, wir führen Angriffe, nix Neues.«[505]

Am 15. Mai rief Murwanashyaka Mudacumura im Kongo an. »Sei stark«, grüßte der ihn mit dem FDLR-Gruß: »Lange haben wir nicht miteinander gesprochen.« Murwanashyaka erklärte: »Ich war in letzter Zeit sehr beschäftigt mit Kommunikation. Aber mir geht's gut.« Mudacumura sagte: »Jaja, die Zeiten sind schwierig [...] Zivilisten fliehen das Schlachtfeld, so haben wir geplant, im Norden geht es weiter, es entwickelt sich trotzdem gut, außer diese Pareco-Leute. Sie setzen Häuser in Brand, und was weiß ich, vielleicht, um es uns zuzuschieben.« Murwanashyaka unterbrach ihn: »Was Verleumdungen gegen uns betrifft. Wir müssen sie weiter schlagen, bis sie feststellen, dass das Problem nicht gelöst wurde.« Der Militärchef: »Wir machen weiter, wir haben auch so in Busurungi gemacht, wir waren erfolgreich, wir haben Ernte gemacht, wir haben aber einen Major verloren.« »Ja«, sagte Murwanashyaka: »Möge Gott ihn empfangen.«[506]

»Guten Tag und Christus möge Ihnen Frieden geben!«, schrieb ihm einer der Kommandeure am gleichen Tag in einer E-Mail mit dem Betreff »Busurungi«: »Am 10.05. um 2 Uhr griff die Reservebrigade und FOCA an. Auf der Seite der Feinde hat es 37 Tote gegeben, darunter auch Frauen, die als Ehefrauen bei den Soldaten geschlafen hätten, auf Freundesseite zwei Tote. 18 große Gewehre, Bomben und viel Munition. CNDP plant Angriffe mit Flugzeugen und Giftgas.«[507]

502 E-Mails vom 13.5.2009 und 14.5.2009, Prozesstag 257, OLG Stuttgart 13.10.2014
503 FDLR-Presseerklärung NR. 03/SE/CD/MAY/2009, 13.5.2009
504 E-Mail bwhite an Murwanashyaka, 14.5.2009, Prozesstag 272, OLG Stuttgart 15.12.2014
505 Telefonat Murwanashyaka und Musoni, 14.5.2009, Prozesstag 181, OLG Stuttgart 30.9.2013
506 Telefonat Murwanashyaka und Mudacumura, 15.5.2009, Prozesstag 17, OLG Stuttgart 10.7.2011
507 E-Mail Ntira an Murwanashyaka, 15.5.2009, Prozesstag 15, OLG Stuttgart, 11.7.2011

Murwanashyaka leitete diese Neuigkeiten noch am selben Tag an Musoni und Mbarushimana weiter.[508]

Am nächsten Tag, dem 16. Mai, bat Murwanashyaka das Oberkommando im Kongo sowie Vizepräsident Byiringiro um »eine erschöpfende Liste des militärischen Materials, das ihr bei ihnen erbeutet habt« sowie um Einzelheiten der getöteten FARDC-Soldaten, »und falls Zivilisten während dieser Kämpfe gestorben sind, dass die Schuld bei FARDC liegt, weil sie Zivilisten als Schild benutzen. Wir brauchen außerdem Einzelheiten über schlechte Sachen, die APR/FARDC den Flüchtlingen und Abacunguzi in dieser Region von Busurungi und Umgebung angetan haben, damit wir zeigen, dass es notwendig war, sie anzugreifen.«[509]

Von einer unbekannten Satellitentelefonnummer erhielt Murwanashyaka am 17. Mai mehrere Textnachrichten: »Wir grüßen Sie, Exzellenz. Es waren Zivilisten unter den Opfern, weil«, lautet die erste. Die zweite führt den Satz zu Ende mit »sie sich in der Stellung befanden«.[510]

Am selben Tag erreichte ihn von Byiringiro eine Vorlage für eine Pressemitteilung. »Die FARDC sind im Begriff, unermessliche Verluste an Menschen und an Material zu erleiden, als Antwort der FDLR/FOCA auf ihre wiederholten bewaffneten Provokationen […] Um die kongolesische Zivilbevölkerung vor den Auswirkungen des Krieges zu schonen, hat die FDLR die FARDC und die Mai-Mai und die kongolesischen Behörden gewarnt, sich nicht mit der Zivilbevölkerung in den Siedlungen zu vermischen, denn wir schlagen zu, wo sich der Feind befindet, egal wo und wann. Die FOCA lehnt jede Verantwortung ab, falls diese Zivilisten im Kampf umkommen, wir greifen nachts an und es ist schwer.«[511]

Soviel Ehrlichkeit fand Mbarushimana, der Kommunikationsprofi in Paris, nicht gut. »Es gibt ein paar Dinge, die wir nicht sagen sollten«, sagte er Murwanashyaka am Telefon am Abend des 18. Mai, »es sollte, ähm, nichts irgendwo stehen, das den Eindruck vermittelt, dass wir selbst zugeben oder sagen, dass wir vielleicht einige, einige, einige Zivilisten getötet haben.« Murwanashyaka stimmte zu: »Es ist sehr kompliziert, genau aus dem einfachen Grund, dass, wie du weißt, Frauen und Kinder – und wenn MONUC jetzt ausrückt und sieht, was die Wahrheit ist, wenn man jetzt eine Erklärung abgibt, die das anders formuliert, dann sagt man natürlich ›wir wussten nichts davon‹.« Mbarushimana wandte ein: »Wir sollten nicht vergessen, dass das Gesetz hier regiert, das internationale Gesetz, das internationale Menschen-, Menschen-, ähm, -Gesetz. Theoretisch, wenn man

508 E-Mails Murwanashyaka an Musoni und Mbrushimana, 15.5.2009, Prozesstag 14, OLG Stuttgart, 6.7.2011

509 SMS Murwanashyaka an Oberkommando und Byiringiro, 16.5.2009, Prozesstag 291, OLG Stuttgart 18.3.2015

510 SMS unbekannter Thuraya-Nummer an Murwanashyaka, 17.5.2009, Prozesstag 15, OLG Stuttgart 11.7.2011

511 Asservat französischer Zettel: Nachricht von Byiringiro, 17.5.2009, Prozesstag 230/231, OLG Stuttgart 12./14.5.2014

einen Angriff auf einen gewissen Ort plant, muss man erst sichergehen, dass keine Zivilisten vor Ort sind. Wenn, ähm, wir sagen, dass dort, ähm, dass man später herausgefunden hat, dass sie mit den anderen waren, in diesem Fall wird man nicht von der Verantwortung freigesprochen, was passiert ist. Das ist das Ding. Das ist genau das, womit wir hier vorsichtig sein müssen.«[512]

Mbarushimana versprach, sich um die Pressemitteilung »zu kümmern«, die schließlich auch erschien und völlig nichtssagend war, ebenso eine weitere vom 25. Mai, die die Verbrechen von Shario verurteilte.[513] In einer dritten Erklärung vom 27. Mai hieß es schließlich: »Die FDLR dementieren kategorisch alle falschen und irreführenden Informationen [...] die FDLR habe tödliche Angriffe auf die kongolesische Zivilbevölkerung in den Orten Mianga und Busurungi in Nord-Kivu unternommen«.[514] Man fordere eine internationale Untersuchung. Am 2. Juni veröffentlichte Mbarushimana eine Liste der Namen von 63 getöteten Hutu-Flüchtlingen aus Shario, darunter viele Kleinkinder: »Möge Gott ihre Seelen willkommen heißen.«[515]

Doch so leicht kamen die FDLR-Führer nicht davon. Immerhin hatten sie auf eine unabhängige UN-Untersuchung gedrängt. Sie rechneten wohl nicht damit, dass der UN-Apparat sich bewegen könnte. Am 15. Juni 2009 meldete Militärchef Mudacumura seinem Präsidenten: »Die Weißen, die für Menschenrechte im Sicherheitsrat zuständig sind, befinden sich in Goma, um eine Untersuchung über das Massaker in Shario durchzuführen. Sie wollen, dass die FDLR-FOCA einen Beitrag im Sicherheitsbereich leistet. Was soll ich antworten?«[516]

Nach Rücksprache mit Mbarushimana in Paris rief Murwanashyaka zurück: »Es kann uns was bringen«, erklärte er. Es gehe ja um Shario. »Wir haben gefordert, dass der UN-Sicherheitsrat eine Untersuchungskommission gründen soll. Deswegen sind sie gekommen.« Mudacumura war nicht überzeugt: »Diese Hügel sind oberhalb von Busurungi. Wenn sie von oben kommen, wenn sie das sehen wollen, werden sie sowieso Busurungi überfliegen oder dort landen.« Murwanashyaka verstand sofort. »Man muss aufpassen. Man kann gegebenenfalls sagen, dass sie nicht dort ankommen dürfen, auch aus Sicherheitsgründen.« Mudacumura sagte, er habe Byiringiro gebeten, die dort stationierten FDLR-Kämpfer der Brigade Sabena »sollen die Leute trainieren oder sich als Bauern verkleiden«.[517]

Murwanashyaka stimmte zu: »So ist das. Ein Kommissar kann sich als Bauer verkleiden und unter falschem Namen eine Aussage abgeben. In dieser Angelegenheit können sie nicht einfach kommen und jeden treffen und es muss auch

512 Wörtliche Abschrift des ICC, im französischen Original zitiert in ICC-Entscheidung im Fall Mbarushimana, 16.12.2011, Abweichende Entscheidung § 73
513 FDLR-Presseerklärung No 06/SE/CD/MAY/2009, gez. Callixte Mbarushimana, Paris 25.5.2009
514 FDLR Presseerklärung No 07/SE/CD/MAY/2009, gez. Callixte Mbarushimana, Paris 27.5.2009
515 FDLR Presseerklärung No 01/SE/CD/JUNE/2009, gez. Callixte Mbarushimana, Paris 2.6.2009
516 SMS Mudacumura an Murwanashyaka, 15.6.2009, Prozesstag 285, OLG Stuttgart 25.2.2015
517 Telefonat Murwanashyaka und Mudacumura,17.6.2009, Prozesstag 18, OLG Stuttgart 25.7.2011

begrenzt sein, ein oder zwei Tage. Sie können nicht sagen, dass sie ihre Arbeit zu Ende machen können, nicht so lange, bis sie fertig sind. Das geht nicht. So ist das.«[518] Zwei Tage später schrieb er Byiringiro: »Bezüglich der Mannschaft von UN-Experten, die eine Untersuchung der Massaker in Shario durchführen wollen: Bereitet eine Mannschaft und Flüchtlinge vor, die sich mit ihnen treffen, und bereitet das vor, was sie ihnen sagen werden!«[519]

Der Beweis: »Annex 18« und der Befehl zur humanitären Katastrophe

So einfach waren die Vereinten Nationen nicht hinters Licht zu führen. Seit Monaten suchten die Experten und Ermittler der MONUC in Goma eifrig Beweise gegen Ignace Murwanashyaka. »Wenn wir jemanden aus dem Busch holen, fragen wir immer als Erstes: Wer ist dein Führer?«, berichtete im Februar 2009 der frischgebackene politische Berater des UN-Demobilisierungsprogramms DDRRR, Matthew Brubacher, von seiner Arbeit mit demobilisierten FDLR-Kämpfern. »Sie sagen alle: Ignace!«[520]

Der junge Kanadier hatte bis 2008 für den Internationalen Strafgerichtshof (ICC) in Den Haag Kommandohierarchien afrikanischer Rebellen untersucht, allen voran diejenigen der ugandischen Lord's Resistance Army. Im Februar 2009 kam er nach Goma, als Berater der DDRRR-Abteilung für die Befehlskette der FDLR. »Als ich im Kongo ankam, hatte ich gerade den ICC verlassen und wollte das anwenden, was ich dort gelernt hatte, nämlich die juristische Kooperation, um die Ziele der UN-Mission umzusetzen. Das war einer der Gründe, warum ich mich so mit den Deutschen einließ«, berichtet Brubacher später: »Ich habe die Optionen analysiert, die Befehlsgewalt der FDLR-Führer zu unterbinden, und habe drei rechtliche Prozeduren ausfindig gemacht, die angewandt werden konnten: die Aberkennung seines Asylstatus, den ICC oder juristische Verfolgung im Exilland.«[521] Also in Deutschland.

Im Frühjahr 2009 hatte das DDRRR-Team alle Hände voll zu tun. Die FDLR verlor von Januar bis Oktober 2009 durch Desertion 727 Kämpfer, darunter 20 Offiziere.[522] Brubacher befragte sie systematisch, sammelte die Interviews handschriftlich in Dutzenden blauen Kladden. Sein Fazit: »Fast alle FDLRler, die ich interviewte, wussten, dass Murwanashyaka der oberste Führer war. Manchmal haben sie ihn als Präsident, manchmal als Gott identifiziert. Selbst die niedrigen

518 Ebd.
519 SMS Murwanashyaka an Byiringiro, 19.6.2009, Prozesstag 291, OLG Stuttgart 18.3.2015
520 Dies und folgende Schilderungen: Interviews mit Mathew Brubacher, Goma Februar 2009
521 Auskunft von Matthew Brubacher, E-Mail vom 3.11.2015
522 Zahlen nach Ruandas Demobilisierungsstatistiken

Dienstgrade kennen den Namen Murwanashyaka, ohne ihn je getroffen zu haben. Sie wissen nicht genau, was er tat, aber sie wissen, dass er international arbeitete, um der FDLR zu helfen.«[523]

In den Container-Büros der MONUC in Goma drehte sich in jenem Frühjahr so ziemlich alles um die FDLR. In der Mittagspause steckten Blauhelmoffiziere, zivile MONUC-Mitarbeiter und UN-interne Ermittler in der Cafeteria am See die Köpfe zusammen, hinzu kamen internationale Vertreter von NGOs und Experten. Man kannte sich zum Teil schon aus den 1990er Jahren in Ruanda. Der Völkermord von 1994 hatte ihr Leben geprägt.

Der Deutsche Harald Hinkel, zuständig für das regionale Demobilisierungsprogramm MDRP der Weltbank, hatte 1994 für seine Doktorarbeit über die Schlangen Ruandas dort geforscht und das Morden miterlebt. Der US-Amerikaner Gregory Gromo Alex, Leiter der DDRRR-Abteilung der MONUC, war 1994 in Kigali Leiter des UN-Entwicklungsprogramms UNDP gewesen; einer seiner Mitarbeiter war der spätere FDLR-Exekutivsekretär Callixte Mbarushimana gewesen.[524] Der Niederländer Hans Romkema, als Büroleiter des Life and Peace Institute in Bukavu einer der ersten internationalen FDLR-Kenner überhaupt, hatte Anfang der 1990er Jahre mit der Kinderrechtsorganisation Save the Children an der Grenze zwischen Uganda und Ruanda den Einmarsch der RPF erlebt. Der Kanadier Philip Lancaster, DDRRR-Abteilungsleiter und ab 2010 Koordinator der UN-Expertengruppe zur Überwachung der Sanktionen gegen die FDLR-Führung, war 1994 in Ruanda als Major Militärberater des UN-Blauhelmkommandanten General Romeo Dallaire gewesen. Die Somalierin Rakiya Omaar, unermüdliche Autorin unzähliger Einzelprofile aller denkbaren FDLR-Offiziere und -Kader, hatte am Ende des Völkermordes als eine der ersten ausländischen Menschenrechtlerinnen an der Seite der RPF die Tatorte des Völkermordes untersucht und suchte seitdem weltweit nach den Tätern.

Gemeinsam besuchten sie alle im Frühjahr 2009 immer wieder das voll belegte Demobilisierungslager Mutobo in Ruanda. In der großen Versammlungshalle aus Wellblech tanzten bis zu 400 frisch desertierte Exkämpfer für ihre Besucher. Auch Dinesh Mahtani aus Großbritannien, Raymond Debelle aus Belgien und Claudio Gramizzi aus Italien, Mitglieder der UN-Expertengruppe, verbrachten gemeinsam mit Brubacher im April 2009 zwei Tage in Mutobo. In Zweierteams sprachen sie mit 19 frisch repatriierten FDLR-Kämpfern, unter ihnen fünf Offiziere. Zum ersten Mal desertierten jetzt auch Kommandeure samt ihren Einheiten. Sie lieferten Insider-Informationen aus dem Hauptquartier. Die UN-Ermittler wollten wissen: Wer hat welche Befehle zu Angriffen und Einsätzen erteilt? Mahtani berichtet vor Gericht: »Wir waren die Ersten, die diese Arbeit machten.«[525]

523 Zeugenaussage Matthew Brubacher, Prozesstag 89, OLG Stuttgart 16.7.2012
524 Vgl. Kapitel 4.3, S. 253 ff.
525 Zeugenaussage Dinesh Mahtani, Prozesstag 87, OLG Stuttgart 9.7.2012

Unter den frisch desertierten Offizieren war auch ein gewisser Major Romel, Vizekommandant der FDLR-Militärpolizei, die im Kongo die politische FDLR-Führung bewachte. Brubacher holte ihn am 28. März aus Ntoto nach Goma. »Romel hat mehrere Wochen mit den Mitgliedern des Teams verhandelt«, erzählt Brubacher vor Gericht. »Wir mussten organisieren, ihn mit einem Hubschrauber rauszuholen. Wir mussten mehrere Hubschrauber haben, um sie alle rauszuholen, da er mit 50 weiteren kam.«[526]

Am 1. April 2009 brachten die Vereinten Nationen Romels Truppe über die Grenze nach Ruanda.[527] Vier Wochen später griffen kongolesische Einheiten die ruandischen Hutu-Flüchtlinge im Shario-Wald an. Der FDLR fehlte es jetzt an Militärpolizisten, um die Flüchtlinge zu beschützen. Die Fahnenflucht von Romel offenbarte sich als großer Verlust für die FDLR. Noch dazu lieferte Romel zentrale Informationen. Er war in Mudacumuras Hauptquartier stationiert gewesen und konnte bezeugen, dass Mudacumura via Satellitentelefon häufig mit dem FDLR-Präsidenten in Deutschland sprach. Er übergab eine Satellitentelefonnummer: »Er sagte, Murwanashyaka entscheide alles über die Operationen und dass Murwanashyaka der FDLR befahl, sich zu verteidigen und die Zivilbevölkerung zu verteidigen.«[528] Von den »mehreren Hundert« in jenem Jahr befragten demobilisierten FDLR-Kämpfern, so der UN-Experte Mahtani, »bestätigten 50 bis 100 den direkten Kontakt zwischen Mudacumura und Murwanashyaka«.[529]

Mudacumuras Telefonnummer war für die UN-Ermittler wie ein Sechser im Lotto. Sie erhielten die Verbindungsdaten von der Satellitentelefongesellschaft Thuraya in Dubai. Drei Wochen brauchten sie, bis sie die häufigsten Nummern einzelnen Personen in der FDLR zuordnen konnten.[530] »Wie wir erwartet hatten, erwies sich Thuraya als wichtigste Kommunikationsform, besonders für die Anführer und hochrangigen Offiziere. Wo sie waren, gab es kein Telefonnetz. Nicht alle in der FDLR hatten darauf Zugriff, sondern nur die Anführer. Die Anführer hatten regelmäßigen Kontakt zu Leuten außerhalb des Kongo. Dadurch wurde die internationale und regionale Dimension der FDLR deutlich«, so UN-Experte Gramizzi, der die Verbindungsdaten auswertete.[531]

Aus den Daten ging hervor, dass hochrangige FDLR-Kommandeure zwischen September 2008 und August 2009 stetig mit Deutschland kommunizierten. Vier Satellitentelefonnummern wurden dafür benutzt, zwei davon vom Oberkommandierenden Mudacumura. 258 Verbindungen waren verzeichnet. Alle Anrufe zusammen ergaben eine Gesprächszeit von über vier Stunden. Rund 20 Prozent der Zeit, die Mudacumura am Satellitentelefon verbrachte, telefonierte er mit einer

526 Zeugenaussage Mathew Brubacher, Prozesstag 91, OLG Stuttgart 23.7.2012
527 Ebd.
528 Ebd.
529 Zeugenaussage Dinesh Mahtani, Prozesstag 85, OLG Stuttgart 2.7.2012
530 Ebd.
531 Zeugenaussage Claudio Gramizzi, Prozesstag 141, OLG Stuttgart 13.3.2013

O2-Handynummer in Deutschland. Auch das längste Gespräch, über 40 Minuten, führte er mit Murwanashyaka.[532] Allerdings verfügte die UN-Expertengruppe lediglich über die Verbindungsdaten. Die Inhalte kannte sie nicht. Manche davon hatte in Deutschland das Bundeskriminalamt, aber das wussten die UN-Experten nicht. Sie fragten sich: Ging es um Busurungi?

Einer der UN-Ermittler, Raymond Debelle, wollte es genauer wissen. Er reiste nach der Auswertung der Telefondaten erneut nach Mutobo. Der Belgier, der Ruanda gut kannte, hatte wie Brubacher als Ermittler für den Strafgerichtshof in Den Haag gearbeitet. Er kannte sich mit dem Nachweis von Kommandoverantwortung aus. Drei Tage und zwei Nächte führte er in Mutobo »sehr intensive Interviews«.[533] Nachts, wenn die anderen schliefen, befragte er heimlich ehemalige FDLR-Offiziere, zwei davon aus der obersten Führung. Ein ehemaliger Kommandeur einer CRAP-Aufklärungseinheit in Süd-Kivu berichtete dabei von einem Befehl, den Mudacumura im März 2009 an alle FDLR-Einheiten per Funkgerät erteilt haben soll: der Befehl zur »humanitären Katastrophe«.[534]

Der UN-Experte wurde neugierig. Er trug dem demobilisierten Major auf, seine ehemaligen Kameraden im Dschungel anzurufen und sich den Wortlaut zukommen zu lassen. Kurz darauf traf eine SMS von einem Funkoffizier ein. Der UN-Experte schrieb den Inhalt der Textnachricht auf einen Zettel.[535] Daraus wurde der Anhang Nummer 18 des nächsten UN-Expertenberichts. Er lautet:

»Betreff Nachricht: Adm/Int/Ops/Pol/Log/März 09

1. Jede Einheit in ihrer Zone soll operieren, ohne auf Verstärkung zu warten.
2. Verpflegungsoperationen haben Vorrang: die FARDC schlagen, um Munition und Waffen zu erbeuten; Krankenhäuser und Gesundheitszentren, um Medikamente zu erbeuten.
3. Ballungsräume und die Zivilbevölkerung angreifen, um eine humanitäre Katastrophe zu verursachen, was die Internationale Gemeinschaft dazu veranlassen wird, der Regierung in Kigali Verhandlungen mit der FDLR aufzuerlegen.
4. Hauptstraßen durch Angriffe auf Fahrzeuge unterbrechen, um Handelsgeschäfte zu lähmen, damit die einheimische Bevölkerung mit ihrer Regierung unzufrieden wird und das Ende der Feindseligkeiten gegen die FDLR fordert.
5. Jede FOCA-Einheit in allen Divisionen soll Operationen gegen die FARDC beginnen, um ihnen zuvorzukommen.

532 UN Group of Experts Report, S/2009/603, 23.11.2009, Annex 22
533 Dies und die weiteren Zitate von Raymond Debelle: E-Mail-Auskunft vom 3.11.2015
534 Zeugenaussage Dinesh Mahtani, Prozesstag 86, OLG Stuttgart 4.7.2012
535 Zeugenaussage Claudio Gramizzi, Prozesstag 141, OLG Stuttgart 13.3.2013

6. Jeder Kongolese wird als unser Feind betrachtet, weswegen jede Verpflegungsoperation erlaubt ist, um das Überleben unserer Männer zu sichern und um die Sicherheit der einheimischen Bevölkerung zu destabilisieren, was ihre Unzufriedenheit mit ihrer Regierung verstärken wird.«[536]

Debelle bohrte weiter. »Ich sprach mit einer Handvoll Offiziere und Funker, die Zugang zu diesen Informationen hatten, und es gelang mir, den Weg zurückzuverfolgen, den dieser Befehl zurückgelegt hatte: vom FOCA-Hauptquartier zum Sektor Süd-Kivu wurde er an das erste Bataillon Zodiaque und dessen CRAP-Zug weitergeleitet, der letztlich auch Übergriffe auf die Zivilbevölkerung in der Gegend um Uvira durchgeführt hatte. Ich erinnere mich noch genau, dass ein weiterer Offizier dieses Bataillons mir erzählte, dass der Befehl unter den meisten Offizieren dieser Einheit umstritten war – für sie war es keine Option, die Bevölkerung anzugreifen, mit der sie die vergangenen Jahre zusammengelebt hatten. Doch der Kommandeur des CRAP-Zuges überschritt schließlich die rote Linie und führte seine Einheit auf einen blutigen Rachefeldzug.«

Der demobilisierte CRAP-Major aus Süd-Kivu wurde nie von deutschen Ermittlern befragt.[537] Der Belgier Debelle wurde zwar im April 2011 von deutschen Beamten vernommen, doch er erschien nie vor Gericht, weil die Deutschen »nicht in der Lage waren, meine Identität zu schützen«. Ab jetzt fragte aber DDRRR-Berater Brubacher die Exkommandeure in Mutobo systematisch, ob sie diesen Befehl kannten und wer ihn erteilte hatte. Den meisten war die Anweisung vertraut. Reden wollten sie darüber nicht. Schelmisch grinsend antwortete einer, der im FDLR-Rechtskommissariat Dienst geschoben hatte: »Jeder von uns weiß doch, dass solche Befehle später vor Gericht gegen uns verwendet werden können.«[538]

536 UN Group of Experts Report, S/2009/603, 23.11.2009, Annex 18
537 Interviews mit ihm, Kigali/Ruhengeri Juli/August 2012
538 Interviews in Mutobo, Juli 2009. Vgl. Kapitel 5.4, S. 412 ff.

Kapitel 6 Ermittlungen und Festnahmen: Die FDLR in den Fängen der Justiz

»Die Abacunguzi sind müde«: Der Unmut in der FDLR nimmt zu

Nach der Zerstörung von Busurungi durch die FDLR war die Bevölkerung in der gesamten Region auf der Flucht. Die FARDC hatte sich nach Hombo an der Grenze zu Süd-Kivu zurückgezogen. In Hombo griff die FDLR an, tötete Zivilisten und zündete ihre Häuser an, weil sie mit der Armee zusammenarbeiteten.[539] Jenseits der Grenze zu Süd-Kivu wurde die Stadt Ciriba mehrfach angegriffen. Von fünf separaten Angriffen berichtet vor Gericht UN-Experte Gramizzi; in der Nacht zum 27. Mai 2009 seien bis zu 125 Häuser »systematisch geplündert und niedergebrannt« worden.[540] In der deutschen Anklage wird es später zum Kreis Mubugu, in dem Ciriba liegt, heißen: »Der örtliche FDLR-Kommandeur hatte im März 2009 entsprechend der Strategie, die Zivilbevölkerung einzuschüchtern und zu bedrohen, dort Schreiben verteilt, in denen die örtlichen Behörden und die FARDC aufgefordert wurden, die politische Gegnerschaft gegenüber der FDLR zu überdenken, weil ansonsten ab Mai 2009 Übergriffe auf die Bevölkerung stattfinden würden.«[541] Neben Ciriba werden neun weitere Dörfer genannt, in denen die FDLR Häuser angezündet habe.

Aus FDLR-Sicht waren diese Angriffe zwangsläufig: »Da, wo die Zivilbevölkerung war, war die FARDC«, erklärt ein ehemaliger Zugführer vor Gericht.[542] In der Region um Busurungi war die einzige bewaffnete Gruppe, die der Bevölkerung Schutz bot, die Tembo-Miliz Mayi-Mayi-Kifuafua. »Die FARDC greifen die FDLR an, und wenn der Racheangriff kommt, laufen sie weg; die Mayi-Mayi schützen uns«, sagte der Chef von Chambucha am 10. Juni 2009.[543]

In Reaktion auf das Massaker von Busurungi zogen sich die Kifuafua offiziell aus Kongos Regierungsarmee FARDC zurück. Unbezahlte Soldaten begannen, sich ihnen anzuschließen. Überall in den Kivu-Provinzen wandten sich die länd-

539 Zeugenaussage, Prozesstag 40, OLG Stuttgart 21.11.2011
540 Zeugenaussage Claudio Gramizzi, Prozesstag 143, OLG Stuttgart 20.3.2012
541 Anklageverlesung, Prozesstag 1, OLG Stuttgart 4.5.2011
542 Zeugenaussage, Prozesstag 37, OLG Stuttgart 9.11.2011
543 Congolese Seek Loyal Militia Protection After Army, UN Failure, Bloomberg 12.6.2009

lichen Bevölkerungen wieder ihren eigenen Milizen zu. Der komplette Friedensprozess für Ostkongo fiel auseinander.

In der Nacht zum 21. Juli griff die FDLR den Ort Manje an, der zwischen Busurungi und Hombo liegt. »Die FDLR-Miliz brannte mindestens 182 Häuser nieder und tötete zumindest 19 Zivilisten«, heißt es dazu in der deutschen Anklage. »Außerdem entführten sie zehn Frauen in den Urwald. Mindestens eine von ihnen wurde dort von vier Rebellen nacheinander vergewaltigt.«[544] Der Angriff auf die FARDC in Manje sei in Wirklichkeit ein Fehlschlag gewesen, behaupten ehemalige FDLR-Kämpfer dazu später vor Gericht. »Wir wollten sie verjagen, damit sie auf die andere Seite des Flusses gehen«, erinnert sich einer. »Ich kann mich erinnern, dass der Angriff schlecht lief und wir unser Ziel nicht erreichten. […] Es waren Leute von Pareco, sie waren stärker als wir.«[545] Manje ist chronologisch der letzte FDLR-Tatort im Ostkongo, den die deutschen Ankläger auflisten.

Aufgrund von Satellitenaufnahmen kamen NGOs später in einer gemeinsamen Stellungnahme zum Schluss, dass bis September 2009 in einem Umfeld von 100 Quadratkilometern rund um Busurungi 80 Prozent aller Häuser zerstört wurden.[546] »Seit Beginn der Militäroperationen gegen die FDLR-Milizen im Januar 2009 wurden über 1000 Zivilisten getötet, 7000 Frauen und Mädchen vergewaltigt und über 6000 Häuser in den Provinzen Nord- und Süd-Kivu abgebrannt. Fast 900 000 Menschen wurden gezwungen, ihre Häuser zu verlassen, und leben in verzweifelten Bedingungen mit Gastfamilien, im Wald oder in schmutzigen Vertriebenenlagern […] Zahlreiche Morde wurden von den FDLR-Milizen begangen, die absichtlich Zivilisten zur Zielscheibe erkoren haben […] Nach unseren Berechnungen wurde für jeden entwaffneten Rebellen im Laufe der Operation ein Zivilist getötet, sieben Frauen und Mädchen vergewaltigt, sechs Häuser zu Schutt und Asche gemacht und 900 Menschen aus ihren Häusern vertrieben.«

Die Schlussfolgerung führt der Titel der Presseerklärung aus: »Der zivile Preis der Militäroperation ist inakzeptabel.« Dass die FDLR selbst einen hohen Preis zahlte, bemerkten die internationalen Beobachter nicht. Die politische FDLR-Führung im Kongo verlor im Juni ihren provisorischen Sitz im Shario-Wald. »Schöne Grüße, Shario wurde wieder vom Feind angegriffen«, meldete Vize-Exekutivsekretär Irageteka dem Präsidenten am 21. Juni. »Wir sind jetzt überall in den Wäldern verstreut.«[547] Murwanashyaka antwortete spät in der Nacht: »Mein Bruder, eine schlechte Nachricht.«[548]

544 Anklageverlesung, Prozesstag 1, OLG Stuttgart 4.5.2011

545 Zeugenaussage, Prozesstag 118, OLG Stuttgart 3.12.2012

546 Dies und die folgenden Zitate: Congo Advocacy Coalition: DR Congo: Civilian Cost of Military Operation Unacceptable, 13.10.2009. www.hrw.org/news/2009/10/13/dr-congo-civilian-cost-military-operation-unacceptable

547 SMS Irategeka an Murwanashyaka, 21.6.2009, Prozesstag 285, OLG Stuttgart 25.2.2015

548 SMS Murwanashyaka an Irategeka, 21.6.2009, Prozesstag 291, OLG Stuttgart 18.3.2015

Zwei Wochen später schrieb ihm sein Vize Byiringiro: »Der Feind verfolgt die Flüchtlinge tief in den Wald, indem er militärische Positionen der Freunde umgeht. Dort wird intensiv bombardiert und die Bürger verhungern. Die Kämpfe laufen an allen Fronten weiter.«[549] Murwanashyakas Antwort: »Es ist traurig. Man soll mit euch während der Gebete mitfühlen. Wir werden ein Kommuniqué veröffentlichen.«[550]

»Der Feind hat uns schon wieder am Sonntag unerwartet besucht, viele von uns waren dabei auf der Messe«, schrieb der Vize-Exekutivsekretär erneut Ende August nach Deutschland. »Wir sind jetzt im Wald […] Ich habe vergeblich auf Ihre Rede gewartet, damit ich die Bürger beruhige. Die Kommandanten fragen mich auch, warum Sie sich nicht mehr bei ihnen melden. Fast alle sind mit mir zusammen.«[551] Murwanashyaka schrieb erst nach vier Tagen zurück: »Die letzten Wochen habe ich keine Möglichkeit gehabt, um mich hinzusetzen […] Wie ihr seht, wie man euch dort nicht in Ruhe lässt, indem ihr euch nicht hinsetzen könnt, so ist es auch hier, in einer anderen Weise.«[552]

Hatte der FDLR-Präsident seinen Truppen im Kongo jetzt wirklich nichts weiter zu bieten als Gebete, Telefoneinheiten und den Hinweis, er sei selber im Stress? In einem langen Telefonat mit seinem im Kongo stationierten Kabinettsdirektor David Mukiza ist er voller Selbstmitleid: »Ich, Murwanashyaka, bin kein Chef auf Lebenszeit. Verstehst du? Ich mache diese Arbeit ehrenamtlich genauso wie du und andere Abacunguzi […] Wenn es eine Person gibt, die will, daß die Sache vorankommt, sollte ich es sein. Weil ihr könnt durch glücklichen Zufall an einen Ort kommen, wo es Süßkartoffeln, Maniok, Amateke gibt und ihr holt sie aus der Erde […] Was ihr durch glücklichen Zufall haben könnt, kann ich hier nicht haben.«[553]

Immer wieder versuchten seine Führungskollegen, ihm die Lage im Kongo klarzumachen. Ein E-Mail-Kontakt übermittelte Murwanashyaka im Juli ein angeblich von Musoni und Bigaruka unterzeichnetes Manifest, das einen politischen Kurswechsel der FDLR forderte:

»Angesichts der kritischen geopolitischen Lage, der sich die Organisation gegenübersieht, unter Berücksichtigung der öffentlichen Meinung vieler Abacunguzi, die zur Verzweiflung tendieren, unter Berücksichtigung bestimmter Ideen von politischen und militärischen Würdenträgern«, so das Dokument, wäre es »weise«, ein weniger extremistisches Image zu pflegen, damit die FOCA Zeit gewinnen könne, um sich neu zu strukturieren »für künftige Operationen in der Heimat«. Der Präsident wurde vor einem Militärputsch nach dem Muster von Ruanda 1973 gewarnt: »Die FOCA hat sich genug seit Januar 2009 geopfert, sie

549 SMS Byiringiro an Murwanashyaka, 6.7.2009, Prozesstag 285, OLG Stuttgart 25.2.2015
550 SMS Murwanashyaka an Byiringiro, 6.7.2009, Prozesstag 291, OLG Stuttgart 18.3.2015
551 SMS Irategeka an Murwanashyaka, 24.8.2009, Prozesstag 285, OLG Stuttgart 25.2.2015
552 SMS Murwanashyaka an Irategeka, 28.8.2009, Prozesstag 291, OLG Stuttgart 18.3.2015
553 Telefonat Murwanashyaka und David Mukiza, 3.6.2009, Prozesstag 263, OLG Stuttgart 5.11.2014

fangen an müde und entmutigt zu werden, es sieht so aus als würden sie allein arbeiten und dass die Politik ihnen nicht folgt. Verzweiflung unter den Abacunguzi in den Wäldern breitet sich aus [...] Seit 1970 übernimmt die Armee die Sachen, wenn es nicht vorankommt. Es darf nicht sein, dass das ruandische Volk uns vorwirft, zu spät entschieden zu haben. Wir erheben uns. Abacunguzi, wir kommen. Gezeichnet: Erster Vizepräsident und Zweiter FOCA-Kommandeur.«[554]

Daraufhin sprach Murwanashyaka länger mit Mukiza. Die Gespräche waren ihm so wichtig, dass er sie selbst aufzeichnete, wie aus dem Abspielen der Telefonate vor Gericht in Stuttgart hervorgeht: Bevor Mukiza zu reden anfängt, muss er warten, dass das Aufnahmegerät läuft, und Murwanashyaka sagt »Eins, zwei, drei«.[555] Danach erläuterte Mukiza seinem Präsidenten das Ausmaß der Krise. »Wenn man mit den Soldaten spricht, bestätigen alle, dass die Korruption unsere Organisation heimgesucht hat [...] Viele Abacunguzi bestätigen, dass der FOCA-Kommandant und der Zweite Vizepräsident dich längst für ihre Seite gewonnen haben. Sie fragen sich, auf welcher Grundlage du diesen beiden vertrauen kannst.« Es gebe keinen hochrangigen Offizier, der nicht von außen angesprochen werde, damit er die FDLR verlasse. Und die Offiziere seien unzufrieden, so Mukiza weiter: »Nach der letzten Versammlung des Oberkommandos haben die Leute eine Veränderung erwartet. Diese erfolgte nicht [...] Viele Abacunguzi bestätigen, dass, wenn es keine Veränderung gibt am Ende des Jahres, dass es möglich ist, dass am Ende des Jahres 2010 die FOCA erschüttert ist [...] Wenn man unserem Kampf keine Dynamik verleiht, werden uns alle Leute verlassen. Unser Kampf wird zu Ende gehen.«

Dann las der Kabinettsdirektor dem Präsidenten eine »Botschaft von einigen Abacunguzi an den Presidef« vor: »Die Soldaten sind müde. Es gibt keine militärischen Mittel, um den Krieg dauerhaft weiterzuführen. Sie sagen, dass sie sich nicht weiter töten lassen, obwohl sie keine konkreten politischen Aktionen sehen. Konkrete politische Aktionen sind notwendig. Sie fordern, den Dialog mit Kinshasa wieder in Gang zu setzen. Eine Pause ist erforderlich [...] Sie sagen, dass man nur durch Hoffnung lebt. Und wenn man keine Hoffnung mehr hat, bedeutet das Suizid.«

554 E-Mail von Israel an Mahoro mit Audiodatei-Anhängen, 9.7.2009, Prozesstag 150, OLG Stuttgart 29.4.2013

555 Dies und die folgenden Zitate: Telefonat Murwanashyaka und David Mukiza, 10.7.2009, Prozesstag 228, OLG Stuttgart 5.5.2014

»Sie fabrizieren Verbrechen«: Die FDLR angesichts der deutschen Ermittlungen

Wie kurz die FDLR vor der Selbstzerfleischung stand, ahnten die UN-Mitarbeiter im Kongo nicht. Nur die deutschen Ermittler verfügten über all diese Kommunikationsinhalte. Nur zögerlich nahmen die Staatsanwälte in Karlsruhe Kontakt zu den UN-Experten und DDRRR-Beratern in Goma auf. UN-Expertenkoordinator Mahtani hatte 2008 mehrfach die deutschen Behörden gebeten, bei der Analyse der Verbindungsdaten zu helfen. »Die müssen so einen wie Ignace doch telefonisch überwachen«, war er sich damals sicher. Doch »wir erhielten nie irgendwas als offizielle Antwort, was unsere Ermittlungen weiterbrachte«, berichtet er.[556]

In ihrem Zwischenbericht vom Mai 2009, der eine Woche nach dem Angriff auf Busurungi vorgelegt wurde, setzten die UN-Experten die Bundesregierung unter Druck: »Laut einem FDLR-Deserteur, der in General Mudacumuras Schutzeinheit gedient hatte, stand Murwanashyaka während ›Umoja Wetu‹ und ›Kimia II‹ regelmäßig in Kontakt mit General Mudacumura via Satellitentelefon, das im Besitz von Mudacumura ist, und gab Befehle, bei ›Umoja Wetu‹« einer Rückzugstaktik zu folgen und bei ›Kimia II‹« Gegenangriffe zu unternehmen – mit spezifischen Anweisungen, welche verlorenen Stellungen zurückzuerobern seien. Die Expertengruppe hat die Satellitenverbindungsdaten von General Mudacumura während dieser Periode verifiziert und kann bestätigen, dass es von Januar 2009 an mehrfach Kommunikation zwischen General Mudacumura und Murwanashyaka gegeben hat.«[557]

Dieser deutliche Vorwurf an Deutschland, einem mutmaßlichen Befehlshaber von Kriegsverbrechen ein sicheres Nest zu bieten, erzeugte Reaktionen: Kurz nach Vorstellung des Berichts in New York reiste der UN-Experte Mahtani auf deutsche Regierungseinladung nach Berlin. Dort traf er Vertreter des Bundesamtes für Migration und Flüchtlinge (BAMF) sowie den Chef der Abteilung der Vereinten Nationen im Auswärtigen Amt. »Ich erinnere mich auch sehr deutlich, dass sie mich an diesem Tag mit in die Kantine nahmen zu einem üppigen Mittagessen. Es war alles sehr eigenartig.«[558] Sie sprachen über die Kommunikation zwischen Mudacumura und Murwanashyaka. Um zu beweisen, dass es sich bei der O_2-Handynummer wirklich um die von Murwanashyaka handelte, riefen sie vom Auswärtigen Amt aus an und fragten auf Französisch nach FDLR-Präsident Murwanashyaka. »C'est moi-même« (Das bin ich selbst) habe die Stimme geantwortet, erinnert sich Mahtani: »Die Bestätigung kam also von Murwanashyaka selbst.«[559]

556 Auskunft von Dinesh Mahtani, E-Mail vom 3.11.2015
557 UN Group of Experts Interim Report, 18.5.2009, S/2009/253, § 57
558 Auskunft von Dinesh Mahtani, E-Mail vom 3.11.2015
559 Zeugenaussage Dinesh Mahtani, Prozesstag 85, OLG Stuttgart 2.7.2012

Nun intensivierten sich die deutschen Ermittlungen. Man setzte auf Zusammenarbeit in der EU und Kooperation mit dem ICC; es gab mehrere Treffen. Unweigerlich kam dies auch dem FDLR-Präsidenten zu Ohren, der am 18. Juni 2009 überdies vom Landgericht Mannheim wegen Verstoßes gegen sein politisches Betätigungsverbot zu einer Freiheitsstrafe von sechs Monaten auf Bewährung verurteilt wurde. Im Juli erhielt er offenbar detaillierte Informationen über die Ermittlungen gegen ihn und rief Musoni in Neuffen an. »Du siehst die Anklage, die sie gegen uns machen«, erzählte er und listete vier Vorwürfe auf, die erhoben würden: Vergewaltigung, Massaker, Ausbeutung der natürlichen Reichtümer des Kongo, Ablehnung der Entwaffnung.[560]

»Es sind diese vier Punkte«, erläuterte er Musoni. »Diese Gerichte, die fällen schon Urteile, bevor der Prozess angefangen hat [...] Sie nehmen einfach so eine Statistik, da gibt es 1400 vergewaltigte Frauen, 700 sind von FDLR vergewaltigt worden – das zu bestätigen oder zu bestreiten, ist sehr schwierig, und diese Gerichte da draußen stürzen sich darauf.«

Musoni bezweifelte, dass eine Aussage eines Vergewaltigungsopfers, die FDLR habe sie vergewaltigt, für eine Verurteilung reichen würde. »Reicht das aus, dass man dafür bestraft wird? Du zum Beispiel als Präsident der FDLR? Wenn ein französischer Soldat vergewaltigen würde ...« Murwanashyaka unterbrach ihn: »Glaubst du, du kannst dich mit dem Franzosen oder dem Amerikaner vergleichen? Oder mit Merkel? Wenn ein US-Soldat vergewaltigt oder jemanden in Bagdad tötet, sagt keiner, dass es der Präsident von USA war, aber bei uns, man sagt, es ist die FDLR, der Präsident [...] In diesen Angelegenheiten gilt das Recht des Stärkeren, es gibt keine Gesetze.« Musoni entgegnete: »Nein, nein, unsere Organisation hat Gesetze, denen sie folgt.« Murwanashyaka: »Du sollst begreifen, dass die Justiz unsere Gesetze nicht berücksichtigt [...] Glaubst du, dass die, die über dich urteilen, neutral sind? Wie denkst du? Das musst du begreifen. Wenn man stark ist, ist man stark. Du weißt, dass sie so was machen. Man sagte mir, in Arusha kommt eine Frau und weint, sie sagt, man vergewaltigte mich, jemand, den du nie gesehen hast, verstehst du? Sie würden bestimmt was finden, das sie für uns fabrizieren können. Wenn es auch zum Prozess kommt, wird es nicht dieser klassische Prozess sein, wo man dir vorwirft, was du getan hast, sie fabrizieren Verbrechen, das ist alles.«

Der Rat des Präsidenten an seinen Vize: »Du sollst immer zu Gott beten, morgens früh und abends vorm schlafen, zum Gottesdienst gehen, du musst Gott danken, wir verdanken ihm, dass wir noch leben, es ist nicht, weil diese Welt es will.«

Die erste Konfrontation mit den Vorwürfen gegen die FDLR erlebte Murwanashyaka aber nicht durch deutsche Ermittler oder UN-Experten, sondern durch Anneke van Woudenberg, die Kongo-Expertin von Human Rights Watch. Am

560 Dies und die folgenden Zitate: Telefonat Murwanashyaka und Musoni, 18.7.2009, Prozesstag 76, OLG Stuttgart 9.5.2012

10. August 2009, exakt drei Monate nach dem Überfall auf Busurungi, traf Woudenberg zusammen mit einem Kollegen Murwanashyaka im Restaurant Rheinwiesen am Flussufer nahe des Mannheimer Schlossparks. Laut ihren später vor Gericht verlesenen Gesprächsnotizen[561] erläuterte Murwanashyaka den Angriff auf Busurungi folgendermaßen: In Shario seien die Hutu-Flüchtlinge »von Kigali« getötet worden. Es habe sich dort keine FDLR-Stellung befunden, nur Flüchtlinge: »Es wurden etwa 300 Personen massakriert, aber wir untersuchen das noch.« Gleichzeitig gab Murwanashyaka zu: »Mudacumura gibt mir keine Befehle, ich gebe die Befehle.«

Daraufhin erläuterte ihm die Menschenrechtsaktivistin die Vorgesetztenverantwortlichkeit im Völkerstrafrecht und legte Murwanashyaka Kopien von fünf Dokumenten vor, die Kongolesen ihr weitergegeben hatten: Drohbriefe, einige mit FDLR-Stempel. Woudenberg erinnert sich vor Gericht: »Murwanashyaka bat um einen Moment, um sie zu lesen. Ich bestellte währenddessen Tee. Mein Eindruck war, dass er erschüttert war. Bei dem Gespräch über besonders schwere Drohungen war Murwanashyaka nicht sicher, ob die Briefe von der FDLR waren, er machte einen Hinweis auf den Stempel. Er sagte, es sieht aus, als könnte es ein FDLR-Stempel sein, und dass es ein Versuch war, den Namen der FDLR schlechtzumachen. Die Briefe seien eventuell nicht von der FDLR. Ich ermutigte ihn zu weiteren Untersuchungen.«[562]

»Es gibt ein Komplott«: Die Homepage geht offline

Am Freitag, dem 28. August 2009 sprachen Murwanashyaka und Musoni wieder einmal über Musonis private Probleme: seine Fortbildung zum Systemadministrator, sein für den 22. September angesetzter Scheidungstermin.[563] Da werde entschieden, »ob ich ein Krimineller bin oder nicht«, so der Vizepräsident. Dann fragte er Murwanashyaka: »Wie geht's dir?«. »Geht gut«, antwortete der FDLR-Präsident. »Ich wollte zunächst deine Neuigkeiten. Hab gerade eine Mail von OVH bekommen, wo sie gesagt haben, dass sie unsere Homepage gesperrt haben. Ist zurzeit nicht verfügbar. Sie sagen, dass wir politische Kampagne darauf veröffentlichen. Ich werde sie anzeigen.« Ab diesem Tag war die Webseite *www.fdlr.org* plötzlich offline.

Die Homepage der FDLR, auf der alle Presseerklärungen in mehreren Sprachen standen und auch die Kontaktnummer des Präsidenten, war nicht nur für die

561 Dies und die folgenden Darstellungen und Zitate: Gesprächsnotizen Anneke van Woudenberg 10.8.2009, verlesen am Prozesstag 110, OLG Stuttgart 5.11.2012
562 Zeugenaussage Anneke van Woudenberg, Prozesstag 106, OLG Stuttgart 15.10.2012
563 Die folgenden Zitate: Telefonat Murwanashyaka und Musoni, 28.8.2009, Prozesstag 96, OLG Stuttgart 10.8.2012

weltweite Kommunikation der Organisation wichtig. Durch die hinterlassenen digitalen Fingerabdrücke stießen auch die deutschen Ermittler auf alle FDLR-Sympathisanten in Deutschland. Deren Telefonnummern in Bonn, Köln, Lübeck, Kiel oder München waren bei der Telefonüberwachung des Bundeskriminalamtes registriert. Einige hatten den FDLR-Führern Geld zukommen lassen.[564]

Viele der Spender waren, wie Musoni oder auch Mbarushimana, von Beruf Informatiker. Eine ganze Generation aufstrebender ruandischer Computerspezialisten fand sich im FDLR-Umfeld in Deutschland wieder. Die Software zur Gestaltung ihrer Webseite namens »Rafiki« (Freund) kauften die FDLR-Führer bei der Softwarefirma E2BM, deren Geschäftsführer der in Bamberg ansässige Ruander Boniface Mbonigaba war, Vorsitzender der RDR-Deutschlandsektion.

Den UN-Experten, die die Sanktionen gegen die FDLR überwachten, war die FDLR-Webseite schon länger ein Dorn im Auge. Im Zuge ihrer Ermittlungen hatten sie bereits 2008 eine schriftliche Anfrage per E-Mail an die Serverfirma OVH gerichtet. Die E-Mail landete bei OVH in Frankreich – aber die FDLR-Seite in Deutschland wurde nicht dort verwaltet, sondern beim deutschen Tochterunternehmen in Saarbrücken. Die deutschen Behörden machten keine Anstalten, die Webseite per richterliche Verfügung abschalten zu lassen – trotz UN-Sanktionen. Im Mai 2008 noch hatte Murwanashyaka den Vertrag um drei Jahre bis 2011 verlängert.

Am Freitagnachmittag des 28. August 2009 klingelte bei der Geschäftsführung von OVH in Saarbrücken das Telefon. Die *taz* wollte wissen, ob OVH die Website *www.fdlr.org* verwalte. Anne Wagner bestätigte. Wer oder was die FDLR sei, konnte sie jedoch nicht sagen. Auf die Frage: »Wissen Sie, dass die UNO die FDLR auf ihrer Sanktionsliste stehen hat?«, blieb es eine Zeitlang stumm am Ende der Leitung. Dann die Bitte: »Kann ich Sie in einigen Minuten zurückrufen?«

Wenige Minuten später, exakt um 15:34 Uhr und 29 Sekunden, war die Seite offline. »Forbidden«, stand nun da. »Kenntnis von diesem Kunden haben wir erst heute durch Sie erlangt. Die Website *fdlr.org* haben wir vom Netz getrennt und dem Kunden fristlos gekündigt«, lautete die knappe Erklärung der Geschäftsführung beim Rückruf.

Murwanashyaka erhielt noch am selben Tag von OVH eine E-Mail zu diesem Vorgang: »[…] ›ist eine politische Betätigung festzustellen, die OVH als illegal und unzulässig bekanntgegeben wurde und OVH wurde mit illegalen Aktivitäten in Verbindung gebracht, kündigen wir Ihren Vertrag‹«, las er am Abend auf Deutsch am Telefon seinem Vize Musoni vor.[565] »Heißt es, es gibt eine Anordnung von irgendwo, von MONUC oder UN-Sicherheitsrat?«, fragte Musoni. Murwanashyaka gab sich kämpferisch: »Egal woher sie kommt, das kann ich verhindern. Wir zeigen sie an und gewinnen. Politische Aktivität ist kein Grund, eine Homepage zu sperren.«

564 Asservatsverlesung, Prozesstag 94, OLG Stuttgart 1.8.2012
565 Telefonat Murwanashyaka und Musoni, 28.8.2009, Prozesstag 96, OLG Stuttgart 10.8.2012

Am Tag darauf meldete der kongolesische Radiosender *Maendeleo* die Nachricht von der abgeschalteten FDLR-Webseite in den Dschungel. Oberst Bora, Süd-Kivu-Kommandant, hörte das und schickte Murwanashyaka einige Tage später mehrere SMS: »Ist das ein Embargo oder die Vermietung wurde beendet?«[566] Auch Nord-Kivu-Kommandant Omega schrieb nach Mannheim. Auch er hatte von »Gerüchten« gehört, dass die Webseite gesperrt sei und auch, dass der Präsident »demnächst festgenommen wird«.[567] Murwanashyaka antwortete: »Es gab ein Komplott gegen unsere Homepage und sie wurde zwei Tage gesperrt. Jetzt haben wir sie woanders gebracht. Wenn sie noch mal versuchen, werden wir was anderes machen.«[568]

Nach einem langen Telefonat entschieden sich Murwanashyaka und Musoni für die französische Server-Firma Amen.[569] Die Homepage ging am 2. September 2009 dort wieder online, registriert auf Murwanashyaka. Die französischen Behörden schalteten sie wieder ab. Schließlich gelang es, die Internetseite am 6. September wieder anzuschalten, über Network Solution in den USA.[570] Die UN-Ermittler verfolgten das und machten Druck. Letztlich wurde die Internetpräsenz komplett eingestellt. Seitdem bedient sich die FDLR zur Veröffentlichung ihrer Erklärungen ihr nahestehender Seiten, von denen manche nur kurzlebig sind, sowie Twitter und Facebook.[571]

Am 3. September 2009, wenige Tage nach der ersten Abschaltung der Homepage, ordnete der Bundesgerichtshof im Ermittlungsverfahren gegen die FDLR-Führer die Beschlagnahmung von »jeweils ein- und ausgehenden elektronischen Nachrichten der Beschuldigten«, »bereits in den jeweiligen Postfächern lagernden Sendungen« sowie »als Entwürfe gespeicherten oder für eine Absendung erst vorbereiteten Daten« an.[572] Sämtliche E-Mails in Musonis und Murwanashyakas diversen Internetpostfächern, die das Bundeskriminalamt herausgefunden hatte, wurden jetzt gerichtlich in Beschlag genommen.

Karlsruhe/Neuffen, 17. November 2009: Zugriff im Morgengrauen

Der 17. November 2009 war ein regnerischer kalter Dienstag. Am frühen Morgen stürmten BKA-Beamte die Wohnung von Murwanashyakas früherer Freundin in Karlsruhe, nicht weit vom Sitz der Bundesanwaltschaft. Ignace Murwanashyaka, der gerade zu Besuch war, wurde in Handschellen abgeführt. Zeitgleich durch-

566 SMS Bora an Murwanashyaka, 1.9.2009, Prozesstag 285, OLG Stuttgart 25.2.2015
567 SMS Omega an Murwanashyaka, 4.9.2009, Prozesstag 285, OLG Stuttgart 25.2.2015
568 SMS Murwanashyaka an Omega, 4.9.2009, Prozesstag 291, OLG Stuttgart 18.3. 2015
569 Telefonat Murwanashyaka und Musoni, 30.8.2009, Prozesstag 115, OLG Stuttgart 21.11.2012.
570 Vgl. UN Group of Experts Report, S/2009/603, 23.11.2009, § 110
571 Vgl. z. B. https://twitter.com/IFDLR, www.ikazeiwacu.fr, www.urugaga.org
572 Beschluss der Ermittlungsrichter des Bundesgerichtshofs, 3.9.2009, 4BGs 22/2009

suchten sie in Mannheim dessen Erdgeschosswohnung. Die Beamten beschlagnahmten einen Laptop, drei Handys, vier Satellitentelefone und sämtliche Dokumente, die sie finden konnten.

Zeitgleich schlugen die Beamten auch bei Straton Musoni zu. Er lebte nach seinem Rauswurf aus dem Familienheim in einer anderen Wohnung in Nürtingen. Auch bei ihm fanden die Beamten jede Menge Beweismaterial, darunter vier Handys, vier Computer, zwei Laptops und 16 Festplatten mit Daten, wovon jedoch zwei Datenträger nicht lesbar waren. Bei der späteren Auswertung der funktionierenden Festplatten fanden die BKA-Beamten seine archivierten E-Mails, eine Sicherung der FDLR-Homepage sowie Textdokumente. Die Beamten fanden auch Kontoauszüge, die Ein- und Auszahlungen von und an FDLR-Mitglieder nachwiesen, sowie eine FDLR-Visitenkarte, die er hatte anfertigen lassen. In einem Stapel Musikkassetten entdeckten sie zudem einige Rohdiamanten.

Murwanashyaka wurde in die Justizvollzugsanstalt (JVA) Stuttgart-Stammheim eingeliefert, Musoni in die JVA Karlsruhe. Beide wurden noch am selben Nachmittag dem Haftrichter vorgeführt. »Nach den bisherigen Ermittlungen«, erklärte der Generalbundesanwalt, »haben die Beschuldigten bis zu ihrer heutigen Festnahme als oberste militärische Befehlshaber der FDLR maßgeblichen Einfluss auf das Kriegsgeschehen in den Bürgerkriegsprovinzen. Sie hätten daher die zur Strategie der Organisation gehörende systematische Begehung von Gewalttaten durch die von ihnen befehligten Milizionäre an der Zivilbevölkerung unterbinden können. Damit stehen sie in dem dringenden Verdacht, als militärische Befehlshaber für die von der FDLR begangenen Verbrechen verantwortlich zu sein.«[573] Es habe »seit etwa einem Jahr mit großem Aufwand verdeckt geführte Ermittlungen« gegeben, auf deren Grundlage der Ermittlungsrichter des Bundesgerichtshofs am 16. November 2009 Haftbefehl erlassen habe – deswegen der Zugriff am nächsten Morgen.

Zufall? An genau jenem 17. November sollte das UN-Expertenteam dem UN-Sanktionskomitee in New York seinen endgültigen Bericht zur Einhaltung der Sanktionen gegen die bewaffneten Gruppen Ostkongos präsentieren. Erste Details waren bereits durchgesichert, da das 287-seitige Dokument dem Präsidenten des Komitees seit dem 9. November vorlag. Es schlüsselte die Kommandostruktur zwischen der politischen FDLR-Führung in Deutschland und den Militärkommandeuren im Ostkongo auf, dazu die internationalen Netzwerke der Gruppe.[574] Die UN-Ermittler hatten in Annex 18 den Befehl zur humanitären Katastrophe angeheftet und die mutmaßlichen Telefonverbindungsdaten zwischen Murwanashyaka in Deutschland und Mudacumura im Kongo aufgelistet.

Wenige Stunden vor Beginn der Sitzung des UN-Sanktionskomitees in New York schlug in Baden-Württemberg die Polizei zu. UN-Expertenchef Dino

573 GBA: Festnahme mutmaßlicher Führungsfunktionäre der FDLR, Pressemitteilung, 17.11.2009
574 UN Group of Experts Report, S/2009/603, 23.11.2009

Mahtani schlief noch, als sein Telefon klingelte. Bei der Nachricht über die Verhaftungen in Deutschland wirkte er sofort hellwach: »Oh wow!«, sagte er zuerst fassungslos. Dann: »Aber haben die Deutschen denn genügend Beweise?« Dann rannte er den Hotelflur entlang und klopfte an die Zimmertür seines Kollegen, um die Botschaft zu verbreiten.[575] Der Sprecher der Bundesanwaltschaft in Karlsruhe stritt jeglichen Zusammenhang zwischen dem Datum der Festnahme und der Tagung des UN-Sanktionskomitees ab.[576]

In den Büros des Pole Institute in Goma, ein Forschungsinstitut, das seit Jahren Fachtagungen zur FDLR organisierte, wurde an jenem Morgen gerade am Bericht über die letzte Tagung vom 11. November gefeilt. Führer der Hutu-Miliz Pareco und der Tutsi-Rebellenorganisation CNDP hatten da verkündet, sie wollten sich gegen die FDLR zusammenschließen, notfalls ohne die Regierung. Der Chef des Kreises Waloa-Loanda, wo Busurungi liegt, hatte gefordert, dass jeder bewaffneten Miliz endlich erlaubt werden müsse, ihre jeweilige Heimat zu schützen. »Sie sollen in ihren Wäldern stationiert werden, denn sie kennen diese am besten. Die FDLR und all die Ausländer aus Kinshasa, Lubumbashi und so weiter sollen in ihre eigenen Wälder zurückgehen.« Sonst werde Goma in Kürze an die FDLR fallen.[577]

Dann verbreitete sich die Nachricht von den Verhaftungen in Deutschland. »Wir haben es im Radio gehört«, berichtete einen Monat später ein 18-jähriger Ex-FDLR-Kämpfer im Lager Mutobo, der sich noch genau erinnerte. »Unser Kommandeur befahl uns an jenem Morgen zu sich. Wir saßen entmutigt im Kreis zusammen, hörten im Radio *BBC* auf Kinyarwanda. Wir hörten von Ignaces Verhaftung. Doch der Kommandeur trichterte uns ein, dass wir nun nicht aufgeben sollen, der Krieg werde weitergehen.« Noch am selben Abend habe er heimlich mit seinen drei besten Freunden beschlossen, in der Nacht davonzulaufen. »Die FDLR ist nichts ohne unseren Führer in Deutschland.«[578]

»Es wurde allen Soldaten mitgeteilt, dass Murwanashyaka zusammen mit Musoni verhaftet wurde«, erinnert sich später ein Exkämpfer vor Gericht. »Es war eine öffentliche Nachricht, die den Soldaten vorgelesen wurde. Zuerst wurde es den kleinen Soldaten verheimlicht, aber es war in allen Medien.«[579]

Am 18. November 2009 veröffentlichte Exekutivsekretär Mbarushimana aus Paris eine Erklärung mit dem Titel »Die Verhaftung von Präsident Murwanashyaka und Vizepräsident Musoni in Deutschland ist ungerecht und ungerechtfertigt«. Darin stand, die deutschen Behörden würfen ihnen vor, »an der Spitze einer Organisation zu stehen, die von Kigali der Verbrechen gegen die Menschlichkeit und der Kriegsverbrechen in der DR Kongo verdächtigt wird. Die FDLR erklären,

575 Telefonat mit Dinesh Mahtani, 17.11.2009
576 Telefonat mit Sprecher der Bundesanwaltschaft, 17.11.2009
577 E-Mails vom Pole Institute, Goma 12./17.11.2009
578 Interview, Mutobo 18.12.2009
579 Zeugenaussage, Prozesstag 204, OLG Stuttgart 20.1.2014

dass die Herren Murwanashyaka und Musoni von allen gegen ihnen erhobenen Anschuldigungen unschuldig sind, da die FDLR in keiner Weise in die Übergriffe verwickelt sind, die gegen die Zivilbevölkerung Ostkongos begangen werden.«[580]

Nach den Verhaftungen in Deutschland schnellten die Zahlen der Desertionen aus der FDLR wieder nach oben, wie zuletzt während der Operation »Umoja Wetu«. 133 flohen im November, zumeist nach dem Datum der Verhaftungen; im Dezember waren es 163.[581] Es sei »der Anfang vom Ende«, prophezeite ein alter ehemaliger führender Kommandeur, der über 15 Jahre in der FDLR einen hohen Posten innegehabt hatte. Am Tag von Murwanashyakas Verhaftung befand er sich bereits in Mutobo. »An diesem Tag riefen mich verschiedene FDLR-Kommandeure von dort drüben an«, erzählte er. Die Anrufliste seines Handys vom 17. November enthielt mehr als ein Dutzend Nummern mit kongolesischer Vorwahl. »Sie waren schockiert und verzweifelt.« Einige Kommandanten hätten sich sogar erkundigt, wie sie sich samt ihrem Bataillon ergeben könnten. »Ohne unsere politische Führung in Europa sehen sie keinen Sinn mehr, weiterzukämpfen.«[582]

Erste Zeugensuche in Ruanda

Knapp zwei Wochen nach den Verhaftungen stiegen die deutschen Kriminalbeamten und Staatsanwälte zusammen mit Dolmetschern und Zeugenbetreuern ins Flugzeug. Sie suchten in Ruanda und im Ostkongo Zeugen für die Anklage gegen Murwanashyaka und Musoni. Gefragt, warum dies erst nach der Festnahme der FDLR-Führer geschah, sagt ein BKA-Beamter vor Gericht: »Sonst hätte es sich zu den Angeklagten rumsprechen können.«[583] In einem Team von acht Männern und Frauen landeten die Deutschen in Ruandas Hauptstadt Kigali.

Ruandas Generalstaatsanwalt Ngoga hatte sich bereit erklärt, bei der Zeugensuche zu helfen und über die Demobilisierungskommission ehemalige Kämpfer zuzuführen. Einer der fünf Kommissare damals war der ehemalige FDLR-Militärchef Paul Rwarakabije. Als Demobilisierungskommissar besuchte er regelmäßig seine ehemaligen Untergebenen in Mutobo. Er sprach mit Kommandeuren, die frisch im Lager ankamen, entlockte ihnen Informationen. Die meisten kannte er persönlich. Sie hatten vor ihm immer noch Respekt. »Wir können den Deutschen helfen, Zeugen zu beschaffen«, erklärte Rwarakabije im Interview.[584] Der ergraute Krieger mit Nickelbrille und sanfter Stimme saß an seinem Schreibtisch in Kigali. Vor sich hatte er ein Organigramm der FDLR ausgedruckt liegen. Die Namen

580 FDLR-Presseerklärung No 04/SE/CD/NOVEMBRE/2009, gez. Callixte Mbarushimana, 18.11.2009
581 DDRRR-Statistiken und Zahlen der ruandischen Demobilisierungskommission
582 Interview, Mutobo 18.12.2009
583 Zeugenaussage, Prozesstag 9, OLG Stuttgart 6.6.2011
584 Interview Paul Rwarakabije, Kigali 8.12.2009

»Murwanashyaka« und »Musoni« am oberen Ende des Schaubildes waren durchgestrichen.

In einem kleinen kahlen Raum von Ngogas Völkermord-Ermittlereinheit in Kigali verhörten die deutschen Ermittler ihre ersten Zeugen aus den Reihen der FDLR: den ehemaligen Sprecher Edmond Ngarambe alias Michel Habimana, der sich im Februar 2009 abgesetzt hatte, sowie den ehemaligen Bataillonskommandeur Séraphin Bizimungu alias Amani Mahoro, der sich 2005 von Murwanashyaka losgesagt hatte. Anders als Rwarakabije waren sie beide in Ruanda im Gefängnis gelandet. Sie sitzen beide bis heute in einem Schwerverbrecherknast. Während der mehrstündigen Vernehmung durch die deutschen Ermittler bekamen sie Wasser und Kekse gereicht. Weil sie in Ruanda inhaftiert waren, wurden sie nie in Stuttgart als Zeugen geladen.

Zwei Tage nach ihrer Ankunft in Kigali reisten die deutschen Ermittler mit einem Mietwagen nach Gisenyi, gute 150 Kilometer Straße, die sich durch steile Berge schlängelt. Ihr Weg führte sie am Demobilisierungslager Mutobo vorbei. In der idyllischen ruandischen Kleinstadt Gisenyi am Kivu-See, die vom viel größeren kongolesischen Goma nur durch einen Grenzposten getrennt ist, mieteten sie sich in ein Hotel ein. Aus Sicherheitsgründen durften die Deutschen nicht auf kongolesischer Seite übernachten. Morgens fuhren sie über die Grenze ins lebhafte Goma, abends ging es ins beschauliche Gisenyi zurück, über eine Woche lang. Bereits im September 2008 hatten sie in Kinshasa vom kongolesischen Justizministerium und der MONUC Kooperationszusagen eingeholt.

In Goma trafen sie DDRRR-Berater Matthew Brubacher. Dieser übergab ihnen die FDLR-Kommandostruktur, Telefonlisten der FDLR-Kommandeure sowie Unterlagen aus der DDRRR-Abteilung der MONUC. Er lieferte den deutschen Ermittlern auch die ersten Hinweise, welche Ex-FDLR-Kämpfer in Mutobo relevant sein könnten. Kommissar Rwarakabije bestellte die gewünschten Gesprächspartner telefonisch nach Gisenyi. In angemieteten Räumen wurden sie vernommen. Wie eine solche Zeugenvernehmung ablief, lässt sich später im Gerichtssaal nachvollziehen, als ein Video in Augenschein genommen wird. »Ignatz« nennen die Ermittler Murwanashyaka gegenüber dem jungen Exkämpfer.

In einem zähen Frage-und-Antwort-Verfahren mit Dolmetscher lassen sich Oberstaatsanwalt Christian Ritscher und der leitende BKA-Beamte auf dem Video von einem Ex-FDLR-Stabsgefreiten anhand einer Zeichnung die Schulterklappen und Rangfolgen der FDLR-Kommandeure erläutern. Die Deutschen wollen wissen, ob Murwanashyaka auch einen Dienstgrad hatte. Der Zeuge verneint: Murwanashyaka sei Chef der »Chama«. Der Übersetzer muss erklären, dies sei ein Kisuaheli-Begriff für eine politische Organisation.[585]

585 Dies und die folgende Schilderung: Inaugenscheinnahme einer Videovernehmung, Prozesstag 78, OLG Stuttgart 21.5.2012. Der Zeuge sagte nie in Stuttgart aus, er war laut Demobilisierungskommission unauffindbar

Der Zeuge erwähnt, vor dem Krieg habe es keine Probleme mit der Zivilbevölkerung gegeben, die Probleme seien erst mit dem Krieg gekommen. Da wird Staatsanwalt Ritscher hellhörig und fragt: Welche Probleme? Der Zeuge erklärt: »Wenn ein Zivilist auf dem Feld arbeiten muss oder wenn er Händler ist und Sachen verkaufen muss und du bringst ihnen Krieg, du verstehst, dass es Probleme bringt.« Die Deutschen verstehen nicht. »Was wurde mit Zivilisten gemacht, die als Problem angesehen wurden, hat man gegen sie gekämpft?«, fragt der BKA-Beamte nach. Jetzt klingt der Zeuge verwirrt: »Sie meinen, wenn die Zivilisten Probleme machen, weil sie zu den Soldaten fliehen?«, fragt er zurück. Da hakt der BKA-Beamte nach: »Sie sagten, dass Zivilisten Problem darstellten.«

Der Dolmetscher löst das Missverständnis auf: »Der Krieg sei für die Zivilisten ein Problem, der Zeuge habe nicht davon gesprochen, dass Zivilisten ein Problem waren«, erklärt er. Doch der Staatsanwalt versteht nach wie vor nicht: »Aber wenn sie nur gewartet haben, wo war dann der Krieg, das verstehe ich nicht«, sagt er. Der Zeuge fragt zurück: »Wo ist das Problem?«

Ähnlich umständlich dürfte auch die Vernehmung der kongolesischen Zeugen gewesen sein. Die Staatsanwälte brauchten nicht nur Zeugen aus der FDLR, die über deren Innenleben aussagen konnten, sondern auch Zeugen aus dem Kongo, um über FDLR-Verbrechen zu berichten. Bei den ersten drei Opferzeugen, die den Deutschen zugeführt wurden, handelte es sich um eine Familie aus Busurungi: Ehemann, Frau und Sohn.[586] Zugeführt wurden diese Schlüsselzeugen des größten der FDLR-Führung zugeschriebenen einzelnen Massakers den deutschen Ermittlern, das bestätigen mehrere gut informierte Quellen vor Ort, ausgerechnet von Didier Bitaki, dem ehemaligen Sprecher und zeitweiligen politischen Vertreter der Mayi-Mayi-Kifuafua – die Miliz des Tembo-Volkes in der Region um Busurungi und im Jahr 2009 ein Hauptkriegsgegner der FDLR. Die Zeugenbeschaffung sei über die MONUC gelaufen, sagt die Bundesanwaltschaft.

Kifuafua-Sprecher Bitaki ist in Goma bekannt wie ein bunter Hund. Der redegewandte Kongolese lässt sich mal als »Mayi-Mayi-Chef« interviewen[587] und mal als »Experte für Demobilisierung«[588], auf der Internetplattform *LinkedIn* nennt er sich »Unabhängiger Berater für humanitäres Völkerrecht, DDRRR, Integration und Regionalpolitik in der Region der Großen Seen«. Er habe als als Experte für Kongos Verteidigungsministerium sowie als »externer Berater für Sicherheit und DDRRR« für die Deutsche Botschaft in Kinshasa gearbeitet, stand da eine Zeitlang. In der Deutschen Botschaft kennt ihn aber niemand.[589] Dieser Hinweis

586 Vgl. Letztes Wort Ignace Murwanashyaka, Prozesstag 319, OLG Stuttgart 14.9.2015
587 Vgl. En RD Congo, les Mai Mai menacent la paix. In: Le Figaro, 13.12.2012. www.lefigaro.fr/international/2012/12/13/01003-20121213ARTFIG00739-en-rd-congo-les-mai-mai-menacent-la-paix.php
588 Vgl. UN: Over 700 Rwandan FDLR Rebels Surrendered in 2015, Voice of America 30.12.2015. m.voanews.com/a/un-says-over-700-rwanda-fdlr-rebels-surrendered-in-2015/3124532.html
589 E-Mail-Auskunft von der deutschen Botschaft in Kinshasa

wurde mittlerweile in Beratung für »mehrere diplomatische Vertretungen in Kinshasa und Goma« abgeändert. Unter der Rubrik »ehrenamtliche Tätigkeiten« steht bei *LinkedIn* in seinem Profil: »Aufklärung über den Feind und Orientierung der Verteidigungskräfte auf dem Schlachtfeld.«[590]

Eine Interviewanfrage über seine Rolle bei der Zeugenbeschaffung lehnt der sonst redselige Bitaki ab. Aus dem Kongo heißt es, es sei an ihn für die Zeugenbeschaffung Geld geflossen – so viel, dass Bitaki Goma verlassen musste. In Bukavu wurde er dann angeblich sogar inhaftiert, als er als Mittelsmann zu bewaffneten Gruppen auftrat, erneut Geld kassierte und an einen Armeegeneral geriet.[591] Inzwischen ist er wieder als »Demobilisierungsexperte« aktiv.

Zeugensuche in einer Dauerkriegsregion wie Ostkongo, wo fast jede Familie irgendwann Opfer von Gewalt wurde, ist nicht einfach – vor allem, wenn Ermittler keinen einzigen Tatort selbst besuchen können. Die Ermittler und Staatsanwälte reisten zurück nach Deutschland und suchten Rat bei den Profis. Dinesh Mahtani, Koordinator der UN-Expertengruppe, der nach Ablauf seines Mandats Ende 2009 nicht mehr für die Vereinten Nationen arbeitete und somit auch nicht mehr den Geheimhaltungsbedingungen unterlag, reiste Anfang 2010 zur Bundesanwaltschaft nach Karlsruhe und wurde dort zwei Tage lang befragt. Die Deutschen sprachen auch mit Anneke van Woudenberg von Human Rights Watch, bei einem »informellen Gespräch bei Bonn«, berichtet sie vor Gericht. »Ich gab ihnen Informationen zu Hotels, beschrieb die Schritte von HRW [Human Rights Watch] zum Schutz von Personen, mit denen wir sprachen, und praktische und logistische Informationen [...] wie man in Kontakt kommt mit Personen, die aussagen wollen; ich gab ihnen eine allgemeine Einführung, die ich jedem gebe, der mich danach fragt. Man muss an den Ort gehen, wo die Flüchtlinge sind, man braucht sichere Orte für die Befragung und neutrale Dolmetscher, bei Gesprächen mit Frauen sollte der Dolmetscher ebenfalls eine Frau sein.«[592]

Die FDLR bekämpft die Frauen, die Deutschen suchen die Opfer

Zum Jahreswechsel 2009/2010 ersetzte Kongos Regierung die vielkritisierte Militäroperation »Kimia II« gegen die FDLR durch die Operation »Amani Leo« (Frieden jetzt). »Der große Unterschied«, sagte FARDC-Sprecher Major Sylvain Ekenge, »ist eine verstärkte Zusammenarbeit mit der MONUC, vor allem gemeinsame Stationierung von Einheiten im Feld und Schaffung von Interventionseinheiten«. Die

590 LinkedIn-Profil von Didier Bitaki Weteshe. www.linkedin.com/in/didier-bitaki-weteshe-085b77103.
591 Persönliche Auskunft aus Goma, Januar 2016
592 Zeugenaussage Anneke von Woudenberg, Prozesstag 109, OLG Stuttgart 24.10.2012

sollten Zivilisten vor FDLR-Racheangriffen schützen.[593] Es änderte nichts am täglichen Horror. Für besondere Empörung sorgte die Nachricht, die FDLR habe im Kreis Mulombozi im Distrikt Mwenga von Süd-Kivu am 11. Februar 2010 sieben Frauen aus dem Dorf Mizulo hingerichtet und acht weitere als Geiseln genommen. Von den acht wurden fünf am nächsten Tag geköpft im Wald gefunden und die drei anderen, zwei davon vergewaltigt, von Kirchenaktivisten nach Bukavu gebracht; die protestantische Kirche ECC veröffentlichte Namen und Fotos.[594]

Ein Verband von Frauenorganisationen berichtete Einzelheiten: »Allen war der Kopf abgeschnitten und woanders abgelegt. Einem Kopf war eine abgeschnittene Brust in den Mund geschoben, einer Leiche ein Baumstamm in die Vagina.« Der Hintergrund des Angriffs sei, dass die Dorffrauen von Mizulo der FDLR Waren verkauft hätten und dabei von der Armee erwischt worden seien; die Armee habe versprochen, ihnen nichts anzutun, wenn sie verrieten, wo ihre Kunden wohnen. Die Armee habe dann das FDLR-Lager angegriffen, aber dort nur Frauen und Kinder gefunden. Sie habe zwölf Frauen und vier Kinder getötet und vier weitere mitgenommen, zwecks Repatriierung nach Ruanda. »Das Massaker vom 11. Februar wurde von Ehemännern und/oder Eltern der getöteten Frauen und Kinder begangen.«[595]

So verkehrte Kongos Armee das Ziel, die Bevölkerung besser zu schützen, ins Gegenteil: Sie verlangte von der Bevölkerung, Kriegspartei zu sein. Armeesprecher General Amuli sagte: »Zivilisten und Militärs müssen endlich verstehen, dass sie in der Operation Amani Leo miteinander verheiratet sind. Es gib eine enge Kohabitation zwischen Zivilbevölkerung und FARDC [...] Die Zivilbevölkerung muss an den Operationen aktiv teilnehmen. Da wir die FDLR fast ausgelöscht haben, muss die Bevölkerung sich diesen Sieg aneignen.«[596]

In diesem Klima reisten Ende April 2010 die deutschen BKA-Beamten und Staatsanwälte mit Übersetzerinnen und Zeugenbeisteherinnen erneut nach Kigali und von dort aus weiter in den Kongo, um zivile Opfer der FDLR als Zeugen zu gewinnen.[597] Sie fuhren in Goma zum MONUC-Hauptquartier. Die Menschenrechtsabteilung der MONUC führte eine Liste zu Tatorten und Verbrechen verschiedener Milizen und möglicher Opferzeugen, deren Namen anonymisiert waren und die zumeist von lokalen Organisationen betreut wurden, spezialisiert auf deren Schutz. »Die Vermittlung geschah über MONUSCO[598] und NGOs«, be-

593 Interview: le major Ekenge fait le point de l'opération ›Amani Leo‹, Radio Okapi 2.1.2010
594 ECC Bukavu: Rapport de l'ECC/Projet de Rapatriement sur les femmes enlevées par les FDLR à Mulombozi et dont cinq ont été égorgées, 22.2.2010
595 AFD Uvira: Rapport de l'état de lieu de la situation des femmes dans la province du Sud-Kivu RDC (sic), 20.2.2010
596 Général Amuli: ›Nous continuons la traque des FDLR cette fois-ci avec la participation de la population civile‹. In: Les Coulisses (Beni) 22.3.2010
597 Zeugenaussage, Prozesstag 9, OLG Stuttgart 6.6.2011
598 Der Name der UN-Mission MONUC ab 1. Juli 2010

richtet der zuständige BKA-Beamte dem Gericht. Auf die Frage, wie die Zeugen ausgewählt wurden, antwortet er: »Das war die Entscheidung der Ermittler.«[599]

Sechs weitere Opferzeugen fanden sie auf dieser zweiten Reise nach Goma, zumeist Frauen, die vergewaltigt worden waren.[600] Manche waren in einer sehr schlechten Verfassung. Die deutsche Staatsanwältin, die 2010 in Goma die ersten Vernehmungen führte, berichtet später vor Gericht: »Die Zeuginnen waren sehr aufgewühlt. Manche haben auch geweint. Einige haben spontan ihre Verletzungen gezeigt. Eine Zeugin, die mit einem sechs Monate alten Baby da war, hat ihre Verletzungen am Oberschenkel und am Bauch gezeigt. Ein Zeuge hat eine Verletzung mit der Machete an der Hand gezeigt. Das haben wir auch dokumentiert. Bei einer Zeugin haben wir das nicht dokumentiert. Das war ein Körperteil, wo wir gar nicht erst nachgefragt haben, ob sie uns das fotografieren lässt.«[601]

Es ist Glückssache, wenn Vergewaltigungsopfer tief in den Wäldern Ostkongos überhaupt überleben, geschweige denn medizinische Versorgung erhalten. Wie schwierig das ist, veranschaulicht ein Handy-Video, das DDRRR-Berater Brubacher im Juli 2009 schoss.[602] Er war mit UN-Kollegen im Dschungel unterwegs, um eine neue MONUC-Basisstation zur Aufnahme desertierender FDLR-Kämpfer zu errichten. Erst sieht man in dem verwackelten Video Kämpfer in einem Dorf herumspazieren. Dann ist es plötzlich dunkel. Im Schein einer Taschenlampe weint und brüllt eine Frau. Brubachers Stimme sagt: »Es war ein Angriff mit einer Waffe, um ihre Augen zu treffen, er hat ihre Zähne gebrochen, es ist Nacht, wir haben keinen Strom und die Kommunikation ist schlecht.«

Dann ist es wieder Tag. Frauen pflegen das Opfer, ein UN-Hubschrauber steht bereit. Die Verwundete wird auf einer Trage zum Hubschrauber gebracht. Man sieht Brubacher am Telefon und hört ihn sagen: »Die Genehmigungen für Goma sind organisiert, wir haben die Genehmigung für den Luftverkehr, das System funktioniert, wir kommen nach Goma.« Dort kommt sie ins Krankenhaus. Vor Gericht in Stuttgart macht sich Murwanashyaka später über sie lustig: »Sie war psychisch krank«, sagt er herablassend: »Kongolesen machen oft falsche Angaben, um UN-Leistungen in Anspruch zu nehmen.«[603]

Nur in Goma und Bukavu gibt es für brutal zugerichtete ostkongolesische Vergewaltigungsopfer spezialisierte Kliniken. Viele finden nur in spezialisierten lokalen Organisationen zurück in die Gesellschaft. Die Namen der NGOs sowie deren Mitarbeiter müssen im deutschen Verfahren geheim gehalten werden, erklärt der BKA-Beamte vor Gericht: »Einige Mitarbeiter der NGOs wurden selbst angegriffen, sie haben zum Teil große Angst, daher sollen die Namen von Mitarbeitern

599 Zeugenaussage, Prozesstag 95, OLG Stuttgart 6.8.2012.
600 Anklageverlesung, Prozesstag 1, OLG Stuttgart 4.5.2011
601 Zeugenaussage, Prozesstag 229, OLG Stuttgart 7.5.2014
602 Die folgenden Angaben: Video-Präsentation, Prozesstag 90, OLG Stuttgart 18.7.2012
603 Letztes Wort Ignace Murwanashyaka, Prozesstag 319, Stuttgart 18.9.2015

nicht genannt werden.«[604] Er habe alle acht bis zehn Wochen telefonisch bei den NGOs nachgefragt, »ob zu den Zeugen der Kontakt besteht, ob soweit alles in Ordnung ist«.

Eine andere Möglichkeit wäre gewesen, die Opferzeugen nach Deutschland zu holen und ihnen sowie ihrer Familie für den Rest ihres Lebens Asyl zu gewähren. Es gab Anfang 2010 Diskussionen zwischen der Bundesanwaltschaft und verschiedenen deutschen Organisationen über ein Zeugenschutzprogramm. Doch die Diskussionen verliefen im Sand. Die lokalen Organisationen hätten davon abgeraten, so das BKA: »Bei einer Passbehörde Reisedokumente zu beantragen für eine Reise, die nicht erklärt werden kann, bedeutet Gefahr«: Schon beim Beantragen eines Reisepasses müsse man im Kongo bei den Behörden angeben, wo man wann und wie lange hinwolle.[605]

Das Spitzelnetzwerk eines FDLR-Geheimdienstlers, aufgezeichnet als Schaubild mit Namen und Telefonnummern der Informanten, verrät: FDLR-Seilschaften gibt es in Kongos Behörden überall – auch bei der Migrationsbehörde, und vor allem in Goma, wo FDLR-Kommandeure in Immobilien, Transportunternehmen und anderen Firmen investiert haben.[606] Das wussten auch die deutschen Beamten: »Wenn die Information rauskommt, dass Zeugen mit deutschen Behörden arbeiten, dann wird im günstigsten Fall der Zeuge ermordet, im schlimmsten Fall wird das ganze Dorf angegriffen.«[607]

Also wurde vereinbart, dass die Zeugen dort bleiben, wo sie waren. Im Verfahren sollten sie nur anonym auftreten, ihre Betreuer sollten geheim bleiben, und sie dürften nur an geheimen Orten in der Region vernommen werden, begleitet von deutschen Betreuern.

Am 17. Juni 2010, genau sieben Monate nach den Festnahmen in Deutschland, bestätigte der deutsche Bundesgerichtshof (BGH) die Fortdauer der Untersuchungshaft für Murwanashyaka und Musoni und begründete dies unter anderem mit der »besonderen Schwierigkeit und besonderem Umfang der Ermittlungen«. Bei einer Haftentlassung Murwanashyakas bestehe Flucht- und Verdunkelungsgefahr: »Es ist davon auszugehen, dass er als Präsident der FDLR Kontakt zu seinen Untergebenen in der DRC aufnehmen und diese veranlassen würde, auf die namentlich bekannten Zeugen in unlauterer Weise einzuwirken, um diese an weiteren Aussagen zu hindern. Daneben ist zu erwarten, dass versucht werden würde, die anonymisierten Opferzeugen ausfindig zu machen, um sie ebenfalls von weiteren Bekundungen abzuhalten.«[608]

604 Dies und das folgende Zitat: Zeugenaussage, Prozesstag 95, OLG Stuttgart 6.8.2012

605 Ebd.

606 Organigramm des Geheimdienstnetzwerks der FDLR, eingesehen im August 2012

607 Zeugenaussage, Prozesstag 95, OLG Stuttgart 6.8.2012

608 Bundesgerichtshof, Beschluss 17.6.2010, Az. AK 3/10, https://openjur.de/u/548609.html

Nun schrieben die deutschen Staatsanwälte ihre Anklageschrift. Genau ein halbes Jahr nach dem Haftfortdauerbeschluss des BGH gab die Bundesanwaltschaft bekannt, sie habe am 8. Dezember 2010 Anklage gegen Murwanashyaka und Musoni »wegen Verbrechen gegen die Menschlichkeit und Kriegsverbrechen sowie wegen Mitgliedschaft in der ausländischen terroristischen Vereinigung FDLR« erhoben, gegen Murwanashyaka außerdem wegen Rädelsführerschaft.[609] Am 4. März 2011 ließ das Oberlandesgericht Stuttgart – zuständig, weil beide Angeklagten in Baden-Württemberg lebten – die Anklage unverändert zur Hauptverhandlung zu. Genau zwei Monate später begann der Prozess.

609 GBA: Anklage gegen zwei mutmaßliche Führungsfunktionäre der FDLR, Pressemitteilung 17.12.2010

Teil 5

Die juristische Aufarbeitung

Kapitel 1
Ouvertüre für einen Mammutprozess

Ein Gerichtssaal als Bühne

Vom 4. Mai 2011 bis 28. September 2015 ist der Gerichtssaal Nummer sechs des Oberlandesgerichtes (OLG) Stuttgart zweimal die Woche Hochsicherheitszone. Immer montags und mittwochs kurz vor halb zehn, nur nicht in den Ferien, sperren Justizbeamte im Erdgeschoss des verwinkelten Klotzes aus den 1980er Jahren in der Stuttgarter Olgastraße den Saaleingang weiträumig ab. An einer Sicherheitsschleuse wird der Personalausweis fotokopiert, persönliche Gegenstände kommen in Schließfächer. Nur Stifte und Notizblöcke sind im Gerichtssaal erlaubt. Gewissenhaft tasten die Beamten nach dem Durchgang durch den Metalldetektor jeden Besucher am ganzen Körper ab.

Es ist Stuttgarts erster internationaler Kriegsverbrecherprozess, doch die Stuttgarter Justiz lässt sich dafür nicht aus der Routine bringen. Die Sicherheitsmaßnahmen sind Standard für Terrorprozesse, wie sie das OLG Stuttgart seit dem Stammheim-Prozess gegen die Rote Armee Fraktion (RAF) mehrfach geführt hat. Gewaltverbrechen stehen oft auf den Tagesordnungen der Nachbarsäle, die dort ausgehängt sind.

Ein Hauch von Zeitenwende liegt über der Stadt, als Ignace Murwanashyaka und Straton Musoni zum ersten Mal vor ihre Richter treten. Am 12. Mai 2011, ein Tag nach dem dritten FDLR-Prozesstag, wird wenige Hundert Meter entfernt der Grüne Winfried Kretschmann als neuer Ministerpräsident Baden-Württembergs vereidigt. Ein halbes Jahrhundert CDU-Herrschaft geht zu Ende. Seinen Wahlsieg verdankt Kretschmann der harten Auseinandersetzung um Stuttgart 21, das umstrittene Projekt der Verlegung des Hauptbahnhofes unter die Erde mitten in der Innenstadt, das ganz Stuttgart in Atem hält. Montags abends, wenn die Juristen aus der Olgastraße zum Hauptbahnhof eilen, stoßen sie auf die Stuttgarter »Wutbürger« mit ihren Trillerpfeifen und Transparenten und auf hochgerüstete Polizisten mit Helmen und Schlagstöcken.

Sechs Wochen nach Prozessbeginn kommt es wegen Stuttgart 21 wieder einmal zu Ausschreitungen und Festnahmen. Zur Prozesseröffnung dazu finden sich Demonstranten mit Protestschildern in der Olgastraße ein, mit Kreide malen sie Sprüche auf den Bordstein. Einige Protestler erkundigen sich, was denn da hinter der Hochsicherheitskontrolle verhandelt wird. Es gehe um den Völkermord in Ruanda, erklärt die strickende Justizbeamtin vor Saal sechs fälschlicherweise. »Och, wie langweilig«, raunzt die S21-Demonstrantin.[1]

Hinter den abgeschirmten Türen des Gerichtssaals ist von alldem nichts zu hören. Der klinisch kahle Raum mit nackten weißen Wänden wirkt selbst im Sommer kalt, trotz Teppichboden. Die Luft ist stickig, es gibt nur ein schmales Fenster in einer Ecke und ein paar nicht einsehbare Oberlichter, alle Türen sind verriegelt. Einmal geht der Alarm los, als die Richter zur Mittagspause den Saal verlassen wollen.[2] Im ersten Winter sitzen Zeugen aus Ruanda mit dicken Winterjacken auf dem Zeugenstuhl; immer wieder werden Probleme mit der Heizung angesprochen.

Genauso eisig ist mitunter die Stimmung im Gerichtssaal. Noch bevor es am ersten Tag losgehen kann, fordert Verteidigerin Lang die Einstellung des Verfahrens.[3] Als der Vorsitzende Richter Jürgen Hettich einwendet, erst müsse doch die Anklage verlesen werden, verlangt sie den Austausch der anwesenden Staatsanwälte. Die Sitzung wird unterbrochen, um die Generalbundesanwältin in Karlsruhe zu fragen. Als diese den Austausch wie erwartet ablehnt, kündigt Lang den Gang zum Bundesjustizministerium an. Oberstaatsanwalt Ritscher, der ihr gegenübersitzt, grinst. Da fährt Lang ihn an: »Ich weiß nicht, was es da immer zu lachen gibt.« Dann beantragt sie auch noch den Ausschluss der Richter aus dem Prozess. Der Tonfall, den Richter Hettich 320 Verhandlungstage später in seinem Urteil als »unsäglich« bezeichnen wird, ist vom ersten Tag an gesetzt.[4]

Das anfängliche Medieninteresse lässt sehr schnell nach – schon nach wenigen Verhandlungstagen verlieren sich selten mehr als ein halbes Dutzend Zuschauer auf den 98 olivgrün bezogenen fixierten Klappstühlen im Zuschauerbereich. Dennoch dient der Saal sechs aufgrund des Präzedenzcharakters dieses »Pilotverfahrens«[5] als Bühne. Hier werden nicht nur Verbrechen im Kongo, sondern auch Karrieren in Deutschland verhandelt. Sobald die Roben übergezogen sind, schlüpfen alle in ihre Rollen. Für alle steht viel auf dem Spiel.

Der Vorsitzende Richter des 5. Strafsenats am OLG Stuttgart, Jürgen Hettich, hat von allen die längste Karriere hinter sich, als er im Alter von 55 Jahren am 4. Mai 2011 auf dem Richterstuhl in der Mitte mit der höchsten Lehne Platz nimmt. Er war Amtsrichter und Staatsanwalt, er arbeitete – das hat er mit dem Angeklagten Musoni gemeinsam – im baden-württembergischen Justizministerium. Den 5. Strafsenat des OLG, der unter anderem Staatsschutzsachen behandelt, leitet er seit September 2009. Den Grad der Grausamkeit, der beim FDLR-

1 Prozesstag 146, OLG Stuttgart 22.4.2013
2 Prozesstag 54, OLG Stuttgart 25.1.2012
3 Prozesstag 1, OLG Stuttgart 4.5.2011
4 Urteilsverkündung, Prozesstag 320, OLG Stuttgart 28.9.2015
5 Ebd.

Prozess zur Sprache kommt, kennt er aus früheren Verfahren: 2008 saßen vor ihm drei Jugendliche auf der Anklagebank, die ihren 19-jährigen Kameraden im Badezimmer zerstückelt und im Blumenkübel einzementiert hatten.[6] Prägend für das FDLR-Verfahren war für ihn nach eigenen Angaben ein anderer Fall: die Verhandlung eines Raubüberfalls auf einen Supermarkt, die zunächst auf wenige Tage anberaumt war und dann ein Jahr lang dauerte[7] – ein eleganter Hinweis darauf, dass vom FDLR-Prozess vor allem die Länge des Verfahrens in Erinnerung bleibt.

Hettich ist keiner, der leicht aus der Fassung gerät. Er bleibt auch dann noch ruhig, wenn andere Richter längst ein lautstarkes Machtwort gedonnert hätten. Mal scheinbar mitleidig, mal eher resigniert beäugt er durch seine Brille die Parteien, wenn sie sich mal wieder gegenseitig Gemeinheiten an den Kopf werfen, und wartet, bis sie fertig sind, um dann fortzufahren. Man wird den Eindruck nicht los, er sei es leid, erwachsene Menschen zurechtweisen zu müssen wie Teenager.

Im Januar 2012 kommt es zwischen Verteidigerin Lang und Oberstaatsanwalt Ritscher zu einem Eklat. Lang fragt einen ruandischen Zeugen, ob er mehr als eine Ehefrau habe. Da ruft Ritscher »Als ob alle Afrikaner Baströcke tragen« und wirft damit Lang indirekt Rassismus vor: »Bei einem Weißen würde man nicht fragen, ob er Bigamist sei!«, erklärt Ritscher, nachdem der Zeuge extra aus dem Saal gebeten wird, damit dieser Streit geklärt werden kann. Es sei doch bekannt, dass in Afrika Polygamie verbreitet sei, entgegnet Musonis Verteidiger Jan Bockemühl, und seine Kollegin Andrea Groß-Bölting fragt den Richter empört, ob solche Kommentare wie der von Ritscher in Ordnung seien. Hettich bleibt gelassen: »Den Bastrock-Kommentar habe ich so gut wie nicht gehört«, sagt er. Was hier passiere, sei »eher unüblich, doch hier ist das ja schon fast normal«.[8]

Oberstaatsanwalt Christian Ritscher, der die Anklage führt und immer wieder neue Kollegen der Bundesanwaltschaft nach Stuttgart bringt, arbeitet an dem Fall schon zweieinhalb Jahre, als er am 4. Mai 2011 zur Prozesseröffnung den Anklagesatz verliest. Eine Zeitlang führt er die Anklage in mehreren ähnlich gelagerten Fällen parallel: der Prozess wegen Völkermordes gegen den in Deutschland lebenden ruandischen Exbürgermeister Onesphore Rwabukombe von 2011 bis 2014 am Oberlandesgericht (OLG) Frankfurt/Main[9] und das Verfahren wegen Unterstützung einer terroristischen Vereinigung gegen drei ruandischstämmige FDLR-Sympathisanten von 2012 bis 2014 am Oberlandesgericht (OLG) Düssel-

6 »Haupttäter muss zehn Jahre hinter Gitter«, Tagesspiegel 5.3.2008. www.tagesspiegel.de/weltspiegel/schuelermord-prozess-haupttaeter-muss-zehn-jahre-hinter-gitter/1181792.html
7 Auskunft von Richter Hettich, E-Mail der Pressestelle des OLG Stuttgart 6.11.2015
8 Prozesstag 52, OLG Stuttgart, 18.1.2012
9 Vgl. Kapitel 5.5, S. 426 ff.

dorf.[10] Beide Prozesse enden mit Schuldsprüchen. Noch bevor auch der Prozess in Stuttgart zu Ende geht, wird Ritscher zum Bundesanwalt befördert.[11]

Mehrmals ist Ritscher mit seinen Kollegen nach Ruanda und Kongo gereist. Er hat sich gegen Gelbfieber impfen lassen, Malariaprophylaxe geschluckt, und selbst im heißen, staubigen Goma trug er noch einen akkurat sitzenden Anzug, die Krawatte eng gebunden. In Stuttgart kaut der große Mann mit wachen Augen hinter dicken Brillengläsern während zäher Verhandlungstage auf seinen Fingernägeln oder bastelt Papierflugzeuge aus gelben Notizzetteln, ohne abgelenkt zu sein.[12] Bei der Zeugenvernehmung weiß Ritscher stets genau, worauf er die Zeugen festnageln will, er fragt schnell und trocken. Sobald die Verteidigung ihn provoziert, explodiert er hingegen wie ein Vulkan. Das Blut steigt ihm zu Kopf, er wird feuerrot und bissig: »Sie hören wohl nie auf!«, knallt er Anwältin Lang ins Gesicht, als sie sich wieder einmal in Übersetzungsdiskussionen stürzt.[13]

Murwanashyakas Hauptanwältin Ricarda Lang liebt die Show. Fast fünf Jahre lang spielte die Juristin von 2001 bis 2005 in der *Sat.1*-Gerichtsshow »Richter Alexander Hold« mit. Unmittelbar bevor sie die Verteidigung Murwanashyakas annimmt, hat die gebürtige Rheinland-Pfälzerin in Düsseldorf das Terrorverfahren gegen die islamistische sogenannte Sauerland-Gruppe abgeschlossen. Einer ihrer Mandanten damals war geständig, doch der Anwältin gelang es, die Vorwürfe der Rädelsführerschaft und der Gründung einer terroristischen Vereinigung abzuschmettern. Auf ihrer Internetseite, die auch auf Arabisch abrufbar ist, präsentiert sich Ricarda Lang als »engagiert, spezialisiert, vertrauenswürdig, KÄMPFERISCH« – in großen Lettern.

Kämpferisch setzt sich Terrorismus-Expertin Lang für FDLR-Präsident Murwanashyaka ein. Sie legt sich mit allen Verfahrensbeteiligten an. Sie überlässt ihm taktisch klug zuweilen die Bühne, damit er selbst stundenlang Zeugen ohne erkennbaren Erkenntnisgewinn befragen darf, um dann selbst mit vorgetragener Empörung auf den unvermeidlichen Vorwurf der »Prozessverschleppung« seitens der Staatsanwaltschaft zu reagieren. Die Anwältin übernimmt jedoch lautstark das Ruder, wenn es darum geht, Zeugen ins Kreuzfeuer zu nehmen. Dann muss der Vorsitzende sie ermahnen. »Sie haben mich noch nicht schreien hören«, entgegnet sie einmal schlicht.[14]

In Musonis Hauptverteidigerin Andrea Groß-Bölting hat Lang eine angemessene Mitstreiterin. Auch sie hat Erfahrung in Terrorismus-Verfahren. Sie verteidigte zuvor einen Palästinenser, dem eine Al-Qaida-Mitgliedschaft vorgeworfen wurde. Der Bundesgerichtshof (BGH) milderte seine Verurteilung schließlich von

10 Vgl. Kapitel 5.5, S. 428ff.
11 GBA-Presseerklärung, 3.6.2015, https://www.generalbundesanwalt.de/de/showpress.php?newsid=549
12 Prozesstag 165, OLG Stuttgart 8.7.2013
13 Prozesstag 22, OLG Stuttgart 8.8.2011
14 Prozesstag 52, OLG Stuttgart 18.1.2012

»Mitgliedschaft« auf »Unterstützung« ab. In einem Interview mit einem muslimischen Onlinemagazin erklärte Groß-Bölting, das sei für sie »eine erschreckende Demonstration staatlicher Macht« gewesen.[15] In Stuttgart sagt sie: »Dieses Verfahren kann nicht in einer Weise geführt werden, die rechtsstaatlichen Grundsätzen entspricht.«[16]

Groß-Bölting pflegt einen herzlichen Kontakt zu ihrem Mandanten Musoni. Die Anwältin kümmert sich, fragt ihn nach dem Befinden, tuschelt angeregt und scherzt mit ihm. Sie will zeigen, dass Musoni kein Unmensch ist. In der Verhandlung tritt sie zunächst leiser und sachlicher auf als ihre Kollegin. Im Laufe der Jahre wird ihr Auftreten härter und polemischer, sie greift viel öfter auf die politischen Thesen der FDLR zurück.

Erstaunlich selten, verglichen mit anderen Themen, erörtern die Verteidigerinnen die Haftbedingungen ihrer Mandanten. Bei Musoni geht es speziell um seine Diabeteserkrankung, Essenszeiten und schlechte Verpflegung vor allem an langen Verhandlungstagen. Die Verteidigung Musonis beantragt jedes Jahr mehrmals die Aufhebung des Haftbefehls. Sie scheitert damit regelmäßig.

Bei Murwanashyaka, der im Terrortrakt des Hochsicherheitsgefängnisses Stuttgart-Stammheim in Untersuchungshaft sitzt, spricht die Verteidigung von »Isolationshaft«: Nicht einmal die Teilnahme an einer Gebetsgruppe sei ihm erlaubt, Kontakt zu den Anwälten gebe es nur durch eine Trennwand, Besuche seien umständlich und selten. Das Deutsch des Ruanders werde im Laufe der Jahre immer schlechter, merkt Verteidigerin Lang an. Tatsächlich wirkt der Präsident mit fortschreitender Gerichtsverhandlung zunehmend verbissen. Im Laufe des Verfahrens muss ihm die Gallenblase herausoperiert werden. Auch an anderen Verfahrensbeteiligten geht diese Hauptverhandlung gesundheitlich nicht spurlos vorüber.

Jeder der Angeklagten hat zwei Pflichtverteidiger. Die Männer neben Lang und Groß-Bölting spielen eine eher passive Rolle und wechseln mehrfach. Groß-Böltings erster Kollege Jan Bockemühl, der es 2015 zum dritten Mal in Folge in »Deutschlands große Anwaltsliste« des Magazins *FOCUS* gebracht hat, verfolgt eine Strategie »mit offenem Visier«. Wenn ihm die Antwort eines Zeugen nicht passt, wird er laut und fragt erneut, von oben herab. Den ruandischen Dolmetscher Thierry Kambanda greift Bockemühl immer wieder an und demütigt ihn öffentlich. Im August 2011 sieht sich der Vorsitzende Richter Hettich gezwungen, einzuschreiten: Die Äußerungen Bockemühls hätten die Grenzen der Beleidigung erreicht.[17]

Im Februar 2013 legt Bockemühl sein Mandat nieder und erscheint erst wieder als Zuschauer bei der Urteilsverkündung. Für ihn übernimmt Jochen Thielmann,

15 Interview mit Andrea Groß-Bölting, Muslim Markt 29.9.2009. www.muslim-markt.de/interview/2009/gross-boelting.htm
16 Plädoyer Verteidigung Musoni/Groß-Bölting, Prozesstag 317, OLG Stuttgart 15.8.2015
17 Prozesstag 20, OLG Stuttgart, 1.8.2011

der mit Groß-Bölting das gemeinsame Strafverteidigerbüro in Wuppertal betreibt. Er ist zurückhaltend, ruhig, sitzt im Gerichtssaal vor seinem Laptop und schreibt fleißig mit. Nur selten übernimmt er die Befragung von Zeugen oder trägt Anträge vor. Dieser Mann eckt nirgends an, aber in der Sache ist er knallhart.

Der Mann an Langs Seite in der Verteidigung Murwanashyakas ist bis Mai 2014 Richard Sauer. Die beiden spielen eine bewährte Rollenverteilung: »good cop/bad cop«. Treibt Lang die anderen Verfahrensbeteiligten mit ihren spitzen Bemerkungen zur Weißglut, bleibt Sauer sachlich und höflich. Je länger der Prozess sich hinzieht, desto gereizter wird die Stimmung im Gerichtssaal.

Gleich zu Prozessbeginn erklären die Anwälte in beiden Anklagen das komplette Verfahren für illegitim. »Die Verteidigung erwartet einen in erster Linie politischen Prozess, bei dem es darum gehen wird zu verhindern, dass der deutsche Strafprozess zur Marionette der Machtpolitik Kagames missbraucht wird«, verkünden Musonis Anwälte in einer vorbereiteten Erklärung.[18] Auch die Verteidigung Murwanashyaka gibt sich davon überzeugt, dass »wir und unser Mandant einem Machtapparat von Vertretern des GBA und seinen Helfern im BKA, der UN, unzähligen Menschenrechtsorganisationen, Journalisten usw. gegenüberstehen«.[19] Beide monieren die angeblich »fehlende Waffengleichheit« mit der Anklage, die anders als die Verteidigungen vor Ort ermitteln und auch UN-Archive einsehen könne und Beweise anführe, die wegen fehlender Ortskenntnis oder wegen der Anonymität von Zeugen nicht hinterfragt werden könnten.

Dass der Senat den Anwälten nicht erlaubt, diese Stellungnahmen als Eingangsplädoyers vorzutragen, sorgt für die ersten Ablehnungsanträge gegen die Richter, zu deren Begründung die Stellungnahmen dann dennoch vorgelesen werden. An so gut wie an allen Sitzungstagen reichen die Verteidigungen unzählige Anträge ein: Der Prozess sei politisch, das Völkerstrafgesetzbuch (VStGB) verfassungswidrig, die Ermittlungen seien einseitig, die Akten unvollständig, der Dolmetscher sei unfähig, die Untersuchungshaft zu lang. Immer wieder wird beantragt, einzelne Zeugenaussagen oder Beweismittel nicht zu verwerten. Fast immer schmettern die Richter die Anträge gebündelt ab. Die Verteidigungen reagieren darauf mit immer neuen Ablehnungsanträgen gegen den Senat wegen der Besorgnis der Befangenheit. Insgesamt werden es im Laufe der 320 Verhandlungstage 43 Befangenheitsanträge, zwei davon schon vor Beginn der Hauptverhandlung. Über diese Anträge dürfen die Richter nicht selbst befinden – sie gehen an einen anderen Senat. Zuweilen fallen deswegen Prozesstage aus.

Kein einziger Ablehnungsantrag kommt durch. Die Verteidigung lässt nicht locker. Sie beantragt die Ladung von Ministern aus dem Kongo und von aktiven FDLR-Kommandanten aus dem Dschungel; sie will nach Ruanda reisen und selbst

18 Dies und die folgenden Zitate: Antrag Groß-Bölting und Bockemühl, Prozesstag 3, OLG Stuttgart 11.5.2011

19 Antrag Lang und Sauer, Prozesstag 3, OLG Stuttgart 11.5.2011

ermitteln; sie möchte zu allen möglichen Fragen neue Sachverständige und Gutachter hören. Der Senat bleibt hart. Allein die Verlesung der einzelnen Ablehnungen nimmt gegen Ende des Verfahrens mehrere Wochen in Anspruch.

Die ständigen Anfeindungen und Ablehnungen vergiften das Klima. »Aufwiegelung ist keine souveräne Verhandlungsführung«, sagt Verteidigerin Lang zum Vorsitzenden, als dieser eine ihrer spöttischen Bemerkungen hinterfragt. »Sie sollten sich mal fragen, wer hier wen aufwiegelt«, antwortet der Richter.[20] Wenige Tage später tadelt der Vorsitzende die Verteidigerin, weil sie tuschelt und lacht. »Ich verbitte mir jede Schlussfolgerung über mein Verhalten«, antwortet die Verteidigerin: »Wenn Sie lachen, ist es allerdings eine Diskriminierung meines Mandanten.« »Wir sitzen nicht hier und lachen«, wehrt sich der Richter.[21]

Häufiger Streitpunkt ist der Zugang der Angeklagten zu den Akten. Unter Aufsicht dürfen sie bis zu sechs Stunden pro Werktag in separaten Räumen ihrer Gefängnisse das Material der Anklage auf einem »elektronischen Lesegerät«, auf das die Bundesanwaltschaft die Daten aufspielt, studieren. Doch das ist aus Sicht der Verteidigung unzureichend. Immer wieder kommt es zum Streit darüber, welche Akteninhalte auf den Geräten zur Verfügung stehen sollten. Es müsse außerdem möglich sein, dass der Angeklagte und die Verteidigung gemeinsam die elektronische Akte studierten, beschwert sich die Verteidigung Murwanashyakas.[22]

Anträge, den Angeklagten zusätzlich Ausdrucke zur Verfügung zu stellen, lehnt das Gericht ab. Die Zellen seien dafür ohnehin zu klein. Es gibt nach Auskunft des Gerichts weit über 200 Stehordner Aktenumfang, dazu noch zahlreiche andere Beweismittel sowie 50 000 bis 60 000 »Telekommunikationsereignisse« – überwachte Telefongespräche, SMS und E-Mails, zumeist in ruandischer Sprache. Würde man die Mitschnitte alle auf Datenträger aufspielen, ergäbe das laut Gericht 343 DVDs.[23]

Fremde Sprache und fremdes Terrain

Der Großteil der internen Kommunikation der FDLR-Führer in Deutschland und im Kongo war auf Kinyarwanda erfolgt; mit Außenstehenden hatte Murwanashyaka auf Französisch kommuniziert. Alles musste für die Ermittlungen übersetzt werden. Nur was der Stuttgarter Senat für verfahrensrelevant erachtet, wird in die Verhandlung eingeführt – und neu übersetzt, in aller Öffentlichkeit.

Im Stuttgarter Gerichtssaal sitzt der ruandische Dolmetscher Thierry Kambanda genau in der Mitte, den Rücken zum Publikum, das Gesicht zu den Rich-

20 Prozesstag 167, OLG Stuttgart 15.7.2013
21 Prozesstag 170, OLG Stuttgart 24.7.2013
22 Prozesstag 85, OLG Stuttgart 2.7.2012
23 Prozesstag 10, OLG Stuttgart 8.6.2011

tern, rechts von sich die Staatsanwälte und links die Angeklagten und Verteidiger. So gerät er sofort und immer wieder ins Kreuzfeuer der Wortgefechte. Wenn er neben sich einen ruandischen Zeugen sitzen hat, muss er stundenlang und hoch konzentriert übersetzen – manche Fragen werden zehnmal gestellt, weil es den Parteien nicht gelingt, eine verständliche und übersetzbare Frage zu formulieren. Umgekehrt muss er die Antworten der Zeugen so genau wie möglich ins Deutsche übertragen.

Wenn überwachte Telefongespräche, SMS-Botschaften oder E-Mails auf Kinyarwanda verlesen werden, muss der Dolmetscher sie auf Deutsch wiedergeben, obwohl die Parteien längst die Übersetzungen des Bundeskriminalamtes (BKA) vor sich haben – manchmal ergeben sich dann Ungereimtheiten, die wiederum zu Diskussionen Anlass geben.

Kinyarwanda und die eng verwandte Sprache Kirundi im benachbarten Burundi werden von rund 30 Millionen Menschen gesprochen, einschließlich der ruandischsprachigen Minderheiten im Ostkongo. Doch es gibt nur wenige professionelle Dolmetscher dafür in Deutschland. Am Ende wird Richter Hettich den Übersetzer Kambanda ausdrücklich loben: »Einen Dank auch an den Dolmetscher hier vor Gericht, der seine Aufgabe trotz der ständigen Anfeindungen auch souverän absolviert hat.«[24]

Kambandas Job ist sicher der undankbarste in diesem ganzen Verfahren. Dem 46-jährigen Ruander wirft die Verteidigung vor, er sei befangen. Die ruandische Regierung habe bei der Auswahl der Übersetzer Einfluss ausgeübt, dadurch käme es zu Sinnentstellungen zuungunsten der Angeklagten.[25] Während der Vernehmung des ersten Zeugen aus Ruanda im Oktober 2011, der Murwanashyaka schwer belastet, spitzt sich der Streit zu. Nach fortgesetzten Beanstandungen durch ihren Mandanten wendet sich Lang an Hettich: »Wenn Sie noch einen Funken Rechtsstaatlichkeit besitzen, beenden Sie diesen Zinnober und tauschen Sie den Übersetzer aus«, wettert sie.[26]

Der Grund für die Feindseligkeit: Thierry Kambanda, der seit 1991 in Deutschland lebt und in Trier studiert hat, ist Tutsi. Er gibt zu, während seines Studiums zwischen 1991 und 1994 an Veranstaltungen von Anhängern der Ruandischen Patriotischen Front (RPF), die als Tutsi-Guerilla gegen Ruandas Regierung kämpfte und Ruanda heute regiert, teilgenommen zu haben. Sein Bruder habe derweil an der Ruandischen Botschaft in Bonn gearbeitet – nicht gerade eine RPF-Hochburg in den Jahren vor dem Völkermord.

Das Bundeskriminalamt stellt klar: Die Dolmetscher wurden nicht von Ruandas Behörden gestellt, sondern über eine Datenbank der Polizei ausgewählt. Auch die insgesamt fünf Übersetzer für die Zeugenvernehmungen in Ruanda wurden

24 Urteilsverkündung, Prozesstag 320, OLG Stuttgart 28.9.2015
25 Prozesstag 14, OLG Stuttgart, 6.7.2011
26 Prozesstag 35, OLG Stuttgart 26.10.2011

über die dortige Deutsche Botschaft gefunden.[27] Auf Antrag der Verteidigung lädt das Gericht Generalbundesanwältin Monika Harms höchstpersönlich. »Ist Ihnen eine Einflussnahme durch die Regierung Ruandas bekannt?«, wird sie gefragt. Darauf erwidert Harms: »Zu meinem großen Erstaunen war es möglich, in Ruanda Ermittlungen nach der deutschen Strafgesetzordnung durchzuführen, ohne dass von Seiten der Regierung Ruandas dauernd reingeredet wurde.« Doch die Verteidigung lässt nicht locker. Sie will wissen, ob das Verfahren gegen die FDLR-Führung in Deutschland »Chefsache« gewesen und somit politisch motiviert sei. »Darüber habe ich keine Aussagegenehmigung«, erwidert Harms. Die Verteidigung beantragt, dass Harms sofort telefonisch im Bundesjustizministerium eine Aussagegenehmigung einhole. Das Telefonat bringt keinen Erfolg: So etwas müsse schriftlich erfragt werden, heißt es. Die Generalbundesanwältin wird als Zeugin entlassen.[28]

Bei den zahlreichen E-Mails, SMS und Telefongesprächen gerät die Verhandlung immer wieder ins Stocken. Satz für Satz, Wort für Wort übersetzt Kambanda die schriftlichen Nachrichten, die parallel zur Verlesung auf eine Leinwand projiziert werden. Da die beiden Angeklagten fließend Deutsch sprechen, legen sie sich immer wieder mit ihm an. Das tage- und wochenlang andauernde Prozedere ist ermüdend. Einer der Ersatzrichter lehnt tief in seinem Schreibtischstuhl und hat sichtlich Mühe, die Augen offen zu halten. Oberstaatsanwalt Ritscher stiert weit zurückgelehnt Löcher in die weiße Saaldecke. Systematisch wird alles, was nach einem Befehl Murwanashyakas an seine Untergebenen aussieht, vom Angeklagten als »Aufforderung« oder »Bitte« formuliert; der Dolmetscher kommt nicht umhin, dies als Möglichkeit zu bestätigen, obwohl er zuvor »Befehl« übersetzt hat. Nicht jedes ruandische Wort hat eine einzige eindeutige Bedeutung; oftmals ergibt sich das, was gemeint ist, erst aus dem Kontext oder dem Duktus.

Manches ist einfach absurd. So steht in einer E-Mail an Murwanashyaka das Wort *vita*. Es geht um die Vorbereitung einer Sitzung des FDLR-Direktorenkomitees (CD). Die Beschlüsse sollen laut Übersetzer den »Krieg« erleichtern – das ist die deutsche Bedeutung des Suaheli-Wortes *vita*. Murwanashyaka widerspricht empört: *vita* sei Latein für »Leben«.[29] Der Dolmetscher entgegnet, dass dies kein Latein sei, woraufhin ihm bedeutet wird, er sei kein Dolmetscher für Latein und könne das nicht beurteilen.

Im kongolesischen Goma sorgt es für große Heiterkeit, als dieser Disput dort bekannt wird: »Seit wann kommuniziert Murwanashyaka mit seinen Untergebenen auf Latein!«, kommentiert ein Bewohner mit Militärerfahrung und stellt klar: »Wenn jemand *vita* sagt, ist damit selbstverständlich Krieg gemeint. *Vita* ist ein vielbenutztes Suaheli-Wort im Militär. In allen Armeen dieser Region – Uganda,

27 Zeugenaussage, Prozesstag 9, OLG Stuttgart 6.6.2011
28 Zeugenvernehmung Monika Harms, Prozesstag 12, OLG Stuttgart 29.6.2011
29 Prozesstag 15, OLG Stuttgart 11.7.2011

Ruanda, Tansania, Kenia, Burundi – werden Suaheli-Begriffe verwendet, egal welche lokale Sprache die Soldaten sprechen.«[30] Über zwei Jahre später wird Musoni beiläufig vor Gericht bestätigen: »*Vita* ist ja Suaheli und heißt Krieg.«[31]

Gegen Ende der Beweisaufnahme wirft eine Sprachkontroverse ein bezeichnendes Licht auf Murwanashyaka. In einer SMS-Botschaft an den Präsidenten aus dem Jahr 2007 schreibt der Zweite Vizepräsident Victor Byiringiro, man nehme Murwanashyaka als *umuhezanguni* wahr.[32] Übersetzer Kambanda gibt dieses ruandische Wort als »Extremist« wieder. Murwanashyaka widerspricht im Gerichtssaal: Das Wort bedeute »Säule« oder »Eckpfeiler«. Niemandem im Saal gelingt es, irgendeine Gemeinsamkeit zwischen diesen beiden Behauptungen zu entdecken.

Hätten die Parteien vor Gericht in Ruanda nachgefragt, hätten sie erfahren können, dass ein *umuhezanguni* jemand ist, »der nicht auf die anderen hört«. *Nguni* ist eine »Ecke«; *umuheza* ist jemand, der sich bockig ins Abseits begibt; umgangssprachlich wird mit dem zusammengesetzten Wort »jemand, der sich selbst in die Ecke stellt« auch der Begriff »Terrorist« verständlich gemacht.[33] Demzufolge hätte bereits im Jahr 2007 einer der wichtigsten FDLR-Führer den Angeklagten als »Terroristen« bezeichnet. Diese Erkenntnis erreicht das Stuttgarter Gericht nicht.

Auch Landkarten und Ortsnamen sind eine Herausforderung. Dem Gericht in Stuttgart stehen topografische Landkarten zur Verfügung, auch sie werden bei Bedarf auf eine Leinwand projiziert. Sie sollen den Verfahrensbeteiligten die Tatorte im Ostkongo veranschaulichen. Doch auf diesen Karten sind bei weitem nicht alle Orte verzeichnet.

Seit der belgischen Kolonialzeit sind im Kongo keine genauen topografischen Daten mehr erhoben worden. Was es damals an Straßen gab, existiert heute oft nicht mehr, und viele kleine Siedlungen, die es heute gibt, sind neueren Ursprungs. Der Name eines Ortes wird oft stellvertretend für eine ganze Region benutzt. Wenn jemand im Ostkongo sagt, er sei »in Masisi«, könnte man denken, gemeint sei die gleichnamige Stadt in den Bergen 80 Kilometer westlich von Goma. Kongolesen aber meinen damit zumeist den Distrikt Masisi, der fast die gesamte Bergregion umfasst, darunter einen großen Teil des Kriegsgebiets von 2009. »Walikale« kann ein Ort sein – oder ein von Urwald bedeckter Distrikt fast so groß wie Baden-Württemberg.

Die Staatsanwälte werfen der FDLR vor, im Januar 2009 in Kibua ein Massaker begangen zu haben, als die Miliz aus ihrem zivilen Hauptquartier verjagt wurde[34]. Der Ort liegt im Distrikt Masisi. Es gibt aber auch ein Kibua im Nachbardistrikt

30 Persönliche Auskunft, E-Mail aus Goma, 13.7.2011
31 Prozesstag 175, OLG Stuttgart 9.9.2013
32 SMS Byiringiro an Murwanashyaka, 24.9.2007, Prozesstag 277, OLG Stuttgart 21.1.2015
33 Persönliche Auskunft, E-Mail aus Gisenyi, 28.1.2015
34 Vgl. Kapitel 4.4, S. 287 ff.

Walikale. Und es gibt einen Ort Kimua, in dessen Nähe die FDLR-Militärführung 2010 ihr neues Hauptquartier einrichtete. Kimua ist jedoch nicht auf der Karte. Kalongi, der Standort des FDLR-Militärhauptquartiers im Dschungel bis 2009, existiert wiederum zweimal: einmal im Distrikt Masisi, einmal im Distrikt Walikale.

Erst Matthew Brubacher, der politische Berater der UN-Abteilung für Demobilisierung (DDRRR), bringt im Sommer 2012 eine detaillierte Karte mit.[35] Aber ehemalige FDLR-Kämpfer, die vor Gericht in Stuttgart anhand dessen ihre Erinnerungen präzisieren sollen, schauen meist ratlos auf die Leinwand.

Ein ehemaliger FDLR-Major wird gebeten, Stellungen der Miliz in Ausdrucke von Karten zu zeichnen, die der Senat ihm zur Verfügung stellt. Vor Beginn der Hauptverhandlung übergibt die Gerichtsprotokollantin einem Richter die Zeichnungen des Zeugen. Dieser schaut hinein, fängt an zu lachen und murmelt »Na ja, ok.« Per USB-Stick werden die eingescannten Karten an die Verfahrensbeteiligten übergeben.[36] Dann beginnt der Zeuge seine Beschreibung: »Wir fangen im Süden an, weil ich da war, die Situation im Norden kenne ich nicht so gut. Während ›Umoja Wetu‹ sind alle Zivilisten geflohen in die Zone von Busurungi bis Mianga, Moti, Kikoma, Mikota, Ngenge« – er zeigt auf jeden einzelnen Ort auf seiner Karte mit dem Laserpointer –, »dort waren überall keine Zivilisten geflohen, sie waren Richtung Walikale gegangen« – er deutet die Fluchtrichtung auf der Karte an –, »in Mianga waren FARDC und RPF, das war eine ehemalige FDLR-Position. Ehemalige FARDC-Positionen wurden von der FDLR besetzt.«[37]

Es wirkt, als würde der ruandische Exkämpfer die Beschaffenheit eines fremden Planeten erklären. Da hilft auch kein Laserpointer. Den Zeugen bleibt nichts anderes übrig, als möglichst genau zu beschreiben, wie die Gegenden beschaffen waren, um die es geht. »Drei Stunden Fußmarsch« als Angabe für die Entfernung einer FDLR-Stellung von einem Dorf hilft allerdings auch nicht viel weiter.

Vor diesem Hintergrund beantragt die Verteidigung die Anschaffung einer topografischen Karte mit einem Maßstab von 1:10 000, welche man den Zeugen geben könne, um sämtliche Einheiten und Truppenbewegungen von 2008 und 2009 einzuzeichnen. Dies erfordere die Aufklärungspflicht, so der Antrag.[38] In ihrer Entgegnung weisen die Staatsanwälte darauf hin, dass man mit diesem Maßstab für ganz Nord- und Süd-Kivu 10 000 DIN A4-Seiten benötige.[39] Der Antrag wird modifiziert und dann abgelehnt. Das Problem bleibt.

35 Zeugenvernehmung Matthew Brubacher, Prozesstag 89, OLG Stuttgart, 16.7.2012
36 Zeugenvernehmung, Prozesstag 101, OLG Stuttgart, 24.9.2012
37 Zeugenaussage, Prozesstag 102, OLG Stuttgart 26.9.2012
38 Prozesstag 37, OLG Stuttgart 9.11.2011
39 Prozesstag 45, OLG Stuttgart 7.12.2011

Kämpfer vor Gericht: Die FDLR-Zeugen aus Ruanda

Als im Herbst 2011 die ersten ehemaligen FDLR-Kämpfer in Ruanda ins Flugzeug steigen und nach Stuttgart reisen, um als Zeugen auszusagen, haben die meisten von ihnen noch nie ein Flugzeug von innen gesehen oder eine Rolltreppe betreten. Die wenigsten können sich einen Flughafen oder ein Gerichtsgebäude in Europa vorstellen. Doch fast alle haben ausgeschmückte Geschichten über Deutschland gehört, das Land, in welchem ihr »großer Führer« lebt. Viele träumten davon, einmal in ihrem Leben die große weite Welt und vor allem Deutschland zu besuchen.

So waren die meisten ehemaligen FDLR-Kämpfer im ruandischen Demobilisierungslager Mutobo stets sehr erpicht darauf, den »weißen Detektiven«, die dort ein- und ausgingen, Informationen zu geben – in der Hoffnung, dass auch sie nach Stuttgart geladen werden. Dies führte im Verlauf der Ermittlungen dazu, dass zahlreiche Zeugen als eigene Erkenntnis berichteten, was sie von ihren Kameraden und über Funk gehört hatten.

Erst in der Vernehmung durch das Gericht – zunächst durch die Richter, dann durch die Ankläger und schließlich durch die Verteidigung – wird deutlich, was Zeugen selbst erlebt haben und was nicht. Am Ende drehen sich manche Vernehmungen im Kreis, weil ein Zeuge auf dieselbe Frage nach zwei Jahren eine andere Antwort gibt als beim ersten Mal und diese Widersprüchlichkeit Anlass zu weiteren Fragen bietet.

Auch deshalb dauern die Vernehmungen viel länger als geplant. Eine Woche Deutschland mit insgesamt zwei Tagen vor dem Gericht in Stuttgart reicht nicht aus, stellt sich schnell heraus, zwei Wochen mit vier Verhandlungstagen auch nicht. Manche Zeugen werden im Laufe der Jahre wieder und wieder geladen, einer erscheint sogar dreizehn Mal. Das bedeutet viele einsame Wochen in Stuttgarter Hotelzimmern, tagsüber rund um die Uhr von deutschen Polizeibeamten betreut, die den Zeugen beispielsweise auch Winterkleidung kaufen müssen. Anfängliche Befürchtungen, die Ruander könnten in Deutschland Asyl beantragen oder untertauchen, erweisen sich mit Ausnahme eines einzigen Falls als unbegründet.

Die Auswahl der einzelnen Zeugen nimmt das Gericht vor; aber wer überhaupt zur Verfügung steht, liegt im Aufgabenbereich eines in der ruandischen Hauptstadt Kigali stationierten BKA-Beamten. Er klärt deren Reisefähigkeit und Rückkehrwilligkeit, auch ob die jeweiligen Zeugen über prozessrelevante Informationen verfügen und sich zu Hause sicher genug fühlen, um das Risiko einer Aussage einzugehen.

Im Verlauf der vierjährigen Prozessdauer wird all das immer schwieriger. Die meisten FDLR-Zeugen waren bereits vor Prozessbeginn in Stuttgart in Mutobo gewesen und sind dann fortgezogen. Das Bundeskriminalamt hat oft höchstens eine Handynummer. Manche sind nicht mehr ausfindig zu machen, als Jahre nach ihrer ersten Vernehmung in Ruanda die Ladung vor Gericht aus Deutschland kommt. Die meisten aber schlagen kurz vor ihrem Abflug nach Deutschland in

Kigali auf. Die Zeugenschutzabteilung der ruandischen Generalstaatsanwaltschaft bringt sie in einem sicheren Haus unter. Abends, wenn in Kigali die Langstreckenflüge starten, händigt ihnen der deutsche BKA-Beamte ihre ruandischen Pässe mit deutschen Visa aus und setzt sie ins Flugzeug. Sie fliegen unbegleitet, auch beim Umsteigen in Äthiopien sind sie allein. Erst bei der Landung in Frankfurt werden sie erneut von deutschen Beamten in Empfang genommen und ins Hotel nach Stuttgart gebracht.

Wenn die Zeugen den Gerichtssaal zum ersten Mal betreten, sind sie meist überrascht. Niemand führt sie herein, sie betreten den Saal ganz alleine. Sie bleiben meist ratlos stehen und nehmen die für Soldaten typische Haltung an, bis der Vorsitzende sie nach vorne bittet und der Dolmetscher ihnen den Platz neben sich zuweist: mitten im Saal, den Rücken zum Publikum. Manche sind neugierig, manche verschüchtert. Die Stimmung in diesem eher intimen Raum, ohne Trennwände und fast ohne Öffentlichkeit, entspricht so gar nicht dem, was man sich unter einem historischen Kriegsverbrecherprozess vorstellt. Feierlichkeit und Würde strahlt der Saal nicht aus. Niemand bellt Befehle. Niemand vereidigt die Zeugen. Niemand raunt neugierig. Niemand, vielleicht mit Ausnahme des Dolmetschers, erklärt ihnen, wer die Menschen um sie herum sind: vor ihnen sechs Richter in schwarzen Roben, rechts zwei bis drei Staatsanwälte in roten Roben, links vier Anwälte in schwarzen Roben und jenseits der Anwaltstische die Anklagebank mit den beiden Angeklagten und drei Justizpolizeibeamten.

Die meisten ehemaligen Dschungelkämpfer, die vor Gericht als Zeugen aussagen, trauen sich zuerst kaum, ihren Präsidenten anzublicken, der im lila Hemd und mit Rosenkranz um den Hals in der linken hinteren Ecke hinter seinen Akten sitzt. Manche treten erst keck und forsch auf, andere verschüchtert und zurückhaltend; erst nach mehreren Auftritten wirken sie entspannter. Diejenigen, die schon im Rahmen der Ermittlungen gegen FDLR-Exekutivsekretär Callitxte Mbarushimana beim Internationalen Strafgerichtshof in Den Haag vernommen wurden, wirken selbstsicherer.

Einigen sieht man ihr neues Leben in Ruanda an. Der ehemalige Kommandant der FDLR-Militärpolizei marschiert im schwarzen Nadelstreifenanzug in den Gerichtssaal, er ist heute in Ruandas Militärgeheimdienst tätig. Ein ehemaliges FDLR-Generalstabsmitglied ist Bankdirektor geworden. Andere sagen, sie seien Mechaniker, Bauern oder gar arbeitslos. Ein junger Kämpfer hält lässig seine Regenjacke in der Hand, trägt Tarnhosen und ein blaues Kapuzen-Sweatshirt mit der Aufschrift »1994« auf der Brust – das Jahr des Genozids in Ruanda. Seinen Namen will er zunächst nicht angeben, doch Richter Hettich erklärt ihm in ruhigem Tonfall, dass er ja eben mit seinem Namen in den Gerichtssaal gerufen wurde. Daraufhin muss der Zeuge schmunzeln.[40] Seine aggressive Körperhaltung war wohl

40 Zeugenvernehmung, Prozesstag 57, OLG Stuttgart 6.2.2012

ein antrainierter Abwehrreflex: im Alter von 15 wurde er bereits Guerillakämpfer. Der junge Mann erweist sich als einer der produktivsten Zeugen, er malt dem Gericht genau die Hügel und Militärstellungen von Busurungi auf, dem wichtigsten Tatort im Kongo.

Die Ruander werden belehrt, dass ihre Aussage trotz Videokamera nicht aufgezeichnet wird, sie sich nicht selbst belasten müssen, ihnen ein Zeugenbeistand zusteht und sie die Wahl zwischen Französisch und Kinyarwanda als Vernehmungssprache haben. Alle entscheiden sich für Kinyarwanda. Die ersten Fragen stellt immer der Vorsitzende Richter Hettich. Er beginnt mit dem persönlichen Werdegang, bevor er fragt, ob der Zeuge die Angeklagten kennt und was er über sie weiß. Aus den Antworten ergibt sich die weitere Vernehmung.

Oft bleibt der Eindruck zurück, dass das Gericht gar nicht so recht weiß, was es eigentlich von den Zeugen will. Gern wechselt der Vorsitzende das Thema, sobald Antworten konkret werden: Nachfragen und Details überlässt er seinen Richterkollegen, für später. Als ein ehemaliger Kämpfer berichtet, dass die FDLR »selbstverständlich« Häuser niederbrannte, und sogar präzisiert: »Wo ich kämpfte, ist das auch mehrmals passiert«, fragt der Vorsitzende nicht etwa nach Einzelheiten, sondern erkundigt sich unvermittelt nach den Umständen seiner Desertion.[41]

Der Fragestil der Ankläger und Verteidiger ist abrupter und schärfer. »Herr Zeuge, jetzt konzentrieren Sie sich mal!«, ruft Murwanashyakas Verteidigerin Ricarda Lang, als ein noch ziemlich junger Exkämpfer nicht mehr weiß, ob er in einem gewissen Ort vor 2004 stationiert war oder nicht. »Es ist in Deutschland die Pflicht des Zeugen, sich anzustrengen!«[42]

Manche Befragung offenbart Vorurteile. Ein Anlass ist die Antwort eines früheren Kämpfers auf die Frage, ob es eine Strategie der FDLR gab, Zivilisten zu vergewaltigen: »Ich habe Leute gesehen, die bestraft wurden, weil sie solche Straftaten begangen haben.«[43] Nun ist es in jedem Strafprozess wichtig, zu klären, ob ein Zeuge etwas selbst gesehen hat oder nicht. Musonis Verteidigerin Groß-Bölting scheint nun aber zu denken, Afrikaner könnten das nicht auseinanderhalten. Sie sagt: »Meines Wissens ist es im afrikanischen Raum unüblich, zu unterscheiden zwischen dem eigenen Erleben und einer Schilderung. Die Unterscheidung ist hier jedoch von großer Wichtigkeit.«

»Der afrikanische Raum ist zu groß und unterschiedlich, um das so sagen zu können«, wirft ein Staatsanwalt ein. Groß-Bölting lässt nicht locker. Sie fragt den Zeugen: »Meines Wissens nach ist es in Ihrem Kulturkreis nicht üblich, zu unterscheiden, was man selbst erlebt hat oder berichtet bekommen hat. Diese Unterscheidung ist hier jedoch sehr wichtig. Warum haben Sie diese Unterscheidung

41 Zeugenvernehmung, Prozesstag 46, OLG Stuttgart 12.12.2011
42 Zeugenvernehmung, Prozesstag 51, OLG Stuttgart 16.1.2012
43 Dies und die folgenden Schilderungen und Zitate: Zeugenvernehmung, Prozesstag 70, OLG Stuttgart 16.4.2012

gemacht? Hat Ihnen jemand gesagt, dass das wichtig ist?« Der Exkämpfer, der jetzt schon den fünften Tag vor diesem Gericht sitzt, belehrt sie: »Für Leute, die intelligent sind, ist es gut zu unterscheiden […] Als Soldat heißt *renseignement*, dass ich es selbst gesehen habe, *information* bedeutet, dass ich davon gehört habe.«

Die deutsche Anwältin beharrt darauf, dass ein normaler Ruander den Unterschied nicht verstehen kann. »Hat in Ruanda mit Ihnen jemand darüber gesprochen?«, fragt sie. »War diese Unterscheidung Thema bei der deutschen Vernehmung?« »Hauptsächlich muss man unterscheiden, was man selbst gesehen oder gehört hat, um Frieden zu haben und alles richtig zu machen«, antwortet der Ruander. »Und woher wissen Sie das?« bohrt die Deutsche.

Jetzt denkt der Ruander offenbar, es ist die Deutsche, die es nicht versteht, und er müsse es ihr erklären: »Wenn zum Beispiel gefragt wird, ob Sie mich gesehen haben, können Sie nicht sagen, dass Sie mich nicht gesehen haben, wenn Sie mich gesehen haben.«

Rettend greift Murwanashyakas Verteidigerin Lang ein. Sie fragt ihn, was er eigentlich gesehen habe. Kaum hebt der Ruander an: »Es gibt, was ich gesehen habe und was ich gehört habe«, nimmt Groß-Bölting ihn wieder nicht für voll: »Woher wissen Sie, dass es richtig ist zu unterscheiden?« Der Zeuge grinst: »Es ist gut, dass Sie mir diese Frage stellen, Sie sind auch Menschen.« Groß-Bölting wiederholt ihre Frage. »Es gibt Leute, die Straftaten begingen, das habe ich gesehen, als sie bestraft wurden, das habe ich gesehen bei niedrigen und hochrangigen Soldaten«, lautet die etwas konfuse Übersetzung seiner Antwort. Endlich stellt Groß-Bölting nun die Frage, auf die es ankommt: »Haben Sie gesehen, wie diese Leute die Straftat begingen, oder nur, wie sie bestraft wurden?« Und endlich bekommt sie eine klare Antwort: »Ich habe nie gesehen, wie Straftaten begangen wurden. Nur wie sie bestraft wurden.«

Es fällt gar nicht mehr auf, dass der Exkämpfer genau das eingangs schon gesagt hatte. Was genau er gesehen hat – das fragt ihn keiner mehr.

Die Verteidigung fragt nicht nur diesen FDLR-Zeugen, ob er vorab gebrieft wurde, was er in Stuttgart sagen soll. Sie kann nicht so recht glauben, was die Zeugen antworten: Niemand wisse von ihrer Aussage, abgesehen von der ruandischen Justiz, über die die Ladung aus Deutschland ergeht.[44] Die Sorge mancher Zeugen ist im Gegenteil, man könne in Ruanda erfahren, dass sie in Deutschland als Zeugen aufgetreten sind. Einer sagt: »Ich möchte nicht, dass mein Name im Prozess genannt wird, da Leute, mit denen ich früher gearbeitet habe, oder Familienmitglieder davon erfahren könnten, sie könnten das falsch verstehen und mich und meine Familie verfolgen und Rache üben.«[45]

Insgesamt werden in Stuttgart 23 Zeugen vernommen, die für die FDLR gekämpft haben. Nur wenige erklären, dass sie nicht zu Taten der eigenen FDLR-

44 Zeugenaussage, Prozesstag 70, OLG Stuttgart, 16.4.2012
45 Zeugenaussage, Prozesstag 151, OLG Stuttgart 6.5.2013

Einheit aussagen möchten, um sich nicht selbst zu belasten. Als Auslandszeugen könnten sie eigentlich die Aussage komplett verweigern – was sie nicht tun. Ein Exkämpfer der Reservebrigade erklärt, warum: »Wie wäre es denn, wenn ich herkomme und nichts sage? Ihr würdet euch fragen, warum ich hier bin.«[46]

46 Zeugenaussage, Prozesstag 55, OLG Stuttgart 30.1.2012

Kapitel 2
Die späte Rache der Opfer

Die FDLR schlägt noch einmal zu: Krieg zu Ehren des Präsidenten

Pünktlich zum Prozessauftakt in Stuttgart startet die FDLR im Kongo eine Serie spektakulärer Angriffe. Während am Abend des 4. Mai 2011 Murwanashyaka und Musoni nach Ende des ersten Verhandlungstages zurück in ihre Zellen gebracht werden, rücken in Nord-Kivu FDLR-Einheiten im Schutz der Dunkelheit plündernd in die Kleinstadt Kiwanja ein, die unterhalb der Distrikthauptstadt Rutshuru liegt. Zwei Nächte vorher haben mutmaßliche FDLR-Kämpfer 70 Kilometer weiter nördlich ein Außenviertel der Kleinstadt Kanyabayonga überfallen. Am frühen Morgen des 3. Mai überfallen sie eine Gruppe Fischer im Dorf Umura im Distrikt Masisi und töten sechs Menschen. Am 4. Mai ist die Bevölkerung von vier Dörfern in dieser Gegend vor der FDLR auf der Flucht. In Süd-Kivu plündern FDLR-Kämpfer am 3. und 4. Mai die Dörfer Muta und Mpwe im Distrikt Shabunda. Es ist eine regelrechte Demonstration der Stärke.

Außer in Kiwanja stellt sich den Angreifern kein Soldat entgegen. 2011 ist Wahljahr im Kongo. Für seine Wiederwahl braucht Präsident Kabila Ruhe im Osten. Die Militäroperationen gegen die FDLR werden eingestellt.[47] Um die mehrfach versprochenen Armeereformen umzusetzen, beordert der Generalstab sämtliche FARDC-Einheiten im Osten von Februar 2011 ab in die Kasernen. Die Truppen werden in neue Regimenter eingeteilt – dies soll die Integration ehemaliger Rebellen vollenden.

Die Kasernierung der Armee erzeugt in den beiden Kivu-Provinzen ein Machtvakuum. Im Distrikt Shabunda in Süd-Kivu, eine Verwaltungseinheit größer als Belgien, ist nun kein einziger Regierungssoldat mehr stationiert, lediglich eine Handvoll unbezahlter Polizisten, die in der Regel unbewaffnet sind. Im Distrikt Lubero in Nord-Kivu, eine Region mit Hunderttausenden Kriegsvertriebenen, sind die einzigen verbleibenden Sicherheitskräfte die Leibwächter des Distriktverwalters.

Die FDLR nutzt das aus. Die wichtigsten Bergbaugebiete des Distriktes Walikale, Bisie (Zinnerz) und Omate (Gold), sind ungeschützt und bekommen Ende

47 Die offizielle Einstellung der Operation erklärte Präsident Kabila erst bei einer Rede in Goma am 11.4.2012

April 2011 Besuch von der FDLR, die dort den Schürfern verkündet, sie kümmere sich ab jetzt um die Sicherheit.[48] Im Distrikt Shabunda, wo sich aus den braunen Flüssen Gold waschen und aus dem Gestein das Zinnerz Kassiterit klopfen lässt, errichtet die FDLR überall Straßensperren. Sie besetzt die Minen, sie verlangt Abgaben, Wegzoll und in den Dörfern unerschwinglich hohe Steuern, bis zu 20 Dollar pro Monat pro Haushalt. Wer nicht zahlen kann, dem werden Ziegen, Hühner oder Haushaltswaren abgeknöpft.

Die Distrikthauptstadt Shabunda liegt tief im Urwald, dort leben mehrere Zehntausend Menschen. Im Juni und Juli 2011 erlebt sie vier FDLR-Überfälle. »Es gibt in Shabunda nichts mehr zu essen, keine Maniokwurzel, kein Kassavablatt«, berichtet eine ausländische Helferin im Juli, nachdem sie sich in ihrem Haus neben der UN-Blauhelmbasis die ganze Nacht unter dem Bett versteckt hat, weil verzweifelte Stadtbewohner die Basis zu stürmen versucht hatten. »Die Menschen trauen sich nicht mehr auf die Felder. Jedes Wochenende kommt die FDLR in die Dörfer und verlangt in jedem Dorf zwei junge Mädchen für die nächste Woche. Die Leute müssen unter sich ausmachen, wessen Tochter diesmal geopfert wird. Die pakistanischen Blauhelme rühren keinen Finger. Warum auch, sie haben keine Ahnung, was los ist, sie nennen die Kongolesen ›diese Tiere‹.«[49]

Die Kongolesen sind verzweifelt. Sie haben nichts mehr zu verlieren. Überall rüsten sich lokale Bürgerwehren. Die größte nennt sich Raia Mutomboki – »das wütende Volk«. Mit Spitzhacken, Äxten, Macheten und Schlachtmessern zieht sie ab August 2011 gegen die FDLR los; ähnliche Gruppen entstehen in Nord-Kivu. Gegen die Armee müssen sie nicht kämpfen, die ist nicht mehr präsent. Erst kurz vor den Wahlen am 28. November 2011 schickt Kongos Armeeführung das Militär zurück in die Wälder. Zu spät. Den »wütenden Bürgern« gehört das Feld.

Kongolesische Gegenwehr: Attentat auf den Stabschef

Die Parteien im Stuttgarter Gerichtssaal erfahren von all dem nichts. Am 21. November 2011, eine Woche vor Kongos Wahlen, streiten sie sich wieder einmal ausführlich um die Übersetzungsarbeit des ruandischen Dolmetschers.[50] Es geht darum, ob die Kinyarwanda-Sprache den Konjunktiv kennt oder nicht. Die Verteidigung beantragt dazu ein Gutachten sowie – der Prozess läuft seit sieben Monaten – die Neuübersetzung aller bisher eingebrachten Beweismittel durch einen neuen Dolmetscher. Man hat ja Zeit.

Dann tritt an diesem Tag im November ein ehemaliger FDLR-Kämpfer als Zeuge auf, der von den Anweisungen zu berichten weiß, die von Murwanashyaka

48 Pole Institute: Est de la RDC: Les FDLR ressortent du bois!, Goma 10.5.2011
49 E-Mail aus Goma mit Wiedergabe eines Telefonberichts aus Shabunda, 21.7.2011
50 Prozesstag 40, OLG Stuttgart 21.11.2011

persönlich zu Beginn der Operation »Umoja Wetu« im Januar 2009 an Mudacumura gegangen sein sollen. Es ist eine der wichtigsten Zeugenaussagen bisher. Die Befragung gestaltet sich sehr ausführlich.[51]

Als dieser Verhandlungstag in Stuttgart endet, ist es draußen schon dunkel. Tief in den Wäldern Walikales in Nord-Kivu schleichen sich Kämpfer der lokalen Miliz »Guides«, die sich später »Kongolesische Verteidigungskräfte« (FDC) nennt, an das FDLR-Militärhauptquartier heran. Die »Guides« sind junge Kämpfer der Volksgruppe der Bahunde, die viel unter FDLR-Übergriffen gelitten hat. Sie kennen jeden Trampelpfad, sie haben früher Armeesoldaten durch den Wald gelotst, daher ihr Name. Mitten in dieser Nacht dringen sie jetzt in die wichtigste Stellung der FDLR-Armee FOCA vor, die sich seit Ende 2009 auf dem Hügel Nganga oberhalb des Dorfes Kimua in den dichten Wäldern Walikales befindet. Sie durchlöchern die Lehmhütte von FDLR-Stabschef Léodomir Mugaragu mit Maschinengewehrsalven, erwürgen seine beiden Leibwächter vor der Tür, und als der Brigadegeneral aus seiner Hütte kommt und nachsehen will, schlagen sie ihm den Kopf ab.

Es ist der spektakulärste Schlag gegen die FDLR seit der Operation »Umoja Wetu« im Jahr 2009, und er scheucht die Truppe auf. In den Wochen danach fliegt ein UN-Hubschrauber fast täglich die 30 Minuten aus Goma nach Kimua, um Fahnenflüchtige abzuholen. Hauptmann »Sans Pitié« (»Ohne Gnade«) sitzt Wochen später mit zittrigen Händen und schlotternden Knien, die Uniform dreckig und zerlumpt, im MONUSCO-Lager in Goma.[52] Die Blauhelme haben ihn im Unterholz bei Kimua aufgelesen. Er erzählt von Mugaragus Tod: »Ich hörte das automatische Feuer der AK-47, ich rannte los in Richtung des Hauses, doch dann ging es schon in Flammen auf. Der Kopf rollte den Hügel hinunter.«

Der tote Stabschef war eine Ikone innerhalb der FDLR-Führung, er hatte bereits in der ehemaligen Armee in Ruanda (FAR) eine hohe Führungsfunktion inne. Seine Hinrichtung ist kein Einzelfall: Knapp eine Woche davor haben Kämpfer des lokalen Milizenführers Cheka den FDLR-Oberstleutnant Evariste Kanzeguhera alias Sadiki Soleil erschossen. Ein zweiter der vier Bataillonsführer in Nord-Kivu, Oberstleutnant Faruha Honoré, stirbt im Dezember 2011 durch die Kugel eines seiner Leibwächter im Schlaf. Zehn hohe Offiziere verliert die FOCA im Jahr 2011 durch gezielte Angriffe. Leutnant Nassoro, Kommandeur der CRAP-Aufklärer der Schutzeinheit des Militärhauptquartiers, liegt Ende Dezember erschossen in einem Fluss. Seine Leiche wird erst Tage später von einer UN-Patrouille gefunden. Fotos zeigen seinen aufgedunsenen Körper, umschwärmt von Fliegen.

Die MONUSCO hat da gerade ihren Außenposten in Kimua eröffnet: ein Zeltlager, gesichert mit Sandsäcken und Stacheldraht. Von ihrer Basis aus bemerken die Blauhelme die Metamorphose der jungen Bahunde-Milizionäre der »Guides«:

51 Zeugenvernehmung, Prozesstag 40, OLG Stuttgart 21.11.2011
52 Diese und folgende Schilderungen nach Interview mit »Sans Pitié«, Goma 18.1.2012

Plötzlich haben die einstigen Bauernjungs Uniformen, Waffen, Funkgeräte und marschieren im Stechschritt. Einer stellt sich von einem Tag auf den anderen als »Oberst« vor und hat ein Satellitentelefon. Wer bewaffnet und trainiert diese Truppe?

Das FDLR-Oberkommando in Kimua wurde damals von bis zu 400 Kämpfern der Reservebrigade geschützt. Sylvestre Mudacumuras eigene Schutzeinheit bestand aus zusätzlich 200 Mann, alle schwer bewaffnet. Dass jetzt ein paar zerlumpte lokale Milizionäre dieses ausgefeilte Verteidigungssystem durchdringen können, erschüttert die FDLR bis ins Mark. Noch am Tag von Mugaragus Tod nimmt die FDLR-Militärführung Reißaus. Mudacumura und dessen buchstäblich kopfloser Generalstab verkriechen sich aus Kimua nach Norden in hohe Berge, weitab von jeglichen Zugangswegen. Bis Juli 2014 verschanzen sie sich in Gatabo, nahe dem Ort Kalonge.

Rund einen Monat nach dem Militärhauptquartier greifen die »Guides« auch das politische Büro der FDLR unter dem Zweiten Vizepräsidenten Byiringiro in Ntoto an. Sie schlagen ausgerechnet am 25. Dezember 2011 zu, als die FDLR-Politiker dort Weihnachten feiern. Das Kabinett und der Verwaltungsstab müssen fliehen, auch die mit ihnen lebenden ruandischen Hutu-Flüchtlinge. Zu Tausenden marschieren sie hinauf in die Masisi-Berge, weit weg in unbewohntes Gebiet.

Neuer Stabschef wird Anfang 2012 Oberst Léopold Mujyambere alias Achille Musenyeri, ein enger Vertrauter Murwanashyakas und bisher Süd-Kivu-Kommandant. Es muss zudem Ersatz für die toten Kommandanten Sadiki und Honoré gefunden werden, um deren Bataillone Montana und Someka nicht führungslos zu lassen. Während Ende 2011 und Anfang 2012 ein ehemaliger FDLR-Kämpfer nach dem anderen vor Gericht in Stuttgart über die inneren Vorgänge der Organisation auspackt, schrumpft die FDLR im Kongo zusammen. Statt wie einst 400 bis 600 Kämpfer umfasst ein Bataillon nicht einmal mehr 200. Schließlich werden die Bataillone im Mai 2012 zusammengelegt. Die Sektoren Nord-Kivu und Süd-Kivu bestehen seitdem nur noch aus je zwei Untersektoren, gegliedert in Kompanien.

Es fehlt der FDLR an Rekruten – und an Kommandeuren. Insgesamt 650 Deserteure aus der FDLR finden im Jahr 2011 Aufnahme in Mutobo in Ruanda, darunter 34 Offiziere; mit jedem Offizier verschwindet ein Befehlshaber, was dessen Untergebenen den Weg zur Flucht öffnet. Die Demobilisierten stauen sich regelrecht. Mitte Januar 2012 sitzen im Lager Mutobo 318 ehemalige FDLR-Kämpfer, so viele wie seit drei Jahren nicht. Von rund 5000 FDLR-Kämpfern im Kongo im Jahr 2009 sind 2012 rund 2000 übrig, viele von ihnen alt, HIV-positiv oder invalid.

Ein zusammenhängendes Territorium kontrolliert die FDLR nicht mehr. In Nord-Kivu unterhält Kommandeur Omega sein Hauptquartier im Dreieck der Distrikte Masisi, Walikale und Lubero. In Süd-Kivu hat die FDLR maximal noch 400 Mann unter Waffen, in kleinen versprengten Einheiten. Während sich in Nord-Kivu die Kämpfer Richtung Norden zurückziehen, verlagern die in Süd-Kivu ihr Hauptquartier immer weiter nach Süden, erst nach Mwenga und dann weiter nach Fizi bis fast in die Provinz Katanga hinein. Zum Generalstab und zu Mudamucura in Nord-Kivu klaffen bald unüberbrückbare 400 Kilometer Luftlinie.

Ein ehemaliger FDLR-Major schildert: »Oft haben wir nur einen Zug von rund zehn Mann, der ein Flüchtlingslager von hundert unserer Angehörigen beschützen soll. Doch tagsüber ziehen rund fünf Mann los, um Nahrungsmittel zu besorgen. Die Raia Mutomboki wissen das. Sie greifen daher auch nicht nachts an, sondern sie schleichen sich tagsüber an und überfallen die Lager aus dem Hinterhalt. Sie schlachten Frauen und Kinder mit Macheten ab. Es sind Männer und Jungen aus den umliegenden Dörfern, sie kennen jeden Pfad. Wenn wir einen Gegenangriff unternehmen, dann können wir sie nicht ausfindig machen, es sind ja Zivilisten aus der Bevölkerung. Wir haben dann nur eine Methode: Wir begehen dann Massaker an allen Dorfbewohnern.«[53]

Die Kommandokette in Süd-Kivu ist zeitweise komplett zusammengebrochen. Im Sommer 2012 sitzt in Mutobo ein kleiner untersetzter Mann mit Bierbauch auf der Wiese. FDLR-Oberstleutnant Idrissa ist Ende 2011 aus den Wäldern von Shabunda gekommen; sein ganzes Bataillon von 200 Mann hat er zurückgelassen, berichtet er. »Ich wollte nicht, dass die Frauen und Kinder meiner Soldaten im Busch abgeschlachtet werden wie Tiere.«[54] Ein Dutzend junger Kämpfer sitzen um ihn herum, ausgemergelt. Einer hat tiefe verkrustete Schnittwunden an den Armen, der andere hustet blutigen Schleim, ein dritter hat fiebrige Augen von chronischer Malaria. Der jüngste von ihnen sieht sehr verstört aus: Seine Kiefernmuskeln sind so angespannt, dass sie sich von den Wangenknochen abheben. Idrissa klopft ihm auf die Schulter: »Dieser hier musste mit ansehen, wie seine Frau und drei Kinder in Stücke gehackt wurden«, sagt der Oberstleutnant, dessen eigene Frau und Kinder längst im sicheren Sambia leben.

Idrissas Fazit: »Es ist die Rache der Kongolesen. Das ist der Anfang vom Ende der FDLR«. Seine Kämpfer nicken schweigend.

»Wir werden alle FDLR töten«: Der Feldzug der Raia Mutomboki

Während die ehemaligen FDLR-Kämpfer vor Gericht in Stuttgart vom Krieg 2009 erzählen, tobt in der Kriegsregion von damals erneut brutalste Gewalt. Hunderttausende Vertriebene erreichen zu Jahresbeginn 2012 binnen weniger Wochen vollkommen ausgezehrt die Ufer des Kivu-Sees.

Jeden Tag landen im Krankenhaus von Goma Schwerverletzte aus den Kreisen Ufamando und Ngungu in Süd-Masisi, zum Teil sind sie tagelang über die

53 Interview, Mutobo 22.2.2013
54 Dies und die folgenden Zitate: Interview mit Idrissa, Mutobo 3.8.2012

Berge getragen worden.[55] Der 20-jährige Buhahi Mulomba hat eine Kugel im Kopf. Sein rechtes Auge ist verbunden, der Augapfel zerborsten, die Ärzte müssen ihn notoperieren. Im Bett daneben klammern sich zwei kleine Mädchen aneinander. Die dreijährige Mutonyi und die fünfjährige Murekatete haben Verbände um Arme und Beine, es sind Wunden von Macheten. Es sind ruandische Hutu-Kinder, Kirchenvertreter haben sie in Kibua aufgelesen, nachdem dort die FDLR vor den Raia Mutomboki fliehen musste – fast wie im Januar 2009.

Bevor FDLR-Oberstleutnant Idrissa nach Mutobo floh, hatte er über zehn Jahre lang sein Hauptquartier im Kahuzi-Biega-Nationalpark von Süd-Kivu, im Distrikt Shabunda, rund 360 Kilometer Luftlinie westlich der Provinzhauptstadt Bukavu. »Kigali II« hatte der ruandische Hutu-Kommandant das Dorf genannt, in welchem seine Einheiten mit ihren Angehörigen lebten. Idrissa schätzte die Flüchtlinge in seinem Kontrollgebiet auf insgesamt rund 4500.[56] Das nächste kongolesische Dorf liegt drei Kilometer entfernt: Nduma, ein 300-Seelen-Flecken am Ende eines schmalen Trampelpfades durch den Dschungel.[57]

Die fruchtbare Landschaft um Nduma wirkt wie ein Paradies. Bananen, Guaven, Zitronen und Mangos hängen erntereif an den Bäumen. Es riecht nach süßen Früchten. Doch hinter den Obstbäumen erhebt sich bedrohlich das Dickicht des Kahuzi-Biega-Nationalparks wie eine undurchdringliche Wand. Dort drinnen liegt »Kigali II«.

Viel ist im September 2012 nicht mehr übrig von Nduma. Die Schule ist verkohlte Asche, die den weißen Sand schwarz färbt. Sämtliche Häuser sind abgebrannt, verkohlte Holzlatten liegen kreuz und quer. Das Gesundheitszentrum mit seinen zwei Krankenbetten steht noch, es ist das einzige Haus mit Wellblechdach. Vor diesem Backsteinbau sind die Einwohner versammelt: die Clanchefs, der Dorfvorsitzende, die Frauen, die vielen Kinder – sie alle sitzen auf kleinen Schemeln im Kreis. In der Tradition des hiesigen Rega-Volkes haben die Clanchefs den Priester auserkoren, der für die Gemeinde sprechen soll: Maurice Sambamba. Er erklärt, was Raia Mutomboki ist: »Wenn dich jemand ausraubt oder deine Frau vergewaltigt, dann wirst du wütend. Das ist es, was wir sind!«

Der Priester berichtet von den Anfängen, als die FDLR nach Nduma kam: »Wir haben 1996 unsere Bantu-Brüder hier aufgenommen und beherbergt, wir haben ihnen letztlich unser Land überlassen, damit sie Ackerbau betreiben konnten und nicht länger in unseren Wäldern jagen gehen mussten. Doch dann haben sie entlang der Wege Blockaden errichtet und Steuern verlangt, ohne die man nicht passieren durfte. Sie taten einfach, was sie wollten! Sie hatten ja Waffen! Aber das ist unser Land, unser Wald!«

55 Diese und folgende Schilderungen nach Besuch in Gomas Zentralkrankenhaus, Januar 2012
56 Interview mit Idrissa, Mutobo 3.8.2012
57 Diese und folgende Schilderungen nach Besuch in Nduma, September 2012

Sekundiert von den anderen Älteren, zählt er die FDLR-Attacken auf: Massaker an 36 Männern im Jahr 2010, die in der nahen Mine Gold auswuschen. Überfall auf das Nachbardorf Nyanzadula, Geburtsort des Clanchefs. Stetige Vergewaltigungen von Frauen und Mädchen beim Wasserholen. Plünderungen, als die FDLR-Kämpfer im Jahr 2011 nachts mit Taschenlampen in die Häuser eindrangen, die Einwohner in den Wald flohen und die Kämpfer alles stahlen, was sie tragen konnten.

Als sie nichts mehr fanden, kam ein FDLR-Major namens Chimanuka aus »Kigali II« und verlangte 18 000 US-Dollar Steuern von den Bewohnern Ndumas und den umliegender Ortschaften, davon sollte Nduma selbst 5000 US-Dollar aufbringen, zudem 100 Sack Maniokmehl und 29 Ziegen. Das war am 31. Mai 2011, meldete damals eine Menschenrechtsorganisation: Chimanuka habe die Polizisten der gesamten Gegend zusammengetrommelt und ihnen weisgemacht, Kongos Regierung und die internationale Gemeinschaft habe ihn hergeschickt und die Bevölkerung müsse sich nun mit ihm »versöhnen«.[58] Die Bevölkerung Ndumas sei daraufhin aus Angst in den Wald geflohen, erzählt der Priester weiter. Als sie zurückkehrte, um ihre Ernte einzuholen, sei sie erneut überfallen worden, »um die Steuern einzutreiben«, so habe FDLR-Kommandant Chimanuka auf dem Dorfplatz gegrölt.

Der Priester steht auf und wandert in schnellen Schritten durch das Dorf. Alle paar Hundert Meter bleibt er an verkohlten Holzbalken stehen: das Gemeindezentrum, die Marktbuden, die Schule, die Häuser der Einwohner – alles nur noch schwarze Stümpfe und Asche. »Viermal ist Nduma in den vergangenen Jahren abgefackelt worden – dreimal von der FDLR und das letzte Mal von der FARDC«, sagt er.

Sambamba marschiert am Friedhof vorbei: Dutzende frische Gräber mit Kreuzen aus Bambus. Er bekreuzigt sich vor jedem Grab. »Als die Regierung ankündigte, sie würde wieder Truppen nach Shabunda entsenden, hatten wir zuerst noch Hoffnung – doch dann haben sie uns diesen Hutu-Kommandeur Bwira geschickt, der sich an uns für seine Hutu-Brüder rächte, indem er unsere Söhne umbrachte und Nduma noch einmal abfackelte.« FARDC-Oberstleutnant Bwira kaufte damals angeblich in Süd-Kivu Goldstaub von der FDLR und verkaufte ihn in Burundi an den dortigen Geheimdienstchef Adolphe Nshimirimana, den starken Mann des dortigen Regimes aus ehemaligen Hutu-Rebellen. Bwira soll mit einer FDLR-Flüchtlingsfrau verheiratet und auf Rache aus gewesen sein, seit seine Kinder bei einem Angriff der Raia Mutomboki getötet wurden.

Am nächsten Morgen hängt dichter, feuchter Nebel über den Bäumen von Nduma. Aus einer größeren Lehmhütte mit einem halb verkohlten Strohdach dringt der Rhythmus der Trommeln. Verschlafen laufen die Leute herbei zur

58 ADIN Bukavu, »La population de Shabunda abandonnée à son trist sort entre les mains des FDLR«, Bukavu 14.6.2011

Morgenandacht. Danach schleppt der Priester bei einer rußverkohlten Lehmhütte ohne Dach am Waldrand Plastikstühle herbei. Kinder und Frauen sammeln sich neugierig. Junge kräftige Männer treten aus dem Unterholz hervor und postieren sich um die Hütte. Ein kleiner Mann kommt angelaufen, mit einem schweren Sack auf dem Rücken. Behutsam setzt er ihn auf den staubigen Boden. Er öffnet die Kordel. Es verbreitet sich der Geruch von Verwesung. Alle verstummen. Was der Mann aus dem Sack herausholt, sind Totenschädel – die Schädel der 36 von der FDLR ermordeten Bergwerksleute aus Nduma.

Kikuny, Vizekommandant der Raia Mutomboki, tritt aus der Hütte und verneigt sich vor den Schädeln. Der kleine Mann trägt einen schwarzen Adidas-Trainingsanzug und Gummistiefel. Lässig setzt er sich auf den Plastikstuhl. Seine Stimme ist laut und schrill: »Wir bewahren die Schädel unserer Angehörigen, Freunde und Nachbarn auf, die von der FDLR massakriert wurden, weil sie uns ermahnen, Rache zu üben«, sagt er. In Ruanda, in der Heimat der Hutu-Rebellen, habe Präsident Kagame ganze »Gedenkstätten voller Schädel« errichtet, um der Welt zu zeigen, »was die Völkermörder den Tutsi angetan haben. Doch niemand redet darüber, was sie uns bis heute antun!« Seine Stimme überschlägt sich fast.

Deswegen hätten sie zu ihren Macheten gegriffen und seien losmarschiert, erzählt Kikuny: von Dorf zu Dorf. Überall hätten sie die jungen Männer dort angestachelt, die FDLR zu verjagen. In jedem Dorf hätten sie einen Kommandanten mit einem Funkgerät stationiert. An Kikunys Hüftgürtel klemmt ein Satellitentelefon. Die Anführer der Tembo-Milizen aus Walikale, die einstigen Kifuafua, sowie der Bahunde-Milizen aus Masisi, die »Guides«, habe er in seinen Stab integriert, tönt Kikuny stolz. Dann fragt er: »Komme ich damit ins internationale Fernsehen?«

Er posiert neben den Schädeln für ein Foto. »Gebt der UNO meine Satelliten-Telefonnummer, sie müssen mich anrufen, wenn sie herkommen wollen«, prahlt er. Und an die Regierungsarmee FARDC gerichtet: »Sie müssen uns den Distrikt Shabunda überlassen. Wir werden erst Ruhe geben, wenn wir alle FDLR getötet haben.« Dann steht er auf, und die Dorffrauen stimmen ein Loblied auf die Raia Mutomboki an: »Gott behüte sie, denn sie schützen uns vor Vergewaltigungen und Plünderungen.«

In Stuttgart ist derweil das Gericht in der Sommerpause. Am letzten Verhandlungstag vor den Ferien hat es eine Kontroverse darüber gegeben, ob kongolesische Überlebende von FDLR-Angriffen, die demnächst anonym per Video aussagen sollen, wirklich in Gefahr sind – die Begründung des Gerichts für ihre Anonymisierung. »Es gibt intensive Kämpfe und große Flüchtlingsbewegungen«, sagt der für den Zeugenschutz zuständige BKA-Beamte aus. »Für die Zeugen ist es nicht einfach, in Sicherheit zu leben. Es wechselt dauernd, wer wann wo die Kontrolle hat.«[59] Die Verteidigung besteht darauf, dass die Zeugen nicht gefährdet

59 Zeugenaussage, Prozesstag 95, OLG Stuttgart 6.8.2012

sind und die allgemeine Sicherheitslage in Kivu nicht von der FDLR beeinflusst wird. Dann werden die UN-Untersuchungsberichte zu den Massakern von Shario und Busurungi verlesen.[60]

Die M23-Rebellion und das letzte Aufbäumen der FDLR

In keinem Jahr seit 2001 desertieren so viele FDLR-Kämpfer wie 2012: genau 1199 Männer.[61] Davon durchlaufen 1 114 das Lager Mutobo. Mit ihnen retten sich 1580 ruandische Frauen und Kinder aus den Fängen der FDLR, die meisten aus Shabunda. Der erste Grund für die vielen Desertionen ist die Serie gezielter Tötungen von FDLR-Kommandanten in Nord-Kivu. Der zweite Grund ist der Rachefeldzug der Raia Mutomboki in Süd-Kivu. Und ein dritter Grund kommt dazu: eine neue Tutsi-Rebellion.

Den Auslöser dafür gibt Kongos Präsident Joseph Kabila. Anfang April 2012 kommt er zum ersten Mal seit seiner Wiederwahl 2011 nach Goma. Er hat wider Erwarten auch im Osten die meisten Stimmen geholt. Aber die internationale Gemeinschaft wirft ihm Wahlmanipulation vor. Kabila muss etwas tun, um sich wieder einzuschmeicheln. Die Lösung sitzt in Goma: General Bosco Ntaganda, der mächtigste Armeegeneral im Ostkongo, der sich Anfang 2009 als neuer Chef der Tutsi-Rebellenbewegung CNDP in Nord-Kivu mit Kongos Armee gegen die FDLR verbündet hatte.

Vom Internationalen Strafgerichtshof (ICC) in Den Haag wird Ntaganda wegen Kriegsverbrechen aus seiner Zeit als Militärchef der Miliz Union kongolesischer Patrioten (UPC) im Distrikt Ituri 2002 bis 2003 mit Haftbefehl gesucht. Sein damaliger politischer Chef Thomas Lubanga ist am 14. März 2012 im allerersten Urteil des ICC wegen Rekrutierung von Kindern schuldig gesprochen worden. Ntaganda, auf den in Den Haag permanent verwiesen worden ist, sitzt derweil als FARDC-Armeegeneral Whisky trinkend in Goma zwischen UN-Mitarbeitern, spielt Tennis und fühlt sich ganz offensichtlich unantastbar – in den Augen der internationalen Öffentlichkeit ein unhaltbarer Zustand. Kabila reist also nach Goma und verkündet öffentlich: »Ich will Bosco Ntaganda verhaften, denn das Volk braucht Frieden.«[62]

Das ist eine Kampfansage. Ntagandas ehemalige CNDP-Truppen haben im November 2011 die Wahlen für den Präsidenten im Osten gesichert. Ohne sie, davon sind sie überzeugt, wäre Kabila nicht mehr an der Macht. Nachdem Kabila ankündigt, ihn verhaften zu wollen, verschanzt sich Ntaganda mit mehreren Hundert Getreuen auf seiner Farm in Mushaki in den Masisi-Bergen. Seine Freunde,

60 Prozesstag 96, OLG Stuttgart 10.8.2012
61 Offizielle DDRRR-Statistiken
62 Congo's Kabila says to arrest wanted army general, Reuters 11.4.2012

darunter die aus den Operationen um Busurungi gegen die FDLR 2009 bekannten Oberste Innocent Zimurinda und Baudouin Ngaruye,[63] verlassen ihre FARDC-Stellungen und stoßen zu ihm. Eine neue Rebellion ist geboren.

In sämtlichen Armeelagern im Ostkongo rumort es plötzlich gewaltig. Hunderte ehemalige CNDP-Soldaten desertieren mit Waffen und Munition. Die gerade erst neugeordnete FARDC im Ostkongo zerbröselt wieder. Der Vizekommandant der FARDC-Militäroperationen in Süd-Kivu, der ehemalige CNDP-Oberst Sultani Makenga, marschiert schnurstracks in die Vulkanberge im Dreiländereck zwischen Kongo, Uganda und Ruanda und ruft am 6. Mai 2012 mit seiner Unterschrift auf dem Briefpapier des ehemaligen CNDP offiziell eine Rebellion aus. Sie heißt »Bewegung des 23. März« (M23), nach dem Datum des Friedensvertrages vom 23. März 2009 zwischen Kongos Regierung und der Rebellenbewegung CNDP. Die M23 ruft zum Sturz Kabilas auf. Im Ostkongo beginnt ein neuer Krieg.

Besonders überrascht ist davon im Kongo niemand. Die Geschichte scheint sich zu wiederholen. Am 7. Mai, als die M23-Gründungserklärung international die Runde macht, übersetzt der ruandische Dolmetscher im Gerichtssaal in Stuttgart eine Reihe von keine drei Jahre alten Telefonaten zwischen FDLR-Vizepräsident Musoni und einer FDLR-Antenne in Brazzaville über eine bevorstehende Rebellion in Kongos Armee. »Er ist in Goma, er ist Oberst, er wird seinen Plan mitteilen«, berichtet der Kontaktmann in Brazzaville aufgeregt; »sie wollen eine Erklärung abgeben, der Ort, wo sie hinwollen, ist ein Ort in Rutshuru«. Es hört sich an wie Gegenwart.[64]

Die M23 setzt sich entlang der ruandischen Grenze an den Vulkanhängen fest. Ab Juli 2012 stoßen ihre Kämpfer in die Ebenen hinunter, erobern die Distrikthauptstadt Rutshuru und gründen eine Regierung. Ntaganda und seine Getreuen aus den Masisi-Bergen kommen dazu. Der Vormarsch der M23 drängt die FDLR-Fronteinheiten zurück in den Virunga-Nationalpark und den Nyanzale-Wald in den Masisi-Bergen.

In Stuttgart haben die Opfer das Wort – ohne Zuhörer

Am Morgen des 12. November 2012 stehen in der Mitte des Gerichtssaals in Stuttgart ein großer Fernsehbildschirm und eine Kamera.[65] Ein Techniker richtet sorgfältig die Kameralinse auf die Richterbank aus: drei Stuhllehnen und das Wappen von Baden-Württemberg werden vom anderen Ende zu sehen sein, nicht jedoch die Angeklagten – eine Schutzmaßnahme. Eineinhalb Jahre nach Beginn des Verfahrens soll an diesem Montag zum ersten Mal eine Opferzeugin aus dem

63 Vgl. Kapitel 4.5, S. 306 f.
64 Telefonate Musoni und Kontakt in Brazzaville, 9.8.2009, Prozesstag 75, 7.5.2012
65 Die folgende Schilderung: Prozesstag 112, OLG Stuttgart 12.11.2012

Kongo aussagen, anonym und unter Ausschluss der Öffentlichkeit. Endlich bekommen die unzähligen Opfer der FDLR ein Gesicht und eine Stimme in diesem Prozess.

Das Grauen und das Leid der Menschen im Kongo werden erst dadurch für die Verfahrensbeteiligten ansatzweise vorstellbar. Die Erlebnisse der zehn anonymen Opferzeugen, die die deutschen Ermittler im Kongo vernommen haben, standen im Mittelpunkt der Anklageverlesung zur Prozesseröffnung. Sie sind besonders wertvoll und besonders umstritten.

Dass diese Zeugen allesamt anonym sind, regt die Verteidigung auf: Damit sei eine Überprüfung ihrer Angaben nicht möglich. Seit Prozessbeginn versucht die Verteidigung immer wieder, vor allem bei der Vernehmung ausländischer FDLR-Experten, die Namen von deren Informanten und Gesprächspartnern im Kongo herauszukitzeln, meist vergeblich. Die Verteidigung weiß allerdings selbst mehr, als sie zugibt. Zwei Namen von Opferzeugen plaudert Verteidigerin Groß-Bölting gleich am ersten Tag aus. Die Namen der drei Zeugen aus Busurungi stehen nach Angaben der Verteidigung offen in den Akten.[66] Die Namen von acht der zehn Opferzeugen stehen nach Angaben der Verteidigung im Rechtshilfeersuchen des Senats an die ruandischen Behörden vom 14. Mai 2012.[67] Offiziell sind die Personalien der Zeugen keiner Partei bekannt, nicht einmal den Richtern. Die Verteidigung ist gegen die Verwertung der Aussagen der Opferzeugen, aber auch gegen den von der Anklage beantragten und vom Senat gewährten Komplettausschluss der Öffentlichkeit. Sie ist gegen die audiovisuelle Simultanvernehmung der Zeugen, um deren Re-Traumatisierung zu verhindern, stellt aber dann, als die Vernehmung doch simultan stattfindet, offenbar die aggressivsten Fragen. Es ist ein verwirrendes Spiel.

Die Vernehmung der ersten Zeugin verzögert sich.[68] Die Verteidiger monieren, es liege keine Genehmigung der kongolesischen Regierung vor, das Rechtshilfeersuchen Deutschlands an die DR Kongo sei nicht beantwortet. Der Vorsitzende Richter widerspricht. Die Anwälte werfen ihm daraufhin parallele Aktenführung vor, weil davon nichts in den Akten stünde. Dann wollen sie vor der Zeugenvernehmung die Suaheli-Dolmetscherin der Zeugin befragen. Die Richter lehnen das ab, ebenso eine Reihe vorheriger Anträge: einen eigenen Suaheli-Dolmetscher für die Angeklagten, die Anwesenheit einer Referendarin der Verteidigung am anderen Ende der Zeugenvernehmung vor Ort, die Herausgabe der Namen der die Zeugen betreuenden Organisationen.

Nach Ablehnung aller Anträge wird die Öffentlichkeit aus dem Saal gebeten. Die Vernehmung beginnt. Am Ende des Verhandlungstages, als die Öffentlichkeit wieder zugelassen ist, erklärt die Verteidigung die Vernehmung für völkerrechts-

66 Prozesstag 95, OLG Stuttgart 6.8.2012. Zu den Zeugen aus Busurungi vgl. Kapitel 4.6, S. 339
67 Prozesstag 108, OLG Stuttgart 22.10.2012
68 Die folgende Schilderung: Prozesstag 113, OLG Stuttgart 14.11.2012

widrig. Sie stellt erneut einen Befangenheitsantrag gegen den gesamten Senat. Der Grund: Das Rechtshilfeersuchen an den Kongo sei nur mündlich beantwortet worden.

Für die Videovernehmungen, die teils in Goma und teils in der ruandischen Nachbarstadt Gisenyi stattfinden werden, bringt man die zehn Opferzeugen an unbekannten Orten unter. Ein BKA-Beamter muss den Raum besorgen, ohne dass es auffällt, und sie dort hinführen, unbemerkt. Die Gefährdungslage ist ausgerechnet jetzt besonders hoch. In den Kivu-Provinzen herrscht Krieg. Am zweiten Tag der Vernehmung der Opferzeugen legt die UN-Menschenrechtskommission einen Bericht vor, wonach in Nord-Kivu allein zwischen April und September 2012 »mindestens 264, davon 83 Kinder, im Zuge von über 75 massiven Angriffen auf Dörfer wahllos von bewaffneten Gruppen hingerichtet« worden seien.[69] Besonders ungünstig: Gerade jetzt bahnt sich die entscheidende Kriegsrunde mit den Tutsi-Rebellen der M23 an, die kurz vor Goma stehen und beschlossen haben, die Stadt zu erobern.

Als der Techniker im Stuttgarter Gerichtssaal am Montag, dem 19. November 2012 zum dritten Mal die Kamera installiert, um die Vernehmung der ersten kongolesischen Zeugin fortzusetzen, wird am Flughafen von Goma heftig gekämpft. Die M23-Rebellen rücken auf die Millionenstadt vor. Am Sonntag sind auf ruandischer Seite die ersten Raketen eingeschlagen, just in dem Moment, als das deutsche Vernehmungsteam aus Kigali an der Grenze eintrifft, um sie nach Goma zu überqueren. Am Grenzübergang stößt es auf verängstigte Kongolesen, UN-Angestellte und internationale Helfer mit Rollkoffern, die in die Gegenrichtung laufen. Der deutsche Kriminalbeamte tippt am Sonntagnachmittag kurz nach 16 Uhr eine E-Mail nach Stuttgart an Richter Ernst: Die Botschaft habe alle Deutschen aufgefordert, die Grenzzone zu verlassen und nach Kigali zurückzukehren.

Als Richter Ernst am Montagmorgen den Gerichtsaal betritt, sitzen Übersetzerin und Zeugenbeisteherin bereits wieder im Flugzeug nach Hause. Ernst teilt den Staatsanwälten mit: »Goma wurde angegriffen, das wird heute nichts«. Der Vorsitzende verkündet schließlich offiziell: »Die Videovernehmung muss ausfallen, wir hoffen, dass es am Mittwoch wieder möglich sein wird, die Vernehmung fortzusetzen.«[70]

Am nächsten Tag, Dienstag, 20. November, fällt Goma an die M23. Als Richter Hettich am Mittwoch, 21. November, den Gerichtsaal betritt, hat er eine E-Mail des BKA-Beamten aus Ruanda dabei, die am Vorabend um 19:46 Uhr in Stuttgart eingetroffen ist: »Die Fortsetzung der Vernehmung ist bis auf weiteres nicht möglich.«[71] Schon nach elf Tagen ziehen die M23-Rebellen wieder aus Goma ab,

69 Exécutions arbitraires massives au Nord-Kivu (ONU), AFP 14.11.2012
70 Prozesstag 114, OLG Stuttgart 19.11.2012
71 Prozesstag 115, OLG Stuttgart 21.11.2012

aber erst ein Vierteljahr später, im Februar 2013, können die Vernehmungen der Opferzeugen weitergehen.

Auch ohne dass draußen Raketen einschlagen, sind die Aussagen für die Opferzeugen schwer belastend. Obwohl die Öffentlichkeit ausgeschlossen ist, bekommt man mit, dass die erste Zeugin immer wieder weint und um Pausen bittet: die Verhandlung wird deswegen immer wieder unterbrochen. Sie hat laut Anklage miterlebt, wie Menschen ermordet wurden, wie Gruben ausgehoben wurden, Frauen Feuerholz sammelten, das Holz entzündet wurde und die Leichen darauf verbrannt wurden. Die Zeugin wurde von vier Männern, die sie der FDLR zuordnet, vergewaltigt. Nach Wiederaufnahme der Vernehmung im Februar 2013 sagt sie erneut aus, insgesamt werden es sieben Verhandlungstage. Dann bricht sie ab. Zu belastend ist die Befragung durch die Verteidigung, heißt es später.[72]

Zwischen Februar und Juni 2013 werden an 17 Verhandlungstagen kongolesische Opferzeugen vernommen, nach der Sommerpause an weiteren sieben Tagen. Am 24. Juni 2013, ziemlich genau zur Halbzeit des Prozesses, lehnt der Senat einen Antrag der Verteidigung auf Einstellung des Verfahrens ab, wobei es auch um die Befragung der Opferzeugen geht. Die Verteidigung hält die Verwertung aller Erkenntnisse, die nicht nach den Regeln der deutschen Strafprozessordnung gewonnen wurden, für rechtswidrig – also alle Erkenntnisse der Vereinten Nationen, der Menschenrechtler von Human Rights Watch und eben auch die Aussagen der Opferzeugen. Der Senat folgt dieser Argumentation nicht.[73] In der Folge wird aber auf die Vernehmung von vier der zehn in der Anklage aufgeführten Opfer verzichtet.

Die Angst vor der FDLR sorgt dafür, dass deren Opfer in diesem Prozess nur eine marginale Rolle spielen können. Die FDLR im Kongo verfolgt das Prozessgeschehen genau. »Die Verhaftung war im Herbst 2009 und bis heute ist der Prozess nicht zu Ende«, wundert sich FDLR-Sprecher Laforge bereits im Sommer 2012. »Warum nicht? Ist es bei euch in Deutschland überhaupt legal, jemanden so lange in Untersuchungshaft zu lassen? Die Verhaftung sollte uns zum Aufgeben zwingen, aber unser Kampf geht ununterbrochen weiter. Unser Präsident ist unschuldig, und wir vertrauen auf die unabhängige deutsche Justiz.«[74]

72 Plädoyer Bundesanwaltschaft, Prozesstag 314, OLG Stuttgart 15.7.2015
73 Prozesstag 161, OLG Stuttgart 24.6.2013
74 Interview mit FDLR-Sprecher Laforge Fils Bazeye, August 2012

Kapitel 3
Kriegsende und Prozessende

Vizepräsident Musoni bricht sein Schweigen

Nach genau 101 Prozesstagen in Stuttgart verkündet Vizepräsident Musoni seinen Austritt aus der FDLR. »Hiermit erkläre ich, dass ich alle politischen Aktivitäten beende, auch die Mitgliedschaft bei der FDLR«, lautet die knappe Erklärung des zweithöchsten politischen Führers der FDLR, die er am 13. September 2012 dem Gericht übermittelt hat und die der Vorsitzende Richter am 25. September zum Abschluss des Verhandlungstages vorliest.[75]

Es ist der Beginn einer offensichtlichen Entfremdung der beiden Angeklagten. Murwanashyaka ist weiterhin Präsident – Musoni verlässt die Organisation. Musoni schert aus der FDLR-Verteidigungsstrategie, eisern zu schweigen, aus: Seine Verteidigung hat bereits in der Sommerpause 2012 beim Senat um ein sogenanntes »Rechtsgespräch« ersucht – das ist üblicherweise ein Versuch, eine Verständigung herbeizuführen. »Wir möchten gerne darüber sprechen, wie aus unserer Sicht ein Zwischenergebnis festzuhalten ist, um bestimmte Sachverhalte ausklammern zu können«, sagt Verteidigerin Groß-Bölting.[76] Davon erhoffe man sich eine Auswirkung auf die Haftfortdauer.

Anders gesagt: Man hofft, dass das Gericht einige Anklagepunkte gegen Musoni nicht weiterverfolgt. Die Anklage gegen ihn scheint zu wackeln. Nachdem das OLG Stuttgart am 29. Juni 2012 eine Haftbeschwerde Musonis wieder einmal zurückgewiesen hat, hebt der Bundesgerichtshof diesen Beschluss am 8. Oktober auf, weil Zweifel daran bestünden, ob ein Nachweis der Täterschaft Musonis möglich sei.[77] Er bleibt in Haft, aber ab jetzt beginnt ein kompliziertes Tauziehen über die Anklage, nicht nur die gegen Musoni, sondern auch die gegen Murwanashyaka. Um daraus Vorteil zu ziehen, verwandelt sich Musoni vom Vizepräsidenten zum Erklärer der FDLR.

Ab 2013 agieren Präsident und Vizepräsident vor Gericht gegensätzlich. Auch die zwischenmenschliche Chemie verändert sich. Sie nehmen kaum noch Notiz

75 Prozesstag 101, OLG Stuttgart 24.9.2012
76 Prozesstag 98, OLG Stuttgart 12.9.2012
77 Bundesgerichtshof, Beschluss 8.10.2012, BGH StB 9/12. https://openjur.de/u/548389.html

voneinander. Murwanashyaka macht grundsätzlich keine Aussagen, stellt allerdings den Zeugen Fragen; Musoni verzichtet auf Fragen an die Zeugen, sagt jetzt aber aus. An insgesamt fünfeinhalb Tagen gehört Musoni die Bühne. Er erzählt aus seinem Leben, von den Ursprüngen der FDLR; er bringt lange Erklärungen mit; er malt Schaubilder; er lässt sich geduldig befragen – nicht von den Staatsanwälten, aber von den Richtern – und gibt Geschichtsunterricht. Er genießt diese Rolle, er kann einnehmend vortragen. Murwanashyaka sitzt ein paar Meter weiter auf der Anklagebank und schweigt finster vor sich hin. Sein Stellvertreter stiehlt ihm die Show.

Zur ersten seiner »Einlassungen« am 5. August 2013 kommt Musoni eine halbe Stunde zu spät.[78] Er hat sich schick gemacht für seinen großen Tag. Er trägt einen dunkelblauen Anzug und wirkt gut gelaunt; er freut sich sichtlich über den relativ großen Publikumsandrang von 14 Zuhörern, darunter seine Exfrau und sein Sohn, den Musoni zärtlich anblickt – sie bekommen sich nicht oft zu sehen. Mit einem netten »Guten Morgen!« grüßt Musoni allgemein in den Raum. Murwanashyaka wird eine Viertelstunde später hereingeführt und sagt wie immer kein Wort.

Die Richter treten ein, die Verhandlung beginnt. »Herr Musoni, Sie haben das Wort«, sagt der Vorsitzende Richter. »Guten Morgen«, hebt Musoni an. »Es ist soweit bekannt, dass ich Deutsch sprechen werde. Das ist keine Selbstverständlichkeit. Denn nicht nur Deutsch ist schwer, auch das Thema ist schwierig. Ich werde versuchen, mich deutlich auszudrücken. Ich kann nicht versprechen, dass es gelingen wird. Ich bitte die Verfahrensbeteiligten, mich zu unterbrechen, falls ich einen falschen Begriff, eine falsche oder inkorrekte Redewendung benutze oder ein Satz so konstruiert ist, dass man nicht versteht, was ich meine. Ich bitte um Ihr Verständnis. Ich begreife das nicht als Störung, sondern als hilfreiche Intervention.«

Er schildert sein Leben, seine Motivation, seine Anfänge bei der FDLR, er erzählt von seinen Reisen und seinen Kontakten. Er spricht nicht dogmatisch, versucht nicht zu belehren. Es ist ein Ton, wie man ihn bisher selten erlebt hat. Fast ist es, als solle der Prozess in diesen tropisch heißen Sommertagen 2013 von vorn beginnen, dieses Mal unter Mitwirkung eines Angeklagten und in einer konstruktiven Atmosphäre.

Musoni gewinnt dadurch Sympathien. »Warum haben Sie diese Einlassung nicht zu Beginn der Hauptverhandlung gemacht?«, fragt ihn der Vorsitzende Richter, als er am 5. August fertig ist. »Ich habe sehr lange gebraucht, bevor ich verstehe, was mir vorgeworfen wurde«, behauptet Musoni und sagt: »Wenn ich alles sagen würde, warum erst jetzt, wäre es ein Thema für sich den ganzen Nachmittag.« Der Richter will wissen, wie es kommt, dass er häufig einen fröhlichen

78 Dies und die folgenden Schilderungen und Zitate: Prozesstag 173, OLG Stuttgart 5.8.2013

Eindruck macht. »Ich habe keinen Grund, mir das Leben schwer zu machen«, antwortet Musoni. »Es ist schwer genug.«

Musoni ergreift noch mehrmals das Wort, woraufhin der Senat beginnt, die Nichtweiterverfolgung von immer mehr Punkten der Gesamtanklage anzuregen. Dies geschieht in einem Rhythmus, der den Staatsanwälten überhaupt nicht gefällt.[79] Und ausgerechnet den 7. April 2014, als Ruanda den 20. Jahrestag des Völkermordes von 1994 unter internationaler Anteilnahme begeht, sehr aufwühlend für die Überlebenden, wählt der ehemalige FDLR-Vizepräsident für eine Art historisches Seminar.[80] Er hat Schaubilder mitgebracht, im Publikum sitzen einige seiner ruandischen und deutschen Freunde. »Letztes Jahr im August ging es in meiner Einlassung hauptsächlich um meine Person, wie ich zur Politik kam und mit welcher Motivation«, hebt er an. »Hier spielt die hierarchische Befehlsstruktur eine Schlüsselrolle. Ich werde heute dazu mehr sagen, da es unterschiedliche Ansichten bei den Verfahrensbeteiligten gibt. Dabei spielt die FOCA eine sehr zentrale Rolle.«

Da spricht nicht mehr vor allem der fürsorgliche Flüchtlingshelfer, sondern der Funktionär einer politisch-militärischen Organisation. Weiterhin ist der Ton verbindlich, und weiterhin sagt sein Chef Murwanashyaka kein Wort - ein surreales Doppelspiel. Derjenige, der nach Beteuerung seiner Verteidiger keine Ahnung hat, erläutert das Innenleben der Organisation, während der mutmaßliche Befehlshaber stumm zuhört. Musoni verkörpert zumindest vor Gericht eine neue FDLR. Murwanashyaka wird schon noch dafür sorgen, dass das eine Episode bleibt.

Die FDLR versucht eine diplomatische Offensive

Genau wie Musoni renoviert auch die FDLR im Kongo in dieser Zeit, nach Jahren der Schwächung, ihr Auftreten. Am 30. Dezember 2013 verkündet die FDLR in einer von Interimspräsident Victor Byiringiro unterzeichneten Erklärung, sie »bekennen sich dazu, die Waffen niederzulegen und einen politischen Kampf zu führen«.[81]

Unmittelbar zuvor ist der Krieg der Tutsi-geführten Rebellenbewegung M23 im Ostkongo gegen Kongos Regierung mit einer militärischen Niederlage zu Ende gegangen. Eine von Südafrika, Tansania und Malawi gestellte UN-Eingreifbrigade FIB hat gemeinsam mit Spezialeinheiten der kongolesischen Armee FARDC die M23 niedergekämpft. Diese ist ins ugandische Exil geflohen und existiert seitdem nur noch auf dem Papier.

79 Prozesstag 175, OLG Stuttgart 9.9.2013
80 Diese und die folgenden Schilderungen und Zitate: Prozesstag 224, OLG Stuttgart 7.4.2014
81 FDLR-Presseerklärung: Warning to the UN and international Community, gez. Victor Byiringiro, 30.12.2013

Ruanda hat die Zerschlagung der M23 hingenommen – unter der Annahme, dass danach die Hutu-Rebellen der FDLR ins Visier genommen werden, entsprechend der kämpferischen Rhetorik des seit August 2013 amtierenden neuen deutschen MONUSCO-Chefs Martin Kobler. Doch es kommt anders: Die UN-Soldaten greifen zu Weihnachten 2013 nicht die ruandische FDLR an, sondern die ebenfalls im Ostkongo aktive ugandische Rebellengruppe ADF.

Martin Kobler erklärt zwar am 11. März 2014 doch noch den Beginn von Militäroperationen, um »die FDLR und ihre Verbündeten zu neutralisieren«.[82] Es kommt jedoch zu keinen direkten Kampfhandlungen. Blauhelme räumen die Straße von Goma in die Richtung der rund 150 Kilometer nordwestlich gelegenen Kleinstadt Pinga von FDLR-Straßensperren und stationieren ein paar UN-Panzer. Die FDLR-Kämpfer ziehen sich auf die Hügel zurück. Kein einziger Schuss fällt. Dasselbe passiert auf der Route zwischen Kashebere und Tongo, wo die FDLR stets Wegzoll eingefordert hat. Ernsthafte militärische Operationen – Fehlanzeige.

Für die FDLR, in den Jahren 2011 und 2012 von lokalen Milizen fast vernichtet, war der M23-Krieg 2012 bis 2013 eine willkommene Atempause gewesen: Ihre Feinde bekämpften sich gegenseitig. Diese Zeit ist nun zu Ende. Militärisch nur noch ein Schatten ihrer selbst, versucht die FDLR jetzt, sich politisch neu zu positionieren – als Sammelbecken der politischen ruandischen Exilopposition. Diese Strategie hatten zahlreiche Kader schon vor Jahren gefordert. Bis 2009 waren sie damit immer an Militärchef Mudacumura und an Präsident Murwanashyaka gescheitert. Nun sind diese Hardliner geschwächt: Murwanashyaka sitzt im Gefängnis, Mudacumuras Truppe schmilzt dahin. Dessen Stellvertreter Bigaruka wird im April 2013 unter ungeklärten Umständen in Tansania verhaftet, einigen Berichten zufolge verschleppt.

Die politischen Kader der FDLR zücken jetzt die politische Karte. Die FDLR kehrt das Argument der Regierung Ruandas, nach der M23 müsse im Kongo auch die FDLR niedergekämpft werden, um: Wenn Kongo mit der M23 verhandelt hat, muss Ruanda das auch mit der FDLR tun, heißt es.[83] Auf die »Friedensangebotserklärung« der FDLR von Ende 2013 folgen neue Oppositionsbündnisse: mit dem alten ehemaligen Premierminister Faustin Twagiramungu, eigentlich ein langjähriger Gegner des bewaffneten Hutu-Exils, sowie den Vereinigten Demokratischen Kräften (FDU) der in Kigali inhaftierten Politikerin Victoire Ingabire – Nachfolgepartei der Sammlung für Demokratie in Ruanda (RDR), in der einst Murwanashyaka und Musoni aktiv gewesen waren. Am 1. März 2014 entsteht eine »Koalition politischer Parteien für den Wandel« (CPC) mit Twagiramungu als Präsident und FDLR-Interimspräsident Byiringiro als Vize.[84]

82 MONUSCO: Martin Kobler annonce le soutien ferme de la MONUSCO aux opérations des FARDC contre les FDLR, Presseerklärung 11.3.2014

83 FDLR-Presseerklärung 002/06/0013, gez. Laforge Fils Bazeye, 31.5.2013

84 FDU-UDR, Presseerklärung, 1.3.2014

Das Hutu-Exil bezeichnet Ingabire als »politische Gefangene«, mobilisiert weltweit für ihre Freilassung und setzt sich zugleich für die FDLR ein, mit Argumenten, die Musoni in Stuttgart vor Gericht fast wortgleich wiederholt. So schreibt der in Belgien lebende FDU-Politiker Michel Niyibizi: »Die FDLR sind eine politische Oppositionsgruppe der ruandischen Hutu-Flüchtlinge in der DR Kongo mit einem militärischen Flügel FOCA.«[85]

Es ist für Ruanda ein heikler Moment. Der 20. Jahrestag des Völkermordes von 1994 naht, die ganze Welt blickt auf Ruanda. Seit einiger Zeit kommt es immer wieder zu mysteriösen Granatenanschlägen in Kigali, die Tote fordern. Verbindungen zwischen der inneren Opposition und der FDLR sind ständig Thema vor ruandischen Gerichten. Statt sich mit militärischer Gewalt einen Platz in Ruanda zu erobern, wie es Murwanashyaka immer vorschwebte, versucht es die FDLR jetzt durch Bündnispolitik.

Kaum sind die Gedenktage in Ruanda vorbei, startet die FDLR die nächste Stufe ihrer diplomatischen Offensive. Am 18. April 2014 erklärt sie, sie werde am 30. Mai 2014 an zwei Orten in Nord- und Süd-Kivu »ihre Waffen an die relevanten Autoritäten« übergeben: der Entwicklungsgemeinschaft des Südlichen Afrika (SADC), der Tansania und Südafrika angehören, die von der FDLR als Verbündete angesehen werden. Die FDLR wolle alle ihre Kämpfer unter SADC-Schutz stellen, »bis der gewünschte und erhoffte innerruandische politische Dialog zwischen dem aktuellen ruandischen RPF-Regime und der FDLR zusammen mit allen politischen ruandischen Oppositionsgruppen stattgefunden und wesentliche Folgen erbracht hat«.[86]

Am 30. Mai 2014 legen im Dorf Buleusa in Nord-Kivu 105 FDLR-Kämpfer 90 Waffen auf den Boden. In einer Rede vor Diplomaten dankt FDLR-Interimspräsident Byiringiro der kongolesischen Bevölkerung »für die Gastfreundschaft seit 20 Jahren, trotz aller Schwierigkeiten, die die Kongolesen erleiden mussten«.[87] 97 Kämpfer lassen sich in ein UN-Lager in Kanyabayonga bringen. Eine kleinere Zeremonie, bei der sich 84 FDLR-Kämpfer ergeben, folgt am 9. Juni in Kigogo in Süd-Kivu, weitere im September und Dezember. Insgesamt ergeben sich 357 Kämpfer.

Jetzt ist die internationale Gemeinschaft am Zug. Sie gewährt der FDLR, worauf Murwanashyaka jahrelang vergeblich gehofft hatte: eine offizielle Gesprächsrunde bei Sant'Egidio in Rom, so wie im Jahr 2005. Vier FDLR-Delegierte treffen am 26. Juni 2014 in den Räumlichkeiten der katholischen Kirchengemeinschaft auf internationale Diplomaten, zum ersten Mal seit über neun Jahren: David Mukiza, der Kabinettsdirektor des Präsidenten, Djuma Ntambara Ngirinshuti, der FDLR-

85 Niyibizi, Michel: Les FDLR ne sont ni ex-FAR, ni Interahamwe, ni génocidaires, mais des réfugiés rwandais, 19.12.2013

86 FDLR-Pressemitteilung, 18.4.2014

87 Schlindwein, Simone: FDLR spielt Freilufttheater. In: tageszeitung, 2.6.2014

Kommissar für Auswärtige Angelegenheiten, sowie die beiden FDLR-Militärkommandeure Oberst Jean-Paul Muramba alias Hamada und Oberst Andre Kalume. Letzterer führt die FDLR-Reservebrigade und ist damit für das Massaker im Dorf Busurungi am 10. Mai 2009 mitverantwortlich. Im Stuttgarter Gericht ist in diesen Tagen gerade ausführlich das Busurungi-Glückwunschtelegramm »Auge um Auge, Zahn um Zahn« der Reservebrigade vom 11. Mai 2009 behandelt worden.[88]

Das etwa vierstündige Treffen ist vertraulich, seine Vorbereitung ein geheimes Unterfangen. Sant'Egidio hat die Reisekosten getragen, die Vereinten Nationen haben den FDLR-Reisenden die italienischen Visa für ihre kongolesischen Pässe besorgt. Am Morgen des 24. Juni 2014 ist ein UN-Hubschrauber auf einem Fußballfeld in Buleusa gelandet, dem Ort der ersten Waffenübergabe einen Monat vorher. »Unser Präsident, sein Stabschef und zwei hochrangige Kommandeure wurden eingeladen, nach Kinshasa zu fliegen. Von dort aus sollte es weiter nach Rom gehen«, berichtet FDLR-Sprecher Laforge.[89]

Doch auf Interimspräsident Byiringiro lastet ein internationales Reiseverbot – auferlegt im Jahr 2007 vom UN-Sicherheitsrat. Die MONUSCO hat ihm trotzdem ein UN-Flugticket ausgestellt, damit er den Hubschrauber besteigen darf. »Dass er innerhalb Kongos reist, liegt vollkommen innerhalb des UN-Regelwerks«, verteidigt Kobler später die Maßnahme.[90]

In Kinshasa nimmt Byiringiros Reise ein jähes Ende. Ruandas Regierung geht auf die Barrikaden, als die UN-Friedensmissionsabteilung den zuständigen UN-Sanktionsausschuss bittet, Byiringiro von den Reisesanktionen zu entbinden. Es sei »hochgradig fragwürdig, sowohl vom Verfahren als auch von der Motivation her«, so die ruandische Vertretung bei den Vereinten Nationen, »diese Völkermordtruppe als Gruppe mit legitimen politischen Forderungen zu behandeln«.[91] Byiringiro muss im Kongo bleiben.

In Rom stößt die FDLR-Delegation auf weniger offene Ohren als erhofft. Nach Angaben Sant'Egidios sind sich die internationalen Teilnehmer »über einige nicht verhandelbare Prinzipien« einig gewesen: Auslieferung gesuchter FDLR-Führer; völlige Entwaffnung der FDLR innerhalb von drei Monaten; keine Unterstützung für FDLR-Kämpfer mit Ausnahme von Repatriierung oder Überführung in andere Länder sowie »absolute und unmissverständliche Absage gegenüber Versuchen, die Entwaffnung von irgendeiner Forderung nach einem politischen Dialog mit der ruandischen Regierung abhängig zu machen«.[92]

Der politischen Charme-Offensive der FDLR werden also schnell Grenzen gesetzt – aber immerhin sprechen die Vereinten Nationen mit ihren Vertretern,

88 Prozesstage 236–238, OLG Stuttgart 4.-25.6.2014. Vgl. Kapitel 4.5, S. 312
89 Telefoninterview mit Laforge, 3.7.2014
90 Interview Martin Kobler mit RFI, 2.7.2014. w.rfi.fr/emission/20140702-rdc-martin-kobler-monusco-ban-ki-moon-rwanda
91 Brief der ruandischen UN-Vertretung an UN-Generalsekretär Ban Ki-Moon, 26.6.2014
92 Auskunft von Sant'Egidio, E-Mail vom 26.7.2014

während die Chefs der FDLR in Stuttgart vor Gericht stehen unter dem Vorwurf, eine terroristische Vereinigung zu führen. In Stuttgart darf gerade Murwanashyaka einem ehemaligen Mitglied des FDLR-Generalstabs Fragen stellen. »Ist Ihnen bekannt, dass sich der Zweite Vizepräsident derzeit in Italien aufhält?«, fragt er. »Ich habe gehört, dass er hingehen wollte«, antwortet der Zeuge; »aber weil er unter diesen Sanktionen steht, konnte er nicht hingehen.«[93]

Am Ende dieses Tages beantragt Musonis Verteidigerin Groß-Bölting, nachzufragen, »ob der Zeuge Gaston Iyamuremye[94] sich bei Sant'Egidio in Rom aufhält«. Er habe »die DR Kongo mit Hilfe der MONUSCO verlassen und befindet sich jetzt zu Friedensverhandlungen in Rom«, und dies beweise, »dass der Senat und die Generalbundesanwaltschaft mit der Einschätzung, dass es sich bei der FDLR um eine terroristische Vereinigung handelt, alleine stehen«, tönt sie.[95] Das Rom-Treffen passt wunderbar in die neue Verteidigungsstrategie ihres Mandanten.

Staatsanwalt Ritscher widerspricht. Byiringiro halte sich nicht in Rom auf, habe der Zeuge gesagt. Verteidigerin Lang ist erbost: »Ich habe konkrete Kenntnis, dass er sich in Rom aufhält.« Sie beantragt sogar, das Bundesjustizministerium zur Überprüfung seiner Verfolgungsermächtigung gegen die FDLR aufzufordern, »aufgrund der neuesten politischen Entwicklung, dass die UN dafür Sorge trägt, dass der Interimspräsident in Rom an Friedensverhandlungen teilnimmt«.[96]

Am nächsten Tag muss Lang zugeben, sie habe eine E-Mail aus Rom erhalten, wonach Byiringiros Reise in Kinshasa gestoppt wurde.[97] Und auch Groß-Bölting hat eine Schlappe hinnehmen müssen: Die von ihr beantragte Abtrennung des Prozesses gegen Musoni – in der Hoffnung, das Verfahren gegen ihn zu verkürzen, weil er sich so kooperativ zeigt – lehnt der Senat als »weder angezeigt noch sachgerecht« ab.[98]

»Das Verfahren liegt in Trümmern«: Krieg vor der Richterbank

In dieser Phase, als das vierte Prozessjahr beginnt, scheint sich der Prozess totzulaufen. Dieselben Zeugen erscheinen immer wieder vor Gericht. Ihre Vernehmungen fördern kaum noch neue Erkenntnisse zutage. Es ist Hochsommer. Es kommen keine Zuschauer mehr außer den ständigen Prozessbeobachterinnen. Die körperlichen Durchsuchungen bei der Einlasskontrolle werden zeitweise eingestellt. Alle Parteien kennen sich mittlerweile bis zum Überdruss. Jeder weiß, wie der andere zu ärgern ist. Die Dispute zwischen den Verfahrensbeteiligten werden

93 Zeugenvernehmung, Prozesstag 239, OLG Stuttgart 30.6.2014
94 Der richtige Name von Victor Byiringiro
95 Dies und die folgenden Zitate: Prozesstag 239, OLG Stuttgart 30.6.2014
96 Prozesstag 240, OLG Stuttgart 2.7.2014
97 Prozesstag 241, OLG Stuttgart 7.7.2014
98 Dies und das folgende Zitat: Prozesstag 239, OLG Stuttgart 30.6.2014

immer länger und gereizter. »Ich weiß nicht, warum Sie sich so aufregen«, beschwert sich Verteidigerin Lang einmal. »Damit wir hier endlich mal fertig werden«, zischt Staatsanwalt Ritscher. »Ich habe die Anklage nicht geschrieben«, keilt Lang zurück.[99] An anderer Stelle blafft sie die Staatsanwälte an: »Sie hätten schon längst einpacken können, aber was Sie hier bieten, ist an Unredlichkeit nicht mehr zu überbieten. Das Verfahren liegt in Trümmern vor Ihnen.«[100]

Nach der Pfingstpause 2014 kommt es zum Eklat. Im Rahmen einer Zeugenvernehmung sprechen wieder einmal alle durcheinander, und der Beisitzende Richter Wünsch sagt aufgebracht, Lang spule ein »begrenztes Programm« ab, habe den Senat der »Lüge« bezichtigt und dies solle protokolliert werden. Lang widerspricht: »Ich habe nicht von ›Lüge‹, sondern von ›Unwahrheit‹ gesprochen.« Der Berichterstatter im Senat diktiert ins Protokoll, Lang habe »das mit der Lüge revidiert«. Lang: »Dann beantrage ich, dass auch protokolliert wird, dass Richter Wünsch sagt, ich spiele ein begrenztes Programm ab.«[101] Neues Durcheinander. Das Gerichtsprotokoll ist wichtig, weil es die Grundlage der Prüfung einer möglichen Revision durch den Bundesgerichtshof bilden würde. Dieser Streit wird sich noch über mehrere Verhandlungstage hinziehen.

Da beginnt der wohl längste und härteste Disput zwischen den Verfahrensbeteiligten. Im Mai 2014 ist Langs Verteidigerkollege Sauer plötzlich an einem Hörsturz erkrankt. Er wird den Gerichtssaal als Pflichtverteidiger Murwanashyakas nicht mehr betreten. Der Senat muss einen Ersatz bestellen. Lang übergibt dem Senat nach eigenen Angaben eine Liste mit Vorschlägen. Aber Ende Juli 2014 entscheidet sich der Vorsitzende Richter für einen Mann, der nicht auf der Liste steht: den Stuttgarter Strafverteidiger Reinhard Engel.[102] Das empfindet Lang als Kampfansage.

Als Engel zum ersten Mal auftaucht, boykottiert sie ihn und schickt ihn auf die hinterste Reihe der Verteidigerbänke. Es ist kurz vor den Sommerferien. Am ersten Verhandlungstag nach der Sommerpause ist Lang gar nicht da.[103] Sie hat sich krank gemeldet. Die Verteidigerbank neben Murwanashyaka ist leer. Engel sitzt hinten, ohne Kontakt zu seinem Mandanten zu haben.

Jetzt bricht Murwanashyaka sein Schweigen. Er verlangt das Wort. »Ich beantrage die Aussetzung des Verfahrens, weil ich unverteidigt bin«, sagt er. »Der hier anwesende Rechtsanwalt Engel ist gegen meinen Willen eingesetzt worden. [...] Ich habe kein Vertrauen zu ihm und habe meine Verteidiger nicht von ihrer Schweigepflicht entbunden. Er vertritt nicht meine Interessen.« Dann steht

99 Prozesstag 242, OLG Stuttgart 9.7.2014
100 Prozesstag 236, OLG Stuttgart 4.6.2014
101 Prozesstag 237, OLG Stuttgart 23.6.2014
102 Prozesstag 247, OLG Stuttgart 28.7.2014
103 Dies und die folgende Schilderung: Prozesstag 253, OLG Stuttgart 15.9.2014

der gefürchtete mutmaßliche Terrorchef auf, läuft hinüber zum Richtertisch und überreicht seinen schriftlichen Antrag, als sei er sein eigener Anwalt.

Die Justizbeamten reagieren sehr nervös; noch einmal lassen sie das nicht zu. Nach langer Beratungspause lehnt der Vorsitzende den Antrag gegen Engel ab: Es habe kein anderer Pflichtverteidiger zur Verfügung gestanden. Dass der Angeklagte nicht mit ihm sprechen wolle, sei »unerheblich«. So hat Murwanashyaka nun einen zweiten Pflichtverteidiger, den er nicht will und der ihn auch nicht vertreten möchte.

Der nächste Verhandlungstag fällt aus. Erst als Lang wiederkommt, geht der Prozess weiter. Engel darf sich wieder nicht neben sie setzen. Lang fordert den Senat auf, ihren Kollegen über Akteninhalte zu informieren – eigentlich ihre eigene Aufgabe, finden die Richter. »Schließen Sie sich an?«, fragt sie den unerwünschten Kollegen und dreht sich zu ihm um. »Ich habe von Ihnen erwartet, dass Sie mit mir reden«, antwortet Engel. »Ich antworte nicht mehr. Ich habe die Nase voll.«[104]

Ab jetzt herrscht Funkstille im Gericht. Der unaufgeregte, grauhaarige Engel sitzt hinten und liest Akten. Niemand beachtet ihn. Einige Wochen später meldet er sich ebenfalls krank. Wieder kommt es zum Eklat. Der Berichterstatter des Senats, Richter Ernst, tadelt Verteidigerin Lang: »Ich finde es eine etwas unangemessene Reaktion, wenn Sie erfahren, dass ein Kollege im Krankenhaus liegt, dass Sie dann lächeln und mit Ihrem Mandanten solche Blicke austauschen.« Lang antwortet scharf: »Mein Mandant möchte, dass ich Ihnen mitteile, Rechtsanwalt Engel sei kein Kollege, sondern ein Verbrecher. Diese Auffassung teile ich voll und ganz. Der eigentliche Skandal ist, dass er beigeordnet wurde. Das können Sie gerne mitschreiben. Wer das Recht auf seiner Seite hat, braucht keine Angst zu haben.«[105]

Das Klima im Gerichtssaal ist endgültig zerrüttet. »Wir können diese Farce hier beenden, die Aussetzung steht kurz bevor«, schleudert Lang dem Senat am folgenden Verhandlungstag entgegen, als sich der Dolmetscher beim Versuch der Übersetzung eines abgehörten Telefonats beschwert, dass sie ständig dazwischenredet. Der Vorsitzende Richter Hettich bügelt sie brüsk ab: »Sie hören ja gar nicht zu. Sie reden einfach immer weiter. Dann können wir auch fortsetzen.« Als sich Berichterstatterin Wagner, die einzige Frau auf der Richterbank, einbringt, macht die Verteidigerin die Richterin nieder: »Wir kennen Ihre Kenntnisse in Jura und Strafprozessordnung. Sie können keine einzige zulässige Frage stellen.« Die Richterin lässt sich nicht aus der Fassung bringen: »Wenn Sie hier die eine oder andere Äußerung unterlassen hätten, könnte das Verfahren hier sachgerechter geführt werden.« Lang poltert: »Ich schäme mich vor meinem Mandanten, wie das hier läuft. Das wird auch Teil der Rüge sein: Der unfähige Richter.«[106]

104 Prozesstag 254, OLG Stuttgart 22.9.2014
105 Prozesstag 259, OLG Stuttgart 13.10.2014
106 Prozesstag 260, OLG Stuttgart 15.10.2014

Am nächsten Verhandlungstag beantragt Lang ihre eigene Entpflichtung als Verteidigerin: »Die Unterzeichnerin sieht sich nicht in der Lage, weiter an einem Verfahren mitzuwirken, in dem so eklatante Verfahrensverstöße vorliegen.« Nach ihrem Vortrag steht sie auf, knallt ihren Antrag dem Senat auf den Tisch und schnauzt, dass »ich nicht mehr an diesem Verfahren teilnehmen werde und heute mein letzter Tag ist«.[107]

Aber die Verteidigerin kommt natürlich wieder. Es hagelt weitere Befangenheitsanträge. Von wechselseitigen Strafanzeigen ist die Rede. Immer wieder fallen Prozesstage aus. Die Beweisaufnahme schrumpft auf ein Minimalprogramm: Verlesung von Dokumenten des Internationalen Strafgerichtshofs, die jeder im Internet lesen kann. Alle wirken abwesend, während ein Richter Schilderungen von aufgeschlitzten Bäuchen und abgeschnittenen Penissen herunterrattert.[108]

Die FDLR führt alle an der Nase herum

Das Spiel der FDLR mit politischer Offenheit trägt auch im Kongo keine Früchte. Weder kommen Verhandlungen mit Ruanda in Gang, noch werden die übergebenen FDLR-Kämpfer unter SADC-Schutz gestellt. Kobler und die anderen internationalen Sonderbeauftragten haben sich gleich von Anfang an hintergangen gefühlt: In einer gemeinsamen Erklärung sprechen sie in Bezug auf die Entwaffnungszeremonie von Buleusa von einer »unwesentlichen Anzahl niederrangiger Kombattanten« und drängen auf »weitere und vollständige Kapitulation aller FDLR-Kombattanten und hoher Führer in den kommenden Tagen«.[109]

Im Nachhinein ist es ein Rätsel, wieso die UN-Mission drei Wochen später trotzdem das Treffen in Rom einfädelte und damit der FDLR-Führung schmeichelte. Doch in der Konsequenz bedeutet das Sant'Egidio-Treffen vom 24. Juni nicht den Anfang einer Verständigung mit der FDLR, sondern deren Ende. Die Stimmung kippt danach genauso rapide und scharf wie in der gleichen Zeit im Stuttgarter Gerichtssaal.

Ein Regionalgipfel in Angolas Hauptstadt Luanda am 2. Juli 2014 setzt der FDLR eine Frist von »ungefähr sechs Monaten«, um freiwillig die Waffen niederzulegen. Angola hat drei Monate empfohlen, MONUSCO-Chef Kobler, dem nichts schnell genug gehen kann, sogar lediglich 22 Tage. Die großzügige Frist setzt Kongos Regierung durch, mit vorhersehbaren Folgen, wie Kobler auf einer Sondersitzung des UN-Sicherheitsrates warnt: Die FDLR interpretiere die Sechs-Monats-Frist »als Aufruf, den Prozess zu blockieren«.[110]

107 Prozesstag 261, OLG Stuttgart 20.10.2014
108 Prozesstag 262, OLG Stuttgart 3.11.2014
109 Joint Statement by the Special Envoys for the Great Lakes on the FDLR, 1.6.2014
110 Martin Kobler vor dem UN-Sicherheitsrat, 7.8.2014

Es erfolgt nicht einmal der vereinbarte Transfer der bereits entwaffneten FDLR-Kämpfer in ein Militärlager in Kisangani. Die MONUSCO hat zwar ein Flugzeug bereitgestellt, aber die Kämpfer sagen am 18. Juli, sie hätten keinen Befehl zum Abmarsch erhalten und wollten ihr Ziellager erst inspizieren. Erst nach langen Verhandlungen mit der FDLR-Führung kommen die Kämpfer nach Kisangani. Sie sind also keineswegs demobilisiert, sonst würden sie nicht mehr auf Befehle ihrer Führung hören. Die FDLR hat die Vereinten Nationen an der Nase herumgeführt.

Kurz nach seinem Auftritt in New York vor dem UN-Sicherheitsrat im August muss Martin Kobler nach Düsseldorf, um dort vor dem Oberlandesgericht als Zeuge in einem Prozess gegen drei FDLR-Sympathisanten wegen Unterstützung einer terroristischen Vereinigung auszusagen: Die drei Männer haben Pressemitteilungen verbreitet und Geld gesammelt, so die Anklage.[111] Gleichzeitig füttert Koblers UN-Mission im Kongo mehrere Hundert FDLR-Kämpfer in Lagern und hat soeben FDLR-Verantwortliche nach Rom gebracht. So gesehen könnte der deutsche UN-Diplomat Kobler selbst auf der deutschen Anklagebank sitzen. »Wir haben gemeinsam mit der FARDC Sicherheit, medizinische Dienstleistungen, fast 50 Sonderflüge und über 20 Tonnen Lebensmittel zur Verfügung gestellt«, berichtet er dem UN-Sicherheitsrat.[112] Bis zu sechs Millionen US-Dollar kostet die MONUSCO der Unterhalt der Lager.[113]

Die FDLR nutzt das alles für einen Propagandakrieg. »Die Zustände in den Toiletten sind lebensgefährlich, wie kann die MONUSCO das verantworten?«, brüllt FDLR-Sprecher Laforge am Telefon.[114] Das Toilettenproblem wird zum Symbol der absurden Lage. Die über 600 FDLR-Angehörigen im UN-Camp haben noch nie Toiletten gesehen, sie verstopfen sofort. Kongos Regierung sagt, die MONUSCO müsse die Klos reparieren. Als Kobler mit einem Hubschrauber nach Kibirizi in den Masisi-Bergen fliegt, um mit Byiringiro über den Fortgang der Entwaffnung zu sprechen, bekommt er zur Antwort, dass vor einer Lösung des Toilettenproblems keine weiteren Entwaffnungsschritte denkbar seien.

Mit der Zeit wird den DDRRR-Mitarbeitern der UN-Mission klar, dass sie einer gigantischen Farce aufgesessen sind. Die Kämpfer in den Lagern stehen unter der Befehlshoheit der FDLR. In jedem Lager haben aktive FDLR-Offiziere das Sagen. Von Repatriierung wollen sie nichts wissen, sie beantworten auch keine Fragen. Die FDLR hat nicht wie vereinbart ganze Einheiten abgegeben, sondern einzelne Kämpfer ausgesondert: Die meisten sind alt, untauglich oder kriegsmüde, ihre Waffen ebenso. Unter den mehr als 300 Männern befinden sich maximal zehn Offiziere. Von den hohen FDLR-Kommandanten und Funktionären ist keiner dabei.

111 Vgl. Kapitel 5.5, S. 428 ff.
112 Martin Kobler vor dem UN-Sicherheitsrat, 7.8.2014
113 Pressekonferenz MONUSCO, Goma, 7.1.2015
114 Telefoninterview mit Laforge, 8.12.2014

Der Clou: Mit diesem Manöver hat die FDLR ihrem ärgsten Feind einen Todesstoß verpasst – dem DDRRR-Programm, das ihr seit 2001 durch freiwillige Demobilisierung Tausende Krieger entzogen hat. »Sie haben versucht, die Exit-Tür, die im Rahmen von DDRRR immer offen stand, zuzuschlagen«, erkennt eine Mitarbeiterin des Programms. Im ganzen Jahr 2014 kommen nur noch 114 FDLR-Kämpfer ins DDRRR-Programm – so wenig wie nie zuvor, nachdem 2012 ein Rekordjahr gewesen war.[115]

Für Einzelne hat das dramatische Folgen. In Kisangani fällt DDRRR-Mitarbeitern ein kleiner Junge auf, der scheinbar autistisch zwischen den Frauen und Kindern auf dem Boden sitzt. Niemand kümmert sich um ihn. Er isst nicht, steht nicht auf, spricht nicht. Die DDRRR-Mitarbeiter sprechen darüber mit den anwesenden FDLR-Kommandeuren. Nur unter Zähneknirschen erlauben diese den Mitarbeitern, den Jungen mitzunehmen. Und erst nach zähen Verhandlungen rückt ein entfernter Verwandter in der FDLR eine Telefonnummer heraus: Die Großeltern leben in Ruanda. Die UN-Kinderschutz-Abteilung bringt das Findelkind über die Grenze. Im Demobilisierungslager Mutobo kümmert sich Chef Sayinzoga, macht die Großeltern ausfindig und bringt ihn heim. Dort isst der Junge zum ersten Mal Kartoffeln, lacht in die Kamera.[116]

Das Schicksal dieses Kindes hat den neuen DDRRR-Chef in Goma, Adriaan Verheul, selbst Vater, zutiefst berührt. Der Niederländer gibt zu: Die FDLR-Lager der Vereinten Nationen sind zu »Konzentrationslagern« verkommen.[117] Die FDLR schlachtet diesen Vergleich, den sie selbst zu verantworten hat, ungeniert aus. Sie veröffentlicht online Fotomontagen: Kobler der Deutsche neben Auschwitz, dazwischen ein Hakenkreuz. Dabei sind es die FDLR-Offiziere, die in den Camps wie Blockwarte herrschen und die Insassen gefangenhalten.

Verheul sieht das mit eigenen Augen, als er am 21. Januar 2015 erstmals nach Kanyabayonga fliegt, um das FDLR-Lager zu besichtigen, für das er zuständig ist.[118] Als der UN-Hubschrauber aus dem 150 Kilometer entfernten Goma in der idyllisch gelegenen Stadt hoch oben in den bewaldeten Bergen ansetzt, wirbelt Staub auf, es ist Trockenzeit. Die Schüler der Grundschule, deren Pausenhof als Landeplatz herhalten muss, flüchten in ihre Klassenzimmer. Als sich die Staubwolke lichtet, kommen sie neugierig zurück. Die Luke öffnet sich, der hochgewachsene Holländer mit grauen Haaren und beigem Anzug steigt aus, setzt sich die Sonnenbrille auf und schaut sich um.

Verheul schüttelt dem herbeigeeilten Armeehauptmann und dem Dorfvorsteher die Hand und marschiert mit seiner Delegation aus Kongolesen, UN-Mit-

115 DDRRR-Statistiken 2014
116 Schilderung laut Gespräch mit DDRRR-Chef Adriaan Verheul bei dessen Besuch in Kanyabayonga 21.1.2015
117 Interview mit Adriaan Verheul, Goma 18.1.2015
118 Schilderung nach Begleitung des Besuchs von Adriaan Verheul in Kanyabayonga, 21.1.2015

arbeitern, Geheimdienstlern und Ärzten schnurstracks weiter ins Camp: weiße Zelte in Reih und Glied. Drum herum türmen sich Sandsäcke, gekrönt von Stacheldraht. Bewaffnete indische Blauhelme bewachen den Eingang und salutieren.

Nach der Besichtigung knöpft sich der DDRRR-Chef die drei anwesenden FDLR-Offiziere vor. In einem verschlossenen Zelt sitzen sie vor dem großen Weißen, der schon mit Kambodschas Roten Khmer und Liberias Charles Taylor verhandelt hat, wie Angeklagte vor der Richterbank. »Wenn hier auch nur einer von euch es wagt, eure Leute daran zu hindern, sich bei DDRRR zu melden und nach Ruanda zu gehen, dann sorge ich persönlich dafür, dass ihr vor dem kongolesischen Militärgericht landet«, sagt Verheul ihnen ins Gesicht. »Die Zeit der Verhandlungen ist vorbei!«

FDLR-Oberstleutnant Deo Nkwishiaka alias Sirac ist verblüfft. Einen solchen Ton ist die FDLR von den UN-Vertretern nicht gewohnt. Er erwidert patzig: »Es ist nicht das erste Mal, dass wir uns Militärschlägen gegenübersehen. Wenn ihr uns töten wollt, dann los, macht schon.« Da steht plötzlich der neben Verheul sitzende Vertreter von Kongos Regierung auf, der bisher still geblieben ist: Delphin Paluku Masika, ein kleiner rundlicher Mann aus dieser Region. Ihm platzt schier der Kragen. »Ihr seid Banditen und Terroristen!«, brüllt er. »Wenn ihr mit eurer Regierung zu Hause reden wollt, warum gründet ihr dort nicht eine politische Partei und kämpft für eure Rechte zu Hause? Ihr habt uns Kongolesen jetzt lange genug terrorisiert!« Er bohrt seinen ausgestreckten Zeigefinger dem verdatterten FDLR-Offizier schier ins Gesicht. Sirac stottert verunsichert: »Ich habe Anweisungen und bin meiner Führung treu.« Verheul bricht die Diskussion ab. »Die Zeit der Worte ist abgelaufen!«, sagt er und tritt aus dem Zelt.

Auf dem zentralen Platz des Lagers stehen die Frauen und Kinder in der prallen Sonne. Die Sonne steht im Zenit, es ist heiß, staubig und trocken. Viele Kinder weinen. Als die FDLR-Kämpfer die Besuchergruppe sehen, stellen sie sich geordnet auf, den rechten Arm mit flacher Handfläche nach vorne gestreckt, wie beim Hitlergruß. Einer setzt laut zum Gebet an: »Gott, wir erwarten deine Antwort auf unsere Geduld, erhöre unsere Gebete und helfe uns!« – »Amen«, antworten die Krieger im Chor. Dann salutieren sie vor den Besuchern.

Um ein Haar landet Mudacumura in Den Haag

Hinter den Kulissen kracht es derweil in der FDLR gewaltig. Die jüngsten diplomatischen Experimente sind nicht nach jedermanns Geschmack. Vor allem nicht nach dem des Militärchefs Mudacumura.

Die Strategie eines breiten Exilbündnisses, das als Verhandlungspartner international anerkannt wird und damit die FDLR salonfähig macht, kann nur dann funktionieren, wenn Hardliner wie Mudacumura und mutmaßliche Völkermordtäter keine Rolle mehr spielen. Gegen Mudacumura ist ohnehin am 13. Juli 2012 ein internationaler Haftbefehl des Internationalen Strafgerichtshofs ausgestellt worden. Könnte Interimspräsident Byiringiro seinen Rivalen ans Messer liefern, um guten Willen zu beweisen und eventuell sogar die von der US-Regierung auf seine Ergreifung ausgelobten fünf Millionen US-Dollar zu kassieren? Dann geht Mudacumura lieber freiwillig. Vielleicht ist ein Luxus-Gefängnis in den Niederlanden inklusive Fernseher, Tennisplatz, medizinischer Versorgung und kongolesischen Warlord-Kollegen in der Nachbarzelle doch angenehmer als ein qualvoller Tod im Dschungel.

So sucht der alte Haudegen im zweiten Halbjahr 2014 seinen eigenen Ausweg. Über einen Geistlichen lässt Mudacumura diskret übermitteln, er wolle sich stellen. MONUSCO-Chef Kobler setzt sofort alle Hebel in Bewegung. Ein Hubschrauber wird in Goma in Bereitschaft gehalten, vollgetankt. Eine Passagiermaschine wird ebenfalls bereitgestellt, Überflugrechte bis in die Niederlande werden beantragt. Das Haupthindernis ist die MONUSCO selbst: Der gewaltige UN-Apparat ist voll mit Spitzeln der FDLR. Doch das Risiko ist es Kobler wert. Tagelang marschiert Mudacumura mit ein paar Leibwächtern zum vereinbarten Treffpunkt, wo der Hubschrauber landen soll. Es regnet in Strömen. Ein kleiner Bach auf dem Weg ist zu einem reißenden Strom angeschwollen. Der alte Warlord kommt da nicht hinüber. Er setzt sich ans Ufer ins Unterholz und wartet.

Aber auch Kongos Geheimdienstchef Kalev Mutondo linst nach den fünf Millionen für die Ergreifung Muducumuras. Er spricht darüber mit US-Vertretern. Die sagen ihm, Regierungsvertreter können das Geld nicht bekommen. Mutondo ist sauer, ruft FDLR-Nord-Kivu-Kommandant Omega an und erzählt ihm vom Fluchtversuch seines Vorgesetzten. Wie dieser reagiert, ist nicht überliefert. Mudacumura landet jedenfalls nicht in Den Haag. Immerhin überlebt er.

Bei den FDLR-internen Neuwahlen der Führung am 29. November 2014 wird Mudacumura nicht mehr als Erster Vizepräsident bestätigt, ein Amt, das er seit der Verhaftung Straton Musonis in Deutschland fünf Jahre zuvor kommissarisch hielt. Die Direktoren wählen mit großer Mehrheit Byiringiro als Ersten Vizepräsidenten, nicht mehr nur übergangsweise, sondern als ordentlichen Ersatz für Musoni, der ja 2012 seinen Austritt aus der FDLR erklärt hat.

Zu der mehrtägigen Versammlung des FDLR-Direktorenkomitees sind zum ersten Mal seit vielen Jahren die politischen Kader aus dem Ausland angereist. Fast die komplette politische Führung findet sich bei Lusamambo in Nord-Kivu ein. Die Wahlrunde für das Amt des Zweiten Vizepräsidenten, bisher von Byiringiro besetzt, geht knapp aus. Erst in einer Stichwahl setzt sich der bisherige stellvertretende Exekutivsekretär Wilson Irategeka, ein Oberst, gegen einen zivilen Kandidaten durch. Seine internationalen Kontakte, vor allem in Südafrika und Tansania, kommen ihm zugute. Schließlich bestätigt die CD-Versammlung auch den seit fünf Jahren inhaftierten Murwanashyaka als Präsident.

Während die FDLR-Führung in den Bergen Masisis tagt, brüten in den Container-Lagern der MONUSCO in Goma die höchsten UN-Militärs über Pläne für gezielte Militärschläge – schließlich läuft demnächst die Sechs-Monats-Frist ab, die die Staaten der Region der FDLR im Juli gesetzt haben. Martin Kobler hat vor dem UN-Sicherheitsrat im Oktober 2014 eine düstere Bilanz gezogen: »Ich bedaure sagen zu müssen, dass trotz aller Versprechungen der Prozess in eine Sackgasse geraten ist«, hat er gesagt und pathetisch fortgeführt: »Den Krieg in den Dschungel zu tragen, wird lange und schwierig. Wir werden viele Opfer haben. Ich für meinen Teil möchte dies nicht sehen, aber es ist jetzt an der FDLR, ein solches Szenario zu vermeiden. Sie hat noch genau zwei Monate und sechs Tage, die Waffen niederzulegen, bedingungslos [...] Die Glaubwürdigkeit der Vereinten Nationen, von Kongos Regierung und der ganzen Region ist hier in Gefahr.«[119]

In Stuttgart geht es derweil um die Glaubwürdigkeit der deutschen Justiz. »Ich sitze hier wie auf einem Fußballfeld«, klagt Murwanashyaka.[120] Am Morgen des ersten Verhandlungstages in Stuttgart nach seiner Wiederwahl im Kongo spricht der FDLR-Präsident zum ersten Mal mit seinem verhassten neuen Verteidiger Engel. Lang ist an diesem 1. Dezember verspätet. Engel kommt ans vordere Ende der Anklagebank gelaufen, wo Murwanashyaka sitzt. Der vermeidet Blickkontakt und gibt dem Anwalt nicht die Hand. Aber sie wechseln ein paar Worte. Engel stellt dann sogar für seinen Mandanten einen Antrag: Murwanashyaka möchte, dass die Verhandlung unterbrochen wird, »bis seine gewählte Verteidigerin da ist«, sagt der Pflichtverteidiger unsicher und fügt hinzu: »Herr Doktor Murwanashyaka, war das richtig so?«[121]

Als Lang nach wenigen Minuten selbst erscheint, stellt sie den Antrag selber. Der Senat lehnt ihn ab: »Der Angeklagte verfügt über zwei mittlerweile eingearbeitete Verteidiger«, sagt der Vorsitzende. »Wen meinen Sie?«, fragt Lang. Sie will einen erneuten Befangenheitsantrag stellen. Der Vorsitzende will weiterverhandeln: Schließlich wartet die ganze Zeit ein Zeuge aus Ruanda auf seine mittlerweile sechste Vernehmung.

Am Ende des letzten Verhandlungstages des Jahres 2014 ergreift Musoni ein letztes Mal das Wort für eine längere Einlassung. Er ist seit den FDLR-internen Neuwahlen endgültig draußen. Es ist keine autobiografische Darstellung mehr wie im August 2013 und auch kein historisches Seminar wie im April 2014, sondern ein Plädoyer in eigener Sache, in dem er sich klar von Murwanashyaka abgrenzt.

»Ich war 2009 nicht vollständig über die Vorwürfe informiert«, erklärt Musoni. »Murwanashyaka hat mir die allermeisten Infos nicht weitergegeben«. Der ehemalige Vizepräsident der FDLR wird emphatisch, es ist wie ein Abschied: »Ich habe weder selbst vertreten noch gehört, dass vertreten wurde, dass Verbrechen gegen Zivilisten im politischen Kampf geführt werden sollten. Einem solchen Plan

119 Martin Kobler vor dem UN-Sicherheitsrat, 27.10.2014. www.securitycouncilreport.org/atf/cf/%7B65BFCF9B-6D27-4E9C-8CD3-CF6E4FF96FF9%7D/s_pv_7288.pdf, S. 3

120 Prozesstag 267, OLG Stuttgart 26.11.2014

121 Dies und die folgende Schilderung: Prozesstag 268, OLG Stuttgart 1.12.2014

hätte ich nie zugestimmt. Murwanashyaka auch nicht. [...] Murwanashyaka hat viel Arbeit reingesteckt und ich kannte seine Grundhaltung, seine Strenggläubigkeit, die nie zugelassen hätte, dass man Verbrechen akzeptiert. Ich hatte das bei der Vorbereitung meiner Verteidigung nicht gesagt, weil ich die Erfahrung gemacht hatte, dass uns niemand helfen wird. Ich dachte, es reicht, wenn wir Beweise vorlegen, damit jeder, auch das Gericht, unsere Unschuld erkennen würde. Murwanashyaka hat nicht daran geglaubt.«[122]

Goma 2015: Koblers unmöglicher Krieg

Die Uhr tickt. In Stuttgart bemüht sich der Senat, das Verfahren irgendwie heil zum Abschluss zu bringen. Nach der Weihnachtspause 2014/15 mildert sich immerhin der Ton im Gerichtssaal. Der Bundesgerichtshof hat in einem Haftfortdauerbeschluss deutliche Worte gesprochen: »Eine Verzögerung des Verfahrensabschlusses kann – neben dem Umfang des Prozessstoffes – auch an dem Verhalten der Verteidigung liegen«, mahnen die Bundesrichter. Sie beziehen sich auf die nicht enden wollende Flut von Beweisanträgen und stellen die Frage in den Raum, »ob es sich noch um sachdienliches Verteidigungsverhalten handelt oder die Grenzen zulässiger Verteidigung bereits überschritten sind«.[123]

Im Kongo läuft am 2. Januar 2015 das Ultimatum vom Juli 2014 an die FDLR ab, sich freiwillig zu entwaffnen. »Dieses Ultimatum bedeutet für uns nichts«, sagte FDLR-Sprecher Laforge vier Wochen vorher am Telefon. Die FDLR habe doch schon die Waffen niedergelegt, jetzt sei Ruanda an der Reihe. »Die UNO kann nicht einfach gegen jemanden vorgehen, der schon lange die Waffen gestreckt hat.«[124]

Kurz vor Ablauf der Frist reagiert die FDLR mit dem, was sie am besten kann: einer Zeremonie. Am Sonntag, dem 28. Dezember 2014 um 10 Uhr versammeln sich die FDLR-Führer mit Byiringiro an der Spitze im Dschungeldorf Buleusa in Nord-Kivu, genau wie vor sieben Monaten. Wieder kommen UN-Delegierte, Beobachter und Diplomaten per Hubschrauber. Wieder legen 83 FDLR-Angehörige in Zivil 34 alte rostige Kalaschnikow und einen Raketenwerfer nieder, überreichen 162 Schuss Munition. Weitere 63 FDLR-Kämpfer besteigen gleichzeitig im Dorf Burhinyi in der Süd-Kivu-Provinz einen UN-Lastwagen. Alle kommen erst einmal ins UN-Transitlager – genau wie im Mai und Juni 2014. »Nur Gott weiß, was am 2. Januar geschehen wird«, sagt Byiringiro in seiner Ansprache.

Wie erwartet verstreicht das Ultimatum an die FDLR am 2. Januar 2015, ohne dass ein einziger Schuss fällt. Es ist der Freitag nach Neujahr. Für Montag ist eine UN-Sicherheitsratssitzung in New York anberaumt. Angolas Regierung hat längst

122 Einlassung Musoni, Prozesstag 273, OLG Stuttgart 17.12.2014
123 BGH-Beschluss, 18.12.2014, StB 25/14
124 Telefoninterview mit FDLR-Pressesprecher Laforge, 8.12.2014

einen neuen Regionalgipfel für den 15. Januar 2015 angekündigt. Danach könne man »eventuell« losschlagen.[125] Am Montag, dem 5. Januar, kreisen UN-Kampfhubschrauber über den Dächern der Millionenstadt Goma, mit schweren Raketen bestückt. Im Tiefflug rattern sie über der Metropole, in der auch viele Spitzel der FDLR leben. Dann biegen sie nach Süden ab und verschwinden über dem Kivu-See. Wenig später schlagen einige hundert Kilometer südlich auf ein paar Hügeln nahe der Kleinstadt Uvira, an der burundischen Grenze am Tanganyika-See gelegen, UN-Raketen ein. Die dortigen Kämpfer der burundischen Hutu-Rebellenarmee FNL stieben in alle Richtungen davon. »Eine Vorbild-Operation«, lobt Kobler zwei Tage später in der wöchentlichen MONUSCO-Pressekonferenz in Goma.[126]

Martin Kobler zeigt sich in bester Kriegslaune. In der frisch eingerichteten UN-Kommandozentrale für die Anti-FDLR-Operation in Kiwanja, rund 80 Kilometer nördlich von Goma, lässt er sich die Angriffspläne erklären und schüttelt den beiden kongolesischen Generälen, die die Truppen der FARDC befehligen sollen, die Hände. Zurück in Goma, sitzt er zufrieden im UN-Hauptquartier beim Mittagessen. Die Pläne stehen, der UN-Sicherheitsrat hat sein Okay gegeben, UN-Generalsekretär Ban Ki Moon hat mit Kongos Präsident Kabila telefoniert, Kobler hat ihm die Operationspläne geschickt. Der MONUSCO-Chef ist sich sicher: Jetzt geht es los. Er ruft Kabilas Präsidialverwaltung an. Doch da nimmt niemand ab.[127]

Nichts geschieht – wochenlang. Kabila ist auf seiner Farm in Katanga abgetaucht. Kongos Politiker in Kinshasa streiten über das Wahlgesetz und die Verfassung. Es geht um die Wahlen 2016 und die Frage, ob Kabila eine dritte Amtszeit anstrebt. Landesweit gehen Oppositionelle auf die Straße. Viele werden verhaftet, mindestens 42 Demonstranten erschossen. In Kinshasa und Goma herrscht tagelang faktisch Ausnahmezustand. Um die Protestierenden mundtot zu machen, schaltet Kabila die sozialen Netzwerke und die SMS-Dienste ab. All dies widerspricht sämtlichen Reformschritten, die der Präsident einst zugesagt hatte, um die Weltgemeinschaft zur Unterstützung seines Krieges gegen die M23 zu bewegen. Es kommt zur offenen politischen Konfrontation mit den Vereinten Nationen, nicht zum ersten Mal. Und Kabila nimmt Rache: Er blockiert die Militäroperationen gegen die FDLR.

Der Plan war gewesen, die wichtigsten Kommandanten Mudacumura und Omega auszuschalten. FARDC-Truppen sollten deren Positionen einkesseln und den Ring immer enger ziehen, während den Kämpfern und Kommandanten die Gelegenheit gegeben wird, sich zu ergeben. Direkte Kampfhandlungen sollten vermieden werden. Hinter der FARDC sollten die FIB-Eingreiftruppen der MONUSCO die Nachhut bilden und Fluchtbewegungen auffangen.

125 La brigade de l'ONU va se mobiliser contre les FDLR, Interview Georges Chikoti mit RFI, 22.12.2014. www.rfi.fr/emission/20141222-georges-chikoti-brigade-onu-va-mobiliser-contre-fdlr/

126 MONUSCO-Pressekonferenz, Goma 7.1.2015

127 Interview mit Martin Kobler, Goma 8.1.2015

Soll die MONUSCO das jetzt alleine machen? Wer soll die Verantwortung für mögliche zivile Kollateralschäden übernehmen? Welche Folgen hätte es, wenn die FDLR erneut Massaker beginge, wie 2009? Kobler hat im Sommer 2014 vor dem OLG Düsseldorf im dortigen FDLR-Verfahren als Zeuge ausgesagt. Ihm ist klar: Ein neues Busurungi darf es nicht geben. Aber wie? »Sollte es wieder eine Situation der humanitären Katastrophe für die Zivilbevölkerung geben, Plünderungen, Vergewaltigungen und all das – dann werden wir das dokumentieren!«, ist Koblers Antwort.[128]

Das humanitäre UN-Koordinierungsbüro OCHA hat einen Notfallplan aufgestellt, humanitäre Korridore und Versorgungspunkte vorgesehen. Im Extremfall rechnen die Hilfswerke mit bis zu einer halben Million Vertriebenen. Doch in den wöchentlichen Koordinierungssitzungen der Hilfswerke in Goma tobt Streit. Eine Studie warnt: Mit einem UN-Angriff würden die Vereinten Nationen ihren Neutralitätsstatus einbüßen.[129] Juristisch habe die FDLR dann das Recht, UN-Mitarbeiter anzugreifen. Werden die vielen Helfer, die in Goma in ihrer eigenen Welt mit teuren Villen, Restaurants, Läden und Bars leben und den kongolesischen Alltag nur durch die Fenster ihrer klimatisierten Geländewagen wahrnehmen, Freiwild für die FDLR? Undenkbar. Überall regt sich Kritik an Koblers Kriegsplänen. Es ist Erleichterung zu verspüren, als Kongos Regierung dem Deutschen einen Strich durch die Rechnung macht.

Denn statt den Operationsplan zu unterzeichnen, den Kobler ihm Anfang Januar geschickt hat, schickt Kabila Ende Januar 2015 seinen Stabschef General Didier Etumba nach Goma. Der trifft sich mit dem obersten MONUSCO-General, dem Brasilianer dos Santos Cruz, zum Abendessen im Nobelrestaurant Le Chalet. Die Stimmung ist bis zum Zerreißen gespannt. General Etumba knallt seinen eigenen Angriffsplan auf den Tisch: Sukola II (»Säuberung«). Der Plan ist identisch mit dem der MONUSCO, nur ohne MONUSCO. Etumba beordert die beiden FARDC-Generäle, die bislang gemeinsam mit den Vereinten Nationen Schlachtpläne entworfen haben, nach Kinshasa zurück und ernennt zwei neue: General Bruno Mandevu als leitender Kommandeur, General Fall Sikabwe als Verantwortlichen für Nord-Kivu. Beide stehen auf einer geheimen UN-Liste mutmaßlicher FARDC-Kriegsverbrecher.

Kobler schäumt. Er gibt Kongos Regierung zwei Wochen Zeit, die Generäle erneut auszuwechseln. Bis dahin sei alle Zusammenarbeit eingestellt. Nun stellt sich Kabila quer. Er bestellt 20 Diplomaten in seinen Palast in Kinshasa und verlangt glattweg den Abzug der MONUSCO. Die Allianz gegen die FDLR ist zusammengebrochen.

Mit lautem Donnern schlägt die FARDC am 29. Januar 2015 los, ohne MONUSCO. Mit Flakgeschützen und Panzerhaubitzen bombardieren die Soldaten

128 UN-Pressekonferenz mit Martin Kobler, Kinshasa, 7.1.2015

129 Sheeran, Scott/Case, Stephanie: The Intervention Brigade – legal issues for the UN in the Democratic Republic of Congo, International Peace Institute, November 2014

Hügel, wo einst Omegas FDLR-Stellungen lagen. Die Stellungen sind längst leer. Es gibt vereinzelt Kämpfe im Virunga-Nationalpark, wenn sich verfeindete Patrouillen begegneten. Mit dem eigentlichen Operationsplan hat das nichts zu tun. »Die Operationen sind ein voller Erfolg«, sagt trotzdem FARDC-Sprecher General Léon Kasonga bei der Präsentation der ersten 40 FDLR-Gefangenen vor der Presse in Goma, flankiert von Regierungssprecher Lambert Mende.[130] 400 FDLR-Kämpfer seien getötet worden.[131]

Omega und Mudacumura sind längst über alle Berge. In täglichen Gewaltmärschen bewegen sich die FDLR-Führer mit ihren Einheiten, aufgeteilt in kleine Gruppen, gen Nordwesten, immer tiefer hinein in die Wälder Walikales und Luberos. In den dichtbesiedelten Distrikten Rutshuru und Masisi tun die FDLR-Kämpfer, was schon 2009 der Hutu-König von Rutshuru befürchtet hatte: Sie mischen sich in Zivil unter die lokale Bevölkerung und führen Krieg in der Gesellschaft. Die Fernstraßen werden zu Todesfallen, täglich überfallen Bewaffnete Lastwagen und Minibusse. Menschen werden verschleppt, die Angehörigen erfahren telefonisch von Lösegeldforderungen, manchmal einige Tausend US-Dollar pro Person. Das Geld soll per Telefonbanking überwiesen werden – eine neue Form der Strafoperation, angepasst an das virtuelle Zeitalter, die keine Spuren hinterlässt.

Die Satellitentelefone der obersten FDLR-Führer gehen Ende Februar komplett offline. Byiringiro benutzt in seiner letzten Presseerklärung für viele Monate am 7. März 2015 das biblische Bildnis der Wanderung der Israeliten durch das Rote Meer. So wolle er die Flüchtlinge durch einen Ozean führen, und Gott werde dafür sorgen, dass in den Wogen hinter ihnen der Feind ertrinkt.[132] Mit dem Ozean mag das grüne Meer des unendlichen kongolesischen Dschungels gemeint sein, durch welchen sich die ruandischen Hutu-Kämpfer bereits 1996/97 auf ihrem langen Todesmarsch gerettet hatten, der dann zu ihrer Wiederauferstehung unter dem Namen FDLR führte.

Stuttgart 2015: Prozessende durch Ermüdung

Während die FDLR im Kongo abtaucht, quält sich der Prozess in Stuttgart seinem Ende entgegen. An manchen Tagen wird der Prozess inzwischen in einen anderen, kleineren Gerichtssaal verlegt – er ist nicht mehr der wichtigste in der Geschäftsordnung des OLG Stuttgart. Dass zwei der Anwesenden immer in Handschellen hereingeführt werden, fällt kaum noch auf.

Über Wochen hinweg verliest der Senat als letzten größeren Punkt der Beweisaufnahme sämtliche alte Textnachrichten von und an Murwanashyaka aus den

130 Telefoninterview mit FARDC-Sprecher General Léon Kasonga, 2.3.2015
131 RDC: Lambert Mende fait le point sur les opérations contre les FDLR, Radio Okapi, 3.3.2015
132 FDLR-Presseerklärung, gez. Victor Byiringiro, Walikale 7.3.2015

Jahren 2006 bis 2009, die der FDLR-Präsident auf seinem Rechner gespeichert hat. Es ist ein historisches Seminar ganz anderer Art als das, was Musoni ein Jahr zuvor abgeliefert hat. Teils gelangweilt, teils irritiert und teils erheitert tragen die Richter SMS-Übersetzungen vor, die zuweilen wertvolle historische Einblicke liefern, zuweilen gar keinen Sinn ergeben und mühevoll vom Dolmetscher neu ins Deutsche übertragen werden müssen.

Murwanashyaka ist der Einzige, der noch mit höchster Konzentration bei der Sache zu sein scheint. Es ist ja irgendwie sein eigenes Tagebuch, das hier verlesen wird. Mit stechendem Blick und verkniffenen Mundwinkeln beugt er sich zu seiner Verteidigerin hinüber und weist sie mit gestrecktem Finger auf sprachliche Unstimmigkeiten in einer Abschrift hin. Wenn er mit seiner Beanstandung fertig und die Übersetzung korrigiert ist, signalisiert er den Richtern durch eine herrschaftliche Handbewegung, dass sie zur nächsten Textnachricht übergehen dürfen, so als ob er ihnen das Wort erteilt und nicht umgekehrt. Seine präsidiale Macht beschränkt sich auf die Reichweite seines Zeigefingers, aber so weit übt er sie noch voll aus.

Die Spannung im Gerichtssaal ist verschwunden, auf so unvermittelte Weise wie die FDLR im kongolesischen Busch. Es gibt einfach nichts Wesentliches mehr zu sagen. Alle Argumente und Beschimpfungen sind ausgetauscht. Durch verschiedene rechtliche Hinweise hat der Senat schon längst angedeutet, wie das Urteil wohl aussehen wird. Mit wochenlangen Ablehnungen aller noch ausstehenden Beweisanträge der Verteidigung geht die Beweisaufnahme im Frühsommer 2015 nach ziemlich genau vier Jahren zu Ende.

Auch nach dem Prozess kämpft die FDLR weiter

Als der FDLR-Präsident am 28. September 2015 verurteilt wird, hat er sich damit längst abgefunden. In seinem »Letzten Wort« hat Murwanashyaka sich zwei Wochen vor dem Urteil »in tiefster Not« für »jedes Wort, jeden Blick, jede Tat, der zu einer Verletzung des Nächsten geführt hat« entschuldigt, »sei es im Verhandlungsraum, in der Zelle oder in den Staaten«.[133] Er hat noch einmal abschließend von sich selbst in der dritten Person gesagt: »Wenn der Angeklagte verurteilt wird, wird er keinen Groll gegen die Richter hegen, er wird den Saal gelassen verlassen. Nicht nur die Geschichte wird ihn freisprechen, auch eine andere Instanz. Er wird den Saal gelassen verlassen, in der Zuversicht, dass er zwar eine Schlacht, aber nicht den Krieg verloren hat.«

Als das Urteil fällt, sitzen die anderen Führungsmitglieder der FDLR im Ostkongo in ihrem Dschungelhauptquartier zusammen und beten für ihren Präsiden-

133 Letztes Wort Murwanashyaka, Prozesstag 319, OLG Stuttgart 19.9.2015

ten. Aus dem Radio erfahren sie von dem Schuldspruch, berichtet FDLR-Sprecher Laforge später telefonisch aus Bweru, einem kleinen Ort in den Masisi-Bergen in Nord-Kivu.[134]

Zwei Tage später hat Laforge sich sachkundig gemacht und verbreitet eine Presseerklärung. »Die FDLR drücken ihre tiefe Empörung über die ungerechte Verurteilung ihrer Führer Dr. Ignace Murwanashyaka und Mr Straton Musoni durch die deutsche Justiz an diesem 28. September 2015 zum Abschluss eines hochpolitischen, auf Befehl der Diktatur in Kigali durchgeführten Prozess aus. Dieser Prozess, der ungerechter nicht sein könnte, hatte lediglich zum Ziel, die FDLR zu enthaupten, und deswegen wurde er von Anfang bis Ende von abscheulichen Unregelmäßigkeiten gekennzeichnet. Wir erinnern daran, dass Dr. Ignace Murwanashyaka und Mr Straton Musoni auf offiziellen Wunsch der diktatorischen ruandischen Regierung während des Besuchs einer sehr hohen deutschen Persönlichkeit in Kigali verhaftet wurden. Die FDLR fordern die deutsche Justiz auf, sich in diesem Prozess von politischen Anweisungen zu lösen, und in der Berufung wahrhafte Gerechtigkeit walten zu lassen.«[135]

Nur wenige Tage vor der Urteilsverkündung in Stuttgart hat die FDLR ihren spektakulärsten Angriff im Kongo seit Jahren verübt: Kämpfer des Sektors Sinai, kommandiert von Nord-Kivu-Divisionschef Omega, überfallen am Abend des 24. September 2015 Ostkongos wichtigste Militärbasis, Rumangabo in Nord-Kivu, und töten mehrere Soldaten, bevor sie mit erbeuteten Waffen in den Busch zurückkehren. In einer am Tag des Urteils in Stuttgart verbreiteten Erklärung dementiert die FDLR jede Beteiligung.[136] Aber in den kommenden Monaten häufen sich wieder brutale Angriffe der FDLR.

So überfallen mutmaßliche FDLR-Kämpfer in der Nacht zum 7. Januar 2016 den Ort Miriki in Nord-Kivu tief in den dichtbewaldeten Hügeln des Distrikts Lubero. Mit Messern töten sie 18 Zivilisten der Nande-Ethnie, teils im Schlaf, berichten lokale Medien und sind empört: In Miriki gibt es eine Basis südafrikanischer Soldaten der schnellen UN-Eingreiftruppe FIB. Knapp zwei Wochen später gesteht die MONUSCO, die sich gerade mitten in einem Wechsel an ihrer Militärspitze befindet, Versagen ein: Die Südafrikaner, einen Kilometer vom Tatort entfernt, schossen lediglich mit Leuchtraketen in die Luft, statt einzugreifen und die Zivilbevölkerung zu schützen.[137]

Dieses Eingeständnis des Nichtstuns erfolgt am 20. Januar 2016. Der Beginn der Operation »Umoja Wetu« gegen die FDLR im Ostkongo liegt auf den Tag genau sieben Jahre zurück. Am gleichen Tag schließt die niederländische Sektion

134 Schlindwein, Simone: Die Hutu-Miliz steht unter Druck. In: tageszeitung, 12.10.2015
135 FDLR-Presseerklärung No 2015-010, gez. Laforge Fils Bazeye, Masisi 30.9.2015
136 FDLR-Presseerklärung No 2015-009, gez. Laforge Fils Bazeye, Masisi 28.9.2015
137 Allison, Simon: South African peacekeepers accused of failing to prevent DRC massacre, Daily Maverick (South Africa), 21.1.2016. www.dailymaverick.co.za/article/2016-01-21-south-african-peacekeepers-accused-of-failing-to-prevent-drc-massacre/#.Vqva5xq0udA

des Hilfswerks Ärzte ohne Grenzen ihre Klinik in der Kleinstadt Mweso, ein regelmäßiger Zielort von FDLR-Angriffen – es ist die einzige Gesundheitseinrichtung für 200 000 Menschen.[138] Acht Jahre lang hat Ärzte ohne Grenzen in Mweso mit zuletzt 200 lokalen Mitarbeitern Malariakranke, Unterernährte und Schwangere versorgt, viele davon waren mittellose Kriegsflüchtlinge. Nach der Geiselnahme einer US-Ärztin kurz vor Weihnachten 2015 waren viele Aktivitäten suspendiert worden. Vier Wochen und viele fruchtlose Verhandlungen später zieht das Hilfswerk die Konsequenz.

Die »Spirale des Elends« drehe sich wieder, resümiert wenige Tage später das UN-Flüchtlingshilfswerk UNHCR und spricht von Zehntausenden neuen Flüchtlingen in Nord-Kivu.[139] Hilfe für Fliehende – oder auch für Rückkehrer in ausgebrannten Dörfern – ist in weiten Landstrichen zu Beginn des Jahres 2016 nur noch aus der Luft möglich. Es wütet eine heftige Regenzeit. Die bewaldeten Berge sind kalt und matschig. Der FDLR-Krieg geht weiter.

138 MSF: MSF forced to close major humanitarian project in Mweso, following abduction of staff, 20.1.2016. www.msf.org/article/drc-msf-forced-close-major-humanitarian-project-mweso-following-abduction-staff

139 UNHCR: Fighting in eastern DRC forces thousands to flee, 29.1.2016. www.unhcr.org/56ab5d576.html

Kapitel 4
Die Ergebnisse des Stuttgarter Prozesses

»So geht es nicht!«: Ein Richter ruft um Hilfe

Nachdem Richter Jürgen Hettich am Morgen des 28. September 2015 sein Urteil gesprochen hat und bevor er zur ausführlichen Urteilsbegründung anhebt, gönnt sich der sonst so beherrschte Jurist »ein paar Anmerkungen«.[140] Es wird eine fulminante Abrechnung.

»Wir hatten hier die erste Hauptverhandlung zu Vorwürfen von Kriegsverbrechen und Verbrechen gegen die Menschlichkeit nach dem Völkerstrafgesetzbuch. Dieses Pilotverfahren war die längste Hauptverhandlung in der Geschichte des OLG Stuttgart. Ob wir damit ›Rechtsgeschichte schreiben‹, Recht ›im Namen der Menschheit‹ oder gar ›für den Weltfrieden‹ schreiben – das ist mir persönlich etwas hochgegriffen«, beginnt Richter Hettich und fällt sein eigenes Urteil über den Prozess: »Meine Bilanz der Verhandlung lässt sich in vier Worten zusammenfassen: So geht es nicht!«

Präzise und knapp, wie es seine Art ist, führt Richter Hettich aus: »Ein solches Mammutverfahren ist mit der Strafprozessordnung nicht in den Griff zu bekommen. Es genügt, dass einer seine Rechte ausnutzt, um zu verhindern, dass das Verfahren zu Ende geführt werden kann«, sagt er. »Es stand mehrmals kurz davor zu platzen. Dass wir überhaupt zu Ende gekommen sind, ist nur, weil zwei Drittel des Verfahrensstoffes ausgeschieden wurden und Ermüdungserscheinungen eintraten. Sonst hätten wir locker vier weitere Jahre verhandelt.«

Er fasst zusammen: »Es ging darum, zwei Jahre Bürgerkrieg im Kongo mit unzähligen Parteien aufzuklären. Dazu wurde es für möglich gehalten, Zeugen aus aller Welt zu laden, zum Beispiel den UN-Generalsekretär. Die Tatorte lagen über 6000 Kilometer weit weg, die Beweisaufnahme war eine Herkulesaufgabe. Es gab Auslandszeugen und Rechtshilfeersuchen an Länder und an den ICC, bei denen die Antworten teils Monate auf sich warten ließen, auch über ein Jahr. Es war ein großer logistischer und organisatorischer Aufwand. Der größte Teil der TKÜs

140 Die folgenden Angaben und Zitate: Urteilsverkündung, Prozesstag 320, OLG Stuttgart 28.9.2015

und Mails musste übersetzt werden. Die Opferzeugen waren anonym und wurden unter großem technischen und organisatorischen Aufwand audiovisuell befragt.«

Die Beweisaufnahme sei von weiteren Schwierigkeiten geprägt gewesen. »Der Großteil der Zeugen waren ehemalige Kämpfer der FDLR, die möglicherweise selbst an Straftaten beteiligt waren. Es liegt auf der Hand, dass sie sich nicht selbst belasten. Aufklärung von Kriegsverbrechen mit mutmaßlichen Tätern ist schwierig«, so der Richter. Aber auch: »Extremer Opferschutz kann Beweisaufnahme behindern.« Die Identität, der Vernehmungsort und die Betreuung der Opferzeugen seien unbekannt gewesen. Den Inhalt ihrer Aussagen hätten die Ankläger wiedergegeben, »aber glaubhafte Aussagen anonymer Zeugen müssen von anderen Beweismitteln bestätigt werden. Daher wurde alles, was nur auf diesen Aussagen beruht, eingestellt.« Ferner: »Zeugen im Ausland können nicht gezwungen werden, müssen nicht kommen oder wiederkommen.« Manche Zeugen aus Ruanda mussten zwei- bis dreimal anreisen, weil das Fragerecht so ausgiebig genutzt wurde.

Auch seinen Frust über Medienklischees spricht sich der Richter von der Seele. »Der in manchen Medien verwendete Begriff ›Ruanda-Verfahren‹ ist schlicht falsch. Es ging um Verbrechen im Osten der Demokratischen Republik Kongo 2008–09«, stellt Hettich klar – am nächsten Tag wird die *Stuttgarter Zeitung*, die neben der *taz* am häufigsten aus dem Gerichtssaal berichtet hat, dennoch auf Seite 1 ihre Urteilsreportage mit dem Stichwort »Ruanda-Prozess« ankündigen. Entgegen der Behauptung der Verteidigung sei es auch kein »politisches Verfahren«, sondern »ein Strafverfahren von besonderem Umfang und mit besonderen Schwierigkeiten«. Natürlich sei möglich, dass Ruanda ein besonderes Interesse an dem Verfahren hat, aber »wir konnten für wiederholte Mutmaßungen und Verschwörungstheorien der Verteidigung keinen Beleg finden«.

Wer diese Verhandlung erst ab den Plädoyers begleitete, so Hettichs Resümee, »konnte den Eindruck gewinnen, dass es ein ganz normales Verfahren und ein normaler Umgangston war«. Das war »während eines großen Teils der Verhandlung nicht der Fall. Mehr möchte ich dazu nicht sagen, zumal ein großer Teil ohnehin unsäglich war.« Dann dankt er dem Bundeskriminalamt, der mobilen Zeugenschutzeinheit, dem Zeugenbeistand und den Dolmetschern in Afrika und vor Gericht und geht zu seiner Urteilsbegründung über, gewissenhaft und sorgfältig bis zum Schluss.

Die zwei Gesichter der Anklage: Völkerstrafrecht und Terrorparagraf

Der Prozess gegen Ignace Murwanashyaka und Straton Musoni beruht auf zwei getrennten Beschuldigungen. Zum einen wird die FDLR als »terroristische Vereinigung im Ausland« bezeichnet, also eine »Vereinigung im Ausland, deren Zwecke oder deren Tätigkeit darauf gerichtet sind, Verbrechen gegen die Menschlichkeit und Kriegsverbrechen zu begehen«.[141] Das ist eine klassische Terroranklage gemäß § 129a/b des Strafgesetzbuches – die bis heute kontroversen sogenannten »Terrorismusparagrafen« aus den Zeiten der RAF-Bekämpfung im Jahr 1976. Beide Angeklagten werden der Mitgliedschaft beschuldigt, Murwanashyaka auch der Rädelsführerschaft; im Laufe des Verfahrens wird auch gegen Musoni der Vorwurf der Rädelsführerschaft erhoben. Zum anderen, und damit schreibt der FDLR-Prozess deutsche Rechtsgeschichte, klagt die Bundesanwaltschaft Murwanashyaka und Musoni nach dem Völkerstrafgesetzbuch (VStGB) an, das Kriegsverbrechen und Verbrechen gegen die Menschlichkeit definiert. Es ist die erste derartige Anklage in Deutschland.

Im Einzelnen wird den Angeklagten vorgeworfen, »im Zeitraum von Januar 2008 bis zum 17. November 2009 es jeweils als militärische Befehlshaber unterlassen zu haben, ihre Untergebenen daran zu hindern, a) im Rahmen eines ausgedehnten oder systematischen Angriffs gegen eine Zivilbevölkerung [...] b) im Zusammenhang mit einem nichtinternationalen bewaffneten Konflikt« eine Reihe von Verbrechen begangen zu haben: Verbrechen gegen die Menschlichkeit in 26 Fällen gemäß § 4 und Teilen von § 7 VStGB; Kriegsverbrechen in 39 Fällen gemäß § 4 sowie Teilen von § 8, 9 und 11 VStGB. Dazu kommen die einschlägigen Paragrafen des Strafgesetzbuches.

Zentraler Vorwurf dabei ist die »Vorgesetztenverantwortlichkeit« Murwanashyakas und Musonis. § 4 VStGB lautet: »Ein militärischer Befehlshaber oder ziviler Vorgesetzter, der es unterlässt, seinen Untergebenen daran zu hindern, eine Tat nach diesem Gesetz zu begehen, wird wie ein Täter der von dem Untergebenen begangenen Tat bestraft.« Ein militärischer Befehlshaber wird definiert als eine Person, »die in einer Truppe tatsächliche Befehls- oder Führungsgewalt und Kontrolle ausübt.«

Die weiteren in der Anklage genannten Paragrafen des VStGB handeln von »Verbrechen gegen die Menschlichkeit« (§ 7): Tötung, Vergewaltigung, Versklavung, grausame Behandlung sowie Freiheitsberaubung »im Rahmen eines ausgedehnten oder systematischen Angriffs gegen eine Zivilbevölkerung«. Unter »Kriegsverbrechen gegen Personen« (§ 8) fallen in der Anklage Tötung, grausame Behandlung, Vergewaltigung, Geiselnahme und Rekrutierung von Kindersoldaten »im Zusammenhang mit einem bewaffneten Konflikt« verübt an »nach dem humanitären Völkerrecht zu schützenden Personen«. Unter »Kriegsverbrechen gegen Eigentum und sonstige Rechte« (§ 9) fallen die Vorwürfe Plünderung und Zerstörung, unter »Kriegsverbrechen des Einsatzes verbotener Methoden der Kriegsführung« (§11), dass ein Täter »eine nach dem humanitären Völkerrecht zu schützende Person als Schutzschild einsetzt, um den Gegner von Kriegshandlungen gegen bestimmte Ziele abzuhalten«.

141 Alle Zitate aus der Anklage nach: Anklageverlesung, Prozesstag 1, OLG Stuttgart 4.5.2011

Das Völkerstrafgesetzbuch vom 26. Juni 2002 ist eine grundlegende Weiterentwicklung des deutschen Strafrechts. Es überträgt das »Römische Statut« des Internationalen Strafgerichtshofs (IStGH oder ICC) vom 17. Juli 1998 in deutsches Recht, wobei es nicht immer deckungsgleich ist. Als Ratifizierer-Staat hätte Deutschland das Statut ab dem weltweiten Inkrafttreten am 1. Juli 2002 sowieso anwenden müssen – oder entsprechende Fälle an den ICC übergeben müssen. Das Völkerstrafgesetzbuch sollte »Deutschland in die Lage versetzen, die in die Zuständigkeit des IStGH fallenden Verbrechen selbst zu verfolgen«, schreibt ein zuständiger Abteilungsleiter im Bundesministerium für Justiz.[142]

Die Begriffe »Verbrechen gegen die Menschlichkeit« und »Kriegsverbrechen« gab es zuvor im deutschen Recht nicht, sondern bloß die einzelnen mit diesen Sammelbegriffen erfassten Straftaten. Ebenso wenig kannte das deutsche Recht die »Vorgesetztenverantwortlichkeit«, welche internationale Kriegsverbrecherprozesse vom Nürnberger Tribunal 1946 bis zu den UN-Tribunalen zu Jugoslawien und Ruanda verhandelt haben. Nicht neu, anders als vielfach behauptet, ist das im Völkerstrafgesetzbuch festgehaltene Weltrechtsprinzip, wonach die deutsche Justiz Straftaten weltweit unabhängig vom Ort und »unabhängig vom Recht des Tatorts« verfolgen darf; dies steht bereits seit 1975 im Strafgesetzbuch. In der Praxis hat erst das Völkerstrafgesetzbuch den Impuls gegeben, die entsprechenden Ermittlungskapazitäten in Deutschland aufzubauen.

Der FDLR-Prozess ist für das neue Völkerstrafrecht ein Praxistest gewesen: ein gigantisches Experiment. »Zu nahezu jedem Straftatbestand, der im vorliegenden Verfahren zur Anwendung kommt, gibt es offene strafrechtliche Fragen«, schreibt der leitende Staatsanwalt Ritscher in einem Aufsatz; dazu gehörten die Bedeutung der Vorgesetztenverantwortlichkeit sowie die Frage, ob eine »Milizenarmee« als eine terroristische Vereinigung gelten kann.[143] Präzedenzfälle gibt es dafür im deutschen Recht nicht. Die Richter können sich lediglich darauf stützen, was der Bundesgerichtshof (BGH) am 17. Juni 2010 erklärte, als er die Fortdauer der Untersuchungshaft der beiden FDLR-Führer anordnete.

Nach diesem Beschluss der Bundesrichter ist die Funktion des »militärischen Befehlshabers« nicht einfach als formale Stellung zu begreifen. Sondern »militärischer Befehlshaber im Sinne des § 4 VStGB ist, wer die faktisch ausübbare, gegebenenfalls auch rechtlich fundierte Möglichkeit hat, Untergebenen verbindliche Anweisungen zu erteilen und die Ausführung dieser Anweisungen durchzusetzen«. Ferner muss der Befehlshaber »erkennen oder mit der konkreten Möglichkeit rechnen, dass der Untergebene eine Straftat nach dem Völkerstrafgesetzbuch

142 Dittmann, Thomas/Heinitz, Johannes: Das Bundesministerium der Justiz und das Völkerstrafrecht. In: Safferling, Christoph/Kirsch, Stefan: Völkerstrafrechtspolitik, Berlin/Heidelberg 2014, S. 192

143 Ritscher, Christian: Die Ermittlungstätigkeit des Generalbundesanwalts zum Völkerstrafrecht: Herausforderungen und Chancen. In: Safferling/Kirsch 2014, S. 233

zu begehen beabsichtigt«. Er braucht aber nicht mit einer bestimmten Straftat zu rechnen, sondern es genügt, dass der Vorgesetzte die »Art der Straftat« kennt und weiß, »dass derartige Taten bei dem Einsatz der ihm unterstellten Truppen im Kampfgebiet begangen werden; ein hierüber hinausgehendes Detailwissen ist nicht erforderlich«.[144]

Murwanashyaka muss demnach nicht gewusst haben, dass ein bestimmtes Massaker geplant war, damit man ihm vorwerfen kann, es nicht verhindert zu haben. Er muss aber gewusst haben, dass die FDLR diese »Art der Straftat« zu begehen beabsichtigte. Wie Bundesrichter Schäfer in einem Kommentar zu diesem Urteil allerdings anmerkt: »Die Ausdifferenzierung, was die ›Art der Straftat‹ ist, bleibt weiteren Entscheidungen bzw. der wissenschaftlichen Forschung überlassen.«[145]

So erkunden die Richter des 5. Strafsenats am OLG Stuttgart vier Jahre lang unerforschtes Terrain. Nicht nur der kongolesische Dschungel ist für sie Neuland, sondern auch das deutsche Recht. Die Internationalität, die der FDLR ihren Charakter gab – Truppen im Kongo, Führung in Deutschland –, reproduziert sich vor Gericht. Haben die FDLR-Truppen im Kongo überhaupt Straftaten nach dem Völkerstrafrecht begangen? Wenn ja, wussten die Führer in Deutschland davon? Wenn ja, wollten sie es, nahmen sie es in Kauf? Wenn nicht, waren sie in der Lage, entgegengesetzte Anweisungen nicht nur zu erteilen, sondern auch durchzusetzen?

Die FDLR: eine terroristische Vereinigung?

Ob die FDLR eine terroristische Vereinigung ist, hängt strafrechtlich von ihrem »Zweck« ab. Laut Anklage besteht das Ziel der FDLR darin, »Ruandas Regierung zu stürzen«, unterfüttert durch eine »ethnisch-rassistische Ideologie«, untermalt von einem pauschalen Hass auf Tutsi und dem Glauben an einen gottgegebenen Auftrag, Ruanda zurückzuerobern. Die Gewaltakte im Kongo seien »Ausdruck einer politischen Gesamtstrategie der FDLR«, heißt es: »Die Tätigkeit der FDLR ist darauf gerichtet, Kriegsverbrechen zu begehen«, es besteht »kein anderer Zweck, als das Überleben in Kivu durch solche Taten zu sichern«.[146]

Murwanashyakas Verteidigerin Lang sagt hingegen: »Ziel und Zweck war Anerkennung durch das neue ruandische Regime als Oppositionspartei und die Verfolgung sämtlicher Straftaten, die 1994 begangen wurden.«[147] Musonis Verteidiger

144 Bundesgerichtshof, Beschluss 17.6.2010, AK 3/10

145 Schäfer, Jürgen: Die Rechtsprechung des Bundesgerichtshofs zum Völkerstrafrecht. In: Safferling/Kirsch 2014, S. 248

146 Plädoyer Bundesanwaltschaft, Prozesstag 314, OLG Stuttgart 15.7.2015

147 Plädoyer Verteidigung Murwanashyaka/Lang, Prozesstag 315, OLG Stuttgart 3.8.2015

Thielmann sagt: »Ziel war die Machtübernahme, aber nicht mit Gewalt.« Dies sei kein »terroristischer«, sondern ein »demokratischer« Zweck, und die Ausbeutung der kongolesischen Zivilbevölkerung in den Kivu-Provinzen sei kein terroristischer »Zweck«, sondern höchstens eine terroristische »Tätigkeit«.[148]

Der angeklagte FDLR-Vizepräsident Straton Musoni legt dar, dass es ihm immer darum gegangen sei, die ruandischen Hutu-Flüchtlinge im Kongo zu schützen – zu ihnen gehörten auch seine eigenen Angehörigen. »Als 1996 die Lager angegriffen wurden und mehrere Hunderttausend Flüchtlinge getötet wurden, auch Angehörige und Freunde von mir«, erinnert er sich, habe seine eigene damalige Exilpartei RDR »nicht darauf reagiert. Für mich war das inakzeptabel. Man muss doch etwas tun, um die Flüchtlinge zu schützen! Man hat diskutiert, später haben meine Ideen zur Gründung der FDLR beigetragen.«[149]

Musoni beschreibt die damalige Entwicklung weiter: »Ich war und bin davon überzeugt, dass die Flüchtlinge das Recht hatten, ihr Leben zu schützen, oder wenn die internationale Gemeinschaft so schändlich versagt, ihr Leben selbst zu schützen [...] Nach den Ereignissen von Kamina gab es eine langfristige Planung, die Armee nicht sofort zu entwaffnen, sondern sie zum Schutz der Flüchtlinge zu erhalten.«

Doch aus den öffentlichen Äußerungen und Regelwerken der FDLR selbst geht hervor, dass es um mehr geht: nämlich eine Veränderung in Ruanda selbst, die die FDLR »Befreiung« nennt. »Unser Plan war, unser Land wieder zu erobern, was man uns weggenommen hat«, sagt ein ehemaliger Kämpfer, der seit dem Kindesalter Soldat war, vor Gericht.[150]

Schon eingangs hat Murwanashyakas Verteidigung erklärt: »Der Charakter der FDLR kann nur dann zutreffend beschrieben werden, wenn auch der Charakter der ruandischen Gesellschaft, deren Geschichte, soziopolitische und ethnische Entwicklung in den Blick genommen werden.«[151] Verteidigerin Groß-Bölting argumentiert: »Die Gewalt ist erst als Reaktion auf die Angriffe auf dem Hintergrund der historischen Erfahrungen ausgebrochen.« Ihre Kollegin Lang fügt hinzu: »Wann, wie und warum sich eine Partei bildet, ist wichtig für die Einordnung der Zwecke und Glaubwürdigkeit der Ziele.«[152]

Die Geschichte Ruandas und des ruandischen Hutu-Exils ist allerdings nicht Verfahrensgegenstand in Stuttgart: Ein zu Beginn des Verfahrens vorgestellten Sachverständigengutachten zur FDLR, das im weiteren Verlauf keine Rolle spielt, enthält dazu nur wenige allgemeine Angaben.[153] Es werden dazu keine Experten angehört, und wenn dazu Fragen gestellt werden, sorgt das für Unmut. »Wir sind

148 Plädoyer Verteidigung Musoni/Thielmann, Prozesstag 316, OLG Stuttgart 10.8.2015
149 Dies und die folgenden Zitate: Letztes Wort Musoni, Prozesstag 318, OLG Stuttgart 14.9.2015
150 Zeugenaussage, Prozesstag 70, OLG Stuttgart 16.4.2012
151 Antrag Lang, Prozesstag 1, OLG Stuttgart 4.5.2011
152 Prozesstag 192, OLG Stuttgart 13.11.2013
153 Sachverständigengutachten Denis Tull, Prozesstage 4–5, OLG Stuttgart 18./23.5.2011

hier nicht für die Aufklärung von Genoziden 1994 und 1996, sondern müssen uns an den Beschleunigungsgrundsatz halten«, so Richter Ernst.[154]

Die Staatsanwälte bezeichnen entsprechende Fragen als Zeitverschwendung. Selbst wenn die FDLR ein Widerstandsrecht zur Zeit ihrer Gründung gehabt hätte, rechtfertige dies keine Verbrechen im Anklagezeitraum 2008 bis 2009. Als ein ehemaliger Kämpfer auf die Frage des Staatsanwalts Ritschers nach den Zielen der FDLR antwortet: »Man hat uns gesagt, dass es in Ruanda keine Freiheit gibt; die FDLR kämpft, weil man im eigenen Land keine Freiheit hat«, erwidert Ritscher: »Versteh ich nicht.« Dann will er wissen: »Wie sah der Kampf aus, um das Land zu befreien? Sie haben ja erzählt, Sie lebten mit der Zivilbevölkerung und machten Ackerbau.« Der Zeuge: »Ich habe gesagt, dass wir am Anfang gut mit den Kongolesen zusammenlebten. Eine Zeitlang gab uns Kongo Ausrüstung, hat sie per Flugzeug geschickt und abgeworfen. Zu einer bestimmten Zeit wurde das eingestellt. Eigentlich geht es jetzt darum, sich zu verteidigen.«[155]

Fragen nach den Zielen der FDLR werden oberflächlich gestellt und nicht vertieft. Ein ehemaliger Kämpfer der FDLR-Reservebrigade erklärt dem Gericht in einfachen Worten die FDLR-Ideologie: »In Ruanda gibt es Hutu, Tutsi und Twa, aber es geht nicht um die Twa. Die Ideologie konzentriert sich auf die Tutsi, indem sie über sie Schlechtes sagen, dass die Tutsi böse Leute sind.«[156]

Paul Rwarakabije, der erste Militärführer der FDLR und seit 2003 wieder in Ruanda, nennt die Ziele der Organisation vor Gericht eine »Herzensangelegenheit« und er wolle dazu nichts sagen. Auf Nachfrage führt er dann doch aus: Die Soldaten, die 1994 Ruanda verließen, hätten das Ziel verfolgt, Ruanda anzugreifen, und an diesen Zielen habe sich nichts verändert.[157]

In seinem Schlusswort gibt Murwanashyaka über die Ziele der FDLR keinen Aufschluss. Er verweist lediglich auf Ruandas Geschichte. »Woher hat die Anklage die Erkenntnisse, dass Ex-FAR den Völkermord an den Tutsi begangen hat?«, fragt der FDLR-Präsident, und: »Laut Anklage gab es keinen Völkermord an Hutu. Woher hat sie [die Anklage] die Erkenntnisse?«[158] Er mokiert sich über eine mögliche Charakterisierung der FDLR als terroristische Vereinigung: Wenn die Richter das wirklich glaubten, würden sie nicht »ohne jeden Schutz auf der Straße« gehen, meint er. »Würden Sie sich genauso verhalten, wenn Sie den Präsidenten des IS festgenommen hätten? Das Verhalten des Senats zeigt, dass Sie selbst nicht an die terroristische Vereinigung glauben.«

In seinem Urteil definiert der Senat die FDLR als »Organisation zur Sensibilisierung für den Kampf zur Befreiung Ruandas«.[159] Es sei der FDLR bewusst,

154 Prozesstag 192, OLG Stuttgart 13.11.2013
155 Zeugenvernehmung, Prozesstag 46, OLG Stuttgart 12.12.2011
156 Zeugenaussage, Prozesstag 119, OLG Stuttgart 5.12.2012
157 Zeugenaussage Paul Rwarakabije, Prozesstag 34, OLG Stuttgart 24.10.2011
158 Letztes Wort Murwanashyaka, Prozesstag 319, OLG Stuttgart 16.9.2015
159 Dies und die folgenden Zitate: Urteilsverkündung, Prozesstag 320, OLG Stuttgart 28.9.2015

dass es dabei zu strafbaren Taten kommen kann, sogenannten »Katalogtaten«, und sie habe dies billigend in Kauf genommen. Zweck der FDLR sei »wahrscheinlich bereits seit Gründung, Katalogstraftaten – Kriegsverbrechen zum Nachteil der kongolesischen Zivilbevölkerung – zu begehen«. Dem stehe »das weitergehende politische Ziel, die alleinige Macht in Ruanda zu bekommen« nicht entgegen. Die Begehung von Katalogstraftaten, so die Richter, »muss nicht alleiniges Ziel sein; es reicht, wenn sie dem weiteren Ziel helfen. Das ist hier der Fall«. Es »genügt, wenn die Mitglieder sich bewusst sind, dass es bei Verfolgung ihrer Pläne zu Terrortaten kommen kann und sie dies auch wollen.«

Murwanashyaka und Musoni seien als »herausgehobene Personen in herausgehobener Stellung« Rädelsführer, denn durch ihre Tätigkeit waren sie am Handeln der FDLR »in maßgeblicher Weise beteiligt.« Präsident Murwanashyaka war die »treibende Kraft«; Vizepräsident Musoni war ebenfalls Führungsperson, aber »Umfang und Gewicht seiner Aktivitäten waren deutlich geringer«.

Die Verurteilung auch Musonis wegen des Vorwurfs der Rädelsführerschaft, nicht nur der Mitgliedschaft, geht über die Anklage hinaus. Sie kompensiert allerdings die Streichung der Vorwürfe gegen Musoni nach dem Völkerstrafgesetzbuch. Seine Haftstrafe von acht Jahren geht so wenig über die bereits verbüßte Untersuchungshaft von fast sechs Jahren hinaus, dass er den Gerichtssaal am Tag des Urteils bereits in der Mittagspause als freier Mann verlassen kann, noch bevor die Urteilsverlesung abgeschlossen ist.

Das Zusammenleben mit der Zivilbevölkerung

Laut Anklage übte die FDLR im Ostkongo im Tatzeitraum 2008 bis 2009 »eine auf Waffengewalt gestützte Schreckensherrschaft über die einheimische Bevölkerung aus«.[160] Dies begründet sowohl den Vorwurf, die FDLR sei eine terroristische Vereinigung, als auch den Vorwurf, sie habe Verbrechen gegen die Menschlichkeit verübt. Viele ehemalige FDLR-Kämpfer widersprechen dem vor Gericht. Ein Oberstleutnant, der im FDLR-Generalstab für die Beziehung mit der Bevölkerung zuständig war, sagt stolz: »Wo die FDLR war, hat sie besser als FARDC mit den Zivilisten zusammengelebt.«[161]

»Die Verbindung war stabil, aber es war eine Verbindung mit einem Raubtier«, sagt dazu der UN-Experte Dinesh Mahtani.[162] Sobald die FDLR militärisch und damit finanziell in Bedrängnis geriet, wurden sogenannte »Verpflegungsoperationen« (*opérations de ravitaillement*), kurz ODR, angeordnet, um sich Güter anzueignen. »ODR ist Raub und Plünderung«, gibt ein ehemaliger Offizier aus dem

160 Anklageverlesung, Prozesstag 1, OLG Stuttgart 4.5.2011
161 Zeugenaussage, Prozesstag 165, OLG Stuttgart 8.7.2013
162 Zeugenaussage Dinesh Mahtani, Prozesstag 85, OLG Stuttgart 2.7.2012

Generalstab freimütig zu. »Man sollte solche Verbrechen nicht an der eigenen Zivilbevölkerung begehen, wenn man ein gutes Verhältnis wollte. Daher wurde es in der Zone gemacht, wo der Feind kontrollierte.«[163]

Es war eine alte Praxis, seit dem Rückzug aus Ruanda 1998, führt er aus. »Wenn sie zum Beispiel festgestellt haben: ›Wir brauchen Medikamente‹, sind sie in die Zone vom Feind gegangen. Dann sind sie zu einer Apotheke gegangen und haben Medikamente geplündert. Kurz: Es gehörte zur Aufgabe von jedem Kommandanten, zu wissen, was vor ihm ist, was der FDLR helfen kann. Dann hat man ihm gesagt: ›Geh dahin und hol das.‹«[164]

»Die Operation wurde vorbereitet von der obersten Ebene des Militärs«, erläutert der ehemalige Zugführer von General Mudacumuras engster Leibwächtereinheit: »Sie gaben den unteren Einheiten die Anweisungen, um Sachen klauen zu gehen. Die Einheiten haben es organisiert und Leute gesucht, die klauen gehen sollten. Diese gingen dann klauen.«[165] 70 Prozent der Beute gingen an die durchführende Einheit, 30 Prozent an das FOCA-Kommando.[166] In der Regel hätten Kämpfer der »Compagnie Spéciale« – eine Einheit der Reservebrigade, die für den Schutz ihres Kommandanten zuständig ist – oder Späher der Aufklärungseinheiten CRAP diese Verpflegungsoperationen durchgeführt.[167]

Der ehemalige FOCA-Verwalter erklärt dem Gericht: »Es waren schriftliche Befehle, die über Verpflegungsoperationen bestimmten [...] Die schriftlichen Anweisungen wurden vom FOCA-Kommandeur unterzeichnet. Wenn die Operationen durchgeführt wurden, wurde die Beute verkauft. Von dem Erlös wurden Hefte gekauft oder Getränke für Versammlungen, dafür war das Geld [...] Es wurde seit langem gemacht und es war der Weg, um Geld zu bekommen für den militärischen Alltag. Auch zur Zeit von ALIR haben wir es so gemacht, um Geld zu haben, um Sachen zu kaufen wie Medikamente und Büromaterial.«[168]

Seit 2001 gebe es überdies einen permanenten Befehl von Mudacumura, wonach Plünderungen in Kriegszeiten erlaubt seien, »damit die Soldaten nicht verhungern«, erklärt ein ehemaliger Funker. Damit gibt er zu erkennen, dass die Reservebrigade in Kriegszeiten systematisch zu Kriegsverbrechen angestiftet wurde.[169] Dies sei auch im Anklagezeitraum 2009 geschehen. Das »gute Zusammenleben« mit der Bevölkerung endete zu diesem Zeitpunkt schlagartig.

163 Zeugenaussage, Prozesstag 222, OLG Stuttgart 31.3.2014
164 Zeugenaussage, Prozesstag 221, OLG Stuttgart 26.3.2014
165 Zeugenaussage, Prozesstag 120, OLG Stuttgart 10.12.2012
166 Zeugenaussage, Prozesstag 246, OLG Stuttgart 23.7.2014
167 Zeugenaussage, Prozesstag 119, OLG Stuttgart 5.12.2012
168 Zeugenaussage, Prozesstag 216, OLG Stuttgart 10.3.2014
169 Zeugenaussage, Prozesstage 236 und 249, OLG Stuttgart 4.6. und 4.8.2014

Gab es gezielte Angriffe auf Zivilisten?

Laut Anklage hat die FDLR Verbrechen gegen die Menschlichkeit begangen – also Straftaten an nach dem humanitären Völkerrecht zu schützenden Personen »im Rahmen eines ausgedehnten oder systematischen Angriffs gegen eine Zivilbevölkerung«[170] – sowie Kriegsverbrechen – also Straftaten an nach dem humanitären Völkerrecht zu schützenden Personen »im Zusammenhang mit einem internationalen oder nichtinternationalen bewaffneten Konflikt«[171].

Gegen Ende des Prozesses sagt der Senat, dass er die Straftaten lediglich unter dem Paragrafen über Kriegsverbrechen bewerten will.[172] Alternativ verweist er auf die Paragrafen des Strafgesetzbuches über Mord und Totschlag[173] sowie den Absatz des Paragrafen des VStGB über verbotene Methoden der Kriegsführung, wonach ein Angreifer »mit militärischen Mitteln einen Angriff gegen die Zivilbevölkerung als solche oder gegen einzelne Zivilpersonen richtet, die an den Feindseligkeiten nicht unmittelbar teilnehmen«.[174] In ihren Vernehmungen haben zuvor ehemalige FDLR-Kämpfer sehr viel darüber ausgesagt, wie systematisch die FDLR ihre Angriffe konzipierte, plante und befahl.

Vor einer militärischen Operation, so schildern es ehemalige FDLR-Kommandeure, wurde eine Operationsplanung gemacht, genannt *bac à sable* (Sandkasten). Das Operationsgebiet wird in den Sandboden gezeichnet, Hügel aufgehäuft, mit Blättern und Stängeln wird der Dschungel in Miniaturform nachgeahmt, um das Gelände und den Einsatzort anschaulich zu machen. Der zuständige Kommandeur erklärt anhand des Sandkastenspiels, wie die Operation ablaufen soll.[175]

Auch wurden die Kämpfer genau gebrieft, schildert ein ehemaliger Major, der ein ganzes Bataillon kommandiert hat: »Man liest den Soldaten den Operationsbefehl vor. Sie sagen jeder Person, was sie zu tun hat und wie sie sich verhalten muss. Wenn eine Person etwas nicht versteht, darf sie Fragen stellen. Bei diesem Briefing sind alle Führer, die diese Operation durchführen werden, und auch alle Untergebenen dabei.« Der Einheitskommandant sei verpflichtet gewesen, einen Bericht über den Angriff zu geben, der nach einer Prüfung durch die Geheimdiensteinheit bis zum FOCA-Kommandeur weitergereicht wurde.[176]

Im Verlauf der Zeugenaussagen vor Gericht wird klar: Nichts passiert in den militärischen FDLR-Strukturen ohne Befehl von oben. Und: Die allermeisten Befehle des Oberkommandos wurden schriftlich dokumentiert, die Befehlskette ist daher auch im Nachhinein nachvollziehbar. Die Befehle wurden in der Regel als

170 § 7 VStGB
171 § 8 VStGB
172 Rechtlicher Hinweis des Senats, Prozesstag 287, OLG Stuttgart 4.3.2015
173 § 211 u. 212 StGB
174 § 11.1.1 VStGB
175 Zeugenaussage, Prozesstag 120, OLG Stuttgart 10.12.2012
176 Zeugenaussage, Prozesstag 245, OLG Stuttgart 21.7.2014

Telegramm per Funk kommuniziert und in Heften im Übertragungsbüro aufbewahrt. Nur die Bataillone verfügten über Funkgeräte, die weit senden konnten, so vor Gericht der ehemalige FDLR-Hauptfeldwebel und Funker. Züge und Kompanien hatten keine eigenen Funkgeräte.[177]

Ein Oberleutnant der Reservebrigade macht die Befehlskette an einem Beispiel deutlich: »Wenn wir angriffen, zum Beispiel eine Brigade, dann hat der Chef der Brigade die Operation angeführt. Der Chef der Brigade hat keine Befehlsgewalt, er bekommt die Befehle von Mudacumura. Nur im Fall einer Selbstverteidigung kann der Brigadechef eigenständig reagieren und Anordnungen erteilen.«[178] Ein ehemaliger Zugführer im Bataillon Zodiaque der Reservebrigade beschreibt die Befehlsweitergabe per Funk: »Mudacumura hat das Telegramm auf ein Stück Papier geschrieben, sein Sekretär Gaspard hat es dann in ein großes Heft getan. [...] Nachdem er das Telegramm von Mudacumura vollständig aufschrieb, brachte er das Heft wieder zu Mudacumura, und Mudacumura kontrollierte, dass das, was Gaspard schrieb, richtig war. Dann gab er das Heft wieder an Gaspard, das Heft ging dann zum Operateur. Der Funker hat es in ein anderes großes Heft geschrieben und dann hat er es geschickt.«[179]

Für die Verschlüsselung und Dekodierung der Nachrichten war ein Übertragungsoffizier zuständig. Die SOI-Codes (*Système Opératif d'Information*) zum Verschlüsseln und Entschlüsseln waren nur dem Militärchef und den Einheitskommandeuren bekannt.[180] Ein ehemaliger führender FDLR-Geheimdienstoffizier sagt aus: »Es gab SOI-Codes, die das FOCA-Kommando mit höheren Einheiten benutzte: SONOKI, SOSUKI, Verteidigungskommissariat und Reservebrigade. Sie erarbeiteten dann eigene SOI, um mit den untergebenen Einheiten zu kommunizieren.«[181] Alle sechs Monate wurden die Codes aus Sicherheitsgründen geändert, in Kriegszeiten auch öfter.[182]

Telegramme mit Botschaften, zum Beispiel vom FDLR-Präsidenten aus Deutschland, kamen ebenfalls per Funk, berichtet ein hochrangiger Offizier, der im Hauptquartier stationiert war. Der zuständige FOCA-Kommandeur, der die Nachricht von seinem Funkbüro CTR erhielt und entschied, ob sie von Interesse war, rief dann die Offiziere zu sich und las ihnen die Nachricht vor.[183] Zugang zum Funkbüro hatten offiziell nur der Oberkommandierende Mudacumura, der Chef des Funkbüros und Mudacumuras Privatsekretär. Andere Personen benötigten eine besondere Erlaubnis.[184]

177 Zeugenaussage, Prozesstag 127, OLG Stuttgart 16.1.2013
178 Zeugenaussage, Prozesstag 78, OLG Stuttgart 21.5.2012
179 Zeugenaussage, Prozesstag 120, OLG Stuttgart 10.12.2012
180 Zeugenaussage, Prozesstag 168, OLG Stuttgart 17.7.2013
181 Zeugenaussage, Prozesstag 222, OLG Stuttgart 31.3.2014
182 Zeugenaussage, Prozesstag 207, OLG Stuttgart 29.1.2014
183 Zeugenaussage, Prozesstag 41, OLG Stuttgart 23.11.2011
184 Zeugenaussage, Prozesstag 185, OLG Stuttgart 14.10.2013

Ein Funkgerät war stets in Reichweite von Mudacumura, und nur er benutzte es. Ein weiteres Gerät war im Funkbüro, es empfing alle Nachrichten von allen Einheiten. Verschlüsselte Nachrichten waren in der Regel an hochrangige Offiziere gerichtet: »Wir haben nicht gewusst, wohin diese Nachrichten gingen [...] Wenn ein Funker eine Botschaft von den Einheiten bekam bezüglich Kämpfe, egal was passierte, es kam bei Mudacumura an. Es gibt auch Nachrichten, die direkt an ihn gingen, ohne dass sie beim Funker ankamen.«[185]

Ein früherer Bataillonskommandant erläutert, wie diese FDLR-Befehle aussehen. »Normalerweise enthält ein Operationsbefehl fünf Punkte: Es geht um das Personal, das bedeutet: Wie viele Leute hast du und wie viele Leute hat der, den man angreifen will? Es geht um Nachrichten: Wie viele Nachrichten hat man von dem Ort? Wie will man diese Operation durchführen? Wie viel Material hast du, das benötigt wird für diese Operation? Und wie viel Material hat der Feind? Was ist, wenn es Verletzte gibt? Was ist, wenn es Kriegsgefangene gibt? Es geht um Zivilisten, wenn es dort, wo angegriffen wird, Zivilisten gibt: Wenn dort ein Zivilist getötet wird, wie wird man hinterher dafür sensibilisieren können, dass es nur um den Feind ging und nicht um die Zivilisten?«[186]

Ob die FDLR überhaupt Zivilisten angriff, beantworten die Zeugen aus den Reihen der FDLR sehr unterschiedlich, je nach Hintergrund. Die FDLR habe »hundertprozentig« nie die Zivilbevölkerung angegriffen, versichert ein Exkämpfer aus dem Sabena-Bataillon des Nord-Kivu-Sektors. Auch habe es keine Befehle dafür gegeben.[187] Ganz anders reagieren hingegen die Unteroffiziere der Reservebrigade auf diese Frage. Die Staatsanwälte fragen einen Ex-Zugführer, ob alle Personen in feindlichen Stellungen als Feinde galten, auch wenn es Zivilisten waren. »Solche Fragen«, mokiert er sich abfällig. »Wir haben nur die Guerillatechnik angewandt. Wir greifen nachts an [...] Die Schüsse können nicht wählen. Wenn ein Zivilist dort ist, was macht er da?«[188]

Diese Formulierung wählen zahlreiche frühere Kämpfer, um zu erklären, warum Zivilisten bei militärischen Operationen der FDLR zu Schaden kamen. Ein Hauptmann der Einheit zum Schutz von Mudacumuras Hauptquartier sagt: »Dass Zivilisten während den Kämpfen starben, ist selbstverständlich. Schüsse können nicht auswählen. Zivilisten fliehen oft mit Soldaten, die Schüsse können sie treffen.«[189] Ähnlich formuliert es der Leibwächter des ehemaligen FDLR-Sprechers: »Es gab Zivilisten und Soldaten, die starben. Die Munition unterscheidet nicht.«[190]

185 Zeugenaussage, Prozesstag 70, OLG Stuttgart 16.4.2012
186 Zeugenaussage, Prozesstag 245, OLG Stuttgart 21.7.2014
187 Zeugenaussage, Prozesstag 36, OLG Stuttgart 7.11.2011
188 Zeugenaussage, Prozesstag 131, OLG Stuttgart 30.1.2013
189 Zeugenaussage, Prozesstag 151, OLG Stuttgart 6.5.2013
190 Zeugenaussage, Prozesstag 49, OLG Stuttgart 9.1.2012

Der Ex-Vizekommandant der Militärpolizei bestätigt, dass es in der Zeit von »Umoja Wetu« einen unmissverständlichen Befehl Mudacumuras gab: »Er hat eine Operation gegründet, die Action Punitive genannt wurde [...] Er hat gesagt, dass diese Operation da ist, um die Zivilisten, die der FDLR nicht halfen, zu bestrafen [...] Er sagte, jene, die der FDLR nicht halfen, müssen vertrieben werden und der FDLR folgen.«[191] Ein anderer Zeuge, der die Befehle schriftlich festhielt, behauptet das Gegenteil: Es habe zur Operation »Umoja Wetu« einen permanenten Befehl gegeben, Zivilisten zu schützen: »An den genauen Wortlaut erinnere ich mich nicht«, sagt er, »aber der Inhalt war, dass die Zivilisten weniger Kraft als die Soldaten haben, dass die Soldaten mehr Kraft haben, da sie Waffen haben. Daher sollten die Zivilisten geschützt werden und man sollte keine Dinge von ihnen nehmen [...] Das kam von der FOCA-Führung als schriftliche Gesetze.«[192]

Ein weiterer Zeuge stellt jedoch klar, dass diese Regelungen nur für die ruandischen Flüchtlinge gegolten hätten, nicht aber für die kongolesische Zivilbevölkerung.[193] Im Verlauf der Verhandlung wird deutlich, dass nicht immer klar ist, wer gemeint ist, wenn die Zeugen von »Zivilisten« sprechen. Für die FDLR sind die ruandischen Hutu-Flüchtlinge ebenso »Zivilisten« wie die kongolesischen Anwohner. Aber erstere werden von der FDLR als ihre Bürger angesehen, die kongolesische Bevölkerung in Zeiten des Krieges hingegen als Kriegsgegner bekämpft. Ein Exkämpfer: »Ein Zivilist, der mit dem Feind zusammenarbeitet, wird nicht mehr als Zivilist, sondern als Feind betrachtet [...] Wenn die Stellungen des Feindes in der Nähe von Zentren waren und die Zivilisten nicht geflohen waren, wurden diese Zivilisten als Feinde gesehen.«[194]

Die Verteidigung bezweifelt, dass es sich bei den Toten um Zivilisten gehandelt habe und dass die FDLR bei ihren Angriffen auf FARDC-Stellungen gezielt gegen die dort lebende Zivilbevölkerung vorgegangen sei. Die Anklage hingegen sagt: »Die FDLR hätte Sorgfalt walten lassen müssen und mit Zivilisten rechnen müssen, statt nachts mit Sturmgewehren draufzuhalten und zu töten, was vor die Flinte kommt.«[195]

Die Richter kommen in ihrem Urteil zu klaren Schlüssen: »Unabhängig davon, was die FDLR unter Zusammenarbeit mit dem Feind verstand, waren diese Zivilisten nicht an Kampfhandlungen beteiligt.« Die von der FDLR angegriffenen Orte standen »unter dem Schutz des humanitären Völkerrechts«. Damit waren die dort verübten Straftaten mindestens Kriegsverbrechen. Die Beweisaufnahme habe ergeben, dass die FDLR 2008 bis 2009 »planvoll und auf Befehl der Armeeführung die Zivilbevölkerung gewaltsam ausplünderte und dabei auch Zivilisten tötete«.

191 Zeugenaussage, Prozesstag 99, OLG Stuttgart 17.9.2012
192 Zeugenaussage, Prozesstag 218, OLG Stuttgart 17.3.2014
193 Zeugenaussage, Prozesstag 50, OLG Stuttgart 11.1.2011
194 Zeugenaussage, Prozesstag 206, OLG Stuttgart 27.1.2014
195 Plädoyer Bundesanwaltschaft, Prozesstag 314, OLG Stuttgart 15.7.2015

Der Senat verweist auf die Aussage von FDLR-Zeugen, Munition könne nicht unterscheiden: »Es ist nicht Aufgabe der Munition, zwischen Zivilisten und Soldaten zu unterscheiden, sondern es ist Aufgabe der die Schüsse abgebenden Soldaten«, sagt der Vorsitzende Richter Hettich scharf.[196]

Drohbriefe: »Sonst töten wir euch!«

Das Oberkommando der FDLR habe die kongolesische Zivilbevölkerung im Jahr 2009 schriftlich aufgefordert, sich vom Feind zu distanzieren, also von der kongolesischen Armee, betont ein Major, der einmal im Hauptquartier gedient hatte. Er selbst habe diese Zettel gesehen. Sie seien von FDLR-Kämpfern verteilt worden. Die Kongolesen hätten also gewusst, dass diese Warnungen von der FDLR stammten. Richter Wünsch will wissen, ob die Zivilbevölkerung konkret mit dem Tod bedroht wurde. »Ja, so sagte man es der Zivilbevölkerung. Als Feind betrachtet zu werden, heißt, man konnte sie töten«, stellt er klar.[197]

Fünf dieser Drohbriefe werden in das Verfahren in Stuttgart eingebracht. Einer ist »unterzeichnet durch Simba Guillaume«.[198] Weitere Briefe unterzeichnete der Hauptmann mit dem Verweis, er sei der Kommandant des Bataillons Romeo. Die Verteidigung bezweifelt die Echtheit der Briefe. Damit konfrontiert, antwortet der vom Gericht als Zeuge geladene Koordinator vor der UN-Expertengruppe Dinesh Mahtani flapsig: »Was soll ich dazu sagen? Sie können auch glauben, dass der Himmel grün ist!«[199]

Dann führt er aus: »Wir sprachen mit Führern in den Dörfern und mit Menschen, an die die Briefe gerichtet waren. Wir hatten die Briefe in unserem Besitz und zeigten sie den Dorfgemeinschaften, und es gibt keinen Zweifel, dass sie von der FDLR angegriffen wurden. [...] Diese Menschen kamen aus den betroffenen Gebieten, sie bestätigten, dass diese Briefe von der FDLR waren. Sie hatten zusammen mit der FDLR gelebt.« Zudem habe die FDLR nach dem oben zitierten Drohbrief das Dorf Karasi tatsächlich angegriffen, 500 Zivilisten gefangengenommen und viele Häuser abgebrannt.

Als der Senat zuerst nur Kopien dieser Briefe ins Verfahren einführt, verlangt die Verteidigung die Originale und beantragt deren Herausgabe durch die Vereinten Nationen. Der Vorsitzende Richter stellt daraufhin klar, dass die Originale dem Gericht vorliegen und bittet alle Verfahrensbeteiligten, aufzustehen und zur

196 Urteilsverkündung, Prozesstag 320, OLG Stuttgart 28.9.2015
197 Zeugenaussage, Prozesstag 40, OLG Stuttgart 21.11.2011
198 Verlesung eines Schreibens vom 22.3.2009, Prozesstag 83, OLG Stuttgart 25.6.2012
199 Zeugenaussage Dinesh Mahtani, Prozesstag 85, OLG Stuttgart 2.7.2012

Richterbank zu treten, um sich die Originale anzusehen. Diese Vorgehensweise wird gewissenhaft bei jedem Schriftstück wiederholt.[200]

Sobald das geklärt ist, schlägt sich das Gericht mit der Frage herum, wie diese Schreiben auszulegen seien. Handelt es sich dabei um Drohungen, um Angst und Terror zu verbreiten? Oder um fürsorgliche Warnungen der FDLR an die Kongolesen, sich rechtzeitig in Sicherheit zu begeben?

Für die Menschenrechtsorganisation Human Rights Watch sind diese Briefe ein zentraler Nachweis der FDLR-Strategie 2009. »›Ihr habt uns verraten‹, das haben wir zu zahlreichen Angriffen gehört«, erklärt Anneke van Woudenberg von Human Rights Watch. »Es gab diese Taktik: Es gab die Drohbriefe und öffentlichen Versammlungen. […] Dazu gehörte, dass viele Dörfer verbrannt wurden. Das hatten wir zuvor auch nicht gesehen. In Süd- und Nord-Kivu gab es eine konstante Strategie, es waren keine individuellen Kommandeure, sondern es musste zentral angeordnet sein, da es zu systematisch und weit verbreitet war.«[201] Sie sagt: »Für uns war das eine Drohung: Wer uns angreift, wir schlagen zurück.«[202]

Doch die Verteidigung lässt nicht locker. Sie behauptet, innerhalb der FDLR-Struktur habe es nie ein Bataillon Romeo gegeben und auch keinen Guillaume Simba. Nach den Erkenntnissen der Vereinten Nationen war Romeo eine Kompanie des Bataillons Mirage der Reservebrigade. »Guillaume wurde als FDLR-Mitglied identifiziert, mit dem richtigen Namen Pierre Celestin Rurakabije, doch haben wir diese Information erst nach Veröffentlichung des Berichts erhalten«, sagt UN-Experte Mahtani.[203] Sein Kollege Gramizzi berichtet, dass die Expertengruppe eine Telefonnummer von Guillaume erhielt. »Wir riefen dort an und fragten ›Major Simba?‹ und dieser antwortete mit ›Ja‹. […] Er selbst bezeichnete sich in dem Drohbrief als Kommandant des Bataillons Romeo. Zeugenaussagen aus der Region um Shario bezeichneten ihn als lokalen kommandierenden Offizier.«[204]

Zum Namen Romeo gibt es eine Erklärung, die allerdings vor Gericht nicht thematisiert wird: »Romeo« ist im internationalen militärischen Funkverkehr das Codewort für R – wie Ruanda. Laut van Woudenberg war Romeo innerhalb der FDLR früher der Name für ruandische Kämpfer aus Brazzaville.[205] Einer dieser Kämpfer bestätigt vor Gericht: »Wir benutzten den Begriff, um Ruander zu bezeichnen. Die ›Romeos‹ waren ›Ruander‹«.[206]

»Es gab nie ein Bataillon namens Romeo«, sagt der als Zeuge geladene ehemalige Vize-Militärgeheimdienstchef und Mitglied des Generalstabs. »Aber wenn die

200 Prozesstag 83, OLG Stuttgart 25.6.2012
201 Zeugenaussage Anneke van Woudenberg, Prozesstag 108, OLG Stuttgart 22.10.2012
202 Zeugenaussage Anneke van Woudenberg, Prozesstag 106, OLG Stuttgart 15.10.2012
203 Zeugenaussage Dinesh Mahtani, Prozesstag 88, OLG Stuttgart 11.7.2012
204 Zeugenaussage Claudio Gramizzi, Prozesstag 142, OLG Stuttgart 18.3.2013
205 Zeugenaussage Anneke van Woudenberg, Prozesstag 108, OLG Stuttgart 22.10.2012
206 Zeugenaussage, Prozesstag 119, OLG Stuttgart 5.12.2012

Soldaten irgendwo waren, haben sie gesagt, dass sie ein Bataillon hätten, damit die Kongolesen Angst haben. Guillaume hat immer gesagt, dass er ein Bataillon hätte. Aber wir wussten, dass er nur Hauptmann ist [...] Auch die Erlaubnis, die er für seine Soldaten unterschrieben hat, damit sie in Urlaub gehen können, hat er unterschrieben mit: ›Guillaume, Bataillonskommandant von Romeo‹ [...] Er hat seine Anweisungen von Kalume.«[207]

Hauptmann Guillaume Simba wird nie als Zeuge geladen, obwohl er zu Prozessende hin bereits von der FDLR desertiert ist und heute in Ruanda lebt. Der Angriff auf Karasi gehört zu jenen, die im Laufe des Verfahrens aus der Anklage »ausgeschieden« werden.

Gab es einen Befehl zur humanitären Katastrophe?

Aussagen ehemaliger Offiziere vor Gericht legen nahe, dass die schweren Verbrechen der FDLR gegenüber der kongolesischen Zivilbevölkerung vor allem von Einheiten der Reservebrigade begangen wurden, die dem Oberkommandierenden Mudacumura direkt untersteht. Ihr Kommandant Oberst Kalume gilt als enger Vertrauter und Trinkfreund von General Mudacumura und hört allein auf dessen Befehl. Vor Gericht rückt also die Frage in den Mittelpunkt, ob Mudacumuras Befehle auf Weisungen Murwanashyakas aus Deutschland zurückgingen. Dann wäre der Präsident als Vorgesetzter für die Verbrechen der Reservebrigade verantwortlich zu machen.

Am meisten interessiert sich das Gericht für die Funknachricht, die UN-Experte Raymond Debelle entdeckt hat und die im UN-Expertenbericht von Ende 2009 als »Annex 18« aufgenommen wurde – die Nachricht mit dem Befehl, eine »humanitäre Katastrophe« unter der kongolesischen Zivilbevölkerung anzurichten.[208] Die Verteidigung glaubt ebenso wie bei den Drohbriefen, dass Annex 18 eine Fälschung ist, möglicherweise eine Manipulation des ruandischen Geheimdienstes. Kein einziges Schriftstück wird vor Gericht so ausführlich und oft auseinandergenommen.

Der ehemalige Funker, der vor Gericht aussagt, will den Befehl selbst gesehen haben. Er erklärt auch, warum möglicherweise viele FDLR-Kämpfer ihn wiederum nicht gesehen haben: »Wenn so eine Nachricht kam, war es ein Geheimnis. Es wussten nur die Funker und Kommandeure. Die Soldaten wussten es nur, wenn der Kommandeur ihnen die Anweisungen gab.«[209] Er gibt an, er habe den Befehl an die Bataillonskommandanten weitergeleitet. Sein Vorgänger als Leiter des Übertragungsbüros habe den Befehl von einem Soldaten in Papierform erhal-

207 Kommandant der Reservebrigade
208 Vgl. Kapitel 4.5, S. 324f.
209 Zeugenaussage, Prozesstag 205, OLG Stuttgart 22.1.2014

ten. Er habe ihn dann in ein Heft geschrieben, wo die Funksprüche dokumentiert wurden, und zum Kommandeur gebracht. Die Hefte wurden in Säcken aufbewahrt. In Kriegszeiten wurden einige dieser Hefte auf Befehl verbrannt, damit sie nicht in die Hände des Feindes fielen.[210] Er erinnert sich zwar nicht mehr daran, wer den Funkspruch entgegennahm, aber er weiß, dass der Befehl in das »geheime Buch« eingetragen wurde und »sehr geheim« war. »Wir haben das ›Zulu‹ genannt. Das bedeutet: dringend.«[211]

Auf die Frage des Angeklagten Murwanashyaka, an wen der Befehl adressiert war, antwortet der Zeuge, dass der Befehl vom Verteidigungskommissariat an alle Einheiten gehen sollte.[212] Mit dieser Aussage belastet der Funker den FDLR-Präsidenten schwer. Immerhin ist das Verteidigungskommissariat Teil des Kabinetts, das Murwanashyaka als zivilem Anführer direkt unterstand – und nicht Mudacumura.

Sämtliche FDLR-Zeugen werden befragt, ob sie den transkribierten Befehl aus Annex 18 kennen, ob die Form des Befehls korrekt sei und ob der Befehl auch umgesetzt wurde. Alle geben an, dass Nummer und Datum des Befehls fehlen. Ein Zugführer eines Bataillons der Reservebrigade erkennt den Befehl wieder: »Ich habe ihn in meiner Kompanie gelesen. Als der Text in der Kompanie ankam stand oben ›integral‹, es war also der komplette Text. Es stand auch ›unités toutes‹, also betraf der Text alle Einheiten.« Er habe den Befehl im Funkbüro gelesen, zu dem er als Offizier Zugang hatte. »Was ich las und sah, kann ich nicht vergessen.«[213]

Ein Feldwebel der Kompanie Mirador der Reservebrigade erzählt: »Ich muss hier die Wahrheit sagen und keine Lügen. Ich selbst habe das Telegramm gesehen und in mein Heft geschrieben, nur habe ich das Heft verloren.« Jeder FOCA-Kommandeur habe das Telegramm mit dem Befehl erhalten, man habe ihn den Soldaten vorgelesen, diese hätten ihn auswendig gelernt. Er könne als einfacher Kämpfer jedoch nicht sagen, wer den Befehl erteilt habe.[214]

Auch die Anweisungen, die Mudacumura zu Beginn der Operation »Umoja Wetu« im Januar erteilte, um den Abwehrkampf der FDLR zu organisieren, kamen von Murwanashyaka, erzählt ein Major aus dem Hauptquartier, der bei der damaligen Versammlung des Oberkommandos kurz vor der Flucht aus Kalongi im Januar 2009 dabei war. »Mudacumura sagte uns, dass kongolesische Zivilisten, die zusammen mit kongolesischen Soldaten uns angreifen werden, dass die FDLR diese Zivilisten als Feinde betrachten werden, genau wie die kongolesischen Soldaten. Er sagte, diese Anleitung kam von der obersten Führung der FDLR«, berichtet er.[215] Nach der Mittagspause fragt der Vorsitzende Richter noch mal nach:

210 Zeugenaussage, Prozesstag 206, OLG Stuttgart 27.1.2014
211 Zeugenaussage, Prozesstag 249, OLG Stuttgart 4.8.2014
212 Ebd.
213 Zeugenaussage, Prozesstag 119, OLG Stuttgart 5.12.2012
214 Zeugenaussage, Prozesstag 63, OLG Stuttgart 29.2.2012
215 Dies und das folgende Zitat: Zeugenaussage, Prozesstag 185, OLG Stuttgart 14.10.2013

»Hat Mudacumura die Anweisung, Zivilisten als Feind zu betrachten, selbst gegeben oder hat er ein Telegramm verlesen?« »Als er kam, hatte er ein Papier in der Hand«, erinnert sich der Zeuge. »Er sagte, diese Anweisungen, die ich las, sind von der obersten Führung der FDLR gekommen.«

Wenn es einen Zeugen geben müsste, der vom Umgang der FDLR mit der Zivilbevölkerung berichten kann, dann der G5 im Generalstab, zuständig für Beziehungen mit Zivilisten. Als der Oberstleutnant vom Angeklagten Murwanashyaka persönlich dazu und insbesondere zum Angriff auf Busurungi befragt wird, klingen die beiden in ihrem Frage-Antwort-Spiel wie ein eingespieltes Team. Vor dem Angriff auf Busurungi, erzählt der Generalstabsoffizier, sei eine Versammlung des Oberkommandos nicht möglich gewesen. Oberst Kalume, Chef der Reservebrigade, habe sich lediglich per Satellitentelefon mit Militärchef Mudacumura beraten. Als G5 und Mitglied im Oberkommando habe er selbst zuvor zwar von den Plänen zum Angriff erfahren, aber nicht genau gewusst, wann dieser erfolgen sollte. Und als morgens um sechs Uhr am 10. Mai 2009 FDLR-Kommandant Syrus in Busurungi zum Rückzug gepfiffen hatte und sich danach alle zur Besprechung wieder versammelten, sei im FOCA-Hauptquartier, wo sich der Zeuge aufhielt, die Batterie der Solaranlage leer gewesen und sie hätten nicht mehr kommunizieren können.[216]

Wie er von wem und wann er letztlich von Busurungi erfahren hat – daran kann sich der Oberstleutnant einfach nicht erinnern. Irgendwie seltsam, war er doch derjenige in der FDLR-Militärführung, der formal sicherstellen musste, dass keine Zivilisten ums Leben kommen. Also sagt er, er habe von allem nichts gewusst, und sein Präsident Murwanashyaka auch nicht. »Ich war nicht dabei, als der Angriff vorbereitet wurde, als die Ergebnisse des Angriffs erzählt wurden, war ich nicht dabei.«[217]

Der Beweiswert von Annex 18 und damit die gesamte Frage der Planmäßigkeit der Angriffe auf Zivilisten werden in den mehr als vier Jahren vor Gericht nicht abschließend geklärt. Schon während des Prozesses hat der Senat angedeutet, dass Annex 18 kein ausreichendes Beweismittel sei. Das jedenfalls bemängelt das Plädoyer der Anklage: Dass den einzelnen Massakern eine »perfide menschenverachtende Strategie« zugrunde gelegen habe, so die Staatsanwälte, »das halten wir anders als der Senat weiter für beweisbar«. Zivile Opfer waren »keine bedauerlichen ungewollten Kollateralschäden«, Zivilisten waren »direktes Ziel von Angriffen der FDLR«.[218] Die Verteidigung argumentiert gegenteilig: Es »lässt sich nicht der Schluss ziehen, das FOCA vorsätzlich gegen Zivilisten als Feinde vorgegangen ist«, so Musonis Anwalt Thielmann. Die in Annex 18 enthaltene Strategie sei »eine abstruse Vorstellung«, denn »wem nutzt ein solcher Befehl? Jeder tote Zivilist, der

216 Zeugenaussage, Prozesstag 166, OLG Stuttgart 13.7.2013
217 Zeugenaussage, Prozesstag 167, OLG Stuttgart 15.7.2013
218 Plädoyer Bundesanwaltschaft, Prozesstag 314, OLG Stuttgart 15.7.2015

der FDLR angelastet wird, bringt die Organisation unter Druck und ruandische Flüchtlinge in Gefahr.«[219]

Am präzisesten argumentiert FDLR-Präsident Murwanashyaka in seinem Schlusswort, und darin beweist er nebenbei seine profunde Kenntnis des Kriegsgeschehens. »Wenn es Ziel der FOCA gewesen wäre, eine humanitäre Katastrophe anzurichten, hätte sie überall wo sie ist, über 50 groupements [Kreise], Zivilisten angegriffen«, sagt er. »Die Vorwürfe betreffen nur drei benachbarte groupements, nicht die anderen über 47. Mehr als 90 Prozent aller Vorwürfe betreffen diese drei groupements: Waloa-Loanga, Ufamandi, Mugugu. Da waren die Reservebrigade und die Militärpolizei. Sämtliche Angriffe sollen durch sie durchgeführt worden sein, nicht durch andere Einheiten. Wie passt das mit dem Befehl einer humanitären Katastrophe zusammen? Bei Kämpfen von SONOKI gibt es keine Vorwürfe von Tötungen, Niederbrennen. Ab Juni 2009 gibt es Krieg in Süd-Kivu, Vorwürfe gegen SOSUKI sind sehr minimal.«[220] Damit schiebt Murwanashyaka die Vorwürfe systematischer Verbrechen auf diejenigen Einheiten, die direkt Militärchef Mudacumura unterstellt sind, und weg von seinen eigenen engen Vertrauten, den Divisionskommandanten von Nord- und Süd-Kivu.

Im Urteil kommen die Richter zu einem vorsichtigen Schluss: »Mehrere Zeugen haben Annex 18 bestätigt. Dass er Grundlage für Angriffe auf zivile Opfer gewesen wäre, um eine humanitäre Katastrophe auszulösen, wurde so von keinem der Zeugen geschildert.«[221] Außerdem sei der Beweiswert von Annex 18 eingeschränkt, da seine Quelle unklar bleibe.

Die Kriegsverbrechen, um die es hier gehe, seien keine Verbrechen gegen die Menschlichkeit nach § 7 des Völkerstrafgesetzbuches, so schließlich der Senat in der Kernpassage seines Urteils. Denn die Zivilbevölkerung war »nicht primäres Objekt« der Angriffe, »das waren die gegnerischen Soldaten«, heißt es. »Entscheidend« für eine Verurteilung nach § 7 VStGB »ist, dass der zivile Charakter der Gruppe überwiegt«. Aber es gebe »keine Feststellung, dass in den fünf angegriffenen Dörfern der zivile Charakter überwog«, da die FARDC dort mit schweren Waffen stationiert war.

Die Angriffe der FDLR waren laut Urteil zwar qualitativ »systematisch«, denn es waren keine spontanen Taten; sie waren aber nicht quantitativ »ausgedehnt«, als »Massenverbrechen an einer Zivilbevölkerung«. Dies reiche nicht zur Feststellung von Verbrechen gegen die Menschlichkeit nach § 7 VStGB, worauf lebenslange Haft steht: »§ 7 setzt Wissen des Täters voraus, dass ein ausgedehnter systematischer Angriff stattfindet«, so der Richter. Der Wortlaut des § 7 handelt allerdings von einem »ausgedehnten *oder* systematischen« Angriff.[222]

219 Plädoyer Verteidigung Musoni/Thielmann, Prozesstag 316, OLG Stuttgart 10.8.2015
220 Letztes Wort Murwanashyaka, Prozesstag 319, OLG Stuttgart 16.9.2015
221 Dies und die folgenden Zitate: Urteilsverkündung, Prozesstag 320, OLG Stuttgart 28.9.2015
222 § 7 VStGB

Vergewaltigung als Kriegswaffe und die Rolle der Opferzeugen

Zu den Unterlassungstaten, die die Anklage Murwanashyaka und Musoni als Vorgesetzten vorwirft, gehört der »planmäßige Einsatz sexueller Gewalt als Mittel der Kriegsführung gegen die Zivilbevölkerung der Kivu-Provinzen«. Ihre Untergebenen werden beschuldigt, »in sieben Einzelfällen Menschen zu vergewaltigen, wobei in zwei Fällen hiervon durch die Tat der Tod von drei Menschen verursacht wurde, und in zwei dieser Einzelfälle zugleich fünf Menschen zu versklaven und sich ein Eigentumsrecht an ihnen anzumaßen und in zwei weiteren dieser Einzelfälle zugleich einem Menschen sowie zwei Menschen schwere körperliche Schäden zuzufügen«.[223] Diesen Verbrechen widmet sich Oberstaatsanwalt Ritscher in seinem öffentlich verlesenen Anklagesatz zu Prozessauftakt am ausführlichsten – und der Vorsitzende Richter Hettich in seinem Urteil zu Prozessende am wenigsten.

In keinen der Tausenden eingeführten SMS, E-Mails oder Telefonaten zwischen den politischen Anführern in Deutschland und den Kommandierenden im Kongo taucht ein Befehl zur Vergewaltigung als Kriegswaffe auf. Die FDLR-Disziplinarordnung verbietet, »Leute brutal [zu] misshandeln, Vergewaltigung, Drogen und Alkoholmissbrauch, Glücksspiel, Hexerei, Plünderungen«;[224] als Strafe auf Vergewaltigung steht der »endgültige Ausschluss« aus der Organisation.[225] Auch im FOCA-Regelwerk steht das Verbot der Vergewaltigung als Punkt elf auf der Liste der »Straftaten gegen die körperliche Unversehrtheit«, gleich hinter Vergiftungstotschlag und Aberglaube.[226]

Ein junger früherer Kämpfer lacht und grinst, als der Staatsanwalt ihn fragt, ob die FDLR in Busurungi Frauen vergewaltigt hat. »Es wurde viel geschossen, wie kann man da Frauen vergewaltigen?« Er fügt hinzu: »Es wurde mehr als der Regen geschossen.«[227] Am nächsten Verhandlungstag fragt Murwanashyakas Verteidigerin Lang allgemeiner: »Ist Ihnen bekannt, ob es Befehle gab, sexuelle Gewalt als Mittel der Kriegsführung auszuüben?« Da lacht er wieder ein wenig: »Ich habe das von Anfang an bestritten. Ein Kommandeur, der Kinder hat, kann Soldaten nicht sagen, dass sie vergewaltigen sollen. Es gibt Leute, die sich nicht an die Anweisungen halten. Wer das macht, wird getötet.«[228] Musonis Verteidigerin Groß-Bölting dreht den Spieß um und fragt nach, ob umgekehrt kongolesische Soldaten ruandische Hutu-Flüchtlingsfrauen vergewaltigt hätten. Die Antwort: »Ja, wenn ich das sage, würden Sie mir vielleicht nicht glauben, weil ich was Gutes über die FDLR sagen will, aber überall, wo die FARDC angriff, wurden Frauen

223 Anklagesatz, Prozesstag 1, OLG Stuttgart 4.5.2011
224 § 6, FDLR-Disziplinarordnung, verlesen am Prozesstag 26, OLG Stuttgart 19.9.2011
225 § 22, FDLR-Disziplinarordnung
226 Militärisches Gesetzbuch der FOCA, verlesen am Prozesstag 265, OLG Stuttgart 19.11.2014
227 Zeugenaussage, Prozesstag 58, OLG Stuttgart 8.2.2012
228 Zeugenaussage, Prozesstag 59, OLG Stuttgart 13.2.2012

vergewaltigt. Wenn sie angreifen, nehmen sie Frauen und Mädchen mit. Wir wissen nicht, was sie mit ihnen machen, aber es ist die Kultur der FARDC, sie machen so was.«[229]

Der einst für Beziehungen zur Zivilbevölkerung zuständige ehemalige Angehörige des FDLR-Generalstabs (G5) weiß vor Gericht nichts über Vergewaltigungen zu sagen, wie auch zu vielen anderen Dingen. »Diese Aktionen kenne ich nicht, so was gab es nicht, darunter sind Sachen, die man nicht glauben kann«, sagt er. »Das geht uns allen so«, entgegnet Groß-Bölting.[230] Ein anderer Kämpfer verneint, dass die FDLR eine Strategie angewandt habe, Vergewaltigungen als Mittel der Kriegsführung zu nutzen. Er sagt: »Die, die es taten, machten es auf eigene Faust.«[231]

Eine SMS von Süd-Kivu-Sektor-Kommandeur Musenyeri an Murwanashyaka löst im Gerichtssaal eine Diskussion über die Definition von Vergewaltigung und deren richtige Übersetzung aus. Dolmetscher Kambanda liest die SMS vor: »Oberst Ndumviriye ist derjenige, der Frau Biranda vergewaltigt hat«, übersetzt er. Der Angeklagte Musoni merkt an, das Wort bedeute nicht ›vergewaltigen‹, sondern ›sich eine junge Frau nehmen‹. »Nein«, entgegnet der Übersetzer, es bedeute »Sexualverkehr mit Zwang«. Das Wort Zwang will Musoni nicht gelten lassen: »Vielleicht unfreiwillig?«, schlägt er vor. Doch der Übersetzer gibt nicht nach: »Sie haben die Frau mitgenommen und sie zwangsweise …« Da unterbricht ihn Musoni: »Also als Frau nehmen!«, triumphiert er. »Nein, mit Gewalt«, beharrt Kambanda. Da erklärt Musoni: »In Afrika können viele Frauen geheiratet werden, ob Flüchtlinge oder Gefangene oder von Eltern vergeben – ob man das Vergewaltigung nennt? Ob der Wille der Frau oder nicht, kann man nicht wissen.« Doch schließlich hat der Übersetzer das letzte Wort: Im Originaltext stehe das Wort *kwifunga* und dies bedeute »Sexualverkehr mit Frau gegen ihren Willen, ist umgangssprachlich für vergewaltigen«.[232]

Für das, was mehrere kongolesische Opferzeugen laut Anklage erlebt haben, ist dieser Begriff sicherlich noch zu harmlos. »Als die Zeugin sich vor Schmerzen nicht mehr wehren konnte, vergewaltigte sie einer der Milizionäre derart brutal, dass sie aus der Vagina blutete. Die Täter erklärten, sie machten dies, um der kongolesischen Regierung zu zeigen, dass diese ihnen nichts anhaben könne«, heißt es im Anklagesatz über das Erlebnis einer Zeugin, die im Juli 2009 von FDLR-Kämpfern in den Wald verschleppt worden sein soll.[233] Diese Zeugin ist eine derjenigen, die unter Ausschluss der Öffentlichkeit anonym an einem geheimen Ort per Video vernommen wird.

229 Zeugenaussage, Prozesstag 60, OLG Stuttgart 15.2.2012
230 Zeugenaussage, Prozesstag 167, OLG Stuttgart 15.7.2013
231 Zeugenaussage, Prozesstag 70, OLG Stuttgart 16.4.2012
232 SMS Musenyeri an Murwanashyaka, 14.10.2009, Prozesstag 285, OLG Stuttgart 25.2.2015
233 Anklageverlesung, Prozesstag 1, OLG Stuttgart 4.5.2011

Die Aussage der Frau enthalte zahlreiche Widersprüche, so Verteidigerin Groß-Bölting: wie oft sie vergewaltigt wurde, von wo aus sie in den Wald gelockt wurde, wie sie hinterher zur Klinik kam. Die Verteidigung beantragt gynäkologische Gutachten. Der Senat habe Detailfragen gestoppt, um die Zeugin zu schonen, und sei damit seiner Aufklärungspflicht nicht nachgekommen.[234] Als die Staatsanwälte einwenden, die Zeugin habe ihre Verletzungen nachvollziehbar geschildert, entgegnet Groß-Bölting, die Zeugin habe keine brutale Vergewaltigung geschildert. Lang stimmt zu: »Genau! Sie sprach nur davon, dass der Penis eingeführt wurde.«[235]

Murwanashyaka erklärt die Aussage dieser Zeugin sowie aller anderen Opferzeugen am Ende für reine Erfindung.[236] Es ist ihm offenbar besonders wichtig, den Vergewaltigungsvorwurf von sich und seiner Organisation zu weisen. »Die Vergewaltigungen hat es nie gegeben«, erklärt er und verweist auf Ungereimtheiten in der Zeugenaussage der Menschenrechtsaktivistin Anneke van Woudenberg von Human Rights Watch.

In ihrer Arbeit war van Woudenberg 2009 den Vorwürfen der systematischen Vergewaltigung als Kriegswaffe nachgegangen. Bei ihrer Aussage vor Gericht gibt sie zunächst an, dass in Busurungi Frauen vergewaltigt worden seien: »In Busurungi wurden in der Nacht des Angriffs zahlreiche Personen vergewaltigt und dann verbrannt, es fand beides beim Angriff statt, das ist nicht ungewöhnlich. In Busurungi gab es vor dem Angriff drei Vergewaltigungen, wie viele während dem Angriff, muss ich nachprüfen.«[237] Am nächsten Vernehmungstag präzisiert sie: »Zu Busurungi muss ich mich korrigieren, es gab keine Zeugenaussage zu Vergewaltigungen während des Angriffs.«[238] Der Bericht von Human Rights Watch nennt drei Fälle von Vergewaltigung in Busurungi, gibt jedoch den 28. April 2009 an, nicht den 10. Mai, das Datum des Angriffs, um den es vor Gericht geht.[239] Über diese drei behauptet Murwanashyaka, es habe sich ergeben, »dass die eine Frau nie da gelebt hat, die zweite 2005 gestorben ist und die dritte war verreist.«[240]

Im Urteil spielt der Vergewaltigungsvorwurf gegen die FDLR keine Rolle mehr. Bereits im Oktober 2013 hat die Bundesanwaltschaft in Reaktion auf eine am 9. September 2013 ergangenen »Anregung« des Senats drei der 16 Anklagepunkte vorläufig eingestellt: einer davon betrifft den Vorwurf, die FDLR habe Kindersoldaten rekrutiert, zwei davon enthalten besonders brutale Schilderungen zweier Opfer von Verschleppung, Vergewaltigung und Versklavung. Der Senat hat auch die Einstellung weiterer Vorwürfe angeregt, darunter Vorgänge, die ausschließlich

234 Prozesstag 149, OLG Stuttgart 17.4.2013
235 Prozesstag 151, OLG Stuttgart, 6.5.2013
236 Letztes Wort Murwanashyaka, Prozesstag 319, OLG Stuttgart, 16.9.2015
237 Zeugenaussage Anneke van Woudenberg, Prozesstag 106, OLG Stuttgart 15.10.2012
238 Zeugenaussage Anneke van Woudenberg, Prozesstag 107, OLG Stuttgart 17.10.2012
239 Human Rights Report: »You Will Be Punished«, Dezember 2009, S. 169
240 Letztes Wort Murwanashyaka, Prozesstag 319, OLG Stuttgart 16.9.2015

von den Opfern bezeugt werden, sowie zwei Angriffe auf die Dörfer Buhimba und Malemo; dem folgt die Anklage nicht, aber auch diese Vorwürfe spielen im weiteren Verhandlungsverlauf keine Rolle mehr.[241]

Im März 2015 erneuert und erweitert der Senat seine Anregungen zur Straffung der Anklage. Nicht weiterverfolgt werden sollen nach Ansicht des Senats die FDLR-Angriffe auf Kibua, Butolonga, Karasi, Buhimba und Malemo.[242] Von den zehn namentlich genannten Tatorten im Kongo bleiben am Ende fünf übrig: Kipopo, Mianga, Busurungi, Ciriba und Manje. Verbrechen, für die keine konkreten Tatorte genannt werden, spielen ebenfalls vor Gericht keine Rolle mehr. So schrumpft die Anklage von 16 auf fünf Punkte zusammen. Von den zehn kongolesischen Opferzeugen in der Anklage werden nur noch drei berücksichtigt; sie haben die FDLR-Angriffe auf Busurungi überlebt. In der Urteilsverkündung werden ihre Aussagen nur ganz am Rande erwähnt. Alles, was ausschließlich auf Aussagen der Opfer beruht, sei eingestellt worden, betont der Vorsitzende Richter: Da die Identität, der Ort und die Betreuung der Opferzeugen unbekannt geblieben seien, müssten ihre Aussagen von anderen Beweismitteln bestätigt werden, um glaubwürdig zu sein. »Extremer Opferschutz«, so der Vorsitzende, könne die Beweisaufnahme behindern.[243]

Man habe einen Großteil der Tatvorwürfe nicht etwa deswegen eingestellt, weil sie nicht zu beweisen gewesen wären, sondern »weil die Einzelpunkte, die für diese Anklagepunkte zu erwarten waren, neben den Strafen, welche die Angeklagten wegen der übrigen Tatvorwürfe zu erwarten hatten, nicht beträchtlich ins Gewicht gefallen wären und dadurch eine erhebliche Straffung des Verfahrens erreicht werden konnte«, teilt der Vorsitzende Richter nach Prozessende mit.[244] Vor Gericht drückt er sich drastischer aus: »Dass wir überhaupt zu Ende gekommen sind, ist nur, weil zwei Drittel des Verfahrensstoffes ausgeschieden wurden und Ermüdungserscheinungen eintraten. Sonst hätten wir locker vier weitere Jahre verhandelt.«[245]

Die Beziehung zwischen der FDLR und ihrem militärischen Flügel

In Bezug auf die Vorgesetztenverantwortlichkeit Murwanashyakas geht es im Gerichtssaal zunächst um die formelle Frage, ob die FOCA als militärischer Flügel der FDLR tatsächlich der politischen Führung untergeordnet war. Die Anklage ist davon überzeugt und stützt sich dafür auf die von ihr beschafften internen Regel-

241 Prozesstag 182, OLG Stuttgart 2.10.2013
242 Prozesstag 287, OLG Stuttgart 4.3.2015
243 Urteilsverkündung, Prozesstag 320, OLG Stuttgart 28.9.2015
244 Auskunft von Richter Hettich, E-Mail der Pressestelle des OLG Stuttgart 16.11.2015
245 Urteilsverkündung, Prozesstag 320, OLG Stuttgart 28.9.2015

werke, wonach der Präsident der FDLR zugleich der Oberbefehlshaber des militärischen Flügels ist. Im Laufe des Verfahrens kann nun die Verteidigung ihrerseits mit Regelwerken des militärischen Flügels FOCA aufwarten, die diese Rolle des Präsidenten verneinen. In beiden findet sich das Wort »Souveränität« in Bezug auf den Status der FOCA in der FDLR. Was das heißt, bleibt unklar.

Das FDLR-Statut führt aus: »Um ihren Kampf gut zu führen, gibt sich die FDLR einen bewaffneten Flügel. Die Armee steht im Dienste des Volkes, sie ist apolitisch. Das Direktorenkomitee und das Oberkommando müssen ihre Souveränität gewährleisten. Die Armee muss in den Entscheidungsorganen der Organisation vertreten sein.«[246] Der ehemalige stellvertretende Rechtskommissar des FDLR-Kabinetts händigte einst dem Berater des Demobilisierungsprogramms, Matthew Brubacher, die mit der Hand geschriebenen FDLR-Statute aus, die dieser an die deutschen Ermittler weitergab. Vor Gericht erklärt er: »Die FDLR war der gemeinsame Name von allen Leuten in dieser Struktur. Es gilt nicht, dass die FDLR nur Zivilisten und die FOCA nur Soldaten waren. Die FOCA war auch FDLR, als militärischer Flügel der gesamten Organisation [...] Es gab nicht zwei Teile der FDLR, die FDLR und FOCA hießen. Die FDLR war die ganze Struktur mit der FOCA als Teil dieser Struktur.«[247] Er beschreibt die Rolle des Präsidenten formal: »Murwanashyaka war Präsident der FDLR sowie Präsident des Direktorenkomitees, des Exekutivkomitees sowie des Kongresses [...] Als Präsident war er für alle Aktionen der FDLR zuständig, also für politische sowie militärische.«[248]

Der ehemalige G5 des Generalstabs meint, aus FOCA-Sicht zeige sich die Souveränität der FOCA vor allem daran, dass das Oberkommando ohne Zustimmung des politischen Flügels die FOCA-Gesetze ändern konnte. Auch die Ausübung politischer Tätigkeiten sei unvereinbar mit der Militärzugehörigkeit, so der Zeuge.[249] Gegen Ende seiner Vernehmung stellt aber auch er klar: »Das höchste Gesetz ist das Statut der FDLR.«[250]

Das zentrale Gegenargument der Verteidigung lautet hingegen, die FOCA sei eine eigene »souveräne« Organisation, unabhängig von der FDLR. In seinem Plädoyer sagt Verteidiger Thielmann, die FOCA habe eigene Regelwerke und Institutionen und sei lediglich in die FDLR »eingebettet«. Auch wenn der Präsident der FDLR zugleich der Oberbefehlshaber der FOCA sei, so habe er im FOCA-Oberkommando kein Stimmrecht. Stattdessen habe die FOCA die FDLR dominiert, keine Entscheidung sei ohne das Militär möglich gewesen.[251] Selbst die Anklage stellt fest, FOCA und der politische Flügel der FDLR seien wie »eine militärische Adlerschwinge und ein politisches Spatzenflügelchen«, »eine militä-

246 § 5, Statut der FDLR
247 Zeugenaussage, Prozesstag 256, OLG Stuttgart 1.10.2014
248 Zeugenaussage, Prozesstag 38, OLG Stuttgart 14.11.2011
249 Zeugenaussage, Prozesstag 239, OLG Stuttgart 30.6.2014
250 Zeugenaussage, Prozesstag 240, OLG Stuttgart 2.7.2014
251 Plädoyer Verteidigung Musoni/Thielmann, Prozesstag 316, OLG Stuttgart 10.8.2015

rische Rebellenorganisation mit zahlenmäßig kleinem, aber politisch bestimmendem Organ«.[252] Dennoch stehe der Präsident formell über dem FOCA-Oberkommandierenden. Er sei der Oberbefehlshaber der FOCA und auch der Präsident des Direktorenkomitees, in dem jeweils zur Hälfte der zivile und der militärische Flügel vertreten sind.

Die Richter schließlich kommen zu einem eindeutigen Urteil: »Die Verteidigung ist der Ansicht, FOCA und FDLR seien zwei getrennte Vereinigungen [...] Die Beweisaufnahme hat Gegenteiliges ergeben.«[253]

Die Frage der Vorgesetztenverantwortlichkeit

Ob der FDLR-Präsident als »militärischer Befehlshaber« für Taten der FDLR-Kämpfer Verantwortung trägt und damit unter § 4 des Völkerstrafgesetzbuches verurteilt werden kann, hängt nicht nur von seiner formalen Stellung ab, sondern davon, dass er »tatsächliche Befehls- oder Führungsgewalt und Kontrolle ausübt«[254] und die »faktisch ausübbare Möglichkeit« hat, Anweisungen zu erteilen und für deren Einhaltung zu sorgen.[255] Dieser Punkt erweist sich vor Gericht als besonders schwierig.

Aus der überwachten Telekommunikation geht nicht hervor, dass Murwanashyaka selbst militärische Befehle erteilt habe, sagt die zuständige BKA-Beamtin aus: »Nein, also direkte militärische Anweisungen habe ich nicht festgestellt. In direkte Kampfhandlungen oder Taktiken mischte er sich nicht ein.« Er habe Interesse an den militärischen Operationen gezeigt, war aber nie direkt darin verwickelt.[256]

Es gibt jedoch viele Zeugenaussagen, die nahelegen, dass innerhalb der FDLR der Eindruck bestand, Murwanashyaka stehe in der Hierarchie über Mudacumura. Ende Februar 2012 wird ein ehemaliger FDLR-Oberfeldwebel, als er zum ersten Mal den Gerichtssaal betritt, vom Senat gefragt, ob er den Angeklagten persönlich kennt. Der etwa 40 Jahre alte Mann erklärt: »Ja, ich würde erkennen, wer mich geführt hat.«[257] Ob er die Person bitte zeigen könne, fordert der Senat den Zeugen auf. Dieser erhebt sich in seinen schwarzen Hip-Hop-Klamotten und geht direkt auf seinen Präsidenten zu. Murwanashyaka und der Zeuge hauen sich freundschaftlich gegen die Oberarme. Sie lächeln.

Noch bevor der Senat auf diese Situation reagieren kann, setzt sich der Zeuge wieder auf seinen Platz und erklärt: »Ich kenne ihn, weil er unser Führer in der

252 Plädoyer Bundesanwaltschaft, Prozesstag 314, OLG Stuttgart 15.7.2015
253 Urteilsverkündung, Prozesstag 320, OLG Stuttgart 28.9.2015
254 § 4 VStGB
255 Bundesgerichtshof, Beschluss 17.6.2010, AK 3/10
256 Zeugenaussage, Prozesstag 124, OLG Stuttgart 7.1.2012
257 Dies und die folgende Schilderung: Zeugenvernehmung, Prozesstag 62, OLG Stuttgart 27.2.2012

FDLR war. Er heißt Murwanashyaka, Ignace. Murwanashyaka war mein Führer.« Er sehe den Beklagten als »obersten Führer der FDLR«. Er selbst habe mitbekommen, dass General Mudacumura über Thuraya-Satellitentelefon mit Murwanashyaka kommuniziert habe. Einfache Kämpfer wie er wurden dann weggeschickt. Nachher habe der Militärchef stets gesagt, »das kommt von oben«. Der Zeuge schloss daraus, dass damit der Präsident gemeint sein musste.

Ein ehemaliger Unterleutnant der Reservebrigade sagt über Murwanashyaka: »Ich kannte ihn als Präsidenten. Ich kannte seine Aufgaben nicht, ich wusste nur, dass er der oberste Chef der FDLR war. [...] Murwanashyaka war auch Vorgesetzter des militärischen Zweigs, weil er der oberste Führer der FDLR war. [...] Was ich bestätigen kann, ist, dass Anweisungen an Soldaten vom Armeekommandanten gegeben wurden, aber er selbst hat die Anordnungen von oben bekommen.«[258] Der ehemalige Sekretär des Oberkommandierenden erklärt das Verhältnis zwischen Murwanashyaka und Mudacumura so: »Es gab die Regel, dass der Führer des militärischen Flügels allein Entscheidungen treffen kann, je nachdem wie er die Situation einschätzt. Er muss es Murwanashyaka berichten.«[259]

Der ehemalige FDLR-Funker erklärt: »Murwanashyaka ist über Mudacumura, da Murwanashyaka oberster Chef ist, er ist der Führer aller Soldaten und Politiker der FDLR. Mudacumura führt nur die Soldaten.« Der Vorsitzende Richter fragt, ob Murwanashyaka dem Militärchef denn auch Befehle erteilen konnte. Die Antwort: »Er ist jetzt im Gefängnis, aber zuvor hat er alle Befehle gemacht, die Mudacumura geben sollte.«[260]

Der Führer der persönlichen Leibwächtereinheit Mudacumuras war dem Oberkommandierenden stets nah und konnte oft sehen, wenn der Militärchef sein Satellitentelefon nahm, um »mit den Leuten in Europa, meist mit Murwanashyaka« zu sprechen. »Es kamen militärische Befehle von Murwanashyaka. Murwanashyaka hat Befehle erteilt, nachdem sie ihm Richtlinien erteilten, was sie machen wollten [...] Weil der General und seine Leute auf dem Terrain waren, wo der Krieg passiert, gaben sie Murwanashyaka Vorschläge, und er hat dann was dazu gesagt, hat es abgelehnt oder zugestimmt.« Richter Hettich fragt, was passierte, wenn der Präsident etwas ablehnte, was ihm vorgeschlagen wurde. Daraufhin antwortet der Zeuge: »Er konnte es ablehnen, und sie haben es trotzdem gemacht, weil er nicht da war.«[261]

War der FDLR-Präsident also nur formal Chef? Der ehemalige Vizekommandant der Militärpolizei sagt: »Mudacumura bereitete Operationen vor und informierte Murwanashyaka über das, was passiert war, aber er fragte nie nach seiner

258 Zeugenaussage, Prozesstag 66, OLG Stuttgart 19.3.2012
259 Zeugenaussage, Prozesstag 215, OLG Stuttgart 10.3.2014
260 Zeugenaussage, Prozesstag 204, OLG Stuttgart 20.1.2014
261 Zeugenaussage, Prozesstag 118, OLG Stuttgart 3.12.2012

Meinung.«[262] Bei seiner erneuten Vernehmung fast zwei Jahre später wird er von Murwanashyaka selbst dazu befragt und spricht ihn in seiner Antwort direkt an, was die meisten Zeugen sich nicht trauen: »Wenn Sie uns politische Sachen oder Befehle erteilt hätten, konnte ich das verstehen. Aber wenn es um militärische Befehle geht, das könnte ich nicht verstehen. Denn wir haben es so wahrgenommen, dass Sie eine Rolle in der Politik spielen. Sie haben uns nie militärische Befehle erteilt. Aber ich denke sogar, wenn Sie das getan hätten, dass wir es nicht befolgt hätten. Denn wir haben nur eine Person respektiert, die in unserer Nähe war.«[263] Am nächsten Tag präzisiert er: »Der Präsident der FDLR konnte keine Befehle geben an die Leute, die im Wald sind.«[264]

Ein anderer Offizier des Generalstabs entlastet den FDLR-Präsidenten, indem er dem Oberkommandierenden die Verantwortung zuschiebt: »Mudacumura hat gemacht, was er wollte.«[265] Letztendlich habe Murwanashyaka in militärischen Angelegenheiten nichts zu sagen gehabt: »Ohne ihm nahezutreten, ich glaube, dass er ein Laie in militärischen Dingen ist.«[266]

Das alles sei nicht der Punkt, beharrt die Anklage in ihrem Schlussplädoyer.[267] Nie wird der Ton der Staatsanwälte so schneidend wie jetzt. Es werde den Angeklagten »nicht zur Last gelegt, die Taten befohlen, angeordnet, aktiv veranlasst oder per Steuerung befehligt zu haben«, so die Ankläger, aber »sie waren im Bilde« und »nahmen die Taten billigend in Kauf«. Murwanashyaka »wusste sehr wohl, was seine Milizionäre anrichteten, wie sie hausten und was für Verbrechen sie begingen. Und das wusste er nicht nur, es war ihm durchaus auch recht.« Er »hatte sehr wohl faktische Tatverhinderungsmacht und hat davon keinerlei Gebrauch gemacht. Er war sich der Straftaten bewusst und unterließ es bewusst, dagegen etwas zu unternehmen. Es wäre seine Pflicht gewesen, davon Gebrauch zu machen. [...] Er hat es nicht getan, weil er die Taten der FDLR in all ihren Scheußlichkeiten guthieß.«

Bundesanwalt Ritscher nimmt in diesem Teil seines Schlussplädoyers richtig Fahrt auf. Murwanashyaka war »keineswegs ein Möchtegern-Präsident, der auf dem Sofa in Mannheim sitzt und sich einbildet, er sei der Präsident«, sagt er. Er war allen »als oberster Führer und Befehlshaber« bekannt, er »genießt uneingeschränkte Autorität auf allen Ebenen«. Er erteilte »zahllose Verhaltensanweisungen«, er fand »rund um die Uhr Gehör«. Er »gab keine militärischen Einzelbefehle, aber er dominierte die Überlegungen zum weiteren Verhalten der FDLR«. Er äußerte »uneingeschränkte Unterstützung« der Linie, »dass jeder kongolesische

262 Zeugenaussage, Prozesstag 99, OLG Stuttgart 17.9.2012
263 Zeugenaussage, Prozesstag 245, OLG Stuttgart 21.7.2014
264 Zeugenaussage, Prozesstag 246, OLG Stuttgart 23.7.2014
265 Zeugenaussage, Prozesstag 237, OLG Stuttgart 23.6.2014
266 Zeugenaussage, Prozesstag 165, OLG Stuttgart 8.7.2013
267 Dies und die folgenden Zitate: Plädoyer Bundesanwaltschaft, Prozesstag 314, OLG Stuttgart 15.7.2015

Bürger zum Abschuss freigegeben sei«, er »konzipierte sie sogar maßgeblich mit« und »tat dies, obwohl er die Möglichkeit hatte, es zu verhindern«. Kurz: »Was tat er effektiv gegen die Verbrechen der ihm unterstellten Milizionäre? Nichts!«

Murwanashyakas Verteidigerin Lang hingegen argumentiert, für eine Verurteilung müsse es Murwanashyaka »unterlassen haben, ernsthafte und nachhaltige Maßnahmen zu ergreifen, um Verbrechen gegen die Zivilbevölkerung zu verhindern«. Es gebe aber entsprechende Botschaften des Präsidenten und Beschlüsse des Direktorenkomitees. Ob das »ernsthafte und nachhaltige« Maßnahmen waren, sei egal, da Mudacumura sowieso nicht auf Murwanashyaka hörte. Dieser, so Lang, hatte keine Möglichkeit, Verbrechen zu verhindern, selbst wenn es eine Strategie gegeben hätte, Kriegsverbrechen zu begehen. Ihm »war bekannt, dass er keine Befehlsgewalt hatte«. Seine gegenteiligen Äußerungen waren »rein propagandistischer Natur«, um sich stärker zu geben als er war und zu erreichen, dass er ernst genommen werde. »Wir kennen das von vielen Politikern.«[268]

Eine Zeitlang scheint diese Interpretation auch bei den Richtern Gefallen zu finden. In ihrem »rechtlichen Hinweis« vom 9. September 2013 ist davon die Rede, dass auch eine »Versuchsstrafbarkeit« im Hinblick auf die Vorgesetztenverantwortlichkeit in Betracht kommt. Das heißt: Murwanashyaka dachte, er sei der militärische Befehlshaber, obwohl in Wirklichkeit seine Befehle gar nicht befolgt worden wären – was er aber nicht gemerkt habe, da er keine erteilte.

Die Richter kommen im Urteil schließlich zu einfacheren Schlüssen.[269] Murwanashyaka »wusste und wollte, dass die FDLR Kriegsverbrechen im Osten der DR Kongo verübte«, bestätigt der Senat die Sicht der Anklage – aber eine Verantwortung Murwanashyakas als militärischer Vorgesetzter nach § 4 VStGB sei »nicht ausreichend nachweisbar«. Es bestehen »Zweifel, ob das FOCA-Kommando aus Deutschland kommenden Verboten von Kriegsverbrechen nachgekommen wäre«, und es ist »fraglich, ob Murwanashyaka es selbst konkret für möglich gehalten hat, durch Ausübung seiner Befehlsgewalt die Taten seiner Untergebenen verhindern zu können«.

Eine Verurteilung Murwanashyakas wegen »täterschaftlicher Nichtverhinderung« im Rahmen von § 4 VStGB sei also nicht möglich: Er hatte keine »Kenntnis einer Politik der militärischen Führung, systematisch gegen jene Teile der zivilen Bevölkerung vorzugehen, die mit dem Gegner kooperierte« und keine »Tatverhinderungsmacht«. Es sei »nicht ersichtlich, wie Murwanashyaka von ihm aus Deutschland erteilte Befehle gegen den Willen des in Kivu stationierten FOCA-Kommandos physisch durchsetzen« hätte können. »Die Feststellung, er hätte Taten erschweren können, genügt nicht zu einer Verurteilung«, da sei das deutsche Recht strenger als das internationale Völkerstrafrecht, so die Stuttgarter Richter.

268 Plädoyer Verteidigung Murwanashyaka/Lang, Prozesstag 315, OLG Stuttgart 3.8.2015
269 Die folgenden Zitate: Urteilsverkündung, Prozesstag 320, OLG Stuttgart 28.9.2015

Eine Verurteilung wegen Unterlassung nach § 9 und § 13 VStGB scheide aus, so die Richter: das käme nur in Frage, wenn das Direktorenkomitee der FDLR gegenüber ihrem militärischen Flügel FOCA weisungsberechtigt wäre. Eine Verurteilung wegen »untauglichen Versuchs« von § 4 und § 20 StGB scheide ebenfalls aus: Murwanashyaka nahm nicht irrtümlich an, er habe die Verhinderungsmacht gehabt und unternahm trotzdem nichts.

Murwanashyaka wird verurteilt wegen Beihilfe zu Kriegsverbrechen, nach § 8 VStGB und § 27 StGB, dem Beihilfeparagrafen des Strafgesetzbuchs. Murwanashyaka leistete, so die Richter, »physische Beihilfe« in Form von Telefoneinheiten für Thuraya-Satellitentelefone und »psychische Beihilfe«, »durch Bestärkung des Tatentschlusses«, indem er »in Interviews, Memoranden, Presseerklärungen Kriegsverbrechen dementierte oder bagatellisierte«.

Die Verurteilung wegen Beihilfe ärgert sowohl die Ankläger als auch die Verteidiger. »FOCA bedurfte weder Thuraya-Einheiten noch Presseerklärungen, um Straftaten zu begehen«, hat Murwanashyakas Verteidigerin Lang in ihrem Plädoyer bereits gesagt und halb spöttisch gefragt, ob der Senat vielleicht »Beihilfe durch Unterlassen« meinte, was bedeuten würde, dass Murwanashyaka Straftaten durch Nichtstun förderte.[270] Die Bundesanwälte lehnen das Beihilfekonstrukt aus anderen Gründen ab: »Das gesamte Agieren des Angeklagten ist bis zum heutigen Tag davon geleitet, die Geschicke der FDLR zu lenken«; Murwanashyaka agierte »im Bewusstsein, oberster Führer der FDLR zu sein, und nicht um fremde Taten zu unterstützen«.[271]

Murwanashyaka wird in der Summe wegen Beihilfe zu vier Kriegsverbrechen und Rädelsführerschaft einer terroristischen Vereinigung zu 13 Jahren Haft verurteilt. Dies geht deutlich über die bisherigen knapp sechs Jahre Untersuchungshaft hinaus, also kehrt er am Ende des Prozesses in seine Zelle in Stuttgart-Stammheim zurück, während sein ehemaliger Vize Musoni das Gericht als freier Mann verlässt.

270 Plädoyer Verteidigung Murwanashyaka/Lang, Prozesstag 315, OLG Stuttgart 3.8.2015
271 Plädoyer Bundesanwaltschaft, Prozesstag 314, OLG Stuttgart 15.7.2015

Kapitel 5
Schuldsprüche: Die Prozesse in Frankfurt und Düsseldorf

Der Ruanda-Völkermordprozess in Frankfurt

Die Fragen, die das Stuttgarter Urteil aufwirft, werden nicht erst seit diesem Urteil diskutiert. Schon der Prozess gegen den in Deutschland lebenden ruandischen Exbürgermeister Onesphore Rwabukombe vor dem Oberlandesgericht Frankfurt wegen Völkermordes in Ruanda, der am 18. Januar 2011 begann und erstinstanzlich nach 120 Verhandlungstagen in gut drei Jahren am 18. Februar 2014 zu Ende ging, mündete in eine Verurteilung wegen Beihilfe: Beihilfe zum Völkermord unter § 220a.1.1 (Völkermord) und § 27 (Beihilfe) des Strafgesetzbuches. Dieses Urteil wurde danach vom Bundesgerichtshof (BGH) kassiert.

Rwabukombe wurde vorgeworfen, einer der Auftraggeber des Massakers an mindestens 1500 Tutsi in der Kirche von Kiziguro in Ruanda am 11. April 1994 gewesen zu sein, zu Beginn des Völkermordes; weitere Vorwürfe aus der Anklage wurden im Verlauf des Verfahrens fallengelassen. Da der Völkermordparagraf 220a des Strafgesetzbuches seit 2002 durch den fast gleichlautenden § 6 des Völkerstrafgesetzbuches ersetzt ist, war dies formal eine Anklage, die heute in den Geltungsbereich des Völkerstrafrechts fällt. Aber sie betrat kein juristisches Neuland.

Die Geschichte der Ermittlungen gegen Rwabukombe und gegen die FDLR hängen eng zusammen.[272] Die Anklage wurden in beiden Verfahren von denselben Staatsanwälten vorbereitet und vertreten, auch die Angeklagten und ihre Vertretungen kannten sich.

Anders als in Stuttgart gab es in Frankfurt eine zivile Nebenklage von ruandischen Überlebenden. Und nicht in Stuttgart, sondern in Frankfurt gab es die ersten Videovernehmungen von Zeugen aus Ruanda. Es waren Völkermordhäftlinge in Ruanda, die das Bundesjustizministerium nicht per Rechtshilfe nach Deutschland laden wollte, damit sie nicht flüchtig werden. So wurde ein Vernehmungsraum in Kigali eingerichtet. Zu Beginn der Videovernehmungen am 21. Juni 2011 brach die Technik zunächst in Kigali und dann in Frankfurt zusammen.[273] Im weiteren Verlauf funktionierte sie.

272 Vgl. Kapitel 4.3, S. 263 ff.
273 Kraft, Andreas: Videovernehmung gescheitert. In: tageszeitung, taz, 22.6.2011, www.taz.de/!5118097/

Das Oberlandesgericht Frankfurt kam in seinem Schuldspruch gegen Rwabukombe zum Schluss, es sei sowohl eine Verurteilung wegen Beihilfe als auch wegen Mittäterschaft möglich; nach dem Grundsatz, zugunsten des Angeklagten zu urteilen, sei der weniger schwere Vorwurf heranzuziehen.[274] »Der Senat hat indes nicht festgestellt, dass der Angeklagte selbst in der Absicht handelte, die durch ihr Volkstum bestimmte Gruppe der Tutsi als solche ganz oder teilweise zu zerstören«, so die Richter.[275] Er habe auch keine »Tatherrschaft« innegehabt.

Der Bundesgerichtshof gab der Revision des Generalbundesanwalts und der Nebenklage gegen dieses Urteil statt und hob es am 21. Mai 2015 auf. Die Feststellungen der Frankfurter Richter zum »objektiven« Tatgeschehen seien korrekt, die zum »subjektiven« aber nicht. Falsch sei insbesondere die zentrale Feststellung, Rwabukombe sei lediglich »Gehilfe« und nicht »Mittäter« gewesen. »Täter des Völkermordes kann jedermann sein«, so die Bundesrichter; Mittäterschaft und nicht bloß Beihilfe sei gegeben, sobald der Täter einen eigenen Beitrag leiste, wofür sogar lediglich die Teilnahme an der Vorbereitung von Massakern ausreiche.[276]

Zwar folgten die Bundesrichter nicht der Argumentation der Bundesanwaltschaft, wonach Rwabukombe in Völkermordabsicht handelte und daher als Täter zu lebenslanger Haft zu verurteilen sei. Sie sagten aber, das Oberlandesgericht habe nicht richtig begründet, warum es diese Argumentation ablehnte. Denn die vom Gericht festgestellten Handlungen des Angeklagten würden »nicht nahelegen, der Angeklagte habe als einziger aller gemeinschaftlich handelnden Tatbeteiligten nicht mit Völkermordabsicht gehandelt«.[277]

Die erneute Verhandlung vor einem anderen Strafsenat des Oberlandesgerichts Frankfurt begann Ende November 2015 und dauerte nur wenige Verhandlungstage, da keine neuen Beweise erhoben werden mussten. Bereits am 29. Dezember 2015 erging das neue Urteil: Rwabukombe wurde als Mittäter mit »besonderer Schwere der Schuld« zu lebenslanger Haft verurteilt.

Zum Unterschied zwischen »Beihilfe« und »Mittäterschaft« führten die Bundesrichter aus: »Nach ständiger Rechtsprechung, von der abzuweichen der vorliegende Fall keinen Anlass gibt, ist die Frage, ob ein Beteiligter eine Tat als (Mit-) Täter oder Gehilfe begeht, nach folgenden Kriterien zu beurteilen: Mittäterschaft ist gegeben, wenn ein Tatbeteiligter mit seinem Beitrag nicht bloß fremdes tatbestandsverwirklichendes Tun fördern will, sondern dieser Beitrag im Sinne arbeitsteiligen Vorgehens Teil einer gemeinschaftlichen Tätigkeit sein soll. Dabei muss

274 OLG Frankfurt/Main, Schriftliches Urteil 18.2.2014, Az. 5-3 StE 4/10 – 4 – 3/10, § 614, https://openjur.de/u/733147.html

275 Ebd., § 623

276 Bundesgerichtshof, Urteil des 3. Strafsenats, 21.5.2015, Az 3 StR 575/14, § 10, http://juris.bundesgerichtshof.de/cgi-bin/rechtsprechung/document.py?Gericht=bgh&Art=en&sid=acee56a878035ee1db30de905134eb27&nr=73389&pos=1&anz=6

277 Ebd., § 18

der Beteiligte seinen Beitrag als Teil der Tätigkeit des anderen und umgekehrt dessen Tun als Ergänzung seines eigenen Tatanteils wollen.«[278]

Das wäre eine interessante Grundlage zur Prüfung der Tätigkeit des Präsidenten der FDLR. Eine mögliche Revision im Fall Murwanashyaka könnte vor denselben Bundesrichtern landen.

Der FDLR-Unterstützerprozess in Düsseldorf

Der Prozess in Stuttgart ist nicht der einzige, den es in Deutschland gegen die FDLR gegeben hat. Von Ende 2013 bis Ende 2014 standen drei in Deutschland lebende und eingebürgerte FDLR-Sympathisanten aus Ruanda unter dem Vorwurf der Mitgliedschaft in einer terroristischen Vereinigung vor dem Oberlandesgericht Düsseldorf.

Die drei Angeklagten Félicien B., Bernard T. und Jean-Bosco U. wurden am 5. Dezember 2012 in Bonn und Köln festgenommen.[279] Gegen sie war am 21. November Haftbefehl des Bundesgerichtshofs ergangen. Der Generalbundesanwalt warf ihnen vor, nach den Festnahmen von Murwanashyaka und Musoni 2009 sowie Mbarushimana 2010 »die Öffentlichkeits- und Kommunikationsarbeit der FDLR übernommen« zu haben. T. habe darüber hinaus Murwanashyaka Geld zukommen lassen.

Insgesamt 150 Polizisten durchsuchten die Wohnungen der drei Festgenommenen sowie die elf weiterer mutmaßlicher Unterstützer der FDLR, die Murwanashyaka »entweder direkt oder indirekt Geldmittel für dessen Telekommunikation mit den in der DR Kongo agierenden Milizen der FDLR zur Verfügung gestellt haben«. Dies seien Erkenntnisse einer vom Bundeskriminalamt und mehreren Landeskriminalämtern eingerichteten »Ermittlungsgruppe FDLR«, so die Erklärung der Bundesanwaltschaft weiter.

Der Prozess gegen die drei Angeklagten begann am 15. November 2013 vor einem eigens gebildeten Hilfsstrafsenat 6a des Oberlandesgericht Düsseldorf, unter weitaus strengeren Sicherheitsvorkehrungen als in Stuttgart:[280] Die Angeklagten saßen in einem Glaskasten, es gab eine Trennwand zwischen Zuschauerbereich und Gerichtssaal. In diesen Saal hinter mehreren Sicherheitstüren in einem kaum genutzten Gebäudeteil der Außenstelle des Oberlandesgerichts an einem holprigen Feldweg auf einer Grashöhe verirrte sich kein zufälliger Zuschauer.

Die Angeklagten waren typische Angehörige der vor 1994 nach Deutschland gekommenen ruandischen Diaspora.[281] Bernard T. war wie Musoni 1984 mit

278 Bundesgerichtshof, Urteil des 3. Strafsenats, 21.5.2015, Az 3 StR 575/14, § 10
279 Dies und die weiteren Angaben: GBA: Festnahme dreier mutmaßlicher Mitglieder der FDLR, Pressemitteilung 6.12.2012
280 Hauschild, Annette: Holpriger Beginn in Düsseldorf. In: tageszeitung, 18.11.2013
281 Alle folgenden Angaben nach: Urteilsverkündung, Prozesstag 92, OLG Düsseldorf 5.12.2014

einem Stipendium der Carl-Duisburg-Gesellschaft nach Deutschland gekommen, studierte in Köln und wurde Ingenieur; er erhielt im Juli 1993 politisches Asyl und 2006 die deutsche Staatsbürgerschaft, aber blieb arbeitslos. Félicien B. kam 1992 nach Deutschland, ebenfalls Ingenieurstudent in Köln; aus Gesundheitsgründen musste er das Studium abbrechen, blieb aber in Deutschland, wo er im Juli 2001 politisches Asyl und im Juni 2006 die deutsche Staatsbürgerschaft erhielt.

Jean-Bosco U. hatte von allen die längste Karriere hinter sich: Studium in Belgien und den USA, ab 1984 war er stellvertretender Botschafter in Algier – dort traf er zum ersten Mal den späteren FDLR-Exekutivsekretär Callixte Mbarushimana – und ab 1986 Mitarbeiter der ruandischen Botschaft in Bonn. Er wurde im März 1995 abgezogen, als Ruandas neue RPF-Regierung einen neuen Botschafter berief, blieb aber in Deutschland und wurde 2001 deutscher Staatsbürger. Sein Neffe oder Großneffe ist der Vizekommandant der FDLR für Nord-Kivu, Oberst Stany (Ezéchiel Gakwerere). Er arbeitete auch zeitweise als Berater für die Vereinten Nationen und traf Mbarushimana 2001 in Kosovo wieder.

Alle drei Angeklagten kannten sich schon vor 1994; sie kannten damals auch Murwanashyaka, der in Bonn lebte, und engagierten sich in einem Solidaritätsverein für ruandische Flüchtlingskinder. B. war mit dem späteren FDLR-Exekutivsekretär Mbarushimana zur Schule gegangen. Im von Murwanashyaka und Musoni mitgegründeten deutsch-ruandischen Verein Akagera-Rhein war er 1994–99 Generalsekretär. Er engagierte sich auch ebenso wie die beiden späteren FDLR-Führer in der Hutu-Exilpartei RDR. 2003 bis 2005 nahm er an FDLR-Kongressen teil und bei den FDLR-internen Wahlen im Juli 2005 betätigte er sich auf Wunsch Murwanashyakas als Wahlleiter. Vor Gericht gab er an, sich danach wegen der Nichtumsetzung der Rom-Erklärung von der FDLR gelöst zu haben.

U. kaufte 2004 und 2005 in Köln Thuraya-Satellitentelefone für Murwanashyaka; einmal habe ihm Musoni das Geld zurückerstattet. T. verbreitete unter dem Aliasnamen Jean Mateka Pressemitteilungen und überwies im Jahr 2009 zweimal Geld an Kontaktpersonen des unter Finanzsanktionen stehenden Murwanashyaka: einmal 60, einmal 100 Euro.

Rund ein Vierteljahr vor Beginn des Prozesses gegen Murwanashyaka und Musoni in Stuttgart im Mai 2011 trafen sich die drei mit Murwanashyakas Asylanwalt Steffen Gallas am Hauptbahnhof Köln. Der Anwalt suchte damals Entlastungsmaterial für den FDLR-Präsidenten. T. nahm daraufhin Kontakt zur FDLR-Antenne in Mosambik auf, ein gewisser Alphonse Monaco. U. kontaktierte seinen Neffen, FDLR-Oberst Stany, im kongolesischen Busch. Auf diese Weise wurde die FDLR im Kongo in die Prozessvorbereitungen der Angeklagten für Stuttgart involviert.

FDLR-Oberst Stany meldete sich nach zwei Monaten aus dem Busch zurück, Anfang April 2011. T. gab ihm eine Nachricht für FDLR-Militärchef Mudacumura: Der solle wissen, dass der Prozess gegen Präsident Murwanashyaka im Mai beginne, und man solle Entlastungszeugen suchen. Am 17. Mai 2011 benannte Stany Vize-Exekutivsekretär Wilson Irategeka als Ansprechpartner, der meldete sich am

20. Mai per Mail. Am 23. Mai erhielt T. von Monaco auch die Telefonnummer von FDLR-Sprecher Laforge im Kongo.

Daraufhin begann ein intensiver Austausch zwischen Laforge und den drei Ruandern in Nordrhein-Westfalen, die dem FDLR-Sprecher halfen, Kommuniqués zu erstellen und zu verbreiten. Die deutschen Behörden kamen dem auf die Schliche, weil der Name Jean Mateka auch in Murwanashyakas abgefangener Kommunikation auftauchte. Am 3. Dezember 2011 übermittelte Jean Mateka an Laforge, Irategeka und Stany »Weihnachtsgrüße von Ignace Murwanashyaka« aus der Zelle in Stuttgart-Stammheim mit dessen Bitte an alle, »sich weiterhin um Ihre Aufgabe, Ruanda zu befreien, zu kümmern«.

Der Prozess in Düsseldorf dauerte nur ein Jahr, weil U. bereits zu Prozessbeginn geständig war und ab Oktober 2014 eine Verständigung zwischen den Parteien erfolgte.[282] Die Angeklagten gestanden, bekundeten ihre Reue, wurden schuldig gesprochen und kamen frei.

»Ich habe mit der FDLR abgeschlossen, endgültig«, sagte in seinem Schlusswort T., »und habe dafür einen sehr schmerzhaften Preis gezahlt, auch weil meine Familie mich zwei Jahre lang nur im Gefängnis besuchen konnte.« B äußerte sich am zurückhaltendsten: »Hoher Senat, den Ausführungen meiner Verteidiger schließe ich mich an.« U. gab die ausführlichste Erklärung ab, als Einziger der drei auf Französisch. »Ich habe den hervorragenden Plädoyers meiner Verteidiger nichts hinzuzufügen, denke ich. Dennoch ergreife ich die Gelegenheit, erneut auszudrücken, dass ich seit zwei Jahren auf Abstand zur FDLR gegangen bin. Ich kann nicht genug sagen, wie aufrichtig ich es bereue, mich der Propaganda der Verbrechen der FDLR angeschlossen zu haben – Verbrechen, begangen an den friedlichen kongolesischen Staatsbürgern, die sie doch bei sich aufgenommen hatten. Meine Gedanken sind in diesem Moment und für immer bei diesen unschuldigen kongolesischen Opfern.«[283]

T. wurde wegen mitgliedschaftlicher Betätigung in einer terroristischen Vereinigung und zwei Verstößen gegen das Bereitstellungsverbot unter dem Außenwirtschaftsgesetz zu vier Jahren Haft verurteilt. B. erhielt drei Jahre Haft wegen mitgliedschaftlicher Betätigung in einer terroristischen Vereinigung im Ausland. U. wurde wegen Unterstützung einer terroristischen Vereinigung im Ausland in fünf Fällen zu zwei Jahren auf Bewährung verurteilt. Alle Haftbefehle wurden außer Vollzug gesetzt, für die beiden zu Haftstrafen Verurteilten unter strengen Meldeauflagen.

Der Prozess in Düsseldorf spielte sich in deutlich sachlicherer Atmosphäre ab als der in Stuttgart, wie allen Zeugen auffiel, die in beiden Prozessen geladen waren. Dies merkten nicht zuletzt die Düsseldorfer Verteidiger an. In Stuttgart, so sagte B.s Anwalt Christof Miseré in seinem Plädoyer, seien Zeugen »auf merk-

282 Die Einzelheiten nach: Plädoyer Verteidigung T/Engels, Prozesstag 90, OLG Düsseldorf 1.12.2014
283 Letzte Worte, Prozesstag 91, OLG Düsseldorf 2.12.2014

würdige Art und Weise von der Verteidigung angegangen« worden.[284] U.s Anwalt Jürgen Schüttler bedankte sich zu Beginn seines Plädoyers beim Senat und der Bundesanwaltschaft für eine »ausgesprochen faire Form des Verfahrens [...] Das ist nicht unbedingt selbstverständlich.«[285]

Das Plädoyer von T.s Verteidiger Karl Engels glänzte mit der Art von Nachdenklichkeit, die in Stuttgart eher fehlte: »Es wird ein Urteil geben über den Charakter der FDLR. Was die Bundesanwaltschaft damit zu tun gedenkt, ist nicht meine Sache. T hat zwei Jahre in Untersuchungshaft verbracht. Eine harte Zeit. Er hat sicher in diesem Verfahren etwas gelernt, auch wenn wir die Geschichte Ruandas, dieses Kampfes – es ist kein Kampf zweier Rassen, es ist ein Klassenkampf – nicht historisch aufgearbeitet haben. Es wäre möglich gewesen, das anders aufzuarbeiten.«[286]

Der Düsseldorfer Prozess konnte nur deswegen entspannt ablaufen, weil es in der Sache um so wenig ging und es am Ende keine Konfrontation mehr gab. Das heißt nicht, dass die Angelegenheit nicht ernst gewesen wäre. Schließlich trat sogar MONUSCO-Chef Martin Kobler als Zeuge auf, und erstmals erklärte mit dem Düsseldorfer Urteil ein deutsches Gericht die FDLR rechtskräftig zu einer terroristischen Vereinigung – Ende 2014, weit vor dem Stuttgarter Urteil. Die Vorsitzende Richterin Stein machte in ihrer Urteilsbegründung deutlich, warum die den Angeklagten vorgeworfenen Taten keine Bagatelldelikte seien. »Bei der FDLR handelt es sich um eine besonders gefährliche terroristische Vereinigung, die 14 Jahre überlebt hat. Daran ändert der Umstand nichts, dass die Verbrechen in 6000 Kilometern Entfernung stattfanden und besonders leicht in Vergessenheit geraten. Umso gefährlicher ist es, sie in Pressearbeit zu verteidigen.«[287]

Einer der Anwälte zitierte seinen Mandanten aus einer Aussage vor der Anklageerhebung mit klaren Worten, die in Stuttgart in über vier Jahren nie fielen: »Die FDLR ermordet die Schwachen, die Kinder und die Alten [...] Ich kannte die FDLR. Ich wusste, was sie im Kongo gemacht hat. Sie haben 40 Personen aus meiner Familie getötet. Eigentlich gehöre ich zu denen, die sie bekämpfen müssten. Aber nur die Schwächsten werden attackiert. Wegen einer Ziege werden kleine Mädchen vergewaltigt. Sie begehen Völkermord, egal wo sie sich befinden. Man sollte sie bekämpfen.«[288]

284 Plädoyer Verteidigung B/Miseré, Prozesstag 90, OLG Düsseldorf 1.12.2014
285 Plädoyer Verteidigung U/Schüttler, Prozesstag 91, OLG Düsseldorf 2.12.2014
286 Plädoyer Verteidigung T/Engels, Prozesstag 90, OLG Düsseldorf 1.12.2014
287 Urteilsverkündung, Prozesstag 92, OLG Düsseldorf 5.12.2014
288 Plädoyer, Prozesstag 91, OLG Düsseldorf 2.12.2014

Kapitel 6
Der Internationale Strafgerichtshof und die zerstörten Hoffnungen

Die Massenvergewaltigung von Luvungi

Luvungi – ein kleines Dorf entlang eines kleinen Flusses. Lehmhütten mit Strohdächern schmiegen sich an die Hänge. Dahinter ragt der Regenwald des Urwalddistrikts Walikale in der ostkongolesischen Provinz Nord-Kivu empor. Aus dem Wald dort waren in der Nacht zum 1. August 2010 die FDLR-Rebellen einmarschiert. Dorfvorsteher Livingstone Mbusa-Mbusa erinnerte sich über ein halbes Jahr später noch ganz genau.[289] Während er erzählte, blickte er immer wieder voller Furcht auf die Baumwipfel.

Es war schon lange dunkel gewesen, nach 23 Uhr. Schemenhaft drangen die Gestalten ein. Sie gingen von Haus zu Haus, traten die Holztüren ein, zerrten die Männer auf den Dorfplatz. Auch Mbusa-Mbusa stand dort. Von allen Seiten hörte er Gebrüll. Jemand heulte: »Ich sterbe, ich sterbe.« Er dachte, jetzt würden sie alle umbringen, erzählt er. Doch erst trieben sie Hühner und Ziegen zusammen, schlachteten das Vieh. Ein Feuer loderte auf. In einem Laden fanden sie Bier: »Sie tranken, tanzten und sangen die halbe Nacht«, erzählte er.

Am nächsten Morgen musste Mbusa-Mbusa die Ziegen den Hügel hinauf in den Dschungel bringen. FDLR-Kämpfer begleiteten ihn, die Kalaschnikow im Anschlag. »Wenn du davonläufst, kriegen wir dich«, drohten sie ihm. Am dritten Tag bestellten sie Säcke mit Bohnen und Reis. Wieder mussten er und die anderen Dorfbewohner die Waren in den Wald schleppen. Am Abend gelang es ihm, zu entkommen. Er schlich zum Dorf zurück, hörte Schüsse, versteckte sich. Am Morgen fand er im Gebüsch andere Bewohner. Die Frauen berichteten ihm, was geschehen war. »Dies erklärte, warum sie so geschrien hatten«, beendet er seine Geschichte.

387 Menschen, so bilanzierten später Teams der Vereinten Nationen, wurden in vier Tagen in Luvungi und in den umliegenden Dörfern vergewaltigt: 300 Frauen, 23 Männer, 55 Mädchen und neun Jungen.[290] Das jüngste Opfer war

289 Diese und weitere Schilderungen und Zitate nach Besuch in Luvungi 30.–31.3.2011

290 UN-Menschenrechtskommission: Final Report of the Fact-Finding Missions of the United Nations Joint Human Rights Office into the Mass Rapes and Other Human Rights Violations Com-

zwei Jahre alt. Das kleine Mädchen konnte Monate später noch immer kaum laufen, saß regungslos mit großen dunklen leeren Augen wie eine Puppe im Dreck. Das älteste Opfer war 79 Jahre alt, eine knochige, faltige Frau mit 14 Kindern und 52 Enkelkindern. Sie konnte das Wasser nicht mehr halten, war eingewickelt in mehrere Schichten bunter Tücher, die nach Urin rochen. Die meisten der Frauen waren mehrfach von verschiedenen Männern vergewaltigt worden, oftmals sogar mit Hilfsmitteln: einem Stock, dem Gewehrlauf, gar mit Klingen der Macheten. Eine der Frauen, Marie, wollte erzählen.[291]

Drohungen hätten sie bereits zuvor erhalten, berichtete Marie. Wochen vor dem Angriff hatten die FDLR-Rebellen ihre eigenen Frauen nach Luvungi geschickt. Es war Markttag. Sie kauften Seife und Streichhölzer, bezahlten mit Gold. »Als sie fort waren, fanden wir einen Brief«, berichtete Marie. Darin stand: »Wenn ihr Luvungi nicht verlasst, töten wir euch!«

Der Dorfvorsteher berichtete seinen Vorgesetzten in der Distrikthauptstadt Walikale von der Drohung. Doch niemand schickte Hilfe. »Der Brief war nicht unterzeichnet, doch wir wussten, woher er kam«, so Marie. Die Mutter von fünf Kindern saß während des Interviews auf einem Holzstuhl in ihrer fensterlosen Lehmhütte. Regentropfen prasselten auf das Strohdach. Marie hatte ihr Baby auf dem Schoß. Es weinte. Dass der Embryo im Mutterbauch die mehrfache Vergewaltigung überlebt hatte, war ein Wunder.

In der Nacht zum 1. August 2010 lag Marie im Bett neben ihrem Ehemann – es war das letzte Mal, dass sie ihn sah. Plötzlich traten Männer mit Uniformen und Waffen die Tür ein. »Wir sind gekommen, um uns um euch zu kümmern«, grölten sie auf Kisuaheli. Untereinander sprachen sie Kinyarwanda. Sie zerrten Marie an den Haaren aus dem Bett, warfen sie auf den Boden. Jeder der Männer verging sich an ihr. Ihr Mann musste zusehen. Sie vergewaltigten die zweijährige Tochter. Die schrie und schrie. Seitdem hat sie nie wieder etwas gesagt. Dann zerrten die Rebellen Marie in den Busch und vergewaltigten sie weiter. Nach vier Tagen verschwanden die Kämpfer. Sie ließen die Frauen im Unterholz zurück, blutend.

Ins Dorf zurück trauten sich die Opfer nicht. »Viele sind an den Verletzungen gestorben«, sagte Marie. Einige waren schwanger geworden. So auch Maries 15-jährige Nachbarin. Marie stand auf und rief aus der Hütte heraus nach ihr. Regennass, mit dickem Bauch schlüpfte das Mädchen mit vier weiteren schwangeren Frauen herein. Sie setzten sich mit schmerzverzerrtem Gesicht auf eine Couch. Von der Unterleibsinfektion habe sie sich nie erholt, gestand das Mädchen. Sie wusste nicht, ob sie die Geburt ihres Kindes überleben würde. Den anderen Frauen ging es ähnlich. Sie waren alle im achten Monat.

mitted by a Coalition of Armed Groups along the Kibua-Mpofi Axe in Walikale Territory, North Kivu, from 30 July to 2 August 2010, Juli 2011, S. 12

291 Name zum Schutz der Zeugin geändert. Schilderungen und Zitate nach Interview mit Marie in Luvungi, 31.3.2011

Es dauerte nach dem Angriff Wochen, bis die Außenwelt davon erfuhr. Als Erstes gab es am 19. August 2010 eine dürre Pressemitteilung einer US-Hilfsorganisation: »International Medical Corps reagiert auf viertägiges Wüten von massiver sexueller Gewalt in entlegenem kongolesischem Dorf.«[292] Der Name des Dorfes wurde nicht genannt, aber aus der Erklärung ging hervor, dass die in Walikale stationierten Ärzte aus den USA schon wenige Tage nach dem Angriff Opfer behandelt hatten. Am Sonntag, dem 22. August 2010, berichtete darüber die New York Times und benannte die FDLR als Täter.[293] Am nächsten Tag zitierten Nachrichtenagenturen die Sprecherin der humanitären UN-Koordinationsstelle OCHA in Goma mit der Zahl von 179 Opfern.[294]

Die Massenvergewaltigung von Luvungi wurde insbesondere in den USA zum Symbol für die Grausamkeit des Krieges im Ostkongo. Seit Jahren war immer wieder davon die Rede gewesen, dass dort sexuelle Gewalt systematisch als Waffe eingesetzt wird: »Gräuel, die auf die physische und psychische Zerstörung der Frauen zielen« und die an Ruandas Völkermord erinnern, wie die damalige UN-Sonderbeauftragte Yakin Ertürk im Juli 2007 in Kinshasa gemahnt hatte.[295] Die Arbeit der Kliniken »Heal Africa« in Goma und »Panzi« in Bukavu wurde weltweit gelobt, im Sommer 2009 hatte US-Außenministern Hillary Clinton die beiden Kliniken besucht und den Kampf gegen sexuellen Terrorismus im Kongo zur Priorität erklärt. Mit Luvungi gab es nun endlich einen einzelnen Vorfall, der für sich allein einen weltweiten Aufschrei rechtfertigte.

Die Vereinten Nationen veröffentlichten in New York eine Pressemitteilung, wonach »ruandische und kongolesische Rebellen gemeinsam vier Tage lang Ende Juli fast 200 Frauen und einige Jungen in der Nähe einer UN-Basis vergewaltigt« hätten.[296] Das musste den Eindruck erwecken, es habe sich eine gigantische, über mehrere Tage erstreckte Massenvergewaltigung unter den Augen von UN-Blauhelmen zugetragen: ein unfassbarer Skandal. Dass die nächste UN-Basis im Ort Kibua 30 Kilometer entfernt lag, in einem Regenwaldgebiet ohne Straßen oder Mobilfunknetz, fiel dabei unter den Tisch. Der Sprecher der MONUSCO in Kinshasa behauptete, die UN-Blauhelme hätten Patrouillen nach Luvungi geschickt, während die FDLR den Ort belagerten – und hätten nicht reagiert, weil sie angeblich von der Bevölkerung nicht informiert worden waren.[297]

292 IMC: International Medical Corps Responding to 4-Day Onslaught of Mass Sexual Violence in Remote Congolese Village, Los Angeles 19.8.2010

293 At Least 150 Women Raped in Weekend Raid in Congo. In: New York Times, 22.8.2010. Der Artikel wurde am nächsten Tag mit der Überschrift »Rwandan Rebels Raped at Least 179 Women in Congo, Humanitarian Officials Say« neu veröffentlicht.

294 Rebels gang-rape almost 200 women in Congo attack, Reuters 23.8.2010

295 Ziel ist die Zerstörung, Dokumentation der Rede von Yakin Ertürk in Kinshasa. In: tageszeitung, 31.7.2007

296 RDC: L'ONU confirme le viol de plus de 150 femmes dans le Nord-Kivu, UN-Presseerklärung 23.8.2010

297 Telefoninterview mit MONUSCO-Sprecher Manodje Mounobai, 25.8.2010

Wie war das möglich? Am 25. August 2010 entsandte das UN-Menschenrechtsbüro ein Sonderermittlerteam an die Tatorte, um eine Woche lang zu recherchieren. Das Team sprach in seinem Zwischenbericht vom September 2010 von 303 Vergewaltigungsopfern und im Schlussbericht vom Juli 2011 von 387. Es führte aus, dass es wenige Tage vor den Übergriffen in der UN-Basis in Kibua eine Truppenrotation gegeben hatte. Fast alle der indischen Blauhelme waren neu im Dschungel, kannten die Gegebenheiten und das Gebiet nicht, geschweige denn irgendeine lokale Sprache. Normalerweise hat jede UN-Station im Kongo einen lokalen Verbindungsoffizier, der Kontakt zur Bevölkerung unterhält und dolmetschen kann. Dieser wichtige Offizier war noch nicht in Kibua eingetroffen.[298] Ein fataler Fehler.

Die UN-Mission MONUSCO musste ihr Versagen einräumen. Der Stellvertreter des UN-Untergeneralsekretärs für Friedensmissionen, Atul Khare, wurde in den Ostkongo entsandt und verkündete den Start einer UN-Operation mit über 700 Blauhelmen, um »mehr Abend- und Nacht-Patrouillen zu unternehmen [...] mehr UN-Basen im Dschungel einzurichten« und von dort aus »mehr spontane Erkundungsmissionen zu unternehmen«.[299] Für die Weltöffentlichkeit waren damit die Konsequenzen gezogen worden.

Mbarushimanas letztes Spiel

Unmittelbar nach den Übergriffen auf die Frauen in Luvungi reisten Ermittler des Internationalen Strafgerichtshofs nach Goma. Im MONUSCO-Lager am Kivu-See saßen sie bei Gregory Gromo Alex, DDRRR-Abteilungsleiter, in seinem Container-Büro und fragten ihn nach FDLR-Exekutivsekretär Callixte Mbarushimana und dessen Kommandohoheit in der FDLR. Denn seit die beiden FDLR-Führer Murwanashyaka und Musoni in Deutschland in Haft saßen, war in der FDLR unklar, wer die Miliz regierte. Auch Gromo stellte sich diese Frage – und er ahnte Schreckliches.

Um Verhandlungen mit den FDLR-Führern anzustrengen, hatte sich im Juni 2010 wieder die italienische katholische Gemeinde Sant'Egidio eingeschaltet. Weil FDLR-Präsident Murwanashyaka in Deutschland in Haft saß, sprachen die Geistlichen mit FDLR-Exekutivsekretär Mbarushimana in Paris. Das Ziel war, 15 000 bis 20 000 Frauen und Kinder, Angehörige der FDLR, nach Ruanda zu bringen. Mbarushimana erklärte sich zunächst einverstanden. Am 4. August trafen sich die kirchlichen Unterhändler mit Kongos Regierung und zwei Tage später mit UN-Vertretern in Goma, um den Transfer zu organisieren. Die Massenvergewaltigung von Luvungi war da gerade geschehen.

298 UN-Menschenrechtskommission, Final Report, Juli 2011, S. 10–11
299 UN-Pressemitteilung zum Sicherheitsratstreffen 6378, 7.9.2010

Am 7. August 2010 kam es zu einem Treffen des Sant'Egidio-Unterhändlers Pater Matteo Zuppi mit Offiziellen des Demobilisierungsprogramms, Regierungsvertretern und FDLR-Interimspräsident Byiringiro in Goma. Zur Überraschung aller verkündete Byiringiro: Mbarushimana habe aus Paris angerufen und die Aktion abgeblasen. Er habe verlangt, zuerst müssten die Militäroperationen gegen die FDLR komplett eingestellt werden.

Gromo hätte sich am liebsten die letzten Haare vom fast kahlen Kopf gerauft, sagte er danach.[300] Er hatte es befürchtet. Über 16 Jahre nach ihrer Begegnung in der Repräsentanz des UN-Entwicklungsprogramms UNDP in Ruandas Hauptstadt Kigali waren Gromo und Mbarushimana jetzt unmittelbare Gegenspieler um die Entwaffnung der FDLR. Frisch desertierte FDLR-Kämpfer, die Gromos Team aus dem Hauptquartier abgeholt hatte, bestätigten die Befürchtungen. Zweimal täglich kommuniziere FDLR-Militärchef Mudacumura mit Paris, berichteten sie, so wie vorher mit Mannheim.

Ende August 2010 begaben sich rund zwei Dutzend FDLR-Experten aus aller Welt eine Woche lang in den klimatisierten Konferenzsaal des Fünf-Sterne-Hotels »Serena« in Ruandas Grenzstadt Gisenyi, darunter Kriminalbeamte verschiedener Länder, ICC-Ermittler und Geheimdienstler. Auch die deutschen Ermittler waren eingeladen, kamen jedoch nicht. Das Fazit der Experten: Für die Suche nach Zeugen für Gerichtsprozesse unter den Tausenden der ehemaligen FDLR-Kämpfer und Kommandeuren könnte eine gute Datenbank helfen. Die Ermittler des Internationalen Strafgerichtshofs suchten nach Beweisen gegen FDLR-Exekutivsekretär Mbarushimana. Sie beantragten Haftbefehl; am 28. September 2010 stellte die Anklagebehörde in Den Haag den Haftbefehl aus, zunächst unter Verschluss. Am 11. Oktober 2010 wurde Mbarushimana von französischen Behörden in Paris festgenommen und am 25. Januar 2011 nach Den Haag überstellt.

16 Jahre nach dem Völkermord in Ruanda war Mbarushimana in Haft und Gromo am Ziel. Der DDRRR-Chef in Goma war da bereits todkrank. Als im Dezember 2010 die deutsche Bundesanwaltschaft Anklage gegen Murwanashyaka und Musoni erhob, lag er im Krankenhaus. Er schließt seine Memoiren mit folgenden Worten: »1994 lehnte sich ein Großteil der Welt zurück, als sich der Horror vor ihren Augen breit machte. Im Jahr 2010 können wir vielleicht etwas ändern. Beendet den Terror der FDLR und gebt dem Frieden eine Chance.«[301]

300 Interview mit Gromo, Goma, Juli 2010. Vgl. Kapitel 4.3, S. 253 ff.
301 Memoiren von Gregory Gromo Alex, von diesem zur Verfügung gestellt

Mbarushimana vor dem Internationalen Strafgerichtshof

Als FDLR-Exekutivsekretär Callixte Mbarushimana im Januar 2011 nach Den Haag überstellt wurde, erklärte Chefankläger Luis Moreno-Ocampo: »Im vergangenen Sommer dementierte Callixte Mbarushimana aus seiner Basis in Paris weiterhin UN-Berichte über eine Beteiligung der FDLR an brutalen Massenvergewaltigungen, diesmal verübt an Hunderten von Frauen im Distrikt Walikale, und widersprach damit öffentlich dem UN-Generalsekretär. Wir werden den Hunderten Opfern, die den Horror dieser Angriffe erlitten, die Gerechtigkeit nicht versagen. Wir untersuchen die Massenvergewaltigungen von Walikale.«[302] ICC-Ermittler machten sich auch auf die Suche nach Marie. Aber in der Anklage des ICC gegen Mbarushimana kamen die Vergewaltigungen in Luvungi letztlich nicht vor.

Der Haftbefehl warf Mbarushimana vor, für eine lange Liste von FDLR-Verbrechen im Kongo Verantwortung zu tragen, im Sinne von § 25.3.d des Römischen Statuts.[303] Demnach »ist für ein der Gerichtsbarkeit des Gerichtshofs unterliegendes Verbrechen strafrechtlich verantwortlich und strafbar, wer [...] zur Begehung oder versuchten Begehung eines solchen Verbrechens durch eine mit einem gemeinsamen Ziel handelnde Gruppe von Personen beiträgt. Ein derartiger Beitrag muss vorsätzlich sein und entweder mit dem Ziel geleistet werden, die kriminelle Tätigkeit oder die strafbare Absicht der Gruppe zu fördern, soweit sich diese auf die Begehung eines der Gerichtsbarkeit des Gerichtshofs unterliegenden Verbrechens beziehen, oder in Kenntnis des Vorsatzes der Gruppe, das Verbrechen zu begehen, geleistet werden.«[304] Der Haftantrag stützt sich in großem Ausmaß auf die Ergebnisse der deutschen Ermittlungen gegen Murwanashyaka und Musoni. Nach deren Verhaftung, so die Ermittler, sei Mbarushimana als »potentieller Verdächtiger in Erwägung gezogen« worden, aber es seien aus Deutschland keine weiteren Schritte unternommen worden.[305] Die Bundesanwaltschaft stellte am 3. Dezember 2010 ihr eigenes Ermittlungsverfahren gegen Mbarushimana wegen Verdachts auf Verstoß gegen das Völkerstrafgesetzbuch und Mitgliedschaft in einer terroristischen Vereinigung ein.[306] Aussagen von neun FDLR-Zeugen der deutschen Ermittlungen flossen aber in das ICC-Vorverfahren gegen Mbarushimana ein.[307]

302 Statement by ICC Prosecutor on transfer of Callixte Mbarushimana to the Hague, 25.1.2011

303 ICC Haftbefehl gegen Callixte Mbarushimana, ICC-01/04-01/10-2, 28.9.2010, § 4. www.icc-cpi.int/iccdocs/doc/doc942817.pdf

304 § 25.3.d, Römisches Statut des Internationalen Strafgerichtshofs. www.un.org/depts/german/internatrecht/roemstat1.html#T325

305 ICC Prosecutor v. Callixte Mbarushimana, Prosecution's Application under Article 58, Public Redacted Version, ICC-01/04-01/10/11-Red2, 20.8.2010, S. 59. www.icc-cpi.int/iccdocs/doc/doc1008311.pdf

306 Brief von Oberstaatsanwalt Ritscher an Mbarushimanas Anwalt Michael Ried, 3.12.2010. www.icc-cpi.int/iccdocs/doc/doc995177.pdf

307 ICC Prosecutor v. Callixte Mbarushimana, Prosecution's second application for redactions to witness statements, ICC-01/04-01/10-135, 4.5.2011, § 1. www.icc-cpi.int/iccdocs/doc/doc1057110.pdf

Die Anklagebehörde in Den Haag hatte eigentlich einen weitergehenden Haftbefehl beantragt, wegen des Vorwurfs der direkten Täterschaft.[308] Die größte Verantwortung für die Verbrechen der FDLR liege bei Präsident Murwanashyaka, Militärchef Mudacumura und Exekutivsekretär Mbarushimana gemeinsam. Sie hätten einen »gemeinsamen verbrecherischen Plan« ausgeheckt und für seine Umsetzung gesorgt.[309] So weit ging die Anklageschrift schließlich nicht, aber ob die FDLR-Führung als eine derartige »mit einem gemeinsamen Ziel handelnde Gruppe« zu bewerten sei, für deren Taten jedes ihrer Mitglieder Verantwortung trage, blieb fortan in Den Haag die zentrale Frage.

Anders als in Deutschland findet beim Internationalen Strafgerichtshof vor einer Hauptverhandlung eine Prüfung der Anklage durch eine Vorverfahrenskammer statt. »Die Vorverfahrenskammer stellt auf der Grundlage der mündlichen Verhandlung fest, ob Beweise für den dringenden Verdacht vorliegen, dass der Angeschuldigte jedes der ihm zur Last gelegten Verbrechen begangen hat«, heißt es im Statut des Gerichtshofs.[310] Im Fall Mbarushimana stellte die Vorverfahrenskammer das nicht fest. Sie lehnte am 16. Dezember 2011 die Eröffnung der Hauptverhandlung ab und hob den Haftbefehl auf; eine Woche später konnte Mbarushimana als freier Mann nach Paris ausreisen.

Die mündliche Verhandlung dazu hatte im September stattgefunden; die drei Richter brauchten für ihr Urteil sehr lange und fanden keinen Konsens. Mit zwei Stimmen gegen eine, gegen das Votum der Vorsitzenden Richterin der Kammer, entschieden sie, dass die Beweise für einen »dringenden Verdacht« nicht ausreichten. Dabei behandelten sie nicht nur die potentielle Schuld des Angeschuldigten Mbarushimana, sondern auch die Beweislage zu den Verbrechen der FDLR insgesamt. Es sei, so die Mehrheitsmeinung der Kammer, kein Befehl zu systematischen Angriffen nachgewiesen und auch keine entsprechende Politik der FDLR.[311]

Es seien vermutlich in fünf der von der Anklage genannten 25 Fälle Kriegsverbrechen verübt worden, aber dies seien keine Angriffe auf die Zivilbevölkerung als solche und auch keine Verbrechen gegen die Menschlichkeit.[312] Da es keine auf Verbrechen ausgerichtete Politik der FDLR gegeben habe, könne Mbarushimana auch nicht als Teil einer mit einem gemeinsamen Ziel handelnden Gruppe angeklagt werden,[313] und was die tatsächlichen Kriegsverbrechen angeht, »lieferte der Beschuldigte keinerlei Beitrag«.[314] Die Vorsitzende Richterin der Vorverfahren-

308 § 25.3.a, Römisches Statut
309 ICC Prosecutor v. Callixte Mbarushimana, Prosecution's Application under Article 58, Public Redacted Version, ICC-01/04-01/10-11-Red2, 20.8.2010, S. 4 f.
310 § 61.7 Römisches Statut
311 ICC Pre-Trial Chamber I in the case of Prosecutor v. Callixte Mbarushimana, Decision on the confirmation of charges, ICC-01/04-01/10-465-Red, 16.12.2011, § 255. www.icc-cpi.int/iccdocs/doc/doc1286409.pdf
312 Ebd., § 264–267
313 Ebd., § 291
314 Ebd., § 292

skammer sah das anders. In einer abweichenden Meinung führte sie aus, die Verbrechen seien durchaus »systematisch« verübt worden und damit als Verbrechen gegen die Menschlichkeit zu werten.[315] Schließlich sei die FDLR-Führung durchaus als eine mit einem gemeinsamen Ziel handelnde Gruppe zu werten.

Drei Richter und zwei Meinungen – das sprach nicht gerade für eine eindeutige Beweislage. Auffällig war: Alle am Vorverfahren beteiligten Afrikaner außer dem Angeklagten selbst waren dafür, den Prozess gegen Mbarushimana zu führen – die Vorsitzende Richterin aus Botswana, die oberste Vertreterin der Anklage aus Gambia, die beiden Opferanwälte aus dem Kongo. Die beiden Richter, deren Mehrheitsvotum zugunsten Mbarushimanas den Sieg davontrug, sowie die Verteidiger waren alle Nichtafrikaner. Anklägerin Fatou Bensouda, heute ICC-Chefanklägerin, und die kongolesischen Opfervertreter betonten die Last der Vergewaltigungen. »Emotionen sind kein Ersatz für Beweise«, war der Kommentar von Mbarushimanas Chefanwalt Michael Kaufman dazu. Die Richtermehrheit folgte ihm.

Die Anklagebehörde legte Berufung ein und argumentierte, Aufgabe der Vorverfahrenskammer sei nicht die inhaltliche Würdigung der Beweise, sondern lediglich die formale Prüfung ihrer Zulässigkeit.[316] Die Vertreter der Opfer wiesen in einer eigenen Stellungnahme darauf hin, dass die Mehrheitsmeinung der Vorverfahrenskammer »keinen Bezug auf die Darlegungen und Erklärungen der Opfer nahm« und FDLR-Dokumenten mehr Gewicht beimesse als den Aussagen von FDLR-Opfern.[317] 797 Anträge auf Opferbeteiligung im Mbarushimana-Verfahren waren bei der Gerichtsbehörde/Vorverfahrenskammer eingereicht worden,[318] 130 von ihnen wurden angenommen.[319]

Die Berufungskammer des ICC wies die Beschwerde der Anklage in allen Punkten ab.[320] Die Stellungnahme der Opfer ließ sie gar nicht erst zu, da sie 31

315 ICC Pre-Trial Chamber I in the case of Prosecutor v. Callixte Mbarushimana, Decision on the confirmation of charges, Dissenting opinion of Judge Sanji Mmasenono Monageng, ICC-01/04-01/10-465-Red, 16.12.2011, § 25–26. www.icc-cpi.int/iccdocs/doc/doc1286409.pdf

316 ICC Prosecutor v. Callixte Mbarushimana, Prosecution's Document in Support of the Appeal against the ›Decision on the confirmation of charges‹, ICC-01/04-01/10-499, 12.3.2012. www.icc-cpi.int/iccdocs/doc/doc1379398.pdf

317 ICC Appeals Chamber in the case of Prosecutor v. Callixte Mbarushimana, Observations des victimes autorisées à participer à la procédure sur l'appel du Procureur contre la ›Décision relative à la confirmation des charges‹, ICC-01/04-01/10-510-Red , 10.4.2012, § 33–35. www.icc-cpi.int/iccdocs/doc/doc1409986.pdf

318 ICC Pre-Trial Chamber I in the case of Prosecutor v. Callixte Mbarushimana, Registry, Proposal on victim participation in the confirmation hearing, ICC-01/04-01/10-213, 6.6.2011. www.icc-cpi.int/iccdocs/doc/doc1084420.pdf

319 ICC Pre-Trial Chamber I in the case of Prosecutor v. Callixte Mbarushimana, Decision on the 138 applications for victims' participation in the proceeedings, ICC-01/04-01/10-351, 11.8.2011. www.icccpi.int/iccdocs/doc/doc1200401.pdf

320 ICC Appeals Chamber, Judgement on the appeal of the Prosecutor against the decision of the Pre-Trial Chamber I of 16 December 2011, ICC-01/04-01/10-514, 30.5.2012. www.icc-cpi.int/iccdocs/doc/doc1420080.pdf

Seiten lang war, während nur 20 erlaubt seien und die Opfer vorab nicht um eine Erhöhung des Seitenlimits gebeten hätten.[321] Auf so bizarr formalistische Weise endeten vorläufig die Versuche, Opfern von FDLR-Verbrechen im Kongo Gehör beim Internationalen Strafgerichtshof zu verschaffen.

Mbarushimana wieder frei, die Opfer in Gefahr

Bereits in der Vorbereitung des Vorverfahrens gegen Mbarushimana war die potentielle Gefährdung von Opferzeugen Thema gewesen. Aus Gründen des Zeugenschutzes waren die Namen der aussagenden Opfer in ICC-Dokumenten geschwärzt, selbst die Namen ihrer Herkunftsdörfer. Doch in seinem Notizbuch, das die Polizei in seiner Pariser Wohnung bei seiner Verhaftung im Oktober 2010 samt Computerfestplatten beschlagnahmt hatte, standen acht kongolesische Namen: Potentielle Zeugen für das Verfahren in Stuttgart, befürchteten die Den Haager Ermittler. Die Ankläger sagten, sie hätten Grund zur Annahme, dass Mbarushimana Zugang zu Teilen der Ermittlungsakten gegen Murwanashyaka und Musoni »einschließlich der Namen von Zeugen« erhalten habe.[322]

Murwanashyakas Verteidigerin Lang in Stuttgart gab später zu, Mbarushimana persönlich kennengelernt zu haben. Sie seien gemeinsam essen gewesen. Ihr Kollege Sauer gab im Verfahren in Stuttgart an, dass er Kontakt zu FDLR-Kommandant Omega im Kongo aufgenommen hatte. Die später in Düsseldorf angeklagten Murwanashyaka-Freunde hatten auf Veranlassung von dessen ehemaligem Asylanwalt Gallas Verbindung zu einer ganzen Reihe von FDLR-Verantwortlichen geknüpft. Kannte am Ende die komplette FDLR-Führung die Belastungszeugen?

Noch als die Vorverfahrenskammer im Mai 2011 eine Haftbeschwerde von Mbarushimanas Verteidigern abgelehnt hatte, führte sie als Teil der Begründung an, dass auf seinem Computer in Paris interne E-Mails der UN-Mission im Kongo gefunden worden seien, eine davon vertraulich; dies »deutet auf einen Informationsfluss aus MONUC zur FDLR hin«, was die Möglichkeit anzeige, dass Mbarushimana bei einer Freilassung »die Ermittlungen stören« könne, so die Richter.[323] Es sei weiterhin bei Mbarushimana ein Notizbuch über den laufenden Prozess in Stuttgart gefunden worden, in dem Überlegungen zur Öffentlichkeitsarbeit ein-

321 ICC Appeals Chamber, Judgement on the appeal of the Prosecutor against the decision of the Pre-Trial Chamber I of 16 December 2011, ICC-01/04-01/10-514, 30.5.2012, § 13–14

322 ICC Prosecutor v. Callixte Mbarushimana, Prosecution's second application for redactions to witness statements, ICC-01/04-01/10-135, 4.5.2011, § 10. www.icc-cpi.int/iccdocs/doc/doc1057110.pdf

323 ICC Pre-Trial Chamber I in the case of Prosecutor v. Callixte Mbarushimana, Decision on the Defence Request for Immediate Release, ICC-01/04-01/10-163, 19.5.2011, § 62. www.icc-cpi.int/iccdocs/doc/doc1076545.pdf

schließlich eines »Blog Zeugennamen« gestanden hätten. »Die Kammer befindet, dass der Zweck der Veröffentlichung von Zeugennamen höchstwahrscheinlich in der Einschüchterung dieser Zeugen besteht«, so die Vorverfahrensrichter.[324] Aus UN-Kreisen hieß es, einige der noch in Stuttgart geladenen Zeugen hätten daraufhin ihre Aussagen zurückgezogen.

Aus FDLR-Kreisen wird bestätigt, dass sie in Nord-Kivu »eine Abteilung für Zeugenbeeinflussung« eingerichtet habe, »mit Tausenden US-Dollar« ausgestattet. »Die Miliz hat viel Geld«, so ein Exgeheimdienstler der FDLR. »Sie kann Kongolesen bezahlen, sie hat viele Kontakte.« Mbarushimana, selbst ehemaliger UN-Mitarbeiter, verfügte offensichtlich auch noch über Kontakte im UN-Apparat.

Ein ehemaliger FDLR-Geheimdienstoffizier erzählte nach seiner Flucht von einem kongolesischen Berater des DDRRR-Programms der Vereinten Nationen, dessen Name über 60 Mal in der nichtöffentlichen deutschen Anklageschrift gegen Murwanashyaka auftauche. Woher er das wisse? »Von Callixte«, war die Antwort. Dieser Berater bekam daraufhin mehrfach Todesdrohungen von einem FDLR-Mitglied per SMS: »Wenn du weiter so arbeitest, bringen wir dich um«, hieß es in einer Textnachricht. Der Angeschriebene ging in die Offensive, rief den Absender an. Der erklärte sich bereit, seine Auftraggeber zu nennen – gegen Geld. Das Geschäft kam nicht zustande. Der Mord auch nicht.

Nicht alle hatten so viel Glück. Die belgische Organisation Avocats Sans Frontières, die sich für die Rechte von Opfern in der internationalen Justiz einsetzt, berichtete, einige der im Haftbefehl gegen Mbarushimana genannten Tatorte im Kongo seien direkt nach seiner Freilassung erneut angegriffen worden, was die Opfer als Racheakte interpretiert hätten.[325] Wenige Monate nach Mbarushimanas Freilassung fand ein ehemaliger Kämpfer der FDLR, der in Deutschland im Prozess gegen Murwanashyaka aussagen wollte, einen Zettel an seiner Haustür in seinem Heimatdorf in Ruanda. Darauf stand: Sein Bruder, der nach wie vor in der FDLR diente, sei ermordet worden – das war eine klare Drohung. Wochenlang konnte er aus Angst nicht schlafen. Gerade erst hatte er ein neues Leben in Ruanda begonnen, sich an der Universität eingeschrieben, Englisch gelernt. Aufgrund der Drohung entschied er sich gegen eine Aussage in Stuttgart. »Meine Frau, Kinder und Eltern leben in dem Haus, das sie anscheinend kennen. Ich kann doch ihr Leben nicht aufs Spiel setzen«, sagte er.

»Die FDLR ist eine aktive Armee«, erklärt ein mit den Opferzeugen befasster Kenner der Gefahrensituation: »Sie hat selbst in Goma Leute unter Waffen. Viele FDLR-Mitglieder hatten sich vor Kongos Wahlen in die Wahlregister eintragen

324 Ebd., § 64–65

325 Avocats Sans Frontières: Modes of Participation and Legal Representation, Brüssel 2013, S. 14. www.asf.be/wp-content/uploads/2013/11/ASF_IJ_Modes-of-participation-and-legal-representation.pdf

lassen, sie haben jetzt kongolesische Ausweise, sie können sich überall frei bewegen.« Auch in Ruanda gebe es unter den demobilisierten FDLR-Kämpfern viele, die nach wie vor auf FDLR-Befehle hörten – freiwillig oder unfreiwillig.

All das interessierte das Weltgericht in Den Haag nicht. Nachdem der ICC erst im Mai 2011 eine Freilassung Mbarushimanas aus der Untersuchungshaft unter anderem mit der Begründung abgelehnt hatte, er könne als freier Mann Zeugen einschüchtern und die Ermittlungen stören, spielten diese Bedenken im Dezember 2011 keine Rolle mehr – der Haftbefehl gegen Mbarushimanas war aufgehoben, das Verfahren war eingestellt, somit gab es auch keine schutzbedürftigen Opfer und Zeugen mehr. Streng juristisch war das korrekt; es zeigte aber die engen Grenzen des Opferschutzes auf. Die Entscheidung der Vorverfahrenskammer sei im Kongo nicht kommuniziert worden, so dass Behauptungen, die gesamte FDLR sei in Den Haag freigesprochen worden, die Runde machen konnten, wurde berichtet.[326] Ein ehemaliger hochrangiger FDLR-Kommandeur und alter Studienfreund Mbarushimanas sagt: »Solange Callixte von keinem Gericht der Welt schuldig gesprochen wird, so lange kann man auch der FDLR nichts nachweisen.«[327]

Mbarushimana tauchte nach seiner Freilassung in Frankreich ab. Er unterzeichnete keine FDLR-Presseerklärungen mehr. FDLR-Sprecher Laforge gab an, er habe keinen direkten Kontakt mehr zu ihm.[328] Doch im Hintergrund schien der Exekutivsekretär nach wie vor die Strippen zu ziehen. »Er ist wieder aktiv«, bestätigte ein ehemaliger FDLR-Geheimdienstoffizier im August 2012, der noch immer mit dem Hauptquartier telefonisch in Kontakt stand.

Haftbefehl gegen Mudacumura

Mit der Freilassung Mbarushimanas brachen zwar die deutschen Prozesse gegen die FDLR nicht zusammen. Dennoch schien es, als entziehe sich die Gruppierung jetzt der internationalen Justiz. Doch die ICC-Ankläger gaben nicht auf. Noch während in Den Haag die Berufung gegen die Zurückweisung der Anklage lief, beantragten die Ankläger Haftbefehl gegen FDLR-Militärchef Mudacumura.[329]

Nachdem ein erster Antrag am 31. Mai 2012 als zu unspezifisch abgelehnt wurde, legten die Ankläger einen neuen vor, dem schließlich stattgegeben wurde. Dieser macht Mudacumura unter anderem für FDLR-Verbrechen in Kipopo, Mianga, Busurungi, Manje und Malembe verantwortlich, wo Mord, Verstümmelung, unmenschliche Behandlung, Vergewaltigung, Folter, Plünderung und Zerstörung

326 Vgl. Shimamungu, Eugène: La décriminalisation des FDLR par la CPI peut-elle faire jurisprudence? Blog Éditions Sources du Nil, Bruxelles 16.12.2011
327 Interview, Mutobo 2009
328 Interview mit FDLR-Sprecher Laforge, Kalembe 15.8.2012
329 Statement ICC Prosecutor on new applications for warrants of arrest DRC situation, 14.5.2012

begangen worden seien.[330] Die Beweise deuteten darauf hin, dass die Befehle dafür von Mudacumura direkt gekommen seien, so die Richter der zuständigen Vorverfahrenskammer,[331] darunter der mittlerweile verstorbene Deutsche Hans-Peter Kaul.

So bleiben die Verbrechen von 2009 auf der Tagesordnung von Den Haag. Ohne Bedeutung für den Haftbefehl, wohl aber für einen eventuellen Prozess, war dennoch die Art, wie die Vorverfahrenskammer II bei der Zulassung des Haftbefehls gegen Mudacumura die Argumente der Vorverfahrenskammer I bei der Ablehnung der Anklage gegen Mbarushimana aufgriff. Ebenso wie die erste ließ auch die zweite Kammer die Darstellung nicht gelten, die FDLR habe eine Politik der gezielten Angriffe auf Zivilisten verfolgt.

Die Richter erklärten: »Zwischen 2009 und 2010 wurden Zivilisten getötet, entführt, vergewaltigt, erniedrigender Behandlung unterworfen oder verstümmelt und Häuser wurden zerstört. FDLR-Militäroperationen führten auch zu Bevölkerungsvertreibungen. Doch fast alle der vom Ankläger behaupteten FDLR-Angriffe waren Racheangriffe gegen militärische Stellungen. Erhebliches Beweismaterial deutet auch darauf hin, dass es die Politik der FDLR war, Zivilisten nicht zu schädigen oder zu misshandeln, und dass Mitglieder der FDLR-Führung nicht wollten, dass bei FDLR-Operationen Zivilisten getötet werden [...] Obwohl in einigen Fällen die Racheakte in einer Weise ausgeführt wurden, die sowohl auf militärische Ziele als auch auf an den Feindseligkeiten nicht direkt beteiligte einzelne Zivilisten gerichtet war, kann nicht vernünftigerweise geschlossen werden, dass der Befehl, eine humanitäre Katastrophe zu verüben, tatsächlich von den FDLR-Truppen vor Ort in Einklang mit einer Politik der Organisation, die Zivilbevölkerung als solche anzugreifen, umgesetzt wurde.«[332]

Ohne dass diese Frage, an der sich in Stuttgart die Richter damals noch abmühten, in Den Haag jemals vor Gericht verhandelt worden wäre, galt es also beim Strafgerichtshof im Jahr 2012 als gesicherte Erkenntnis, dass es »keine Politik der FDLR gab, die Zivilbevölkerung als solche anzugreifen«.[333] Beleg dafür sei die Einstellung des Mbarushimana-Verfahrens – obwohl es nie zu einem Prozess gekommen war. Es hat nie eine abschließende Würdignug der Beweise gegen die FDLR vor dem ICC gegeben, aber in der Zulassung des Haftbefehls gegen Mudacumura findet sich die Feststellung: »Es gibt keine Beweise, dass die politische und militärische Führung der FDLR vorab oder hinterher eine Vereinbarung oder einen Plan hatte, die Zivilbevölkerung als primäres Objekt anzugreifen. Zudem sind die Beweise unzureichend, um zu zeigen, dass der Befehl, in den Kivu-Provinzen eine

330 ICC Pre-Trial Chamber II in the case of Prosecutor v. Sylvestre Mudacumura, Decision on the Prosecutor's Application under Article 58, ICC-01/04-01/12-1-Red, 13.7.2012, www.icc-cpi.int/iccdocs/doc/doc1441410.pdf

331 Ebda., § 65

332 Ebd., § 25-26

333 Dies und das folgende Zitat: Ebd., § 62

humanitäre Katastrophe zu verüben, Produkt einer Diskussion oder einer Vereinbarung war und damit als Subjekt eines gemeinsamen Plans der politischen und militärischen FDLR-Führung bezeichnet werden könnte.«

Kongos Justiz sucht die Täter von Luvungi

Die Hoffnungen der FDLR-Opfer in den Strafgerichtshof waren auch deshalb anfangs so hoch gewesen, weil Vergewaltiger im Ostkongo so gut wie immer straffrei bleiben. Das zeigte sich nach den Massenvergewaltigungen in Luvungi. Acht Monate nach den Übergriffen, im März 2011, stapfte auf einem Hügel über Luvungi Polizeikommissar Josephat Mutayongwa durch sein provisorisches Camp. Seine Einheit war erst seit drei Wochen hier stationiert.

Das Lager war noch ein Provisorium: 93 Polizisten schliefen auf Feldbetten in Zelten, gekocht wurde im Schatten eines Baumes auf einer Feuerstelle. Es war eine Eliteeinheit, von EU-Polizisten trainiert, mit zwei neuen Fahrzeugen ausgestattet. Die Polizisten trugen Waffen und nicht nur Schlagstöcke am Gürtel. Wöchentlich kam ein französischer UN-Polizist vorbei, um nach dem Rechten zu sehen. Die Polizisten patrouillierten die Pfade in den Dschungel hinein, fuhren mit den Autos die Straße ab, errichteten nachts Straßensperren am Ortseingang, damit die Menschen ruhig schlafen konnten. Jüngst hatten sie einen Hinterhalt der FDLR abgewehrt, ein Etappensieg.

Die Polizeipräsenz im Dschungel zeigte Erfolge: Die FDLR zog sich tief in die Wälder zurück, jenseits des Osso-Flusses – rund sieben Stunden Fußmarsch entfernt. Nach und nach kamen die lang verschollenen Einwohner zurück. Erst langsam wuchs ihr Vertrauen. Kommissar Mutayongwa hatte alle Aussagen der Dorfbewohner in seinem großen blauen Notizbuch zusammengetragen, sich die lokalen Auseinandersetzungen erläutern lassen. Selbst die Namen der örtlichen FDLR- und Mayi-Mayi-Kommandeure hatte er herausgefunden und seine Ergebnisse den UN-Ermittlern präsentiert.

Mutayongwas Ermittlungen gingen auch an Kongos Militärjustiz. Das Armeehauptquartier in Goma liegt inmitten eines Slums aus grünen Zelten. Hier hausen die Frauen und Kinder der Soldaten. Es stinkt nach Müll, Fäkalien, Urin. Die Lebensbedingungen in den Baracken des Stadtteils Katindo sind schlimmer als die in den Flüchtlingslagern am Rande der Stadt. Das Zentralgefängnis im Herzen der Kaserne gilt als Vorhof zur Hölle. Wer dort hineinwandert, kommt nur selten lebend wieder heraus.

Das große steinerne Gebäude des Militärgerichtshofs sticht von weitem wie eine Festung aus dem Meer aus Zelten und Wellblechhütten hervor. Aus der Nähe macht es eher den Eindruck einer Ruine, auf dem Parkplatz verrotten rostige Fahrzeuge, dazwischen gedeihen Marihuana-Pflanzen. Am Haupteingang saß im Frühjahr 2013 ein Soldat der Militärpolizei auf einem Plastikstuhl und kiffte.

Militärstaatsanwalt Oberst Bin Marten Baseleba studierte an seinem Schreibtisch handgeschriebene Dokumente. Sein Laptop neben ihm hatte mal wieder keinen Strom. Daneben türmten sich Bücher über Kriegsverbrechen.

Der alte Mann seufzte: Der Vizekommandant der Mayi-Mayi-Cheka-Miliz, Oberstleutnant Sadoke Mayele, war am Tag zuvor im Gefängnis gestorben.[334] Er war der Einzige, der je im Zusammenhang mit den Vergewaltigungen von Luvungi verhaftet und angeklagt worden war. Sein eigener Milizenchef Cheka hatte Mayele im Oktober 2010 an die Vereinten Nationen in Walikale übergeben. Jetzt war er tot. Der Militärstaatsanwalt in Goma hielt den Bericht des Gefängnisdirektors über Mayeles Tod in der Hand, einen mit Kugelschreiber handgeschriebenen Brief: »Todesursache unbekannt«, las Baseleba laut vor und zuckte mit den Schultern. »Damit können wir dieses Verfahren auch ad acta legen.«

Gerade erst hatten in der Distrikthauptstadt Walikale die ersten Gerichtsprozesse stattgefunden. Mit Hilfe der MONUSCO waren mobile Gerichte entstanden: Militärrichter, Ankläger, Anwälte, Täter, Zeugen und Opfer flogen in UN-Hubschraubern nach Walikale und tagten, geschützt von UN-Blauhelmen, unter freiem Himmel oder unter weißen Plastikplanen – eine Sensation. In aller Öffentlichkeit wagten die Frauen, auszusagen. Aber es führte zu nichts.

Immerhin, der Militärstaatsanwalt in Kinshasa hatte acht Haftbefehle ausgestellt.[335] Cheka wurde angeklagt, »terroristische Aktionen« befohlen zu haben. Sein Vize Mayele wurde des Raubes und der Plünderungen bezichtigt. Oberst Sadiki, Kommandeur des FDLR-Bataillons Montana in Nord-Kivu, sowie dessen Hauptmann Séraphin Lionceau wurden der Vergewaltigungen angeklagt sowie der Verbrechen gegen die Menschlichkeit, des Terrorismus sowie des Raubes. Ausgerechnet in dem Monat, als in Stuttgart der Prozess gegen Murwanashyaka und Musoni eröffnet wurde, suchte auch Kongos Militärjustiz erstmals FDLR-Kommandeure mit Haftbefehl.

Der kongolesische Milizführer Cheka ergriff die Gelegenheit und schaltete Sadiki im November 2011 kaltblütig aus. Eine Version besagt, es sei zu Gefechten an einer Straßensperre zwischen Chekas Miliz und der FDLR gekommen, einer anderen zufolge eskalierte ein Treffen zwischen den beiden Anführern, Sadiki sei erschossen und von Chekas Männern beerdigt worden.[336] Mayele starb im Februar 2013 in der Haft. Es blieben FDLR-Hauptmann Lionceau sowie Cheka selbst, der bis heute frei herumläuft, einer der mächtigsten Warlords von Walikale.

Unter diesen Umständen fühlte sich die FDLR sehr sicher – auch als Anfang 2015 Kongos Armeefeldzug gegen sie begann, den eigentlich die MONUSCO hatte führen wollen.[337] In der Kleinstadt Mweso hoch oben am nördlichsten Hang der

334 Interview mit Oberst Bin Marten Baseleba, Goma, 8.2.2013
335 Haftbefehle eingesehen in Goma, 8.2.2013
336 Schlindwein, Simone: Racheaktion für Massenvergewaltigung. In: tageszeitung, 24.11.2011
337 Vgl. Kapitel 5.3. S. 390 ff.

Masisi-Berge torkelten Ende Januar 2015 Regierungssoldaten umher, auf dem Weg zu ihren neuen Stellungen. Viele waren sturzbetrunken oder hielten Joints in den Mundwinkeln. Fahrzeuge hatten sie nicht. Ihre lokalen Gegner wie die Miliz von Cheka standen bereit, die Gebiete einzunehmen, aus denen die FARDC in den Krieg ziehen sollte.

Mweso lag schon seit Jahrzehnten an der Frontlinie zum FDLR-Gebiet. Doch jetzt schienen die ruandischen Hutu-Kämpfer Mweso selbst unterwandert zu haben. Immer wieder sah man junge kräftige Männer in den typischen Jogginganzügen und Gummistiefeln im Gleichschritt die Hauptstraße entlangmarschieren. Ihre Körperhaltung war die von disziplinierten Soldaten. Sie standen in kleinen Gruppen an den Straßenkreuzungen, vor dem Eingang des Krankenhauses, vor den Verwaltungsgebäuden. Auch die Messe besuchten sie, jeden Sonntag.

»Sie kommen mit Frauen und Kindern von den Hügeln herunter, um die Sakramente zu empfangen, aber immer sind Offiziere dabei, um ein Auge auf ihre Schäflein zu haben«, erzählte ein Abt, der seit vielen Jahren in der Diözese tätig war. Er hatte an einem Priesterseminar in Ruanda studiert, fühlte sich den Ruandern sehr verbunden, sprach ihre Sprache. So hatten die beiden Äbte von Mweso entschieden, mit den FDLR-Frauen zu beten. Sie erzählten ihnen vom modernen Ruanda von heute. Am nächsten Sonntag kam nach dem Gottesdienst ein FDLR-Offizier auf die Äbte zu. Er warnte sie, nicht mehr von Ruanda zu schwärmen.[338]

Wenige Wochen nach diesem Gespräch drang nachts ein bewaffneter Mann in das Kloster im Stadtzentrum von Mweso ein. Mit gezielten Schüssen streckte er einen Abt nieder. Er starb sofort.[339] Die Gemeinde Mweso war zutiefst schockiert. Noch am selben Tag stiefelte ein FDLR-Oberstleutnant durch die Kleinstadt. Den Regierungssoldaten, die den Tatort sicherten, erklärte er, er wolle Ermittlungen anstellen, um zu beweisen, dass die FDLR den Abt nicht getötet habe. Der örtliche FARDC-Kommandeur nahm ihn fest. Beim Verhör durch den Militärgeheimdienst in Goma stellte sich heraus: Der Mann war Séraphin Lionceau, gesucht wegen der Massenvergewaltigungen von Luvungi.

Im Innenhof des Militärgerichts in Goma roch es wieder nach Urin und Marihuana. Soldaten lungerten zwischen kaputten Fahrzeugen herum. Es war Zahltag, nach drei Monaten ohne Sold. Männer, Frauen und Kinder standen Schlange, um sich die paar schmutzigen Geldscheine abzuholen. Hauptmann Sumaili Makelele saß in seinem Büro vor einem Haufen Akten: Zeugenaussagen, Urteile, Klageschriften. Sein Vorgesetzter, Militärstaatsanwalt Baseleba, war gerade für mehrere Monate in Kinshasa. Jetzt hatte Makelele als Stellvertreter in Goma das Sagen. Doch er war erst seit sechs Wochen da.

FDLR? Lionceau? Luvungi? Massenvergewaltigungen? Nie gehört. Ein Haftbefehl, ausgestellt 2011? Makelele wurde etwas nervös. Er schob die Ordner auf

338 Interview mit den Äbten in Mweso, 27.1.2015
339 Schilderung nach Telefongespräch mit einem der Äbte im Kloster Mweso, 26.2.2015

seinem Schreibtisch hin und her, fand schließlich einen Schlüsselbund. Damit schloss er einen alten Wandschrank auf. Darin stapelten sich kunterbunte weitere Akten, vergilbt und vermodert. »Wie hieß das Dorf mit den Vergewaltigungen noch?«, fragte Makelele. Nein, zu Luvungi finde er keine Akte. Dann rief er etwas zögerlich im Büro des Militärgeheimdienstes an. »Habt ihr da einen FDLR-Offizier mit dem Namen Lionceau?«, fragte er. Jemand bestätigte. »Gut, dann überstellt den mal an uns, angeblich gibt's auf den einen Haftbefehl – ich muss ihn nur noch finden.«[340]

340 Nach Angaben von Human Rights Watch sitzt Lionceau inzwischen unter dem Namen Séraphin Nzitonda zusammen mit mehreren hundert weiteren gefangenen FDLR-Kämpfern im für katastrophale Bedingungen berüchtigten Militärgefängnis Angenga mitten im Regenwald des Kongo-Flussbeckens ein. Vgl. Human Rights Watch: DR Congo: Children Held In Remote Military Prison, 4.4.2016, www.hrw.org/news/2016/04/04/dr-congo-children-held-remote-military-prison

Fazit und Ausblick: Die Grenzen des Völkerstrafrechts

Der erste deutsche Völkerstrafprozess ist beendet – und niemand kann wirklich zufrieden sein. Die FDLR sieht ihre Führer zu Unrecht verurteilt, die Vertreter ihrer Opfer sehen sich vom Gericht ignoriert. Sowohl Anklage als auch Verteidigung haben Revision gegen das Stuttgarter Urteil eingelegt. Hat das Völkerstrafgesetzbuch also seinen Praxistest nicht bestanden?

So negativ sieht das keiner der Beteiligten. Der Prozess wurde ordnungsgemäß abgeschlossen – das Gericht in Stuttgart hat seine Arbeit getan. Er endete mit Schuldsprüchen – die Anklage wurde grundsätzlich bestätigt. Vermieden wurde eine Verurteilung unter der Vorgesetztenverantwortung des VStGB – die Verteidigungen können einen Erfolg verbuchen.

Doch lässt der Prozess viele Fragen ungeklärt. Die Einstellung zahlreicher Anklagepunkte »wirft Fragen über die Gründlichkeit der Ermittlungen der deutschen Behörden auf«, erklärte die Menschenrechtsorganisation Human Rights Watch.[1] Auch für Unbeteiligte stellte sich bereits im Gerichtssaal am Tag der Urteilsverkündung die Frage, ob die Qualifizierung der Taten der FDLR als bloße »Kriegsverbrechen« statt »Verbrechen gegen die Menschlichkeit« gerechtfertigt war; warum bei 172 Einzeltaten lediglich Beihilfe zu vier Kriegsverbrechen vorliegen soll; ob ein Rädelsführer einer terroristischen Vereinigung überhaupt »Gehilfe« des Täters sein kann – dass zwischen »Beihilfe« und »Rädelsführerschaft« eine »Konkurrenz« besteht, hatte sogar Richter Hettich in seiner Urteilsbegründung zugestanden.

Die Wertung, die FDLR habe zwar systematische Angriffe auf die Zivilbevölkerung begangen, diese seien aber keine Verbrechen gegen die Menschlichkeit, erscheint ebenso fragwürdig wie das Urteil, wonach die Verantwortung des FDLR-Präsidenten sich auf »Beihilfe« beschränke. Diese beiden Wertungen gehen an der Lebenswirklichkeit der betroffenen Bevölkerung im Kongo sowie an den in

1 Human Rights Watch: DR Congo: German Court Convicts 2 Rwandan Rebel Leaders, Presseerklärung 28.9.2015

diesem Buch dargelegten Informationen über Struktur und Selbstverständnis der FDLR vorbei.

Dass die Anwendung des Völkerstrafrechts Probleme mit sich ziehen würde, die im richterlichen Alltag nicht zu lösen sind, war seinen Erfindern von Anfang an bewusst – nicht nur wegen der ungewohnten Rechtsnormen, sondern auch wegen des Risikos besonders komplizierter Auslandsbezüge. »Völlige Unkenntnis von örtlichen Gegebenheiten seitens des Gerichts ist der Wahrheitsfindung ebenso abträglich wie die exzessive Zeugenvernehmung mittels Videokonferenz ins Ausland«, merken zwei deutsche Völkerstrafrechtsexperten an; »unter diesen Umständen gehen die Einschätzungen dessen, was der Aufklärung dient oder eben auch nicht, ebenso wie die Einschätzung der Glaubwürdigkeit der Zeugen weit über die gewöhnliche richterliche Erfahrung im deutschen oder auch europäischen Kontext hinaus.«[2]

Menschenrechtsorganisationen bemängelten nach dem Stuttgarter Urteil gegen die FDLR-Führung das Wegfallen zahlreicher Anklagepunkte aus Gründen der Prozessökonomie. Die Mehrheit der angeklagten Einzelvorwürfe wurde eingestellt, darunter alle Vorwürfe wegen Vergewaltigung und sexueller Versklavung, Rekrutierung von Kindersoldaten und überhaupt alles, was einzig auf Aussagen der Opferzeugen beruhte. Es gab zu diesen Punkten weder einen Schuldspruch noch einen Freispruch – diese Punkte wurden einfach nicht weiterverfolgt. »Sosehr es zu begrüßen ist, dass diese Taten gegen Kinder und Frauen angeklagt wurden, desto mehr ist es zu bedauern, dass hierzu kein Urteilsspruch ergangen ist«, merkt Jurist Andreas Schüller vom an der Prozessbeobachtung beteiligten European Centre for Constitutional and Human Rights (ECCHR) in Berlin an.[3]

Die Menschenrechtlerin Monika Hauser ist Pionierin auf dem Gebiet der Aufarbeitung sexueller Gewalt als Kriegswaffe, ob auf dem Balkan oder in Afrika. Zum Stuttgarter Prozess äußert sie sich im Namen ihrer Organisation Medica Mondiale tief enttäuscht: »Prozess und Urteil sind ein Schlag ins Gesicht der Frauen und Mädchen in der Demokratischen Republik Kongo, die massenhaft von FDLR-Soldaten vergewaltigt wurden. [...] Bereits während des Verfahrens wurden die meisten Anklagepunkte zu Vergewaltigung und sexueller Versklavung fallen gelassen. Jetzt hat der Senat mit dem Urteil auch noch die restlichen verworfen. Das bedeutet: Die kongolesischen Opferzeuginnen haben umsonst ausgesagt. Sie haben sich umsonst mit dem ihnen angetanen Leid konfrontiert und erfahren keine Gerechtigkeit. Angesichts der Fülle von Dokumentationen über Vergewaltigungen durch FDLR-Soldaten muss dieses Verfahren mehr als kritisch betrachtet werden [...] In jedem deutschen Strafverfahren haben die Verletzten

2 Safferling/Kirsch: Zehn Jahre Völkerstrafgesetzbuch, In: Juristische Arbeitsblätter 7/2012, S. 487

3 Schüller, Andreas: Ein kleiner Anfang ist gemacht: Kriegsverbrechen vor deutschen Gerichten, Oktober 2015. www.juwiss.de/72-2015/#more-12112

von Gewaltverbrechen klare Rechte auf Information, anwaltliche Vertretung oder Akteneinsicht. Dieses Recht hat in Stuttgart jedoch keine Anwendung gefunden.«[4]

Nicht nur Medica Mondiale fordert zukünftig eine bessere Beteiligung von Opfern an Völkerstrafprozessen, ähnlich der Praxis am Internationalen Strafgerichtshof in Den Haag. Dessen Beweis- und Verfahrensordnung definiert »Opfer« (*victims*) als »natürliche Personen, die als Ergebnis von Straftaten in der Zuständigkeit dieses Gerichts Schaden erlitten haben«.[5] In seiner ersten Entscheidung zur Opferbeteiligung legte die zuständige Kammer im Jahr 2008 fest, dass es einen »echten beweisbezogenen Zusammenhang« zwischen den vom Opfer erlittenen Schaden und dem Beschuldigten geben muss, und dass zur Beteiligung am Verfahren ein »persönliches Interesse« des Opfers berührt sein muss.[6] Sofern die Kammer die Opfer anerkennt, gelten sie kollektiv als Partei; ihre Vertreter können am Prozess teilnehmen und Stellungnahmen bei Eröffnung und Ende der Verhandlung abgeben, und die Kammer entscheidet von Fall zu Fall über darüber hinausgehende Beteiligung.[7] Der Opferstatus berechtigt auch im Falle einer Verurteilung des Täters zu Entschädigungen, wofür es einen speziellen Opferfonds gibt.[8]

Die Erfahrungen des ICC, nicht zuletzt im Fall des FDLR-Exekutivsekretärs Callixte Mbarushimana, zeigen zwar, dass die Entwicklung eines Opferstatus wie in Den Haag keine automatische Genugtuung für die Opger von Völkerstraftaten gewährleistet. Aber immerhin wird dadurch ein Rahmen gesetzt. All dies kennt das deutsche Recht nicht. Es gibt die zivile Nebenklage von Geschädigten, aber das Recht auf Nebenklage, in § 395 der Strafprozessordnung (StPO) geregelt, erstreckt sich bislang nicht auf die im VStGB neu definierten Völkerstraftaten. Anonyme und kollektive Nebenklagen sind ohnehin nicht möglich. Im kongolesischen Kontext sind individuelle Nebenklagen vor einem deutschen Gericht schwer vorstellbar.

Was Opferzeugen angeht, besteht das Hauptproblem darin, dass anonyme Aussagen nicht überprüft werden können,ohne ihre Anonymität zu gefährden. Damit Opferaussagen im FDLR-Prozess wasserdicht genug wären, um darauf ein Urteil stützen zu können, hätte das Gericht den Tod der Opferzeugen in Kauf nehmen müssen - undenkbar. In einer Antwort auf eine entsprechende Kleine Anfrage im Bundestag hatte die deutsche Bundesregierung bereits 2012 ausgeführt: »Im Straf-

4 »Kriegsverbrecherprozess: Keine Gerechtigkeit für vergewaltigte Frauen«, medica mondiale, Pressemitteilung 29.9.2015, www.medicamondiale.org/presse/pressemitteilungen/nachrichten-details/kriegsverbrecherprozess-keine-gerechtigkeit-fuer-vergewaltigte-frauen.html

5 ICC, »Rules of Procedure and Evidence«, § 85. www.icccpi.int/en_menus/icc/legal%20texts%20and%20tools/official%20journal/Documents/RulesProcedureEvidenceEng.pdf

6 ICC Trial Chamber I, Prosecutor v Thomas Lubanga, Decision on Victims' Participation, 18.1.2008, § 95, ICC-01/04-01/06-1119, www.icc-cpi.int/iccdocs/doc/doc409168.pdf

7 ICC, »Rules of Procedure and Evidence«, § 89.1 und 91.2

8 Ebda., § 94–98

verfahren gegen Verantwortliche der FDLR sind die Vernehmungen der Opferzeuginnen und Opferzeugen vollständig anonymisiert zur Akte genommen worden. Die damit verbundene mögliche Minderung des Beweiswerts ist angesichts der akuten Lebensgefahr für diese Zeuginnen und Zeugen im Falle ihrer Identifizierung hinzunehmen.«[9] Wenn es dazu führt, dass der Beweiswert gegen null geht, wie in Stuttgart, stellt sich allerdings die Frage, wozu die Aussagen überhaupt aufgenommen werden. Da die Betreuung der Opferzeugen vor Ort mit ihren Aussagen endet, erfahren sie nicht, was aus ihren Aussagen überhaupt geworden ist und in welcher Form sie zum Urteil beigetragen haben mag. Umgekehrt erfährt die deutsche Justiz nicht, was aus den Opferzeugen wird, nachdem sie ausgesagt haben – nicht einmal, ob sie noch leben.

Völkerstrafrechtsprozesse, so fordern Menschenrechtsorganisationen, sollten auch der Wahrheitsfindung dienen, zum Nutzen der betroffenen Gesellschaften und einer breiteren Öffentlichkeit. Anders als UN-Tribunale oder der Internationale Strafgerichtshof aberbetreibt die deutsche Justiz keine Öffentlichkeitsarbeit. Es gibt keine Möglichkeit für Überlebende, Opfer und Angehörige, einen Prozess zu verfolgen, ohne sich in den Gerichtssaal zu setzen. Es gibt keine Videoaufzeichnungen, keine Internetpräsenz, keine Veröffentlichung von Stellungnahmen oder Beschlüssen in laufender Verhandlung. Es werden nicht einmal Wortprotokolle geführt. Wer im Kongo oder Ruanda den Stuttgarter FDLR-Prozess verfolgen wollte, war auf Übersetzungen deutschsprachiger Berichte der beobachtenden Organisationen und Medien angewiesen. Keine deutsche Behörde dachte daran, beispielsweise auf Englisch oder Französisch Vertretern ruandischer und kongolesischer Medien und Menschenrechtsorganisationen auch nur die einfachsten Basisinformationen über den Prozess – die Anklagepunkte, der absehbare Verfahrensverlauf, schließlich das Urteil – zugänglich zu machen, oder diesen Vertretern Reisen nach Stuttgart zu ermöglichen.

Gabriela Mischkowski, Fachreferentin von Medica Mondiale, sieht deswegen erhebliche Defizite. Als Mindeststandards für zukünftige deutsche Völkerstrafprozesse fordert sie unter anderem die Möglichkeit der Neben- bzw. Verbandsnebenklage, erweiterten Zeugenschutz, Outreach-Programme sowie medizinische und psychosoziale Versorgung der Opferzeugen.[10]

Diese Forderungen sind mittlerweile in die laufenden Beratungen zwischen Völkerstrafrechtlern und Politikern über eine mögliche Weiterentwicklung des Völkerstrafgesetzbuchs und der deutschen Strafprozessordnung im Lichte der Erfahrungen des FDLR-Prozesses eingeflossen. Denn ob ein Prozess wie der in

9 Antwort der Bundesregierung auf die Kleine Anfrage der Abgeordneten Volker Beck, Jerzy Montag, Tom Koenigs, weiterer Abgeordneter und der Fraktion Bündnis 90/Die Grünen Drucksache 17/11123, Drucksache 17/11339, 7.11.2012, Frage 22

10 Mischkowski, Gabriela: Die andere Sicht ›zur Sache‹ – Elvire aus Süd-Kivu und das deutsche Völkerstrafgesetzbuch. In: Safferling/Kirsch 2014, S. 113–124

Stuttgart vernünftig zu führen ist, geht über die Frage des Umgangs mit Opfern und Geschädigten hinaus. Es geht darum, ob die deutsche Strafprozessordnung in Prozessen mit Auslandsbezug, in denen nicht nur die Schuld einzelner Angeklagter, sondern auch der »übergeordnete Kontext organisierter Gewaltanwendung«[11] aufzuklären ist, überhaupt funktioniert.

Der Stuttgarter Vorsitzende Richter Hettich sieht Reformbedarf und macht drei Vorschläge: »Erstens: Entweder reformiert man die Strafprozessordnung so, dass Strafverhandlungen künftig effektiver und damit beschleunigter durchgeführt werden können, was allen Strafverfahren zugute käme. Zweitens: Da derartige Verfahren ohnehin vor dem Internationalen Strafgerichtshof durchgeführt werden müssten, wenn sie nicht von einem nationalen Gericht verhandelt werden, sollte man auf VStGB-Verfahren die Verfahrensordnung des Internationalen Strafgerichtshofs auch bei uns in Deutschland anwenden. Drittens: Als weitere Möglichkeit könnte man eine Art ›Untersuchungsrichter‹ einführen, der die Beweise vor Ort, also in Tatortnähe, erheben würde, wobei die Verfahrensbeteiligten ein Anwesenheitsrecht haben müssten. Das erkennende Gericht würde dann nur noch die so gewonnenen Beweise bewerten und rechtlich einordnen.«[12]

Hintergrund dieser Überlegungen ist die im Stuttgarter Gerichtssaal gewonnene Erkenntnis, dass die Einführung des Völkerstrafgesetzbuches 2002 das deutsche Strafrecht erweiterte, aber die deutsche Strafprozessordnung dieser Erweiterung nicht anpasste. Anklagen sind einfacher geworden, Prozesse schwieriger. Eine eigene Prozessordnung für Verfahren nach dem Völkerstrafrecht, möglicherweise angelehnt an die Verfahrensordnung des Internationalen Strafgerichtshofs, wäre denkbar, aber mit erheblichen praktischen Herausforderungen verbunden: ganz eigene, international aufgestellte Ermittlungs- und Zeugenschutzapparate und entsprechend ausgebildete Juristen. Das erscheint kurzfristig ebenso unrealistisch wie die Vorstellung, dass beispielsweise im Ostkongo ein deutscher »Untersuchungsrichter« in Anwesenheit der Verfahrensbeteiligten Beweise »in Tatortnähe« erheben könnte.

Die Verteidiger im Stuttgarter Verfahren argumentieren daher, das Verfahren gegen Murwanashyaka und Musoni in Deutschland sei nach rechtsstaatlichen Grundsätzen gar nicht durchzuführen gewesen und hätte gar nicht erst eröffnet werden dürfen.

Dazu kommt die Behauptung, das Völkerstrafgesetzbuch sei verfassungswidrig. »Das Strafrecht ist keine gesellschaftspolitische Allzweckwaffe«, sagte Musonis Verteidigerin Groß-Bölting in der ersten öffentlichen Diskussionsveranstaltung zum FDLR-Prozess nach dessen Ende, »keine Waffe gegen Kriegsverbrechen und

11 Bock, Stefanie: Das Völkerstrafgesetzbuch im Lichte des Grundgesetzes. Beitrag zum 36. Strafverteidigertag, Hannover März 2012. www.strafverteidigervereinigungen.org/Material/Themen/36_bock.html

12 Auskunft von Richter Hettich, E-Mail der Pressestelle des OLG Stuttgart, 6.11.2015

Verbrechen gegen die Menschlichkeit, weil sich das mit der Unschuldsvermutung und dem Schuldnachweis nicht vereinbaren lässt«.[13]

Die Schwäche solcher Positionen ist, dass sie die Frage, wie Kriegsverbrechen und Verbrechen gegen die Menschlichkeit aufzuarbeiten wären, ausblenden. »Man macht es sich zu einfach, wenn man als Strafverteidiger für sich in Anspruch nimmt, ausschließlich mit der Verteidigung von Angeklagten die einzige oder vielleicht auch nur wichtigste Konstellation von Macht und Ohnmacht anzugehen«, definiert Wolfgang Kaleck, Leiter des European Centre for Constitutional and Human Rights dieses Problem.[14] Sein Kollege Andreas Schüller schreibt: »Der FDLR-Prozess sollte am Anfang einer verstärkten Tätigkeit der deutschen Justiz zu Kriegsverbrechen und Verbrechen gegen die Menschlichkeit stehen. Diese muss nicht zwangsläufig in Hauptverhandlungen vor deutschen Oberlandesgerichten münden. Auch die Sicherung und der Austausch von Beweismitteln zur Unterstützung anderer Verfahren vor nationalen oder internationalen Gerichten ist ein wichtiger Beitrag zur internationalen Strafjustiz.«[15]

In Reaktion auf das Urteil in Stuttgart brachte die Bundestagsfraktion Bündnis 90/Die Grünen im Bundestag einen Antrag auf Einsetzung einer interdisziplinären Arbeitsgruppe zu Völkerstrafprozessen ein.[16] Die Arbeitsgruppe solle, hieß es in dem am 17. September 2015 fertiggestellten Antrag, insbesondere auf folgende Fragen ihr Augenmerk lenken:

»a) die vollständige gerichtliche Überprüfbarkeit staatsanwaltschaftlicher Ermittlungsentscheidungen,
b) die frühestmögliche und kontinuierliche Sicherung von Beweismitteln,
c) den umfassenden Schutz der Identität der ZeugInnen vor, im und nach dem Strafprozess,
d) die frühestmögliche psychosoziale Betreuung der ZeugInnen sowie frühestmögliche Beiordnung eines Zeugenbeistands,
e) die Schwierigkeit der Ablehnung einer Zeugenladung aufgrund eines Auslandsbezuges,
f) eine effektivere Einbindung der NebenklägerInnen in das Verfahren,
g) die Rechte der Verteidigung (Stichwort ›Waffengleichheit‹) beispielsweise im Hinblick auf eigene Ermittlungstätigkeit und die Finanzierung von für die Verteidigungstätigkeit notwendigen Reisen in das Tatgebiet,
h) eine Mehrfachbesetzung der Pflichtverteidigung,

13 Bemerkungen von Andrea Groß-Bölting auf der Veranstaltung »Völkerstrafrecht vor deutschen Gerichten aus anwaltlicher Perspektive«, Deutscher Anwaltverein, Berlin 25.11.2015

14 Kaleck, Wolfgang: Vom Sinn und Unsinn des Völkerstrafrechts, Freispruch August 2013, S. 2

15 Schüller, Andreas: Ein kleiner Anfang ist gemacht: Kriegsverbrechen vor deutschen Gerichten, Oktober 2015, www.juwiss.de/72-2015/#more-12112

16 Antrag der Fraktion Bündnis 90/Die Grünen, »Keine Straflosigkeit bei Kriegsverbrechen – Völkerstrafprozesse in Deutschland voranbringen«, Deutscher Bundestag Drucksache 18/6341, 14.10.2015. http://dipbt.bundestag.de/dip21/btd/18/063/1806341.pdf

i) die Erstellung eines Wortprotokolls der mündlichen Verhandlung,
j) umfassendere Information der Öffentlichkeit über den jeweiligen Prozess in Deutschland sowie im Tatortstaat,
k) die Verbesserung des Austausches von Ermittlungsergebnissen zum selben Sachverhalt durch nationale und internationale Strafverfolgungsbehörden.«

Ferner seien das Völkerstrafrechtsreferat des Generalbundesanwalts sowie die Zentralstelle für die Bekämpfung von Kriegsverbrechen beim Bundeskriminalamt finanziell und personell aufzustocken. Begründet wurde der Antrag ausdrücklich mit dem FDLR-Prozess in Stuttgart: »Das Ende dieses Prozesses ist [...] eine Aufforderung an Justiz, Regierung und Gesetzgeber, die Probleme, die sich bei der praktischen Anwendung eines solchen Gesetzes zeigen, anzugehen. Das Völkerstrafgesetzbuch bietet eine ausreichende materiell-rechtliche Grundlage zur Verfolgung von Völkermord, Kriegsverbrechen und Verbrechen gegen die Menschlichkeit. Dem internationalen Kontext und der enormen Komplexität dieser Prozesse muss nun auch im deutschen Strafprozessrecht stärker als bisher Rechnung getragen werden.«[17]

Der Antrag wurde mit den Stimmen von CDU/CSU, SPD und Linken federführend in den Bundestagsausschuss für Recht und Verbraucherschutz überwiesen, gegen den Wunsch der Grünen, die ihn vorrangig im Ausschuss für Menschenrechte und humanitäre Hilfe behandelt sehen wollten.[18] In einer ersten öffentlichen Expertenanhörung am 25. April 2016 schälte sich am ehesten Konsens zu folgenden Punkten heraus: die Ausweitung der Nebenklagemöglichkeiten; Verbesserungen im Opferschutz; die richterliche Überprüfbarkeit staatsanwaltschaftlicher Ermittlungsentscheidungen; die Notwendigkeit von mehr Information gegenüber der ausländischen Öffentlichkeit; und der Bedarf einer Aufstockung der zuständigen Abteilungen der Bundesanwaltschaft und des Bundeskriminalamts[19].

Entscheidend könnte der weitere Verlauf des FDLR-Verfahrens sein – das Stuttgarter Urteil ist noch nicht rechtskräftig. Beide Parteien haben Revision beim Bundesgerichtshof eingelegt. Im Falle einer Aufhebung des erstinstanzlichen Urteils wegen Verfahrensfehlern würde ein neuer Prozess vor einem anderen Strafsenat des OLG Stuttgart folgen. Eine Entscheidung über die Annahme der Revision kann aber erst nach Vorlage des schriftlichen Urteils durch das Stuttgarter Gericht fallen, und damit hat der Stuttgarter Senat nach Angaben des Gerichts aufgrund der Dauer des Prozesses bis Anfang 2017 Zeit. Dann bliebe noch rund ein Jahr, bevor die in Stuttgart gegen Murwanashyaka verhängte Haftstrafe von 13 Jahren zu

17 Pressemitteilung Tom Koenigs, »Kongo-Prozess: Verfahren ist ein Erfolg«, 28.9.2015

18 Deutscher Bundestag, 18. Wahlperiode, 130. Sitzung, 15.10.2015, Bundestagsprotokoll S. 12629. http://dipbt.bundestag.de/dip21/btp/18/18130.pdf#P.12628

19 Deutscher Bundestag, Ausschuss für Recht und Verbraucherschutz, öffentliche Anhörung »Keine Straflosigkeit bei Kriegsverbrechen – Völkerstrafprozesse in Deutschland voranbringen«, 25.4.2016

zwei Drittel verbüßt wäre. Der seit dem 17. November 2009 inhaftierte FDLR-Präsident könnte nach dem erstinstanzlichen Urteil im März 2018 entlassen werden.

Sollte Murwanashyaka nach acht Jahren und vier Monaten aus der Haft freikommen, ohne dass ein rechtskräftiges Urteil gegen ihn vorliegt, würde der Reformdruck in Richtung Beschleunigung von Völkerstrafprozessen wohl steigen. Viele der diskutierten Verbesserungsvorschläge, von einer verstärkten und institutionalisierten Opferbeteiligung bis hin zu Tatortermittlungen durch Verteidiger, laufen aber eher auf Verlängerung als auf Verkürzung der Verfahren hinaus. Ein Ausweg aus diesem Dilemma ist nicht in Sicht.

Kurios, aber typisch für juristische Debatten in Deutschland ist der Umstand, dass in der Diskussion über die Folgen des FDLR-Prozesses die FDLR an sich nicht vorkommt. Dabei ist die wichtigste Besonderheit des Verfahrens in Stuttgart, dass die verhandelten Verbrechen von ihrer Art her nicht der Vergangenheit angehören.

Das ist im Völkerstrafrecht einmalig. Nicht einmal der Internationale Strafgerichtshof hat je Verantwortliche einer Kampforganisation angeklagt, solange diese noch kämpft. Wären die Führer der FDLR in Deutschland erst nach Auflösung oder Kapitulation ihrer Gruppe verhaftet worden, hätten sich viele der im Stuttgarter Prozess aufgetretenen Probleme nicht gestellt, oder in viel geringerem Maße: Die Schwierigkeiten der Beweisfindung; das Ausbleiben von Ermittlungen an den Tatorten; die extremen Schutzmaßnahmen für Opferzeugen; die möglicherweise – es wurde nie überprüft – fortdauernde Loyalität demobilisierter FDLR-Kämpfer gegenüber ihrem Präsidenten im Gerichtssaal; die Unmöglichkeit, kongolesische Unbeteiligte aus den Kriegsgebieten zu befragen.

So aber lässt sich der Prozess in Stuttgart mit einer Operation ohne Narkose vergleichen; der Krieg lief permanent im Hintergrund mit. Mitten im Krieg sind direkte, neutrale und umfassende Ermittlungen im Kriegsgebiet schlicht nicht möglich. Andererseits: Hätte anhand der mit jedem Jahr noch eindeutigeren Beweise, dass FDLR-Präsident Ignace Murwanashyaka von Deutschland aus die FDLR im Kongo führt und damit permanent UN-Resolutionen und deutsche Gerichtsentscheidungen ignoriert, die deutsche Justiz untätig bleiben können mit dem Hinweis, der Krieg im Kongo dauere noch an? Die FDLR konnte überhaupt nur als international agierende Organisation auftreten, weil deutsche Behörden im Jahr 2000 entschieden, einem ihrer Verantwortlichen politisches Asyl in Deutschland und einen deutschen Reisepass zu gewähren – und dies auch nicht rückgängig machten, nachdem Murwanashyaka 2001 zum Präsidenten der FDLR aufgestiegen war, oder nachdem diese ab 2003 als bewaffnete Organisation weite Gebiete Ostkongos unter ihre Kontrolle brachte.

Erst die deutsche Rückendeckung für Murwanashyaka machte die einzigartige internationale Struktur der FDLR möglich, die nun zu solchen Schwierigkeiten geführt hat, seine Verantwortung von Völkerstraftaten vor Gericht nachzuweisen. Die Schwierigkeiten des VStGB-Verfahren gegen die FDLR-Führung sind in direktem Zusammenhang mit früheren Versäumnissen Deutschlands zu sehen. Dazu kommt: Das Denken der FDLR hat ebenso wie ihre militärische Struktur und Doktrin ihre Wurzeln im kolonialen Umgang mit Ruanda. All dies ist weder in Deutschland noch in einem anderen Land aufgearbeitet worden, und eine solche Aufarbeitung wäre auch weniger eine juristische als eine politische Frage.

Insofern ist dieser Prozess doch mehr ein Sonderfall gewesen, als es scheint – und er weist zugleich in den Fragen, die er aufwirft, weit über das deutsche Völkerstrafrecht hinaus. Die FDLR ist im Kongo weiterhin militärisch aktiv. Ihr Gedankengut in der Kontinuität der Ideologie, die bereits den Völkermord in Ruanda 1994 intellektuell ermöglichte, äußert sich politisch in der gesamten Region immer wieder, von Burundi bis zur Zentralafrikanischen Republik. Es wird viel mehr als die juristische Aufarbeitung vergangener Verbrechen nötig sein, um deren Wiederholung zu vermeiden. Und die Frage, welche Rolle Deutschland in der Zukunft im Afrika der Großen Seen angesichts seiner Verstrickungen in das Wirken der FDLR spielen kann und will, harrt noch einer überzeugenden Antwort.

Anhang

Literaturverzeichnis

Bücher, Buchkapitel, Aufsätze in Fachzeitschriften

Bamurangirwa, Patricia: Rwanda Yesterday, Kibworth 2013

Barahinyura, Shyirambere: Generalmajor Habyarimana: die Schreckensherrschaft eines scheinheiligen Despoten in Rwanda, Frankfurt/Main 1989

Barahinyura, Shyirambere: Aus dem Busch zu den »Zivilisierten«, Frankfurt/Main 1989

Barahinyura, Shyirambere: Rwanda 32 ans après la révolution sociale de 1959: Réflexions sur le mouvement terroriste Inyenzi et Inyenzi rajeunis alias FPR-Inkontanyi dans leurs tentatives de réinstauration du pouvoir Tutsi au Rwanda, Frankfurt/Main 1992

Bessell, M.J.: Nyabingi. In: Uganda Journal, vol VI No 2, October 1938, S. 73–86

Bindseil, Reinhard: Ruanda und Deutschland seit den Tagen Richard Kandts, Berlin 1988

Carney, J.J.: Rwanda before the genocide. Catholic politics and ethnic discourse in the late colonial era, Oxford 2014

Chrétien, Jean-Pierre: La révolte de Ndungutse. Forces traditionelles et pression coloniale au Rwanda allemand. In: Revue francaise d'histoire d'outre-mer, vol 59, no 217, 1972, S. 645–680

Chrétien, Jean-Pierre: L'Afrique des Grands Lacs. 2000 ans d'histoire, Paris 2000

Chrétien, Jean-Pierre/Kambanda, Marcel: Rwanda, racisme et génocide. L'idéologie hamitique, Paris 2013

Decker, Rudolf: Ruanda: Tod und Hoffnung im Land der Tausend Hügel, Neuhausen-Stuttgart 1998

Decker, Rudolf: Im innersten Afrika: Hutu und Tutsi zwischen Vernichtung und Versöhnung, Neuhausen-Stuttgart 1998

Dittmann, Thomas/Heinitz, Johannes: Das Bundesministerium der Justiz und das Völkerstrafrecht. In: Safferling/Kirsch 2014, S. 191–198

Galabert, Jean-Luc: Les enfants d'Imana. Histoire sociale et culturelle du Rwanda ancien, Saint-Jean 2012

Gatwa, Tharcisse/Rutinduka, Laurent (Hg.): Histoire du christianisme au Rwanda des origines à nos jours, Yaoundé 2014

Götzen, G.A. Graf von: Durch Afrika von Ost nach West: Resultate und Begebenheiten einer Reise von der Deutsch-ostafrikanischen Küste bis zur Kongomündung in den Jahren 1893/94, Berlin 1895

Gourevitch, Philip: We Wish to Inform You That Tomorrow We Will Be Killed with Our Families, New York 1998

Gravel, Pierre Bettez: Remera: A Community in Eastern Ruanda, The Hague 1968

Hubert, Jean-R.: La Toussaint rwandaise et sa répression, Bruxelles 1965

Gouteux, Jean-Paul: Le rôle de l'église au Rwanda. In: La Nuit Rwandaise No 1, Paris 2007, S. 175–204
Gribbin, Robert E.: In The Aftermath of Genocide: The U.S. Role In Rwanda, Lincoln (USA) 2005
Guichaoua, André: Rwanda 1994. Les politiques du génocide à Butare, Paris 2005
Kagame, Alexis: Les organisations socio-familiales de l'ancien Rwanda, Bruxelles 1954
Kimonyo, Jean-Paul: Rwanda. Un génocide populaire, Paris 2008
Kirsch, Stefan: Entscheidungsanmerkung: Überstellung an den Internationalen Strafgerichtshof für Ruanda in Arusha (Tansania). In: Zeitschrift für Internationale Strafrechtsdogmatik, 2008, S. 476–479
Lavigerie, Mgr Charles: Mémoire secret sur l'Association Internationale Africaine de Bruxelles et l'Évangélisation de l'Afrique Équatoriale adressé à Son Éminence le Cardinal Préfet de la S.C. de la Propagande, Algier 2. Januar 1878. In: Storme 1957
Lefèvre, Patrick/Jean-Noel: Les militaires belges et le Rwanda 1916–2006, Brüssel 2007
Ludendorff, General Erich: Der totale Krieg, München 1935
Luneau, René: Comprendre l'Afrique. Évangile, modernité, mangeurs d'âmes, Paris 2004
Maquet, Jacques-Jérôme: Le système des relations sociales dans le Rwanda ancien, Tervuren 1954
Melvern, Linda: Conspiracy to Murder. The Rwandan Genocide, London 2004
Mischkowski, Gabriela: Die andere Sicht ›zur Sache‹ – Elvire aus Süd-Kivu und das deutsche Völkerstrafgesetzbuch. In: Safferling/Kirsch 2014, S. 113–126
Misser, Francois: Vers un nouveau Rwanda? Entretiens avec Paul Kagame, Bruxelles/Paris 1995
Morel, Jacques: La France au coeur du génocide des Tutsi, Paris 2010
Muhemo Subao Sitone, Matthieu: Acculturation de la spiritualité assomptioniste au Nord-Kivu. In: Spindler, Marc Annie Lenoble-Bart (Hg.): Spiritualités missionaires contemporaines, Paris 2007
Mukasonga, Scholastique: Inyenzi ou les Cafards, Paris 2006
Munyaneza, Malachie: Genocide in the Name of »Salvation«. In: Brekkenkamp, Jonneke/Sherwood, Yvonne (Hg.): Sanctified aggression: Legacies of Biblical and Post-Biblical Vocabularies of Violence, London/New York 2003, S. 60–75
Mutabazi, Éric: En quoi l'enseignement de l'histoire avant le génocide a-t-il contribué à la souffrance à l'école au Rwanda? In: Les Collectifs du Cercle interdisciplinaire de recherches phénoménologiques (Cirp), vol.2, 2011, S. 103–116
Newbury, Catherine: The Cohesion of Oppression. Clientship and Ethnicity in Rwanda 1860–1960, New York 1988
Ngiruwonsanga, Emmanuel: Rwanda, Blood Everywhere and Beyond, Victoria (Canada) 2012
Ntaganda, Eugène: Le discours sur le peuplement au Rwanda à travers les perceptions de la population rwandaise. In: Cahiers du Centre de Gestion des Conflits No 5, Université Nationale du Rwanda, Butare 2002, S. 103–120
Orth, Richard: Rwanda‹s Hutu Extremist Insurgency. An Eyewitness Perspective. In: MacMillan Center Genocide Studies, No 25, Yale 2001, S. 227–268
Pagès, Rév. Père: Au Ruanda sur les bords du Lac Kivu: Un royaume hamite au centre de l'Afrique. Institut Royal Colonial Belge, Bruxelles 1933
Périès, Gabriel/Servenay, David: Une guerre noire. Enquête sur les origines du génocide rwandais, Paris 2007
Perraudin, André: Un évêque au Rwanda. Saint-Maurice 2003
Prunier, Gérard: Africa‹s World War: Congo, the Rwandan Genocide, and the Making of a Continental Catastrophe, Oxford 2009

Rafti, Marina: The Dismantling of the Rwandan Political Opposition in Exile. In: Annuaire des Grands Lacs 2003–2004, Paris 2004, S. 23–43

Ritscher, Christian: Die Ermittlungstätigkeit des Generalbundesanwalts zum Völkerstrafrecht: Herausforderungen und Chancen. In: Safferling/Kirsch 2014, S. 223–236

Ruhimbika, Manassé (Müller): Les Banyamulenge (Congo-Zaire) entre deux guerres, Paris 200

Rusagara, Frank K.: Resilience of a Nation. A History of the Military in Rwanda, Kigali 2009

Rutayisire, Paul: Le remodelage de l'espace culturel rwandais par l'Église et la Colonisation. In: Cahiers du Centre de Gestion de Conflits No 2, Université Nationale du Rwanda, Butare 2001, S. 32–60

Rutayisire, Paul: Église catholique dans la société rwandaise: un regard interrogateur! In: Gatwa/Rutinduka 2014, S. 253–343

Rutazibwa, Privat: Les crises des Grands Lacs et la question tutsi: Réflexions sur l'idéologie du génocide dans la sous-région, Kigali 1999

Rutembesa, Faustin: Ruptures socioculturelles et génocide au Rwanda. In: Cahiers du Centre de Gestion de Conflits No 2, Université Nationale du Rwanda, Butare 2001, S. 93–124

Rutinduka, Laurent: L'Église catholique au Rwanda. In: Gatwa/Rutinduka 2014, S. 15–61

Safferling, Christoph/Kirsch, Stefan: Zehn Jahre Völkerstrafgesetzbuch. In: Juristische Arbeitsblätter 7/2012, S. 481–487

Safferling, Christoph/Kirsch, Stefan (Hg.): Völkerstrafrechtspolitik, Berlin/Heidelberg 2014

Schäfer, Jürgen: Die Rechtsprechung des Bundesgerichtshofs zum Völkerstrafrecht. In: Safferling/Kirsch 2014, S. 237–252

Schuler, Carlos: Leben und Überleben im Kongo. Gorillaschutz und Familienleben im Krieg, Altdorf (Schweiz), 2013

Seligman, Charles: Races of Africa, Oxford 1930

Speke, John Hanning: Journal of the discovery of the source of the Nile, London 1863

Storme, R.P. Marcel: Rapports du Père Planque, de Mgr Lavigerie et de Mgr Comboni sur l'Association Internationale Africaine. Mémoires de la Classe des Sciences Morales et Politiques, (N.S.) ARSOM 1957

Trinquier, Roger: La guerre moderne, Paris 1957

Vansina, Jan: Antedecents to Modern Rwanda. The Nyiginya Kingdom, Madison 2004

Verpoorten, Marijke: Conflict and Survival: Shocks, Coping Strategies and Economic Mobility in Rwanda, 1990–2002, Ph. D. diss, Universität Leuven 2006

Medienveröffentlichungen (Zeitungen, Publikumszeitschriften, Nachrichtenagenturen)

ACP: Bandundu soutient M'Zee Laurent Désiré Kabila contre l'aggression rwandaise, 24.8.1998

ACP: Le ministre Kibuey invite la communauté internationale à arrêter la dérive bestiole rwando-burundaise, 18.12.1998

ACP: Le gouvernement rejette catégoriquement toute partition du territoire congolais, 25.6.1999

AFP: Semaine sanglante dans le nord-ouest du Rwanda, 24.1.1997

AFP: Human Rights Watch rapporte des exactions à l'égard des Tutsis congolais, 6.8.1998

AFP: Kinshasa dénonce l'idéologie raciste du Rwanda et de l'Ouganda, 15.10.1998

AFP: Les armées ougandaise et rwandaise à la poursuite des Interahamwe, 4.3.1999

AFP: Les Interahamwe multiplient leurs actions dans le Sud-Kivu, 8.8.2000

AFP: L'armée rwandaise annonce avoir reprise Pepa dans le Katanga, 11.11.2000

AFP: Plus de 100 morts dans les combats pour la reprise de Pepa (rebelles), 11.11.2000
AFP: Forte concentration de Interahamwe à la frontière entre Rwanda et la RDC, 29.5.2001
AFP: Des extrémistes hutus rwandais rejettent l'accord de Pretoria, 30.7.2002
AFP: Les FDLR rapatriés à Kigali accusent Kinshasa de ›double langage‹, 1.11.2002
AFP: Les 25 rebelles hutus rwandais capturés en RDC refusent d'être désarmés (Monuc), 2.8.2004
AFP: Kagame: ›le moment venu nous allons nous occuper‹ des extrémistes hutus en RDC, 25.11.2004
AFP. Le porte-parole des FDLR s'est rendu à la force Rwanda-RDC, selon Kigali, 13.2.2009
AFP: Les FDLR affirment avoir tué au moins 70 soldats congolais et rwandais, 23.2.2009
AFP: L'ONU craint des centaines de milliers de civils déplacés, 2.5.2009
AFP. Exécutions arbitraires massives au Nord-Kivu (ONU), 14.11.2012
Allison, Simon: South African peacekeepers accused of failing to prevent DRC massacre, Daily Maverick (South Africa), 21.1.2016
ANB-BIA: Attaque de grande envergure autour de Bukavu, 24.6.2000
AP: Rwanda, DRC ministers discuss joint military operations against Interahamwe, 4.12.2008
Baptist Press: Personal attack teaches missionary of dark forces oppressing Rwanda, 26.9.1994
Bartel, Burkhard: Reisebericht, auszugsweise veröffentlicht als Die Logik des Überlebens ist mörderisch. In: tageszeitung, 25.6.1997
BBC News: DR Congo villagers burnt to death, 11.7.2005
Bianco, Marie-Claude: Die seltsamen Freunde. taz.de, 23.3.2011
Block, Robert: Death squads sow new terror in Rwanda. In: The Independent, 3.1.1995
Bloomberg: Congolese Seek Loyal Militia Protection After Army, UN Failure, 12.6.2009
Braeckman, Colette: L'autre terre des soldats hutus. In: Le Soir 24.6.2010
CNN: ›Arrows And Spears‹ To Fight Congo Rebels, 25.8.1998
Congo Independent: Des Combattants des FDLR transfèrent au Katanga, 5.5.2010
Digitalcongo: 155 rebelles rwandais dans les bras de la MONUC, 11.12.2001
Digitalcongo: Vital Kamerhe savoure les fruits d'un travail fait à la limite du sacrifice, 7.8.2002
Digitalcongo: Processus du DDRRR: 79 ex-combattants FDLR en visite exploratoire à Kigali, 1.10.2002
Digitalcongo: 44 Interahamwe internés à Lubero se sont échappés de leur camp, 13.1.2003
Gaus, Bettina: Schon allein sie überall zu sehen macht Angst. In: tageszeitung, 25.7.1994
Gaus, Bettina: Schwierigkeiten mit der Wahrheit. In: tageszeitung, 17.11.1994
Gaus, Bettina: Das schönste Flüchtlingslager der Welt. In: tageszeitung, 5.2.1996
Grands Reporters: Massacres au Zaire: »Ici, on extermine les réfugiés«, Mai 1997
Hatzfeld, Jean: Zaire: L'incroyable odyssée des réfugiés. In: Libération, 13.5.1997
Hauschild, Annette: Holpriger Beginn in Düsseldorf. In: tageszeitung, 18.11.2013
Hauschild, Annette: Der Großonkel des Kommandeurs. In: tageszeitung, 23.12.2013
Agence de Presse Hirondelle: Rwanda/Génocide: Plus d'un million de morts – bilan officiel. Arusha 8.2.2002
IRIN: Great Lakes Update, verschiedene Tagesberichte 1996–2003
IRIN: Rwanda: Census finds 937.000 died in genocide, 2.4.2004
IRIN: DRC-Rwanda: War against rebels ›not over, despite troop withdrawal‹, 2.3.2009
Johnson, Dominic: Kabila will die Tutsi verjagen: In: tageszeitung, 15.9.1998
Johnson, Dominic: Der endlose Krieg der Hutu-Milizen. In: tageszeitung, 19.9.2001
Johnson, Dominic: Hutu-Milizen geben auf. In: tageszeitung, 20.11.2003
Johnson, Dominic: Augen zu und durch. In: tageszeitung, 16.12.2005
Johnson, Dominic: Der Fall Ignace M. In: tageszeitung, 23.4.2008

Johnson, Dominic: Ruanda fordert deutsche ›Maßnahmen‹. In: tageszeitung, 24.4.2008
Johnson, Dominic: Deutsche Hilfe für Ruandas Frieden. In: tageszeitung, 11.7.2008
Johnson, Dominic: Neuer Feldzug im Osten Kongos. In: tageszeitung, 22.1.2009
Johnson, Dominic: Nichts ist so, wie es scheint. In: tageszeitung, 24.1.2009
Kayigamba, Jean-Baptiste: Kigali, damals im April. In: tageszeitung, 7.4.2004
Kraft, Andreas: Videovernehmung gescheitert. In: tageszeitung, 22.6.2011
La Référence Plus: Kinshasa chasse les Hutu du Front de libération du Rwanda – Alexis Nsimyimana: ›Le rapatriement de nos combattants ne devrait en aucun cas servir de monnaie de change pour Kagame‹, 25.9.2002
L'Avenir: Dépouillé, Kagame obligé de retirer ses troupes de la RDC, 11.9.2001
Le Figaro: En RD Congo, les Mai Mai menacent la paix, 13.12.2012
Le Phare: Des combattants des FDLR presentés à Kigali! 11.9.2001
Le Potentiel: Mwenze Kongolo donne des arguments à Kagame, 11.9.2001
Le Potentiel: Mwenze Kongolo présente les combattants FDLR à la MONUC, 13.9.2001
Le Potentiel: Calendrier détaillé du retrait des troupes rwandaises en RDC, 26.7.2002
Le Potentiel: Les FDLR menacent les élections en RDC, 5.5.2005
Le Potentiel: Les FARDC s'engagent dans les opérations ›Kimia II‹ et ›Rudia II‹ pour neutraliser les FDLR et LRA, 29.4.2009
Les Coulisses: Général Amuli: ›Nous continuons la traque des FDLR cette fois-ci avec la participation de la population civile‹, 22.3.2010
Linden, Ian: Rwanda's Quiet Coup. In: The Tablet, 11. August 1973
MDR Fakt: Gesuchter kongolesischer Milizchef in Deutschland, 3.11.2008
New Times: More than 1000 rebels killed, 28.–30.6.2001
New Times: Tension engulfs FDLR over Colonel's death, 3.1.2007
New Times: FDLR shoots at Rubavu village, 3.10.2007
New Times: DR Congo arming FDLR – Dr Sezibera, 25.10.2007
New Times: What then when ›Umoja Wetu‹ comes to an end, will MONUC cope? 20.2.2009
New Times: Karuhimbi pretended to be a witchdoctor and saved Tutsi, 28.4.2014
New York Times: Rebels Force 80000 To Flee To Jungle, 26.4.1997
New York Times: 8 Tourists Slain In Uganda, Including U.S. Couple, 3.3.1999
New York Times: At Least 150 Women Raped in Weekend Raid in Congo, 22.8.2010
Radio Okapi: Découverte de deux fosses communes après le massacre à Mamba, 13.7.2005
Radio Okapi: Masisi: l'insécurité grandit après les opérations conjointes RDC-Rwanda, 5.3.2009
Radio Okapi: Interview: le major Ekenge fait le point de l'opération ›Amani Leo‹, 2.1.2010
Radio Okapi: RDC: Lambert Mende fait le point sur les opérations contre les FDLR, 3.3.2015
Randal, Jonathan: Ousted Hutu flee Rwandan Zone for Zaire. In: Washington Post, 19.7.1994
Reuters: Berichte über Hutu-Übergriffe in Ruanda, 7.1.1997
Reuters: Hutu militia spread terror in Congo's east, 10.8.2000
Reuters: Generalbundesanwalt ermittelt gegen Hutu-Milizenführer, 27.4.2006
Reuters: UN condemns ›terrorist‹ act by rebels in Congo, 6.6.2008
Reuters: Rebels gang-rape almost 200 women in Congo attack, 23.8.2010
Reuters: Congo's Kabila says to arrest wanted army general, 11.4.2012
RFI: La brigade de l'ONU va se mobiliser contre les FDLR, Interview Georges Chikoti, 22.12.2014
Rheinpfalz: Ruandischer Rebellenführer zu Bewährungsstrafe verurteilt. 4.3.2009
Rwanda Libération: Camp de Mudende: L'horreur du génocide continue. 20.1.1998
Schlindwein, Simone: Die Befehle kommen aus Deutschland. In: tageszeitung, 10.10.2009
Schlindwein, Simone: Von den Toten eingeholt. In: tageszeitung, 18.1.2011

Schlindwein, Simone: Terror per Textnachricht. In: tageszeitung, 2.5.2011
Schlindwein, Simone: Racheaktion für Massenvergewaltigung. In: tageszeitung, 24.11.2011
Schlindwein, Simone: Die Hutu-Miliz steht unter Druck. In: tageszeitung, 12.10.2015
Schlindwein, Simone: Rätselhafte Geiselnahme. In: tageszeitung, 11.12.2015
Schmidt-Gross, Caroline: Die Flucht zurück in die Heimat. In: tageszeitung, 12.11.1996
Schmidt-Gross, Caroline: Die Augen starr nach vorn gerichtet. In: tageszeitung, 18.11.1996
Smith, Alex Duval: Rwanda warns of Hutu. In: The Independent, 4.8.2001
Stroux, Daniel: (veröffentlicht als »Ludwig Sarasin«): Verkohlte Hütten, verlassene Äcker. In: tageszeitung, 27.7.1996
Stuttgarter Zeitung: Er wirkte wie ein Geschäftsmann. 18.11.2009
Swain, Jon: UN gave job to war crimes suspect. In: Sunday Times, 4.2.2001
Tagesspiegel: Haupttäter muss zehn Jahre hinter Gitter, 5.3.2008
Umwezi: Interview avec le Colonel Séraphin Bizimungu, Commandant des FOCA, Juli–August 2005
Veit, Alex: Kongo: Da ist was im Busch. In: tageszeitung, 6.9.2008
Vick, Karl: Desperate Battle Defines Congo's Warlike Peace. In: Washington Post, 2.1.2001
Voice of America: UN: Over 700 Rwandan FDLR Rebels Surrendered in 2015, 30.12.2015
Washington Post: Congo Says Rebels Get Rwandan Aid, 7.8.1998
Wrong, Michela: UK looks to women to lead Congo out of darkness. In: Financial Times, 10.8.2001

Studien, NGO-Berichte, Erklärungen, Stellungnahmen

ADIN Bukavu, La population de Shabunda abandonnée à son trist sort entre les mains des FDLR, Bukavu 14.6.2011
AFD Uvira: Rapport de l'état de lieu de la situation des femmes dans la province du Sud-Kivu RDC (sic), 20.2.2010
African Rights: Rwanda: Death, Despair and Defiance. London 1995
African Rights: Rwanda: The Insurgency in the Northwest. London 1998
African Rights: A Welcome Expression of Intent. The Nairobi Communiqué and the Ex-FAR/ Interahamwe. London 2007
African Union: Rapport de la Réunion Consultative sur le désarmement et la neutralisation des ex-FAR/Interahamwe et autres groupes armés à l'est de la RDC, Addis Abeba, 15.–16.3.2005
Alex, Gregory Gromo: unveröffentlichte persönliche Memoiren, Goma 2010
Amnesty International: Rwanda: Arming the Perpetrators of the Genocide, Juni 1995
Amnesty International: DRC: War against unarmed civilians, 23.11.1998
Avocats Sans Frontières: Modes of Participation and Legal Representation, Brüssel 2013
Bizimana, Jean-Damascène: La défaite de infiltrés ou la dernière étape de la libération du Rwanda, Kigali 2013
Bock, Stefanie: Das Völkerstrafgesetzbuch im Lichte des Grundgesetzes. Beitrag zum 36. Strafverteidigertag, Hannover März 2012
Brockmeier, Sarah: Deutschland und der Völkermord in Ruanda, Heinrich-Böll-Stiftung, Berlin 2014
Brot für die Welt/Pole Institute: Guerillas im Nebel. Wie Kongolesen den Krieg gegen die ruandischen FDLR-Milizen im Osten der Demokratischen Republik Kongo erleben und was Deutschland damit zu tun hat, Goma, Februar 2010

Buuma, Déogratias: Analyse du contexte du territoire de Kalehe, APC Bukavu, April 2009
Caritas Développement Congo: Nord-Kivu: 7 morts et 255 maisons incendiées, bilan de l'attaque des FDLR à Luofu, Communiqué de presse No 009-CDC-2009, Butembo 20.4.2009
Congo Advocacy Coalition: DR Congo: Civilian Cost of Military Operation Unacceptable, 13.10.2009
Debelle, Raymond: Leadership et idéologie des FDLR-FOCA. Unveröffentlichte Studie 2012
Diocèse de Gikongoro: Les apparitions de Kibeho: une brève présentation, Gikongoro 2004
ECC Bukavu: Rapport de l'ECC/Projet de Rapatriement sur les femmes enlevées par les FDLR à Mulombozi et dont cinq ont été égorgées, 22.2.2010
Elbert, Thomas u.a.: Perpetrating Sexual and Gender Based Violence in the Kivu Provinces of the DRC. Insights from Former Combatants on the Motives for Committing SGBV, Washington 2013
Gahamanyi, Mgr Jean Baptiste: Kibeho, apparitions du 28 novembre 1981, Rom 1997
Groß-Bölting, Andrea/Lang, Ricarda: Pilotverfahren im Blindflug. In: Freispruch August 2013
Human Rights Watch: »Leave None To Tell The Story«: Genocide in Rwanda, New York 1999
Human Rights Watch: Rwanda: Observing the Rules of War? Dezember 2001
Human Rights Watch: DR Congo: Rwandan Rebels Slaughter Over 100 Civilians, 13.2.2009
Human Rights Watch: Children Burned to Death by Rwandan Hutu Militia, 23.4.2009
Human Rights Watch: ›You Will Be Punished‹: Attacks on Civilians in Eastern Congo, Dezember 2009
Human Rights Watch: DR Congo: German Court Convicts 2 Rwandan Rebel Leaders, 28.9.2015
Human Rights Watch: DR Congo: Children Held In Remote Military Prison, 4.4.2016
Human Rights Watch Arms Project: Rearming with Impunity: International Support for the Perpetrators of the Rwandan Genocide, Mai 1995
IMC: International Medical Corps Responding to 4-Day Onslaught of Mass Sexual Violence in Remote Congolese Village, Los Angeles 19.8.2010
International Crisis Group: Scramble for the Congo: Anatomy of an Ugly War, 20.12.2000
International Crisis Group: Disarmament in the Congo: Jump-Starting DDRRR to Prevent Further War, 14.12.2001
International Rescue Committee: Mortality Study, Eastern DR Congo (April-May 2000), New York 8.6.2000
JPSC/CBCA: La population du territoire de Lubero particulirement de Luofu lancent un cris d'alarme (sic), Goma 20.4.2009
Kaleck, Wolfgang: Vom Sinn und Unsinn des Völkerstrafrechts. In: Freispruch August 2013
Koenigs, Tom: Kongo-Prozess: Verfahren ist ein Erfolg, 28.9.2015
Life and Peace Institute, Situation Update, Bukavu 25.4.2003
Massey, Simon: Operation Assurance: The Greatest Intervention That Never Happened. In: Journal of Humanitarian Assistance, 15.2.1998
Mbonimana, Gamaliel/Karangwa, Jean de Dieu: Expert report prepared for ICTR, Arusha 13.2.2007
MDRP, Final Report, Juli 2010
Medica Mondiale, Kriegsverbrecherprozess: Keine Gerechtigkeit für vergewaltigte Frauen, Pressemitteilung 29.9.2015
Mfizi, Christophe: Le Réseau Zéro (B), Fossoyeur de la Démocratie et de la République au Rwanda (1975–1994), Arusha, März 2006
MONUC: MONUC has completed the first phase of the repatriation of Rwandan ex-combatants cantoned at Kamina, Presseerklärung 20.11.2002

MONUC: Général Bizimungu: Une intégration réussie pour des ex-FDLR, 26.4.2006
MONUC: North Kivu: Alan Doss visits the zones threatened by the FDLR rebels, 24.4.2009
MONUC Joint Assessment Mission Report Hombo-Busurungi, 30.5.2009
MONUSCO: Martin Kobler annonce le soutien ferme de la MONUSCO aux opérations des FARDC contre les FDLR, Presseerklärung 11.3.2014
MSF: Ärzte ohne Grenzen erwägt Rückzug aus Flüchtlingslagern, Presseerklärung 21.10.1994
MSF: Report on events in Kibeho camp, April 1995, 16.5.1995
MSF: MSF forced to close major humanitarian project in Mweso, following abduction of staff, 20.1.2016.
Mureme, Kubwimana: La grande énigme des FDLR, 11.3.2014
Muslim Markt, Interview mit Andrea Groß-Bölting, 29.9.2009
Nachtwei, Winfried: Kongo im 2. Jahr nach der Wahl: Wenige Fortschritte, viel Stagnation, Höllen auf Erden, Reisebericht Kongo 13.–20.4.2008, Winfried Nachtwei, Mai 2008
Omaar, Rakiya: The Leadership of Rwandan Armed Groups Abroad With a Focus on the FDLR and RUD/Urunana, Kigali 2008, aktualisiert 2012
Oxfam: Relief Agencies Demand Action, Presseerklärung, 3.11.1994
Oxfam: Thousands of homes burned in new atrocities in Eastern Congo, villagers tell Oxfam, 24.4.2009
Petrie, Charles: Contributing to the Demise of Absolutes, 2011
Pole Institute: La Conférence de Goma et la question des FDLR au Nord- et au Sud-Kivu, état des lieux, Regards Croisés No 21, Goma Juni 2008
Pole Institute: Est de la RDC: Les FDLR ressortent du bois! Goma 10.5.2011
Romkema, Hans: Opportunites and Constraints for the Disarmament & Repatriation of Foreign Armed Groups in der Democratic Republic of Congo, the Cases of FDLR, FNL and ADF/NALU, MDRP/World Bank 2007
Schüller, Andreas: Ein kleiner Anfang ist gemacht: Kriegsverbrechen vor deutschen Gerichten, Oktober 2015
Sheeran, Scott/Case, Stephanie: The Intervention Brigade – legal issues for the UN in the Democratic Republic of Congo, International Peace Institute, November 2014
Südwest Grün, Rundbrief der baden-württembergischen Grünen im Bundestag, April 2009
Synergie »Vaincre l'Isolement par l'Équité« (V.I.E.), Rapport détaillé des résultats des enquêtes sur les volontés de rapatriement des réfugiés hutu (miliciens et civils), Ibanda/Bukavu 31.10.2002
Tardif, Thérèse: To avoid a horrible war: Messages of Our Lady of Sorrows in Kibeho, Rwanda, Michael Journal Oktober-Dezember 2001
UDPS South Africa, Letter to Bill Clinton, Johannesburg 2.8.1997
UNDP/Donor Mission to the DRC and the Great Lakes region: Defining UNDP's Role in Disarmament, Demobilization and Durable Solutions (D3), 6.8.–13.9.2001
UN Economic and Social Council: Report on the situation of human rights in Zaire prepared by the Special Rapporteur Mr Robert Garreton, 16.9.1996, E/CN.4/1997/6/add.1
UN General Assembly: Report of the joint mission charged with investigations allegations of massacres and other human rights violations occurring in eastern Zaire (now Democratic Republic of the Congo) since September 1996, A/51/94, 22.7.1997
UN Group of Experts Interim Report, S/2009/253, 18.5.2009
UN Group of Experts Report, S/2009/603, 23.11.2009
UNHCR, DR Congo UNHCR Fact Sheet, 30.9.2014
UNHCR: Fighting in eastern DRC forces thousands to flee, 29.1.2016

UN-Menschenrechtskommission: DRC 1993–2003, Report of the Mapping Exercise (Mapping Report), Genf 2010
UN-Menschenrechtskommission: Final Report of the Fact-Finding Missions of the United Nations Joint Human Rights Office into the Mass Rapes and Other Human Rights Violations Committed by a Coalition of Armed Groups along the Kibua-Mpofi Axe in Walikale Territory, North Kivu, from 30 July to 2 August 2010, Juli 2011
UN Security Council: Report of the Secretary-General on the situation in Rwanda, S/1994/924, 3.8.1994
UN Security Council: Progress Report of the Secretary-General on the United Nations Assistance Mission for Rwanda, S/1994/1133, 6.10.1994
UN Security Council: Third Report of the International Commission of Inquiry (Rwanda), S/1997/1010, 14.12.1997
UN Security Council: Final Report of the International Commission of Inquiry (Rwanda), S/1998/1096, 18.11.1998
UN Security Council: 7. MONUC-Bericht, S/2001/373, 17.4.2001
UN Security Council: Security Council Mission Visit to the Great Lakes 15.–26.5.2001, S/2001/521, 29.5.2001
UN Security Council: 8. MONUC-Bericht, S/2001/572, 8.6.2001
UN Security Council: First assessment of the armed groups operating in the DRC, Annex zu UN-Bericht, S/2002/341, 5.4.2002
UN Security Council: 13. MONUC-Bericht, S/2003/211, 21.2.2003
Union Paysanne pour le Développement Intégral/Life & Peace Institute: Le phénomène Rasta: Violence et insécurité à Nindja/Kaniola,, Bukavu/Uppsala 2009
Walimba, Mass: Étude sur les groupes armés locaux dans les provinces du Nord-Kivu et du Sud-Kivu en RDC, Februar 2009
Wilkinson, Ray: Heart of Darkness, UNHCR Refugee Magazine No 110, Dezember 1997

Politische und juristische Dokumente

Belgien
Sénat de Belgique: Commission d'enquète parlementaire concernant les évènements au Rwanda, Audition de M. Christian Terras, 16.5.1997.
Bundesrepublik Deutschland
Stellungnahme des Innenministeriums Baden-Württemberg, Drucksache 14/5462, 19.11.2009
Stellungnahme des Innenministeriums Baden-Württemberg. In: Landtag Baden-Württemberg, Drucksache 14/5508, 30.11.2009
Innenministerium Baden-Württemberg, Stellungnahme an den Präsidenten des Landtags, 14.12.2009
Bayerischer Verwaltungsgerichtshof, Pressemitteilung Asylverfahren Murwanashyaka, Az 9 B 08.30223, 11.1.2010
Bayerisches Verwaltungsgericht Ansbach, Urteil AN 9K 06 30646, 13.12.2006
Bundesamt für die Anerkennung ausländischer Flüchtlinge, Bescheid C 1871154-265, Nürnberg 30.6.1994
Bundesgerichtshof, Beschluss der Ermittlungsrichter, 3.9.2009, 4BGs 22/2009
Bundesgerichtshof, Beschluss 17.6.2010, Az. AK 3/10
Bundesgerichtshof, Beschluss 8.10.2012, BGH StB 9/12

Bundesgerichtshof, Urteil des 3. Strafsenats, 21.5.2015, Az 3 StR 575/14
Deutscher Bundestag, 7.5.2008, Plenarprotokoll
Deutscher Bundestag, Schriftliche Frage Dr. Paech, Norman und Antwort des Staatsministers Dr. h. c. Gernot Erler vom 5. Mai 2008, Bundestagsdrucksache 16/9156, 9.5.2008
Deutscher Bundestag, Drucksache 16/12356, 20.3.2009
Deutscher Bundestag, Antwort der Bundesregierung auf die Kleine Anfrage der Abgeordneten Volker Beck, Jerzy Montag, Tom Koenigs, weiterer Abgeordneter und der Fraktion Bündnis 90/Die Grünen Drucksache 17/11123, Drucksache 17/11339, 7.11.2012
Deutscher Bundestag, Antrag der Fraktion Bündnis 90/Die Grünen, »Keine Straflosigkeit bei Kriegsverbrechen – Völkerstrafprozesse in Deutschland voranbringen«, Drucksache 18/6341, 14.10.2015
Deutscher Bundestag, 15.10.2015, Bundestagsprotokoll
GBA: Festnahme mutmaßlicher Führungsfunktionäre der FDLR, Pressemitteilung, 17.11.2009
GBA: Anklage gegen zwei mutmaßliche Führungsfunktionäre der FDLR, Pressemitteilung 17.12.2010
GBA: Festnahme dreier mutmaßlicher Mitglieder der FDLR, Pressemitteilung 6.12.2012
GBA-Presseerklärung, 3.6.2015
OLG Frankfurt/Main: Schriftliches Urteil 18.2.2014, Az. 5-3 StE 4/10 – 4 – 3/10
OLG Karlsruhe: Beschluss 8.12.2008, 1 AK 68/08
OLG Stuttgart: Anklagesatz, 4.5.2011
Europäische Union
EU-Ratsverordnung 1183/2005, 18.7.2005, Amtsblatt der Europäischen Union 23.7.2005
EU-Rat, Durchführungsverordnung vom 20.4.2015, Amtsblatt der Europäischen Union L/102/10, 21.4.2015
Internationaler Strafgerichtshof
ICC: Trial Chamber I, Prosecutor v Thomas Lubanga, Decision on Victims' Participation, 18.1.2008
ICC: Prosecutor v. Callixte Mbarushimana, Prosecution's Application under Article 58, Public Redacted Version, ICC-01/04-01/10/11-Red2, 20.8.2010
ICC: Haftbefehl gegen Callixte Mbarushimana, ICC-01/04-01/10-2, 28.9.2010
ICC: Brief von Oberstaatsanwalt Ritscher an Mbarushimanas Anwalt Michael Ried, 3.12.2010
ICC: Statement by ICC Prosecutor on transfer of Callixte Mbarushimana to the Hague, 25.1.2011
ICC: Prosecutor v. Callixte Mbarushimana, Prosecution's second application for redactions to witness statements, ICC-01/04-01/10-135, 4.5.2011
ICC: Pre-Trial Chamber I in the case of Prosecutor v. Callixte Mbarushimana, Decision on the Defence Request for Immediate Release, ICC-01/04-01/10-163, 19.5.2011 ICC: Pre-Trial Chamber I in the case of Prosecutor v. Callixte Mbarushimana, Registry, Proposal on victim participation in the confirmation hearing, ICC-01/04-01/10-213, 6.6.2011
ICC: Pre-Trial Chamber I in the case of Prosecutor v. Callixte Mbarushimana, Decision on the 138 applications for victims' participation in the proceeedings, ICC-01/04-01/10-351, 11.8.2011
ICC: Pre-Trial Chamber I in the case of Prosecutor v. Callixte Mbarushimana, Decision on the confirmation of charges, ICC-01/04-01/10-465-Red, 16.12.2011
ICC: Prosecutor v. Callixte Mbarushimana, Prosecution's Document in Support of the Appeal against the »Decision on the confirmation of charges«, ICC-01/04-01/10-499, 12.3.2012
ICC: Appeals Chamber in the case of Prosecutor v. Callixte Mbarushimana, Observations des victimes autorisées à participer à la procédure sur l'appel du Procureur contre la ›Décision relative à la confirmation des charges‹, ICC-01/04-01/10-510-Red , 10.4.2012

ICC: Prosecutor on new applications for warrants of arrest DRC situation, 14.5.2012
ICC: Appeals Chamber, Judgement on the appeal of the Prosecutor against the decision of the Pre-Trial Chamber I of 16 December 2011, ICC-01/04-01/10-514, 30.5.2012
ICC: Pre-Trial Chamber II in the case of Prosecutor v. Sylvestre Mudacumura, Decision on the Prosecutor's Application under Article 58, ICC-01/04-01/12-1-Red, 13.7.2012

Demokratische Republik Kongo

Ceasefire Agreement on the Democratic Republic of the Congo, Lusaka 10.7.1999, S/1999/815
Peace Agreement between the Governments of Rwanda and the DRC on the Withdrawal of the Rwandan Troops from the Territory of the DRC and the Dismantling of the Ex-FAR and Interahamwe Forces in the DRC, S/2002/914, 30.7.2002
Communiqué conjoint du Gouvernement de la République Démocratique du Congo et du Gouvernement du Rwanda sur une approche commune pour mettre fin à la menace pour la paix et la stabilité des deux pays et de la Région des Grands Lacs, Nairobi 9.11.2007
Acte d'engagement, gez. CNDP, Pareco, Mai-Mai-Kasindien, -Kifuafua, -Vurondo, -Mongol, -Rwenzori, UJPS, Simba, Goma 23.1.2008
Ordonnance No 08/008 du 2 février 2008 portant organisation et fonctionnement du Programme National de Sécurisation, Pacification, Stabilisation et Réconstruction des provinces du Nord-Kivu et du Sud-Kivu, dénommé ›Programme Amani‹, Kinshasa 2.2.2008
Joint Statement by the Special Envoys for the Great Lakes on the FDLR, 1.6.2014

Ruanda

Generalstaatsanwaltschaft Ruanda, Haftbefehl gegen Callixte Mbarushimana, 15.3.2001
Generalstaatsanwaltschaft Ruanda, Haftbefehl gegen Callixte Mbarushimana, englische Fassung, 2007
Generalstaatsanwaltschaft Ruanda, Haftbefehl gegen Onesphore Rwabukombe, 2007
Generalstaatsanwaltschaft Ruanda, Haftbefehl gegen Ignace Murwanashyaka, 14.7.2008
Außenministerium Ruanda, Erklärung 0164/09.01/CAB/MIN/06, Kigali 8.4.2006
Brief der ruandischen UN-Vertretung an UN-Generalsekretär Ban Ki-Moon, 26.6.2014

Uganda

Uganda High Court, Urteil Uganda v Bizimana, Kampala 16.1.2006, AZ HCT-00-CR-SC-0122 of 2005

UN-Ruanda-Tribunal

ICTR, The Prosecutor against Callixte Mbarushimana, Indictment 2001
ICTR-Urteil gegen Hassan Ngeze et al., 3.12.2003
ICTR Appeals Chamber takes Judicial Notice of Genocide in Rwanda, ICTR Press Release, Arusha 20.6.2006
ICTR-Urteil gegen Tharcisse Muvunyi, 12.9.2006
ICTR-Urteil gegen Simon Bikindi, 2.12.2008
ICTR-Urteil gegen sechs Angeklagte im »Butare-Prozess«, 24.6.2011
ICTR-Anklage gegen Ladislas Ntaganzwa, 20.3.2012
ICTR-Urteil gegen Ildéphonse Nizeyimana, 19.6.2012
ICTR-Urteil gegen Augustin Ngirabatware, 20.12.2012
ICTR-Berufungsurteil gegen Ildéphonse Nizeyimana, 29.9.2014

USA

US Mission Geneva: Zaire: UNHCR Warns Of Militarization of Tingi-Tingi Camp, Asks For Help, 14.2.1997
Kabel des US-Botschafters in Kinshasa, 10.6.2008.
Kabel des US-Botschafters in Kinshasa, 25.8.2008.

Kabel des US-Botschafters in Kinshasa, 25.2.2009
Kabel des US-Botschafters in Kinshasa, 6.4.2009
Kabel des US-Botschafters in Kinshasa, 27.4.2009
Kabel des US-Botschafters in Kinshasa, 18.5.2009
Vereinte Nationen
UN Administrative Tribunal, Urteil AT/DEC/1192, Genf 30.9.2004
UN-Sicherheitsrat: Resolution 1341, 22.2.2001
UN-Sicherheitsrat. Resolution 1493, 28.7.2003
UN-Sicherheitsrat: Resolution 1533, 12.3.2004
UN-Sicherheitsrat: Resolution 1596, 18.4.2005
UN-Sicherheitsrat: Präsidialerklärung S/PRST/2005/46, 4.10.2005
UN-Sicherheitsrat: Presseerklärung SC/8546, 1.11.2005
UN-Sicherheitsrat: Presseerklärung SC/8590, 19.12.2005
UN-Sicherheitsrat: Resolution 1649, 21.12.2005
UN-Sicherheitsrat: Presseerklärung SC/8987, 29.3.2007

Originaldokumente aus Ruanda, dem Hutu-Exil und der FDLR (in chronologischer Reihenfolge des behandelten Themas)

Le Manifeste des Bahutu du 24 mars 1957: Note sur l'aspect social du problème racial indigène au Rwanda. www.mdrwi.org/manifeste.htm

Le dix Commandements adressés aux Bahutu qui veulent se libérer du jong des Tutsi, lors du meeting de l'APROSOMA tenu à Ngoma, Astrida le 27-09-1959

Mbonyumutwa, Dominique: Interview anlässlich des 25. Jahrestages der Sozialen Revolution. www.dominiquembonyumutwa.info/pages/la-revolution-de-1959.html

MDR-Parmehutu, Appel à tous les anticolonialistes du monde, Gitarama, 8.5.1960. www.mdrwi.org/rapports%20et%20doc/documents/revolisio%2059/appel%20aux%20anticolonialistes.pdf

Musabyimana, Gaspard: Brève historique du Kamarampaka. www.musabyimana.net/20090528-breve-historique-de-kamarampaka-i/

MDR-Parmehutu, Biographie du Président Kayibanda. www.mdrwi.org/rapports%20et%20doc/mdr/biographie%20kayibanda.htm

Kayibanda, Grégoire: Message du Président Grégoire Kayibanda aux réfugiés rwandais. Rwanda Carrefour d'Afrique, März 1964. jkanya.free.fr/kayibanda.html

Toute la vérité sur le terrorisme »inyenzi« au Rwanda. Une mise au point du Ministère des Affaires Étrangères du Rwanda, Kigali, undatiert, vermutlich 1964

Habyarimana, Juvénal: Message à la nation du Président du Comité pour la paix et l'unité nationale lors du coup d'État de juillet 1973. www.olny.nl/RWANDA/Lu_Pour_Vous/Dossier_Special_Deuxieme_Republique/index.html#discours_habyarimana

Shimamungu, Eugène: Biographie chronologique du Président Habyarimana. http://editions-sources-du-nil.over-blog.com/article-biographie-chronologique-du-president-habyarimana-108641232.html

Gitera, J. H: Voici la problématique du protocole de la réconciliation entre les Rwandais, Butare, 7.5.1976, veröffentlicht als Par qui et comment réconcilier les Twa, les Hutu, les Tutsi du Rwanda entre eux? In: Kangura No 6, Dezember 1990, S. 12–15

Nsengiyumva, Anatole: Sûreté intérieure et extérieure de l'État, Kigali, 25.8.1990. www.rwanda-documentsproject.net/gsdl/collect/mil1docs/index/assoc/HASH011b.dir/doc34504.pdf

Stellungnahme der in Berlin lebenden rwandischen Gemeinschaft zu den heutigen Kriegsauseinandersetzungen in Rwanda, November 1990

Appel à la conscience des Bahutu: Voici les 10 commandements. In: Kangura No 6, Dezember 1990, S. 6–8

Shyirambere J. Barahinyura démissionne du FPR, Déclaration à la presse du 17 mai 1991

Nsabimana, Déogratias, Colonel: Auto-défense de la population, Brief an das Verteidigungsministerium, 29.9.1991. www.assemblee-nationale.fr/dossiers/rwanda/anex3000.pdf

Définition et identification de l'Eni. In: Rapport de la commission créé par le président de la République avec les officiers le 04 décembre 1991 à l'ESM, Kigali, 21.12.1991. www.rwandadocumentsproject.net/gsdl/collect/mil1docs/index/assoc/HASHd191.dir/doc34474.pdf

Ngurumbe, Aloys: Entretien avec Ngurumbe Aloys sur l'origine du terme ›inyenzi‹. In: Kanguka 12.2.1992. www.editions-sources-du-nil.fr/Photoshop/UbuhamyaBwaNgurumbe.pdf

Mugesera, Léon: Le discours de Kabaya. 22.11.1992. http://rwanda94.pagesperso-orange.fr/sitepers/dosrwand/kabaya.html

RTLM, Liste des actionnaires. http://sosrwanda.weebly.com/uploads/3/4/2/9/3429250/rtlm_shareholders.pdf

Transkriptionen von RTLM-Radiosendungen: http://migs.concordia.ca/links/RwandanRadioTrascripts_RTLM.htm

Alle Ausgaben von »Kangura«: http://migs.concordia.ca/links/kangura_files.htm

République Rwandaise, Ministère de l'Intérieur et du développement communal: Mise en oeuvre des directives du Premier ministre sur l'Auto-organisation de la Défense Civile, Kigali 25.5.1994. www.rwandadelaguerreaugenocide.univ-paris1.fr/wp-content/uploads/2010/01/Annexe_104.pdf

Conseil des Ministres, 6.6.1994, Notes d'Augustin Ngirabatware. www.rwandadelaguerreaugenocide.univ-paris1.fr/wp-content/uploads/2010/01/Annexe_99.pdf

Akagera-Rhein und Bewegung gegen Apartheid in Ruanda und Burundi: Lettre au Président de la République Française, 26.6.1994

Conseil du gouvernement, 1.7.1994, Notes de Karemera Edouard. www.rwandadelaguerreaugenocide.univ-paris1.fr/wp-content/uploads/2010/01/Annexe_97.pdf

Conseil des Ministres, 11.7.1994, Notes d'Augustin Ngirabatware. www.rwandadelaguerreaugenocide.univ-paris1.fr/wp-content/uploads/2010/01/Annexe_99.pdf

Bizimana, Augustin: Aux Officiers Généraux et Supérieurs (Tous), Goma, 11.8.1994, www.francerwandagenocide.org/documents/BizimanaAugustin11aout1994.pdf

Bizimungu, Augustin: Rapport de la Réunion du Haut Commandement des Forces Armées Rwandaises et des Membres des Commissions, tenue à Goma du 02 au 08 septembre 1994. www.francerwandagenocide.org/documents/BizimunguAugustinReunionDuHautCommandementFAR29septembre1994.pdf

Ministère de la justice du Gouvernement du Salut National: Le peuple rwandais accuse, Bukavu 21.9.1994

»Gersony-Bericht«: http://rwandinfo.com/documents/Gersony_Report.pdf

Ntabakuze, Aloys, Réunion du 29 mars au 03 avril 1995, www.francerwandagenocide.org/documents/Ntabakuze29mars1995.pdf

Document Groupe Basomingera Albert, Bukavu April 1995: À propos du rapport final de la commission des experts du Conseil de Sécurité des Nations Unies pour le Rwanda: Conclusions au génocide au prix d'une mise à l'écar de certains faits, d'altérations d'autres et d'interprétation tendancieuse (sic)

RDR-Deutschland: Aufklärung der Wahrheit über das Drama des ruandischen Volkes, 26.8.1995

Rapport sur la situation du patrimoine rédigé à la demande du Président Théodore Sindikubwabo par Innocent Habamenshi, ministre du Patrimoine et de l'Équipement du Gouvernement en exil, 10 octobre 1995. http://rwandadelaguerreaugenocide.univ-paris1.fr/wp-content/uploads/2010/01/Annexe_106.pdf

Bagosora, Col Théoneste: L'assassinat du Président Habyarimana ou L'ultime opération du Tutsi pour sa reconquête du pouvoir par la force au Rwanda, Yaoundé, 30.10.1995. www.rwandadocumentsproject.net/gsdl/collect/mil1docs/index/assoc/HASH25ce.dir/doc34527.pdf

Commandement des Forces Armées Rwandaises en Exil: Contribution des FAR à la recherche de la vérité sur le drams rwandais, Dezember 1995. www.rwandadocumentsproject.net/gsdl/collect/mil1docs/index/assoc/HASH548f/71285a83.dir/doc86452.PDF

FRD: Plateforme politique, Brüssel, März 1996

RDR-Kamerun: Le Conseil de Sécurité de l'ONU induit en erreur sur le prétendu ›génocide tutsi‹ au Rwanda, Juni 1996

RDR-Deutschland, Presseerklärung 27.1.1997

RDR-Deutschland, Presseerklärung 15.2.1997

»Balas-Bericht«: http://web.peacelink.it/africa/za_297e.html

Mémorial international Tingi-Tingi: Manifeste fondateur, Koulikoro, 1.9.2012. www.rwamucyo.com/fileadmin/user_upload/documents/2012-Doc/20120901-Manifeste_fondateur_Tingi-Tingi_2.pdf

Niwese, Maurice: Témoignage d'un rescapé des massacres de Kasese commis par l'APR en avril 1997, 2.11.2010. www.france-rwanda.info/article-temoignage-d-un-rescape-des-massacres-de-kasese-commis-par-l-armee-patriotique-rwandaise-apr-en-avril-1997-60160047.html

Laforge Fils Bazeye: Mieux vaut mourir vite. Témoignage d'un rescapé du massacre du port de Mbandaka. Unveröffentlichter autobiografischer Bericht

AfroAmerica Net: The Battle For A Road, undatiert, vermutlich 1998. www.afroamerica.net/pages/afrogreatlakes/ALIR_Nsekalije.txt

Déclaration du 1er congrès extraordinaire du RDR, tenu à Namur du 15 au 17 août 1997. In: Forum Rwandais No 0, 1.–31.10.1998, S. 2

La Résistance: Bulletin de résistance du peuple congolais des régions occupés, November 1998

Twagiramungu, Faustin: Pour une paix durable dans les pays des Grands Lacs. In: Forum Rwandais No 2, Juni 1999

Premier Congrès de l'Union des Forces Démocratiques Rwandaises (UFDR), Bruxelles 11.–12.3.2000, Résolutions et Recommandations. In: Forum Rwandais No 9, April 2000

Résolutions, décisions et recommandations des premières assises des Forces Démocratiques de Libération du Rwanda, Nasho, 1.5.2000

Kanyamibwa, Félicien: Kabila's Congo. Beyond a gangrenous regime, a region in a sinking boat, 16.12.2000

Statement by the FDLR, Alexis Nshimiyimana, 6.4.2001

Kanyamibwa, Félicien: Rwanda: a new politico-military opposition party, AfroAmerica Network, 6.4.2001

Acte de Bad Honnef: Charte de l'Alliance pour la Démocratie et la Réconciliation Nationale (ADRN) – Igihango, 27.3.2002

FDLR: Kidnapping and forceful repatriation to Rwanda, Bonn 30.10.2002

Kamina: Colonel Ndanda executed by Jean Claude, AfroAmerica Network 2.11.2002

Déclaration sur les comportements inacceptables de Monsieur Murwanashyaka Ignace, président des FDLR, et appel aux FDLR à prendre ses responsabilités, Allianz Igihango, Brüssel 17.2.2003

Communiqué SE/No1/NOV/2003 portant nomination du Président Intérimaire des FDLR, 17.11.2003
Résolutions du congrès extraordinaire des FDLR tenu à Amsterdam, Pays-Bas, du 22 au 23 mai 2004, Communiqué No PP/04/MAI/2004
Nouveaux membres dans le leadership des FDLR, Communiqué 03/PrésidF/Juin/2004, Ignace Murwnashyaka, Bonn 4.6.2004
Déclaration sur le Communiqué No 03/PP-FOCA/Juin/2004 du PP/FOCA portant sur la crise au sein du leadership des FDLR, Jean Marie Vianney Higiro, 18.6.2004
Rom-Erklärung der FDLR, 31.3.2005
Calendrier du retour des réfugiés rwandais, Rom 1.4.2005
FDLR, »Projet de texte«, 2.4.2005
Manifeste-Programme et Statuts des Forces Démocratiques de Libération du Rwanda, 24.5.2005
Règlement d'Ordre Intérieur (ROI) des FDLR, 24.5.2005
Texte officiel destiné à permettre de comprendre les mécanismes des élections, 25.5.2005
Le Lt-Col Christophe Hakizabera s'autoproclame président des FDLR, LDGL Presseerklärung, 4.7.2005
Communiqué de presse No 04/PP/FDLR/JUIL/2005, Anastase Munyandekwe, Brüssel 11.7.2005
Kigali: The hidden truth behind the rift within the Hutu rebels' ranks. In: AfroAmerica Network, 22.7.2005
La corruption de certains membres ds FDLR sans foi ni loi ne saurait en aucun cas être une alternative viable et crédible à l'initiative de paix de Rome, Communiqué de Presse no 08/PP/FDLR/JUIL/2005, Anastase Munyandekwe, Brüssel 31.7.2005
Nkurunziza, Charles: Le conflit rwandais. www.olny.nl/RWANDA/Histoire_History/C_Nkurunziza_Conflit_Rwandais.html
Rutaganda, Georges, Schreiben an das ICTR, 3.10.2005. http://amakurunamateka.blogspot.de/2013/94/georges-rutaganda-temoignage.html
FDLR-Presseerklärung, Anastase Munyandekwe, Brüssel 3.1.2007
Communiqué de presse No 02/SE/CD/FDLR/NOV/2007 des FDLR, Callixte Mbarushimana, Paris 12.11.2007
Feuille de Route sur le Désarmement RUD et RPR, Rom 9.5.2008, gez. Félicien Kanyamibwa, www.nationaldemocraticcongress.org/ndccnd/index.php/explore-and-get-news/latest-news/news-and-blogs/75-kisangani-process-feuille-de-route-sur-le-desarmement-rud-et-rpr
Discours des Combattants RUD/RPR à Kisangani, 28.5.2008. www.nationaldemocraticcongress.org/ndccnd/index.php/ndc-updates/135-discours-combattants-rud-rpr-a-kisangani
FDLR-Presseerklärung 02/SE/CD/FDLR/JUIN/2008, Callixte Mbarushimana, Paris 5.6.2008
FDLR-Presseerklärung No 01/CD/NOVEMBRE/2008, Ignace Murwanashyaka, 4.11.2008
FDLR-Presseerklärung NR. 03/SE/CD/MAY/2009, 13.5.2009
FDLR-Presseerklärung No 06/SE/CD/MAY/2009, Callixte Mbarushimana, Paris 25.5.2009
FDLR Presseerklärung No 07/SE/CD/MAY/2009, Callixte Mbarushimana, Paris 27.5.2009
FDLR Presseerklärung No 01/SE/CD/JUNE/2009, Callixte Mbarushimana, Paris 2.6.2009
FDLR-Presseerklärung No 04/SE/CD/NOVEMBRE/2009, Callixte Mbarushimana, 18.11.2009
Véritas Info, Témoignage émouvant, FDLR a sauvé la RDC deux fois et a protégé des réfugiés rwandais rescapés des massacres du FPR jusqu'à présent, avant de condamner il faut juger, 31.10.2010. www.veritasinfo.fr/article-rdc-temoignage-emouvant-fdlr-a-sauve-la-rdc-deux-fois-et-a-protege-des-refugies-rwandais-rescapes-des-massacres-du-fpr-jusqu-a-prese
Shimamungu, Eugène: La décriminalisation des FDLR par la CPI peut-elle faire jurisprudence? Blog Éditions Sources du Nil, Bruxelles 16.12.2011

FDLR-Presseerklärung 002/06/0013, Laforge Fils Bazeye, 31.5.2013
Niyibizi, Michel: Les FDLR ne sont ni ex-FAR, ni Interahamwe, ni génocidaires, mais des réfugiés rwandais, 19.12.2013
FDLR-Presseerklärung: Warning to the UN and international Community, Victor Byiringiro, 30.12.2013
FDU-UDR, Presseerklärung, 1.3.2014
FDLR-Pressemitteilung, 18.4.2014
Ikaze Iwacu: Three Plans to achieve Tutsi Empire, 8.5.2014
FDLR: Intended military attacks against FDLR, Presseerklärung, 12.8.2014
Lettre ouverte des FDLR aux dirigeants de la RDC, Walikale 13.1.2015
FDLR-Presseerklärung, Victor Byiringiro, Walikale 7.3.2015
FDU-National Movement-Inkubiri, Presseerklärung, 22.4.2015
Ntiwiragabo, Aloys: Le drame rwandais: Le non-dit caché à l'opinion, 25.7.2015, S. 2. www.musabyimana.net/wp-content/uploads/2015/07/LE-NON-DIT-SUR-LE-DRAME-RWANDAIS.pdf
FDLR-Presseerklärung No 2015-009, Laforge Fils Bazeye, Masisi 28.9.2015
FDLR-Presseerklärung No 2015-010, Laforge Fils Bazeye, Masisi 30.9.2015

Exklusive Materialien der Autoren

Neben den genannten Materialien und den eigenen Recherchen und Interviews und Archivbeständen standen für dieses Buch folgende exklusive Quellen zur Verfügung:

Mitschriften des FDLR-Prozesses in Stuttgart 2011–15
Mitschriften der Plädoyers und Urteile im FDLR-Prozess in Düsseldorf 2013–14 und im Ruanda-Völkermordprozess in Frankfurt 2011–14
FDLR-Veröffentlichungen aus der 2009 gesperrten Webseite
FDLR-Veröffentlichungen aus der 2016 gesperrten Nachfolge-Webseite Ikaze Iwacu
FDLR-Kommandostrukturen und Militärlisten, verschiedene Zeitpunkte von 2009 bis 2015
FDLR-Fotos von getöteten Hutu-Flüchtlingen, 2012
Unveröffentlichte Untersuchungsberichte zum FDLR-Massaker in Busurungi samt Fotos, 2009
UN-Berichte zum Demobilisierungsversuch Kamina 2001–02
Militärische Lagekarten und Analysen von CNDP, FDLR, Monusco, verschiedene Zeitpunkte von 2007 bis 2015
FDLR-Demobilisierungsstatistiken der UN-Abteilung DDRRR und der ruandischen Demobilisierungskommission seit 2001
Unveröffentlichte Aufzeichnungen von FDLR-Sprecher Laforge Fils Bazeye
Unveröffentlichte Memoiren von DDRRR-Chef Gregory Gromo Alex

Abkürzungen

ACP: Agence Congolaise de Presse (Kongolesische Presseagentur – staatliche Nachrichtenagentur)

ADF: Allied Democratic Forces (Alliierte Demokratische Kräfte – ugandische Rebellengruppe im Ostkongo)

ADRN-Igihango: Alliance pour la Démocratie et la Réconciliation Nationale (Allianz für Demokratie und nationale Versöhnung/Blutsbund – ruandisches Hutu-Exilbündnis 2002–04)

AFDL: Alliance des Forces Démocratiques pour la Libération du Congo/Ex-Zaire (Allianz Demokratischer Kräfte zur Befreiung von Kongo/Ex-Zaire – Rebellenbündnis in Zaire 1996–97, Regierungspartei der Demokratischen Republik Kongo 1997–99)

ALIR: Armée pour la Liberation du Rwanda (Armee zur Befreiung Ruandas – Hutu-Guerilla in Ruanda 1997–98)

ALIR I: ALIR im Ostkongo 1998–2003

ALIR II: Ex-FAR im Westkongo 1998–2003

APR: siehe RPA

Aprosoma: Association pour la Promotion Sociale de la Masse (Verband zur sozialen Förderung der Masse – Hutu-geführte politische Partei in Ruanda 1957–65)

AU: Afrikanische Union

BAMF: Bundesamt für Migration und Flüchtlinge

BGH: Bundesgerichtshof

BKA: Bundeskriminalamt

BMZ: Bundesministerium für Wirtschaftliche Zusammenarbeit und Entwicklung

BND: Bundesnachrichtendienst

CCR: Comité de coordination de la résistance (Widerstandskoordinationskomitee – politisches Gremium zur Zusammenführung der Ex-FAR im Kongo 1998–99, Vorläufer der FDLR)

CD: Comité Directeur (Direktorenkomitee – oberstes Entscheidungsgremium der FDLR, jeweils 16 Militärs und Politiker, unter Vorsitz des Präsidenten)

CDR: Coalition pour la Défense de la République (Koalition zur Verteidigung der Republik – radikale Hutu-geführte Partei in Ruanda 1992–94)

CE: Comité Exécutif (Exekutivkomitee – oberstes politisches Ausführungsorgan der FDLR, dem die politische Führung und Kommissariate ähnlich einem Regierungskabinett angehören)

CMC-FOCA: Commandement Militaire pour le Changement FOCA (Militärkommando für den Wechsel / FOCA – FDLR-Abspaltung 2005)

CNDD-FDD: Conseil National de Défense de la Démocratie/Forces pour la Défense de la Démocratie (Nationalrat zur Verteidigung der Demokratie/Kräfte zur Verteidigung der Demokratie – politischer und militärischer Arm der wichtigsten Hutu-Rebellenbewegung in Burundi nach 1994, seit 2005 Burundis Regierungspartei)

CNDP: Congrès National pour la Défense du Peuple (Nationalkongress zur Verteidigung des Volkes – Tutsi-geführte Rebellenbewegung im Ostkongo 2006–09, seitdem politische Partei)
CPC: Coalition des partis politiques pour le changement/Coalition of political parties for change (Koalition politischer Parteien für den Wandel – ruandisches Exiloppositionsbündnis seit 2014)
CRAP: Commando de Recherche et d'Action en Profondeur (Spähkommando – Spezialtruppen der FAR und der FDLR zum Einsatz hinter den feindlichen Linien)
CSP: Conseil Supérieur du Pays (Oberster Landesrat – ernannter Beirat des Königs und der belgischen Mandatsverwaltung von Ruanda 1954–61)
DDRRR: Disarmament, Demobilization, Repatriation, Reintegration and Resettlement (Entwaffnung, Demobilisierung, Repatriierung, Reintegration und Umsiedlung – Programm zur Demobilisierung ausländischer Milizen im Kongo und anderen Ländern Zentralafrikas)
DRC/RDC: Democratic Republic of the Congo/République Démocratique du Congo (Demokratische Republik Kongo)
ECC: Église du Christ au Congo (Kirche Christi im Kongo – Zusammenschluss protestantischer Kirchen)
ESM: École Supérieure Militaire (Höhere Militärschule in Kigali, von Ex-FAR/FDLR im Kongo weitergeführt)
ESO: École des Sous-Officiers (Offiziersschule – Ruandas wichtigste Militärakademie in Butare, von Ex-FAR/FDLR bis 2012 im Kongo weitergeführt)
EU: Europäische Union
Ex-FAR: Ex-Forces Armées Rwandaises (ehemalige ruandische Streitkräfte – die 1994 nach Zaire/Kongo geflohene ruandische Regierungsarmee von vor 1994, aus der die FDLR entstand)
FAC: Forces Armées Congolaises (Kongolesische Streitkräfte – Kongos Regierungsarmee 1998–2004)
FARDC: Forces Armées de la République Démocratique du Congo (Streitkräfte der Demokratischen Republik Kongo – Kongos Regierungsarmee seit 2004)
FAR: Forces Armées Rwandaises (Ruandische Streitkräfte – Ruandas Regierungsarmee 1974–94)
FDC: Forces de défense congolaise (Kongolesische Wehrmacht – Miliz des Bahunde-Volkes im Ostkongo ab 2010)
FDLR: Forces Démocratiques de Libération du Rwanda (Demokratische Kräfte zur Befreiung Ruandas – Hutu-geführte Rebellenbewegung im Kongo seit 1999/2000)
FDU/UDF: Forces Décmoratiques Unifiées/United Democratic Forces (Vereinigte Demokratische Kräfte – ruandische Hutu-Exilpartei seit 2006)
FIB: Force Intervention Brigade (Interventionsbrigade – Spezialeinheiten der MONUSCO im Kongo seit 2013)
FOCA: Forces Combattantes Abacunguzi (Streitkräfte der Befreier / Kämpfende Erlöser – bewaffneter Arm der FDLR)
FPR: siehe RPF
FRD: Forces de Résistance Démocratique (Demokratie Widerstandskräfte – ruandische Hutu-Exilpartei 1996–2000, aufgegangen in UFRD)
GBA: Generalbundesanwalt
GTZ: Gesellschaft für Technische Zusammenarbeit
ICC/CPI: International Criminal Court/Cour Pénal International (Internationaler Strafgerichtshof – IStGH)
ICTR/TPIR: International Criminal Tribunal for Rwanda/Tribunal Pénal International pour le Rwanda (Internationales Ruanda-Tribunal – UN-Völkermordtribunal für Ruanda 1995–2015 mit Sitz in Arusha, Tansania, auch Internationaler Ruanda-Strafgerichtshof genannt)

IRC: International Rescue Committee (US-Hilfsorganisation)

IRIN: Integrated Regional Information Service (1994 entstandenes Informationsnetzwerk der humanitären UN-Koordinationsstelle OCHA für Hilfsorganisationen in Krisengebieten)

LNC: Logistique non-conventionelle (unkonventionelle Logistik – FDLR-Begriff für Handelsgeschäfte)

M23: Mouvement du 23 mars (Bewegung des 23. März – Tutsi-geführte Rebellenbewegung im Ostkongo 2012–13)

MAH: Militärische Ausbildungshilfe (Bundeswehrprogramm für ausländische Partner)

MDM: Médecins du Monde (Ärzte der Welt – Hilfsorganisation)

MDR: Mouvement Démocratique Républicain (Demokratische Republikanische Bewegung, auch als MDR-Parmehutu bekannt, Name der wichtigsten Hutu-geführten politischen Partei Ruandas ab 1960, Regierungspartei Ruandas 1962–73, erneut zugelassen 1991–94)

MDRP: Multi-Country Demobilization and Reintegration Program (Demobilisierungs- und Reintegrationsprogramm der Weltbank in mehreren Ländern Zentralafrikas)

MLC: Mouvement de Libération du Congo (Kongolesische Befreiungsbewegung – Rebellenbewegung im Norden Kongos 1998–2003, seitdem politische Partei)

MLPC: Mouvement de Libération du Peuple Congolais (Befreiungsbewegung des Kongolesischen Volkes – nie gegründete Rebellenbewegung im Ostkongo 2008)

MONUC: Mission de l'Organisation des Nations unies en République démocratique du Congo (UN-Stabilisierungsmission in der Demokratischen Republik Kongo – UN-Mission im Kongo seit 1999)

MONUSCO: Mission de l'Organisation des Nations unies pour la Stabilisation en République démocratique du Congo (UN-Stabilisierungsmission in der Demokratischen Republik Kongo – seit 2010 Name der UN-Mission im Kongo)

MRND: Mouvement Révolutionnaire Nationale pour le Développement (Revolutionäre Nationalbewegung für Entwicklung – Ruandas Einheitspartei 1973–91 und Regierungspartei bis 1994)

MSF: Médecins Sans Frontières (Ärzte ohne Grenzen – Hilfsorganisation)

MSM: Mouvement Social Muhutu (Hutu-Sozialbewegung – politische Partei in Ruanda 1957–59, dann in Parmehutu umgenannt)

NGO: Non-Governmental Organisation (Nichtregierungsorganisation)

NURC: National Unity and Reconciliation Commission (Nationale Einheits- und Versöhnungskommission, staatliche Behörde in Ruanda zur Bewältigung des Völkermordes)

OCHA: Office for the Coordination of Humanitarian Activities (UN-Koordinationsbüro für humanitäre Aktivitäten, Zentralstelle für Hilfsorganisationen)

ODR: Opérations de ravitaillement (FDLR-Begriff für Plünderungen)

OLG: Oberlandesgericht

ORF: Österreichischer Rundfunk

PALIR: Peuple en Armes pour la Libération du Rwanda (Volk in Waffen zur Befreiung Ruandas – Hutu-Exilpartei ab 1996, ab ca. 1998 nicht mehr in Erscheinung getreten)

Pareco: Patriotes Résistants Congolais (Kongolesische Widerstandspatrioten – kongolesische Hutu-Miliz im Ostkongo ab 2007)

Parmehutu: Parti du Mouvement de l'Émancipation Hutu (Partei der Bewegung der Hutu-Emanzipation – politische Partei in Ruanda 1959–60, dann in MDR-Parmehutu umbenannt)

PPFOCA: Porte-Parole FOCA (FDLR-Militärsprecher)

RCD: Rassemblement Congolais pour la Démocratie (Kongolesische Sammlung für Demokratie – Rebellenbewegung im Kongo 1998–2003, seitdem politische Partei)

RDC: siehe DRC

RDF: Rwanda Defence Force (Ruandische Wehrmacht – Ruandas Regierungsarmee seit 2003)

RDR: Rassemblement pour la Démocratie et le Retour au Rwanda (Sammlung für Demokratie und Rückkehr nach Ruanda – 1995 gegründeter politischer Flügel der geflohenen ruandischen Armee, 1997 umbenannt in Rassemblement Républicain pour la Démocratie au Rwanda (Republikanische Sammlung für Demokratie in Ruanda) als Hutu-Exilpartei, aufgegangen in FDU 2006)

R-FDLR: Rassemblement des Forces démocratiques pour la libération du Rwanda (Sammlung der Demokratischen Kräfte zur Befreiung Ruandas – FDLR-Abspaltung 2004–05, aufgegangen in RUD)

RNA: Rwanda News Agency (Ruandische Nachrichtenagentur – staatsnahe Nachrichtenagentur)

RPA/APR: Rwandan Patriotic Army / Armée Patriotique Rwandaise: bewaffneter Arm der RPF und 1994–2003 Name für Ruandas Regierungsarmee

RPF/FPR: Rwandan Patriotic Front / Front Patriotique Rwandais (Ruandische Patriotische Front – Tutsi-geführte Guerilla in Ruanda 1990–94, Ruandas Regierungspartei seit 1994)

RTLM: Radio-Télévision des Mille Collines (Radio-TV der Tausend Hügel – extremistischer Radiosender in Ruanda 1993–94)

RTNC: Radio-Télévision Nationale Congolaise (Kongolesisches Nationalradio-TV – Kongos Staatssender)

RUD: Rassemblement pour l'Unité et la Démocratie (Sammlung für Einheit und Demokratie – FDLR-Abspaltung seit 2005)

SADC: Southern African Development Community (Entwicklungsgemeinschaft des Südlichen Afrika – Regionalorganisation der Staaten der Region)

SE: Secrétaire Exécutif (Exekutivsekretär der FDLR)

SEA: Secrétaire Exécutif Adjoint (stellvertretender Exekutivsekretär der FDLR)

SOI: Système Opératif d'Information (militärische Funkspruchkodierung)

SONOKI: FDLR-Sektor Nord-Kivu

SOSUKI: FDLR-Sektor Süd-Kivu

StGB: Strafgesetzbuch

TKÜ: Telekommunikationsüberwachung

UDPS: Union pour la Démocratie et le Progrès Social (Union für Demokratie und sozialen Fortschritt – größte Oppositionspartei in Zaire und bis heute in Kongo)

UFDR: Union des Forces Démocratiques Rwandaises (Union der Ruandischen Demokratischen Kräfte – Hutu-Exilbündnis 2000–06, aufgegangen in FDU)

UN: United Nations (Vereinte Nationen)

UNAR: Union Nationale Rwandaise (Tutsi-geführte politische Partei in Ruanda 1959–63)

UNDP: United Nations Development Programme (UN-Entwicklungsprogramm)

UNHCR: United Nations High Commissioner for Refugees (UN-Flüchtlingshochkommissar)

Unicef: United Nations Childrens' Fund (UN-Kinderhilfswerk)

Unita: União Nacional para a Independência Total de Angola (Nationalunion für die totale Unabhängigkeit Angolas – Rebellenbewegung in Angola 1966–2002, seitdem politische Partei)

UNMIK: United Nations Mission in Kosovo (UN-Mission im Kosovo)

UPC: Union des Patriotes Congolais (Union kongolesischer Patrioten – Hema-geführte Miliz im Ostkongo 2002–04, seitdem politische Partei)

VStGB: Völkerstrafgesetzbuch

WFP: World Food Programme (UN-Welternährungsprogramm)

FDLR-Hierarchie im Frühjahr 2009

Politischer Flügel

Präsident: Ignace Murwanashyaka
Erster Vizepräsident: Straton Musoni
Zweiter Vizepräsident: Gaston Iyamuremye »Victor Byiringiro«/»Rumuli«
Exekutivsekretär: Callixte Mbarushimana
Vize-Exekutivsekretär: Laurent Ndagijimana »Wilson Irategeka«/»Rumgabo«
FDLR-Kabinettschef: David Mukiza

Militärischer Flügel (FOCA)

Oberkommandierender: Sylvestre Mudacumura »Bernard Mupenzi«
Vize-Oberkommandierender: Stanislas Nzeyimana »Stanislas Bigaruka«
Generalstabschef: Léodomir Mugaragu »Léo Manzi«
G1 (Personalwesen): Donat Habimana »Brazza Royal«
Vize-G1: Rurenza Gérard »Mambo«
G2 (Aufklärung): Védaste Hatangumuremyi »Kaleb«
Vize-G2: Jean Marie Bizumuremyi »Bizos«
G3 (Operation und Taktik): Cyprien Uzabakiriho »Mugisha«
Vize-G3: Irénée Gakirage »Gakinga«
G4 (Logistik): Samuel Rucogoza »Sam Muhire«
Vize-G4: Jonathan Gaterura
G5 (Beziehung Zivilbevölkerung): Samuel Bisengimana »Mutima«
Kommandant Reservebrigade: Lucien Nzabanita »André Kalume«
Vizekommandant Reservebrigade: Anaclet Hitimana »Kabuyoya«/»Odilo«
Kommandant Nord-Kivu: Pacifique Ntawunguka »Omega«/»Israel«
Vizekommandant Nord-Kivu: Ezéchiel Gakwerere »Stany«
Kommandant Süd-Kivu: Léopold Mujyambere »Musenyeri Achille«
Vizekommandant Süd-Kivu: Harerimana Hamada »Bora Aziz«

Struktur der FDLR im Jahr 2009

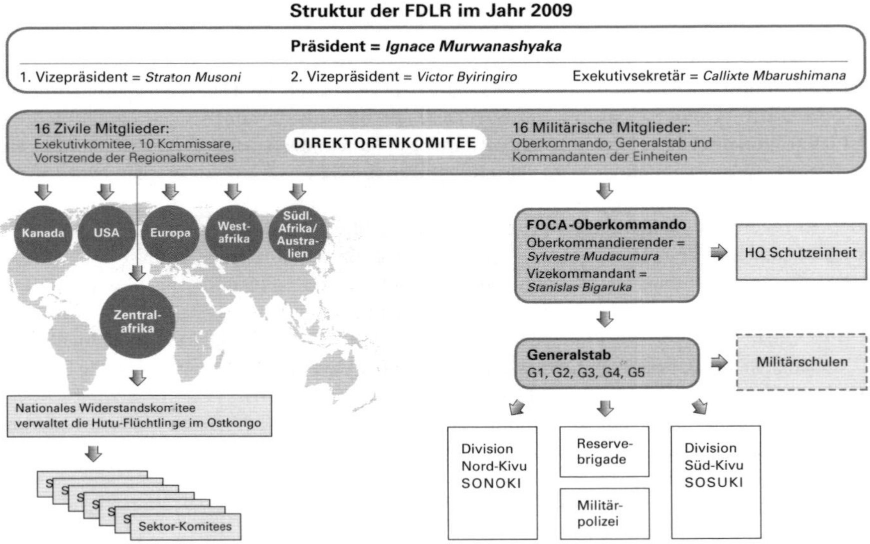

Informationen zu Protagonisten mit relevanten politischen oder militärischen Funktionen

Aus Ruanda

Bagosora, Théoneste (*1941), FAR-Militärkarriere, 1992–94 Kabinettsdirektor im Verteidigungsministerium und Ernenner der Interimsregierung des Völkermordes, 1994–95 in Zaire FAR-Kommissar für Politik und Außenbeziehungen, 1995–96 in Kamerun, 1996 festgenommen, 1997 ans ICTR überstellt, 2008 wegen Völkermordes zu lebenslanger Haft verurteilt, Strafe in der Berufung 2011 auf 35 Jahre reduziert.

Barayagwiza, Jean-Bosco (1950–2010), Diplomat und Aufstieg zum Abteilungsleiter im Außenministerium unter Habyarimana, 1993 Mitgründer des Hetzradios RTLM und der Extremistenpartei CDR, 1994–95 in Zaire, 1995–96 in Kamerun, 1996 festgenommen, 1997 ans ICTR überstellt, 2003 wegen Völkermordes zu 35 Jahren Haft verurteilt, Strafe in der Berufung 2007 auf 32 Jahre reduziert, 2010 in der Haft in Benin verstorben.

Ben siehe Musengeni

Bigaruka siehe Nzeyimana

Bikindi, Simon (*1954), vor 1994 Direktor der Tanzgruppe »Irindiro Ballet« und prominenter Sänger im Hetzradio RTLM, 1994 Flucht nach Zaire, 1997–2000 in Busurungi ansässig, dann Flucht über Uganda in die Niederlande, 2001 festgenommen, 2002 ans ICTR überstellt, 2008 wegen Aufwiegelung zum Völkermord zu 15 Jahren Haft verurteilt.

Bizimungu, Augustin (*1952), FAR-Militärkarriere, vor 1994 FAR-Kommandant für Operationen in Ruhengeri, während des Völkermordes 1994 zum General und FAR-Stabschef ernannt, 1994–96 FAR-Oberkommandierender in Zaire, 1998 in Generalstab von Kongos Armee FAC integriert, organisierte Zusammenführung versprengter Ex-FAR-Soldaten, 2002 in Angola verhaftet und ans ICTR überstellt, 2011 wegen Völkermordes zu 30 Jahren Haft verurteilt, Strafe 2014 in der Berufung bestätigt.

Bizimungu, Casimir (*1951), 1989–92 Außenminister, 1994 Gesundheitsminister der Interimsregierung, dann Flucht nach Zaire, 1998–99 Präsident des FDLR-Vorläufers CCR, 1999 in Nairobi festgenommen und ans ICTR überstellt, 2011 freigesprochen.

Bizimungu, Pasteur (*1950). ehemaliger Leiter der staatlichen Stromgesellschaft Electrogaz, 1990–94 Europasprecher der RPF, 1994–2000 Staatspräsident, 2001 Gründer der verbotenen Partei PDR in Ruanda, 2004 wegen illegaler politischer Aktivitäten zu 15 Jahren Haft verurteilt, 2007 begnadigt.

Bizimungu, Séraphin, »Amani Mahoro«, FAR-Militärkarriere, nach 1994 in Zaire/Kongo, später in FDLR, 2005 Leiter der FDLR-Abspaltung CMC-FOCA, dann nach Ruanda repatriiert, 2008 wegen Völkermordes zu lebenslanger Haft verurteilt.

Bora siehe Hamada

Byiringiro siehe Iyamuremye

Gakwerere, Ezéchiel, »Stany« (*1964), FAR-Militärkarriere, 1994 während des Völkermords an der Militärakademie ESO in Butare tätig, 1994–97 in Zaire, dann Kongo-Brazzaville und Zentralafrikanische Republik, ab 1998/99 mit Ex-FAR im Kongo, 2000 Teilnehmer der FDLR-Gründungsversammlung, heute FDLR-Vizekommandant der Division Nord-Kivu.

Gicanda, Rosalie (1914–1994), letzte Königin Ruandas und Witwe des 1959 verstorbenen ruandischen Königs Mutara III Rudahigwa, 1994 während des Völkermordes von späteren FDLR-Soldaten getötet.

Habimana, Michel siehe Ngarambe

Habyalimana, Jean-Baptiste, 1990–91 als Tutsi-Oppositioneller in Ruanda in Haft, 1992–94 Präfekt von Butare, im April 1994 im Völkermord abgesetzt und ermordet.

Habyarimana, Juvénal (1937–1994), höchstrangiger Soldat Ruandas bei der Unabhängigkeit 1962 und erster Armeechef, 1965–73 Verteidigungsminister, nach Militärputsch 1973 Präsident, am 6. April 1994 durch Abschuss seines Flugzeuges getötet, in Mobutus Geburtsort Gbadolite in Kongo beigesetzt.

Hakizabera, Christophe (*1949), Militärkarriere vor 1973, 1973–90 Exil in Uganda, 1990–95 in der RPF, 1995–99 Exil in Belgien, 1999/2000 Mitgründer der FDLR, 2000–01 FDLR-Menschenrechtskommissar, 2001–05 FDLR-Außenpolitikkommissar mit Sitz in Italien, dann erfolgloser Herausforderer von Murwanashyaka und Trennung von FDLR.

Hakizimana, Apollinaire, »Lepic«/»Poète« (*1964), FAR-Militärkarriere, 1994 während des Völkermordes G2 im Stab der Gendarmerie in Ruanda, 1994–96 im Lager Mugunga bei Goma, 1996–98 G2 der Ex-FAR/ALIR im Ostkongo, 1998–2002 Vize-Stabschef von ALIR I im Ostkongo, 2002–05 stellvertretender FDLR-Verteidigungskommissar, seit 2007 FDLR-Verteidigungskommissar.

Hamada, Harelimana, »Bora Aziz«/»Muramba Junior«, 1994 während des Völkermordes Bataillonskommandant in Ruanda, 1994–96 im Lager Mugunga bei Goma, 1996–97 Flucht über Tingi-Tingi nach Brazzaville, 1998 Rückkehr nach Kongo und Bataillonskommandant in Katanga, 2000 FDLR-Mitgründer, seit 2007 Vizekommandant der FDLR-Division Süd-Kivu.

Higiro, Jean-Marie Vianney, bis 2004 Erster FDLR-Vizepräsident, unilateral zum Präsidenten erklärt und nicht akzeptiert, dann Mitgründer der Abspaltung R-FDLR, aus der 2005 RUD wurde.

Hitimana, Anaclet, »Kabuyoya«/»Odilo«, 1994 während des Völkermordes am Massaker von Kibeho beteiligt, 1994–96 auf Idjwi, dann im Lager Bulonge, bei Bukavu 1996–97 Flucht über Brazzaville in die Zentralafrikanische Republik, 1998 Rückkehr nach Kongo, Vizekommandant der FDLR-Reservebrigade, 2009 im Kongo getötet.

Ingabire, Victoire (*1968), 1997–2000 Präsidentin der Niederlande-Sektion der Exilpartei RDR, 2002–03 RDR-Präsidentin, 2003–06 Präsidentin des Exiloppositionsbündnisses UFDR, seit 2006 Präsidentin des UFDR-Nachfolgers FDU, seit 2010 in Ruanda in Haft.

Irategeka siehe Ngadijimana

Iyamuremye, Gaston, »Victor Byiringiro«/»Rumuli« (*1948), FAR-Militärkarriere, 1994–96 FAR-Brigadekommandant im Lager Mugunda, 1996–98 G5 der Ex-FAR/ALIR im Ostkongo, 2003–14 Zweiter Vizepräsident der FDLR, seit 2014 Erster Vizepräsident, seit 2009 auch Interimspräsident in Vertretung Murwanashyakas.

Kabarebe, James (*1959), 1990–94 engster Mitarbeiter von RPF-Führer Paul Kagame, 1996–97 Leiter der ruandischen Truppeneinsatzes an der Spitze der AFDL, 1997–98 Generalstabschef von Kongo, 2002–10 Generalstabschef von Ruanda, seit 2010 Ruandas Verteidigungsminister.

Kabiligi, Gratien (*1951), FAR-Militärkarriere, 1994 während des Völkermordes G3 im FAR-Stab, 1994–96 in Zaire Ex-FAR-Kommandant der Gruppe Bukavu, 1997 Anführer der ex-

FAR/ALIR-Operationen innerhalb Ruandas, 1997 in Kenia verhaftet und ans ICTR überstellt, 2008 vom ICTR freigesprochen.

Kagame, Paul (*1957), ab 1990 Militärführer und Vizevorsitzender der RPF, 1994–2000 Verteidigungsminister und Vizepräsident von Ruanda, seit 1998 Präsident der RPF, seit 2000 Ruandas Präsident.

Kalume, Andre siehe Nzabamwita

Kanyamanza, André, 1994 während des Völkermords Kommandant der FAR-Fliegerstaffel, 1994 in Zaire Ex-FAR-Kommissar für Truppenausbildung, 1996 mutmaßlich in Zaire getötet.

Kanyamibwa, Félicien, in den späten 1990er Jahren Leiter der ALIR-nahen Exilorganisation OPJDR, 2000 Mitgründer der FDLR und FDLR-Finanzkommissar, 2004 in der Abspaltung R-FDLR, aus der 2005 RUD wurde, im Exil in den USA.

Kanyandekwe, Emmanuel, »Komeza«, 2003–06 stellvertretender FDLR/FOCA-Militärchef unter Mudacumura, 2006 im Kongo unter ungeklärten Umständen gestorben.

Kanyarengwe, Alexis (1938–2006), Militär- und Geheimdienstkarriere, 1973 Mitputschist von Habyarimana, 1973–80 Ruandas Innenminister, dann Exil, 1990–98 Vorsitzender der RPF, 1994–95 Ruandas Minister für den öffentlichen Dienst, 1995–97 Innenminister, 2006 in Ruanda gestorben.

Kanzeguhera, Évariste, »Sadiki Soleil«, 1994 während des Völkermordes in der Gendarmerie, seit 1994 in Zaire/Kongo, zuletzt Kommandant des FDLR-Bataillons Montana, 2011 im Kongo getötet.

Kanziga, Agathe (*1942), Witwe von Präsident Habyarimana, direkte Nachfahrin des vorkolonialen Königshauses Bushiru in Nordwestruanda, seit 1994 in Paris im Exil.

Kayibanda, Grégoire (1924–76), Gründer und Führer der ersten ruandischen Hutu-Partei Parmehutu (später MDR), 1962–73 Präsident Ruandas, inhaftiert, 1976 im Hausarrest gestorben.

Komeza siehe Kanyandekwe

Laforge siehe Nkaka

Lepic siehe Hakizimana

Lionceau, Séraphin, FDLR-Hauptmann im Bataillon Montana, 2015 im Kongo verhaftet.

Manzi siehe Mugaragu

Mbarushimana, Callixte (*1963), 1992–94 UN-Mitarbeiter in Ruanda auch während des Völkermordes, 1994 nach Kenia evakuiert, 1996–2001 UN-Mitarbeiter in Angola und Kosovo, 2004–05 FDLR-Finanzkommissar, 2005–07 stellvertretender FDLR-Exekutivsekretär, seit 2007 FDLR-Exekutivsekretär mit Sitz in Frankreich, 2010–11 in ICC-Gewahrsam in Den Haag, 2011 Verfahren eingestellt.

Mbonyumutwa, Dominique (1921–1986), in den 1950er Jahren Hutu-Unterchief und zentrale Figur der »Sozialen Revolution« von 1959, 1961–62 Präsident Ruandas vor der Unabhängigkeit, 1964–69 MDR-Parlamentsabgeordneter, 1986 in Belgien gestorben.

Minani siehe Sebuhura

Muberuka, Félicien, FAR-Militärkarriere, während des Völkermords FAR-Operationskommandant von Kigali, 1994 Ex-FAR-Kommandant der Gruppe Goma, seit Ende 1994 in Kamerun.

Mudacumura, Sylvestre, »Mupenzi« (*1954), während des Völkermords Angehöriger der Präsidialgarde und Bataillonskommandant, 1994–96 stellvertretender FAR-Brigadekommandant im Lager Mugunga bei Goma, dann G4 der Ex-FAR in Lac Vert bei Goma, 1996–97 Bataillonskommandant in Tingi-Tingi, 1997–99 Exil in Zentralafrikanischer Republik, 1999–2000 Stabschef der ALIR II/FDLR in Katanga, 2001–02 zur Demobilisierung in Kamina, dann Flucht nach Kivu, 2003 erst stellvertretender FDLR-Generalstabschef, dann FDLR-Oberkommandierender und Leiter ihres Militärflügels FOCA bis heute.

Mugaragu, Léodomir/Léodimir, »Léo Manzi« (1953–2012), FAR-Militärkarriere, 1994 während des Völkermordes Bataillonskommandant, 1994–96 Brigadekommandant im Lager Mugunga bei Goma, Zaire, 1996–97 Bataillonskommandant in Tingi-Tingi, 1997–98 in Kongo-Brazzaville, 1998 Leiter der aus Brazzaville nach Kinshasa zurückkehrenden Ex-FAR, 1999–2003 Brigadekommandant in Katanga, 2003 Kommandant der FDLR-Division Süd-Kivu, 2003–05 stellvertretender FDLR-Stabschef, 2005–12 FDLR-Stabschef, 2012 im Kongo getötet.

Mugemanyi, Froduald, FAR-Militärkarriere, 1994 zunächst Anschluss an RPF, dann doch Flucht nach Zaire, 1997–98 Oberkommandierender der Ex-FAR/ALIR im Kongo, 1998 in Ruanda getötet.

Mugesera, Léon (*1952), 1979–89 Universitätsprofessor in Ruanda, 1989–93 Führungsmitglied der Regierungspartei MRND, ab 1992 als Vizevorsitzender in Gisenyi, 1993–2012 im Exil in Kanada, 2012 nach Ruanda ausgeliefert, 2016 zu lebenslanger Haft verurteilt.

Muhindo, John siehe Nsengiyumva

Muhire, Sam siehe Rucogoza

Mujyambere, Léopold, »Musenyeri« (*1962), FAR-Militärkarriere, 1994–96 Bataillonskommandant im Lager Kashusha bei Bukavu, 1997–98 G3 der Ex-FAR/ALIR im Ostkongo, spätere G3 der FDLR, 2007–12 Kommandant der FDLR-Division Süd-Kivu, seit 2012 Stabschef der FDLR.

Mukiza, David, Murwanashyakas Kabinettschef

Munyandekwe, Anastase, 2004–07 FDLR-Sprecher, im Exil in Belgien

Mupenzi siehe Mudacumura

Murwanashyaka, Ignace (*1963), seit 1989 in Deutschland, 1998–2000 Präsident der RDR-Deutschland, 1999–2001 FDLR-Außenpolitikkommissar, seit 2001 FDLR-Präsident, 2009 verhaftet, 2011–15 wegen Vorgesetztenverantwortung für Kriegsverbrechen und Verbrechen gegen die Menschlichkeit sowie Rädelsführerschaft einer terroristischen Vereinigung vor dem OLG Stuttgart angeklagt, 2015 wegen Beihilfe zu Kriegsverbrechen und Rädelsführerschaft einer terroristischen Vereinigung zu 13 Jahren Haft verurteilt.

Musare siehe Ndibabaje

Musengeni, Bernard, »Ben«, 2007 FDLR-Kommandant in Süd-Kivu, 2007 auf ungeklärte Weise im Kongo gestorben.

Musenyeri siehe Mujyambere

Musoni, Straton (*1961), seit 1986 in Deutschland, 1995–2000 Sprecher der RDR-Deutschland, 2000–04 FDLR-Europavertreter, 2004–12 Erster FDLR-Vizepräsident, 2009 verhaftet, 2011–15 wegen Vorgesetztenverantwortlichkeit für Kriegsverbrechen und Verbrechen gegen die Menschlichkeit sowie Mitgliedschaft in einer terroristischen Vereinigung vor dem OLG Stuttgart angeklagt, 2015 wegen Rädelsführerschaft einer terroristischen Vereinigung zu acht Jahren Haft verurteilt und aus der Haft entlassen.

Ndagijimana, Laurent, »Wilson Irategeka«, stellvertretender FDLR-Exekutivsekretär, seit 2010 faktischer Interims-Exekutivsekretär, 2015 in Tansania verhaftet.

Ndibabaje, Jean-Damascène, »Musare«, vor 2004 FDLR-Bataillonskommandant, 2004 militärischer Leiter der Abspaltung aus der 2005 die RUD wurde, 2016 im Kongo getötet.

Ngarambe, Edmond, »Michel Habimana«, 2004–09 FDLR/FOCA-Sprecher, seitdem in Ruanda in Haft.

Ngeze, Hassan (*1957), Journalist in Gisenyi, 1990 Gründer und Leiter der Extremistenzeitung *Kangura*, 1992 Mitgründer der Extremistenpartei CDR, 1994–97 Exil in Kenia, 1997 verhaftet und ans ICTR überstellt, 2003 wegen Völkermordes zu lebenslanger Haft verurteilt, 2007 wurde die Strafe in der Berufung auf 35 Jahre reduziert.

Ngirabatware, Augustin (*1957), 1990–94 Ruandas Planungsminister, auch in der Interimsregierung in Zaire, 1998 Gründer des FDLR-Vorgängergremiums CCR und ihr Außenpolitikkommissar, 2007 in Deutschland verhaftet, 2008 ans ICTR überstellt, 2012 wegen Völkermordes zu 35 Jahren verurteilt, 2014 wurde die Strafe in der Berufung auf 30 Jahre reduziert.

Nizeyimana, Ildéphonse, »Sebisogo« (*1963), FAR-Militärkarriere, 1994 Vizekommandeur der Militärakademie ESO in Butare, 1994–96 im Lager Kashusha bei Bukavu, 1998 Vizekommandeur der ALIR-Militärakademie ESM, bis 2009 Mitarbeiter des Zweiten FDLR-Vizepräsidenten Byiringiro im Kongo, 2009 in Uganda festgenommen und ans ICTR überstellt, 2012 wegen Völkermordes zu lebenslanger Haft verurteilt, Strafe in der Berufung 2014 auf 35 Jahre reduziert.

Nkaka, Ignace, »Laforge Fils Bazeye«, jüngerer Bruder von Léonard Nkundiye, 1994–96 im Lager Kibumba bei Goma, 1996–97 Flucht über Tingi-Tingi nach Brazzaville, heute FDLR-Informationskommissar.

Nkuliyekubona, Anselme, FAR-Militärkarriere, vor 1994 G1 im Generalstab, 1994 während des Völkermords FAR-Operationskommandant von Kibungo, 1994 in Zaire Ex-FAR-Kommissar für Soziales und Kultur, späteres Schicksal unbekannt.

Nkundiye, Léonard, FAR-Militärkarriere, 1994 während des Völkermords FAR-Operationskommandant von Mutara, 1995–96 Ex-FAR-Vizekommandant der Gruppe Goma, 1996–98 G4 der Ex-FAR/ALIR im Ostkongo, dann ALIR-Stabschef in Ruanda, 1998 in Ruanda getötet.

Nsengiyumva Rafiki, Hyacinthe, »John Muhindo« (*1955), 1992 Mitgründer und Führungsmitglied der PSD, 1994 während des Völkermords Minister für Öffentliche Arbeiten in der Interimsregierung, 1996 Flucht nach Nairobi, 1998 Rückkehr nach Kongo, 1999–2000 Mitgründer des FDLR-Vorgängers CCR und dann der FDLR, 2000 FDLR-Sicherheitskommissar, Vertreter in Brazzaville, 2005 Mitglied der FDLR-Delegation bei den Rom-Verhandlungen, danach Bruch mit der FDLR und Mitgründer der Abspaltung RUD, lebt in Frankreich.

Nshimiyimana, Alexis, Radiojournalist, 2000–04 Sprecher der FDLR mit Sitz in Österreich, dann Teil der Abspaltung R-FDLR und ihr Politikkommissar, heute Alexis Neuberg.

Ntabakuze, Aloys (*1954), FAR-Militärkarriere, 1994 während des Völkermords Kommandant der FAR-Fallschirmjägereinheit, 1994 Ex-FAR-Vizekommandant der Gruppe Goma, 1997 Flucht nach Kenia, dort Mitgründer von PALIR, 1997 in Kenia verhaftet und ans ICTR überstellt, 2008 wegen Völkermords zu lebenslanger Haft verurteilt, 2012 Strafe in der Berufung auf 35 Jahre verringert.

Ntaganzwa, Ladislas (*1962), 1994 während des Völkermords Bürgermeister der Gemeinde Nyakizu, später »Heiler« in einem FDLR-kontrollierten Dorf im Ostkongo, 2015 im Kongo verhaftet, 2016 an Ruanda ausgeliefert.

Ntamabyaliro, Agnès (*1937), Justizministerin der Interimsregierung, auch 1994 nach der Flucht nach Zaire, dann Flucht nach Sambia, 1997 von Sambia an Ruanda ausgeliefert, 2009 dort wegen Völkermordes zu lebenslanger Haft verurteilt.

Ntawunguka, Pacifique, »Omega«/»Israel« (*1964), FAR-Militärkarriere, 1994–96 im Lager Katale nördlich von Goma, 1996–98 Ex-FAR/ALIR-Kommandant für Nord-Kivu, 1998 ALIR-Vizekommandant innerhalb Ruanda, dann wieder Kommandant im Ostkongo, seit 2003 Kommandant der FDLR-Division Nord-Kivu.

Ntiwiragabo, Aloys, »Omar«, FAR-Militärkarriere, bis 1994 Militärgeheimdienstchef, 1994–95 in Zaire Ex-FAR-Kommissar für Information und Geheimdienste, 1995–96 stellvertretender Kommandant der FAR-Gruppe Bukavu, 1996–97 Kommandant in Tingi-Tingi, Flucht nach Sudan, 1998 Rückkehr nach Kongo, Oberkommandierender des FDLR-Vorgängers CCR, 1999–2001 FDLR-Präsident und Oberkommandierender, danach im Sudan und Frankreich.

Nyilimanzi, Théonase, FAR-Militärkarriere und bis 1994 Direktor der ruandischen Flughafenbehörde, 1994 Ex-FAR-Vizekommandant von Bukavu, späteres Schicksal unbekannt.

Nzabahimana, Francois, 1990–91 Handelsminister, 1994 während des Völkermords Exekutivsekretär der Banque Populaire du Rwanda, Flucht nach Belgien, 1995–98 RDR-Präsident.

Nzabamwita, Lucien, »André Kalume« (*1966), 1994 während des Völkermordes FAR-Hauptmann, 1994–96 in Süd-Kivu, 1996–97 Flucht über Tingi-Tingi nach Brazzaville, 1998 Rückkehr nach Kongo, heute Kommandant der FDLR-Reservebrigade.

Nzeyimana, Stanislas, »Bigaruka«/»Déogratias Izabayo«, FAR-Militärkarriere, 1993–94 zur Ausbildung in Frankreich, 1994–96 Kommandant des Lagers Lac Vert bei Goma, 1997–98 ALIR-Kommandant in Ruanda, 1998–2000 G3 der ALIR im Ostkongo, 2003–07 Kommandant der FDLR-Division Süd-Kivu, krankheitsbedingt in Tansania, 2007–13 stellvertretender FDLR-Militärchef, 2013 in Tansania festgesetzt, weiteres Schicksal unklar.

Odilo siehe Hitimana

Omar siehe Ntiwiragabo

Omega siehe Ntawunguka

Rafiki siehe Nsengiyumva

Renzaho, Tharcisse, FAR-Militärkarriere, 1994 beim Völkermord Präfekt von Kigali,1995–96 in Zaire FAR-Kommandant der Gruppe Goma, 1996–97 Kommandant in Tingi-Tingi, 1997 Flucht nach Sudan, 1998 Rückkehr nach Kongo als Generalstabschef der Ex-FAR, 1999 Exekutivsekretär des FDLR-Vorgängers CCR, 2000 FDLR-Exekutivsekretär und stellvertretender Oberkommandierender, 2002 im Kongo verhaftet und ans ICTR überstellt, 2009 wegen Völkermordes zu lebenslanger Haft verurteilt, Strafe 2011 in der Berufung bestätigt.

Rucogoza, Samuel, »Sam Muhire« (*1966), 1994 während des Völkermordes FAR-Hauptmann, 1994–96 im Lager Mugunga bei Goma, 1998–2002 G4 im Generalstab der Ex-FAR/ALIR II in Katanga, später G4 im Generalstab der FDLR.

Rumuli siehe Iyamuremye

Rwabukombe, Onesphore (*1957), 1988–1994 Bürgermeister von Muvumba, seit 1992 mit seiner Gemeinde auf der Flucht in Murambi, 1994 Flucht nach Tansania und dann nach Zaire, ab 2002 in Deutschland mit politischem Asyl, 2008 in Auslieferungshaft und wieder freigelassen, 2008–09 erneut in Untersuchungshaft und wieder frei, 2010 erneut in Untersuchungshaft, 2011–14 vor dem OLG Frankfurt wegen Völkermordes angeklagt, 2014 wegen Beihilfe zum Völkermord zu 14 Jahren Haft verurteilt, Urteil vom Bundesgerichtshof aufgehoben, 2015 wegen Mittäterschaft beim Völkermord zu lebenslanger Haft verurteilt.

Rwamanywa, Augustin, während des Völkermords G4 im FAR-Stab, 1994 in Zaire Ex-FAR-Kommissar für Finanzen und FAR-Besitzstand, 1997 mutmaßlich in Zaire getötet.

Rwarakabije, Paul, FAR-Militärkarriere, 1994 in Zaire stellvertretender Ex-FAR-Kommissar für Finanzen und FAR-Besitzstand sowie FAR-Kommandant im Lager Katale, 1996–98 G3 der Ex-FAR/ALIR, 1998–2003 ALIR I-Oberkommandierer im Ostkongo, 2003 FDLR/FOCA-Oberkommandierender, dann nach Ruanda desertiert, dort Kommissar der Demobilisierungskommission, 2014–16 Leiter der Gefängnisbehörde.

Sebisogo siehe Nizeyimana

Sebuhura, Faustin, »Marius Minani«, 1994 beim Völkermord Gendarmie-Vizekommandant und am Massaker von Kibeho beteiligt, in der FDLR Mitarbeiter des Zweiten Vizepräsidenten Byiringiro, 2008 nach Ruanda repatriiert.

Sindikubwabo, Théodore (1928–1996), erster ruandischer Kinderarzt, 1961 Minister für Technik, dann für öffentliche Arbeiten, 1962 Gesundheitsminister, 1988–1994 Parlamentspräsident und Führer der MRND-Butare, 1994 während des Völkermords sowie nach der Flucht nach Zaire Präsident der Interimsregierung, 1996 auf der weiteren Flucht gestorben.

Stany siehe Gakwerere

Twagiramungu, Faustin (*1945), Schwiegersohn des ehemaligen Präsidenten Kayibanda, Mitgründer der neu legalisierten MDR 1991, 1993 als Premierminister unter den nicht umgesetzten Arusha-Abkommen nominiert, nach dem Völkermord 1994–95 Premierminister, seitdem im Exil in Belgien, 1996–98 Leiter der Exilpartei FRD, 1998–2003 Leiter des Exilbündnisses UFDR, 2003 erfolgloser Präsidentschaftskandidat in Ruanda, seit 2010 Leiter der Exilpartei RDI.

Wilson siehe Ngadijimana

Zigiranyirazo, Protais (*1938), älterer Bruder von Agathe Kanziga, 1974–89 Gouverneur von Ruhengeri, 1989–93 in Kanada, 1993–94 in Ruanda, 1994–2001 im Exil in Kenia, 2001 in Belgien festgenommen und ans ICTR überstellt, 2008 wegen Völkermords zu 20 Jahren Haft verurteilt, 2009 in der Berufung freigesprochen.

Aus der Demokratischen Republik Kongo

Amisi, Gabriel, »Tango Four«, vor 2002 RCD-Rebellengeneral im Ostkongo, 2005–06 Kommandant der Armeeregion Nord-Kivu, 2006–12 Stabschef der Landstreitkräfte, seit 2014 Kommandant der Armeeegion Westkongo.

Badege, Eric (*1971), 2006–09 CNDP, 2009–12 in Kongos Armee FARDC, 2012–13 M23

Bigembe, Turinkuko, Hutu-Bauernverbandsführer und Führer der Mayi-Mayi-Mongol-Miliz in Masisi

Bitaki, Didier, Sprecher der Mayi-Mayi-Kifuafua-Miliz der Tembo in Nord-Kivu

Cheka, Ntabo Ntaberi, Führer der Mayi-Mayi-NDC-Miliz der Nyanga in Nord-Kivu

Etumba, Didier (*1955), 1998–2007 Geheimdienstchef, 2007–08 Stabschef der Marine, seit 2008 Kongos Generalstabschef

Kabila, Joseph (*1971), Sohn von Laurent-Désiré Kabila, Jugendzeit in Tansania, Aufstieg in der AFDL ab 1996, 1998–2000 stellvertretender Stabschef in Kongos Armee, 2002–01 Stabschef der Landstreitkräfte, seit 2001 Kongos Präsident.

Kabila, Laurent-Désiré (1939–2001), in den 1960er Jahren Unterstützter des Unabhängigkeitshelden Patrice Lumumba, 1967 Gründer der lumumbistischen Partei PRP und Führer ihres Guerillakrieges im Guerillagebiet »Hewa Bora« nahe Fizi und Moba am Tanganyika-See bis 1985, danach Exil in Tansania, 1996 als PRP-Führer erst Sprecher und dann Führer der AFDL-Rebellenchef, 1997–2001 Kongos Präsident.

Kamerhe, Vital (*1959), 2002–03 Kongos Regierungsbeauftragter für den Friedensprozess, 2003–04 Regierungssprecher, 2004–06 Präsident der von ihm mitgegründeten Regierungspartei PPRD, 2006 Wahlkampfleiter Kabilas, 2006–09 Parlamentspräsident, seit 2010 Gründer und Führer der Oppositionspartei UNC.

Kanganga, Limenzi, Kommandant der Mayi-Mayi-Kifuafua-Miliz der Tembo in Nord-Kivu

Kaputo, Samba (1946–2007), 2001–07 oberster Sicherheitsberater Präsident Kabilas

Kongolo, Mwenze, 1996–97 AFDL-Führungsmitglied, 1997–98 Innenminister, 1998–2001 Justizminister, 2001–02 Sicherheitsminister, später Gründer und Präsident der Kabila-treuen Partei PK, heute in der Opposition.

Kuye Ndondo, Jean-Luc, Bischof der protestantischen Kirche ECC und deren Leiter für Süd-Kivu, 2006–07 Leiter der Wahrheits- und Versöhnungskommission des Kongo.

Malu-Malu, Apollinaire (*1961), katholischer Kirchenführer und Universitätsrektor in Butembo, 2003–11 Chef der Wahlkommission, 2008 Leiter der Friedenskonferenz von Goma, 2013–15 erneut Chef der Wahlkommission.

Makenga, Sultani (*1973), 1998–2003 bei RCD-Rebellen, 2006–09 CNDP, 2009–12 in Kongos Armee FARDC, 2012–13 Militärchef der M23-Rebellen, seitdem im Exil in Uganda.

Mayele, Sadoke, Vizekommandant der Mayi-Mayi-Cheka, 2010 verhaftet, 2013 in der Haft verstorben.

Mbaenda, Delphin, einer der Militärführer der Mayi-Mayi-Kifuafua

Mende, Lambert (*1952), 1991 Gründer der Lumumbistenpartei MNC-O, 1996–97 Vizepremierminister von Zaire unter Mobutu, 1998–2000 Führungsmitglied der RCD-Rebellen, 2003–06 Senator und Abgeordneter der ehemaligen Rebellenbewegung RCD-K/ML, 2006 Abgeordneter der Kabila-treuen Partei CCU, 2007–08 Ölminister, seit 2008 Kongos Regierungssprecher.

Mobutu Sese Seko, Joseph-Désiré (1930–97), 1960–65 Kongos Armeechef, 1965–97 absoluter Herrscher über Kongo, das er 1971 in »Zaire« umbenannte.

Mugabo, Hassan, 2009 Militärchef der kongolesischen Hutu-Miliz Pareco.

Ndeze, Paul, 1998–2009 traditioneller König (»Mwami«) des Hutu-Bezirks Bwisha im Distrikt Rutshuru, Nord-Kivu, 2012–13 im Umfeld der M23, heute UNC.

Ngaruye, Baudouin (*1978), Aufstieg in AFDL und RCD, 2006–09 CNDP-Kommandeur, 2009–12 in Kongos Armee FARDC, 2012–13 M23, seitdem im Exil in Ruanda.

Nkunda, Laurent (*1967), 1994–95 mit der RPF in Ruanda, 1996–97 mit der AFDL im Kongo, 1998–2003 Aufstieg in der RCD-Rebellenarmee, 2003 zum General in Kongos neuer Armee FARDC ernannt, stattdessen Gründer und Führer der CNDP-Rebellen in Nord-Kivu 2006–09, seitdem in Ruanda unter Hausarrest.

Ntaganda, Bosco (*1973), 1994–95 mit der RPF in Ruanda, 1996–97 mit der AFDL im Kongo, 1998–99 in der RCD-Rebellenarmee, 2002–04 Vize-Militärchef der Rebellenbewegung UPC in Ituri, 2005 zum General in Kongos neuer Armee FARDC ernannt, stattdessen Stabschef der CNDP-Rebellen 2006–09, 2009 CNDP-Chef und dann wieder General der FARDC, 2012–13 in der Führung der M23-Rebellen, seit 2013 in Den Haag in Haft.

Numbi, John (*1962), in den frühen 1990er Jahren Führer von Jugendmilizen in Katanga, die Oppositionelle verjagten, 1996 Flucht nach Angola, 1997 Rückkehr mit Kabila-treuen Exilkatangern, und Eintritt in Kabilas neue Armee, 1999 Militärkommandant von Katanga und damit wichtigster Partner der späteren FDLR-Führer, 2001–07 Luftwaffenchef unter Präsident Joseph Kabila und Leiter von Spezialoperationen gegen politische Gegner, 2007–09 Regierungsunterhändler in Geheimverhandlungen mit dem CNDP, 2009 kongolesischer Kommandant der Operation »Umoja Wetu« gegen die FDLR, zugleich 2007–10 Kongos Polizeichef, seit der Ermordung des Menschenrechtlers Floribert Chebeya suspendiert, soll erneut katangische Milizen unterstützen.

Nyamwisi, Antipas Mbusa (*1959), Sohn eines einflussreichen Nande-Führers in Nord-Kivu, 1996 Anschluss an die AFDL, 1998 Kabilas Geheimdienstchef für Nord-Kivu, dann Übertritt zu den RCD-Rebellen, 1991–2003 Leiter der später wieder mit Kabila verbündeten Abspaltung RCD/K-ML in Kisangani und Beni, 2003–07 Minister für Regionalkooperation, 2007–08 Außenminister, 2008–11 Minister für Dezentralisierung, danach in der Opposition.

Serufuli, Eugène (*1962), in den 1990er Jahren Gründer der Hutu-Bauernmiliz Magrivi, 1998 Anschluss an die RCD-Rebellen, 2000–07 Nord-Kivus Provinzgouverneur, 2008–10 Leiter der staatlichen kongolesischen Elektrizitätsgesellschaft SNEL, seit 2011 Abgeordneter für Rutshuru, seit 2014 Kongos Minister für ländliche Entwicklung.

Turinkinko, Bigembe, in den 1990er Jahren Mitgründer der Hutu-Bauernmiliz Magrivi, später Gründer und Leiter der kongolesischen Hutu-Miliz Mayi-Mayi-Mongol.

Yerodia Ndombasi, Abdoulaye (*1933), Mitstreiter Kabilas in den 1960er Jahren, dann im Pariser Exil, 1997 Anschluss an AFDL, 1997–99 Kabilas Kabinettsdirektor und Autor von Aufrufen zur Tötung von Tutsi, 1999–2000 Außenminister, 2003–06 Kongos Vizepräsident für die Kabila-Partei PPRD, seitdem PPRD-Führungsmitglied.

Zimurinda, Innocent (*1975), Aufstieg in AFDL und RCD, 2006–09 CNDP-Kommandeur, 2009–12 in Kongos Armee FARDC, 2012–13 M23, seitdem im Exil in Ruanda.

Zeittafel

1884–1890	Ruanda wird Deutsch-Ostafrika zugeschlagen. Das Kongo-Becken wird Privatbesitz des belgischen Königs als »Freistaat Kongo«.
1895	Ruanda: Tod von König Kigeli IV Rwabugiri
1896	Ruanda: Ermordung von König Mibambwe IV Rutarindwa
1900	Erste katholische Missionsstation der »Weißen Väter« in Ruanda
1908	Der »Freistaat Kongo« wird Kolonie Belgisch-Kongo.
1916	Ruanda wird mit Burundi belgisches Mandatsgebiet.
1926	Die belgische Verwaltung in Ruanda reserviert Chief-Posten für Tutsi und führt »ethnische« Personalausweise ein.
1931	Ruanda: Absetzung von König Yuhi V Musinga
1956	Gründung der »Hutu-Sozialbewegung« (MSM) Ruanda, aus der später die »Hutu-Emanzipationspartei« (Parmehutu) und dann die Partei MDR wird.
Juli 1959	Ruanda: Tod von König Mutara III Rudahigwa
November 1959	»Soziale Revolution« von Hutu gegen Tutsi-Chiefs in Ruanda. Belgien schickt Truppen aus dem Kongo und setzt alle Tutsi-Chiefs ab.
Juli 1960	MDR-Parmehutu gewinnt Kommunalwahlen in Ruanda. Kongo wird unabhängig unter Premierminister Patrice Lumumba, Belgien destabilisiert den neuen Staat.
Oktober 1960	Ruanda: Belgien gründet eine Territorialgarde aus ausschließlich Hutu.
Januar 1961	Ruanda: Absetzung von König Kigeli V Ndahindurwa und Ausrufung der Republik MDR-Führer Grégoire Kayibanda wird Premierminister. Kongo: Lumumba wird unter belgischer Beteiligung in Katanga ermordet.
Oktober 1961	Kayibanda wird nach MDR-Wahlsieg Präsident in Ruanda.
Juli 1962	Ruanda wird unabhängig.

Dezember 1963	Ruanda: Exiltutsi-Angriff wird vereitelt, Tausende Tutsi werden getötet.
1965	Einparteiensystem wird in Ruanda eingeführt. Kongo: Militärputsch von Armeechef Joseph-Désiré Mobutu
1971	Kongo wird in »Zaire« umbenannt.
1973	Ruanda: Militärputsch von Nationalgarde-Chef Juvénal Habyarimana
1974	Ruanda: Nationalgarde und Gendarmerie verschmelzen zu Armee FAR.
1975	Ruanda: Gründung der Einheitspartei MRND
Oktober 1990	Ruanda: Exiltutsi-Guerilla RPF (Ruandische Patriotische Front) greift aus Uganda an.
Dezember 1990	Ruanda: Die radikale Zeitung *Kangura* veröffentlicht die »Zehn Gebote der Hutu«.
Juni 1991	Einführung des Mehrparteiensystems in Ruanda
November 1991	Gründung der MRND-Jugendmiliz Interahamwe in Ruanda.
1992	Ruanda: Friedensverhandlungen mit RPF beginnen in Arusha. Zaire: Nationalkonferenz beschließt Demokratisierung.
Juli 1993	Ruanda: Beginn der Sendungen des radikalen Radiosenders Mille Collines (RTLM) Zaire: Ethnische Unruhen breiten sich im Osten des Landes aus.
August 1993	Ruanda: Friedensvertrag mit RPF sieht Machtteilung und gemeinsame Armee vor.
April 1994	Ruanda: Ermordung von Präsident Habyarimana. Die Armee setzt eine Interimsregierung unter Präsident Thédore Sindikubwabo ein. Der Völkermord an den Tutsi beginnt.
Juli 1994	RPF beendet den Völkermord in Ruanda und übernimmt die Macht in Kigali. Die Interimsregierung flieht unter französischem Schutz nach Zaire, ebenso die Armee FAR. Ruandas Interimsregierung lässt sich in Bukavu nieder, die Führung der FAR in Goma.
November 1994	UN-Sicherheitsrat gründet das Ruanda-Völkermordtribunal ICTR in Arusha (Tansania).
April 1995	Zaire: Ex-FAR entzieht der Interimsregierung die Anerkennung und gründet die Exilpartei RDR.
Oktober 1996	Zaire: Gründung der Rebellenallianz AFDL gegen Mobutu unter Laurent-Désiré Kabila, unterstützt von Ruanda und anderen Ländern. Erste Flüchtlingslager lösen sich angesichts von AFDL-Angriffen auf.
November 1996	Massenrückkehr von über 700 000 Hutu-Flüchtlingen aus Zaire nach Ruanda. Die AFDL konsolidiert sich in Ostzaire. Flüchtlingslager in Zaire aufgelöst. Ex-FAR flieht Richtung Masisi-Berge und Tingi-Tingi.

Januar 1997	Größere Ex-FAR-Angriffe in Ruanda beginnen. ICTR eröffnet ersten Ruanda-Völkermordprozess in Arusha.
März 1997	Zaire: AFDL erobert Kisangani. Ex-FAR flieht aus Tingi-Tingi.
April 1997	AFDL erobert fast ganz Zaire. Viele Hutu-Flüchtlinge sterben.
Mai 1997	Ex-FAR startet Guerillakrieg in Ruanda. Zaire/DR Kongo: AFDL erobert Kinshasa, ergreift die Macht und nennt Zaire in Demokratische Republik (DR) Kongo um. Ex-FAR fliehen nach Sudan, Zentralafrikanische Republik, Kongo-Brazzaville, Angola, Sambia.
Dezember 1997	Ruanda: Massaker der Ex-FAR an Tutsi in Mudende. Ex-FAR in Ruanda nennt sich ALIR.
Juli 1998	Ruanda: Ex-FAR/ALIR zieht sich nach Kongo zurück.. DR Kongo: Der neue Präsident Laurent-Désiré Kabila bricht mit Ruanda. Rom-Statut des ICC (Internationaler Strafgerichtshof) beschlossen.
August 1998	DR Kongo: Ruandatreue Militärs meutern und gründen die Rebellenbewegung RCD. Kongos Regierung bläst zum Kampf gegen Tutsi. Ignace Murwanashyaka wird Präsident der RDR-Deutschlandsektion.
Oktober 1998	Ruanda interveniert auf Seiten der RCD in Kongo. RCD konsolidiert sich im Osten des Landes, Kongo faktisch geteilt. Geflohene Ex-FAR beginnen Rückkehr nach Kongo, um mit Kabila zu kämpfen, basiert in Katanga.
Februar 1999	DR Kongo: Ex-FAR beschließt, FDLR zu gründen.
August 1999	DR Kongo: Waffenstillstandsabkommen von Lusaka
Februar 2000	Deutschland: Murwanashyaka erhält Asyl.
April 2000	Ruanda: Paul Kagame wird Präsident.
Mai 2000	DR Kongo: Offizielle Gründung der FDLR in Lubumbashi
Januar. 2001	DR Kongo: Ermordung von Präsident Laurent-Désiré Kabila. Nachfolger: Sohn Joseph Kabila
Mai-Juli 2001	Ruanda: Schwere Kämpfe mit aus Kongo eingedrungenen ALIR-Rebellen. ALIR wird bei der Operation »Oracle du Seigneur« zerschlagen. DR Kongo: UN-Sicherheitsrat verlangt Programme zur Demobilisierung ausländischer Milizen.
September 2001	DR Kongo: FDLR schickt Truppen nach Kamina zur Demobilisierung. Ignace Murwanashyaka wird Präsident der FDLR. ICTR-Ermittler prüfen Haftbefehl gegen Callixte Mbarushimana

Juli 2002	Friedensabkommen zwischen Kongo und Ruanda. Ruanda sagt Truppenabzug aus dem Kongo zu. Ex-FAR-Truppen sollen aufgelöst und repatriiert werden. Rom-Statut des ICC sowie deutsches Völkerstrafgesetzbuch (VStGB) treten in Kraft.
September 2002	DR Kongo: FDLR offiziell verboten
Oktober 2002	DR Kongo: Ruanda zieht Truppen ab. FDLR-Truppen in Kamina meutern und gehen in den Busch
Dezember 2002	DR Kongo: Inländische Kriegsparteien schließen Frieden.
Februar 2003	Offizielle »Fusion« aller Ex-FAR/ALIR-Truppen in Kongo als FDLR-Armee FOCA. Militärchef wird Paul Rwarakabije.
August 2003	Ruanda: Kagame wird mit 95 % zum Präsidenten gewählt. DR Kongo: Allparteienregierung unter Joseph Kabila gebildet
November 2003	FDLR: Rwarakabije desertiert, Nachfolger wird Sylvestre Mudacumura.
Mai 2004	DR Kongo: Erste Meuterei von Tutsi-Militärs gegen neue Armee FARDC. FDLR-Spaltung. Mudacumura stützt Murwanashyaka.
Juni 2004	Ruanda: Beginn der Gacaca-Völkermordprozesse auf Dorfebene FDLR: Straton Musoni wird Erster Vizepräsident, Mbarushimana Finanzkommissar.
März 2005	FDLR: verspricht in Rom Entwaffnung und bekommt Geld von Kongo.
Mai 2005	FDLR-Truppen lehnen Rom-Abkommen ab. Murwanashyaka bringt Geld zur Truppe und wird als Präsident bestätigt.
November 2005	UN-Sanktionen gegen FDLR-Führer
Februar 2006	DR Kongo: Neue Verfassung tritt in Kraft, Wahlen werden vereinbart. Deutschland: Behörden widerrufen Asyl für Murwanashyaka.
April 2006	Deutschland: Murwanashyaka kurz verhaftet. Ermittlungen unter dem VStGB starten.
November 2006	DR Kongo: Kabila als Präsident gewählt
Dezember 2006	DR Kongo: Tutsi-geführte Rebellenbewegung CNDP tritt in Erscheinung. Deutschland: Verwaltungsgericht Ansbach bestätigt wieder Asyl für Murwanashyaka
Juli 2007	Mbarushimana wird FDLR-Exekutivsekretär. Deutschland: VStGB-Ermittlungen gegen Murwanashyaka eingestellt
November 2007	DR Kongo und Ruanda vereinbaren Vorgehen gegen FDLR (Nairobi-Communiqué). Ruanda akzeptiert, CNDP nicht mehr zu unterstützen. Kongo akzeptiert, FDLR nicht mehr zu unterstützen.
Januar 2008	DR Kongo: Friedenskonferenz von Goma beschließt Eingliederung aller bewaffneten Gruppen Ostkongos in Armee.

April 2008	Onesphore Rwabukombe wird in Deutschland verhaftet.
Juli 2008	DR Kongo: FDLR-Abspaltung RUD verspricht Entwaffnung. Mbarushimana wird in Deutschland verhaftet.
November 2008	DR Kongo: CNDP stößt bis kurz vor Goma vor. Deutschland: Mbarushimana und Rwabukombe kommen wieder frei.
Dezember 2008	Kongo und Ruanda vereinbaren erneut gemeinsames Vorgehen gegen FDLR. Deutschlands Justizministerium ermächtigt Ermittlungen gegen FDLR-Führung. Rwabukombe erneut verhaftet.
Januar 2009	DR Kongo: Armee FARDC greift mit Ruandas Armee, CNDP sowie lokalen Milizen FDLR an. (Operation »Umoja Wetu«). FDLR verliert ihre Hauptquartiere Kalongi und Kibua.
Februar 2009	DR Kongo: Ruandas Truppen ziehen ab. Kongo verspricht, allein gegen FDLR weiterzukämpfen. Erste große FDLR-Racheangriffe auf Zivilisten gemeldet.
März 2009	DR Kongo: CNDP schließt Frieden mit Kongos Regierung, beginnt Eintritt in Armee. Deutschland: Das Landgericht Mannheim verurteilt Murwanashyaka wegen politischer Betätigung.
April 2009	DR Kongo: CNDP-Einheiten greifen ruandische Hutu-Flüchtlinge an. FDLR-Massaker in Mianga, RUD-Massaker in Luofu
Mai 2009	DR Kongo: FDLR-Massaker im Ort Busurungi Deutschland: Rwabukombe wieder freigelassen
Juni-Juli 2009	Kongos Armee startet Operation »Kimia II« gegen FDLR. FDLR-Racheangriffe dehnen sich aus.
August 2009	FDLR-Webseite wird abgeschaltet.
November 2009	Murwanashyaka und Musoni in Deutschland verhaftet
Januar 2010	Deutschland: Verwaltungsgericht Bayern bestätigt Asylaberkennung für Murwanashyaka.
Juli 2010	Deutschland: Rwabukombe wieder verhaftet
August 2010	Ruanda: Kagame als Präsident wiedergewählt DR Kongo: Vergewaltigungen von Luvungi mit FDLR-Beteiligung
Oktober 2010	FDLR: Mbarushimana in Paris verhaftet
Januar 2011	Deutschland: Prozess gegen Rwabukombe beginnt in Frankfurt. FDLR: Mbarushimana ans ICC überstellt
Mai 2011	Deutschland: Prozess gegen Murwanashyaka und Musoni beginnt in Stuttgart.
November 2011	DR Kongo: Kabila als Präsident wiedergewählt FDLR-Stabschef Mugaragu ermordet
Dezember 2011	ICC stellt Verfahren gegen Mbarushimana ein.

Mai 2012	Ruanda: Offizielles Ende der Gacaca-Gerichte DR Kongo: Ex-CNDP gründet neue Rebellion M23.
Juli 2012	ICC erlässt Haftbefehl gegen FDLR-Militärchef Mudacumura.
November 2012	DR Kongo: M23 erobert Goma. FDLR-Angriffe auf Ruanda
Dezember 2012	DR Kongo: M23 zieht sich zurück. Drei mutmaßliche FDLR-Unterstützer in Deutschland verhaftet.
November 2013	DR Kongo: M23 flieht vor Kongos Armee und UN nach Uganda. Prozess gegen FDLR-Unterstützer startet in Düsseldorf.
Dezember 2013	DR Kongo: M23 beendet Krieg. FDLR verkündet Ende des Krieges.
Februar 2014	Deutschland: Rwabukombe in Frankfurt verurteilt.
Juni 2014	FDLR: Neue Gespräche in Rom ohne Ergebnis
November 2014	Murwanashyaka wird als FDLR-Präsident bestätigt. Victor Byiringiro wird Erster Vizepräsident.
Dezember 2014	Deutschland: FDLR-Unterstützer in Düsseldorf verurteilt.
Januar 2015	DR Kongo: UN-Ultimatum an FDLR läuft ab. Kongo lehnt gemeinsame Militärschläge ab.
Mai 2015	Deutschland: Bundesgerichtshof hebt Rwabukombe-Urteil auf.
September 2015	Deutschland: Murwanashyaka und Musoni in Stuttgart verurteilt.
Dezember 2015	Ruanda: Volksabstimmung verändert Verfassung und ermöglicht Kagames Verbleib im Amt bis 2034. Deutschland: Rwabukombe in Frankfurt erneut verurteilt. ICTR fällt letztes Ruanda-Völkermordurteil.

Karten

Die FDLR im Ostkongo
von der FDLR 2007 kontrolliertes Gebiet
Staatsgrenze
Provinzgrenze
Bezirksgrenze
wichtige Straßen
Kigali Hauptstadt
Goma Stadt
Kindu Ort
Beni
Edward-see
Lubero
Luofu
Kanyabayonga
Ishasha
UGANDA
Nyamilima
Walikale
Pinga
Kisheshe
Nord- Kivu
Mweso
Rutshuru
Rutshuru
Kitchanga
Tongo
Kibua
Luvungi
Kashebere
Bunagana
Walikale
Masisi
Rumangabo
Kimua
Ntoto
Masisi
Kinigi
Kalongi
Sake
Nyiragongo
Ruhengeri
Byumba
Mianga
Katoyi
Ngungu
Mutobo
Busurungi
Goma
DEM.
Chambucha
Minova
Gisenyi
Giciye
Manje
Remeka
Hombo
Kipopo
Kibua
REP.
Mangere
Kivu-
RUANDA
Kigali
Kalehe
see
KONGO
Bunyakiri
Kibuye
Gitarama
Idjwi
Shabunda
Kabare
Gikongoro
Bukavu
Cyangugu
Bukavu
Butare
Kibeho
Süd- Kivu
Walungu
Walungu
BURUNDI
N
Uvira
Mwenga
Uvira
Bujumbura
Tanganyika-see
Fizi
0
50 km
Kartographie:Y.Tylle, M. Wegener (2016)
Süd-Sudan
Albert-see
Uganda
Dem.
Kenia
Viktoria-see
Rep.
Ruanda
Burundi
Kongo
Tansania
Tanganyika-see

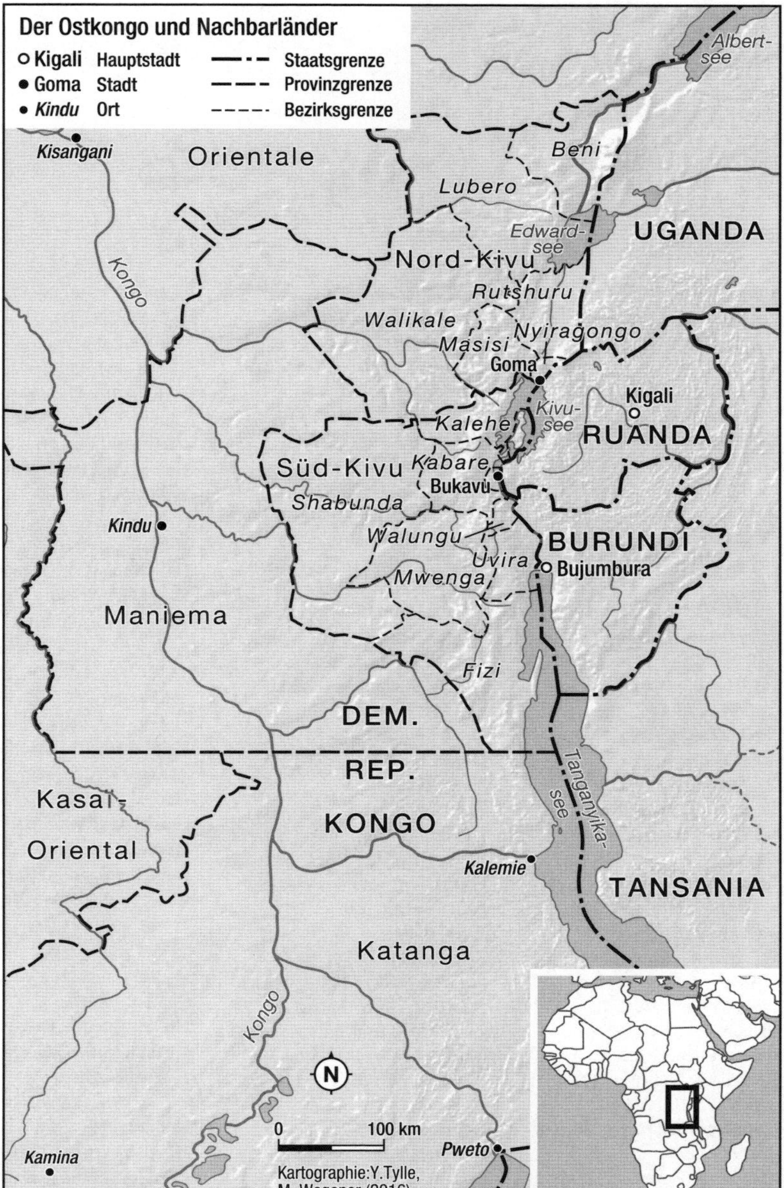
Der Ostkongo und Nachbarländer
Kigali Hauptstadt
Goma Stadt
Kindu Ort
Staatsgrenze
Provinzgrenze
Bezirksgrenze
Albert-see
Kisangani
Orientale
Beni
Lubero
Edward-see
UGANDA
Kongo
Nord-Kivu
Rutshuru
Walikale
Nyiragongo
Masisi
Goma
Kigali
Kivu-see
Kalehe
RUANDA
Süd-Kivu
Kabare
Bukavu
Shabunda
Kindu
Walungu
BURUNDI
Uvira
Bujumbura
Mwenga
Maniema
Fizi
DEM.
REP.
KONGO
Kasai-Oriental
Tanganyika-see
Kalemie
TANSANIA
Katanga
Kongo
N
0
100 km
Pweto
Kamina
Kartographie:Y.Tylle, M. Wegener (2016)

Personenregister

Geografisches Register

Zu Autor und Autorinnen

Dominic Johnson
Jahrgang 1966, seit 2011 Leiter des Auslandsressorts und seit 1990 Afrikaredakteur der *tageszeitung (taz)*; seit dem Völkermord in Ruanda 1994 bildet die Region um Ruanda und die Demokratische Republik Kongo einen Schwerpunkt seiner Arbeit. Seine Geschichte des Kongokrieges (»Kongo: Kriege, Korruption und die Kunst des Überlebens«) ist mittlerweile in der dritten Auflage erschienen.

Simone Schlindwein
Jahrgang 1980, von 2006 bis 2008 Moskau-Korrespondentin des *Spiegel*; lebt seit 2008 in Uganda als Korrespondentin der taz für die Region der Großen Seen. Sie hat über die FDLR in Ruanda, Kongo und Deutschland recherchiert.

Bianca Schmolze
Jahrgang 1978, seit 2003 Mitarbeiterin bei der Medizinischen Flüchtlingshilfe Bochum (MFH) als Menschenrechtsexpertin. In ihrem Buch »Kein Vergeben. Kein Vergessen« untersuchte sie die strafrechtliche und gesellschaftliche Aufarbeitung des Völkermords in Ruanda. Von 2011 bis 2015 hat sie den Stuttgarter Prozess gegen die FDLR-Führung für die MFH und die *taz* beobachtet und protokolliert.